n Peaches Of Samarkand: **A Study of T'ang Exotics**

H. Schafer

© 1963 The Regents of the University of California
eserved.

n edition was published by Geulhangari Publishers in 2021 by arrangement
sity of California Press through KCC, Seoul.

한국저작권센터(KCC)를 통한 저작권자와의 독점계약으로
출간되었습니다.

사마르칸트의 황금 복숭

The Golde

by Edwar

Copyright

All rights

This Korea

with Unive

이 책은 (주)

글항아리에

저작권법에

사마르칸트의 황금 복숭아

대당제국의 이국적 수입 문화

에드워드 H. 셰이퍼 지음 | 이호영 옮김

글항아리

이 책을 베르톨트 라우퍼에게 바친다

머리말

　이 책 제1장의 상당 부분은 내 말이 아니다. 대체로 미국, 유럽, 중국, 일본의 당나라 연구에 기초했다. 이외에 대부분은 내가 직접 연구한 결과물이다. 학문적인 내용이나 비평 등 읽기 힘든 부분은 주석으로 처리했으며, 후반부에서 내 주장을 조심스레 펼친다. 여기에는 이미 세상을 떠난 이들을 포함해 동료 연구자들의 도움이 있었다. 그들은 가장 어렵고 중요한 부분에 도움을 주었다. 그중에서도 특히 가장 큰 도움을 준 베르톨트 라우퍼에게 이 책을 바친다.

　미국학술회의협의회는 이 책을 집필하는 데 재정적인 지원을 아끼지 않았다. 특히 조지프 니덤 박사에게 고마움을 전한다. 그는 내가 케임브리지 건빌 앤 카이우스 칼리지를 자유롭게 이용할 수 있게 해주었다. 그의 장서들에서 과학과 문명의 역사에 대한 책과 논문, 기사들을 맘껏 찾아볼 수 있었다.

　당시唐詩는 대부분 내가 번역했고, 아서 웨일리 또한 이 책에 크게 기여했다. 다른 학자의 번역은 각주로 밝혀두었다.

에드워드 H. 셰이퍼

1962년 2월, 캘리포니아 버클리에서

서론

무화과가 뭔지 상상이 가니?
난 베어 물었지!
금 쟁반 가득 쌓인, 이가 시리게 차가운 멜론
너무 커서 들 수도 없었지
북슬북슬한 복숭아
씨 하나 없이 영롱한 포도송이를……
_크리스티나 로세티, 『도깨비 상점』

이국적인 물건이 지닌 매력은 오늘날에도 강한 힘을 지닌다. 지금 들
춰보는 미국의 한 잡지에는 매력적인 외국 제품들이 넘쳐난다. 프랑스에
서 수입한 향수에는 "사랑의 향기"라는 광고 문구가 걸리고, 벨기에에서
온 구두 광고에서는 "300년간 대를 이어 신발을 만들어온 장인의 손길"
이란 문구가 눈길을 끈다. 스웨덴에서 수입한 자동차는 "최고의 스웨덴
기술력과 장인 정신의 상징"이라는 아우라를 걸쳤다. 스위스제 리코더는
"최고를 선별한 스위스제 배나무·단풍나무·체리나무로 제조"했고, 영국
산 진은 "완벽에 가깝게 지켜온 숙성 기술"을 강조하며, 타이에서 수입하
는 참나무 바닥재는 "시간을 이겨내는 품질"이라고 선전한다. 버진아일

랜드 제품인 애프터 셰이브 로션은 "산뜻함을 간직하세요. 잘생긴 얼굴에서 풍기는 서인도 라임 본연의 산뜻한 효과를 느껴보세요"라고 홍보하고, 하와이 특산의 마카다미아 땅콩은 "하와이섬에서 전해오는 전설의 풍미"라고 유혹한다. 스코틀랜드 위스키, 독일제 카메라, 덴마크의 은제 식기, 이탈리아의 샌들, 인도 마드라스 카레, 인도네시아 후추, 중국제 비단, 멕시코 테킬라도 이국적 향취에서 빼놓을 수 없는 품목이다.

이러한 것에 눈이 번쩍 뜨이는 이유는 아마도 미국에서는 생산할 수 없어서일 수도 있고, 누군가 국산보다는 수입품이 더 좋다고 부추겼기 때문일 수도 있다. 그러나 더 그럴듯한 이유는 그 물건들이 꿈에 그리던 황홀한 곳에서 왔다는 것이다. 이국에 대한 이러한 인상은 실제 외교나 무역 균형, 전쟁 같은 '현실적인' 문제로부터 우리를 정서적으로 분리시킨다. 우리가 휴양지에서 상상으로만 그리던 밝고 따뜻한 세계를 바라듯이 말이다.

이 책의 제목을 『사마르칸트의 황금 복숭아』로 정한 이유는 제목을 보고 그리스 신화에 나오는 전설의 황금빛 사과를 저절로 떠올렸으면 하는 마음에서다. 중국 신화에 나오는 불멸의 복숭아밭인 무릉도원武陵桃源 역시 먼 서쪽이었다. 제임스 플레커의 연극 「하산Hassan」에 나오는 "사마르칸트로 떠나는 황금 여행"이나 프레더릭 딜리어스의 음악에 등장하는 "사마르칸트의 황금 도로"가 그것이다. 신화나 음악 속 상징으로서뿐 아니라 '진짜' 황금빛 복숭아가 있었다. 7세기에 사마르칸트 왕국에서 당나라 황제에게 두 차례나 노란 복숭아를 공물로 보낸 일이 있다. "복숭아는 거위 알만 했으며 금과 비슷해 '황금 복숭아'라 불렀다"[1]고 한다. 심지어 진귀한 열매를 맺는 나무 몇 그루는 장안의 과수원에 옮겨 심었다. 사신 행렬은 이 나무를 가지고 서역西域의 타클라마칸사막을 건너왔다. 하지만 지금은 이 나무가 어떤 종류였고 맛이 어땠는지 추측하기 어렵다. 전설은 이 나무에 신비를 더한다. 이 복숭아는 처음 보는 낯선 것에 대한 호기심이 강한 당나라인들에게 이국적인 상품의 상징이 되었다.

당 제국은 이웃 나라에 예술품과 행동 양식을 전파했다. 이는 오늘날까지도 일본·한국·투르키스탄·티베트·베트남에 남아 있다. 목판 인쇄술, 도시 계획, 의복 양식, 시詩 작법 등은 당에서 주변국에 끼친 거대한 영향의 극히 일부일 뿐이다. 당나라에 거주했던 외국인이 재료를 수입해오듯 당나라인 역시 외국으로 물품을 수출했다. 비단, 와인, 도자기, 금속 공예품이나 약재 같은 고급품도 있었고 앙증맞은 기호품도 있었다. 복숭아, 꿀, 잣 등도 있었고,[2] 문명의 도구도 있었다. 바로 책과 그림이다.[3]

당나라는 문화적으로 중개자 역할도 했다. 서쪽 나라에서 도래한 예술품을 동쪽 나라에 전해주었고, 735년 불교 승려 도선道璿은 인도의 브라만, 참족의 음악가, 페르시아의 외과 의사를 대동하고 본국으로 귀환하는 사신 다지히노 히로나리多治比廣成와 함께 일본에 건너간다.[4] 당나라 문명 자체가 여러 도시에 살던 잡다한 외국인이 이뤄낸 것이므로 이 방면에 더 많은 연구가 요구된다. 인도 종교와 천문학, 페르시아의 직물 패턴 및 금속 공예, 토하라족의 음악과 춤, 튀르크족의 의상과 풍습, 이 모두가 당 제국의 영광이라는 거대한 그림을 꾸미는 작은 부분들이다.

문제는 당이 이국에서 들여온 물건에 관해서 별로 알려진 게 없다는 점이다. 그런 까닭에 바로 이 책에서 다루려 한다. 당나라는 북방에서는 말, 가죽 제품, 모피, 무기를 들여왔고, 남방에서는 상아, 희귀 나무, 약재와 향료를 수입했다. 서쪽에서는 직물, 보석, 공업용 광물 및 무희舞姬까지 수입해왔다.5 8세기의 당나라 사람들은 이런 이국적인 물건을 애호해 구입에 열을 올렸다.

이 책은 중세 무역의 유용한 통계를 제공하거나 조공 제도에 대한 멋진 이론을 제시하지 않는다. 무역품을 주제로 다루지만 어디까지나 인문학적 관점을 견지한다. 구체적으로 만질 수 있는 물건을 통해 가장 인간적인 생각을 찾아내는 일은 역설적이지도, 비밀스럽지도 않다. 프루스트는 『스완네 집 쪽으로』의 서막에서 "과거는 우리 감각 너머에 숨어 있는 무언가, 지식으로 닿을 수 없는 것"이라고 말했다. "이는 의심할 바 없이 물질적인 것(그 물질이 우리 감각에 드러내는 것) 속에" 숨어 있다.

술라웨시섬의 앵무새, 사마르칸트의 강아지, 고대 마가다국의 기이한 도서, 인도 라자스탄 지역 짬파푸라의 강력한 약, 이런 물건 하나하나가 당나라 사람들의 상상력을 완전히 다른 방식으로 자극했고 생활 자체를 바꿨다. 이런 문화적인 영향은 시, 포고령, 소설, 심지어 왕에게 올리는 상주문에까지 스며 표현되고 있다. 문자 형태로 남은 이국적인 물건이 새롭게 변화한 삶과 죽음의 관념적 인상에 영향을 미쳤음이 발견된다. 이들 물건이 당나라에 들어오자마자 그동안 정신적 빈곤함을 느끼고 진정한 고향을 잃어 방황하던 당나라 사람들은 형이상학적인 현실성을 깨닫게 되었다. 그리하여 앵무새는 말레이시아 순다열도에서 갖던 의미와 상관없이 지혜의 상징이 되고, 소설이나 그림 속 강아지는 어린아이들을 즐겁게 만드는 것으로 여겨졌다. 불경의 기괴한 문자를 봤을 때 학승은 경악했으며, 술과 섞으면 완전히 새로운 향취를 만들어내는 약초는 입맛 까다로운 애주가를 위한 고급 술의 재료로 각광받기 시작했다.

이런 이유로 이 책의 제목은 『사마르칸트의 황금 복숭아』가 되었다. (옛날에는 '진짜'로 있었지만 이제는 적당히 전설이 된 과일로, 진정한 삶을 추구하는 사람을 문학적으로 은유하는 말이 되었다.) 한마디로, 물질세계를 넘어선 정신세계의 과일로 변화한 것이다.

다음으로 이 책에서 사용하는 이름이나 개념 중 중요하지만 일반인이 이해하기 어려운 항목을 간략히 해설한다.

시詩 시 또는 시의 단편을 영어로 번역할 때, 영어 표현으로 보면 의미가 통하지 않더라도 되도록 원문에 충실히 번역했다. 따라서 격조 높은 시구의 의미가 모호해질 수도 있지만, 이해하기 쉬운 친근한 이미지가 아닌, 시가 전하고자 하는 신기한 이미지를 전하려 한다.

중세 고어 발음 한인이 아닌 사람과 장소와 사물의 중세 이름을 표기할 때는 기본적으로 베른하르드 칼그렌이 복원한 고한어음古漢語音을 따르지만, 방언이나 음성기호상 발음이 힘들면 내 나름의 가정에 따라 단순하게 정리했다. 복원 소리에는 *를 붙였다. 중세 한어의 어미에 붙는 -t는 종종 외국어 -r이나 -l에 해당되므로, 'myrrh'의 실제 소리는 *muət'에 가깝다. 오늘날 대다수가 사용하는 현대 베이징어 발음으로는 전혀 상상도 할 수 없는 것이다. 이런 식의 오래된 외래어 발음은 별로 남아 있는 게 없다. 유럽어로 비유하자면, 카이사르Caesar를 차르Czar로 적는 것과 유사하다. 예를 들어 고대 캄보디아에서 국가가 생기기 전 시암만 지역의 나라 이름을 '산'이란 의미의 브남Bnam이라 했다. 이 나라의 왕은 거룩한 '세계-산 정상에서 통치하는 하느님'과 같다고 여겼기 때문이다.[6] 이것이 현대의 캄보디아 수도 '프놈펜Pnompenh'의 '프놈'이다. 당나라 시대에는 이곳을 부남扶南(*B'iu-nam)으로 음역했다. 현대 한어 발음인 '후난'을 가지고는 중세 발음을 추측하기 힘들다는 말이다.

고고학 이 책에는 '둔황敦煌'과 '쇼소인正倉院'이 자주 등장한다. 모두 당나라 문물을 많이 모아놓은 저장소다. 둔황은 간쑤성甘肅省의 변경 도시로, 당나라 때 정식 지명은 사주沙州였다. 여기서 20세기 초에 비밀 도서관이 발굴되었다. 영국의 아우렐 스타인이 중세 사료와 그림을 대량으로 영국박물관에 반출했고, 프랑스의 폴 펠리오 교수도 사료와 미술품을 파리 국립도서관에 보냈다. 쇼소인은 일본 교토에서 가까운 도시 나라에 있는 사원 도다이사東大寺의 중세 창고다. 아시아 각지에서 반출해온 훌륭한 유물을 보유하고 있는데, 특히 당나라에서 가져온 물건이 많은 듯하다. 일부 일본 학자가 이것들을 일본 고유의 유물이라고 우기기도 하지만, 실제로는 당나라 물건과 같은 유물들이다. 혹은 심하게는 '당의 짝퉁' 스타일이라 하겠다.

'고대'와 '중세' 중국의 '중세'는 유럽 중세와 시기상 거의 일치한다. 이 책에서 말하는 '고대'는 학계에서 사용하는 '중고中古'와 거의 동의어이며 주周나라 말기, 특히 한대漢代를 말한다. '상고上古'란 상商나라 및 주나라 초기를 이른다. 중국의 언어학 전통에서 말하는 '중고한어'란 당나라, 즉 내가 말하는 '중세 중국'이나 '고대 중국'의 말이다. 이 당시의 언어를 나는 '고古한어' 또는 '고전 한어'라고 한다. 그러므로 'myrrh'에 해당하는 *muət'는 학술적으로 '고한어'에 해당하지만, 정확히는 당나라에서 사용된 중세 한어다. 되도록이면 언어학적으로 혼란스러운 표현은 최대한 피하겠다.

호胡 오랑캐　당대에는 다양한 나라에서 온 사람들과 물건을 '호胡' 스타일이라 했다. 고대에는 주로 중원 북방 사람들을 이르는 말이었지만, 당나라를 포함한 중세에는 주로 서양인, 특히 이란인을 가리킬 때 '호 오랑캐'라 했다. 종종 인도인, 아라비아인, 로마인을 통칭하기도 했다. 이에 상응하는 산스크리트어는 *Śūlīka에서 유래하는 sulī다. *Śūlīka는 다시 '소그디아나 사람'이란 뜻의 *Suγδik에서 왔고, 이는 범위를 넓혀서 이란인까지 지칭했다.[7] 나는 종종 이 단어를 과감하게 '서양' 혹은 '서양인'이라고 번역하기도 한다.

만蠻 오랑캐　만蠻은 당나라 남쪽 경계 지역에 거주하는 비非한인들로서, 당나라 영토 내에 거주하는 소수 민족을 일컫기도 한다. 인도차이나의 특정 민족을 만이라 불렀으며, 현재는 명확히 어떤 종족을 지칭하는지 알기 어렵다.

영남　영남嶺南이란 당나라 남부의 광활한 지역으로, 현재 광둥성廣

東省에서 광시성廣西省에 해당된다. 이 책에서는 이 지역 일대를 영남이라 하겠다.

안남 안남安南이란 '편안한 남쪽' 또는 '평정된 남부'라는 의미에서 '당나라의 보호령'이었다. 현 통킹 지역의 제국주의적인 지명이다. 통킹은 북부 베트남으로, 영남의 바로 남쪽이자 짬파 북쪽 지역이다.

진랍 브남(부남)을 흡수한 캄보디아국은 진랍眞臘이다. *Chinrap의 어원은 원주민의 말로서, 폴 펠리오 교수의 해설에 따르면 '한인이 정복하다'의 뜻이다. 현대 도시 시엠립이 '시암 사람이 정복하다'라는 뜻인 것과 마찬가지다.[8]

고창 투루판吐魯番에 설치된 당나라 요새는 서주西州, 즉 서쪽 섬이라고 했다. 대대수의 사람이 이곳을 치난치켄트Činančkänt, 즉 '중국인의 도시'라 했다. 당나라 사람은 이곳을 고창高昌이라고 불렀는데, 고창의 현지 말은 코쵸Qoč'o다.[9]

세린디아(서역) 당나라와 서투르키스탄 사이의 광활한 사막 지역은 '중국령 투르키스탄' '동투르키스탄' '타림분지' '중앙아시아' 그리고 '신장新疆' 등으로 불린다. 아우렐 스타인 교수는 이곳을 '세린디아'로 불렀다.

로마 당나라 사람들도 동로마 제국에 대해 약간은 알고 있었다. 쇠락한 형태로 '로마' 혹은 내가 종종 사용하는 동방 언어에서 유래한 '흐롬Hrom'으로 불렀다. 가끔은 '룸Rum' 또는 '로마'라 했다. 당시 발음을 한어로 대체한 것이 '불림拂林'이다.

주州 당 제국은 미국의 카운티와 상당히 유사한 형태의 '주州'라는 실질적인 자치 지역으로 나뉘어 있었다. '주'라는 글자는 '물에 둘러싸인 땅'이나 '섬' 혹은 '대륙'을 의미한다. 중국에는 유명한 홍수 전설이 있는데, 우禹임금이 중원 전역의 홍수를 다스려 중원을 구주九州로 나누어 사람이 살 수 있는 땅을 마련했다는 것이다. 최초의 나라가 여기서 시작한다. 주라는 단어는 오랫동안 다양한 크기의 땅을 이르는 말로 사용되어왔다. 이를 영어식으로 표현하자면 '섬 지역island-province'이거나 '섬'이라고 할 수 있다. 영국인이라면 놀랄 표현이 아니다. 영국에서 '일리섬Isle of Ely'이란 말은 '에식스주'나 '케임브리지주'와 다를 바 없다. 프랑스에서 사용하는 '프랑스 군도Ile de France'도 유사한 표현이다. 따라서 이 책에서는 영어식 관용구인 초도楚島나 농도隴島가 아닌 초주楚州나 농주隴州로 쓰겠다.

사원 한나라에 처음 불교 시설이 들어섰을 때 절寺은 정부에 속한 건물이었다. 따라서 불교 사원을 비롯한 여타 종교 시설(사원이란 여러 채의 건물, 회랑과 정원이 대규모로 조합되어 있는 복합 시설이다)이기에 '관청'이었다. 당나라에서는 종종 정부 청사를 '시寺'라고 불렀다.

식물 이 책에 나오는 식물을 식별하기 위해 주로 다음의 저서를 참조했다.

G. A. Stuart, *Chinese Materia Medica: Vegetable Kingdom*(1911)

B. E. Read, *Chinese Medicinal Plants from the Pen Ts'ao Kang Mu A. D. 1596*(1936)

I. H. Burkhill, *A Dictionary of the Economic Products of the Malay Peninsula*(1935)

차 례

제1장 당나라의 영광

네 보화와 수입품과 수출품과
노 젓는 사공과 키를 잡은 선원과……
바다에서 싣고 온 네 상품을 풀어
수많은 백성을 배불리더니,
그 많은 보화와 상품으로
세상의 왕들을 부요하게 만들더니……
_『구약』「에스겔」 27: 27~33

역사적 문제

이 책은 이씨李氏 왕조가 통치했던 당唐 제국에 관한 이야기다. 과거로 거슬러 올라가 보면 중세 제국인 당나라는 아시아 지역에서 엄청난 위명을 떨쳤다. 먼저 당나라에 대해 살짝 알아보자. 제국이 공식적으로 지배했던 3세기의 시간이 모두 비슷하지는 않았다. 우리는 그 다양한 측면을 알아보고, 이야기의 살을 붙일 연대기의 골격을 만들 것이다. 물론 뼈대가 되는 가정에 억지가 있을 거라는 걸 인정한다. 근본적인 것이 너무 많이 변했고, 그대로인 것조차 너무 적거나 남았다고 해도 미묘하게 본래의 모습과는 틀어졌다. 다행히도 우리 관심이 주로 상업과 예술이기에, 조악하게나마 세기별로 구분해볼 수 있을 것이다.

7세기는 정복과 정착의 세기였다. 먼저 당나라의 이씨 왕조는 강력했던 수隋나라를 멸망시켰고, 수나라와 마찬가지로 야심만만하던 주변 왕국들을 하나둘 거꾸러뜨렸다. 그들은 우선 지금 몽골 지역에 있던 동돌궐東突厥을 정복하고, 만주滿洲와 한반도에 있던 고구려 및 백제를 무너뜨렸다. 마지막으로 서역西域이라 불리던 동투르키스탄의 도시국가들을 거느리고 있던 서돌궐西突厥을 정복했다.[1] 당나라 군대는 인구와 물자를 지속적으로 새로 개척한 신성한 땅으로 이주시켰다.

그 당시는 낮은 물가와 경제적인 안정의 시기였다. 농부에게는 경작지를 분배해주었고, 동시에 확고한 세금 정책인 조租·용庸·조調 세법을 실시했다. 성인 남자는 곡물로 세금을 냈고, 가정 내 여자들은 비단이나 삼베로 가족 세금을 납세했으며, 가족 중의 남성이 노역할 기간도 법으로 정했다.[2] 이 시기는 이주의 시대였다. 대규모 이주민들이 행운과 기회를 찾아 저개발 지역으로 떠났다. 이민족의 침입이나 징병 또는 홍수를 피하기 위해 현재의 중국 중부와 남부로 이주했다.[3] 동시에 사회적 변화의 시대이기도 했다. 과거에 급제한 화남華南 출신의 관리들이 새로운 권력을 창출했다. 한편 돌궐 문화의 유행에 민감했고 이 유행에 유대감을 가지고 있던 화북華北 지역의 옛 귀족층이 몰락했다. 이 혁명적 변화는 7세기 말 단명한 주周 왕조를 세웠던 측천무후則天武后의 통치로 절정에 달했다.[4] 이 시기에는 인도 문화가 당에 심대한 영향을 끼쳤다. 특히 불교 철학, 천문학, 수학, 의학, 언어학이 인도 예술과 함께 중국에 살고 있던 사람들의 삶을 높은 수준으로 올려놓았다. 마지막으로, 이 시기에 모든 종류의 외국 사치품과 진귀한 물건에 대한 취향이 궁정에서부터 도시의 일반 주민에게까지 침투하기 시작했다.

8세기는 두보杜甫, 이백李白, 왕유王維 등으로 대표되는 문장가와 문학의 시대였다. '성당盛唐'은 765년까지 이어지고, 810년대까지는 '중당中唐'이라 한다. 이 시기는 수없이 일어난 재난이 끝나고 서서히 회복해가던 때다. 진정한 문예 부흥을 이끈 한유韓愈, 백거이白居易, 유종원柳宗元의 활약도 이 시기에 이르러 절정에 달한다.5 8세기 중반에 큰 변동이 일어났기 때문에 이를 기점으로 시기를 구분할 수 있다. '성당'에 해당하는 첫 번째 반세기는 장대했고 문화도 최고조에 다다랐다. 그리고 이후 반세기는 부흥과 일탈의 시기였다.

전반 50년, 즉 성당은 현종玄宗의 빛나는 통치 기간에 해당한다. 나라는 부유하고 치안은 좋았으며 물가는 쌌다. "왕국에는 살 수 없을 정도로 비싼 물건은 없다"6고 할 정도였다. 여행은 자유로워서 남으로는 형주荊州나 양양襄陽에 갈 수 있었고, 북으로 태원太原이나 범양范陽, 서쪽으로는 사천四川이나 양주涼州에 이르기까지 도로도 사통팔달이었다. 관도 곳곳에 상인이나 여행객을 위한 작은 가게나 큰 상점이 즐비하게 마련되었다. 그래서 "천 리의 길을 여행해도 한 치의 칼이 필요 없구나!"7라는 말이 통할 정도였다. 안전하게 정비된 관도를 지나는 나그네들이 이용할 수 있는 노새와 당나귀가 준비되어 있었고,8 장강(창장長江강) 하구에서 수도인 장안長安까지 세금으로 납부하는 비단을 운반하기 위해 건설된 운하가 잘 정비되어 있었다. 때문에 해상 수송을 통해 외국에서 사치품을 사들여 운반할 수 있었다.9 잘 깔린 도로와 정비된 수로가 해외 무역을 이끌었고, 젊은 군주인 현종의 취향 역시 이에 따라 변화했다.

그도 즉위 초기에는 값비싼 사치품을 경멸한다는 통치자의 의지를 드러내기 위해 궁궐의 정원에서 귀금속, 보물, 직물 등 막대한 양의 사치품을 불태우는 행사를 거행하기도 했다. 하지만 몇 년 후 광주廣州에서 시작한 해외 무역을 통한 부의 축적과 성공 신화에 유혹당하고 만다. 그는 해외 무역을 통해 제국으로 흘러드는 값비싼 수입품을 시기하고 질투하기 시작했다.[10] 비단을 교환 단위로 삼았기에 낙타에서 토지까지 어느 것이든 비단으로 구입할 수 있었다.[11] 이 때문에 곡식과 주화를 교환 단위로 삼던 전통적인 경제는 삐걱거리기 시작하다가 마침내 731년에는 공식적으로 주화鑄貨 경제가 파탄에 이른다. 전례 없는 번영의 결과, 특히 양주揚州와 광주 같은 상업 중심지에서 일이 벌어졌다.[12] 금은 상업의 윤활유였고, 신흥 상인들의 금 결제는 일종의 유행으로 자리 잡았다. 7세기 주화 위주의 세제 개편을 계기로 비단의 통화 위상도 흔들렸다. 780년에 새로운 '양세법兩稅法' 개혁이 실시되고, 반년마다 노동이나 물건으로 납부하던 세금을 금전으로도 대신할 수 있게 되었다. 이 변화는 발달하는 금 본위 화폐 경제에 응답한 것이고, 상인 계층을 크게 고무시켰다.[13] 세금의 변화가 불러온 새로운 세계는 사업가들과 기업가들의 전성기를 의미하지만, 동시에 자작농의 붕괴와 왕조의 토대를 이룬 자작농에게 제공된 토지의 소멸을 뜻한다. 따라서 8세기 절반이 지나자 자작농이 불행한 소작농으로 바뀌고, 이들이 거대 영지領地를 지닌 부유한 지주들에 반기를 드는 시기가 시작되었다. 이는 전쟁과 부역, 무거운 세금이 초래한 결과였다.[14]

당 현종의 통치 시기는 새로운 문인 계층의 황금기이기도 했다. 가장 좋은 예는 화남 출신의 정치인 장구령張九齡의 눈부신 활약이다. 그는 군인과 귀족 계급의 적이지만 화남인華南人과 상인의 편이라고 자신을 선전했다. 그러나 현종 치하의 관리와 군주의 지지를 등에 업은 이임보李林甫는 강력한 독재 정치를 펼쳤다. 결국 특권 계층이 최종적인 승리를 거머쥐었다.[15] 그가 죽자 그의 부하였던 안녹산安祿山[16]은 하북河北 지역의 '순수 혈통'을 주장하는 한인 지지자들의 부추김 속에 새로운 체제에 반항하여 들고일어난다. 동북 변경에서 시작해 황하(황허黃河강) 유역으로 군사를 이끌고 쳐들어가 장안과 낙양洛陽을 덮쳐 약탈한다.[17] 안녹산의 반란이 일어난 8세기 중후반은 쇠퇴와 죽음의 시대가 열리면서 인구가 급격하게 감소했다.[18]

이 정변으로 국경 지역에서도 변화가 생긴다. 남조南詔(후에 운남 지역)라는 새 국가의 군사들은 미얀마와 인도를 잇는 서방 루트를 점령하고는 결사적으로 독립을 유지하고자 항거했다. 8세기 중반에 튀르크계 위구르인들은 당나라를 오만한 우방인 동시에 경쟁자로 여기며 서북 변경에서 세력을 넓힌다. 만주에서는 거란契丹이라는 신흥 종족(이후 2세기 동안 큰 위협이 아니었다)이 당 국경을 약화시켰다. 토번吐蕃(티베트)인들은 고구려 출신의 대장군 고선지高仙芝에게 진압될 때까지 서역西域 방향의 무역로를 교란했다. 하지만 751년에 고선지는 탈라스 강가에서 아바스 군의 주력을 공격했다가 협공을 받아 패퇴하고 말았다. 이슬람 세력은 중앙아시아에서 주도권을 장악했고, 모든 지역에서 우후죽순으로 들고일어나기 시작했다. 아라비아 군대는 당나라를 도와 안녹산의 난을 평정하는 데 힘을 보탰지만, 동시에 아라비아 해적들은 몇 년 후에 광주 지역을 약탈했다.[19]

외국 종교도 용인되었다. 그 시기에는 모든 종류의 불교, 시리아 출신이 믿던 네스토리우스교, 위구르족이 믿던 마니교에서는 그들만의 신비로운 의례를 행했고, 그들의 신성한 장소에서 그들의 기도를 영창咏唱했다. 당나라의 도시에서는 이들의 종교 행위가 공식적으로 법적인 보호를 받았다.

화북 지역을 교란한 안녹산의 난이 평정된 뒤, 새로운 문화적·경제적 부흥을 위한 노력은 9세기 초 20년가량 지속되었다. 이 책에서 우리가 살펴보려는 문화적 현상은 820년에 시작해 907년 왕조의 소멸과 함께 끝난다. 양세법으로 시작하는 물가의 하락과 안정의 시기가 이어졌다. 하지만 820년대부터는 점차 물가가 상승하며 불행이 시작된다. 전쟁과 재난, 가뭄과 메뚜기 떼의 습격 같은 자연재해로 생필품이 부족해지고 값비싼 수입품도 품귀 현상을 보이는 등 온 백성이 고통받는 시대가 지속되었다.[20] 이 세기의 인재人災들 가운데 가장 치명적인 것으로는 황소黃巢의 난을 들 수 있다. 그의 반란으로 870~880년대까지 전국이 황폐해졌다. 특히 879년 광주에서 벌어진 외국 상인 대학살은 잔혹하기 이를 데 없었다. 무역과 치안에 심각한 상처를 주었고, 이 학살로 인해 무역으로 생기던 수익은 급감한다.[21]

이 시기부터 조공을 바치던 당나라의 속국이나 의존적인 나라들 사이에서 당나라의 권위가 눈에 띄게 줄어든다. 남조南詔는 안남安南(베트남)에 있던 당나라 도호부를 침략하고,[22] 강력하고 세련된 문화의 위구르족을 정복한 키르기스 같은 새로운 강적들이 출현한다. 위구르의 쇠퇴로 중국에서 마니교는 무방비 상태에 빠져든다. 845년에 외국 종교에 대한 대규모 박해가 일어나면서 마니교는 불교와 함께 고통을 받았다. 승려들은 강제로 환속해야 했으며 청동 불상은 구리 동전으로 바뀌었다.[23] 마녀사

낭식 박해 운동의 진정한 목적은 재산 몰수였다. 이런 이교 탄압을 빙자한 경제적인 수탈은 공포를 퍼트리며 외국 문화 혐오증을 강조하던 시대에만 일시적으로 효과적이었다.[24] 게다가 그 시기의 제국은 독립하려는 지방 세력의 원심력으로 인해 치명적으로 약해져 있었다. 지방의 군벌 지도자들은 각기 자치국을 열어 왕을 자처했다. 이런 충격과 이탈을 지속하다가 마침내 10세기 초 이씨 왕가와 당나라는 멸망하고 만다.

당나라의 외국인

만화경처럼 변화무쌍한 3세기 동안, 거의 모든 아시아 지역의 사람들이 이 빛나는 세상을 찾아왔다. 일부는 호기심으로, 일부는 야망을 품고, 일부는 돈을 목적으로, 일부는 오지 않을 수 없다는 이유로 왔다. 그중 가장 눈에 들어오는 세 방문객은 정부 사절, 성직자, 상인이었다. 그들은 정치·종교·상업에 큰 변화를 가져왔다.

사절 중에서 가장 눈에 띄는 사람으로 7세기 당나라의 불행한 망명객인 페로즈를 꼽을 수 있다. 그는 사산 왕조의 적손으로 야즈데게르드 3세의 아들이었다.[25] 그 외에도 여러 해외 사절이 들어와 있었다. 페로즈와 마찬가지로, 사절들은 자신이 대표하는 왕조에 유리한 방향으로 제국의 호의를 받기 위해 줄을 이었다. 성공하든 실패하든 상관없었다. 인도 불교 승려도 상당수 들어왔다. 다양한 종파의 페르시아 성직자들도 들어왔다. 631년 장안에 아후라 마즈다를 숭배하는 조로아스터교 사원이 설립되고, 638년에는 영광스럽게도 네스토리우스파 기독교인 경교景

敎 교회가 건립되었으며, 694년에 기이한 교리로 유명한 마니교가 궁중에 선을 보였다.[26] 돌궐의 어린 왕자는 오만으로부터 건너온 보석상과 거래할 방법을 상의하기도 했다. 일본의 순례자들은 소그드 낙타 대상隊商들을 놀라워하며 응시했다. 참으로 국적이면 국적, 직업이면 직업까지 없는 게 없는 세상이었다.

여행자들은 왕에게 바치는 공물, 팔기에 적합한 상품, 그들이 사용하는 물건들까지 전부 가져와, 당나라는 이국적인 상품 천지였다. 심지어는 공물에 대한 답례로 안남 절도사에 임명되어 파격적인 출세를 한 소그드인도 있었다.[27] 루비로 눈 주변을 장식하고 금 뚜껑이 달린 최고 품질의 사향을 채운 검은 자기를 가져온 오만의 유대 상인은 횡재를 했다. 그 꽃병은 5만 디나르에 팔려나갔다고 한다.[28] 좀 더 경건한 사람들로는 당나라의 경전 지식을 얻고 더 정확히 경전을 번역하기 위해 가문에서 유학 보낸 토번의 귀족 자제도 있었다.[29]

배와 항로

당으로 가는 길은 둘이었다. 대상隊商은 육로, 큰 배는 바닷길이다. 큰 배들은 인도양과 남중국해에 줄을 지어 들어와, 황금으로 빛나는 동방의 재물에 눈이 먼 서양인을 실어 날랐다.

북쪽 바다는 신라인이 주름잡았다. 특히 660년 백제, 668년 고구려의 멸망 이후 항해술과 무역은 주로 신라인이 장악했다. 승리를 거둔 신라의 대사·성직자·상인들이 신라라는 이름으로 당나라에 건너왔고, 패퇴한 나라의 유민들 또한 어떻게든 대규모로 건너왔다.[30] 신라의 배는 황해의 북쪽 끝을 따라 항해했고, 산동(산둥山東)반도 쪽으로 입항했다. 일본과 신라가 적대 관계로 바뀌는 7세기 말까지, 히젠肥前에서 출항하는 일본 선박도 일반적으로 이 항로를 이용했다.[31] 8세기에 이르러 일본인은 신라와의 관계 악화로 신라의 배를 피해 다녀야만 했다. 일본은 이전과 달리 나가사키長崎에서 출항한 뒤 공해公海를 가로질러 회하(화이허淮河강)나 장강의 어귀로 향하거나, 심지어 항주만杭州灣으로 돌아서 가도록 강요당했다.[32] 하지만 9세기에 이 항로는 매우 위험했고, 이 항로를 피하고자 일본인 순례자와 사절들은 신라의 배를 이용했다. 산동을 거쳐 회하의 어귀로 가는 것이 가장 안전했고, 혹은 조금 위험하기는 했지만 양주揚州 대신 절강浙江과 복건福建보다 더 먼 남쪽으로 항해하는 중국 배들을 이용했다.[33] 신라의 배들이 서해안을 지배했지만, 문화적으로 당나라에 의존하던 만주의 발해渤海 상인 배들도 이 항로를 항해했다.[34] 산동의 등주登州에서는 신라뿐 아니라 발해인을 위한 숙박 시설 및 정부 시설도 있었다.[35] 그러나 대부분은 신라인이었다. 신라인들은 장강과 황하 사이에 있는 내륙 운하를 이용했는데, 다른 외국인과 마찬가지로 주어진 치외법권을 누렸다. 초주楚州와 연수漣水의 도시에 대규모 신라인 거리를 만들었다. 신라인은 당나라에서 활동한 가장 큰 외국인 집단이었다.[36]

당나라 해외 무역의 대부분은 남중국해와 인도양을 통해 이루어졌다. 그것은 계절풍의 주기적인 변화 때문이다. 광주에서 떠나는 배들은 늦가을 혹은 겨울에 출발하는데, 동북 계절풍이 불기 전에 출항해야 했다.[37] 동북 계절풍은 중국에서 서쪽으로 수천 킬로미터 떨어진 페르시아만 항구에서 배가 출발하라는 신호이기도 했다. 물건을 실은 배가 광주를 떠나기 전에, 멀리 이슬람 지역에서도 배가 바다로 출항한다. 이슬람의 배들이 9월이나 10월에 바스라 혹은 시라프를 떠난 뒤 페르시아만을 지나 겨울 계절풍을 타고 인도양을 가로질러 오면 6월경이다. 이 계절이 되면 강한 서남 계절풍이 불기 시작한다. 이 바람을 타고 말레이시아에서 북쪽으로 남중국해를 건너면 비로소 목적지에 도착할 수 있었다. 해로는 동에서 서로, 서에서 동으로 향하는 두 항로가 있었다. 항로를 지배하는 계절풍의 법칙은 '겨울에는 남쪽으로, 여름에는 북쪽으로'였다.[38]

7세기에서 9세기까지, 인도양은 모든 국적의 배로 가득한 안전하고 자원이 풍부한 바다였다. 아라비아해는 이슬람의 보호 아래 있었다. 아바스조의 수도를 다마스쿠스에서 페르시아만 앞에 위치한 바그다드로 이전한 이후 동방 해상 무역은 크게 번창했다.[39] 아라비아의 도시인 바스라는 바그다드와 가장 가까운 항구였다. 하지만 그곳은 큰 배가 정박할 수 없었다. 바스라 아래쪽 만의 입구에는 페르시아 제국의 오래된 항구 우불라가 있었다. 하지만 모든 항구 중에서 가장 부유한 항구는 시라즈 아래 페르시아만에 위치한 시라프였다. 이 도시의 번창은 온전히 동방 무역 덕택이었다. 시라프는 977년 지진으로 파괴될 때까지 페르시아만 무역의 중심지였다.[40] 이 항구의 주민 대부분은 페르시아인이었지만, 종종 아라비아 출신 진주 채취 잠수부도 있었고, 인도와 당나라로 가는 배를 타기 위해서 메소포타미아와 오만 출신 상인들은 물론 모험가들까지 몰려들었다.[41] 시라프의 쇠퇴는 이미 870년대에 시작된다. 반란을 일으킨 아프리카 노예가 바스라와 우불라를 약탈하고 파괴하면서 항구의 역할을 상실해버렸다. 시라프의 쇠퇴는 동아시아와의 무역에 큰 손실을 가

겨왔다.[42]

당시 이 항구에서 많은 나라의 배가 출항했고, 선원 대부분이 페르시아어를 구사했다. 소그드어가 중앙아시아 지역의 공통어였던 것처럼, 페르시아어는 남방 바다의 공통어였다.[43] 선박들은 인도양으로 가는 도중 오만에 있는 무스카트에서 정박했다. 해적들이 출몰해 한때 신드라는 해안의 항구가 위태롭기까지 했다. 이외에 직접적으로 말라바르 해안으로 뱃머리를 향하기도 했다.[44] 이후로는 '사자의 나라' 혹은 보석을 구매하는 '루비의 섬'이라 불린 실론으로 항로를 잡기도 했다.[45] 이 길은 니코바르제도의 동쪽이었다. 그곳에서 코코넛이나 용연향을 싣기도 하고, 카누를 타고 나체로 다니는 오랑캐들과 물물교환도 했다. 선박은 말레이반도에 정박하기도 하고 케다에도 들렀다. 그곳에서 그들은 전설적인 인도제도의 황금의 땅인 수바르나부미 항로로 나아가서 믈라카해협을 빠져나가기도 했다. 마침내 그들은 여름의 비가 많은 계절풍을 따라서 하노이나 광주로 들어간다. 비단을 다마스쿠스에 수출하기 위해 더 멀리 북쪽 해안을 돌아야 할 때도 있었다.[46]

당나라 시대에 중국 항구에 모여든 원양 상선의 거대한 크기에 놀란 한인들은 이런 상선들을 '남해南海의 거대 상선' '서역西域의 거대 상선' '오랑캐의 대 상선' '말레이의 큰 배' '스리랑카의 큰 배' '브라만의 큰 배' 그리고 무엇보다 '페르시아의 거대 상선'이라 불렀다.[47] 이 시대 중국의 배들이 시라프로 향하는 길고 위험한 항로를 개척했는지는 확실하지 않다. 대양으로 나가는 중국의 배들은 몇 세기 후인 송宋·원元·명明 시대에야 겨우 건조할 수 있었다고 한다.[48] 그러니 당나라 시대에는 서역으로 가려는 여행자들이 외국 배의 바닥에 승선해야 했다. 9~10세기의 아

자와섬 보로부두르의 부조. "인도 제도의 황금의 땅인 수바르나부미 항로로 나아가서 믈라카해협을 빠져나가기도 했다."

라비아 작가들이 "페르시아만 항구의 당나라 배"라고 한 것은 사실 "당나라와의 무역에 종사하는 배"였다. 아라비아인과 페르시아인은 인도네시아의 계피桂皮와 백단유白檀油를 '당나라 물건'이라 불렀다. 그런 것들은 중국 가까이 있던 지역에서 산출되어 배로 운반해왔기 때문이다.[49] 유사하게, 당나라 문헌에서 '파사박波斯舶', 즉 페르시아 상선이라고 표현한 것은 대체로 말레이나 타밀 선원들이 탄 "페르시아만과의 무역에 종사하는 배"였을 것이다.[50]

당시 문헌에는 이 대단한 수출입에 종사하는 큰 배들이 실론에서 왔다고 되어 있다. 보통 전장이 60미터에 이르고, 600~700명의 사람들을 수송했다. 많은 구명정을 달고 있었으며, 통신을 위한 전서구傳書鳩까지 구비하고 있었다.[51] 대체로 페르시아만에서 건조한 배들이었다. 조금 규모가 작은 다우dhow 선박은 비교적 작지만 큰 삼각돛을 리모델링해 달고 있었다. 배는 평저선으로, 배의 끝에서 끝까지 두꺼운 나무로 후판을 치고 있었다.[52] 못은 사용하지 않고 코코넛 섬유로 짠 실로 연결 부분을 묶었고, 고래기름 또는 당나라에서 개발한 검은색 옻칠 방수포로 마감했다.[53]

대상과 육로

동방의 나라들에서는 보물을 마차나 낙타 또는 말이나 당나귀로 운반했다. 동과 북, 서북과 서남에서 보물을 육로로 옮겨 왔다. 만주와 신라인들은 요양遼陽 지역의 숲과 평야를 통해 운반했다. 퉁구스족과 몽골족은 발해만渤海灣 연안이나 만리장성 사이의 산과 바다가 맞닿은 좁은 지역을 따라 이송했다. 이곳에는 당나라의 노룡盧龍이라는 도시가 있었다. 이 도시는 국경의 중요 거점 도시로 유수渝水 변에 있었으며, 요새이자 세관 출장소 역할을 했다. 안타깝게도 당나라 시대 이후 사라졌다.[54]

위대한 길 실크로드를 따라가 당나라의 서북부 고비사막을 넘어가면 사마르칸트·페르시아·시리아에 당도할 수 있다. 실크로드는 옥문관玉門關을 지나면서 두 갈래로 나뉜다. 그 어떤 길도 안전하지 않은 험하고 위태로운 길이다. 험한 대상로隊商路의 위험은 길을 가다 만나는, 짐을 나르던 동물이나 사람의 해골로 확인할 수 있다. 둔황부터 투루판까지 무섭고 위험한 길이었다. 그 길을 따라가자면 고대 호수인 로프노르羅布泊를 만나게 된다. 대상은 이 호숫가에 말라붙어 있는 소금 덩어리들이 만들어낸 하얀 모래언덕을 건너가야 한다. 호수를 지나 사막이 나오는데, 압도적인 광경을 연출하는 사막이 바로 무서운 악귀가 출몰하는 곳이었다. 그래서 대상을 인도하는 이들은 이 길보다는 높은 파미르고원을 거쳐 사막을 건너는 길을 선호했다.[55] 대체로 북쪽으로 향하는 우회로를 따라가면 투루판에 도착했다.[56] 투루판으로부터 서돌궐을 향해 서쪽으로 들어가면 톈산산맥의 남쪽에서 서남으로 향하는 길이 있다. 혹은 톈산남로의 서남쪽으로는 동투르키스탄의 쿠처庫車와 여타 오아시스 도시를 지나는 노선이 있었다. 이와 병행해 둔황을 출발해 신비한 의미를 지닌 곤륜산의 북쪽을 따라 밖으로 나아가다 호탄和田으로 빠져나가 파미르고원으로 연결되던 남로도 있었다.[57] 이 길을 개척할 수 있었던 건 오로지 쌍봉낙타의 독특한 장점 덕분이었다. 낙타의 예민한 후각은 목마른 상인들에게 지하수를 알려주었고, 치명적인 모래폭풍을 예견하기도 했다.

사막의 용권풍龍卷風이 불어올 때면, 나이 많은 낙타들은 이 바람에 대한 경험이 있어서 즉시 함께 모여서 으르렁거리며 둘러앉아 입을 모래 안에 묻는다. 대상들은 이것을 징조로 받아들인다. 대상들 또한 즉시 코와 입을 가린다. 사막의 용권풍은 빠르게 이동하며 금방 지나가버린다. 하지만 만일 입과 코를 가려서 보호하지 않는다면 졸지에 즉사할 수 있을 정도로 용권풍은 위험하다.[58]

또 다른 무역로로 매우 오래됐지만 당나라 이전 시대에는 거의 이용하지 않았던 길이 하나 있다. 지금의 쓰촨성四川省 험로를 지나 윈난성雲南省을 통과하는 길이다. 미얀마의 이라와디강 상류의 바닥 깊은 계곡을 지나면 길은 둘로 나뉘며 거기에서 벵골로 연결된다. 당시의 운남은 오랑캐의 땅으로, 당나라는 이곳을 정복할 수 없었다. 미얀마로 통하는 이 고대의 길을 다시 열려고 노력했지만 8세기에는 당보다는 변경에서 노략질을 일삼던 티베트인에 우호적이던 남조南詔가 발흥하면서 수포로 돌아갔다. 남조가 863년에 교주交州(통킹)를 침입했을 때 당나라 군대는 겨우 이를 격파할 수 있었다. 하지만 그때는 이미 당나라의 대외 무역은 쇠퇴하고 있었다. 때문에 모처럼 승리로 얻은 무역로는 별 소용이 없었다. 이 미얀마로 통하는 길 중 하나가 바로 미얀마 북쪽 도시 미치나의 호박琥珀 광산 근처였다. 무역로는 현재 인기 있는 푸른색 비취가 채굴되는 곳으로부터 멀지 않은 곳을 통과했다. 오랜 세월이 흐른 후에 북경의 보석 세공인은 운남을 지나는 오래된 길을 통해 호박을 중국으로 수입했다.[59]

불교 순례자나 승려들은 인도나 네팔을 경유해 남하해서 돌아가거나 때때로 티베트를 통하는 힘겨운 길을 걸어 장안에 당도해야 했다.[60]

당나라의 외국인 정착지

이제 외국인들이 모인 당나라 도시나 마을 및 국내에서 이동한 루트를 살펴보자. 남쪽부터 시작해 북으로 올라가보자. 당나라 이전 남중국해에서 온 선원들은 대개 지금의 통킹만 하노이 부근으로 입항했다. 그러나 당나라 성립 후 아라비아와 인도의 상인들은 그들의 상선을 광주혹은 더 북쪽 항구에 정박시켰다.[61] 이때에 통킹에는 감람나무 잎을 껌처럼 씹던 베트남 사람들이 살았다. 도호부는 교주交州에 있었고, 항구는 롱비엔龍編이었다.[62] 교주의 해외 무역은 7세기에 광주와 함께 급감했지만 완전히 소멸해버린 것은 아니었다. 심지어 8세기 후반 이후에는 다소 강세를 보이기까지 했다. 세기말 수십 년 동안은 광주의 탐욕스러운 관리와 대리인들의 수탈로 인해 외국 무역업자들은 교주를 선호했다.[63]

남쪽의 도시, 외국 상인들이 모이는 도시 가운데 아라비아인이 칸푸Khanfu, 인도 사람들이 치나Cīna라 하던 큰 항구 광주보다 더 번창한 곳은 없었을 것이다.[64] 당시 광주는 오랑캐들과 야생 짐승이 함께 살아가며 더러운 전염병이나 혐오스러운 질병이 골칫거리인 곳이었다. 동시에 열대 황무지 가장자리에 떠 있는 섬 같아서, 여지荔枝·오렌지·바나나·벵골보리수가 우거진 국경 지역의 항구 도시이기도 했다. 당 제국의 통치 기간 20만 인구 대부분이 '오랑캐'였지만, 광주는 서서히 진실로 당을 대표하는 도시로 탈바꿈해나갔다.[65] 그렇게 광주는 부유하면서도 동시에 보잘것없는 도시이기도 했다. 도시 전체를 초가지붕의 목조 건물이 둘러싸고 있던 복잡한 잡풀림이었다. 806년 영명한 총독이 부임해 초가집에 기와지붕을 얹으라는 명령을 내리고 강력한 의지로 시행할 때까지 처참

한 화재가 반복적으로 도시를 휩쓸어갔다.[66]

이런 다채롭지만 비현실적인 도시인 광주의 항구 어귀에는 인도와 페르시아, 말레이 상선들이 가득 메우고 있었다. 선박엔 향료, 마약, 희귀한 보화가 가득했고, 부려놓은 화물들은 산더미처럼 쌓여 있었다.[67] 이곳을 찾아오는 거무스름한 외국인들은 향기로운 열대 나무나 거의 전설로나 회자되던 약을 가져와서 비단·도자기·노예로 교환하기를 원했다. 당나라의 상인들은 이들이 가져온 물건으로 부유해졌다. 상인들은 남쪽에서 만들어낼 이익을 위해 북방에서의 편안한 삶을 기꺼이 포기했다. 상인들은 도시와 지방의 통치자에게 엄청난 뇌물을 쏟아부었다. 물품 운반을 위해서는 "여섯 마리 야크의 꼬리를 한 단위로 하고, 야크 한 마리당 군인 한 명을 배정했다. 그들은 천자가 부럽지 않을 정도의 위엄과 화려함을 누렸다."[68]

많은 방문자가 광주의 외국인 숙소에서 묵거나 그곳에 정착했다. 광주에 체류하는 장사치나 다양한 국적의 외국인 또는 항해에 좋은 계절풍이 불기를 기다리는 사람이 대부분이었다. 제국은 정부 차원에서 이들의 편의를 위해 강의 남안에 숙소를 마련해주었다. 여기에 체류하는 외국인들은 정부에서 특별히 지명한 장로長老의 지휘하에 일종의 치외법권의 특혜를 누리고 있었다.[69] 아라비아인이나 실론인 등 문명인 대접을 받던 선진국에서 온 사람들과 '백만白蠻'이나 '적만赤蠻' 등 미개한 지역에서 온 상인들이 서로 소매를 맞대고 부대끼며 생활하고 있었다.[70]

이곳에서는 인도 불교의 정통 교단 신도들이 전용 불교 사원에서 '푸른 연꽃'의 향을 뿌리면서 예식을 거행하기도 하고,[71] 그 옆에서는 호라산에서 박해를 받아 피난 온, 동방의 이슬람 사원 설립을 위해 노력하는 시아파 무슬림 같은 비정통 교도들까지 각기의 사원에서 예배를 보았다.[72] 간단히 말해, 모든 피부색의 외국인과 모든 지방의 당나라 사람들이 한데 어울려 북적거렸다. 이들 모두 정오에 북이 울리면 중앙 시장에 모여들어 창고를 열고 장사를 시작하고, 가게에서는 흥정하며 옥신각신했다. 그러다 저녁때 다시 북이 울리면 모두 각자의 거주지로 흩어졌다. 간혹 일몰 후에도 야시장에 와서 이상한 나라 사투리로 소리를 지르며 언쟁하는 사람도 있었다고 한다.[73]

이 번창했던 도시는 살인자, 해적, 타락한 관리들의 약탈로 얼룩진 역사를 지녔다. 악행이란 한번 일어나면 연쇄적으로 일어나기 때문에 악행 사건은 지속되는 경향이 있다. 당나라는 평화의 시대였다. 하지만 꼭 그렇게 말할 수는 없다. 예를 들어, 684년에 관료 노원예路元叡가 자신의 권력을 이용해 말레이 화물 선장으로부터 물건을 약탈하려다 반대로 살해당한다. 중앙 정부는 관리가 죽었기에 초기에는 악덕 관리 대신 공정한 관리를 파견했다.[74] 하지만 그 뒤를 이어 부임해온 관리들은 장안에서의 화려하고 즐거운 삶을 빼앗기고 덥고 이방인으로 가득한 더러운 땅으로 좌천되었다는 분풀이로 상인들을 착취했다. 이런 탐관오리의 파견은 광주에 관 주도의 질서와 원칙을 만들어내기 위한 당나라의 책략이었다. 탐관오리를 통해 궁중은 사치품을 얻었고, 정부는 수입을 얻게 되었던 것이다.

8세기 초에는 다루기 어려운 외국 선박이나 도시의 관세사關稅士의 역할로 시박사市舶使를 배치해 관리했다. 시박사는 중요한 지위이며 때로는 수입이 매우 짭짤한 직책이었다.[75] 이것은 상인들에 대한 관리들의 약탈이 자행되자 외국 상인들이 황실에 상소를 올려 불평을 호소한 끝에 만들어진 제도였다.[76] 하지만 그 도시가 지닌 불행이 항상 당나라 조정이나 악덕 행정관 탓은 아니었다. 758년에 큰 무리의 아라비아·페르시아인이 관청을 급습해 통치자를 추방하고 창고를 약탈했으며 거주지를 불태우고 떠났다. 약탈자들은 해남도(하이난섬海南島)에 있는 해적 피난처로 도망 간 듯했다.[77] 이 재난으로 광주는 반세기가량 항구 기능을 상실했고, 외국 배들은 광주 대신에 하노이로 향해야만 했다.[78]

빛나는 아름다운 국경 항구였던 광주의 번영을 파괴한 또 하나의 원인이 있었다. 조정에서는 습관적으로 내시를 이 도시에서 중요한 역할을 하는 시박사로 임명했다. 이를 완곡하게 '관시官市'라고도 표현했는데, 이들은 관직을 사고파는 악마적인 관습을 상징했다. 무역 활동에 오만한 관리의 이권까지 개입한 것이다.[79] 763년에는 화려한 악당이었던 내시 중 하나가 조정에 모반을 일으키는 사태까지 발생했다. 환관들의 반란은 제압이 불가능할 지경이었다. 그동안 무역과 상거래가 사실상 중단되었다. 시인 두보는 당시 광주로부터 북쪽으로 사치품들의 흐름이 차단되며 일어난 혼란을 다음과 같이 전하고 있다.

남해 어둠 속 빛나는 진주는 오랫동안 조용했다 　　南海明珠久寂寥[80]

산 코뿔소, 물총새 깃털은 최근 공급이 드물었다 　　近供生犀翡翠稀[81]

당시 광주를 통해 화북으로 수입되던 사치품의 유통이 멈췄음을 보여주는 두보의 시 두 구절이다. 심지어는 769년에 부임해 3년 동안 항구를 통치한 이면李勉 같은 정직한 통치자조차 하급 관리들의 수탈을 막을 수 없었다.[82] 그가 불행한 외국인 상인에게 벌금을 매기는 관리의 횡포를 막자 해외 무역량이 열 배나 증가했다고 한다.[83] 좀도둑 정도로 몰래 훔치는 사건은 수천 배나 증가했고, 관복으로 몸을 감싼 고관대작은 큰 도둑질을 했다. 탐관오리로는 8세기 말의 왕악王鍔이 대표적이다. 그는 공적인 세금뿐 아니라 마음대로 사적인 세금을 징수하고 상아와 진주가 담긴 상자를 끝없이 화북의 자기 집으로 보냈다. 그 결과 그가 거둬들인 돈이 세금보다 많았다.[84] 이렇게 만연한 부패나 돌발적으로 일어나는 비극적 사건으로 인해 광주의 상거래 일부가 교주交州와 그보다 더 북쪽에 위치한 조주潮州의 항구인 해양海陽으로 옮겨가버렸다.[85]

그렇다고 광주의 번영이 완전히 사라진 것은 아니었다. 9세기 초 수십 년간 청렴하고 지적인 감독관이 부임했고,[86] 9세기 마지막 25년간 왕조의 붕괴로 극심한 고통이 시작될 때까지 상황은 상당히 좋아져 호황을 누렸다. 879년에, 황제를 자처한 반역자 황소는 광주를 약탈하고 외국 상인들을 학살했다. 그가 뽕나무 숲을 파괴하면서 광주의 부와 명성은 돌이킬 수 없는 쇠퇴의 길로 접어든다. 뽕나무는 국가 주요 수출 제조업인 비단을 짜기 위한 누에의 먹이였다. 9세기 말 짧은 회복기에도 불구하고 광주는 결코 완전히 회복하지 못했다.[87] 송나라 치하에 남중국해의 큰 상선들은 광주보다는 복건과 절강의 항구를 애용하기 시작한다. 광주는 여전히 중요하기는 했지만, 독점적 지위를 되찾지는 못했다.

광주를 출발해 휘황찬란한 수도 혹은 어떤 다른 거대 도시로 가려는 인도(천축天竺) 수도승이나 자와(가릉국訶陵國)의 대사, 짬파(임읍林邑) 상인은 북쪽의 산을 넘어야 했다. 여기에는 두 가지 길이 있었다. 하나는 소주韶州에 도착할 때까지 현재는 베이장北江이라 하는 정수湞水 북쪽으로 따라 올라가는 길이다. 그곳에서 동북쪽으로 돌아 매령梅嶺[88]을 넘어 감강(간장贛江강)의 계곡을 따라가면 페르시아인이 많이 활동하는 홍주洪州에 도착한다.[89] 여기는 거대한 장강을 옆에 낀 지금의 장시성江西省 지역이다. 이곳이 유명한 상업 도시 양주나 중앙의 다른 대도시에 이르는 길이다. 하지만 산을 넘는 육로는 당나라 초기에 크게 증가한 상거래의 물동량으로 보아 그리 효율적이고 인기 있는 길이 아니었다. 그래도 화남 출신의 성공한 사업가이자 자산가였던 행정관 장구령은 해외 무역과 광주의 발전을 위해 매령을 넘는 큰 도로를 열고 육로로 통하는 새 길을 개척했다. 이 거대한 작업은 716년에 완성된다.[90]

또 하나는 매우 오래된 길로 별로 사용하는 일이 없는 비교적 한산한 길이다. 현재 광시성 동쪽 부분을 통해 계하(구이허桂河강)의 북쪽으로 난 길이다. 고도 300미터 이하인 계하의 수원을 따라 올라가며, 여기가 거대한 상강(샹장湘江강)의 원류이기도 하다. 상강은 호남(후난湖南)의 담주潭州(창사長沙)까지 이어진다. 이 물길을 통하면 중원의 저지대로 갈 수 있다. 상강의 원류인 상류를 이하(리허漓河강)라 했다고 한다. 상강은 오래된 운하로 귀주貴州와 연결되는데, 당나라 시대에는 그러한 구분을 하지 않았다. 북쪽으로 향하는 흐름과 남쪽으로 향하는 흐름이 지금은 하나로 되었다. 따라서 작은 배들로 갈아탈 필요 없이 광주로부터 중국 중부와 화북의 운하를 통해 심지어 장안까지 여행이 가능했다.[91]

9세기 시인 이군옥李羣玉은 시에서 이에 대해 노래한다.

계하 깊은 곳에 정박하니 강가에 비가 내리네　　　　　曾泊桂江深岸雨
또 매령에서 집으로 돌아가는 길이 막혀버렸네　　　　亦于梅嶺阻歸程[92]

어느 길을 택하든 나그네는 돛대와 노를 젓는 배를 타고 잘 정비된 물줄기를 따라 장강 남부의 호수로 갈 수 있었다. 8세기 후반에 등장한 외륜선外輪船을 이용할 수 있었다. 호수에서는 목적지인 양주를 향해 쉽게 항해할 수 있었다.93 양주는 진정으로 대단한 도시였다.

8세기의 양주는 바로 당나라의 보석이었다. 양주에서 죽는 것이 숙원이라고 생각할 정도였다.94 양주는 아름다웠고 무엇보다 부의 집산지였다. 대륙 중앙을 가로지르는 수원인 장강 옆에 위치하면서 전 세계로부터 들어오는 산물을 화북의 대도시로 운송하는 대운하의 접점에 양주가 위치했다. 소금 전매를 다루는 조정의 대리상(대단한 권세를 뽐냈다)은 양주에 본사를 두었고, 아시아 각지에서 온 상인도 양주로 모여야 했다. 양주는 당나라 시대의 광대한 운하와 수로망의 중심에 자리하고, 당나라와 외국 상인이 모이는 허브였다. 상인이 취급하는 제품은 모두 여기에 집결해 화북으로 향하는 선박에 선적하고, 운하를 통해 북으로 이동한다.95 양주는 광주 방면에서 공급하는 필수품 소금과 이 시기에 화북에서 유행하기 시작한 차茶, 보석, 향료, 약물과 장강을 통해 사천으로부터 운반되어온 값비싼 비단과 직물, 태피스트리 유통의 중심지였던 덕에 주민들의 삶은 대단히 윤택했다.96 게다가 은과 금의 거래도 활발해 상인뿐 아니라 환전 및 금융업도 큰 힘을 지니고 있었다. 간단히 말해 그곳은 돈이 활발하게 흐르는 북적거리는 부유한 도시였다.97

양주는 산업의 도시이기도 했다. 아름다운 금속 가공, 특히 청동 거울과 장안의 젊은 사람들 사이에서 유행하던 스타일의 중절모, 비단 직물과 자수 및 라미리넨의 생산지였다. 또 7세기 이래로 마가다의 기술을 도입해 제조한 정제 설탕, 조선 및 고급 가구 제작으로도 유명했다.98 양주는 즐거운 도시, 옷을 잘 차려입은 사람들의 도시, 최고의 향락을 제공하던 도시였다. 마치 이탈리아의 베네치아처럼 물 위에 뜬 배가 마차보다 많았고, 수로가 도시를 횡단하며 만들어내는 공원과 정원이 즐비했다.[99] 달빛과 등불, 노래와 춤으로 가득한 환락의 도시였다. 경제적 번영만이 아니라 고상함도 자랑했다. 화려한 사천의 익주益州(청두成都)조차 천박하고 열등한 위치를 자임하며 "양주가 으뜸이고 익주는 두 번째"라며 경탄할 정도였다.[100]

외국 상인들도 죄다 양주에 가게를 열었다.[101] 그들 숫자는 상당히 많았다. 반역자 전신공田神功의 반란으로 760년 도적들이 도시를 약탈하면서 수천 명의 아라비아와 페르시아 상인들을 죽였다.[102] 이러한 재난에도 아랑곳없이 양주의 부유함과 화려함은 9세기의 마지막까지 지속되었다. 9세기에는 대호大虎였던 황소의 전철을 밟은 반역의 우두머리 필사탁畢師鐸과 손유孫儒 같은 승냥이들이 뒤따라 양주를 초토화했다. 부분적으로 10세기 초반 당나라가 붕괴하며 세워진 신왕조 오吳나라의 도움으로 양주가 복구되고 다행스럽게도 번영이 지속되었다. 하지만 북방에 후주後周가 건국돼 양주를 침략하면서 결국 10세기 중엽에는 다시 파괴된다. 이후 주나라는 오나라를 계승한 남당南唐을 침략한다.[103]

송나라 초기에 보이는 양주의 적막한 풍경은 바로 새로운 왕조와 황제들이 경쟁하며 만들어낸 전쟁과 정책이 초래한 것이다. 그 황제들은 나중에 진주眞州라는 장강 근처의 마을을 새로이 무역, 수송 및 재정의 중심지로 조성한다. 이 마을은 양주보다 장강에 더 가까웠으며 사업이나 운송의 방법도 이전과는 사뭇 달라졌다.[104] 12세기의 문인 홍매洪邁는 8~9세기 시인들이 찬탄하던 양주의 황홀함과 열정에 놀랐다고 말한다. 12세기의 양주란 단지 "콧구멍이 시리도록 썰렁한"[105] 곳이었기 때문이다.

양주와 대운하는 모두 수나라가 일궈낸 위대한 업적이었다. 그러나 운하와 양주가 진정한 전성기를 구가한 시대는 8세기였다. 금전적인 부와 인구의 경이적인 증가로, 황하 유역의 농산물 생산량으로는 더 이상 두 수도와 다른 북쪽 도시의 인구와 수요를 지탱할 수 없었기에 장강 지역에서까지 곡물을 들여와야 했다. 이 새로운 수요의 급증은 오래된 운하 체제로는 수용할 수 없을 정도로 운송 부담이 컸다. 구제책이 나온 것은 734년이다. 곡창 지대에서 양주로 이르는 주요 지점과 양주에서 장안으로 향하는 주요 지점에 곡물 창고를 건설했다. 거대한 배로 수송할 필요가 없어져 원활한 배급이 가능해진 것이다. 이에 따라 더 이상 곡물 보급의 지체나 교통 정체 없이 운송 중에 곡물이 썩거나 도난당할 염려가 줄어들었다. 이 조치로 지연과 정지, 부패와 좀도둑질이 줄어들었다. 창고에서 적당한 크기의 배에 쌀과 수수를 옮겨 싣고 느긋하게 운송했다. 이렇게 화북의 안정적인 식량 보급 노선을 확보했다. 하지만 기대에 없던, 적어도 공개적으로 알려져 있지 않았던 경제적인 문제도 있었다. 남쪽으로부터 수입하는 사치품이 계속 증가하면서 선박 운항과 수로의 원래 목적과는 달리, 무리하게 무겁거나 큰 짐이 실리기 시작한 것이다.[106] 본래는 곡식 자루를 쌓을 수 있도록 설계되어 있던 바지선에 상아, 거북 껍질, 백단이 쌓이게 되었다.

이러한 경제적인 문제에 크게 신경을 쓰지 않았던 여행자와 화물선 선장은 느긋하게 선상에 모여 날아가는 오리와 기러기 무리를 경탄의 시선으로 바라보면서 양주의 강가에 나와 운하 북쪽이나 서쪽으로 향했다(육로에서 차와 말을 타고 하는 여행을 선호하는 경우는 다르다).107 양주를 떠나 햇빛 속에 눈처럼 빛나는 소금이 산처럼 쌓인 염관鹽關이나 활기찬 도시 수양睢陽 또는 진류陳留에 도착하게 된다. 이 두 도시는 외국인, 특히 페르시아에서 온 거주자가 많았다. 또한 조로아스터교(배화교拜火敎) 사원은 변주汴州, 즉 개봉(카이펑開封)에 건설되었다.108 개봉은 50만 이상의 인구가 거주하는 도시였지만, 영광스러운 송나라의 수도로서 위용을 갖추고 최고로 번영을 구가하는 일은 몇 세기를 더 기다려야 했다. 기나긴 길을 걸어 결국 나그네는 천신만고 끝에 간신히 동경東京이자 고도古都인 낙양에 도착한다.

당나라를 찾아오고 정착하는 외국인들은 광주나 양주 같은 남쪽의 활발한 상업 도시를 선호하는 경향이 있었다. 그렇더라도 그들은 정치권력의 중심지, 귀족의 고향, 북쪽의 엄청난 위명을 떨치는 수도나 대도시에도 거점을 마련했다. 화북의 장엄한 수도에는 성공한 상인만큼 책을 사랑하는 애서가나 위대한 군인도 많았다.

두 찬란한 수도 장안과 낙양 가운데서 특히 낙양은 지위로 치면 두 번째이고, 인구도 100만 이상인 도시였다.109 낙양은 천 년 이상 왕조의 수도를 이어온 전통을 가졌기에 자부심에 있어서는 결코 장안에 뒤질 이유가 없었다. 서쪽의 경쟁자인 장안보다 더 우아하고 더 온화하고 더 고귀한 정신적인 분위기가 흐르고 있었다. 낙양이 측천무후의 신성한 도시, 즉 신도神都110가 된 것은 우연이 아니었다. 11세기에 중국에서 가장 자랑스럽고 아름다운 도시가 낙양이었다. 그곳에는 궁전과 공원이 있었고 많은 귀족과 관리가 살았다. 맛있는 과일과 아름다운 꽃, 황홀한 무늬의 다마스크 직물과 최고급 비단 크레페crepe(축면縮緬) 및 여러 종류의 도자기가 넘쳐났다.[111] 중심부는 두 방坊(블록)을 차지하며 120여 개의 상점이 늘어선 거리가 있었다. 단 한 종류의 상품만을 취급하는 전문 상가뿐 아니라, 수천 개의 개인 상점과 창고가 있던 큰 시장 남시南市가 있었다.[112] 사업차 낙양에 머무는 외국인을 위한 각양각색의 종교 사원도 빼놓을 수 없다. 조로아스터교의 사원이 세 개나 있었던 것으로 보아 페르시아 사람이 많았음을 짐작할 수 있다.[113]

743년에 오면 서도西都인 장안 동쪽으로 선박이 들어와 물품을 부릴 수 있도록 인공 호수를 항구로 조성했다. 소위 '남선북마南船北馬'(남쪽은 배, 북쪽은 말)라는 속담에 익숙하던 화북 사람들 눈에 호수에 떠 있는 배는 마냥 신기한 것이었다. 호수는 전국 각지에서 몰려온 배로 가득했다. 선박마다 조정에 바치는 세금 및 각지에서 보내온 공물이 쌓여 있었다. 북쪽에서 온 진홍색 펠트 안장 덮개, 남쪽에서 온 쌈쌀한 맛의 자주색 탄제린tangerine(귤), 동쪽에서 온 분홍색 비단 가두리 장식이 달린 거친 융단, 서쪽에서 온 진홍색의 명반, 이런 상품들이 바지선에 실려 호수를 건너왔다. 그 배의 선원들은 특히 장강 뱃사공 스타일로 대나무 방수 모자와 소매가 있는 작업복을 입고 있었다.[114] 광주에서 시작된 수로의 종점은 당연히 가장 거대한 대당의 수도 장안이었다.

세금을 내는 시민만 200만 명. 장안은 강과 운하로 이어진 해상 네트워크의 다른 끝에 위치한 광주보다 인구가 열 배나 많았다. 수도의 외국인 인구도 도시의 규모와 비례했다.[115] 국제적인 요소로 인해 남쪽 항구와 다른 양태를 보여주었다. 장안의 외국인은 북쪽과 서쪽에서 온 사람들 위주로 구성되어 있었다. 광주에는 짬파인·크메르인·자와인·스리랑카인이 대부분이었던 반면, 장안에는 돌궐인·위구르인·토하라인·소그드인들이 주로 모여들었다. 그러나 아라비아인·페르시아인·인도인은 공통적으로 많았다. 특히 이란 계통이 가장 많았다. 당나라 정부는 그들의 관심사를 알아보고 감독하기 위해 '대상의 수령'이란 뜻의 살보薩寶(sârthvâk)라는 정부 기관을 두었다.[116]

장안은 동쪽과 서쪽에 각각 수십 개의 상점가로 이루어진 두 개의 큰 시장이 있었다. 동시東市는 덜 복잡했으며 귀족과 관리들의 저택 근처에 위치해서 조용하면서 고급스러웠다. 반면에 서시西市는 시끄러웠다. 저속하고 비열하며 폭력적이었기에(서시에는 범죄자를 처벌하는 장소가 있었다) 더 이국적이었다. 시장의 외곽은 창고로 둘러싸여 있었다. 각 시장의 상점마다 독특한 상품을 진열하고 있었다. 각 상점에는 우두머리인 행두行頭가 있었다. 또 법으로 상점마다 전문으로 취급하는 상품을 표시하도록 했다. 외국 상인들 대부분은 서시에서 가게를 내고 장사했다. 만약 우리가 그 시장을 걸어본다면 정육점 거리, 철물점 거리, 옷이나 양품점 거리, 마구馬具 상점, 약초 상점 등을 볼 수 있을지도 모른다.[117]

8세기 중반 이후로는 차를 취급하는 상점이 특히 인기를 끌었다. 차를 마시는 새로운 유행은 당나라 사람으로만 한정된 것은 아니었다. 위구르인들은 장안에 당도하면 만사를 제치고 먼저 말에 박차를 가해 차점茶店부터 찾았다고 한다.[118] 외국 무역상 중 서시에서 가장 두드러졌던 부류는 바로 이런 차 애호가들인 위구르의 고리대금업자들이었다. 위구르인들은 빚에 허덕이는 수많은 당나라 사업가와 젊고 게으르며 방탕한 한인들에게 고리를 놓았다. 땅, 가구, 노예, 신성한 유물들을 현금에 대한 담보로 잡았다. 이 대금업자들은 9세기 초반이 되자 더러운 역병으로 여겨지기 시작했다. 돈을 빌린 날부터 이자는 꾸준히 상승했고, 고리 때문에 모든 사람은 빚에 쪼들렸다. 고리대금업을 하는 위구르인들의 거만함은 진정 하늘을 찔렀다. 백주대낮에 대부업자 한 명이 빚을 진 상인을 칼로 찔러서 투옥되었지만 조직의 두목이 힘을 써서 풀려난 사건이 있었다. 이런 사건이 벌어져도 정부는 조사도 하지 않았다.[119] 오만방자한 위구르의 고리대금업자에 대한 여론과 반감이 점점 더 고조되어갔다. 마침내 836년 '제색인諸色人'(다양한 색깔의 사람들)과의 모든 사적 교류를 금지하는 법령을 반포했다.[120] 위구르족 고리대금업자들이 보여준 참을 수 없는 지경의 잔혹함과 거만함은 9세기 중반에 일어난 외국인 혐오와 외래 종교 박해를 촉발시킨 중요한 기폭제 역할을 했다.

일반 시민의 물욕을 일으킬 수 있는 방법은 수도 없이 많았다. 그렇게 물욕을 일으켜야 더 많은 빚을 쌓게 할 수 있었다. 예를 들어 장안 여기저기에 있는 부유한 사찰에서는 크고 다양한 행사와 무도회, 극적인 효과를 보여주는 의례를 거행하기도 했다. 이런 것들 가운데는 유혹적인 분위기 속에서 새로운 종교를 포교하는 경우가 많았다. 인도와 투르키스탄 등지의 불교 국가에서 고안된 새로 수입한 오락도 있었다.[121] 외로운 사람이라면 동시와 황궁 사이에 있는 평강방平康坊에 위치한 매춘부 거리에서 색다른 종류의 위안을 발견할 수도 있었다. 여기에서 음악과 춤으로 아양을 잘 떠는 유명한 창녀와 기녀를 찾을 수 있고, 포주에게 약 1600문文의 동전을 지불하고 밤새도록 그녀와 운우지락을 나눌 수도 있었다.[122] 가족과 부모의 후광으로 명성을 누리는 젊은 귀족들은 시험에 급제해 관리의 길을 가기 위해 장안에 거주하면서 시험 공부를 했다. 이들은 기생의 매력에 쉽게 빠져들어 많은 문제를 일으켰다. 문학적인 재능을 지닌 청년들은 시와 소설 등을 통해 기생의 매력적인 자태를 묘사하기도 했다.[123] 장안에서 낙양이나 동쪽으로 떠나는 친구를 전별하기 좋은 저렴하면서도 이국적인 장소도 많았다. 춘명문春明門 남쪽, 장안 동쪽 끝을 따라 새로 개발된 지역에 위치한 여관이 바로 그런 즐거움을 주던 곳이다. 술집 주인은 토하라 혹은 소그드 출신의 서역에서 온 미녀를 고용하고 호박과 마노로 만든 잔에 진귀한 수입 와인을 제공했다. 서역의 소년이 부는 피리에 맞춘 이국적인 여인의 아름다운 목소리와 매혹적인 춤은 술집 주인의 주머니를 두둑하게 만들어줬다.

서역의 요염한 무희 사내에게 황금 잔 들어 건배한다   胡姬招素手

그녀의 하얀 손으로 손짓한다   延客醉金樽[124]

미녀의 아름다운 금발과 녹색 눈, 미소는 시인을 유혹했다. 문학에도 그녀들의 발자취를 남겼다. 이백李白의 시를 보자.

치터zither가 '용문의 푸른 오동나무'를 연주하네   琴奏龍門之綠桐

옥 항아리 속 사랑스러운 포도주는 하늘만큼 맑다   玉壺美酒清若空

현을 튕겨 연주하니, 나 그대와 술을 마실 것이오   催弦拂柱與君飮

불쾌해질 때, 붉은 얼굴은 초록색 석영처럼 보일 것이오   看朱成碧顏始紅

꽃과 같은 이목구비의 요염한 서역의 우물   尤物胡姬貌如花

포도주 데우는 난로 옆에서 봄의 숨결로 웃네   當壚笑春風

봄의 숨결로 웃고, 가볍고 투명한 옷 입고 춤추네   笑春風舞羅衣

아직 취하지 않은 님은 이젠 어디로 갈 것이오?   君今不醉將安歸[125]

활기찬 장안의 번영을 일별해보았으니, 이제는 당나라에서 외국인들이 살아가는 다른 도시도 알아보자. 물론 외국 상인들이란 이익이 생기는 곳이라면 어디서든 발견할 수 있기는 하다. 풍요로운 사천四川의 높고 낮은 계곡 지대에서 평직平織 비단을 구하는 외국 상인도 있었고, 동정호(둥팅호洞庭湖)의 습한 저지대에서도 외국 상인들을 발견할 수 있다.[126]

수로로 연결된 주요 도시 외에 외국인이 가장 많이 정착한 곳은 투르키스탄을 향해 서쪽으로 난 카라반 여행길 중간에 위치한 회랑 지대였다. 여기에는 고비사막의 경계를 따라 규칙적인 간격으로 여행자 숙소를 마련하고 있는 당나라의 도시들이 있었다. 신비로운 신앙에 충성하는 페르시아의 조로아스터교도와 음악가들 모두 그곳에서 만날 수 있었다. 주민이 바뀌는 것은 항상 있는 일이었다. 유교 경전을 읽고 덕德을 말하는 한인이 머무르기도 하고, 다음번에는 활을 휘두르는 돌궐족이 말을 타고 왔다. 종종 티베트의 왕자들이 군주로 나타나 그들을 이끌기도 했다.

이 다언어·다민족의 변경을 대표하는 도시는 양주涼州였다. 양주는 한때 훈족과 그들의 유목민 계승자들이 지배하던 도시였다. 당나라 장군 가서한哥舒翰이 잠시 양주를 통치했었다. 이들 외국인 상인들은 그에게 세금을 거두어 바치고 사자춤과 칼춤을 추는 등 축제를 벌여 당나라 장수와 군대를 대접했고, 그들에게 아부하기를 서슴지 않았다.[127] 8세기 양주의 인구는 10만이었다. 오행에서 서방은 백호白虎의 방향이고 상징하는 기운은 금기金氣라서인지 주민들은 힘이 세고 기가 세다고 평판이나 있었다.[128] 주민의 일부는 한인이었다. 주민들은 그들의 민족적 기원에 따라 당나라 방식의 한자로 성을 붙였는데, 인도 출신의 성으로 '신도申屠'가 가장 많았다. 옥수스강(아무다리야강)과 약사르테스강(시르다리야강)에 인접하는 지역에서 이주해온 사람들도 많았다.[129] 이곳은 특히 좋은 목초지가 펼쳐져 있었다. 땅이 비옥하다 해서 고대 몽골어인 선비어 鮮卑語 중 '골수骨髓'를 뜻하는 말에서 이름을 딴 튀미겐Tümigen강 부근이다.[130] 여기에서는 우수한 두통약, 좋은 다마스크 무늬 비단, 매트, 야생말 가죽을 생산했다.[131] 양주는 마치 20세기 미국의 하와이처럼 진정한 의미로 인종이 섞이는 도가니였고, 한인에게는 일종의 안전하고 아늑한 이국적인 문화의 상징이었다. 양주의 혼성 음악은 이국적이었지만, 동시에 당나라인들에게 익숙했다. 음악과 문화가 혼합적이라 중세 동아시아에서 거부감 없이 크게 유행했다.

외국인에 대한 대우

외국인에 대한 당나라의 태도와 정책들은 그리 간단치 않았다. 심지어 이국적인 트렌드가 한창 유행일 때조차 외국인이 취해야 할 최고의 태도는, 많은 사람이 그랬던 것처럼 한인의 예절과 사고 습관을 채택하고 따르는 것이었다. 하지만 종종 정부는 이런 태도를 취하는 것조차 불가능하게 만들었다. 예를 들어 779년에 내린 포고령에는 당시 수도에 거주하던 1000여 명에 이르는 위구르 거주민을 차별하기 위해 그들에게 위구르 고유의 옷을 입도록 강요했다. 위구르족 사람에게는 당나라의 한인 여자를 아내나 첩으로 삼거나 한족 여자를 유혹하는 것은 물론, 어떤 방식으로든 그들 스스로 한족 행세를 하는 것을 금지하기도 했다.[132] 어쩌면 이 법은 위구르 고리대금업자에 반대하는 대중적인 분노의 표현이었을지도 모른다.

유사한 법들이 종종 시행되었다. 836년에 영남嶺南절도사로 부임한 노균盧鈞은 외국인이 차별 대우를 받지 않고 자유롭게 당나라 사람과 결혼해 함께 사는 모습을 발견하고는 경악을 금치 못했다. 그는 한인과 외국인의 거주 구역을 나누고 국제결혼을 금지했을 뿐만 아니라 외국인의 부동산 소유까지 금지했다. 그는 한족 문화의 순수성을 보호하는 일이야말로 절도사의 경건한 임무라 여겼다. 도덕관념이 희박해지고 방탕한 항구 도시를 엄격하게 단속하고 치안을 유지하려고 한 것인지도 모른다. 말하자면 그는 민족적인 의미에서의 순수주의자를 자처했던 것이다. 간단히 말해, 철저한 민족적 금욕주의자였다.133

하지만 한인이 외국인에게 품은 전형적인 인상은 이러한 정책과는 무관하게 상당히 조잡했다. 부파사富波斯(부유한 페르시아인은 선망의 대상이다),134 흑곤륜黑崑崙(검은 말레이인은 못생겼다), 나임읍裸林邑(벌거벗은 짬파족은 부도덕하다)이 이들에 대한 한인의 고정 관념이었다. 이런 저속한 고정 관념 이미지로 종족을 차별했지만, 공식적인 정책으로는 어떤 강제도 하지 못했다. 사실상 외국인에 대한 대중의 태도도 애매모호했을 뿐 아니라 정책도 마찬가지였다.

대도시 주점에서 예쁜 이란의 여자 창기들에게 정신을 빼앗긴 젊은 시인들은 주로 유곽에서 차양이 없는 모자, 푸른색 눈, 높은 코에 술 취한 서역 사람들을 상징하는 작은 꼭두각시 인형을 보며 깔깔거리면서 가지고 놀기도 하고 시를 짓기도 했다. 꼭두각시 인형이 넘어질 때 그 머리가 가리킨 손님은 벌주로 앞에 놓인 잔을 비워야 했다.135 8세기에 중앙아시아의 하프 연주자들과 무용수는 당나라 도시 전역에서 크게 인기가 있었다. 또한 양주에 거주하던 수천의 무고한 (하지만 부유한) 페르시아와 아라비아 무역업자들이 대학살당하던 세기였다. 9세기에는 낭만적인 추억으로 가득한 이국적인 서정 문학이 인기를 끌었다. 이 시기에 들어서면서 이국적인 것들을 더 이상 쉽고 싸게 구할 수 없게 됐다. 신기한 현상으로는 이 당시에 서방으로부터 온 자선사업가 갑부에 대한 이야기가 여기저기에 퍼졌다는 것이다.[136] 이는 외국인에 대한 의심 어린 눈총을 보내면서 외국인이 박해를 당할 것이라는 징조를 의미하기도 한다.

외국인에 대한 당나라 사람들의 태도는 양가적이었다. 외국인이 정부 고위 관직에 올라갈 가능성이 커지고, 특히 과거 시험을 통해 세습 귀족에 대항해 등장한 신흥 사대부와 손을 잡는 경우가 생기기 시작하면서 갈등도 커져만 갔다. 일례로 9세기 중반에 진사進士에 합격한 아라비아인을 본보기로 들 수 있다. '이상적인' 외국인 이미지와 실제 외국인 이미지 사이에는 다양한 요소가 얽혀 있었다. 물품의 가격 상승에 따른 부유한 상인들에 대항한 분노, 정치적 권위의 약화, 이런 다양한 요소가 결합해 외국인들에 대한 차별이 당나라를 횡행하기 시작한 것이다.[137] 외국 상인에 대한 불신과 증오는 간단히 말해 외국적인 것에 대한 사랑과 양립 불가능한 것이 아니었다. 이 사랑은 7, 8세기 새로운 문물의 황금시대에서는 현실이었고, 9, 10세기에 와서는 더 이상 신문물이 없어지자 이국적인 향기의 자리는 문학이 채웠다.

황금시대에 외국인들 모두 당나라의 군사력과 당나라 예술의 우수성을 인정했다. 보통의 시민도 먼 이국의 희귀한 상품들을 즐기던 오래전 좋은 시절을 상상하며 즐겼다. 이는 다음과 비슷한 것이다. 우리 시대, 한 독일 병사 출신이 프랑스를 동등하게 인정하지 않으면서도 프랑스를 점령해 포도주를 마음대로 퍼 마시던 때를 회상할 수도 있는 일이다. 혹은 이전의 영국 공무원이 대영제국 치하 인도의 보물을 아쉬운 듯 그리워할지도 모른다. 한인들에게는 이와 유사한 느낌이 있었다. 한인이 보기에 외국의 사치품은 외국인들이 사용하기에 너무 수준이 높았다.

상업에 대한 당나라 한인의 태도 역시 애매모호하기는 마찬가지였다. 무역은 복잡한 정치적 상황에서 결코 자유롭지 못했다. 일반적인 복지에 필요한 상품이나 상류층이 더 원하는 고급 사치품일수록 국가는 상품의 유통과 분배에 더 강하게 참견했다. 소금·철·금속의 유통이나 때때로 술처럼 일반적인 소비품에 대한 국가의 전매가 그렇다. 전통적으로 생필품을 정부가 독점적으로 전매하는 행태가 해외 사치품 통제의 모델이 된 것이다. 8세기에 광주에 신설된, 새로운 도시로 들어온 선박을 관리하는 시박사市舶使는 고대 소금과 철의 전매를 관리하던 염철사鹽鐵使를 이상적인 모범으로 삼아 설치한 관청이다. 시박사는 정부가 규제하려는 선박 수입 물품, 특히 조정의 총애를 받는 단체나 관리의 비호를 받은 조직들이 요구한 물건을 구입했다. 시박사는 이런 물품의 밀수를 막고, 정부 독점이라는 전통적인 방식의 거래 형태를 유지하려고 했다.138

이러한 전매 상업은 외교와 관련되어 있었다. 종종 대량의 값비싼 상품으로 이루어진 수입의 경우는 '천자天子'(하늘의 아들)를 자처하는 황제의 권위에 대한 복종의 표시인 공물貢物로 간주되었다. 제국의 궁궐로 향하는 외국의 공물이 사실 국제 무역의 중요한 부분을 차지하는 건 필연적인 결과다.139 그래서 무역상은 항상 당나라 당국의 안색을 살펴야 했다. 심지어 당과 멀리 떨어져서 전혀 당나라에 의존하지 않는 나라들조차 각각의 국익을 목적으로 조공을 바쳤다. 그 대가로 당나라의 조정에서 그들의 요구를 들어줄 뿐 아니라 답례의 선물인 증답품贈答品과 무역 허가를 하사했다.[140] 이런 체제를 유지하면 확실히 외국 상인에 대한 약점을 잡을 수 있었다. 자유 무역은 허용하지 않았고, 상품의 일부를 정식으로 조정에 공물로 올리기 위해 입국할 때 일단 모든 화물을 당나라 창고에 쌓아두어야 했다. 이를 무시하고 개인 무역을 하면, 정부의 승인을 받았다면 모를까 대부분 비참한 결과로 끝날 수밖에 없었다.

지방 관리는 개인 무역을 묵인하고 자신의 목이 날아가는 것보다 정부의 규제를 엄격히 관리하는 쪽을 선호했다.[141] 심지어 외국 상인이 대중에 자유롭게 팔도록 허락된 상품들이라도 정부 관리의 감시 아래 있는 큰 시장에서만 팔아야 했다.[142] 설상가상으로, 상행위 시 정부에 내는 세금을 탈루하지 않도록 감시했으며, 상인들이 자기 나라로 사 가려는 상품까지 관리했다. 이런 현상은 714년의 조칙을 보면 대략 사정을 짐작할 수 있다. 태피스트리, 다마스크 무늬 비단, 얇은 비단, 자수 비단처럼 고급 견직 제품에서 야크 꼬리, 진주, 금, 철까지 외국인에게 판매하거나 판매를 금지하는 상품을 관청에서 조절했다.[143] 하지만 원칙이 명확한 것은 아니었다. 이익이 매우 많이 생기는 물건조차 경박하다거나 사회의 윤리를 저해한다고 판단하면 수입과 판매를 금지했다. 정부의 수입 정책은 전혀 일관성이 없었다. 사치품을 위조하거나 불순물을 섞어서 판매하는 건 수입업자를 감옥에 처박는 일이었지만,[144] 들키지만 않는다면 이익이 많이 나는 산업이었다. 예를 들어 광주에서 페르시아 승려가 황제의 조정에 진상하던 '진귀한 물건'을 위조로 제작하다 들통난 경우도 있었다.[145]

무엇을 어떻게 수출하고 수입했든, 수천의 외국 상인들이 증명한 것처럼 현명한 상인이라면 정직하게 장사를 하고도 상당한 이익을 남길 수 있었다. 그러나 아무리 영리한 상인이라도 완전히 위험에서 벗어나기는 힘들었다. 조정이 관리에게 높은 윤리 의식을 요구했지만, 조정의 뜻이 통하지 않는 지역의 관리들은 '관세'라는 명목으로 외국 상인들에게 상당히 많은 제품의 상납을 요구했다. 게다가 비록 세관 관리가 합리적 인물이었다고 해도 정부의 공물을 올리라는 요구는 부당하게도 높았다. 아라비아 지리학자의 기록에 따르면, 아라비아 상인이 당나라에 입국했을 때 화물의 3분의 1을 정부 창고에 상납할 것을 명령받았다고 한다.[146]

그러나 검열이나 규제도 항상 변하기에 예측하기 어려웠다. 지난해에는 허용하던 물건이 올해는 금지되기도 했다. 아무리 금지된 품목이라도 때로는 조정에서 허락이 떨어지면 상인의 거래 상황이 다소 나아지기도 한다. 그러니 상인은 대박의 꿈을 이루는 일이 그리 어렵지만은 않았다. 834년 당 문종文宗이 병에서 회복된 사건을 축하하며 내린 칙령이 이에 해당한다. 문종은 여러 죄명의 죄인들을 사면하면서 광동·복건과 양주에서 장사하는 이방인인 번객蕃客은 당나라의 보호 아래 무거운 세금을 부과하지 말고 자유 무역을 보장하며 보호하도록 지방 관리에게 명령하기도 했다.[147]

당에서 살아가던 외국인 거주자에게는 다른 위험도 있었다. 상업과 관련 없이 사회적·경제적 불이익이라는 장애에 직면해야 했다. 만일 운이 없어서 당나라에서 죽게 된다면 정부는 먼저 거래하던 상품을 봉인했고, 만일 아내나 상속인이 나타나지 않으면 국가는 상품을 압류하고 몰수했다.[148] 정부는 유산 상속자를 찾는다고는 했지만 노력을 기울인다고 볼 수는 없었다. 상속인을 수색하고 공지하는 일은 대개 미미했을 것이다. 더욱이, 만일 외국인이 한인 아내나 첩을 취했다면 그는 중국 땅을 떠나기 힘들었다. 어떤 경우에도 한인 아내를 데리고 그의 조국으로 다시 돌아갈 수 없었다. 한인 아내나 첩은 외국 사절들이 고향의 집으로부터 떨어져 있는 동안 안정적인 가정을 이루겠다는 그들 자신의 요구로 시작되었다. 하지만 외국인이 한인과 일시적으로 결혼해 살다가 떠나면서 여자들만 남게 되는 문제가 생겼다. 이를 막고 가족을 보호하고자 628년에 법령이 반포된다.[149] 이 법은 외국 사절의 현지 한인 아내와 사절단을 위한 위안부에게는 해당하지 않았다. 당나라 공주가 위구르 유목민의 왕과 결혼할 때도 적용되지 않았다. 유목 국가의 왕이 당나라에 있으면 유익하다고 판단되어 공주는 초원의 왕국에 시집가야 했다. 위구르 국가들이 번영하던 9세기 초, 마치 물물교환처럼 공물과 교환해 공주를 초원으로 시집보냈다. 낙타의 털로 짠 카펫, 양단, 흑담비 모피, 옥, 1000마리의 말, 50마리의 낙타가 공물이었다.[150]

법령에 복종하든 자유롭게 선택하든, 우리는 8세기 무렵 40년 이상 장안에 머물렀던 외국인에 대한 이야기를 문헌으로 만날 수 있다. 그들 모두는 한인 처자식이 있었다.[151] 게다가 외국인은 임의적인 외국인 차별법을 준수할 의무도 져야 했다는 데 주목해야 한다. 중국 도시에 있는 외국인 집단은 그들 자신의 촌장을 선출하고, 관련 법에 따라 집단의 회원으로 들어가야 했으며, 각 집단이 소속된 모국의 관세법 사이에서 소송을 조정할 것을 요구받았다. 다른 측면으로 보자면, 이들 상인에 대한 법은 상당히 완화된 형태를 지녔다고도 할 수 있었다.[152]

공물

보통 상인이 시장에서 장사를 하려면 먼저 공식 허가를 받아야 한다. 허가를 받으면 해당 외국인 집단지구에 소속되면서 그곳에 숙소를 잡고 장사를 시작한다. 그러나 외국 정부를 대표하는 사절의 관심이란 주로 고가의 희귀한 물건을 유리하게 교환하는 상업적인 활동이었다. 하지만 공식적으로는 공물을 가지고 온 것이기에 국가의 모든 의식과 절차를 기다려야 하는 짜증스러운 일에 직면했다. 동료들이야 은밀한 밀실에서 뒷이야기하며 혀를 내밀고 있었을지도 모르지만, 어쨌든 그들의 조국은 실질적으로 당나라 속국이라는 것이 현실이었다. 예외도 있었다. 사산 왕조 페르시아의 마지막 왕자 페로즈가 아라비아에 패해 당 태종에게 보호를 청원하며 장안에 왔을 때 어떤 조공물을 가져왔는지 혹은 복종의 표시로 무엇을 제시했는지 상상하기는 쉽지 않다.[153] 이런 특별한 경우를 제외하고, 대부분의 경우 조공을 들고 오는 사신은 평범한 정치인이나 왕의 친척, 직위가 높은 승려 혹은 부유한 상인 같은 세력가에게 복종하겠다는 약속을 쉽게 했다. 당나라와의 거래를 원하지만 너무 거리가 먼 나라는 자국의 사신이 조공을 가져오는 대신 우호 관계에 있는 인근 나라에 부탁하는 경우도 있었다. 예를 들면 630년에 파리국婆利國(발리) 왕은 자국의 특산물을 짬파 대사를 통해 당나라에게 보낸 일도 있었다.[154]

조공 사절이 장안에 도착해 가져온 조공을 바치고 그에 상응하는 혜택을 받기 위해서는 공식적인 신임장이 필요했다. 외국의 군주나 주권자가 당나라의 보호나 호의를 요청하는 경우, 당나라 조정에서 정한 금대

金帶(금띠)와 금포錦袍(비단옷)를 하사해달라고 정부에 요청하거나, 당나라 관리에게 고문역을 맡아달라고 부탁해야 한다. 혹은 유교 경전 한 질을 요구하거나 그 전부를 원하면 진정서를 올려야 했다. 이 모든 것보다 외국의 대사라는 공식적인 표시가 조각된 부절을 선호했다.[155] 부절을 담는 상자에는 청동으로 만든 파란색 물고기 문양이 새겨져 있었다. 당나라는 규칙적인 외교 관계를 유지하는 각 나라에게 12마리의 둘로 쪼개지는 청동 물고기 문양을 할당했다. 각각 순서대로 숫자가 있고, 각각 할당된 나라의 이름이 쓰여 있었다. 마치 어음과도 같이 암수가 붙어서 반으로 나뉘는 할부割符 형태였다. '수놈'에 해당하는 절반은 당나라 궁전에 보존했다. 속국의 대사에게는 '암놈'에 해당하는 절반을 보냈다. 당나라에 파견한 대사는 양단으로 만든 물고기 부표가 붙은 가방을 지니고 있었다. 가방에는 그가 장안에 도착한 달의 숫자를 붙였다. 이 숫자가 나머지 부분과 일치하면 그에게는 외국 사절로서 수도에 머물면서 특권과 이익을 취할 권리가 부여되었다.[156]

하지만 모든 사절이 동등한 특권을 갖는 것은 아니었다. 예를 들어 식량을 할당하는 문제가 대표적이다. 식량은 당나라와 거래하는 상대국과의 거리에 비례해서 배급했다. 인도(천축)·페르시아(파사波斯)·아라비아(대식大食)의 사자는 6개월분의 식량을 배급받았지만, 캄보디아(진랍眞臘)·수마트라(시리불서尸利佛誓)·자와(가릉)에서 온 사절은 4개월의 배급이 제공되었다. 당과 국경을 접한 짬파에서 온 사절은 단지 3개월 치만 받을 수 있었다.[157] 주변 대국의 사자일지라도 쉽게 특권을 행사할 수 있었다고는 할 수 없다. 758년 6월 11일 위구르(회골回鶻)와 아바스 칼리파국(흑의대식黑衣大食)의 사신이 조공을 가지고 동시에 장안에 도착해서는 궁정

염입본閻立本, 「직공도職貢圖」. "어떤 조공물을 가져왔는지 혹은 복종의 표시로 무엇을 제시했
는지 상상하기는 쉽지 않다."

의 문 앞에서 서로의 특권을 주장하며 분쟁했다. 이 특수한 분쟁에 관한 외교 의례를 결정하기 위해서는 황제에게 특별한 포고문을 요청해야 할 지경이었다. 결국 황제는 좌우의 문을 사용해 두 사자를 동시에 입궁하라고 명하면서 해결을 보았다.[158]

장안에 도착한 사절단은 왕궁에 있는 네 대문 근처에 마련된 숙소에 잠시 체류한다.[159] 숙소를 정한 이후 사절의 접대는 모두 홍려시鴻臚寺[160]의 관할 아래 놓인다. 홍려시란 황실의 장례葬禮와 이국의 손님 영접 및 접대를 전문으로 하는 관청이다.[161] 일반 직무 외에 이국에 대한 정보 제공 역할도 담당했다. 여기에서 입수하는 정보는 당나라의 외교 정책 특히 군사 전략에 귀중한 자료로 이용했다. 사자가 도착하면 즉시 병부兵部의 담당관이 이들을 면접한다. 병부의 담당관은 사자가 도래한 나라의 지리와 관습에 대해 질문하고 사자가 제공하는 정보에 따라 지도를 만들거나 수정했다.[162] 8세기 후반에는 지리학에 혁혁한 공헌을 남긴 가탐賈耽이 홍려시 경卿을 역임한 바 있다. 그의 지리학적 박식함은 당나라에 온 이국 사절들과의 개인 면담을 통해서 축적된 것이라고 한다.[163]

조공 사절에게 황제를 알현하는 날은 당에 체류하는 모든 기간 중 최고의 순간일 것이다. 이날 당나라 조정은 사절단에게 장엄한 의식을 거행해주었다. 여기에는 당 제국의 위엄과 절대적인 권력을 보여줌으로써 사자들을 압도하겠다는 계산이 들어 있다. 특히 동짓날 조공국의 왕자들을 위해 행해지는 만찬에 참석할 수 있을 만큼 높은 지위에 있다면 입을 다물기 힘들 장관이었을 것이다. 먼저 대전 앞에 정렬한 12위 호위병을 마주해야 한다. 칼과 창을 지닌 무사, 창기병, 궁수 등 대열마다 다른 색깔로 맞추어 입은 화려한 망토, 야생 당나귀와 표범 또는 코끼리를 수놓거나 앵무새 또는 공작의 깃털로 장식한 깃발이 늘어선다. 더 지위가 낮은 사절이라도 항상 호위를 맡는 금군禁軍을 볼 수 있었다. 당나라 군제는 기본으로 5개 부대로 나뉘어 있었다. 그중 4개 부대가 진홍색과 붉은색 군복을 착용하고 만주에서 진상한 흰 꿩의 꼬리 깃털로 장식한 진홍색 모자를 쓰고 있었다. 나머지 한 부대는 야생마 무늬가 수놓인 붉은 비단 전투복을 입었다. 모든 군인은 허리에 칼과 봉棒을 차고 있었다.[164] 이런 연출된 광경에 압도당한 외국 대표단은 의례대로 왕좌 앞에 엎드려 경배하며 조공을 대전 앞에 늘어놓았다. 그 후 사절단의 대표가 황제 앞에 나아가 서면, 시중하던 관리[165]가 다가가 귓가에 속삭이며 작은 소리로 지시를 내린다. 이런 지시는 대개 황제에게 상주하는 의식에 관한 내용이다.

"모국某國의 번신蕃臣인 모某는 두려워하면서 감히 우리 나라의 공물을 상납하겠습니다."[166]

황제는 위엄을 유지한 채 침묵하며 앉아 있고, 담당 신하가 황제의 이름으로 조공을 받고 다른 공물도 함께 황제에게 진상한다.[167] 조공국 왕의 사신이라도 원칙적으로 천자의 가신으로 간주한다. 따라서 조공의 답례로 당나라 조정에서 직급과 그에 맞는 이름을 새로 하사하며 당나라의 벼슬을 내린다. 황제에게 상납한 선물은 원칙적으로 '봉급'으로 다시 사신에게 수여한다.[168] 당나라 행정상 명목적이기는 하지만 이들이 받는 관직은 완전한 직함이다. 그래서 스리위자야(시리불서국)[169] 왕이 당 현종에게 공물을 보냈을 때, 현종은 그가 갖는 군주로서의 지위를 인정하는 벼슬과 특권을 건네주었다.

황제는 그에게 의복을 수여하고, 그에게 좌무위대장군左武衛大將軍의 지위를 부여하며, 자포紫袍(자주색 카프탄)와 금전대金鈿帶(금으로 무늬를 새긴 벨트)를 하사한다.[170]

황제는 사자에게 칙령과 특혜의 문서인 옥서玉書를 내리고, 황제의 이름으로 영광을 받은 뒤에 사절은 퇴청한다. 이후에는 의식이 아니라 즐거운 잔치가 기다리고 있다. 8세기 초에 일본에서 파견되어 입당한 견당사遣唐使의 기록이 남아 있다.

일본은 비록 바다 건너에 있지만, 우리 당나라에 조공할 사자를 보냈다. 당나라 조정을 알현하려고 흰 물결 푸른 파도를 넘어 일본국 특산품을 조공하러 왔다. 마비토 마쿠몬眞人莫問을 비롯한 일행에게 이번 달 16일 중서성中書省에서 연회를 제공하는 것으로 한다.[171]

이국적 취향

귀족과 귀족 흉내를 내고 싶어하는 치들은 화려한 이국의 호기심을 가져오는 외국 사절을 환영했다. 이국적인 것에 대한 한인들의 취향은 모든 사회 계층과 일상생활의 많은 부분에 스며들었다. 이란 사람, 인도 사람, 돌궐 사람의 모습과 장식들이 모든 계층의 가정에서, 쓰이는 물건에서 나타나기 시작했다. 외국 옷, 외국 음식, 외국 음악에 대한 유행이 특히 8세기에 널리 퍼지기 시작했다.[172] 그렇게 당나라 시대의 그 어떤 것도 이국적인 트렌드로부터 자유롭지 않았다. 8세기 말에 시를 쓴 원진元稹 같은 시인 묵객은 이런 이국적이고 혁신적인 변화를 애통하게 생각했다.

서양 말 탄 기수가 재와 먼지를 일으키기 시작한 이래　　自從胡騎起煙塵

모피와 양털 그 거칠고 역한 악취 함咸과 낙洛을 채웠네　毛氎腥羶滿咸洛

여자들 서양 화장에 빠져 서양 여인처럼 꾸미고 다니고　女爲胡婦學胡裝

예인들 서양 음악에 빠져 서양 음악만 연주하는구나　　伎進胡音務胡樂[173]

함咸은 장안의 옛 이름 함양咸陽이고 낙洛이란 낙양을 이르니, 함과 낙이란 당나라의 대표적인 두 수도를 말한다. 이 두 도시에서는 이국적인 복장의 유행이 만연했다.

한인의 일부는 돌궐의 언어를 배워 사용했으며,[174] 진지하게 공부하는 학생들을 위한 돌궐어-중국어 사전도 있었다.[175] 그리고 당나라에 유행하던 시의 운율 체계는 돌궐 민요의 영향을 받기도 했다.[176] 신실한 불교도들은 산스크리트어를 배우기도 했다. 그러나 한국이나 토하라·티베트·짬파의 언어 같은 기타 외국 언어들의 연구가 어느 정도 유행했는지 알려지지 않았다.

함과 낙, 이 두 수도에서 유행이란 주로 돌궐의 옷과 스타일을 따르는 것이었다. 당나라 시대 남자와 여자가 외출할 때, 특히 말을 탈 때는 모두 외국식 모자인 호모胡帽를 썼다. 7세기 초반, 귀족 여자들은 '멱리冪䍦'라고 불리는 일종의 두건 달린 겉옷으로 모자와 면사포가 결합한 스타일의 패션을 선호했다. 이런 망토는 얼굴과 몸의 대부분을 감쌌는데, 특히 상류층 귀족 여성들이 익명성을 지키고 저속한 호기심에 가득한 눈길을 피할 수 있었다.[177] 그러나 7세기 중반에 이르러 망토 스타일의 유행도 끝난다. 몸을 숨기고 외출하는 여성은 줄어들고 긴 면사포로 막을 친 '유모帷帽'[178]에 자리를 내주었다. 어깨까지 떨어지는 너울에 챙이 넓은 그 모자는 심지어 얼굴이 드러나기도 했다. 원래는 긴 여행을 할 때 먼지를 막아주는 용도로 남녀 모두 착용했지만, 당시 여성들이 유행처럼 쓰고 다니면서 사람들은 상당히 눈살을 찌푸렸다. 671년에 반포된 법령에는 여자 기수가 쓰는 이 '뻔뻔스러운' 모자를 금지하는 조항을 담았다. 법령은 내려졌지만 아무도 지키지 않아 쓸모없는 법으로 끝나버렸지만 말이다. 8세기 초반에 여자들은 돌궐 모자를 쓰고 말을 탄 채 도시 거리를 쏘다녔다. 혹은 머리에 아무것도 쓰지 않은 채, 남자들이 말을 탈 때 입는 옷과 부츠를 입고 승마를 했다. 심지어는 돌궐 모자를 착용하지 않는 여성도 있을 정도였다.[179]

이 밖에도 당나라 중엽의 이국적인 패션으로 남성들에게는 표범 가죽 모자가 있었고, 여자들은 이란풍 의상을 애용했다. 이란풍 의상이란 꽉 조이는 소매와 몸매를 드러내는 윗옷에 주름을 잡은 스커트를 입고, 목 주변으로는 긴 스카프를 두른다. 특히 이란풍 복장은 '비한인非漢人' 성격의 헤어스타일과 화장으로 유명했다. 8세기의 궁궐 여자들에게는 '위구르 가발'을 쓰는 일도 유행했다.[180] 그러나 한족의 순수한 문화에 대한 열정은 반대로 식민지에 살고 있는 한인의 복장에 영향을 끼쳤다. 9세기에 둔황의 한인들은 티베트 지배하에서도 한족의 옷만을 고집했다. 당시 이국적인 색채가 짙기로 악명 높았던 양주涼州 같은 도시에서는 이국적인 옷과 매너가 자유롭게 널리 퍼져 있었지만 둔황에서는 한인의 복장

을 고수했다.[181]

돌궐 패션에 너무나 열을 올린 나머지, 장안의 길거리에 천막을 치고 유유자적하며 천막생활이 주는 불편함을 감수하는 귀족들까지 등장하기 시작했다. 시인 백거이白居易는 자기 집 마당에서 푸른색 펠트로 만든 텐트 두 개를 치고는 그 텐트에서 손님들을 대접하면서 텐트가 얼마나 겨울바람을 효과적으로 막아주는지를 자랑스럽게 과시하고는 했다.[182] 도시에서 텐트를 치고 생활한 인물 중에서도 가장 유명한 이는 태종의 아들이자 불운했던 황자 이승건李承乾이었다. 그는 하나부터 열까지 돌궐을 따라했으며, 심지어는 한어가 아닌 돌궐어로 말하는 것을 선호했다. 그는 궁정 정원에 돌궐 유목민 캠프를 만들었다. 거기서 돌궐족의 족장인 칸의 복장을 하고, 돌궐 옷을 입고 있는 노예의 수발을 받았다. 텐트 앞에 늑대 머리가 그려진 깃발을 세우고 그 앞에 앉아 몸소 삶은 양고기를 칼로 저며 작은 조각을 내서 먹곤 했다.[183]

유행을 선도한 황자 이승건을 본받는 무리도 많았다. 하지만 양고기 요리는 크게 유행하지 못하고 단지 제한된 미식가만이 이를 즐겼던 것 같다. 그러나 장안엔 다른 나라의 음식도 많아 널리 유행했는데, 이중에서 가장 인기 있는 것은 외국 과자였다. 특히 김이 모락모락 나는 음식에 참깨를 뿌린 것과 기름으로 튀긴 과자가 유행을 선도했다.[184] 과자의 조리법 역시 서역에서 전해져 당나라 사람이나 외국인이나 모두 이 과자를 좋아했다. 과자를 만들어 파는 사람도 대부분 외국인들이었다. 당시 대중 소설에 과자 판매점 이야기가 나온다. 새벽에 애인의 집에서 나와 귀가하던 남자가 아직 열리지 않은 성문 주변에서 문을 여는 북소리가 울리기를 기다리고 있었다.

그때 근처에 사는 외국인 과자 판매상이 영업을 준비했다. 그는 등불을 켜고 화로에 불을 지피고 있었다. 정鄭씨 남자는 그 과자점에 들어가 앉아 북소리가 울려 문이 열리기를 기다렸다.[185]

거리에서는 소박한 과자를 즐겼지만 도시의 다른 끝인 부촌에 사는 부유한 이들이나 고관대작은 식탁에서 우아하게 이국적인 식사를 즐겼다. 귀중한 수입 향신료를 사용해 만드는 요리도 있었지만, 조리법에서 서쪽의 레시피를 따른 것은 아니었던 듯하다. 특히 인기 있는 요리로 '천금쇄향병千金碎香餅'(천금의 가치가 있는 향료를 사용한 과자)이라는 이름의 고급 향료로 양념한 음식이 있었다.[186] 어떤 것은 바구니에서 쪄내 모락모락 김을 내는 "가볍고 고급스러운 요리법으로 만든 인도 브라만"의 음식인 '난' 같은 밀반죽 빵을 곁들였다. 이런 음식은 명백히 외국 조리법에 따라 조리한 것이다.[187]

옷, 음식, 주거를 비롯해 일상생활의 모든 면에서 이국적인 문화의 영향이 드러나지만 예술에서도 무척 잘 나타난다. 화가와 시인은 당나라에서 활동하던 외국인을 즐겨 그리고 묘사했다. 모든 시대에 이국적인 예술과 예술가들은 있었지만, 사람이란 반드시 자신이 살아가는 시대의 유행하는 문화적 추세를 맞춰가는 건 아니다. 그러나 이국적인 낯선 종족과 다양한 접촉이 이루어지던 시대가 도래했다. 따라서 이국적인 특징이 유입되는 현상은 제국주의의 정복 사업 및 당나라의 상업적인 확장과 관련돼 있다.

전형적인 이국적 취향의 예술가들은 각자의 나라를 미화했다. 그들은 억압되고 착취당하는 조국의 현실을 미화하기는 했지만, 종종 해외에서 억압당하고 착취당하는 이주민으로서 양심의 가책을 드러내기도 했다. 현대 유럽의 들라크루아와 고갱의 그림들에서 알제리 사람들과 타히티 사람들의 이미지를 미화하는 동시에 억압적인 현실을 드러내는 것과 마찬가지다. 베노초 고촐리Benozzo Gozzoli와 조반니 벨리니Giovanni Bellini가 그린 그림들에 드러난 무어인들과 사라센인들의 이미지에서 우리는 고압적이고 포괄적인 제국의 징후를 볼 수 있다. 당나라에서도 그들과 유사한 느낌을 드러냈다. 심지어 르네상스 예술에서 종교적 이방인의 느낌에 중점을 둔 동방 박사의 묘사나 당나라의 불교 예술에서 드러낸 이상화된 이방인인 아라한阿羅漢의 모습에 나타난 인도인의 얼굴도 유사하다. 그들이 가진 느낌은 그토록 비슷했다.

어떤 중세의 비평가들은 이국풍의 그림들을 미술의 특별한 범주로 인정하지 않았다. 예를 들어 11세기의 관점에서 9~10세기 예술에 대해 평론한 저명한 곽약허郭若虛는 '관덕觀德'(미덕의 일별), '장기壯氣'(영웅적 자질), '사경寫景'(경치 묘사), '풍속風俗'(대중 예절과 관습) 등과 같은 설명으로 당나라 시대의 그림들을 분류했다. 이런 식으로 분류를 하다가도 이따금 인도에서 들어온 신들을 묘사하는 적절한 방식에 대한 주제를 토론하기도 했다. 하지만 그조차 외국인들과 그들의 예술 양식에 대한 특별한 분류를 만들 수는 없었다. 예를 들어 인드라(제석천帝釋天)를 그릴 때는 "엄격하고 위압적인 인상과 행동을 보여줘야 한다"188고 지적하는 정도였다.

12세기 송나라 황제이자 예술품 수집과 감정에 일가견을 보였던 휘종徽宗의 수장품 모음집 『선화화보宣和畫譜』에서는 익명 작가의 말을 인용한다. 그는 외국인을 그린 회화에 대한 그의 관점을 짧은 평으로 남겼다.189 당나라 때 유명한 화가들이 그린 야만적인 외국인들을 예로 들었다. 여기에는 화가 호괴胡瓌와 그의 아들 호건胡虔까지 포함한다. 많은 이의 작품이 송나라에도 여전히 남아 있었다. 화가들의 그림으로는 외국인들이 교외에서 사냥하는 풍경, 외국산 말, 낙타, 송골매 등을 그린 것이 유명했다.190 화보의 필자는 이러한 회화의 진정한 가치는 한족 문화에 대한 이민족 문화의 열등성을 묘사한 것이라 평했다. 이러한 교훈적이고 맹목적인 한족 애국주의는 당나라 초기보다 송나라 때 현저했다. 당나라 때 외국적 주제를 묘사한 그림에서 드러나는 특징은 잘난 체하는 문화적 자만심이었지만, 송나라의 관점은 걱정스러운 오만이었다. 하지만 당나라 예술 애호가나 송나라 예술 수집가들이 그 주제를 어떻게 평가하든 간에, 그 예술품만이 갖는 표현 방식과 색채에서 큰 즐거움을 얻었다는 점은 확실한 일일 것이다.

비평가의 글은 이국적인 것에 대한 숭배나 이국 취향에 대해서는 별로 거론하지 않고 있다. 하지만 여러 화집에서 묘사하는 평을 통해서 우리는 쉽게 화가들이 다룬 주제나 경향 및 방식을 다시 유추해볼 수 있다. 만일 우리가 이것을 복원할 수 있다면, 당나라 회화에서 가장 이국적이었던 세기는 7세기였다는 것을 알 수 있다. 그때는 당나라 황제가 지닌 군사적인 힘은 절정에 달했고, 당나라 궁궐에 모여든 외국인들의 모습은 대단했다. 주변국을 제패한 당 조정은 외국인의 모습을 묘사하는 일련의 행위가 적합하다고 여겼고 그들은 환영을 받았다. 이와는 대조적으로, 문학에서 이국적인 묘사가 넘쳐나는 시대는 회상의 시대인 9세기였음을 알 수 있다. 이국풍을 주제로 그림을 그린 화가 중에서 가장 저명한 사람은 당 태종을 군사적이며 위압적인 풍모로 그려내 이름을 날린 염입덕閻立德일 것이다. 염입덕은 동시대나 이전 시대에나 이국적인 주제로 그린 작품에는 그리 감동하지 않았던 것 같다.[191] 629년에 학자 안사고顏師古는 조정에서 황제를 알현하여 귀주 지방에 살던 산지山地의 원주민이 입궐하는 장관에 대해서 보고했다.

그들은 이마 가운데를 황금 끈으로 장식한 검은색 곰 가죽으로 만든 모자를 썼습니다. 외투는 모피였고, 가죽 레깅스와 신발을 신고 있었습니다.

안사고는 고사를 인용하며 고답적인 태도로 말한다.

오늘날 황제의 덕이 세상을 비추니, 만방에서 오랑캐들이 구름같이 몰려옵니다. 모두 황제 폐하를 알현하기 위해 풀과 잔디 문양으로 장식한 옷을 입고 궁궐에 머물고 있사옵니다. 진실로 이것은 위대한 당나라의 번영을 드러내고 제국의 광범위한 미덕을 드러냅니다. 마땅히 이를 그림으로 기록해 황제의 덕을 만세에까지 전해야 옳다고 생각합니다.

그는 염입덕에게 황제에게 아첨할 만한 장면을 그려달라고 의뢰했다.[192]

같은 정보를 기반으로 제작되었기에 이국의 지리를 묘사한 그림이나 당시 전략적 지도와 명확한 구분이 없었지만, 그래도 당나라에서는 실용적 목적과 예술적인 시선의 차이라는 목표를 명확히 구분하고 있었다. 643년 염입덕의 동생 염입본閻立本이 엄청난 사절과 조공이 등장하는 그림을 그렸다. 당나라에 오는 여러 나라 사신들이 행진하는 전형적인 풍경을 그린 것이다. 그의 작품들 가운데는 '서역西域'을 다룬 두 개의 그림이 있었다.[193] 염씨 형제의 시대에서 100년이 지난 8세기 말에 활약한, 미인화로 유명한 주방周昉과 장훤張萱[194]은 위대한 불림拂林(로마)의 풍경을 그렸다고 하는데, 사실은 있었는지도 확인할 수 없는 동로마의 어느 지역을 묘사한 것이다. 만일 그 그림들이 남아 있다면 비할 데 없는 보물이겠지만, 우리는 지금 이 그림에 어떤 장면, 어떤 등장인물이 나왔는지 상상할 수 없다.[195] 심지어 위대한 시인 왕유王維조차 '이역異域'의 풍경을 이제는 더 이상 확인할 수 없다고 개탄했다.[196]

이렇듯 먼 나라 사람들을 그리는 경우, 민족의상을 입혀 눈에 띄는 특징을 강조하는 것이 일반적인 방법이었다. 외국인의 모습을 강조해 드러내는 작품으로 회화가 대표적일 것이다. 하지만 당나라 시대 장인의 손으로 만든 것이 확실하다고 여겨지는 현존 작품은 대부분 작은 조각상뿐이다. 확실하게 연대를 추정할 수 있는 것들 대부분은 높은 모자와 거만한 자세의 위구르인의 조각, 검은 눈썹과 매 같은 코로 표현한 아라비아인의 조각상이다. 어느 민족인지 명확하지는 않지만 그리스 문화의 취향을 보여주는 곱슬머리와 이를 전부 드러내며 웃는 사람들의 조각이 많다. 대부분 작은 테라코타 조각상이다.[197]

그러나 이국적인 사람들 모습은 당나라 도예가뿐 아니라 위대한 화가가 가장 좋아하던 주제였다. 안타깝게도 회화는 어떤 것도 살아남지 못했다. 우리는 아쉽게도 당나라의 황제 앞에서 아마도 자기 종족의 왕이 내린 첩지를 올리고 고두叩頭하며 공물을 바치는 사자의 모습을 그린 염입본의 그림을 보존하지 못했다.[198] 우리는 이점李漸과 그의 아들 이중화李仲和가 묘사한 말을 탄 오랑캐의 궁수를 볼 수 없다.[199] 장남본張南本의 작품 「고려왕행향도高麗王行香圖」,[200] 주방의 「천축여인도天竺女人圖」,[201] 장훤의 「일본여기도日本女騎圖」202를 볼 수 없다. 그러나 우리는 아직도 둔황의 프레스코 벽화에서 기묘한 얼굴, 특이한 모자를 볼 수 있다.203 이국적인 머리 스타일을 한 몇몇 중앙아시아 사람의 모습도 볼 수 있다. 서역 오아시스 도시 가운데 하나를 통과하는 군인, 정부의 직원 혹은 부유한 순례자는 해당 지역 당나라 수비대의 보호 아래 그가 방문한 사원의 벽에서 상당히 낯선 그림을 보았을 것이다. 그리스 스타일의 제의祭衣를 입은 부처상, 가장 순수한 이란 스타일 복장을 한 사람, 강렬한 인도 서사시의 한 장면을 묘사한 솔직한 누드의 여자를 말하는 것이다.204

예술계에서 이국적인 취향이 유행하던 시절에는 색다른 야생 동물 그림도 각광을 받았다. 조공을 바치는 나라에서 수입한 진귀한 동물뿐 아니라 당나라 동물의 그림도 좋아했다. 특히 한인들이 선호한 동물로는 매, 사냥개, 말 등이 있었다.205

당나라 예술가들은 다른 나라 종교의 신과 성인, 특히 불교가 융성한 지역에서 가져온 신상이나 탱화를 좋아했다. 눈썹이 비정상적으로 짙고 수염이 덥수룩한 나한羅漢, 다채로운 보석 목걸이를 한 후덕한 보살菩薩상206이나 고대 인도와 브라만교 신들을 좋아했다. 대표적으로 석가의 법207을 수호하는 신장이자 당나라 건물의 수호신이자 북방 유목민의 수호신인 장대한 풍채를 한 쿠베라Kuvera를 들 수 있다. 이 신은 북방 유목민과 한족 문화가 융합한 형태인데, 턱수염과 콧수염을 기르고 한인의 복장을 하고 있다.208 보통 이러한 이국적인 요소가 뒤섞인 불교적 취향의 그림을 그릴 때에는 왕족이 총애하던 기녀妓女를 모델로 삼았다. 기녀들에게 힌두교 여신의 포즈를 취하게 하고는 그림을 그렸다. 당나라 화가들이 한인 여자를 모델로 이국적인 주제의 그림을 그린 결과 이렇게

「극락도極樂圖」, 둔황 벽화. "무릉도원처럼 말로는 표현할 수 없이 아름답다는 불교의 극락."

혼용된 형태가 된 것이다.209 이것은 르네상스 시대 이탈리아의 유명한 창녀가 성모의 모델이 된 것과 상당히 유사하다. 무릉도원처럼 말로는 표현할 수 없이 아름답다는 불교의 극락도 역시 합성 인물도와 별다를 바 없는 부류였다.

당나라 초기 불교 화가 가운데 가장 유명한 인물은 울지을승尉遲乙僧이라 불린 이로, 본명은 사카족어로 비샤 이라상가Viśa Īrasangä210라는 호탄 출신 화가다.211 그는 7세기 중반 호탄 왕의 추천으로 당나라에 이란 스타일의 회화 양식을 새로이 도입했다. 명암을 기본으로 하고 여러 채색을 입혀 인물이 자유롭게 떠오르는 것처럼 표현한다. 때로는 배경을 떠나서 자유롭게 유람하고 있는 것처럼 보이기도 한다. 지금 전해지는 작품에는 「천왕상天王像」이 있다. 그의 회화 양식은 당나라 회화의 대가라고 불리던 오도현吳道玄에게 자극을 주었을 뿐 아니라, 둔황 벽화에서도 그 영향이 드러난다고 한다.212 또 서양 회화의 기법인 철선화鐵線畫(굵기가 다른 철선을 이용해 윤곽을 그리는 기법)를 당나라 대도시의 불교 사원에 도입한 것도 그 덕분이라고 말한다.213 그의 작품은 회화 양식뿐만 아니라 주제나 소재까지 이국적이었다. 「구자무녀도龜玆舞女圖」가 이러한 특징을 잘 드러낸 작품이다.214

이국적인 문학

문학에서의 이국적 취향은 회화나 조형 예술보다 무려 200년 정도 뒤에야 최고조를 맞았다. 문학사의 새로운 동향은 8세기 말에 시작되었다. 이런 이국적 스타일인 변려문체騈儷文體의 근체시近体詩(이 문체는 2~3세기 정도밖에 유행하지 않았다)는 이를 반대하는 '고문古文 운동'을 불러왔듯. 그러나 진귀한 것을 좋아하는 경향은 산문뿐 아니라 시에서도 드러난다. 밝은 문체, 진귀한 전설, 서정적인 인상 등은 9세기에 활약하던 시인들의 눈을 사로잡았다.

그 전형적인 인물이 바로 시인 이하李賀였다. 그의 시는 환상이나 꿈 속에서 헤매듯 상상을 그리거나 참신한 색채를 드러내는 배색의 묘사로 유명했다. 술은 '호박琥珀', 가을 꽃은 '냉홍冷紅'(차가운 붉은색)에 대비하거나 비유했다. 『초사楚辭』와 선불교의 『능가아발다라보경楞伽阿跋多羅寶經』을 즐겨 읽던 조서早逝의 천재성도 그렇다. 송나라의 비평가가 그를 '귀재鬼才'215라 불렀던 이유도 짐작이 간다. 「곤륜사자崑崙使者」라는 시를 보면 고수머리에 파란 눈의 외국인 소년을 묘사하는 데에서 그의 천재성을 엿볼 수 있다. 이하는 이국적인 요소를 아주 자연스럽게 작품에 끌어들였다.216

이하와 유사한 경향은 두목杜牧에게서도 보인다. 두목이 관인官人으로 있을 때 저술한 「논병사서論兵事書」에서 그는 북방의 야만족이 활동을 중지하는 초여름에 쳐들어가야 한다고 주장했다.217 그가 가진 실무적 재능이 어떠하든 간에 시인으로서 두목은 낭만파 시인이며, 화려한 옛날을 회고하며 느끼는 정경을 아름답게 그리고 있다.

장안을 돌아보니, 수놓은 비단 더미가 떠오른다　　　　長安回望繡成堆
산봉우리 사이 천 개의 문이 각각 교대로 열리고　　　　山頂千門次第開
홍진을 뒤집어쓴 한 명의 기수, 젊은 왕비가 웃네　　　　一騎紅塵妃子笑

그러나 아무도 이것이 여지荔枝인지 모른다 　　　無人知是荔枝來[218]

이 시는 현종이 총애하던 양귀비가 겨울을 보낸, 장안 근교의 온천을 낀 궁전에 대한 느낌을 적은 시다. 지금은 황폐해진 화청지華淸池에서 변덕스러운 귀비를 기쁘게 해주려고 광주에서 말을 타고 오는 파발擺撥로 여지를 실어 온 사자의 모습을 그리고 있다.[219]

이 시기의 전형적 시인으로는 원진元稹도 있었다. 뛰어난 문필가였던 그는 이미 상상 속의 과거에만 존재하던 순수하고 고전적인 문학을 열망했다. 예를 들어, 그는 사수泗水 강가에서 산출되는 돌인 사빈석泗濱石으로 악기 경磬을 만드는 이야기를 기술한다. 가장 오래된 문학에서 나오는 대목을 패러디한 것이다. 8세기에 새로운 돌이 발견되면서 강의 제방에서 가져와 전통 악기를 제작하던, 고전에 기록된 돌을 잊게 된 일을 한탄한다.[220] 슬프게도 지금은 옛 음악을 듣는 사람이 거의 없다는 것이다. 현종은 음악을 좋아했는데 그것은 '현대 음악'만을 이야기하는 것이라고 이야기한다.[221] 원진은 당시 유행한 선율에 맞춰 지었던 시에서, 새로운 것이나 이국적인 것만 유행하는 현상에 분개한다. 하지만 모순되게도 전통을 고집하면서도 이국에서 온 코뿔소와 코끼리, 돌궐의 기수, 표국驃國(미얀마)의 악사 등 다양한 이국적인 풍물을 작품에 끌어들여 특수한 문학적인 효과를 냈다. 원진의 전통주의자이자 반反외국주의자라는 측면이 이국적인 분위기를 더욱 돋보이게 만드는 시를 낳았다고 할 수 있다.

하지만 아직 문학의 이국적 취향이 본격적으로 만개한 것은 아니었다. 이는 시작에 불과했다. 당나라 전기의 특수 장르였던 이국적 소재의 이야기들은 비교적 잘 알려져 있었다. 특히 9세기 초에는 상상의 세계 이야기와 믿을 수 없이 놀라운 이야기가 유행했다. 다행히 지금까지 남아 있는 이야기도 많다. 어떤 사람이 당나라에서 진귀한 보석을 찾았다는 전설이 그 전형적인 예다. 이 보석은 흙탕물을 맑게 만들고, 땅속에 묻혀 있는 보물을 찾아낼 뿐 아니라, 선원에게는 순풍을 가져오고 또 뭔가 놀라운 영적인 능력을 갖추고 있다는 이야기다.[222]

판타지 세계에 대한 지향[223]은 만당晚唐의 적막하고 황량한 풍경화에 잘 드러나 있기도 하고,[224] 예술품 속에서 이국적인 서정적 낭만을 불러오기도 한다. 특히 당나라 판타지 문학에 가장 노골적으로 표현되어 있던 것이 바로 이국에서 들여온 기묘하고 아름다운 물건에 관한 이야기였다. 특히 전대의 황제 치세에 조공물로 들어온 매우 진귀한 물건들의 환상적인 능력에 관한 이야기에서 가장 확연히 나타난다. 지나간 시대의 조공물에 상상이 더해져 실제로 존재하는 수입품의 매력뿐 아니라 세상 어디에도 존재하지 않는 진귀한 물건으로서의 면모를 드러낸다. 실제로는 아마도 찬란한 황금으로 만든 비싼 물건이었을지 모르나, 문학이 소재로 이용하면서 가공架空의 것으로 둔갑한다. 즉 인간의 머리가 낳은 상상이 위력을 더해 진귀한 물건은 반짝이는 황금인 동시에 놀라운 능력을 지닌 물건으로 탈바꿈한다.

상상의 선물은 상상의 세계를 자극하는 결과를 가져왔지만, 그렇다고 당나라 초기부터 나타난 것은 아니었다. 고대에 목천자穆天子에게 진상한 신비한 선물에 관한 전설이 있었다. 이 이야기 다음으로, 외국에서 가져왔다고 전해지는 신비한 선물 이야기는 시대를 막론하고 입에서 입으로 전해졌다. '적오지인赤烏之人'(붉은 까마귀 사람)이 고대 주나라의 왕인 목천자에게 두 명의 여자를 바치니 천자는 그들을 왕비로 삼았다.[225] 이는 인도 동남부의 코로만델 해안에서[226] 조공물로 바쳐진 두 명의 흑인 여성(13세기 사료에 자세히 적혀 있다)의 이야기가 원형이다. 문학은 이 두 여성의 효능을 미화하고 있다. 문학은 아무리 정력이 시든 남자라도 그녀들의 불꽃같은 몸과 접하면 젊어질 수 있었다고 살을 붙였다.

이러한 고대의 불가사의한 이야기는 이국으로의 여행으로 몸과 마음이 위험에 처할 수 있을진 몰라도 일단 떠나면 상상을 초월한 모험이 기다리고 있다는 믿음을 사람들에게 심어주었다. 때문에 이야기가 지닌 매력은 더욱 파급력을 갖게 되었다. 악령과 도깨비는 산길 곳곳에서 숨어 기회를 노리고 있으며, 바다 괴물은 남쪽 바다의 파도 사이에서 얼굴을 숨기고 있다는 식의 이야기를 모두가 믿고 의심치 않았다.[227] 그렇다면 이국에서 온 사람도, 문물도 그 위험을 뚫고 넘어서 온 셈이다. 당나라 시대에도 이국의 신과 부처에는 정체 모를 마술이나 마법의 아우라가 넘쳐 난다고 믿었다. 그러나 어떤 시대든 예외 없이 사람들은 미지의 먼 땅에 대해 기묘한 미신적 상상을 씌우고 싶어했다. 이런 현상은 지금에 와서도 별로 달라진 게 없다. 이상한 공물에 대한 상상은 9세기에 갑자기 출현한 것이 아니었다. 그런 물건에 관한 이야기를 전하는 서적은 옛날부터 전해지던 흔한 전설에 새로운 숨결을 불어넣었다. 당나라 시대 전반에는 다른 시대에 비하면 외국에서 들어온 신기한 물건들이 풍성했다. 따라서 새로운 이야기 소재도 풍부했다.

이국적인 취향은 물심양면으로 7세기부터 8세기까지 황금시대를 맞는다. 외국인이나 그들이 가져온 진기한 물건들은 어디서나 볼 수 있었다. 이런 외국 물건의 유행은 전국 방방곡곡에서 일어나고 있었다. 당나라는 개방적이었고 경제는 전성기였다. 더욱이 이 시대에는 때때로 천자가 진귀한 물건을 금지해 호기심을 더 돋워주기도 했다. 야생 동물, 기묘한 조공물이 대표적인 예였다. 황제는 기묘한 물건이 지니는 엄청난 효능이라는 가짜 소문에 속아 큰돈을 털린 신하들에게 모범을 보여야 했던 것이다. 좋은 예는 당나라의 개조인 이연李淵이 개국 원년에 반포한 조칙이다.[228] 이 법령에는 당나라에게 멸망한 수隋나라의 어리석음을 지적하려는 목적도 있었다. 칙령은 마지막에 이렇게 선포했다.

난쟁이, 다리가 짧은 작은 말, 피그미 소, 이상한 짐승, 기이한 새, 실제적인 유용성이 없는 모든 것, 그리고 이와 유사한 물건, 이런 외래품에 대한 찬양을 중단하고 차단해야 할 것이다. 이것을 널리, 멀리 반포한다. 모든 사람이 듣고 이해하게 하도록 하라.

이런 종류의 칙령은 짧은 기간만 효과가 있었기에, 황제는 비슷한 조칙을 여러 차례 반포했다.[229] 금지 대상은 자와(가릉국)에서 온 오색 앵무새 같은 진귀한 것이거나 만주 지방에서 가져온 사냥을 잘하는 흰색 매 같이 단순 사치품도 있었다.

애석하게도 8세기 후반에 이르러 곳곳에서 여러 난리가 나서 나라가 황폐해진 뒤에는 이국이나 이역 땅에서 수입된 희귀한 기물들을 거의 볼 수 없게 되었다. 9세기에는 황소의 난으로 무법과 약탈이 계속되었다. 광주에서는 난이 일어나 외국 상인이 도살당한 후 진귀한 물건이 더욱 줄었다. 게다가 9세기에는 외래 종교에 대한 강력한 박해가 있었다. 이러한 현상은 보통 당나라 사람들의 시선에서는 외국 종교, 외국 성직자, 외국 승려뿐만 아니라 외국 책, 외국 신神의 이미지마저 없애버리는 효과로 작용했다. 결국, 겨우 불경이나 불상만 남게 되었다.

당나라 초기는 국제적이었다. 수입된 외래 물건이 넘쳐나고 다른 문화가 섞이는 황금시대였다. 하지만 9세기 초에 이르면 서서히 국제 제국의 영광은 저물어갔다. 사람들은 이전에 누리던 불교 경전과 의학서, 값비싼 양단과 희귀한 포도주, 서역에서 건너와 전국을 순회하며 공연하던 마법사, 바다를 넘고 산을 가로질러 온 모든 놀라운 것에 대한 갈망을 더 이상 채울 수 없었다. 그때에 이르러 고대의 환상적인 이야기는 새로이 해석되어 활발하게 유통되고, 향수를 일으키는 상상력은 현실적 감각으로는 쥘 수 없는 것을 제공했다.

상상의 외래 물품이나 이상한 조공물의 이야기는 이국의 진귀한 물건들을 구입하기 어려워진 9세기에 가장 많이 출간되었다.[230] 이국적인 상품에 대한 유행이 수그러들자 그 결핍은 이국적인 것에 대한 문학적 상상으로 대체되고 과장된 것이다. 현대의 비평가를 빗대어 인용하자면 이렇다.

우리는 더 이상 살과 피로 이루어진 현실 세계에 살고 있지 않다. 우리는 양초의 불꽃처럼 영혼이 반짝이는 꿈의 나라에 산다. 그 외부 풍경은 '내부의 본질'로 변형되었다. 그 세계는 측정할 수 없는 어두운 바닷속에 잠겨 있고, 남겨진 것은 단지 '악취를 풍기는 음침함'뿐이다.[231]

이 시대는 스스로를 속였다. 국제 문화가 만개해 많은 이야기에서 찬미하는 멋진 왕, 세계를 이끄는 영광스러운 군주, 이국적인 것에 대한 심미안과 모든 낭만적인 것의 상징이었던 당 현종의 통치에 대해 말하는 척하려고 가장했다.232 현종의 치세 때 사람들은 쿠처의 류트 소리를 들을 수 있었다. 하지만 다음 세기에 사람들은 단지 그것들을 꿈꿀 뿐이었다.

이런 종류의 창조적인 회고 취향에 대한 예를 들어보겠다.

어느 대신大臣이 황제에게 진상했다는 '정국보定國寶'(나라를 굳건히 지키는 보물)233에는 '서왕모西王母의 고리'라는 이름을 가진 하얀 고리가 둘 있었다. 서왕모는 세계 정상에 우뚝 솟은 곤륜산崑崙山에 사는 유래가 상당히 애매모호한 상상의 여신으로, 신선과 결합된 이미지였다. 이 서왕모의 두 고리는 다른 민간 전설에도 나오는 신비한 고리와 유사하며, 이 백색 고리를 얻은 자는 주변국 모두를 부하로 복속시킬 수 있다는 전설이 있었다.234

교지국交趾國(통킹)에서는 금색의 코뿔소 뿔인 '벽한서辟寒犀'를 황제에게 진상했다. 황제는 그것을 황금으로 만든 접시에 놓고 침소 깊숙한 곳에 두었다. 이를 지참했던 사절의 증언에 따르면, 이 뿔에는 추위를 물리치는 효능이 있다고 했다. 이 뿔로부터 따뜻한 바람이 나와 그 주위를 감쌌다고 증언한다.235 이와 유사한 조공물로는 '서탄瑞炭'(상서로운 숯)이라는 숯 막대기 베개가 있다. 감숙 지역에 있었던 고대 국가인 서량西涼에서 보낸 것이라고 하는 이 숯은 쇠처럼 단단할 뿐 아니라 불꽃이 보이지 않지만 열흘 동안 계속 탄다고 했다. 게다가 너무 뜨거워 가까이 접근하기 어려웠다.236

구자龜玆(쿠처)에서 보내온 공물로 비취와도 비슷한 반들반들한 돌에 조각을 넣은 베개가 있었다. 이 베개를 베고 잠이 든 행운아는 모든 땅을 넘고 바다를 건너 지금껏 아무도 가보지 못한 장소를 여행하는 꿈을 꾼다고 했다. 그 행운아가 바로 양국충楊國忠이었다. 그는 현종의 총애를

한 몸에 받은 양귀비의 사촌이었다. 말하자면 이중二重 행운아였던 셈이다.[237]

광석 중에서도 가장 아름다운 옥玉은 누구나 바라는 보물이지만, 그 중에서도 최고 품질의 옥에 대한 동경이 다음과 같은 이야기를 낳았다. 현종은 치세 중반 무렵, 최근 들어 서역에서 받은 조공물 안에 오색의 옥으로 만든 장식품이 전혀 없다는 점을 깨닫고는 의아해했다. 오색 옥을 얇게 펴서 만든 장식 요대나 오색 옥으로 조각한 잔이 있었지만 오래 전에 진상받은 낡은 것들이었다. 그래서 현종은 '안서安西'를 수호하는 군대에 진상하지 않는 태만한 이적夷狄(정확한 이름은 아니지만)을 응징하라고 명한다. 태만한 이적이란 바로 옥을 대량으로 생산하는 옥 광산으로 유명한 호탄이었을 것이다. 호탄은 세련된 음악과 아름다운 여성이 사는 나라였으나 당나라 황제에게는 그저 하나의 야만국이었을 뿐이다. 어느 나라였는지는 분명하지 않지만, 어쨌든 그 태만한 나라의 왕은 놀라서 곧바로 아름다운 보물을 산더미처럼 실어 장안으로 보냈다. 그러나 운명이란 얄궂어서 이것들을 모두 약탈당한다. 눈 덮인 파미르 산중, 혹한의 좁고 음침한 골짜기에서 터번을 쓰고 이蝨子나 잡아먹고 사는 야만적인 도둑 소발률小勃律[238]에게 빼앗기고 말았다. 이를 전해 들은 천자는 분노했다. 즉시 4만의 한족 군대와 당나라 변방 속국에서 합류한 군대를 거느리고 그들이 사는 사막 나라를 공격했다. 결국 도둑들의 수도를 박살내고 보물은 탈환했다. 야만적이던 도둑의 수장은 즉시 빼앗은 보물을 돌려보냈다. 그러고는 해마다 당나라에 조공물을 바치고 싶다고 청하며 엎드려 용서를 빌었다. 그러나 당나라 군대는 그 청을 들어주지 않았고, 야만족의 수도인 길기트Gilgit를 잔혹하게 약탈하고 말았다. 승리를 거둔 당나라 장군은 약탈에서 살아남은 3000명가량의 야만족 주민을 포로로 잡아 귀국했다. 하지만 이때 야만족의 예언가는 장군의 불운을 예언했다. 당나라 군대는 예언대로 폭풍우의 습격을 받았고, 살아남아 돌아온 이는 야만족 용병과 당나라 병사 각각 한 명이었다. 결국 현종은 진귀한 보배를 얻지 못한 채 시신 수색을 위한 수색대를 다시 보내야 했다. 현장에 도착한 수색대는 계곡에서 투명하게 얼어붙은 포로와 병사들의 시신이 널려 있는 것을 보았다. 이토록 이상한 시체조차 곧 감쪽같이 물로 녹아버렸고 보물 역시 사라져버렸다고 한다.[239]

이 시기는 마법의 시대였다. 그때는 불가능이란 없었다. 이국적인 환상에 홀린 작가들은 과거의 것이 되어버린 신비의 빛을 상상 속에서 재현하려 했다. 8세기는 이 죽었던 것들이 다시 살아나 반짝이던 시대였다.

이런 이야기의 유행이 단적으로 드러나는 것은 9세기 말에 세상에 나온 어떤 책이었다. 모든 종류의 판타지를 활용하던 당시의 경이로운 이야기책들과는 달리 이 책은 거의 완전히 이국적인 경이로운 것만을 주제로 하고 있다. 876년에 출간된 이 책의 제목은 『두양잡편杜陽雜編』[240]으로 작가는 소악蘇鶚이었다.[241] 이 책에 등장하는 희귀한 물건에 대한 이야기 몇 편을 살펴보자.

'일림日林'이라고 불리는 나라에서 '영광두靈光豆'(영적인 빛을 내는 콩)[242]를 진상했다. 이 나라 이름을 '태양의 근원'으로 해석하면 아마도 일본이었을 것이다.[243] 이 나라는 동북쪽 바다 저편에 있으며 이상한 빛을 내는 돌의 산지로 유명했다. 이 콩은 현대의 엑스선처럼 인간의 내장을 비춰보여줬다. 그래서 이 나라 의사들은 환자의 상태를 들여다보면서 진료하고 치료할 수 있었다고 한다. 콩은 짙은 분홍색으로 몇 미터 앞까지 빛

을 발했다.244 창포菖蒲 잎과 함께 끓이면 거위알 정도의 크기로 부풀어
오른다. 황제도 이 맛있는 콩을 시식하고는 정말 훌륭하다고 칭찬했다.
이 콩이 지니는 특이한 효능은 먹은 후에는 수일간 배고픔도 갈증도 느
끼지 않는다는 점이다.

또 다른 것으로는 놀라운 음식이 있다. 신비스러운 남해南海에 있는 나
라에서 바다를 건너온 것이다. 그곳에서는 수정 베개를 진상했다. 이 베
개에는 건물과 사람의 풍경이 조각되어 있었다. 이 베개와 함께 '수잠사水
蠶絲'245로 만든 '신금금神錦衾'도 공물로 들어왔다. 이는 물에 넣으면 부풀
어 올랐고, 따뜻하게 해서 말리면 줄어들었다. 이 나라에서 헌상한 음식
을 먹으면 바람을 타고 날아갈 만큼 몸이 가벼워진다. 모양은 향기로운
종류의 밀과 같았다. 게다가 젊어 보이게 하고 정력을 회복시킬 뿐 아니
라 삶을 연장케 해주는 자주색의 쌀알도 있었다.

유리 안에 조각을 넣어 만든 소형 구슬인 수령水靈 또한 가장 인기 높
은 공물이었다. 예를 들어 '용각채龍角釵'(용 뿔 비녀)246와 '이수주履水珠'(용
이 서서 헤엄치는 구슬)247가 그것이다. 신비한 비녀 용각채는 '영광두'와
함께 진상받은 공물이었다. 그것은 짙은 자주색 비취와 유사한 보옥에다
인간의 한계를 뛰어넘는 듯 정교한 기술로 용을 조각해 넣었다. 당 대종
代宗은 용각채를 가장 총애하던 아름다운 빈嬪 독고씨獨孤氏에게 하사했
다.248 어느 날 왕과 독고씨가 용주지龍舟池에서 뱃놀이를 즐기고 있었다.
갑자기 용각채 위에 보랏빛 구름이 일어났다. 대종이 용각채를 손바닥
위에 올려놓고는 그 위에 물을 뿌렸다. 그러자 자운紫雲이 피어올라 뒤엉
킨 채 두 마리의 용 모양이 되어서는 동쪽 하늘로 날아올라 춤추다 사
라졌다. 용이 서서 헤엄치는 구슬인 이수주에는 검은색의 작은 구멍이

나 있었고 표면에는 신기한 비늘 모양이 새겨져 있었다. 이 구슬을 지니면 물속을 안전하게 수영할 수 있었다고 한다. 대종은 이 구슬을 수영을 잘하는 남자의 팔에 5색의 줄(독룡毒龍이 싫어하는 색)로 묶고 시험해보았다. 남자는 파도 위를 걷고 물속으로 잠수해도 전혀 젖지 않은 채로 수면으로 올라왔다. 나중에 궁중의 여자들이 궁궐 한쪽 웅덩이에서 이 구슬을 가지고 놀았는데, 그때 구슬은 검은 용으로 변했다고 한다.

진기한 새와 정령도 황제가 선호하는 공물이었다. 그중에 '각화작却火雀'이 유명하다.[249] 이 새는 순종順宗 즉위를 축하하며 진상한 검은색 참새로, 불에 강한 특징이 있었다. 이 새를 서양에서는 '피닉스'라 부른다고 한다. 보통 중국 전설 속 '봉황鳳凰'을 피닉스로 오인하는데, 이 새가 진정한 피닉스가 아니었을까 싶다. 이는 인도인들이 말하는 사만달samandal이었다(아라비아인들에게는 날아가는 종류의 불사조도 있다고 한다). 깃털은 어떤 불길에도 타지 않았다.[250] 이 새를 선물받은 황제는 수정으로 만든 둥지를 침실에 두고 새를 길렀다. 시녀들이 시험 삼아 양초 불을 대보았지만 그을리지 않았다.

또 '경봉輕鳳'과 '비란飛鸞'[251]이란 이름의, 공기처럼 가벼운 두 명의 무희를 보낸 나라도 있었다. 두 무희는 자기들 이름의 유래가 된 신비로운 새의 모습이 장식된 금관을 쓰고 있었다. 그녀들은 이들 새의 정령으로, 여지荔枝와 황금 가루를 먹고 살았다고 하며 '용뇌龍腦'라는 이름을 지닌 장뇌수樟腦樹(녹나무)로 담근 술을 마셨다.

괴상야릇한 난방 기구나 취사 기구도 공물 중에서 특수한 분류를 형성한다. '상연정常燃鼎'(항상 불타는 가마솥)[252]은 따로 불을 피우지 않아도 음식을 요리할 수 있었다. 신화 속에나 나올 듯한 나라에서 보내온 이 희귀한 공물 역시 『두양잡편』에 나온다. 이는 1000년 전 후한後漢의 역사책에 열거된 나라들 가운데 신비한 전설에 속하는 나라에서 온 기물이다. 이와 유사한 것으로 '화옥火玉'이라는 옥이 있었다. 화옥은 붉은빛을 띠고 있으며 가마솥을 데우기 위한 숯불과 같은 용도로 사용할 수 있었다.

황제는 냉기를 뿜어내는 기물을 즐겨 이용했다. '상견빙常堅冰'[253]은 천년 빙하가 있는 산에서 나온다. 그것은 어떤 작열하는 태양에도 녹지 않았다. 송풍석松風石이라는 것도 있었다. 반투명했는데, 그 안에 소나무의 모습이 있고 그 소나무 가지에서 시원한 미풍이 나왔다. 황제는 여름 내내 이 돌을 곁에 두었다.

이렇게 대단한 기물까지는 아니었지만 상당히 신기한 것들도 있었다. 대표적인 것으로 '변주초變晝草'[254]가 있었다. 이것은 바나나 나무와 닮았는데, 주위가 항상 어둠에 싸인 것처럼 보이게 만드는 효과가 있었다. 황제는 이 효능을 음陰하고 불길하다고 좋아하지 않았다.

이런 문학적 상상물 중 실제로 존재했을 가능성이 큰 물건도 있었다. 신라가 덕종德宗에게 헌상한 것으로 수많은 조공물 중 하나인 오채구유五彩氍毹다.[255] 그 카펫에는 춤꾼, 음악가, 산과 강 같은 풍경이 놀랄 만큼 아름답고 훌륭하게 뒤섞여 있었다. 온갖 종류의 새와 벌레도 수놓여 있었다. 특이하게도 방에 미풍이 불면 그림들이 퍼덕거리고, 출렁거리며 돌아다녔다고 한다.

'만불산萬佛山'[256]은 높이 약 3미터 정도의 인도차이나 원산 침향목에 보석을 박아 불국토를 아름답게 새긴 조각품이다. 이 역시 신라에서 보내온 것이다. 만불산에는 모든 부처의 이미지가 아로새겨져 있었다. 불국토의 여러 건물과 자연의 푸른 초목 등이 진주와 자개, 옥으로 아주 세밀하게 조각되었다. 경건한 불교도였던 황제는 사당에 이 장대한 상징을 설치하고 사당 마루에는 역시 신라에서 조공한 '오채구유'를 깔았다. 아마 이 놀라운 물건은 완전히 상상만은 아니었을지도 모른다.257

'주래조朱來鳥'258 역시 완전히 상상의 산물만은 아니었던 것 같다. 덕종 황제에게 훈련이 잘된 동물이나 새를 조공하는 일이 많았다. 불심이 강한 황제였기에 그는 이런 공물을 대개 불교의 가르침에 근거해 방생했다. 그러나 781년 남쪽 나라에서 보내온 아름다운 주래조만은 풀어주지 않았다. 빨간 부리에 몸길이보다 긴 청자색의 꼬리를 뽐냈으며, 똑똑해서 인간의 말을 이해했다. 찢는 듯한 높은 목소리로 울어대는 이 아름다운 새는 열대 지방 까치의 일종인 듯하다.259 이 새는 궁중에서 엄청난 사랑을 받았다. 최고의 진미를 먹이로 제공받았고, 밤에는 금으로 만든 둥지에서 자고 낮에는 궁내를 자유롭게 날아다녔다. "금나라의 대응大鷹이라도 결코 이 새에 미치지 못할 것"이라고 입을 모았다. 그러나 안타깝게도 어느 날 독수리 밥이 되어버리고 말았다. 궁전은 진정으로 슬픔에 잠겼다. 이에 서예의 대가가 새의 영혼이 극락왕생하기를 비는 진혼을 하며 금박 종이에 『반야심경般若心經』260을 사경하기까지 했다.261

남해의 알려지지 않은 나라에서는 '노미낭盧眉娘'(검은 눈썹의 하녀)이라는 이름의 14세 소녀를 공물로 올렸다. 재주가 많은 소녀였다. 특히 자수에 능하고 사방 30센티미터 크기의 모직 직물에 『법화경法華經』 7권을 아주 작은 글씨로 아름답고 멋지게 자수할 수 있었다. 이 소녀도 상상 속 인물이 아닌 실재하는 인물이었을지도 모른다.

이런 것들은 소악의 저작에 종종 등장하는 이상한 이야기의 사소한 일례에 불과하다. 일본이나 신라 등 실재하던 나라가 진상한 공물에 관한 이야기도 있고, 이제 그 이름을 듣는 것마저 생소한 옛 나라 혹은 상상에나 나올 법한 땅이나 나라에 대한 이야기도 있다. 그러나 신뢰할 만한 당나라 시대의 조공 사료에는 이들의 조공물이나 실제로 있던 나라에서 헌상했다는 공물에 대해서는 일언반구도 없다. 공물 기록이 전혀 없는 것이다.

소악이 말하는 시대는 8세기 후반부터 9세기 전반이었다. 자신이 살던 시대를 1세기 이상 거슬러 올라간 것이다. 그 무렵 역시 당나라의 광영은 석양이 되어갈 즈음이었고 태양이 지기 시작한 때였다. 반면 소악이 살던 때는 어둡고 힘든 시대였다. 그래도 1세기 전은 아직 어둠의 그림자가 아닌 빛의 시대였다. 그가 그리던 시대에는 위구르의 말, 발해의 무희, 미얀마(표국)의 악사, 짬파의 코뿔소, 이미 분할되어버린 페르시아 왕국의 사람들이 가져온 진주와 호박이 있었다고 회상한다. 실제 공물 기록에는 없지만 소악의 목록에 빼곡히 기록된 수입품들. 그는 상상으로 황혼의 시대를 마법과 신비로운 매력의 물건들로 가득 채웠다. 간단히 말하면, 그의 저작은 상거래와 융성한 외교가 빚어낸 경이로운 환상의 세계다. 그의 책은 잊고 있었던 골동품에 박혀 있던 신비한 효능의 보석과 옛것을 좋아하는 회고적 이국 취미에 대한 상상으로 가득하다. 그가 그린 이야기는 8세기 후반 당나라의 영광과 외교적 승리에 판타지와 상상을 가미한 것일지 모른다. 어찌 되었든, 진귀한 공물들은 왕실 창고 출납을 담당하던 경리의 장부를 메우는 숫자가 아니라 시인의 감성을 충족시켜주었던 다시없는 별미였다.[262]

제2장 사람

그 상품에는 금, 은, 보석, 진주, 고운 모시, 자주 옷감,
비단, 진홍색 옷감, 각종 향나무, 상아 기구,
값진 나무나 구리나 쇠나 대리석으로 만든 온갖 그릇,
계피, 향료, 향, 몰약, 유향, 포도주,
올리브기름, 밀가루, 밀, 소, 양, 말, 수레,
그리고 노예와 사람의 목숨 따위가 있습니다.
_『구약』「요한계시록」18: 12~13

전쟁 포로

다른 나라에서 당나라로 반입된 물건 중 유독 눈에 띄는 것이 '사람 목숨'이었다. 당나라 사람들이 알고 있던 나라 또는 머나먼 이국에서 성인 남녀나 어린아이가 무더기로 끌려왔다. 그들은 얄궂은 운명과 당 왕조의 변덕 때문에 본디 살던 땅을 떠나 당 왕조가 정한 운명대로 살아갈 수밖에 없었다.

당나라가 주변 이민족을 차례차례 정복했던 7세기에는 많은 전쟁 포로가 당으로 끌려오게 되었다. 가장 많았던 것은 돌궐족으로, 몽골의 초

원이나 서역의 사막에서부터 수천 명씩 끌려왔다. 만주족이나 고구려·백제인들도 노예가 되어 황제나 대신들을 위해 일하게 되었다. 전쟁이 일어나면 일반 시민도 포로가 되었다. 645년 당나라가 고구려를 공격했을 때, 요동遼東 지역 주민 1만 4000명이 당나라군에 저항했다는 죄목으로 붙잡혀 강제로 노예로 전락했다.[1] 다행스럽게도 그들은 나중에 당 태종의 사면을 받았지만, 이런 요행을 바랄 수 없었던 수천 명의 포로들은 장안에서 벌어진 개선 행진에서 대중의 구경거리가 된 뒤 황제와 황실 조상들의 종묘인 태묘太廟에 포로로 바쳐졌다.

개선 행진에서는 승리를 거둔 당나라 장군이 유목 민족 복장을 하고 선 장안성 동문에서부터 기세등등하게 행진을 준비했다. 궁성의 호위병들이 동문에 도열해 그를 맞이하고 전례관의 신호에 맞춰 행진이 시작되었다. 우선 말을 탄 음악대가 북과 종, 그리고 소簫·적笛·필률篳篥·가笳[2] 등을 들고 이런 대규모 행사를 위해 준비된 개선 음악을 연주했다. 아래는 「하조환賀朝歡」[3]이라는 제목의 승전가다.

사해가 장엄한 바람으로 덮였다	四海皇風被
천년 동안 쌓아온 미덕으로 푸르게 정화되었다	千年德水淸
야만의 옷[4]을 다시 입을 필요는 없다	戎衣更不著
오늘날 우리는 우리의 성취한 것을 고하노라	今日告功成

개선가에 따라 춤까지 더해지기도 했다. 그중 한 곡에 대한 기록이 남아 있다. 632년, 태종의 승리를 축하하며 은빛 갑옷을 입은 128명의 소년들이 「파진악破陣樂」을 노래하고 춤을 추었다.[5] 악대에 이어 기쁨에 취

한 병사 대열이 입장하자 시민들의 갈채를 받았으며, 걸어 다니는 전리품인 포로들이 그 뒤를 따랐다. 포로들은 시가지를 걸어서 궁전의 태묘 앞까지 행진했다. 그곳에서 음악대가 말에서 내리고 군중은 궁전 앞에서 황제를 기다렸다. 황제는 황실 조상의 영령에 공물과 함께 감사함을 바치고 성스러운 의식은 종료되었다. 다시 음악이 시작되고 개선장군과 휘하 장교들이 황제가 기다리는 궁전 앞까지 행진한다. 다시 행진곡을 연주하면 황제가 그들을 정식으로 맞이한다.6 마지막으로 불행한 포로들은 반란이나 저항, 야만스러운 행위를 벌인 자로서 황제의 눈앞에 끌려나와 판결을 받은 뒤, 고위직 장교들은 전공戰功에 걸맞은 상을 받았다. 이후 성대한 연회가 벌어지는 경우도 있었다.7

위대한 정복자였던 태종이 붕어한 뒤 후계자 고종이 서돌궐의 왕 아사나하로阿史那賀魯를 생포한 일을 기념해 새로운 의식을 만들었다. 우선 장안의 서북쪽에 있는 태종의 묘지 소릉昭陵8에서 불행하게 포로로 잡힌 서돌궐의 왕족들을 태종에게 봉헌했다. 그 뒤 돌궐의 문무백관과 피지배 부족의 왕들이 줄지어 태묘에서 형식적인 의식을 치렀다.9 특별한 의식이기는 하지만 황실 조상들에게 패전국의 왕을 산 제물로 바치는 고대의 관습을 의례적으로 부활시킨 것이다. 이 뒤로도 이 의식은 대대로 계속되었지만,10 아사나하로는 죽음을 면할 수 있었다.

붙잡은 왕족을 조상의 능묘에 봉헌하는 경건한 의식은 주변 모든 나라의 왕은 당나라의 가신이 되어야 한다는 정치적 신념을 말하고 있었다. 황제를 향해 전쟁을 벌인 자는 반역자이며 죽음으로써 처벌받을 수밖에 없었다. 750년 당나라의 지배하에 있던 타슈켄트11 왕은 고구려 출신 장군 고선지에게 붙잡혀 반역죄로 처형당했다.12 하지만 당나라 장군에게 붙잡혔던 역사적 인물 대부분이 비참한 최후를 맞은 것은 아니다. 서돌궐의 왕 투만都曼이 전형적인 예다. 660년에 대장군 소정방蘇定方에게 붙잡혀 낙양에 끌려왔지만 당나라의 다른 장군이 구명을 탄원한 덕분에 살아남을 수 있었다.[13] 왕족은 포로가 되어 관직을 받는 일도 있었다. 구자(쿠처)의 왕은 649년에 포로가 되어 장안에 끌려왔지만 황실의 조상들에게 의례적으로 봉헌한 뒤 석방되어 좌무위대장군左武衛大將軍의 직위를 제수받는다.[14]

황족 신분의 포로가 죽고 나서 뒤늦게 명예를 되찾는 경우도 있었다. 하지만 그것은 황제의 애마였던 군마에게 내려진 칭호나 다를 바 없는 수준의 적당한 작위다. 일례로 인도가 영광스러운 당 왕조에 반항하던 시기 고결하고 대담무쌍한 왕현책王玄策을 사자로 보냈다. 그는 티베트와 네팔의 병사를 모아 한창 번영하던 마가다(마게타摩揭陀) 성을 공격해 남녀 포로 2000명과 우마 수만 두를 획득했다. 포로 중에는 반역자인 마가다 왕도 포함되어 있었고 그는 648년 당으로 끌려왔다. 왕현책은 태종의 사절이었기에 2년 뒤 태종이 붕어하자 치적을 기리기 위해 반항하는 인도인의 석상을 조각해 태종의 소릉에 세웠다.[15] 이 석상으로 마가다 왕은 영원히 그 이름이 기억되기는 하겠지만 그것은 어디까지나 당 왕조가 승리했다는 장식물이나 상징으로만 기억되는 것이다.

왕족과 달리 보통 사람들은 포로가 된다면 죽음을 기다리거나 노예가 될 수밖에 없었다.[16] 809년에 백거이가 지은 시 「박융인縛戎人」이 그 사실을 은유적으로 말해준다.

타타르족 묶여 끌려온다, 타타르족 묶여 끌려온다   縛戎人縛戎人

귀는 뚫리고, 얼굴은 깨져서 중국에 잡혀왔다	耳穿面破驅入秦
천자는 불쌍히 여겨 죽이지 않을 것이나	天子矜憐不忍殺
그들을 동남쪽 오월吳越 지역으로 보낼 것이다	詔徙東南吳與越
노란 외투 입은 하급 관리가 이름과 성을 적고	黃衣小使錄姓名
장안을 나가 역참에서 말을 갈아타고 떠난다	領出長安乘遞行[17]

전쟁에서 포로가 되어 군부나 민간인 유력자의 집에서 사노비가 되는 일도 있었지만 대부분은 '공노비公奴婢'가 되어 황제의 명령에 따르게 되었다.[18] 내전으로 생겨난 한족 포로는 특별히 성은을 입어 자유의 몸이 되는 일도 있었다. 하지만 자유를 얻는 데는 자격이 필요했다. 당나라보다 조금 이른 시기인 545년의 일이지만, 전쟁 포로였던 남자들이 자유의 몸이 되어 국내의 미망인들과 정식으로 맺어지는 일도 있었다.[19] 하지만 이민족 포로는 그런 행운을 기대할 수 없었다.

사노비든 공노비든 불행한 노예들은 그 출신 민족에 따라 할 일이 정해지곤 했다. 대체로 몽골이나 중앙아시아 출신의 유목인은 말을 키우거나, 마부 혹은 귀족의 마차를 끄는 종자로 활용되었다. 교육 수준이 높고 머리가 좋으면 공노비라도 방직이나 도공 등의 중요한 생산 업무를 맡게 되기도 했다.[20] 때로는 호위,[21] 통역, 무용수같이 궁전에서도 신뢰받는 업무를 맡았다. 최악의 경우 남쪽 변방으로 보내져서 열병熱病이 만연한 땅에서 머리 사냥을 관습으로 하는 종족이나 악어 같은 괴물들과 싸우는 위험한 일을 해야 했다. 시인 백거이가 시로 읊은 돌궐족 포로나 851년 광주 지방으로 보낸 티베트족과 위구르족 포로가 이런 처지에 놓여 있었다.[22] 9세기 당나라는 첩자에 무척이나 민감하게 반응했고, 고산 지역이나 북방에서 잡혀온 포로들을 격리해두기엔 더러운 변방의 땅이 어울린다고 보았다.

한족이 국력을 자랑하던 7세기에는 꽤나 개방적이었다. 이민족 노예는 귀족 집안의 사노비가 되든 조정의 공노비가 되든, 재능과 계략에 의지해서라도 노력과 재력을 얻게 될 일을 바랐다. 실제로 군사적인 능력이 있는 사노비가 조정의 중요 인물이 된 적도 있었다. 고구려 반란군의 아들이었던 왕모중王毛仲이 출세할 수 있었던 것도 바로 이런 연유였다. 안타깝게도 권세욕에 눈이 멀어 정치 투쟁에서 실각하고 말았다.[23]

하지만 고귀한 집안이나 공신의 가문으로 끌려가는 행운을 누리지 않는 한, 대부분의 전쟁 포로는 자비라곤 찾아볼 수 없는 당 왕조의 노예가 되었다. 그것은 반역죄로 처벌받은 일족도 마찬가지였다. 포로나 반역자 일족들은 석방될 때가 되거나 특별 사면을 받기 전에는 변방의 요새나 밭에 물을 대는 수로를 만드는 등의 고된 노역을 감수해야만 했다.[24]

노예

창고 지키기는 한족 출신 노예의 역할
소와 양을 돌보는 것은 오랑캐 출신 노예의 일
말에 탈 때는 발 빠른 노예가 안장을 올리고
강건한 노예가 밭을 갈고
아름다운 노예는 비파를 뜯고 술을 따르니
허리가 잘록한 노예는 춤추고 노래한다

식탁 옆에선 난쟁이가 촛대를 받든다

이 글귀는 둔황에서 발견된 시로, 젊은 새신랑이 유복한 집안의 가장이 되어 권한과 사치를 꿈꾸던 모습을 그린 것으로 아서 웨일리가 영어로 번역했다.[25]

저택 안주인의 시녀부터 사냥터 관리인까지 일반 가정의 잡일을 도맡던 노예들은 대부분 노예 상인으로부터 팔려온 듯하다.[26] 하지만 당나라 후기에는 노예 상인과는 별개로 거대한 노예 공급원이 생겨났다. 빚을 갚을 방도가 없는 자나 밥줄이 끊어진 소작인이 자기 자신이나 자식을 채권자나 지주에게 팔 수밖에 없었다. 노예는 기한제인 경우도 있었고 종신 계약인 경우도 있었다.[27] 하지만 당나라 시대의 노예 대부분은 인신매매 중개인이 한밑천 잡을 속셈으로 데려온 이민족이었다. 원진은 언제나 이국적인 것을 동경하던 시인이었지만 엄격한 도덕주의자였다. 그가 노예 상인을 경멸하며 읊은 시가 남아 있다. 욕심에 눈이 멀어 머릿속에 돈벌이 생각밖에 없고, 돈을 위해서라면 죽은 사람도 팔아넘길 노예 상인에 대해 원진은 이렇게 그려냈다.

진주를 찾아 푸른 바다를 넘고	求珠駕滄海
옥을 모아 형荊과 형衡으로 올라간다	采玉上荊衡
북쪽으로는 탕구트의 말을 쫓고	北買党項馬
서쪽으로 나아가선 티베트의 앵무새를 잡는다	西擒吐蕃鸚
불꽃의 나라에서 화염으로 처리한 리넨	炎洲布火浣
촉蜀에서 온 완벽하게 직조된 태피스트리	蜀地錦織成

월越의 노예 소녀들의 미끄러지는 듯한 피부   越婢脂肉滑

밝은 이마와 눈을 가진 해奚 출신 어린 시동들   奚僮眉眼明28

영리한 노예상은 한족 노예를 취급하지 않았다. 법으로 한족의 신분을 보장하는 고대로부터의 관습 때문에 한족 노예는 위험했다. 만일 납치한 한족을 팔아넘긴 것이 들통나면 상당히 엄한 벌인 능지처참을 면할 수 없었다. 그렇지만 가장이 여러 처첩이나 자식 중 한 사람을 부득이하게 파는 일도 있었다. 가장의 의지는 절대적인 것이었다.29 반면에 이민족을 판매하는 것은 무척이나 안전했다. 이민족을 인간으로 보지 않았으므로 양심의 가책 또한 없었다.30 그렇기에 가끔 바뀌는 법으로 금지되지 않는 한, 어떤 나라의 인간도 매매 대상이 되었다. 거대한 해적단을 만들어 바다를 지배했던 풍약방馮若芳은 약탈품과 함께 사람들을 붙잡아 해남도의 만안주萬安州 근처에 노예 농장을 만들어 페르시아인을 잡아다 팔아먹었다.31 혹은 그런 식의 포로가 아니라 사만인들이 중앙아시아 지역에서 잡아온 돌궐족 노예 상품도 있었다.32 평화롭게 살고 있던 유목민 남자나 그 자식들이 납치당해 국경 너머로 끌려오는 일도 있었지만, 당이 주변 유목민과 화평을 맺고 번영하던 시기에는 용서받지 못하는 행위로 여겨졌다.33 호라즘이 수출한 슬라브족 노예가 끌려오는 일도 있었다.34

고구려나 신라 같은 동방의 젊은 여성은 시녀나 첩 혹은 부잣집의 기생으로서 수요가 많았다.35 사치품으로서의 가치도 높았던 이들 여성 노예의 매매는 황해에 출몰하는 해적들의 좋은 돈벌이가 되어 한반도의 국가들로부터 항의가 빗발치기도 했다. 노예들은 산동반도에서부터 바다로 끌려왔기 때문에 692년에 이 지방을 통괄하는 한족 관료가 우호국인 신라에 대한 이러한 범죄를 없애기 위해 조정에 요청해 금지령이 내려졌다.[36] 하지만 이 금지령을 안방에서 슬퍼하는 자들도 있었다. 매매 행위가 아무리 비난받는다 해도 고구려나 신라의 미녀는 엄청난 인기를 끌었기 때문이다. 645년 태종은 요동을 침략했지만 학살 같은 것은 벌이지 않았다. 고구려는 646년에 당에 사절을 보내 그 답례로 두 명의 아름다운 여성을 진상했지만 태종은 두 미녀를 고구려로 다시 돌려보내며 이렇게 말했다.

돌아가 왕에게 전하거라! 사람은 아름다운 용모에 끌리는 법이다. 분명 이 두 사람은 아름답지만 고향의 부모 형제로부터 떨어진 가련한 여인들이니, 두 사람을 옆에 두고 그 아름다움을 사랑하면서 그 부모를 잊게 만들어 마음을 상처 입히는 것은 짐에겐 불가능한 일이로다.[37]

이민족 노예의 가장 큰 공급원은 시암(타이) 등의 남방 민족으로, 복건·광동·광서·귀주 등지의 한족들이 주된 구매자였다. 중개인은 이들 불행한 '오랑캐'들에게 눈곱만큼도 자비를 보이지 않았다. 조정이 그 점을 비난하며 금지령을 몇 차례 포고했지만 전혀 효과가 없었다.[38] 당 덕종의 조칙은 바로 그 전형적인 예로 "부모의 곁에서 멀어지게 만들어 골육의 정을 끊어버리는 것은 인의에 반하는 것이다. 그만두게 하라"[39]고 명했다. 그때까지도 현재의 베트남 국경에서 그다지 멀지 않은 곳에 있던 관청은 매년 당 왕조에 조공물로 젊은 노예를 보내고 있었다. 이렇게 원주민을 붙잡아 노예로 만드는 관습이 공적으로 사라졌을지는 몰라도 사적 거래는 계속되었다. 9세기 중반, 선종宣宗은 영남嶺南 지방의 노예 매매를 일체 금지하도록 칙령을 내린다. 그 이유로 황제는 그들이 비록 오랑캐나 다르지 않지만, 순박한 원주민들이 "화전火田과 수전水田을 경작하지만 낮이나 밤이나 굶주림에 고통받는다. 세금에 허덕여 자식들을 팔아넘길 수밖에 없다. 그렇기에 악덕 상인의 수작에 걸려들 수밖에 없다"는 이야기를 들었기 때문이었다. 조칙에서 선종은 "무소의 뿔이나 상아처럼 남자도 여자도 물품이나 사치품이 되어 있다"[40]고 지적하고 있다.

이런 남방의 원주민은 한반도의 경우와 마찬가지로 소녀의 수요가 높았다. 능력이 뛰어난 도독都督으로 유명한 공규孔戣가 817년 광주에 부임했을 때 처음으로 한 일은 현지 마을에서 여성 매매를 금지하는 조례를 만든 것이었다.[41] 당시의 시인 장적張籍은 이런 시를 남겼다.

남쪽 변경, 구리 기둥마다 풀 무성해진 봄인데 　　　　　銅柱南邊毒草春

떠난 님은 언제 금린에 오시려나 　　　　　　　　　行人幾日到金麟

옥 귀걸이를 단 이 소녀는 어느 집 소녀일까 　　　　玉鐶穿耳誰家女

바다의 신들 맞이하러 비파를 안네 　　　　　　　　自抱琵琶迎海神[42]

당나라의 또 다른 거대 노예 공급처는 갠지스강 너머 인도였다. 인도로부터 수입되어온 노예는 '산의 왕'을 의미하는 옛 캄보디아어 쿠룽 브남Kurung Bnam[43]이란 말을 어원으로 하는 곤륜노崑崙奴라고 불렸다. 쿠룽 브남은 산스크리트어 샤일라라자Sailarāja에 해당해 자와와 수마트라의 샤일렌드라 왕조의 왕들은 크메르 너머에 있다는 '성스러운 산의 왕'을 뜻하며, 이는 군림하는 왕을 상징적으로 표현한다.[44] 『구당서舊唐書』에는 짬파 남쪽 사람들이 "모두 곱슬머리이며 몸이 검고 대개 곤륜이라고 부르고 있다"고 기록하고 있다.[45] 이들 노예는 포괄적 의미로는 말레이인을 말한다고 생각해도 될 것이다. '곱슬머리'라는 점으로 볼 때 베도이드 Veddoid 계통이 많았을 것이다. 크메르족 등의 곱슬머리 민족 혹은 드라비다족이나 다른 인도양 방면 민족도 노예가 되었을지도 모른다. 이들 남방 노예는 수영이 능숙해 눈을 뜬 채로 잠수해 물속에 떨어트린 물건을 줍는 것이 가능했다. 진주 채취를 위해 훈련된 노예도 많았을 것이라 생각된다.

8세기에서 9세기 초, 불교 사전을 편찬한 것으로 알려진 혜림慧琳은 이렇게 적고 있다.

그들은 골론骨論이라고도 불린다. 남방의 크고 작은 섬들에서 온 오랑캐다. 무척이나 색이 검고 언제나 알몸이다. 무소나 코끼리 같은 사나운 동물들을 길들이거나 위협하는 것이 가능하다. 그들 안에서도 여러 인종이 있다. 장지僧祇(Zāngī), 투르미突彌(Turmi), 쿠르당骨堂(Kurdang), 크메르闍蔑 (Khmer) 등이다. 모두가 단순하고 순박하다. 그들의 나라는 제대로 된 국가 형태를 이루지 못하고 사회적 책임이란 의식도 없다. 생활을 위해서 당연한 듯 훔치고, 마치 나찰 악귀처럼 인육을 걸신들린 듯 먹는다. 그들이 말하는 말은 올바르고 적절한 언어가 아니다. 수중 활동 능력은 특히 뛰어나다. 하루 종일 물에 들어가 있어도 죽지 않는다.[46]

이를 읽어보면 당시의 한족들이 얼마나 민족 중심적인 편견에 가득 차 있었는지 알 수 있다. 특히 피부가 검은 자(페르시아인도 검다고 말하고 있다)와 알몸을 드러내는 관습에 대한 편견이 강했다. 한족은 한나라 이래로 몸을 남에게 보이는 것을 금기시하고 있었기 때문이다. 그리고 중국 이남의 나라를 모두 '곤륜'이라 부르고 있는데, 이를 산스크리트어 문헌의 『드비판타라Dvīpāntara』와 동일시한 사료도 있다.[47] 하지만 혜림이 말하고 있는 '곤륜'은 인도화하지 못한 인도네시아인, 즉 힌두교의 영향을 받지 않은 원주민으로 한정하고 있는 듯하다.

고명한 정치가 이덕유李德裕는 조주潮州로 좌천되어 부임할 당시 배가 난파되어 귀중한 그림을 물에 떨어트렸다. 그때 그는 곤륜노를 물에 넣어 소중한 그림을 다시 찾아내려고 했지만, 아무리 수영이 능숙하다 해도 악어가 득실거리는 강에서는 어쩔 도리가 없었다.[48] 연안에 사는 인도인이나 물 위에서 생활하는 말레이인은 자주 민간 설화의 소재가 되었다. 그중 하나로,[49] 머리가 좋은 곤륜노가 여자의 수상쩍은 손가락 움직임을 밀회의 약속을 상징하는 신호로 읽어내서 젊은 주인공을 아름다운 기생과 만나게 해주는 이야기가 있다. 나중에 그 노예는 끈질긴 주인으로부터 도망쳤지만 낙양에서 약장수를 하다가 발각되었다고 한다.[50] 마치 인도 혹은 아라비아 원본의 이야기에다 당나라적인 느낌을 가미한 것 같다. 당나라 말기에 유행한 이국적인 정서가 짙게 어린 독특한 문학의 전형이라 하겠다.[51]

짧은 기간이었지만 아프리카인 노예가 당 조정의 일부 인사들에게 알려진 적도 있었다. 당나라 사람들은 그들을 '장지僧祇(Zāngī)'라 불렀지만 그 말은 흑인을 가리키는 말레이반도 일대의 말이다. 僧耆(Zenj) 또는 僧祇(Janggi)라고도 불렀다.[52] 이 호칭은 옛날에는 잔지바르섬 일대의 원주민을 가리키는 말이었지만, 현재의 잔지바르섬뿐만 아니라 적도 아래 동아프리카 지역을 가리키기도 한다. 이 지역은 동북쪽에서 불어오는 무역풍을 타고 페르시아만에서 건너오는 배에 천연의 기항지를 제공했다. 이 항구를 거쳐 오기에 흑인은 모두 이 항구의 이름인 장지라고 불리게 된 것이다.

국왕은 야자주를 마시고, 키스를 하면 목숨을 빼앗는다는 '독녀毒女'[53]가 산다고 하는 자와섬의 칼링가(가릉국)에서 헌종憲宗 황제 치세인 813년에서 818년까지 6년간 조정에 사자를 보내 살아 있는 코뿔소나 오색의 앵무새 같은 귀한 물건들과 장지 노예 소년·소녀 몇 명을 헌상했다.[54] 이 기록을 제외하면, 장지 소녀에 관한 유일한 기록은 산스크리트어 서적 연구 및 전 세계 불교 신앙의 중심인 스리위자야(시리불서국)에서 724년에 당나라의 데바푸트라Deva-putra에게 바친 소녀에 대한 것뿐이다.[55] 이들 검은 피부의 소년과 소녀들은 문학에 묘사되는 일도 없이 사료에 간략하게 기술될 뿐이었다. 8, 9세기의 세련된 궁궐 사람들에게 있어 흑인은 일시적인 흥미의 대상이었을 뿐, 유럽의 로코코 시기(18세기)에 오랫동안 유행했던 터번을 두른 작은 흑인 이미지만큼의 영향력은 없었다.[56] 어떤 경위로 그들이 칼링가의 왕에게 넘겨졌는지는 확실하지 않지만, 아마 아프리카에서 데려왔을 것이다.

712년에 스리랑카에서 출항해 칼리파에게 향하던 배가 인도 해적에게 습격당한 일이 있었는데, 당시 해적들이 '아비시니아(에티오피아) 노예'를 잡았다는 기록도 있다.[57] 흑인 노예는 인도양 연안의 마을에서 사왔을 수도 있고 자와섬으로부터도 데려왔을 수도 있다고 추측할 수 있다.[58] 잔지바르나 소말리아 해안에서 발견되는 당나라 화폐는 노예를 거래하는 중국 상인이 가지고 온 것일지도 모른다.[59] 자와나 수마트라에서 중국으로 보낸 흑인들은 동남아시아에서도 역시 노예로 부렸으며 동남아시아에는 지금도 흑인이 있다. 당나라 사람들은 수마트라의 서북쪽 구석에 있는 섬에 카카장지Kat-kat Zāngī(갈갈승기국葛葛僧祇國)가 있다고 믿었다. 이 섬의 주민들은 무척이나 야만스러울 것이라고 여겨져 뱃사람들에게 공포의 대상이었다.[60] 칼링가나 스리위자야에서 가까운 이런 나라가 장안에서 노역을 하던 흑인 소년과 소녀의 고향이었던 듯하다.

난쟁이

중세 한족들은 작은 사람, 즉 난쟁이나 소인족을 보면 그 사람이 한족이든 이민족이든 신기해했다. 이런 점은 당나라 때에만 있었던 일이 아니지만, 당나라 사람들은 어떤 시대 사람들보다 희귀한 볼거리를 좋아했다. 공자는 '초요僬僥'[61]라고 불리는 소인족의 표준 신장이 3척 정도였다고 말한다. '초요'에는 '초료鷦鷯'라는 의미도 있다. 오랜 전설에 의하면 작은 초료족은 중국 서남쪽 멀리 살고 있지만 동남쪽 바다에서 발견되는 일도 있었다고 한다.[62] 초료족은 고대에는 상아, 물소, 혹소 등의 조공물을 보내왔다. 동굴에 살며 헤엄에 능했다.[63] 주周나라나 한漢나라 때 사람들이 이 남방의 소인족들을 실제로 봤는지는 알 수 없지만, 흑인이나 현대의 세노이족 같은 곱슬머리를 가진 인종이었던 것 같다. 어쨌든 대대로 중국 조정에는 광대·무용수·악사로 일하는 난쟁이들, 즉 주유侏儒가 있었다.

물론 당나라 조정에도 있었다. 오늘날의 후난성 남부에 있던 도주道州에서 소인이 잔뜩 태어났다고 알려져 있고, '공물'로 매년 난쟁이를 조정에 헌상하도록 되어 있었다. 9세기에 백거이가 난쟁이에 대한 시를 남겼다.

도주 땅에는 많은 사람이 난쟁이다 　　　　　　　道州民多侏儒

가장 큰 사람조차 석 자 이상은 자라지 않는다 　　長者不過三尺餘

그들은 난쟁이 노예들, 매년 궁궐로 팔려온다 　　市作矮奴年進送

'도주 땅에서 온 토산품 공물'이라 묘사한다 　　　號爲道州任土貢

이상한 "토산품 공물……" 　　　　　　　　　　任土貢寧若斯[64]

하지만 8세기 말에 도주 자사剌史로 부임한 양성陽城은 인도적인 의미에서 정책을 바꾸어 독단적으로 이 악습을 그만두라고 명령했다. 당연하게도 공물이 도착하지 않았기에 조정에서 사자가 내려왔다. 정식으로 파견된 감독관의 질책에 양성은 머리를 굴렸다. 그는 이 지방 사람들이 모두 이상할 정도로 키가 작아 누구를 장안으로 보내야 할지 정할 수 없다고 대답했다. 결과적으로 그의 기지로 이 공물 제도는 정식으로 폐지되었고, 이로 인해 양 자사는 지역 주민들에게서 칭송을 받았다.[65]

당나라 사람의 즐거움을 충족시켜주는 진정한 난쟁이는 한족보다 고대의 초료족을 떠올리게 만드는 머나먼 이국적인 난쟁이였다. 724년 수마트라의 제해권을 장악한 스리위자야Srivijaya(아라비아와 당나라에 Śrībhoja 형태로 알려져 한자로 尸利佛誓國으로 기록됐다)에서 구마라俱摩羅를 보내왔다(Kumāra는 '황태자'를 의미하며 아마도 온 인물이 황태자였을 것이다).[66] 그와 함께 당 황제에게 바친 진기한 물건들이 잔뜩 들어왔는데, 대부분이 인간이었고 음악가와 앞에서 살펴본 흑인 소녀에 섞여 난쟁이

도 두 명 있었다.[67]

같은 해, 별의별 물건을 다 산출하는 사마르칸트(강국)에서도 난쟁이를 바쳤다.[68] 사마르칸트 서북부에 있는 '소인국'의 난쟁이 이야기는 옛날부터 한족들에게 널리 알려져 있었다.[69] 이 나라는 진주와 '야광명주夜光明珠'의 산지로 유명했다. 또한 이들이 시베리아의 돌궐 북쪽에 있다고 한다. 전설에는 그들이 유일하게 무서워하는 건 난쟁이를 잡아먹는 거대한 새였다. 그들은 두려운 새에 맞서 활과 화살로 용감하게 싸웠다고 한다.[70] 물론 이것은 그리스 신화의 소인족 이야기가 동아시아판으로 각색된 형태다. 아프리카 오지가 아닌 동유럽과 시베리아에 소인족이 살았다는 이야기로 바뀐 것이다. 하지만 소인족이 아프리카에 있다는 서양인들의 생각 역시 한족 사이에 퍼져 있었다.

소인국은 대진大秦(로마)의 남쪽에 있다. 그들은 몸길이가 3척 정도다. 땅을 갈고 씨를 뿌리는 계절이면 자신들이 학에게 먹히는 것이 아닐까 걱정한다. 그러나 대진은 그들을 지키기 위해서 호위를 보내고, 소인국 사람들은 답례로 온갖 보물을 공물로 보내 그 은혜에 보답한다.[71]

전설이 아니라 사마르칸트의 왕이 보냈다고 공식으로 기록된 진짜 난쟁이들은 도대체 어디에서 온 것일까?

—
주유상侏儒像, 도자기. "이 나라는 진주와 '야광
명주' 산지로 유명했다."

볼모

노예가 아니라지만 당나라 사람들에게 부림당하는 운명에 처한 민족이 많았다. 8세기 안녹산의 난 때 곽자의郭子儀가 데려온 원군은 아라비아에서 건너온 병사들로, 당나라 각지에서 꼭두각시 인형처럼 이용당하는 상황에 처해 있던 병사들이다. 이외에도 이들은 여기저기 끌려다녔기에 당나라 사람들이 호기심 어린 눈으로 이들을 지켜보았다. 당 왕조와의 우호 관계를 보장하기 위해 끌려온 각국의 귀족이나 황족 출신 볼모도 사회적 입장만 다르다 뿐이지 사실상 이국 병사들과 같은 입장이었다. 한족은 예로부터 볼모로 삼는 풍습을 싫어했지만 외교상의 이유로 이런 전통을 따를 수밖에 없었다. 인도적인 이유도 있었고, 실질적인 문제로 볼모는 필요했다. 한족은 예로부터 이민족에 대해 공포감을 품고 있었기 때문이다. 그렇기에 한족들은 한족 국가인 당나라에서 사는 이민족이 분쟁의 씨앗이나 첩자임이 틀림없다는 선입관을 가졌다.[72]

7세기 성당盛唐 시대 돌궐과 고구려의 왕자는 당나라 조정이 필요하다고 생각할 때만 장안에 와서 머물 수 있도록 허락받았다. 사산조 페르시아의 왕자 나르세Narse[73]도 아버지인 페로즈가 죽고 나자 당나라에 볼모 신세로 머물렀다.[74] 그의 경우는 스스로가 그것을 바랐을지도 모른다. 이런 볼모들은 명목상의 지위를 하사받고 한없는 즐거움을 구가할 수 있는 생활이 보장되어 있었지만, 끝이 보이지 않는 기나긴 세월을 강제로 장안에서 보내야만 했다. 고귀한 몸으로 볼모가 된 남자들은 이를테면 편안한 유배 생활을 보내는 셈이었다. 그들은 실질적으로 아무것도 아닌 높은 지위를 받아 대부분은 조정의 근위대에서 근무했다. 당나라의 군복을 몸에 두른 이국적인 왕자들을 세워두면 더 위풍당당하게 보였을 것이다.[75] 평화로운 현종 시대가 되어 수십 년간 장안에 살며 나잇살깨나 먹어서야 볼모들은 겨우 모국으로 돌아갈 수 있었다.[76] 하지만 당 왕실에서 받은 표면적으로 명예로운 대우는 모국 측에서 보면 굴욕적인 것으로, 노예 취급과 다를 바 없다고 느꼈다. 그래서 "고귀한 돌궐 왕자들은 당나라의 노예가 되었고, 죄 없는 여인들은 여종이 되어버렸다"고 했다.[77]

조공으로 바친 사람

인질에는 나름대로의 역할이 있었다. 하지만 다른 나라의 왕실로부터 당에 진상한 노예나 마찬가지인 남자나 여자의 운명은 가혹했다. 당나라에 있어서 그들은 '조공품'에 불과했다. 무언가 특별한 특징이 있다면 누구나 궁전에 바칠 진상품이 되었다. 한인들은 예로부터 귀한 물건, 기괴한 물건을 궁궐에 진상하는 것이 관습화되어 있었고, 사람도 예외는 아니었다. 8세기 초에 서북쪽에 있는 마을로부터 절과 불상을 몸에 문신한 여성이 진상되는데, 이 사건이 바로 그 전형적인 예시다.[78] 캄보디아(부남)에서 하얀 피부를 한 '백색증' 동굴 생활자를 진상해온 일도 있었다.[79] 먼 곳에 산다는 인간은 그것만으로도 희소가치가 있었기에 822년엔 위구르가 발하슈호의 카를루크(갈라록葛邏祿)인 네 명을 장안으로 보내고,[80] 669년엔 일본 사절단이 체모가 풍성한 아이누족을 데려오기도 했다.[81] 돌궐의 여성도 끌려왔고,[82] 경사가 있으면 기념 축하 예물로서 티

베트의 소녀도 진상했다.[83]

　최고의 공물은 먼 나라에서 온 현자로, 사람들은 이국적인 인간인 그들의 신비한 통찰력을 믿었다. 719년 토하라 왕의 보증을 받고 당에 보내진 '대무샤大慕闍'도 그중 한 사람이었다. 그는 마니교도였으며 '천문학'에 통달했다.[84] 그리고 648년에는 왕현책이 마가다에서 약을 만드는 약제술이 뛰어난 나라야나스바민那羅邇娑婆寐(Nārāyaṇasvāmin)을 데려왔다.[85] 그는 나이가 무려 200세에 달했으며 불로불사의 약을 만들 수 있었다고 한다. 그리고 당나라 사람들의 눈이 휘둥그레질 이야기들을 해주기도 했다. 바로 이런 이야기다. 인도의 깊은 산속에 있는 돌절구 속에서만 찾을 수 있는 신기한 액체가 있는데, 이 액체는 살·나무·금속을 녹일 수 있었다. 이 액체를 길어오기 위해서는 낙타의 두개골로 퍼내야만 하며, 이 액체는 박으로 만든 용기로만 운반할 수 있었다. 원액은 돌로 만든 신상이 지키고 있으며, 이를 다른 사람에게 보인 사람은 죽었다.[86] 태종은 그를 무척이나 아껴서 궁전에서 살게 하고, 고관들이 그를 도와 불로장수하는 약을 만들게 했다. 하지만 그의 능력도 감퇴해버린 듯, 조제는 실패하고 조정에서 일하는 일도 적어졌다. 그는 그 뒤론 장안에서 한평생을 살다 숨을 거뒀다. 아마도 그에게 약을 조제해달라는 사람은 끝이 없었을 것이다.[87]

　이렇게 신기한 현상을 일으키던 인물은 또 있었다. 7세기 서역에서 당나라로 온 승려는 주문을 써서 죽은 자를 되살릴 수 있었다. 태종은 이 주술을 시험해보기 위해 호위병 중에서 실험 대상이 될 사람을 모집했다. 이민족 승려는 주문을 외워 병사들을 죽이고 다시 주문을 써서 그들을 되살려냈다. 그런데 한 덕망 있는 대신이 이것은 사악한 행위이며 진정으로 선한 인간(즉 자신을 말한다)에게는 해를 끼칠 수 없으리라고 황제에게 말했다. 그 말대로 대신에게 주술을 건 승려는 그 자리에서 숨이 끊어져버렸다.[88] 결국 스스로 목숨을 끊어버린 불행한 그 주술사는 사실 숙련된 최면술사가 아니었을까 하고 추측할 수 있다. 하지만 이 이야기가 전파되는 과정에서 그 죽는 모습이 바뀌어 전해졌던 것 같다(미화되었다고 할 것이다).

악사와 무용수

이국에서 공물로 보낸 사람들 가운데 당나라 사회에서 명확한 위치를 차지하지 못했지만 그래도 전문 직종 중 가장 인기가 높았고 영향력이 컸던 사람들은 음악가였다. 악사·가수·무용수와 그들이 가져온 악기나 음악은 당나라에서 상당히 중요했다. 853년에 일본이 당 왕조에 '음악'을 헌상한 기록이 있는데,[89] 이는 음악만이 아닌 연주자와 악기, 그리고 음악 형식과 악곡도 함께 전해졌다고 해석해야 할 것이다. 당시엔 악곡, 그리고 연주자와 그들의 악기는 일반적인 재산과 마찬가지로 대대로 물려받는 것으로 생각되고 있었다.

서역의 음악은 몇 세기 전부터 한족들로부터 칭송받고 있었는데, 수나라 때에 들어서는 특히 궁정에서 유행하기 시작해 그 유행이 당나라에까지 이어졌다. 서역의 여러 나라가 한족의 지배 아래에 들어오면서부터 한족의 왕조는 현지의 음악도 '약탈'에 가까운 형태로 조공을 요구하게 되었다. 머나먼 이국에서 온 악단은 자랑하듯 대규모의 인원을 당나라로 보내왔으며, 이들은 궁궐에서 부려먹는 사람으로 편입되어 비공식적인 연회에서 궁궐의 귀족들과 신하들을 위해 연주했다. 반대로 공식적인 연회가 시작되기 전에는 종鐘·경磬·금琴 같은 옛 악기를 사용해 전통적인 음악을 연주했다.[90]

이국적인 음악을 듣고 즐기는 관습이 일종의 유행이 되어 궁전에서부터 귀족들에게로 퍼져나갔고, 결국 수도의 주민들도 모두 그 유행을 흉내 내게 되었다.

성벽의 꼭대기에서 산새가 콕콕 노래를 한다!　　　　　城頭山鷄鳴角角
낙양의 집집마다 서양 오랑캐의 음악을 공부한다　　　洛陽家家學胡樂[91]

이런 식으로 시가 비꼰다고 해도 외국 음악의 유행이 쇠퇴하는 일은 없었다. 장안에 있었던 음악과 무용을 전문으로 하던 두 교방敎坊[92]은 상류 계급의 음악을 일반 대중에게 퍼트리는 매개체 역할을 했다.[93] 이것은 오늘날의 일본 교토京都의 기온祇園과 본토초先斗町 정도에 해당한다고 할 수 있을 듯하다. 여기서 재능이 넘치는 악사·가수·무용수는 '관기官妓',[94] 즉 최고급 기녀라고 할 만한 지위를 얻었다. 그들은 황제의 성은을 입을 수 있는 기회를 노리며 비공식용 음악 훈련을 받았다. 그곳에서 연주되는 음악은 그들뿐 아니라 고급 기녀들과 하급 창부들, 그리고 수도를 배회하던 놀기 좋아하는 청년들에게까지 퍼지고, 결국 당나라 문화의 거대한 흐름 속에 흡수되었다.

한창 유행하는 음악을 특기로 삼는 기녀들은 최신 선율을 연구해 옛 유행곡에 새로운 가사를 붙였다. 그녀들은 「방응악放鷹樂」「범용주泛龍舟」

서역 악단, 둔황 벽화. "낙양의 집집마다 서양 오랑캐의 음악을 공부한다."

「파남만破南蠻」「녹두압綠頭鴨」 같은 유행가에 맞춰 노래하고, 직위의 상하에 관계없이 조정의 사람들과 즐겼다. 다만 황제가 사치를 줄이며 사치품 모으기나 화려한 띠의 착용, 혹은 여악사의 연주를 금지하는 칙령을 내리는 때만큼은 그렇지 못했다.[95] 유행곡을 연주하는 여자 악사들을 업신여겼으나 변덕스러운 황제가 기분 내키는 대로 내린 칙령이 길게 가는 일은 없었다. 황제가 사치를 삼가지 않던 때에 음악을 연주하는 예기藝妓들이 작곡한 곡이 「돌궐삼대突厥三臺」 「남천축南天竺」 「구자악龜妓樂」이나 「망월바라문望月波羅門」이다.[96] 이런 음악들은 이국적인 악사, 특히 '조공'으로 바쳐진 자들이 연주한 음악적 영향을 받아들인 뒤에 이를 당나라 사람들의 취향에 맞게 바꾼 것이었다. 현대 영어권 음악에서도 가짜 외국풍이라는 유사한 흐름이 있다. 「Song of India」「Where the Ganges Flows」「Pagan Love Song」 같은 '이국풍' 음악도 그리 다를 바 없는 과정으로 작곡된 것이다.

'내용'도 '양식'도 이국풍이라 한족들에게 익숙하지 않던 이런 음악들이 7세기 당나라 음악의 특징이었다.[97] 8세기에는 '이국풍'의 음악이 완전히 이국적인 음악으로 자리 잡아 당나라의 음악이 마치 중앙아시아 도시국가의 음악과 유사해졌다. 유명한 곡인 「예상우의곡霓裳羽衣曲」은 음악을 사랑해 궁정 악사를 3만 명 데리고 있었다는 현종 황제가 바로 머리에 떠오르지만, 사실 이 곡은 서역의 「바라문곡波羅門曲」을 편곡한 것에 불과하다. 구자(쿠처)와 고창高昌과 소륵疏勒(카슈가르), 안국安國(부하라)[98]과 강국(사마르칸트), 천축(인도)과 고구려의 음악은 조정의 보호를 받으며 전통 음악과 융합해갔다. 하지만 이국풍의 영향도 전통 음악을 다시 궁중에서 연주하게 된 9세기에 이르러 맥이 끊겼다.[99] 인도차이나,

특히 표국(미얀마)과 남조南詔의 음악 중에는 당나라로 들어온 것도 있었다. 하지만 당나라의 음악에는 거의 영향을 끼치지 못했다.[100]

서역의 음악 문화 중에서 당나라에 무엇보다 큰 영향을 끼친 것이 구자(쿠처)의 음악이었다. 상류 계급과 서민 누구 할 것 없이 쿠처 악단의 「고무곡鼓舞曲」에 열광했다.[101] 쿠처의 악사가 연주하는 악기, 그중에서도 머리 부분이 휜 4현 수금이 인기여서, 이 수금의 연주 기술과 소리로 연주하는 유행 음악 28곡이 만들어지기도 했다. 그렇게 새로운 서역풍의 곡들이 작곡되었다.[102] 쿠처에선 종적縱笛과 횡적橫笛도 연주되었고 이것도 당나라에서 사랑받았다.[103] 쿠처의 악기 중에서 가장 인기가 높았던 것은 옻칠한 작은 '갈고羯鼓'였다.[104] 가슴을 뛰게 만드는 그 소리에 맞춰 이국적인 노래를 엉터리 산스크리트어 발음으로 노래했다.[105] 유명한 황제였던 현종도 다른 귀족들처럼 갈고를 잘 연주했다.[106]

이런 혼성 음악 중에서 가장 잘 알려진 것이 당나라 시대에 양주涼州라는 변경 요새 도시에서 작곡되어 유행을 탄 「서량악西涼樂」이었다. 당나라의 전통 음악과 쿠처의 음악을 융합시킨 것으로, 쿠처의 수금豎琴과 전통적인 석경石磬이라는 어울리지 않는 악기를 조합한 곡이었다. 이는 8세기 이후에 활약한 시인들 사이에서도 인기 있었다.[107]

북방의 음악은 애수가 있다거나 거친 것 같다는 인상을 주고 있지만, 그것은 영향을 받았던 군악대에 한정된 것이었다. 대각大角, 북, 발鈸(방울)로 연주되어 감정을 고양시키는 떠들썩한 '고취鼓吹'[108]는 조정의 경사와 승리의 연회, 애국 행사에 적합한 발랄한 음악이었다.[109]

인도의 음악도 중앙아시아를 경유하거나 그 외의 경로를 통해 당나라에 들어왔다. 임읍(짬파), 부남(캄보디아), 표국(미얀마) 같은 인도차이나반도의 나라들도 악단이나 무용수를 헌상했다. 그들은 「불인佛印」 「투양승鬪羊僧」 또는 「공작왕孔雀王」 같은 불교 경전을 소재로 한 음악을 연주하고 춤췄다.[110]

당나라 사람들이 즐긴 음악 가운데 안무를 곁들인 무언극도 있었다. 이 곡은 형식을 바꿔가며 당시의 요소를 그대로 간직한 채 아악雅樂으로 맥이 이어졌다. 지금도 일본 궁내청의 아악사와 고전 예능 애호가들이 종종 상연하고 있다. 상당 부분 변색되어 춤 부분에서는 아시아 대륙의 전통이 전혀 남아 있지 않다.[111] 일본에 전해지는 아악은 당악唐樂에 상당히 가깝다고 생각된다. 아악에는 세 종류의 악기가 사용된다. 우선 목관악기로 횡적橫笛, 필률觱篥, 구금口琴을 포함하며, 목관은 높은 음역의 선율을 연주해 화음을 화려하게 장식했다. 다음은 발鈸, 작은 받침대에 올린 갈고, 그리고 태고太鼓 같은 타악기다. 태고는 주홍칠한 테두리가 달렸고 테두리의 상부는 금색 불꽃 장식이 있었다. 마지막으로 낮은 음의 현악기와 금琴이 있었다.[112] 아악은 '구금口琴'으로 시작하며 곡이 진행될수록 빨라진다.[113]

당나라의 무악 중 하나이며 19세기 일본의 연극 책에 기록되어 지금까지 공연하고 있는 연극으로는 불교에서 극락에 있다는 상상의 새에서 이름을 따온 「가릉빈가迦陵頻伽(Kalaviṅka)」[114]가 있다. 천상계에서 인간에게 가릉빈가 새를 전해준다는 인도의 이야기를 음악으로 표현한 것으로, 아마도 짬파에서[115] 중국으로 전해져 9세기에는 일본에서도 무척 유행했다.[116] 861년에 일본 나라奈良의 대표적인 사찰인 도다이사東大寺에 비로자나불의 머리를 봉납하던 때에도 이 무악을 연주했다. 이 봉헌식에는 당을 떠나 일본에서 살고 있던 당나라 출신 춤의 명인이 춤추고, 피

리의 명인인 와니베노 오타마로和邇部大田麿가 짬파의 음악을 연주했다.[117]
일본에서 이 무악이 연주될 때는 새의 깃털을 두르고 머리에는 천관天冠
과 삽두화揷頭花를 장식한 네 명의 소년이 신화의 새 가릉빈가의 높은 울
음소리를 흉내 내며 동박자銅拍子를 두들기며 춤췄다.[118]

　당나라에서 안무와 함께 전해져서 현대 일본에 남아 있는 곡이 바로
「발두拔頭」[119]다. 흰옷을 입고 머리카락을 흐트러트린 소년이 아버지를 잡
아먹은 맹수를 찾아 원수를 갚으려고 돌아다니는 이야기로, 이 곡도 중
국에서 일본으로 전해졌지만 원래는 인도에서 유래한 이야기다.[120] 이외
에도 이민족의 족장이 술에 취한 상태를 묘사한 「취호악醉胡樂」, 무시무
시한 시바 신을 표현한 「파진악」, 그리고 타구打毬하는 모습을 표현한 「타
구악打毬樂」 등이 있다.[121] 그중에도 아마 가장 볼만했던 공연은 「발호걸
한潑胡乞寒」[122]일 것이다. 이것은 1년 중 동지 때 춤과 함께 연주하는 곡
으로, 이 곡을 연주할 때는 한족과 이민족의 젊은이들이 뒤섞여 알몸
이 되어 기괴한 가면을 쓰고 고鼓, 비파琵琶, 공후箜篌 등을 연주하며 서
로 냉수를 끼얹었다. 구경꾼들에게도 물을 끼얹었다. 이 상스러운 공연은
윤리관이 강한 관람자로서는 차마 견딜 수 없는 것이었다. 결국 현종은
714년 처음으로 금지령을 내려야만 했다.[123]

　서커스 공연단과 마술사도 악사와 같은 신분이었다. 관중을 속이는 마
술사, 가는 밧줄 위에서 춤추고 몸을 마음대로 가누는 곡예사, 불을 삼
키는 서커스단, 그리고 난쟁이, 이 모두를 '산악散樂'(분류되지 않은 음악)이
라 불렀다.[124] 많은 곡예사가 투르키스탄이나 인도에서 당나라로 찾아왔
다.[125] 양주나 낙양의 조로아스터교 사원에서는 마술 쇼가 정기적으로
개최되었고, 그중에는 몸을 절단하는 공연도 포함되어 있었던 듯하다.[126]

정부는 이민족들이 이런 공연을 마음껏 할 수 있게 내버려두었고, 문화적으로 유명한 황제 현종은 오히려 장려했지만 이민족 곡예사의 공연을 금지한 황제도 있었다. 고종高宗은 내장을 꺼내 보이거나 몸을 절단하는 공연으로 군중을 속이는 인도인을 당나라 영토에서 추방했고, 이런 자들의 입국까지 금지했다.[127]

인형극은 7세기에 투르키스탄에서 처음으로 당나라 장안으로 수입되었다고 추정되지만, 종이 인형을 사용한 그림자놀이인 영희影戲는 수입되기 이전 아주 오래전부터 중국에 있었다.[128]

당나라 사람들은 새로운 음악 예술을 익히느라 여념이 없었다. 이민족의 명인, 특히 동서 투르키스탄의 악사는 언제나 음악 전문가로서 환영받았다. 특히 음악적 재능이 넘치는 당나라 사람이 음악적 재능에서 이민족에 이기지 못한다는 사실은 당나라 사람의 시기심을 자극했다. 재능 있는 안국(부하라)의 배우, 강국(사마르칸트)에서 온 횡적의 명인, 호탄(우전于闐)에서 온 종적의 명인, 석국(타슈켄트)의 무용수, 그리고 구자(쿠처)의 작곡가가 동방에 오면 관직을 얻을 수 있었다.[129] 이들의 재능을 시기했기에, 태종의 조정에서 일하고 있던 궁녀가 이국적인 피리 연주를 한 번 들은 것만으로 완벽하게 그 곡을 재현할 수 있었다는 일화를 날조한 저명한 저술가도 있었다. 날조는 당나라 궁녀의 재능에 혀를 내두른 악사가 당나라에서 사라졌다는 이야기로 이어진다. 결국 "이 일이 서방 국가에 전해지니 몇천 명이나 되는 서역인들이 당 왕조에 복종을 청했다"[130]고 역사서에 기록하고 있다. 당나라 문화의 위광은 이 정도였다고 과시하고 싶었던 것이다.

이렇게 악사와 무용수의 대부분은 먼 나라들로부터 조공물로서 바쳐져 그들의 이름과 그 음악이 편년사編年史에 기록되었다. 하지만 이런 음악 노비가 아닌 자유의 몸으로 이름을 떨친 이도 있었다. 그들이 연주하는 음악은 구자와 강국의 음악처럼 정식으로 궁정 음악에 편입되는 일은 없었지만 민간에서는 무척이나 유행했다. 파미르고원 기슭에 있는 구밀국俱蜜國(쿠마드)의 악사는 민간에 널리 유행했지만 이름도 알려지지 않았고 당나라 조정에서 연주되는 일도 없었다. 또 한족이 '조국曺國'이라고 불렸던 카부단에서는 비파를 켜는 악사가 많이 왔으며, 인기가 좋아서 당나라에 있던 다른 이민족 악사들의 인원수를 아득하게 상회했다.[131] 하지만 이런 유랑 예술가는 차치하고, 원래 화제대로 황제와 민간인의 재산으로 취급되던 악사의 이야기로 돌아가자.

이런 재능 있는 노예들 중 가장 낮은 지위에 있던 이들은 횡적을 부는 나팔수였다. 특히 귀족들은 어린 소년 악사들을 선호했다.[132] 말하자면 '호추胡雛'(서양 병아리)로서 다른 예술인들과 함께 현종의 극단을 구성하고 있었다.[133]

곱슬머리와 푸른색 눈동자의 그 서양 소년   鬈髮胡兒眼睛綠

높은 탑, 밤은 고요한데, 횡적 소리   高樓夜靜吹橫竹[134]

이국의 악사들 중에서도 숙련된 명인은 특히 우대받았으며, 연주자로서뿐만 아니라 스승으로 모시는 경우도 있었다. 악기에 따라서는 교양인이 이국 악기의 진수를 배우는 데 반드시 이민족 스승이 필요한 경우가 많았다. 8세기에 어떤 피리 명인이 연주하자, 그 음색을 찬양하던 청중이 질문했다.

"그것은 쿠처의 선율이 아니오?"

그의 피리에는 이국적인 운치가 있었던 모양이다. 칭찬에 기뻐진 명인은 이렇게 대답했다.

"스승이 쿠처 사람이었습니다."[135]

쿠처인 백명달白明達은 그 정도로 유명한 이민족 명인이었다(다만 그가 노예였는지 아니었는지는 분명하지 않다).[136] 그는 당시 유행했던 곡인 「춘앵전春鶯囀」의 작곡자였으며, 이 곡 역시 쿠처 음악의 영향이 진하게 남아 있다. 이 곡은 시인 원진의 시에도 등장할 뿐 아니라 오늘날에도 일본의 아악에 전승되고 있다.[137]

악사, 무용수, 가수, 악기 연주자로서 훈련받은 아름다운 소년 소녀들은 중국에서는 고대부터 왕족끼리의 선물로 거래되어왔다. 유교 전통에서는 이런 선물이 경박하고 부도덕한 것으로 취급받았지만 당나라 황제는 여러 조공국의 왕들, 특히 인도화된 투르키스탄의 왕들로부터 기쁘게 이런 공물을 받았다. 예를 들어 말, 붉은 표범, 검은 염전이 풍부한 곳으로 알려진 아무다리야강 상류 산악 지대의 골돌국骨咄國(쿠탈) 왕은 733년 당나라에 여성 악사를 진상했다.[138]

당나라 사람들이 무엇보다 칭송했던 중앙아시아의 예술인은 어린 무용수들이었다. 그들의 춤은 '연무軟舞'와 '건무健舞'로 나눌 수 있었다.[139] 백명달의 「춘앵전」은 전형적인 연무로, 시적이고 우아하며 세련된 춤이었다. 하지만 인기 있던 쪽은 건무로서, 당나라 시에도 자주 등장한다. 특히 유명한 건무는 세 종류가 있었다. 우선 주로 석국(타슈켄트) 출신의 소년들이 춤추는 「호등무胡騰舞」[140]가 있다. 소년들은 이란풍의 소매가 달린 셔츠를 입고 유리구슬로 장식되어 반짝반짝 빛나는 중절모를 쓰고 춤췄다. 경쾌한 비파와 횡적 소리에 맞춰 소년들이 웅크리거나 빙글빙글 돌거나 뛰어오르거나 할 때마다 긴 허리띠의 끝자락이 하늘에 나부꼈다.141 「자지무柘枝舞」142라고 불린 춤은 현대의 타슈켄트 근처가 발상지이며, 형형색색의 자수가 놓인 카프탄을 입고 허리띠를 두른 소녀 두 사람이 추는 춤이었다.143 소녀들은 통소매로 된 전형적인 서방의 블라우스와 금방울로 장식된 중절모를 쓰고 발에는 붉은 수가 놓인 구두를 신었다. 두 연꽃 꽃잎이 벌어지면서 관중 앞에 모습을 드러내, 박자가 빠른 북인 태고의 리듬에 맞춰 춤췄다. 요염한 스타일의 춤으로서, 소녀들은 춤을 추면서 관중에게 추파를 던지다 마지막에는 블라우스를 벗어 던지고 양어깨를 드러냈다.144

옷이 평평하게 펴지고, 매트가 넓게 깔려 있다	平鋪一合錦筵開
세 악기의 리듬과 북소리는 은근하게 퍼진다	連擊三聲畫鼓催
빨간 양초는 줄어들고, 복숭아 꽃잎 피어오른다	紅蠟燭移桃葉起
자주색 망사 리듬을 탄다, 타슈켄트의 차치(무용수)가 온다!	紫羅衫動柘枝來
거들은 허벅지에 미끄러지고, 허리엔 풍성한 꽃	帶垂鈿胯花腰重
모자엔 황금 종 회전하며, 새하얀 얼굴도 돌리네	帽轉金鈴雪面迴
볼 만하니 노래는 끝나고, 기다려주지도 않는구나	看卽曲終留不住
구름처럼 빙빙 비와 동행하여 태양의 대지로 간다	雲飄雨送向陽臺.145

타슈켄트의 무희를 노래하는 백거이의 시 「자지기柘枝妓」146는 9세기의 이국 취향을 잘 나타내고 있다. 마지막 줄의 '운우雲雨'와 '양대陽臺' 같은 고전적인 상징 표현은 선녀 같은 무희를 무산巫山의 여신과 연결시켜,

성적인 느낌을 짙게 풍긴다. 신기하다고 기록된 '도엽桃葉'은 불꽃놀이 할 때 곁들인 공연이었다고 한다.[147]

서역에서 찾아온 젊은 무용수 중에서도 유달리 인기를 구가하던 연예인이 '호선녀胡旋女'[148]들이었다. 그녀들 대부분은 현종 시대, 즉 8세기 전반에 주로 쿠마드(구밀俱蜜), 키시(사국史國), 마이마르그(미국米國) 왕들이 이런 무희를 공납했고, 특히 사마르칸트의 왕들이 무희를 많이 진상했다.[149] 붉은 옷에 자수가 놓인 소매, 녹색 다마스크 무늬의 나팔바지, 붉은 가죽 장화를 신은 소그드족 소녀들이 동그란 공 위에 올라 무대 위에서 빙글빙글 돌며 춤추고 뛰어오르는 연기를 펼쳐 부자와 귀족들의 호화로운 취향을 만족시켜주었다. 현종은 호선무를 무척이나 좋아해 양귀비도 안녹산과 함께 호선무를 배웠다.[150] 격렬하게 몸을 회전시켜 황홀경에 빠지는 모습을 바라보며 흥분하는 건 돼먹지 못한 행위라고 비판하는 이도 있었다.[151]

이외의 아시아 나라로부터 찾아온 악사는 그리 많지 않았다. 인도차이나반도와 인도네시아의 나라에서 악사들이 왔고, 당나라 서남쪽 접경에 있던 남조南詔는 800년에 당나라 궁궐에서 연주할 악단을 보내왔다.[152] 하지만 이해의 2~3년 전에 남조를 찾아온 당나라의 사자는 현종이 한참 전에 남조에 보낸 쿠처 음악을 연주하는 악사가 악단에 끼여 연주하고 있는 것을 보고하고 있다. 이를 보건대 이때 남조의 음악을 연주하는 악단에도 이미 음악은 서역과 혼합되어 있었던 것일지도 모른다.[153] 당나라가 남조를 정복하고[154] 당나라로 향하는 통상로를 개척하니 802년에 미얀마의 표국에서 35명의 악사로 구성된 악단을 당나라에 조공했다. 이 악단은 불경을 내용으로 하는 음악을 연주하며 주먹을 쥐어

박자를 맞추었다. 화남華南에 거주하는 유복한 '오랑캐'가 가지고 있을 법한 소라고둥과 아름다운 양각이 새겨진 청동 북을 두들겼다.[155] 724년에는 수마트라의 스리위자야(시리불서국)에서 현종에게 악단을 헌상했다.[156] 9세기 후반에는 칼링가에서 여자 악사들을 헌상해왔다.[157] 또, 777년에는 발해 사자가 일본의 무용수 11명을 당나라에 헌상했다.[158] 일본의 사자가 소라고둥 악기를 조공한 일도 있었다.[159]

7세기에 고구려와 백제가 괴멸되고, 한반도의 음악은 그대로 당나라의 것이 되었다. 악기와 악보, 악단이 전부 당나라의 전리품이 된 것이다.[160] 고구려의 악사와 그 자손은 그 뒤로 100년 넘게 흐른 뒤에도 당나라 궁궐에서 음악을 연주했다. 하지만 7세기 말에는 25곡 있었던 악곡이 8세기 말에 이르러서는 단 한 곡만 남게 되었고, 고구려의 의상과 전통도 어느 순간 끊겨버렸다. 한편으로 백제의 악사는 8세기 초에 이미 어디선가 객사했는지 뿔뿔이 흩어져버렸다.[161] 고구려의 악사들이 당나라 조정에서 비교적 길게 남을 수 있었던 까닭은, 신라에 종속된 입장이 된 한반도 북부(즉 고구려)에서 818년에 두 무리의 고구려인들이 악기와 함께 당 왕조에 보내졌기 때문일지도 모른다. 당나라에 남아 기가 죽어 있던 고구려인들이 고국 사람들과 만나 활기를 되찾았는지도 모른다.[162]

한반도에서 세력을 넓히던 당나라의 우호국인 신라는 631년 당 태종에게 젊디젊은 두 여성을 헌상했다. 음악적 재능이 뛰어나며 숱이 많은 검은 머리를 한 아름다운 소녀들이었다. 헌데 태종은 "목소리와 얼굴의 아름다움은 덕德을 추구하는 것에 미치지 못하니"[163]라고 마치 설교하는 듯한 말투로 이를 거절한다. 이전에 짬파에서 진귀한 흰 앵무새를 조공물로 바쳤을 때 이를 돌려보냈던 것을 언급하며, 두 아름다운 소녀 역시 신라에 돌려보내도록 명했다.[164]

제3장 가축

코에서 불을 뿜고 하늘을 떠도는 천마 페가수스!
천마를 타고 날아오르면 매가 되어 공중을 누비고
발굽이 땅에 닿으면 대지는 노래 부를 듯하다.
천마의 가장 질 낮은 소리조차
헤르메스의 피리보다 더 아름다운 음악이다.
_셰익스피어, 『헨리 5세』 제3막 7장

말

말은 당나라 황제에게 매우 중요한 동물이었다. 아시아를 제패할 대제국이 영토와 위엄을 갖추기 위해서는 이동하는 적군, 특히 강적인 유목민과 싸울 병사와 식량, 무기 등을 운반하는 막대한 수의 말이 필요했다. 조정의 말 18만 필이 병으로 죽은 사건을 『신당서新唐書』는 이렇게 기록하고 있다.

"말은 나라의 군사력이다. 하늘이 이것을 빼앗는다면 나라는 멸망의 위기에 노출된다."[1]

말이 어느 정도 나라의 존망을 좌우했는지 엿볼 수 있는 기록이다. 7세기 초 당을 건국했을 때 조정이 갖고 있는 말은 5000필에 불과했고, 그 말들은 농우隴右(현재의 간쑤성) 초원에서 방목했다. 그중 3000필은 당에 멸망한 수隋의 것이고, 나머지 2000필은 돌궐에서 가져온 전리품이었다.[2] 그러나 정부에서 말 관리를 맡긴 행정관들의 노력으로 7세기 중반에 당 왕조가 지닌 말은 70만 6000필로 늘어나 장안 외곽 위하(웨이허渭河) 북쪽에 있는 8개의 방목장에서 사육했다.[3] 그 후로 말의 수를 계속 유지하기 위해 모든 노력을 기울였다. 말의 수에 큰 변화가 있었던 것은 8세기 중반 현종 황제 후에 내전이 끝나고 농촌이 황폐했을 때뿐이다. 내전의 혼란으로 중앙 정부는 힘을 잃으면서 대귀족이나 지방의 고관들이 막대한 수의 가축을 손에 넣었고, 드디어 그 귀족들이 사적으로 보유한 가축이 조정의 보유량을 웃도는 수준까지 이르렀다.[4]

그러나 아무리 말이 필요하다고 해도 당 왕조에서 조공으로 들어오는 말을 모두 받아들인 것은 아니다. 무희나 춤추는 말 등 값비싼 조공물도 덕이 높고 청렴한 당나라 조정으로서는 받아들이기 어렵다는 일종의 신념이나 기회주의적 기질 때문에 거부하는 경우도 있었다.[5] 당 왕조 초기의 세 황제는 종종 그런 식으로 조공물을 거절하곤 했다. 7세기에는 외국 왕자들이 정략결혼으로 당과의 동맹을 도모하기 위해 당나라 공주들을 신부로 맞겠다는 뜻을 넌지시 비치며 말을 보내오는 경우도 있었다. 요컨대 당 왕조의 입장에서 말을 받아들인다는 것은 외교 정책의 선포를 의미했다. 돌궐과 관련된 대처가 얼마나 다른지 두 가지 예를 들어보겠다. 642년 철륵鐵勒에서 말 3000필을 보내는 조건으로 당과의 정략결혼을 요청해왔다. 긴 교섭 끝에 당은 체면을 구기는 혼인을 거부했다.[6] 그러나 그 이듬해에 설연타薛延陀의 왕자가 검은 갈기를 하고 흰색이 섞인 말7 5만 필과 소, 낙타, 양을 대량으로 보내왔을 때는 공주의 혼인을 승낙했다.8

말을 외교 및 군사상의 도구로 받아들이는 개념도 있었고, 동시에 기마는 귀족의 특권이라는 의미도 강했다. 정부는 667년에 장인이나 상인이 말을 타는 것을 금지하는 법령을 내려 이 특권 의식을 높이려 했다.9

고귀한 동물인 말이 특별 대우를 받은 건 봉건 군주들에게 도움이 된다는 이유만은 아니다. 고대 전설 중에서 말은 성스러운 생물이고 신비스러운 성질을 부여받았을 뿐 아니라 신성한 표지를 지닌 동물로 여겨졌다. 사람들이 숭배한 신화에서는 말을 용의 친척으로 여기고, 물의 신비로운 힘을 갖는다고 여겼다. 사실 후세의 전설에서 온화한 성품의 현장玄奘 법사와 함께 천축에서 성전聖典을 운반해온 용마龍馬처럼 훌륭한 말은 모두 용의 화신으로 여겼다. 고대의 한인漢人은 키가 가장 큰 말을 그냥 '용'이라고 부르기도 했다.10

고대의 말 중에서 가장 존귀하게 여긴 것은 목천자穆天子가 탔던 '팔준마八駿馬'11라는 신비에 싸인 말이다. '준駿'이란 한어로는 순수 혈통의 훌륭한 말을 의미하는데, 종종 신비한 탄생과 서역의 환상의 말에서 태어난 것을 가리키기도 하고 더 나아가서는 영웅에 비유하기도 한다. 곤륜崑崙의 황량한 땅을 위대한 목천자와 함께 여행했던 말, 이 위대한 천성을 지닌 범상치 않은 말 그림은 중세 중국에서는 환상적인 예술의 테마였다. 당 예술을 감정하는 전문가들은 5세기에 그려진 기괴한 말 그림을 귀하게 여겼으며, 특히 특이한 자태에 주목했다. 이런 이유에 대해서는, 공자가 그랬듯이 고대 성인은 모두 외관이 보통 사람과 달랐기 때문이라

마구를 완비하고 말을 끄는 마부, 둔황 문서. "신성한 표지를 지닌 동물."

고 설명을 붙였다. 사람이든 말이든 신성한 특성을 가진 생물은 그 존재 감뿐 아니라 외모도 기괴해 세상의 것과는 판이하게 달라야 했던 것이다.[12]

멀리 서쪽 땅에는 '준골용매駿骨龍媒'라 불리는 훌륭한 천마가 있었다. 그 골격은 서역의 이상적인 준마라면 지녀야 하는 조건인 날개가 달려 있었고, 그 모습이 바로 용이 나타날 전조였다.[13] 그래서 그 말은 용을 부른다고 했다. 이 말을 찬탄한 이백李白의 시가 있다.

하늘의 말들이 쿠샤나스Kushanas의 굴에서 나온다　　　天馬來出月支窟
호랑이 반점으로 강인한 등, 용의 날개로 이뤄진 뼈　　　背爲虎文龍翼骨[14]

중국에서는 서역에서 수입하는 용마를 기원전 2세기경부터 신봉하기 시작했다. 한 무제武帝는 방사方士가 조제하는 정체를 알 수 없는 신비한 약을 먹고 고대의 이상하고 미심쩍은 봉선封禪 의식을 치렀다. 불로장생을 얻어 스스로 신이 되기 위해 수단을 가리지 않았고, 자신을 천상계로 데려가줄 신비한 말(용마)을 원했다.[15]

물에서 태어난 말에 관한 전설은 이미 투르키스탄 각지에 떠돌고 있었다. 예를 들면 7세기에 현장玄奘 법사가 구자龜玆(쿠처)를 찾아갔을 때 어떤 절 앞에 용이 산다는 호수가 있었다.

그곳에 사는 용은 모습을 바꿔 암말과 교접하는데, 태어난 새끼는 야생 용마로 성질이 매우 거칠어 길들이기 힘들다. 하지만 용마의 자손들은 성질이 온순하다.[16]

이 전설을 통해 우리는 한인들이 전설의 페가수스의 발상지를 이란 지역으로 상상한 게 아닐까 추측해본다.[17] 다리가 길고 덩치가 작은 '대식국大食國'의 말 역시 용과 암말이 '서쪽 나라의 바닷가'에서 교접해 태어난 것으로 여겼다.[18] 무제 시대까지 천마는 시르다리야강(약사르테스강)에 면한 대원大宛(페르가나)에 산다고 전해졌다. 페르시아 왕들을 위해 메디아에서 키운 니소스 말과 동종이라 여겼다. 이 '한혈마汗血馬'는 동서양에 모두 잘 알려져 있었다.[19] 기원전 2세기에 한에서 서쪽으로 가는 길을 개척한 유명한 장군 장건張騫은 어쩌면 '한족이 용이 되는 시대'(용은 당나라를 의미한다―옮긴이)를 선도할 천마를 찾는 임무를 수행했을지 모른다. 장건은 사실 한나라 황제가 말을 구하기 위해 서역으로 보낸 사자였을 가능성이 높다.[20]

장건은 서방에서 말을 몰고 돌아오지 않았을지 모르지만, 적어도 2세기경에는 한나라에도 서방의 훌륭한 말이 들어와 있었다.[21] 당시 사람들은 이것을 전설의 용마라고 믿었다. 날개가 돋치지는 않았지만 '용의 날개를 지탱하는 뼈'를 갖고 있었다. 몽골의 키 작은 망아지나 한나라에서 가축으로 사용하던 말보다는 컸다. 비록 서역의 말은 군마에는 적합지 않았지만 의식용으로 소중하게 키워졌을 거라고 생각된다.[22] 이러한 신비한 말의 동물학적인 분류는 확실치 않다. 고대 카스피해 연안에서 왕성하게 번식된 덩치가 크고 잘 달리는 '아리아 말'이라고 주장하는 학자도 있다.[23] 현대의 투르키 말은 그 자손일지도 모른다.

투르코만Turkoman 혹은 투르키Turki라는 이름의 말은 원산지인 투르키스탄에서 유래하지만 페르시아, 아르메니아, 그리고 소아시아 지방에도 이

종의 말들이 서식하고 있다. 여러 혈통이 있는데, 가장 좋은 것은 아랄해와 옥수스강의 남쪽 나라에 서식하는 종류의 말이다. 몸높이는 손바닥 15~16개에 해당하고 지구력이 뛰어나다. 콧날이 높고 암양같이 가는 목에 몸집이 크고 다리가 길다. 대개는 적갈색이나 회색 털이 나 있지만 검은 몸에 다리만 하얀 것도 가끔 있다. 아라비아 말의 혈통을 이어받아 아름답고 매우 빠르지만, 이것은 아마 몽골의 타르판이나 그와 비슷한 말이 아라비아 말과 교배해 태어난 종류일 것이다.[24]

한나라 사람들이 말하는 '쌍척雙脊'은 아라비아 말 종류의 특징이다.[25] 등뼈 양쪽에 근육이 솟아 있어 안장을 장착하지 않고 타기에 편리하기 때문에 고대 서방에서는 특히 호평을 받았다.[26] 이와는 반대로, 이백의 시에 등장하는 '호문虎紋'(호랑이 무늬)이란 격세 유전으로 드러나는 형질이다. '만문鰻紋'(뱀장어 무늬)이라 불리는 짙고 검은 세로 줄무늬가 등에 있는데, 이것은 노르웨이의 짙은 갈색 야생마처럼 원시마原始馬에서 종종 볼 수 있는 특징으로 아시아당나귀onager에 확실하게 그런 무늬가 나타난다.

군마 번식을 위해 종마로 수입한 말의 경우, 당나라 사람들은 물이 풍부한 강국(사마르칸트)에서 수입한 대원(페르가나) 준마의 자손이라고 믿었다.[27] 눈이 많이 오고 바람이 없는 카슈미르 계곡에 서식하는 '용종마龍種馬'에 대한 이야기를 전해 들었기 때문이다.[28] 11세기 초 이야기에는 8세기 중반, 순수 혈통의 한혈마 6필이 대원에서 현종에게로 공물로 보내졌다고 되어 있다. 이 6필은 적질발赤叱撥, 자질발紫叱撥, 비질발緋叱撥, 황질발黃叱撥, 정향질발丁香叱撥, 도화질발桃花叱撥 등으로 불렸다. '질발叱撥

(Cherpādh)'이란 소그드어로 네 발 달린 동물을 의미한다. 현종은 공물로 들여온 이 말들을 매우 반기고, 야만적인 이름 대신 새로운 이름을 붙여주고 궁전의 대청 벽에 말 그림을 그리게 했다.[29]

이 흐뭇한 이야기는 현종 시대로부터 3세기 후에 그 일에 대해 이야기한 문인 진재사秦再思의 회고적이고 낭만적인 상상인 듯하다. 아름다운 색깔을 가진 명마들이 살던 고향에 '대원'이라는 낭만적인 향기가 감도는 고풍스러운 이름을 붙이고 있기 때문이다. 하지만 그의 이야기도 아예 거짓은 아닐 것이다. 한인은 외국의 국명에 고전적인 명칭으로 바꾸어 쓰는 걸 좋아한 데다가 사료에는 대원이 현종에게 말을 선물한 기록이 사실로 남아 있다(유감스럽게도 그 말들에 대한 묘사나 이름은 기록되어 있지 않다).[30] 더구나 '적질발'이라는 이름은 8세기 문학에 한 번 이상은 등장하기도 하는데, 이상하게도 감숙성 영무靈武에서 자라는 진귀한 고양이의 이름으로 사용되었다.[31] 저자는 당에 한혈마가 있고 현종 때에는 명마를 그린 벽화가 있었다고 믿고 싶었던 게 아닐까 한다. 실제로 있었는지 여부는 차치하고, 한혈마의 피를 이어받은 말은 꿈에서 보는 듯 아름다운 말이었을 것이다.

한인이 고대로부터 친숙하게 여겼던 말은 머리가 크고 갈기가 곧추선 소형 말로서, 겨울이 되면 털이 덥수룩하게 자라는 종류였다. 예전에는 북아시아 전체에 서식했으며, 석기 시대에는 심지어 프랑스와 에스파냐에도 서식하던 종이다. 아시아의 초원 지대에 서식하던 야생마로서 화북의 오르도스에서도 고대의 뼈가 발견되고 있다.[32] 현재는 중가르분지 외에는 서식하지 않아[33] 멸종 위기에 있다.[34] 이 타르판 종Equus przewalskii은 광범위하게 가축으로 사용되어 전 세계에 분포하고 있다. 노르웨이의 야생마처럼 순수 혈통을 유지하고 있는 것도 있지만 아라비아 말과 혼혈해 특징이 상당히 변해온 종류도 있다.[35]

중국에서 주로 이용하는 몽골산 소형마는 기본적으로 타르판인데, 길고 흐르는 듯한 갈기와 앞머리가 있고 꼬리털이 풍성하다. 이런 특징은 아라비아 말과의 혼혈로 생긴 결과라고 여겨진다.[36] 또 다른 알려지지 않은 종류의 말과 이 말의 혼혈 결과, 고대부터 다양한 색과 모양의 말의 종류가 생겨났다. 하夏 왕조로부터 전해진 유명한 검은 갈기의 백마, 상商 왕조의 머리 부분만 검은 백마, 그리고 주周 왕조의 갈기가 붉지만 전체적으로 노란 말 등이다. 주周나 한漢 시대에 말에 관한 단어가 이미 풍부했던 것은 고대 중국에 고도의 번식 기술이 있었음을 나타낸다.[37]

당나라 사람들은 서역의 대형마를 갖고 싶은 생각도 굴뚝같았지만 야생의 소형마에도 애착을 버리지 않았다. 654년에 토번(티베트)에서 당나라 황제에게 진상한 공물에는 100필의 야생 타르판이 포함되어 있었다.[38] 이와 똑같은 종류의 원시마가 서역의 말과 짙게 혹은 약하게 혼혈해 중세 중국에는 매우 특징적인 새로운 종류의 말이 생겨났다. 당나라 시대에 섬서陝西에서 자란 붉은 갈기를 한 백마,[39] 주 왕조 말의 혈통을 이어받은 종류, 혹은 사천四川 태생의 힘이 세고 날씬한 말 등이 그것이다. 특히 사천의 말은 당나라 휴주巂州의 특산이었다. 이 종류는 중국 서방에 위치한 작은 나라들에서 그보다 수 세기 전부터 알려져 있던 종류의 말이었다.[40]

당나라의 '국마國馬', 즉 역마驛馬나 군마용으로 정부가 사육했던 대부분의 말은 타르판과 아라비아 말을 혼혈 교배한 종이었다. 특히 아라비아 말의 특징이 두드러지게 나타난 것도 있었다. 나라에서 직접 돌보며 사육한 말도 종종 숫자가 부족한 경우가 있어 다른 나라에서 수입이 필요할 때도 있었다. 현종이 8세기 초에 '육호주六胡州'[41]와의 말 거래를 허가하는 칙명을 내린 기록이 있다. 아라비아 혈통의 말은 중국에서 별로 효과적이지 못했다. 가까운 몽골에서 들어오는 소형 말이 지니는 장점이 상당히 컸다. 당 말 이후에는 서역의 말이 서서히 모습을 감추기 시작하고, 원元·명明 시대에 이르러서는 소형마가 대량으로 유입되었기 때문에 지금은 서방 말이 거의 남아 있지 않다.[42]

이러한 사정으로 북방의 소형마와 서방의 군마라는 두 종류의 외래종과 더불어 토종과 많은 교배종이 당에 밀려들어왔다. 당나라 사람들은 이들 말을 애지중지했다. 그들이 말에 대해 가진 이국정서는 서역의 용마 전설, 그리고 당 왕조의 조상(당은 선비족 중심의 왕조다—옮긴이)이 돌궐과 유목민에게 이어지고 있다는 것이 하나의 요인일 것이다. 대제국의 군비와 마상에서의 타구打毬(폴로)를 즐기던 귀족이 필요로 하는 종류의 말은 한인의 영토 내에서는 키워낼 수가 없었다. 때문에 이국종을 선호한 것은 당연한 결과라고 할 수 있다.

당나라 사람들은 먼 외국의 뛰어난 말에 대한 이야기를 좋아했다. 도저히 사실이라고 볼 수 없는 것도 있었고, 반면에 그럴싸한 이야기도 있었다. 예를 들면 사시사철 눈에 덮인 먼 북쪽 땅에는 박마국駁馬國(얼룩말 나라)이라 부르는 나라가 있다고 상상했다. 박마국은 튀르크 계열 부족인 알라욘들루Ala-yondlu, 즉 '얼룩말'에서 유래하는 듯하다.[43] 원산지에서는 묶여서 밭 가는 말로 쓰이는 얼룩말이 당으로 수입되었는지 여부는 알 수 없다.[44] 더 멀리 대식국의 군마는 인간의 말(언어)을 이해한다고도 알려졌다.[45] 무슬림 사절이 703년에 이들 순수 혈통의 말을 당에 데리고 왔지만,[46] 이후에 그 말들에 대해서는 알려져 있지 않다.

보다 확실한 말의 공급원은 동북부의 퉁구스나 몽골이었다. 아무르강 남쪽에 펼쳐진 초원 지대에 살던 발해의 말갈靺鞨[47,48]과 말갈 서쪽에 있던 실위室韋[49]였다.[50] 816년에 당 왕조에 기민한 말을 선물하고 그 후 정기적으로 조공으로 말을 가져온 만주 남부의 해奚,[51] 그리고 마찬가지로 만주에 살면서 나중에 중국 북부를 정복했던 거란契丹이 있다. 거란은 7세기부터 8세기에 걸쳐 몇 번이나 사절과 함께 소형마를 선물했다. 거란의 소형마는 숲을 달리는 데 적합했다.[52]

당나라의 가장 큰 말 공급원은 북쪽 돌궐이었다. 여기에서 가져온 말은 고대 타르판 종에 가깝고 재주가 많고 머리가 좋았다. 고대 초원을 활보한 흉노匈奴가 길들인 말로 긴 여행에도 견딜 수 있었고 사냥도 아주 잘했다.[53] 돌궐의 우수한 말을 필요로 했던 한인들은 한인으로서의 긍지를 버리고 말을 얻기 위해 다양한 형태로 돌궐에게 아첨했다. 당 초기 무렵에는 황실의 황자 한 명이 머리를 조아리고 멀리 돌궐 지배자 칸의 천막을 찾아간 적이 있었다. 돌궐 칸은 황자가 호화로운 선물(물론 비단 다발과 술항아리도 있었다)을 보여줄 때까지 오만방자한 태도를 취했다. 그러나 선물을 내보인 순간 화기애애한 잔치가 벌어졌고, 사절은 말 떼를 이끌고 당으로 돌아왔다.[54] 돌궐의 사사로운 요구는 그 밖에도 많았다. 훌륭한 말의 보답이 되는 것은 물질적인 것만은 아니었다. 731~732년 겨울에는 권세를 자랑한 빌게毗伽(Bilgä) 칸이 감사의 표시로 당나라에 50필의 좋은 말을 보냈다. 그보다 조금 전에 칸의 동생이 죽었기 때문에 당에서 여섯 명의 화가가 대초원의 천막으로 가서 고인의 초상을 그렸다. 칸은 그것을 보고 눈물을 흘렸다. 그리고 화가는 말과 함께 당에 돌아온 것이다.55 이런 까닭으로 북방의 돌궐족들, 대표적으로 설연타薛延陀, 토구즈오구즈Toquz oghuz, 또는 그 밖의 부족 등이 한꺼번에 5000필도 넘는 막대한 수의 말을 당나라의 축사로 보내기도 했다.56

이 밖에 최대 공급원은 위구르였다. 내전에다 대외 전쟁이 계속 겹치며 국력을 잃어가는 당으로서는 말이 꼭 필요했다. 이런 이유로 8세기 중반 이후에는 위구르가 말 거래를 독점하게 된다. 하지만 동시에 위구르와 티베트는 당나라의 최대 적국이었다. 당나라는 그들의 적개심을 이용해 이이제라는 외교 정책을 구사함으로써 위구르와 티베트를 대립하게 만들었다. 티베트는 농우 지역57 어용 목장에서 사육하고 있던 수천 필의 말을 모아 장안까지 점령했다. 튀르크계의 거만한 위구르는 자신들의 이익을 위해 고지대 사람들인 티베트를 몰아내고 당나라의 영내에서 한인들을 습격하기도 했다. 그런데도 말 거래를 독점해 이익을 가져왔기 때문에 한인은 굴욕을 참고 이에 따라야 했다.58

당이 몰락하면서 아첨꾼이던 위구르 사절이 동방 군주인 당에 우호 관계를 청하며 한혈마를 조공해오는 일은 없어졌다. 말 거래에서 교양은 있지만 유약한 한인(서역인의 눈에는 그렇게 보였다)은 위구르에 경의를 표하고, 파는 사람이 부르는 대로 돈을 내고 말을 사야 했다. 790년대 위구르 말 한 마리의 가격은 당나라 비단 40필에 해당할 정도로 터무니없이 비쌌다.59 9세기 초 국력이 쇠약해진 당 왕조 때는 북방의 변경 지역에서는 도움도 되지 않을 늙은 말 10만 필을 받는 대가로 1년간 비단 100만 필을 지불하는 경우도 드물지 않게 벌어졌다.60 당나라 황제가 국력의 소비로 이어지는 말 거래에 제한을 가하려고 한 적도 있었다. 773년에 위구르가 매매용 말 1만 필을 몰고 와서 특별한 사절을 청했다.

전체 말의 가격은 당 왕조의 1년분 세수입을 웃돌았기 때문에 사려 깊은 대종은 이렇게 말했다.

"백성의 고통을 가중시키는 것을 참을 수 없다. 사들이는 말의 수를 관리에게 계산하게 하고, 6000필만 사는 것을 허락한다."[61]

위구르의 골칫거리는 9세기에 돌궐령인 북방 국경 지대를 떠돌던 키르기스[62]였다. 그들은 위험했다. 몸이 크고 피부가 희고 푸른 눈동자에 붉은 머리털이었다고 기록돼 있다.[63] 그들은 7세기 후반부터 8세기 전반에 걸쳐 적국인 위구르의 영토를 넘어 당나라의 본토까지 말을 거래했다.[64] 이외에 옥문관에서 중앙아시아를 넘어 아랄해로 이어지는 지방에는 서돌궐과 그들에 복속한 아리아인들이 있었다. 그들도 당 왕조 축사로 말을 가져와서 거래했다.[65]

중앙아시아의 광활한 평원과 풍요로운 도시, 그리고 주변 산악 지대에서는 아라비아 종의 피가 짙게 섞인 잘생긴 말이 왔다. 특히 당나라의 전성기였던 현종 때는 강국,[66] 안국,[67] 대원,[68] 토하라,[69] 석국,[70] 사국史國,[71] 조국曹國,[72] 미국米國,[73] 그리고 골돌국骨咄國[74] 등에서도 말이 들어왔다.

티베트와 몽골의 국경에 있는 토욕혼吐谷渾은 전성시대의 영토보다 훨씬 작아졌지만 652년 당에 말을 조공하고 있었다.[75] 티베트도 그로부터 2년 후에 100필을 보내왔다.[76] 그러나 티베트에서의 말 수입이 왕성했던 것은 그들이 위구르에서 타격을 받은 후인 9세기 초까지의 일이었다.[77] 그래도 그들이 보내는 말은 오만한 위구르에 비하면 숫자가 보잘것없었다.

서역의 성곽 도시도 당에 우수한 말을 보내왔고, 구자도 몇 번이나 말을 조공한 적이 있었다.[78] 호탄도 적어도 한 번은 말을 보냈다.[79] 나중에 승리를 거둔 대식(아라비아)에서는 7세기에 한 번[80] 우수한 말을 조공했다. 8세기 초에도 한 번, 그리고 앞에서도 언급했지만 당나라의 황금시대를 구축한 현종 때에는 몇 번씩이나 말을 보내왔다.[81] 코끼리가 많은 불교국으로 돌궐의 지배하에 있던 인도 북서부 변경의 쌀농사를 하는 더운 나라 계빈국罽賓國(카피샤, 고대 간다라)에서도 '천가한天可汗(텡그리 칸)'이라 불린 태종 이세민李世民이 위세를 떨쳤던 637년에 말을 공물로 보내고 있다.[82] 또 당나라의 서남부에 발흥하고 있던 남조南詔에서도 795년에 종류가 잘 알려지지 않은 말 60필을 바쳤다고 한다.[83]

북방 유목민과의 중요한 말 거래에 대해서는, 오르도스 지대의 변경에서 정부 관할하의 '호시互市'를 실시하는 것이 727년에 법령화되었다. 이 법령의 목적은 당나라의 말을 늘리고 그것을 더욱 뛰어난 이국산 말과 교배시킴으로써 '국마國馬'의 질을 개량하는 것이었다.[84] 이 법령이 나온 직접적인 원인은 빌게 칸으로부터 30필의 우수한 말이 공물로 헌상된 사건 때문이었다. 이 말들과 함께 티베트에서 빌게 칸에게 보낸 편지를 돌궐의 사자가 현종에게 전했다. 티베트와 함께 당을 습격할 것을 빌게 칸에게 권하는 편지였는데, 빌게 칸은 그 편지를 현종에게 건네서 일러바친 것이다. 현종은 이 우호의 증표를 기뻐하며 사절에게 많은 선물을 주고 이런 명령을 내렸다.

"삭방군朔方軍의 관할하에 있는 서수항성西受降城에 말을 거래하는 호시를 허가한다. 지금부터는 매년 10만 필의 비단을 보내라."[85]

이후 북방 부족이 정기적으로 당나라에 말을 가지고 들어오게 되었고, 사료에도 "서수항성 성사城使에게 (이 말들에) 낙인을 찍어 받아들이라고 명령했다"라는 말이 나온다. 748년 초에 토구즈오구즈, 견곤堅昆(키르기스), 실위가 64필의 말을 보냈을 때도 같은 기록을 볼 수 있다.[86] 유사한 거래 장소가 729년에 티베트의 변경 적령赤嶺 지구에도 마련되었다.[87]

한편 사적인 말 매매도 활발하게 이루어졌다. 특히 중국 서북부의 변경에 사는 탕구트가 말 거래로 많은 돈을 벌었다. 9세기 초에는 "원근의 나그네 상인이 비단 등 상품을 싣고 와서 양이나 말과 교환했다."[88] 그러나 말 거래로 얻어지는 수익은 불확실했고, 830년대에는 욕심 많은 당나라 관리가 탕구트 상인에게 가축을 형편없는 가격에 팔 것을 강요했기 때문에 주민들은 가난해졌다. 당연하지만 오르도스의 남쪽 변경 주변에는 이들 가난해진 주민이 산적이 되어 출몰하기 시작했다.[89]

조정 직속의 무역 시市에서는 낙타·당나귀·양 외에 말도 정부 소속 관리의 검열을 받고 등록시켜 각각 목장 혹은 조정의 마구간으로 보냈다. 국경에서 도읍으로 갈 때는 열 마리씩 한 무리로 묶어 각 무리에 한 명의 목부牧夫가 따라갔다.[90] 도읍을 향해 출발한 말은 다치거나 길을 잃거나 혹은 도둑맞는 일이 없도록 정부가 신중하게 보살폈다. 말의 안전과 건강은 조정의 말 전담 관리의 책임이었다. 말을 도중에 죽게 만드는 일이 없어야겠지만, 만일의 경우를 대비해 말의 죽음을 증명하는 방식에서부터 담당자의 책임 정도에 이르기까지 자세하게 정해져 있었다. 예를 들어 만약 말이 보통의 파발마로서가 아니라 긴 여행에 쓰이다가 죽었을 경우 고기는 팔고 가죽은 조정의 보관 창고로 보냈다. 고기를 팔 수도 없고 보관 창고도 없는 사막에서 죽었을 경우 말을 타는 사람은 그 증거로서 조정의 낙인이 찍힌 부분의 가죽만 가지고 돌아가면 되었다(다만 그 말을 타던 사람이 무사히 돌아왔을 때의 이야기다).[91]

나라가 경영하는 목장으로 몰고 간 수입 말은 '감監'(검사관) 아래

120필씩 '군群'(무리)으로 할당됐다. 각각의 '감'은 많을 때는 5000필의 말을 담당했다. 그 목장에서는 말들을 전쟁, 역마驛馬, 혹은 황족이나 총신寵臣의 기마용 등 조정의 필요로 차출될 때까지 보살폈다. 말의 몸에는 소유자, 나이, 마종, 등급, 건강 상태 등을 표시하는 낙인이 여기저기 찍혔다. 공용으로 사용되는 말은 오른쪽 어깨에 '관官'이라는 낙인을 찍고 꼬리 옆에 담당 검사관의 이름이 찍혔다. 원산국 표시와 '비飛' '용龍' '풍風' 등 빠르거나 지구력을 표시하는 낙인도 있었다. 또한 군마나 역마는 오른쪽 뺨에 '출出'을, 관마를 민간인에게 하사했을 경우에는 '사賜'라는 글자를 각각 오른쪽 뺨에 찍어 말의 용도를 표시했다.92 이 말들을 보살 피라는 명령을 받은 목부나 관리는 분담하는 가축의 수를 유지해야 하고, 더욱이 그 수를 늘려야 실적을 할당받았다. 등기상의 수가 분담 수보다 적어졌을 경우에는 엄한 벌을 받았다. 한 필만 줄어도 죽장으로 30대를 맞는 형을 받아야 했다.93

외국에서 들여온 말이 조정의 말 관리하는 장관 눈에 들면 국가가 경영하는 어용 목장에서 장안으로 보냈고, 궁정에 인접한 '한閑'이나 '구廐'라 불리는 우리로 할당했다. 말의 종류나 등급에 따라 말은 '비황한飛黃閑' '길량한吉良閑' '용매한龍媒閑' '도도한騊駼閑' '결제한駃騠閑' '천원한天苑閑' 등의 이름으로 분류해 우리에 넣었다.94 여섯 개 중 다섯 개는 고전문학이나 전통에 나타나는 준마의 이름에서 따온 것이다.95 '천원'은 황제가 용마를 타고 사냥을 즐긴 동산에서 따온 별명이다. 이들 우리에서 위대한 장군의 준마가 나왔고, 황족의 사냥, 귀족의 폴로, 의식에서의 행진, 그 밖의 화려하고 우아한 목적을 위해 이국산 말이 선발되었다.

당 초기, 혹은 그보다 조금 이른 시기에 폴로가 이란과 서역을 거쳐 중국에 들어왔고 한반도를 거쳐 일본으로도 전해졌다.[96] 이것은 단순히 '타구打毬'[97]라 불렸고, 끝이 초승달 모양으로 굽은 막대기와 골대와 네트를 이용해 경기를 했다. 황제뿐 아니라 신하와 궁녀, 학자들도 타구에 열중했고 조정에는 전용 타구장이 있었다.[98] 당나라 사람들이 타구에 최적이라고 생각한 것이 어떤 종류의 말인지는 알 수 없지만, 717년에 호탄의 도시에서 타구에 적합한 말 한 쌍이 선물로 들어왔다는 기록이 있다.[99] 투르키스탄과 이란 등 타구가 왕성했던 나라의 말이 폴로에 우수했을 거라고 추측할 수 있다. 티베트인도 타구를 매우 잘했다고 한다.[100] 그런데 한인이 티베트인을 놀라게 한 적도 있었다.

중종 때 궁중에서 티베트를 위해 등약마腾躍馬 잔치를 벌였다. 말은 모두 오색 비단으로 장식했고, 안장에는 쇠 장식, 기린의 목, 봉황의 날개를 달았다. 음악이 울리자 말은 곡에 맞춰 춤추고, 「음주악飮酒樂」을 연주하자 술잔을 입으로 받아 누웠다가 다시 일어났다. 티베트인들은 이것을 보고 깜짝 놀랐다.[101]

이렇게 8세기 초 중종 때 음악에 맞춰 춤추고 보는 사람을 즐겁게 하던 길들인 말도 훌륭했지만, 그보다 대단했던 것이 수십 년 뒤인 현종 시기에 등장한 춤추는 말이다. 춤추는 말은 100필이 있었고, 외국산 말 중에서도 특히 뛰어난 종 가운데서 선발했다. 말을 금과 은으로 테를 두른 비단으로 장식했고, 갈기는 보석으로 치장했다. 춤추는 말은 두 무리로 나뉘어 노란 상의와 옥 단추가 달린 허리띠를 두른 젊고 아름다운 악대가 연주하는 「경배악傾杯樂」에 맞춰 머리를 올렸다 내렸다 하거나 꼬리를 흔들기도 했다. 3단의 의자에 올라 춤을 출 수가 있고, 의자를 들어 올리면 그 위에 멈춘 채 움직이지 않았다. 이런 행사는 매년 8월 5일 현종의 생일인 천추절千秋節에 열렸다. 궁궐의 근정루勤政樓에서 말의 춤을 감상하는 일이 하나의 행사가 되었다. 이러한 축하 행사 때 말들은 금 갑옷을 두른 대부대, 의식 전용 악단, 코끼리나 무소(코뿔소) 같은 구경거리를 다루는 오랑캐 마술사와도 함께했다. 이들이 화려한 의상을 걸치면 8면의 격뢰고擊雷鼓를 치는 궁정의 무희들과 더불어 사람들의 눈길을 끌었다.[102]

현종이 황위를 잃자, 명성을 자랑하던 춤추는 말도 각지로 흩어졌다. 안녹산이 동북 변경으로 보내버린 말도 있었고, 그중 몇 필이 군마로 사용되었다고 한다. 그 말들은 병영에서 군악이 울리면 반사적으로 춤을 추는 경향이 있기 때문에 다른 군마와 금방 구분이 되었다고 한다.[103]

9세기의 금욕적인 시인 육구몽陸龜蒙은 이 말들을 전설상의 대원(페르가나)의 용마에 빗대어 시를 남겼다.

사백 개의 발굽이 달린 달의 동굴에서 온 용의 후손들　　月窟龍孫四百蹄
황금 전고에 가볍게 보조 맞추는 힘찬 발길질　　　　　驕驤輕步應金鞞
곡조가 끝나 주군의 총애를 바라노니　　　　　　　　曲終似要君王寵
홍루를 돌아보지만 감히 울지는 못한다　　　　　　　回望紅樓不敢嘶[104]

육구몽의 시에 있는 '월굴月窟'은 이백의 시에도 등장하는 서투르키스탄의 '월지굴月支窟'이다.[105] 그리고 춤추는 말들은 중당中唐 사람들의 상상 속에 그리던 신기한 이국적인 산물이었다.

당나라 시대 황제는 사치를 금하는 칙명을 여러 번 내렸다. 특별히 애국심이 강하고 호전적이며 위엄을 드러내고 싶어하는 황제의 치세 때 그러한 칙명이 많았다. 그 칙명에서 반복해서 나오는 것이, 나라를 위해 아무 도움도 되지 않는 작고 진귀한 답례품을 금지하는 항목이다. 당 왕조의 초기에 내려진 소형 말을 금지하는 조치가 그 좋은 예다.[106] 고조高祖는 귀여운 조랑말이 아닌 튼튼한 말을 원했다. 그럼에도 불구하고 고조는 그로부터 3년 후에 한반도 서남쪽에 있는 백제에서 소형 말인 과하마果下馬를 받는 것을 보면,[107] 황위에 오른 당초의 엄숙한 마음가짐은 어딘가로 날려버린 듯하다. 7세기에는 엄격한 군사 국가였던 당이지만 8세기 현종의 치세가 되면서 경박한 '문화'에 빠져서는 문치 국가가 되어 조정은 소형마뿐 아니라 그 밖의 작고 진귀한 보물들도 좋아하게 되었다. 그 무렵 세력을 자랑하던 한반도의 신라에서 조랑말인 과하마를 보냈다.[108] 이 조랑말은 백제의 것과 같은 종류의 소형 타르판 종으로 우리와 친숙한 셰틀랜드 조랑말과 윌란드 조랑말처럼 섬에서 키운, 즉 한반도의 제주도에서 진화한 종류임이 분명하다.[109]

과하마라고 불리는 소형마는 기원전 1세기경부터 한인漢人에게 알려져 있었다. 당시 과하마는 황태후의 마차를 끄는 말이었다.[110] 서기 2세기가 되자 한반도 중부의 예濊라는 나라에서 소형마를 보내왔지만,[111] 나중에는 이것이 고구려를 건국한 전설의 영웅이자 활의 달인이었던 주몽朱蒙의 말이라고 일컫게 되었다.[112] 이 말들이 제주도에서 왔는지 여부는 확실치 않다. 당나라 시대에는 이들 소형마를 타면 아무리 낮은 과일나무 밑이라도 어렵지 않게 지나갈 수 있다는 데서 '과하果下'라고 불렀다.[113] 그러나 실제로는 과일나무가 아니라 원래 북방의 언어에서 유래한 것이 분명하다. 하지만 본래 의미는 잊고 의미가 통하는 한자를 적용한 것이다.[114] 12세기에는 남방에서 온 소형마를 '과하자果下子'라 불렀다.[115] 한국의 말은 3척尺이라는 것이 당나라 시대의 상식이기도 했는데, 3척은 소형 동물 모두에게 사용된 상징적인 숫자였을 뿐이다.[116] 고대로부터 난쟁이를 형용하는 데도 사용했기 때문에[117] 이 표현으로는 작은 동물의 크기를 확실히 알 수 없다. 이들 소형마는 당나라 시대에도 한나라 때와 마찬가지로 황족 여성의 마차를 끌거나 우아한 조정의 행진, 또는 황족과 귀족 소년들이 공공장소에 나올 때 과시용으로 이용되었다고 한다. 아마 봄날에 꽃놀이가 한창일 때 한껏 치장한 젊은이들이 장안의 명원名園에서 열리는 잔치 자리에 타고 간 것도 아름답게 치장한 과하마였을 것이다.[118]

이국산 말로 당나라 시대에 가장 유명했던 것이 태종의 '육준六駿'이다. 육준은 태종에게 맞서던 적을 쓰러뜨리고 당 왕조의 기초를 쌓은 말이다. 말의 모습과 활약은 문학이나 회화 작품으로 남아 있다. 태종도 육준을 총애하고 각각의 말에 관해 읊은 짧은 산문과 조상彫像을 남겼으며 찬미하는 시도 지었다.[119] 여기에 그의 시를 소개한다.

십벌적什伐赤은 진홍색 말이다. 왕세충王世充과 두건덕竇建德[120]을 평정하러 출정하면서 이 말을 탔다. 말의 앞쪽으로 화살을 네 대 맞았고 뒤로 한 대 맞았다. 찬贊은 이러하다.

찬贊과 전纏[121]이 여전히 불안해하는 곳   瀍澗未靜
도끼 자루와 도끼가 나의 위엄을 과시했었다   斧鉞伸威

붉은색 땀, 충동적인 발굽!　　　　　　　　　　　　　　朱汗驕足

푸른색 깃발들, 승리에 찬 귀환!　　　　　　　　　　　　青旌凱歸[122]

　이 군마는 시나 조각으로 남았지만, 같은 전투에서 태종이 탔던 황총 표黃驄驃[123]가 고구려와의 전투에서 죽자 태종은 「황총표곡黃驄驃曲」이라는 곡을 만들어 황총표를 노래했다.[124] 이것은 확실히 한대漢代의 악곡을 흉내 낸 것이었다.

　'주한朱汗'(붉은 땀)이 자아내는 인상으로 보아 태종이 사랑한 십벌적은 적어도 상상 속에서는 페르가나의 한혈마와 관련이 있다. 태종의 육준에는 서역의 피가 흐르고 있었지만 '특근표特勤驃' 등의 이름으로 볼 때 돌궐에서 태종에게 보낸 것임이 틀림없다.[125] 황제의 명령으로 636년부터 637년 겨울에 걸쳐, 이 이름 높은 말들의 웅장한 모습을 저명한 화가 염입본이 그린 그림을 토대로 돌에 새기게 했다.[126] 태종 사후 조각은 소릉昭陵 옆에 설치했는데 지금은 박물관에 있다.[127] 돌에 조각된 말에는 총구가 나 있으며, 흉벽 같은 형태로 갈기가 흐트러져 있거나 뭉쳐 있기도 하다. 이런 조각은 중앙아시아와 시베리아에서 고대에 유행하던 양식이다. 원래는 이란의 풍습이라고 하며, 중국에서는 한漢 시대부터 이미 모습을 감추었다. 그 모습을 보면 태종의 말이 돌궐에서 왔다는 것을 알 수 있고, 말을 타는 사람도 고귀한 신분이었음을 나타내고 있다.[128] 육준의 이상적인 계보는 한나라 시대의 유명한 말에서, 나아가 주대周代 목천자의 팔준으로까지 거슬러 올라간다. 팔준의 뛰어난 특징은 오랑캐를 제압하는 위대한 목천자의 모습을 묘사한 오래된 그림 속에 남아 있다. 이것은 당나라의 국보가 아니었을까 싶다.[129]

'육준'만큼 유명하지는 않았지만 태종의 '십기十驥'130 또한 귀한 대접을 받았다. 열 필의 아름답고 귀한 준마는 태종이 만년에 손에 얻은 말이었기 때문에 육준만큼 태종과 친밀하지는 않았다. 육준이 활약했던 무렵의 태종은 어렵고 힘든 시기였기에 여섯 필의 말들에게 더 특별한 위엄과 영광이 주어졌다. 십기는 647년에 돌궐의 쿠리칸骨利幹(Qurïqan)에게서 받은 100필의 말 중에서 태종이 몸소 선택한 것이다.131 바이칼호 북쪽, 수선화가 흐드러지게 피는 극한의 땅에 사는 말 주인은 이들 말을 키르기스 말처럼 강건하고 힘센 말로 사육했다. 낙인은 하지 않았지만 귀에 치장을 하고 코에 표시를 해서 당나라의 황제에게 보냈다.132 태종은 몸소 선발한 열 필에 이름을 붙였다.133 등상백騰霜白, 교설총皎雪驄, 응로총凝露驄, 현광총懸光驄, 결파유決波騟, 비하표飛霞驃, 발전적發電赤, 유금과流金騧, 상린자翔麟紫, 분홍적奔虹赤이다.134

쿠리칸의 말 그림은 7세기 화가가 천자의 환심을 사기 위해 그린 것이 분명하지만 그림에 대한 기록은 남아 있지 않다. 말 그림에 대해서는 타의 추종을 불허한 화가는 한간韓幹이다. 그가 활약한 것은 서역산 말을 귀하게 여겼던 현종 치세, 즉 태종 다음 세기다. 한간은 천자의 말을 그릴 때 전통 기법이 아니라 자연 그대로 사실적으로 묘사해 힘 있는 말의 모습을 자랑했다.135 이보다 이른 시대의 말 그림을 보자면, 당 이전의 것은 상징성이 높고 때로는 상상적인 경향마저 띠고 있었다. 특히 특징적인 선과 색으로 신성神性을 간직한 왕실의 말을 표현하기도 한다. 이런 측면에서, 말 그림에서 타협이 없는 사실주의를 최초로 채택한 위대한 화가가 한간이었다고 할 수 있다. 한간의 그림은 대개혁이었다. 이국에서 들여온 가축 중에서도 특히 말이 높은 지위를 자랑한 것은 말이 나라의 안전을 지키는 역할을 했기 때문만이 아니라, 사람들이 숭배하는 고대 전설이나 신화에 나오는 동물과 유사성이 있기 때문이었다. 그런 의미에서는 한간이 말을 하늘에서 지상의 동물로 끌어내린 결과를 낳았다. 말을 사람의 지혜를 초월한 동물인 천룡마天龍馬로 본 것은 8세기 한인이 마지막이었다는 의미다. 자연주의적인 이국 취향이 경건한 상징주의를 넘어선 것이다.

낙타

당 시대 초기 화북 지방에서는 이미 박트리아의 쌍봉낙타를 이용했다. 이 낙타는 천 년도 넘게 이미 토착화해 가축으로 이용하고 있었다. 한漢 시대에는 대상隊商과 군대가 수천 마리의 낙타를 타고 새롭게 한나라의 세력 아래에 들어온 서역을 오갔다.[136] 낙타는 고비나 타림의 황량한 사막을 넘어 사람과 상품을 운반하는 확실한 운반 수단으로 귀중한 동물이었다.

하지만 한나라 시대의 사람들은 훈족 등 유목하는 이민족에게 의뢰하지 않으면 낙타를 구할 수 없었다.[137] 당나라 시대가 되어 영토를 다시 중앙아시아까지 크게 확장하면서 낙타의 필요성도 점점 늘어갔다. 국내의 높은 수요를 감당하려면 말과 마찬가지로 국외의 공급원에 의뢰해야 했다. 낙타는 천자에게 보내는 선물, 조공물, 상품 혹은 전리품으로 들어왔다. 위구르[138]와 티베트에서[139] 당에 낙타를 바쳤고, 마나스강 유역에 자리한 처밀處密(추물)의 사절도 낙타를 몰고 왔다.[140] 돌기시突騎施(투르게

시)도 낙타를 선물했다.[141] 호탄에서는 '풍각야타風脚野駝'라는 종류를 보내왔다.[142] 튀르크계 사람들은 낙타를 금과 은, 소녀나 노예와 똑같이 매우 귀중한 물건으로 취급했으며,[143] 사람에게 이익을 주는 기품 있는 동물로서 예언서나 시에도 등장한다.[144] 낙타는 오래된 대상로 근처에 있던 타림분지의 도시국가에서도 구할 수 있었다. 고선지는 석국(차치)에서 여러 보물과 함께 많은 낙타도 구입했다.[145] 구자(쿠처)의 성대한 축제에서는 낙타 싸움이 유명하고,[146] 키르기스에서도 많은 경기에 낙타가 등장했다.[147]

이렇게 이국에서 입수된 것을 포함해 막대한 수로 불어난 조정의 재산인 낙타에는 말과 마찬가지로 전문 행정관이 여럿 붙어서 보살폈다. 말의 경우는 하나의 군群을 관리하는 담당관이 120필을 보살폈지만, 낙타는 70마리를 하나의 군으로 묶었다.[148] 다른 대형 가축과 마찬가지로 낙타는 관내關內나 농우같이 풀이 많은 지방에서 사육되었다. 조정이 갖고 있던 가축의 정확한 수는 알 수 없지만, 754년 기록으로는 27만 9900마리의 소·양·낙타가 농우의 국가 소유 어용 목장에서 사육됐다.[149] 돈 많은 민간인도 탈것 혹은 짐 운반용으로 낙타를 사육했다. 정부 혹은 민간에서 낙타의 사육과 훈련을 하거나 낙타를 끌거나 한 사람들은 아마 몽골이나 중앙아시아, 티베트 등지의 외국인들이 아니었을까 싶다. "호아胡兒는 낙타를 잘 다룬다"라는 말이 두보의 시에도 등장한다.[150]

걸음이 빨라 의지할 수 있는 낙타, 특히 하얀 낙타는 변경의 위기 소식을 전하는 등 나라의 급한 용무에 사용했으며 이를 위해 '명타사明駝使'라는 관리를 두었다.[151] 그러나 이 발 빠른 낙타도 현종과 총애하는 양귀비의 이야기에 이르면 국가 위기뿐 아니라 엉뚱한 용무에 이용되곤 했다. 현종은 인도차이나의 교지交趾에서 보낸 보르네오산 용뇌향龍腦香 10매를 양귀비에게 주었다. 양귀비는 그것을 몰래 명타사에게 주어 멀리 위험한 변경에 있는 애인 안녹산에게 보낸다.[152]

어용 목장에는 '비룡타飛龍駝'도 있었다. 8세기 말 도읍에 있는 곡물만으로는 천자의 술을 빚을 수 없게 되자 쌀 수송에 이 고귀한 동물을 이용하기 시작했다.[153] 낙타는 중국 땅에서는 사뭇 다른 목적에 사용될 운명이었던 듯하다.

그러나 낙타는 북방의 변경을 휘젓고 다니는 흉포한 유목민의 인상과 결부되었기 때문에 무서운 동물로도 여겨졌다. 8세기 초에 장안에서 유행한 노래 중에 「산북금낙타山北金駱駝」가 있는데, 이는 당나라에서 약탈한 보물을 낙타에 싣고 돌아오는 몽골 유목민의 이야기를 담은 노래다.[154] 마찬가지로 8세기 후반이 되면 낙타는 안녹산과 함께 반란을 일으킨 야만적인 반역자의 상징이 되었다. "국적國賊들은 양 도읍을 함락시키고 금부의 보물을 낙타 등에 산처럼 싣고 범양范陽으로 사라지기 일쑤였다."[155]

이러한 북방 유목민의 수령이나 그들이 이용하는 낙타에 대한 고전적인 인상은 두보의 「애왕손哀王孫」이라는 시에 등장한다. 내란으로 일가가 뿔뿔이 흩어진 현종의 황자가 안녹산의 수하에게 목숨을 잃을까 전전긍긍하는 모습을 애잔하게 말하고, '성덕聖德'을 지닌 숙종이 제위에 올라 위구르의 도움을 받아 반란을 진압한다는 노래다. 두보는 황실의 선조들의 능묘에서 일어나는 상서로운 기운이 왕조와 자손들의 존속에 영원한 희망을 준다고 확신하고 있다.

장안 벽 꼭대기에는 흰머리의 까마귀	長安城頭頭白烏
밤을 날아 가을이 찾아오는 문에 올라 운다	夜飛延秋門上呼
사람들 집으로 날아가, 높은 분 지붕에서 부리를 쫀다	又向人家啄大屋
아래에선 관리들이 침입자를 피해 달아난다	屋底達官走避胡
황금 채찍은 부러지고 구마九馬 부대는 전사했다	金鞭斷折九馬死
가족을 돌볼 겨를도 없이, 질주해 달아나버린다	骨肉不待同馳驅
허리에는 보물 팔찌가 걸려 있고, 푸른 산호다	腰下寶玦青珊瑚
왕의 손자란 얼마나 측은한가, 길가에서 울고 있다	可憐王孫泣路隅
내가 묻는다 해도 이름을 말하지 않을 것이다	問之不肯道姓名
그저 고통을 말하며 노예를 간청할 것이다	但道困苦乞爲奴
이미 그는 가시밭길 속에서 수없이 숨어 지냈으니	已經百日竄荊棘
몸에는 살도 없다	身上無有完肌膚
높은 이들의 아들과 후손들은 모두 매부리코	高帝子孫盡隆準
그런 용모가 용의 자손을 달라 보이게 한다	龍種自與常人殊
도시에는 들개와 늑대 용들은 광야를 헤맨다	豺狼在邑龍在野
왕의 자손이 귀한 몸 보존하는 것은 당연한 일	王孫善保千金軀
나는 감히 이 갈림길 근방에서 오래 말하지 않겠다	不敢長語臨交衢
왕의 후손을 위해 이 순간은 참는다	且爲王孫立斯須
어젯밤 동풍이 불어 피의 악취가 코를 찌른다	昨夜東風吹血腥
동쪽으로 찾아온 낙타가 우리의 오랜 수도를 채우고	東來橐駝滿舊都
북쪽 국경에서 온 튼튼한 젊은이들, 단단한 몸과 손	朔方健兒好身手
한때 용감하고 명민했으나, 이젠 얼마나 어리석은가!	昔何勇銳今何愚
내가 듣고 본 건, 황손이 천자가 되었다는 소식	竊聞天子已傳位

성덕에 북쪽은 복종하고 남쪽은 겸손하다　　　　　　　　　聖德北服南單于
화문花門에서 체면을 상했다고, 설욕하겠다고 할 것인가!　　花門剺面請雪恥
입을 단속하라. 적들이 지나가는구나　　　　　　　　　　　慎勿出口他人狙
아아! 왕손이여! 내쳐지지 않게 조심하라　　　　　　　　　哀哉王孫慎勿疏
오릉五陵의 상서로운 기운 끊임없을 것이다!　　　　　　　五陵佳氣無時無[156]

　낙타는 짐을 운반하는 동물로서 유용했던 점 말고도 문화적인 생활에도 톡톡히 한몫을 했다. 낙타털을 가지고 고급 천을 짤 수 있는데, 감촉이 부드러운 것이 많아 나중에 마르코 폴로도 이를 칭찬했다. 당 왕조 무렵에는 서북 변경에 있는 오늘날 간쑤성의 회주會州나 오르도스의 풍주豐州가 낙타털의 주요 산지로 유명했으며, 이들 지방에서 짠 모직물을 정기적으로 조정으로 실어갔다.[157]

　또한 낙타의 고기는 먹을 수도 있었고, 특히 혹 부분을 진미로 여겼다. 두보의 시에는 "자주색 낙타 혹에 푸른 가마솥이 떠오른다紫駝之峯出翠釜"라는 구절이 있고, 잠삼岑參은 변경인 주천酒泉 지역 태수의 연회 모습에 등장한 낙타 고기의 진미를 이렇게 읊고 있다.

티베트와 서양의 소년들 그들의 성가와 노래를 주고받네　羌兒胡雛齊唱歌
얼룩소를 통째로 굽고, 야생 낙타 수프를 끓이네　　　　渾炙犁牛烹野駝[158]

　끓이거나 데쳐서 먹는 낙타 요리는 낙타와 이국적인 문화에 심취한 일부 지역을 제외하고는 화북의 식탁에 오르는 일이 별로 없었던 것 같다.

—
서역인을 태운 낙타, 당삼채. "동쪽으로 찾아온 낙타가 우리의 오랜 수도를 채우고."

소

이국적인 물건들 중에서 소가 당나라 사람들이 특별히 필요로 하거나 욕심을 내기까지 한 중요한 가축이었다고 상상하기 어렵다. 중국에는 고 대로부터 다양한 종류의 수소가 있었다. 고대의 신들에게 바치는 산 제 물용으로 개량된 아름다운 얼룩무늬 소도 있었는데, 당나라 시대에는 이러한 수소는 완전히 관심 밖에 있는 잊힌 동물이었다.

수많은 소의 종류를 간단히 세 가지로 분류할 수 있다. 이 세 가지는 현대와 마찬가지로 당나라 사람들에게도 친숙했다. 8세기의 유명한 약 초학자인 진장기陳藏器는 이들을 '황우黃牛' '오우烏牛' '수우水牛'라고 정리 했다.[159] '수우'란 카라바오Carabao, 즉 물소를 말한다. 황우는 유럽산 암소 와 인도의 유우瘤牛(zebu, 혹소)와의 교배로 보인다.[160] 이 소는 중국 전역 에 걸쳐 분포하고 있는데, 원래 남방이 원산으로 남부 지방 특징을 지닌 소다. 황우의 서식 범위에서 카라바오와 겹치는 지방에서는 물레방아를 돌리거나 부드러운 땅을 경작했다. 논농사를 위한 점토질 땅을 경작하는 것은 수우의 역할이었다.[161] 당나라 시대의 황우는 해남도海南島에서 특 히 귀하게 여겼다. 당시 해남도는 아직 당 왕조의 지배하에 들어온 지 얼 마 되지 않은 야만적인 곳이었다. 여기에는 당나귀도 말도 없었기 때문 에 주민은 황우에게 안장을 채우고 고삐와 재갈을 물려 말처럼 치장을 해서 탔다.[162] 화북의 검은 수소에 대해서는 아직 수수께끼가 남아 있다. 흑우는 인도들소gaur 또는 자와들소banteng 같은 동아시아 원산인 야생 소의 피를 받았는지도 모른다.[163] 어쨌든 당나라 시대에는 여러 종류의 소가 전국에 있었다.

또한 아소르스제도 코르부섬의 '소우小牛'처럼 소형화한 소도 아주 오
랜 옛적부터 있었다.[164] 주 왕조의 '직우稷牛'[165]나 '구우軌牛'[166]는 제물용
으로 작게 개량된 것으로 여겼다.[167] 또한 광주 서남쪽 고량高涼에서는
한반도나 광둥의 소우처럼 작아 '비우庳牛'(과일나무 밑에 있는 소)라고 부
르던 소형우도 키웠다.[168] 618년 말에 고조는 소우 등의 작은 생물을 황
제에게 바치는 것을 금하는 칙령을 내린다.[169] 이것은 당나라의 소우나
작고 아름다운 벵골의 고양이 기니스gynees 같은 이역의 작은 동물을 보
호하는 것이 목적이었는지도 모른다.[170]

이국적인 소에 얽힌 이야기는 진기한 것에서부터 별로 재미없는 것까
지 다양하게 당 사람들에게 전해졌다. 예를 들면 붉은 털에 하얀 얼굴의
키르기스 사람들은 승냥이의 후예(튀르크계 민족에게 특징적이다)라는 등
의 신화적 이야기다. 하지만 그들은 자신들의 조상이 승냥이가 아니며,
산의 동굴에서 신과 암소가 교접하여 태어났다고 믿고 있다.[171] 그러나
이 토템 신앙 속 조상이 어떤 동물이었는지 혹은 키르기스인이 가축화
한 소와 비슷한 것이었는지는 기록에 남아 있지 않다.[172] 또 구자에서 신
년 축하 의식으로 투우(소나 낙타의 싸움도 있었다)를 하는 것도 한인들은
알고 있었다. 이 투우의 결과로 새로운 해에 가축 수가 줄어들지 늘어날
지를 점치기도 했다.[173] 그러나 당나라에는 이렇게 싸움을 하는 흉포한
소에 대한 기록이 전혀 없다. 또한 중앙아시아에는 털이 희고 사슴 같은
꼬리에 뿔 간격이 3미터나 되는 거대한 야생 소가 서식하고 있고, 이 소
에 관해서는 신뢰할 만한 역사 기록은 있지만 그것을 직접 봤다는 한인
의 여행 기록은 없다.[174]

실제로 돌궐에서는 칸이 소 몇천 마리를 당에 보냈다고 한다. 어디서

나 볼 수 있는 가축이지만 그 특징에 대해서는 확실한 것을 알 수 없다.[175] 토욕혼[176]과 토번(티베트)[177]이 당에 선물한 소는 이우犛牛(야크)였음이 틀림없다. 당시 이 지역에서 그들이 가축으로 키운 것은 야크뿐이었다.[178] 엄밀히 말하면 이것은 야크 수컷과 유우乳牛 암컷의 교배로 태어난 일종의 유우다. 몸이 크고 흑갈색 털을 가진 야생 야크와 비슷하지만 반쯤 가축화되었다. 약간 몸이 작은 종류는 고산의 중앙 산맥을 흐르는 차가운 공기 안에서만 번식한다. 낮은 땅에 사는 것은 털이 긴 교배종뿐이었다.[179]

거대한 청해호(칭하이후靑海湖) 주변을 살아가며 앵무나 이용 가치가 높은 금속이 풍부했던 토욕혼에서는[180] 6세기 초부터 정확한 이름을 알 수 없는 야크를 몇 번 조공물로 보내왔다. 또한 유명한 잘 우는 망아지도 선물로 왔다. 티베트에는 연회 전에 손님이 직접 야크를 활로 쏘아 맞히는 풍습이 있었다.[181] 여기서도 8세기 초에 당나라로 야크를 보냈다.[182] 내 생각에 당나라의 위대한 도읍을 칭송하기 위해 조공한 동물로 얌전하고 작은 조보zobo 소는 적합하지 않았고, 그보다는 그 조상에 해당하는 당당한 야생 야크가 나왔을 것이다.[183]

문학에 나타나는 야크의 인상은 위험하고 거친 야생종의 것이 아니다. 두보의 시를 인용해보겠다.

초록색 풀은 무성했고, 죽고 없어진 것을 시들게 했다	靑草萋萋盡枯死
천마는 질질 끄는 발로 야크 떼를 따랐다	天馬跂足隨犛牛
고대부터, 고귀하고 정직한 말의 운명은 이리도 박했다	自古聖賢多薄命
간웅이든 악동이든 모두 주인으로 삼는구나	奸雄惡少皆封侯[184]

이 시에서는 신령한 피를 이어받은 고귀한 말이 한발과 기근으로 숨이 끊어질 듯하고(황제의 덕이 부족해 하늘의 가호를 얻을 수 없음을 의미), 우둔하고 느린 야크 떼(비슷한 성질의 인간의 상징)의 끄트머리에 붙어 터벅터벅 걷는 모습을 읊고 있다.

야만족이 야크의 꼬리로 장식한 지팡이를 휘두르며 왕의 귀빈을 즐겁게 한 옛 시대부터,[185] 야크의 꼬리는 군기나 현수막, 모자의 장식, 그리고 귀족의 가마 장식용으로 중원 저지대에서 상당히 수요가 높았다.[186] 당나라 시대가 되자 티베트로 이어지는 사천의 서쪽 끝 산간 지방에서 매년 조공물로 야크의 꼬리를 조정에 바쳤다.[187] 이것은 인도의 불자拂子(털이개와 유사한 법구의 하나)에도 사용된 털이 풍성한 야크 꼬리다.[188] 당나라 시대에는 이 꼬리털을 조정에서 하사한다. 따라서 후궁이나 미녀들의 탈것과 그것을 끄는 값비싼 동물들을 보살폈던 '사련司輦'이 정성껏 꼬리를 다뤘다. "가마나 수레, 우산이나 부채, 장식물, 깃털, 깃발장식旄에 야크의 꼬리를 이용했다. 습한 계절이 되면 햇볕에 말려야 한다."[189]

양과 산양

당나라 시대에는 외국의 양(납득이 가는 얘기지만, 한인은 양과 산양을 구별하지 않았기에 산양일지도 모른다)에 얽힌 재미있는 이야기가 펴져 있었다. 그중에서도 가장 신기한 것은 로마의 '토생양土生羊'일 것이다.

양 가운데 땅에서 태어나는 종류가 있다. 이 나라 사람들은 양의 싹이 나오려고 할 때까지 기다려 야생 동물에게 뜯어 먹히지 않도록 주위에 빙 둘러 벽을 만든다. 새끼 양의 배꼽은 땅에 달려 있고, 함부로 탯줄을 자르면 죽는다. 갑옷으로 무장한 인간들이 큰북을 치면서 말을 타고 주위를 달린다. 그러면 새끼 양은 위협을 느끼고 무서워하며 운다. 그제야 배꼽이 땅에서 저절로 떨어지고, 새끼 양은 물과 풀을 찾아 걸어간다.[190]

이 이야기에서 그리스 신화의 아르고호 선원과 황금 양털(전설에 나오는 황금 양털을 찾기 위해 타고 간 배가 아르고호다—옮긴이)의 흔적을 보려고 한 학자도 있었다. 아무래도 여기에는 자패紫貝 조개의 생태와 혼동한 부분이 있는 것 같다. 갑옷을 입은 병사는 연체동물을 습격해 그 생명을 끊는 갑각류를 말하는 듯하다. 자패에 대해서는 뒤에 다시 이야기할 것이다. '토생양' 이야기에는 심으면 식물성 양모를 만들어낸다는 '양모초羊毛草'의 전설도 섞여 있다.[191]

또한 꼬리가 열 근이나 나가는 양이 사마르칸트에 있다는 이야기도 전해졌다.[192] 이것은 전설이 아니고 부하라나 키르기스의 초원에 사는 둠바dumba 양을 말하며, 그 새끼 양에서 유명한 아스트라한Astrakhan이라는 양털을 만든다. 이 양은 이 지역을 중심으로 일찍부터 분포가 확대되어 페르시아와 시리아까지 널리 서식하고 있다.[193]

또한 '비취 색깔의 꼬리'를 한 파란색 양이 계빈국(카피샤)에 있다는 이야기도 있었다. 이것은 보기 드물게 구부러진 뿔을 가진 거대한 바랄bharal 양, 즉 '청양靑羊'이라 부르던 종류일 것이다.[194] 아름다운 회색이 감도는 청양의 파란색은 고산 지대의 바위를 보호색으로 한다. 그들은 발티스탄Baltistan에서 곤륜산, 그리고 중국의 국경까지 이어지는 고도

3000미터가 넘는 고산 지대에 분포하고 있다.195

불법을 구하러 떠나는 여행으로 유명했던 현장 법사는 눈에 덮인 파미르고원에서 사육하는 커다란 양에 대한 기록을 남기고 있는데, 정확히 어떤 양인지 특정하기 어렵다.196

626년에 돌궐의 왕자가 양 1만 마리와 많은 말을 당에 보내려 했지만 당 왕조는 이것을 받아주지 않았다. 정치적인 이유와는 상관없이 당시 당에는 서역에서 온 양의 수요가 없었고, 따라서 타지에서 양을 들여오는 일은 드물었다. 산양은 예로부터 중국에 있었지만 양은 냄새나는 유목민에게나 어울리는 동물이라고 한인들은 생각했다. 당 왕조가 받아주지 않았던 돌궐의 양은 중앙아시아와 시베리아의 양에게서 볼 수 있는, 귀가 늘어진 것이 특징적인 통통한 종류의 것으로 한인들에게도 친숙한 양이었을 것이다.197

당나귀, 노새, 야생당나귀

낙타와 마찬가지로 당나귀는 고대 말기, 즉 주周 왕조 말엽이 되어서야 처음으로 중국 문헌에 등장한다. 원산지인 북아프리카에서 중원의 땅으로 오는 데 상당한 시간이 걸렸던 듯하다. 그러나 그로부터 천 년이 지난 당에서는 당나귀가 이미 가축화되어, 이국에서 들여올 진귀한 동물은 아니었다. 그러나 몸높이가 50척이나 된다는 전설의 당나귀라면 이야기가 다르다. 이 거대한 당나귀는 100마리의 말과 함께 654년에 티베트에서 선물로 왔다는 기록이 있다.198 그러나 전설과 사실史實이 뒤섞여버린 것이 아닌 이상, 이것은 과장된 소문이거나 기술한 사람이 상상의 붓으로 만들어낸 소설일 것이다. 약학자 진장기는 바닷바람이 불면 털이 곤두서는 해마海馬와 해우海牛, 그리고 '해려海驢' 즉 강치에 대해 쓰고 있는데, 그가 대체 어떤 나그네로부터 그런 이야기를 들었는지 판단하기 어렵다. 이것은 바다코끼리나 해달처럼 물에 들어가도 털이 젖지 않는 종류로 어느 먼 바다에 있는 바다짐승일 것이다.[199]

노새는 그 아비의 조상과 마찬가지로 고대 이후에 중국에 들어온 동물로서 한나라 시대에는 드물었다. 그러나 당나라 시대에는 차고 넘칠 정도로 번식해 말이 부족한 지방에서는 병사들이 말 대신 노새를 탔다.[200]

야생당나귀는 당나귀와 노새의 친척으로 8세기에 서역에서 선물로 온 것만이 알려져 있었다. 말을 닮은 동물도 있었다고 한다. '루驢'라 불린 이 기묘한 동물은 당나귀인 '려驢'나 노새인 '라騾'와 언어학적으로 같은 계통이었을 것이다. 이 동물은 720년에 토하라에서,[201] 그리고 734년에 페르시아에서[202] 선물로 왔다. 페르시아에서는 많이 사육되었다고 하는데,[203] 당나라의 사전 편찬자는 이것을 어느 분류로 넣어야 할지 혼란스러웠다고 한다. 말의 일종이라는 사람도 있지만 당나귀 종류라고 하는 사람도 있었다. 이것은 길들이기가 매우 어렵다고 여겼던 오나거onager의 일종이었음에 틀림없다. 오나거는 중앙아시아와 몽골의 야생당나귀Chigetai나 티베트의 건려騫驢(Kiang)의 친척인데 투르키스탄과 서아시아의 '야생당나귀'로 잘못 부르고 있었다.[204]

개

가축화되어 있는 개는 거슬러 올라가면 고대부터 서식하던 다섯 종류에서 파생했다고 본다.[205] 중국에도 이러한 고대의 조상을 가진 개가 있다. '차우Chow(鬆獅犬)'는 스피츠를 원종으로 해서 나온 개인데, 이 스피츠는 사모예드족이나 퉁구스족 사이에서 개체가 불어났을 뿐 아니라 열대 인도네시아까지 건너갔다.[206]

개로서는 매우 오래된 종류에 속하는 그레이하운드는 한대漢代의 화상석畵像石에도 등장할 정도다. 조상은 고대에 이집트에서 온 게 틀림없다.[207] 고대 중국에서 가장 유행한 것이 코가 납작한 마스티프mastiff 개로 티베트 이리Canis niger의 피를 받았고 꼬리가 등 쪽으로 둥글게 말려 올라가 있다. 이 티베트 이리에서 아시리아의 하운드, 로마의 몰로서스, 세인트버나드, 그리고 뉴펀들랜드와 불도그가 파생되었다. 중국에서 태어난 소형견 퍼그pug도 같은 계통이다.[208] 유명한 화가 염입본도 7세기에 조공물로 당에 온 마스티프 그림을 남겼다.[209] 이것은 아마 이 개의 혈통 원산국인 티베트에서 받은 종류일 것이다.

투르키스탄 국가들도 당에 개를 보냈다. 713년[210]과 724년에는[211] 강국(사마르칸트), 721년에는 구자에서 개를 공물로 바치고 있다.[212] 이 개들은 조정의 귀족들 사이에서 수요가 높았던 수렵용 하운드였던 듯하지만 확실한 건 알 수 없다. 하운드였다면 장안의 궁정에서도 키웠을 것이다.[213] 그중에는 697년에 측천무후에게 선물한 머리가 둘인 기형견처럼 매우 진기한 공물 개도 있었다.[214]

한인들은 페르시아에서 온 얼룩무늬 개를 단순히 '파사견波斯犬'(페르시아 개)이라 불렸지만 그 조상은 확실치 않다.[215] 6세기에 당에서 파사견으로 알려져 있던 종류는 용맹한 대형견으로 사람을 잡아먹는 일도 있었다고 한다.[216] 아마 당나라 시대의 얼룩무늬 파사견도 이와 유사한 종이었을 듯하다.

당대에 서아시아에서 들어온 개 중에 '불림구拂林狗'(하롬)[217] 즉 로마견이 있었다. 이것은 고창高昌으로부터 받은 헌상품으로 7세기 초에 최초로 기록에 등장한다. 다음이 그 경위다.

> 문태文泰가 강아지 암수 한 쌍을 보냈다. 모두 몸높이가 18센티미터, 길이는 30센티미터 정도였다. 매우 영리했다. 고삐를 끌며 말을 유도하거나 입으로 양초蠟燭를 물어 가지고 올 수도 있었다. 원래 불림국Hrom에서 번식된 개라고 한다.[218]

이러한 소형견들이 어떤 모습이었는지는 확실치 않지만, 고대 몰티즈 계통에 속하는 애완용 소형견이었다고도 한다.[219] 아마 그랬을 것이다. 확인해보면 스피츠를 조상으로 가진 이런 종류의 영리한 소형견은 다리가 길고 얼굴이 뾰족해서 그리스의 고급 창녀나 로마 귀부인들의 애완용이었다.[220] 이 견종 계통은 대대로 이어져 지금도 하얀 종류의 개체가 남아 있다. 송 시대의 그림에서 볼 수 있는 하얀 개는 멜리타Melita 원산의 개였을지도 모르지만 단정적으로 말할 수는 없다.[221] 실제로 고창에서 선물한 한 쌍의 강아지가 당에서 번식한 건지 여부도 알 수는 없다. 당시에 동아시아 이외의 나라들에서 비슷한 개가 잇따라 들어왔을 것이다. 현종과 양귀비에 얽힌 이런 이야기가 있다.

어느 여름날 친왕과 바둑을 두고 있던 황제는 하회지賀懷智에게 거문고 독주를 명했다. 양귀비는 바둑판 앞에 서서 그 모습을 보고 있다가 황제가 질 것 같자 옆에다 사마르칸트산 소형견을 풀어놓았다. 개가 바둑판으로 뛰어올라가자 판은 엉망이 되었다. 황제는 매우 기뻐했다.222

확실한 종은 모르지만 황제의 위기를 구한 이 개가 바로 로마견일 것이다. 작자의 이름은 알 수 없지만, 당나라 시대의 「취공자醉公子」223라는 가사에도 이 개가 나온다(조상은 역시 알 수 없다). 기녀가 남자의 방문을 기다리는 심정을 노래한 것이다.

문 밖에서 애완견이 짖는다	門外猧兒吠
안에 있는 나는 바로 주인인 소蕭께서 오신 것을 안다	知是蕭郎至
양말을 벗은 채, 향기로운 계단을 내려간다	剗襪下香階
내 사랑하는 압제자 소랑은 오늘밤 술에 취해 있다	冤家今夜醉224

이 '와猧'(저자는 이것을 애완견toy dog으로 영역했다)는 '와矮'(난쟁이)225라는 글자에 관련된 개로서 원산지가 어디인지는 알 수 없다. 양귀비가 귀여워했던 사마르칸트 개는 로마로 이어지고, 그렇게 되면 몰타섬이 원산일 것이다.226 소랑蕭郎의 방문을 알린 개에 대해서는 확실한 것을 알 수 없지만, 소형견(저자가 말하는 애완견)이라 불린 것은 모두 로마에서 왔다는 설도 있다. 어쨌든 현재 중국에 있는 납작코의 소형견은 몰티즈 혈통이라고는 생각할 수 없지만 어딘가에 그 자취가 있는 건지도 모른다.227 그러나 원산지를 불문하고 작은 애완견은 시의 소재, 혹은 시에

넣는 이미지에 들어맞아 당나라 시대로부터 17세기까지 시에 자주 등
장한다.[228]

제4장 야생 동물

주여, 이 섬에
새로운 창조를 보여주시기를 갈망합니다.
솔즈베리 평원에는 타조,
미드웨이에는 비버,
그리고 템스에는 은빛 물고기를!
_크리스토퍼 스마트, 『어린양 안에서 기뻐하라』

코끼리

중국에는 코끼리가 특별히 진귀한 동물이 아니었던 시대가 있었다. 상商이 황하 유역을 지배했던 청동기 시대에는 코끼리가 많았기 때문에 사람들은 이것을 잡아 길들이고 이용했다.[1] 그러나 화북의 삼림 면적이 줄어들고 인구가 불어나자 코끼리는 남쪽으로 이동하고, 역사 시대에는 멀리 장강의 분수령이나 그보다 남쪽 지방 외에는 볼 수 없게 되었다. 그래도 9세기에는 광둥의 산악 지대에 아직 많이 있었고,[2] 10세기에도 광둥의 기후가 온화한 해안선을 따라 서식했다.[3] 광주의 동쪽에 있는 동완(둥관東莞)의 절 탑에 남아 있는 962년의 석각에는 농민이 애써 키운 작물을 코끼리 떼가 짓밟았다는 기록이 있다.⁴ 광주의 코끼리는 엄니가 분홍색이라서 의식용儀式用 홀笏을 만드는 데 최적이었다. 또한 코는 맛이 뛰어나서 지역 요리사들이 소중한 식재료로 여겼다.⁵ 더욱 흥미를 끄는 것으로, 장강 유역에 서식했던 코끼리는 검은색이었는데, 색이 '검푸르다'고 표현하기도 했다. 사람들은 '강저江猪'라는 불명예스러운 이름으로 불렀다.⁶

상商의 붕괴에서 송宋의 건국까지 코끼리는 화북 사람들에게 가끔 보이는 정도의 동물이었지만 화남의 주민에게 도움을 주기도 했다. 그러나 그것은 전쟁이 일어났을 때뿐이라, 자주 있는 일은 아니었다. 기원전 506년 초楚나라의 전사는 적진을 향해 코끼리를 달리게 했다고 전해진다. 554년, 남조 양梁나라에서는 칼로 무장한 코끼리를 전쟁에 이용했다. 948년과 971년의 큰 전쟁에서는 부유한 남한南漢도 코끼리 무리를 이용했다.⁷

이렇게 예외적으로 전쟁에 이용하기도 했지만, 원래 남쪽 변경을 원산지로 하는 코끼리에게는 정체 모를 거대한 괴물이라는 이미지가 있었으며 그것이 주는 공포는 가실 줄 몰랐다. 한漢 시대 안남 해변의 주민은 코끼리를 타고 바다에 들어가 심해의 보물, 특히 '교인鮫人(인어)의 눈물'이라는 아름다운 전설의 진주를 찾아 돌아온다고 했다.⁸ 당나라 시대에도 코끼리는 남방의 동물로 여겨졌고 무더운 인도차이나 국가들을 상징하는 동물이었다. 장적張籍의 시에도 그런 점이 드러난다.

바다의 나라, 그들은 전장에서 코끼리를 올라탄다　　　　海國戰騎象
오랑캐들 도서島嶼 지역, 그곳 시장에서는 은을 사용한다　　蠻州市用銀⁹

이 시에서 코끼리와 은銀이 대구對句를 이루고 있다. 인도차이나에는 코끼리와 은이 풍부했고 당은 군마와 강철의 나라였기에 대구로 보인 것이다. 현재의 통킹에 해당하는 교주交州는 당시 당나라의 군진軍鎭으로 거리상으로는 '해국'에 가장 가까웠다. 9세기의 시인 두순학杜荀鶴은 "꽃이 핀 동굴에는 오랑캐 노래가 울리고花洞響蠻歌"[10]나 "꽃과 새의 이름이 각기 다른 곳花鳥名皆別"[11] 혹은 "바람은 미인초와 놀며 잎사귀 소리를 낸다風弄紅蕉葉葉聲"[12] 등 남방의 이국적인 이미지를 담은 시를 많이 지었다. 땅의 끝 안남의 모습을 묘사한 시에도 물론 코끼리가 등장한다.

큰 배엔 바다에서 온 노예 한가득, 귀 고리 했네　　　　舶載海奴鐶硾耳

오랑캐 여자들 코끼리에 짐 싣고, 천으로 몸 감쌌네　　象駝蠻女彩纏身[13]

중국에서 멀리 떨어진 짬파에서는 코끼리가 큰 역할을 했다. 등나무로 짠 갑옷으로 몸을 감싸고 대나무 활을 가진 오천의 강건한 근위병이 코끼리를 타고 전쟁에 나갔다. 또 처형의 도구로서도 코끼리가 이용되어, 죄인을 코끼리가 밟아 죽였다.[14] 국왕이 공식적인 자리에 나갈 때는 거대한 야수의 위엄과 힘을 빌린다는 의미에서 코끼리로 주위를 에워싸게 했다.[15] 산스크리트어 기록 중 909년 바드라바르만 3세 왕의 기록에 다음과 같이 적혀 있다.

짬파 국왕은 판두Paṇḍu의 왕자들처럼 전장에서 빛을 발한다. 사방의 전고戰鼓 소리는 우렁차지만 아름다운 코끼리의 울음소리에 묻힌다. 코끼리에 올라타 앞뒤로 많은 병사를 거느리고 머리 위에 공작 깃털로 만든 일산日

傘을 쓴다. 그 우산 아래에서 왕은 태양처럼 위엄을 발했다.[16]

진랍(캄보디아)에서도 궁정에서 코끼리를 이용했다. 옛 남캄보디아였던 부남의 왕도 코끼리를 탔다.[17] 나중에 앙코르 왕국이 된 북부 캄보디아에서 짬파의 왕과 마찬가지로 5000마리의 군용 코끼리를 키우고 있었다. 이 코끼리들은 등에 나무로 짠 바구니를 얹고 바구니마다 네 명의 사수射手가 탔다. 최강의 군용 코끼리는 보통 코끼리처럼 야채나 과일이 아니고 고기를 식량으로 했다.[18] 9세기 중반 하리하랄라야를 수도로 두고 캄보디아를 지배한 자야바르만 3세는 캄보디아 왕의 위신에 걸맞게 코끼리 사냥의 명수였다.[19]

이미 멸망한 지 오래지만 예전에는 말레이반도에서 세력을 자랑했던 반반국盤盤國(판판)이라는 나라도 코끼리 군대를 이용하던 캄보디아처럼 당에서 알고 있었다. 그들의 코끼리 군대는 등의 바구니에 네 명의 병사를 태우고 캄보디아와 마찬가지로 활과 창으로 무장했다.[20] 당나라의 서남쪽에 있는 타이나 미얀마 지방의 족속도 코끼리를 잘 다뤘다. 『영표녹이嶺表錄異』의 저자 유순劉恂이 관명을 받고 운남으로 갔을 때 운남 호족들은 자신들의 코끼리를 갖고 있었다. 당나라 사람들이 소나 말을 다루듯 코끼리를 힘든 일에 이용한다는 것을 알고 놀라워했다.[21]

가가訶伽(카가)라는 나라에는 엄니가 네 개인 코끼리가 있다는 이야기가 있었다.[22] 이 코끼리가 활보하면 나라가 풍요로워진다는 이야기도 있었다. 이에 군대를 보내 이 코끼리를 잡으면 어떻겠느냐고 당나라의 고종에게 제안하는 사람도 있었다. 그러나 검약을 중시한 고종은 그렇게 비용이 드는 모험은 좋지 않다며 제안을 거절했다. 그때 황제는 이렇게 말했다.

"이상한 코끼리 군단이 당 제국에 무슨 소용이 있단 말인가?"[23]

코끼리에 얽힌 이야기는 일반적으로 이국적인 인상 외에 민간 전설도 상당히 많았다. 이 경우는 상아象牙 사냥이나 상아 상인이 갖고 들어온 이야기겠지만, 어느 정도까지 당나라 사람들의 마음에 침투했는지는 알 수 없다. 예를 들어, 코끼리는 개 짖는 소리를 싫어해서 남방의 사냥꾼들은 개소리를 흉내 내어 코끼리에게 겁을 주고는 결국 지쳐서 움직이지 못하게 될 때까지 쫓아댄다. 그러고 나서 귀 뒤를 찔러 죽인다는 이야기다.[24] 또 코끼리는 기억력이 좋아 죽은 자기 새끼의 가죽을 보면 운다.[25] 코끼리의 간은 이동하기 때문에 계절에 따라 위치가 바뀐다.[26]

남방의 시골에는 야생 코끼리가 살고 있었다. 농민은 코끼리를 별로 달가워하지 않았지만 상인은 도심부의 기술자에게 상아를 팔아 돈을 벌었다. 살아 있는 얌전한 코끼리는 주로 인도차이나 국가들의 조공 사절과 함께, 특히 짬파에서 오는 것이 많았다. 짬파는 650년대 고종 시대,[27] 그리고 680년대부터 690년대 측천무후 때 수차례에 걸쳐 장안으로 훈련된 코끼리를 바쳤다.[28] 또한 8세기 초 중종과 현종에게도 코끼리를 보냈다.[29] 709년과 735년에 각각 짬파의 왕으로부터 유명한 하얀 코끼리를 받았다.[30] 그러나 그 후 통상적인 경로로 짬파의 코끼리가 북쪽으로 오는 일은 없었다. 그러나 9세기 초, 당나라의 장군이었던 장주張舟가 환왕環王으로부터 안남의 성진城鎭 두 곳을 탈환하며 3000명의 목을 베었을 때, 갑옷과 왕자들 등의 전리품 외에 몇 마리의 짬파 군용 코끼리를 잡았다.[31]

훈련된 코끼리를 외국에서 가져오는 일도 있었다.[32] 651년과 771년에는 진랍국에서, 657년에는 어느 나라인지 모르지만 캄보디아의 근린국인 첨박贍博(치암팍Zjiäm-pāk)이라는 나라에서,33 853년에는 수마트라의 점비占卑(잠비Jambi)에서,34 그리고 놀랍게도 파사(페르시아)에서도 746년에 코끼리를 당 왕조에 보냈다. 이것은 아마 분리 독립의 도시인 호라산이나 중앙아시아에서 받은 코끼리일 것이다.35 이렇게 조공물 혹은 선물로 끌려온 코끼리는 궁정의 축사에서 사육하며 매일 밤과 콩을 먹이고 겨울에는 양가죽과 양털 옷을 입혀 황제를 알현할 날을 기다렸다.36

짬파(임읍)의 거대한 코끼리는 당 황제의 행진에서 꽤나 눈길을 끌었을 것이다. 4세기부터 5세기에 걸쳐서는 궁정의 행진이 있을 때는 반드시 남월(베트남) 코끼리 사육사가 끄는 남월의 코끼리를 이용했고 악대가 탄 가마를 동반했다. 이 풍습은 10세기 이후 송 왕조 때도 부활했다. 그러나 당 왕조에는 남방에서 얌전한 코끼리를 많이 보내왔음에도 코끼리를 행진에 이용했다는 기록이 없다.37 실제로 코끼리가 전혀 이용되지 않았던 적도 있었다. 앞에서도 언급했지만 당 황제는 때때로 청교도적인 금욕주의에 격하게 시달리기도 하여 야만적인 조공국이 가지고 온 "사치스러운 가금류와 희귀한 동물"을 놓아주고 싶어하기도 했다. 780년에 즉위한 덕종은 건실한 치세를 과시하기 위해 자신이 기르던 매와 사냥개, 그리고 100명이 넘는 궁녀 외에 진랍에서 온 코끼리 32마리의 석방을 명령했다. 코끼리는 모두 중국이 원산인 검은 코끼리 서식지 '형산지양荊山之陽', 즉 장강 중앙부에 풀어주었다. 그곳에서는 귀중한 진랍의 코끼리와 토착 코끼리가 교배를 했을 것이다.38

외국에서 당으로 가져온 코끼리에게 그다지 중요한 역할은 없었고, 황제의 어전 투기나 무용에 이용된 정도였다. 중종은 705년에 낙양의 남문에서 춤추는 코끼리와 전투 코끼리를 보았다.[39] 그러나 가장 화려한 코끼리 볼거리가 있었던 것은 현종 시대였다. 현종이 주최한 연회에는 춤추는 말과 온갖 치장을 한 수레, 잡기雜技와 함께 코끼리의 춤이 있었다. 이 코끼리는 음악에 맞춰 춤을 추고 절을 했다.[40] 그러나 화려한 코끼리들도 비참한 최후를 맞았다. 낙양을 함락시킨 안녹산은 동맹을 맺은 용사들을 위해 연회를 열고 이국에서 온 코끼리를 포함해 온갖 동물에게 천자天子, 즉 그가 있는 쪽을 향하게 할 수 있다고 호언했다. 그래서 현종의 춤추는 코끼리들이 끌려 나왔지만 코끼리들은 전혀 연기를 하지 않았다. 반역자 안녹산은 격노해 코끼리를 구덩이에 넣고 창으로 마구 찌르고 불을 질러 죽여버렸다. 그 광경에는 이미 야만인 안녹산의 부하가 된 궁정의 매 사냥꾼과 악사도 눈물을 참을 수 없었다고 한다.[41]

그러나 당나라 사람들에게 코끼리는 문화 수준이 높은 당나라의 힘 앞에 굴복하는 남방의 대국과 정돈된 국경 및 전선을 상징하는 것만은 아니었다. 염입본의 그림에는 호승胡僧(이국 종교의 승려)들이 큰 솔로 코끼리를 씻기고 있는 "매우 괴이한" 풍경도 있었다. 그것이 코끼리에 대한 세속적인 인상이었을 것이다.[42] 한편 세속적인 인상으로 녹아든 불교적인 인상도 마찬가지로 깊어서 당나라 시대의 종교 문학에는 자주 코끼리가 등장한다. 예를 들어 남방을 수호하는 '상주象主(Gajapati)'(코끼리의 주인), 불타의 모든 위엄을 상징하는 '상왕象王(Gajarāja)'(코끼리의 왕), '향상香象'(향기로운 코끼리)이라는 호칭에 즐거워하는 보살 등은 전형적인 예다.[43] 사실 중국에서는 코끼리 왕인 상왕이란 말은 코끼리가 상징하는 인도차이나의 위엄 있는 왕들, 그리고 깨달음을 얻은 불타에 대한 인상을 동시에 의미한다.

코뿔소

코끼리와 마찬가지로 코뿔소는 선사 시대 그리고 어쩌면 역사 시대의 초기까지는 화북에 많이 있었지만, 기록을 남긴 역사 시대 무렵에는 이미 희귀 동물이었다. 고대의 한인이 본 것은 아마 아시아에 서식한 세 종류의 코뿔소 가운데 두 종류였을 것이다. 상·주·한나라 시대의 유적에서 뿔이 하나인 것과 두 개인 작은 조각이 출토되고 있다. 이들은 자와(혹은 순다) 코뿔소와 수마트라 코뿔소가 분명하다. 모두 대륙에 많이 서식하고 있었지만 지금은 인도네시아 오지에서나 볼 수 있게 되었고 멸종 위기에 놓여 있다.[44]

당나라 시대에 코뿔소는 장강 남쪽의 상당히 광범위한 지역에 흩어져 서식했고, 후난성 서쪽과 남쪽 그리고 인접한 성의 경계에 살았다.[45] 뿔이 두 개인 코뿔소는 영남의 오지에서도 살아남았고, 인도차이나의 코뿔소와 접촉도 있었던 것 같다.[46]

한인은 토착화한 피부가 두꺼운 동물인 코뿔소를 포획해 길들이는 일을 달가워하지 않았던 것 같다. 하지만 재주를 부리는 코뿔소는 재주를 부리는 코끼리와 마찬가지로 진귀한 구경거리였다. 진귀한 이야기 모으기를 좋아했던 단성식段成式은 광주의 의사가 외국 선박의 선장에게 들었다는 이야기, 즉 그의 나라에서는 나무로 올무를 만들어 코뿔소를 잡을 수 있다는 이야기를 전해 듣고 놀라운 감탄과 함께 이 이야기를 기록하고 있다.[47]

중국 남쪽에 있는 나라들에서 인간에게 길들여진 코뿔소를 진귀한 공물로 당나라의 천자에게 보냈다. 850년에 '남만南蠻'이 코뿔소를 바쳤지만 당은 즉시 이것을 돌려보냈다.[48] 당시 코뿔소를 가장 많이 가져온 것이 짬파였다는 것도 납득이 간다. 짬파는 7세기 초에 잘 길들여진 코뿔소를 장안에 보냈고,[49] 640년에는 '통천서通天犀'라 불리는 종류의 코뿔소(아마 뿔이 하나인 큰 인도 코뿔소였을 것이다) 11마리를 바쳤다.[50] 그리고 793년에도 한 마리를 바친 기록이 있다.[51] 793년에 공납한 코뿔소는 선대 황제들의 영혼과 현재의 황제를 기쁘게 하려는 목적으로 태묘太廟에 바쳤다. 또한 7세기에는 첨박(어느 나라인지는 알 수 없다)에서 재주를 배운 코뿔소를 보냈다.[52] 8세기에는 진랍의 길멸국吉蔑國(크메르),[53] 그리고 9세기에는 흑인 소녀들로 유명한 나라인 칼링가에서도 코뿔소를 보내왔다.[54] 그리고 약간 의외인 점은 8세기 초에 자칭 '파사波斯'(페르시아)라 부르는 서방의 국가에서도 왕자와 함께 코뿔소가 왔다는 것이다.[55] 824년에는 토번(티베트)에서 다른 동물과 함께 코뿔소를 바쳤다.[56]

그러나 열대의 큰 동물인 코뿔소가 화북의 기후에 잘 적응할 수 있었다고는 기대하기 어렵다. 796년에 장안에 데리고 온 코뿔소는 이듬해 겨울의 추위를 견디지 못하고 궁정의 정원에서 죽었다.[57] 추위를 견뎌서 살아남은 코뿔소는 코끼리와 함께 현종이 주최하는 궁중 대연회에서 재주를 부렸다. 일본 쇼소인에 남아 있는 거울 뒷부분 나전 공예에 묘사되어 있는 뿔이 두 개인 수마트라 코뿔소는 이러한 재주를 부릴 수 있는 궁중의 코뿔소였는지도 모른다.[58]

외국적인 이미지를 가진 코뿔소는 그다지 중요하지 않았다. 코뿔소는 고대 중국의 상징으로, 오랑캐들 사이에서 살아남은 고전적인 거대 짐승이었다. 코뿔소의 뿔에 감춰진 신비한 힘은 이국적인 취향을 좋아하는 역사에 관련된 것으로, 이에 대해서는 나중에 다시 언급하겠다.

사자

아시아에서 사자는 비참한 소멸의 역사를 지닌다. 이 대형 고양잇과 동물은 고대 인도, 페르시아, 바빌로니아, 아시리아, 그리고 소아시아에 많이 서식했다. 심지어 고대에는 마케도니아와 테살로니키에도 살았다.[59] 그 후 서식 범위와 개체 수가 점점 줄었다. 19세기에도 메소포타미아 일부와 페르시아의 시라즈 남쪽, 그리고 인도 서부 구자라트에도 살았다. 이후 구자라트를 제외한 모든 곳에서 사자는 멸종했다. 이곳의 카티아와 르반도에 몇 안 되는 개체 수가 서식하고 있다.[60]

밀림의 왕으로서 품격을 자랑하는 사자는 종류가 다양하며, 고대에서 중세까지 중국으로 들어왔다. '사자'를 표시하는 단어조차 두 종류다. 사자와 함께 두 개의 다른 단어가 중국에 들어왔다. 우선 '산예狻猊(수왕기 *suangi)'[61]라는 것으로, 이것은 기원전에 인도를 거쳐 중국에 들어왔다. 당나라 시대에는 의식적으로 낡은 어법을 사용할 때 외에는 쓰지 않았다. 그로부터 몇 세기 후 이란에서 들어온 '사자獅子(시삭sišäk)'[62]라는 말은 중세에도 자주 사용했다.

중세의 문서에서 이 말이 현재 스리랑카의 국명으로 자주 사용된 것은 흥미롭다. 실론섬(예전에는 사람이 살지 않고 도깨비만 있던 섬이라고 한다)은 "진귀한 보물이 많은"[63] 섬으로, 그곳에는 "지르콘과 다이아몬드로 된 산이 있다."[64] 그래서 스리랑카는 고대 인도어로는 라트나드비파 Ratnadvīpa(보석의 섬)였고, 9세기 아라비아어로는 야지랏 알야쿠트Jazīrat al-Yaḵūt(루비의 작은 섬)라 불렀다.[65] 스리랑카가 보석의 섬이라는 것은 한인들에게도 알려져 있었지만, 한인들이 그와 비슷한 국명으로 사용한 일은 없었다. 원래 현지어로 '싱할라Sinhala'(사자의 거처)라는 호칭이 있었다. 페르시아만의 선원들이 사란디브Saranidīb(Sinhala-dvīpa가 어원인 듯)라고 부른 것 같다.[66] 스리랑카의 한자명이 '사자국獅子國'이었던 것도 스리랑카 사람들이 "사자를 키운다"고 알려져 있었기 때문이다.[67] 이것은 '싱할라'라는 호칭이 직접적인 유래가 된 이유다. "방가Vanga 왕의 딸이 숲에서 사자와 같이 살았다" 등의 전설에서 파생된 호칭일 것이다.[68] 명칭이야 어쨌든 실론섬에는 사자가 없었다.

사자는 무엇보다 강하고 무서운 동물로 한인의 상상력을 강하게 자극했다. 635년 강국(사마르칸트)에서 태종에게 사자를 보냈고, 태종은 우세남虞世南에게 이 사자를 칭송하는 시를 짓게 했다.[69]

눈을 노려본다 – 번개가 번쩍인다	瞋目電曜
목소리는 포효한다 – 천둥이 울린다	發聲雷響
호랑이를 물고 나가고 곰을 삼켜버린다	拉虎吞貔
코뿔소를 쪼개고 코끼리를 찢는다	裂犀分象
이빨로 강력한 큰 들소를 물어뜯는다	破隤兕於齦齶
손가락과 손바닥으로 보아구렁이를 움켜쥔다	屈巴蛇於指掌[70]

이후 강국에서 보낸 사자를 찬양한 시를 우상사牛上士가 남겼다. 우세남과 달리 우상사는 그저 과거 눈부시게 빛나던 당나라의 기록에 있던 사자에 대해 알고 있었을 뿐이다.[71]

토하라에서는 7세기에 한 번, 8세기에 두 번 등 모두 세 번 사자를 당나라에 보내왔다.[72] 특히 719년에 온 조공 사절은 흥미롭다. 그들은 로마의 대리자로서, 토하라에서 사자 두 마리를 보내왔다.[73] 이로부터 수개월 후 '불림'(로마)의 대주교(대덕승大德僧)가 장안에 왔다. 당시는 우상파괴주의자로 유명하던 레오 황제가 콘스탄티노플을 지배하고 있었다. 당에 온 사절을 그가 보낸 것인지 여부는 확실치 않다. 당나라가 말하는 로마(Rome 혹은 Rūm)는 현재는 아라비아에 속한 시리아를 가리켰기 때문이다.

그 밖에 미국米國(마이마르그),[74] 그리고 파사(페르시아, 동란이 있었던 호라산 지방에서 온 사절이었을 가능성도 있다),[75] 대식국(아라비아)에서도 사자를 공물로 보냈다. 모두 당이 절정기에 있었던 8세기 전반의 이야기다. 아라비아에서 보낸 사자는 중종中宗에게 전형적인 설교를 하게 만드는 계기를 제공했다. 이에 앞서 중종은 이미 불교의 가르침에 따라 생물을 소중하게 여기는 마음가짐을 지녔다. 따라서 그는 매사냥을 포함한 여러 방식의 사냥을 그만두었다. 황제는 이 방침을 관철했고, 또 궁중에서 사자를 기르려면 사료비가 어마어마하다는 대신의 의견도 잊지 않았다. 황제는 육식 짐승 조공을 거절했다.[76]

당나라 사람에게 사자는 서역의 동물로, 서쪽 방위를 상징하는 호랑이와 마찬가지로 사자에 영적인 성질을 부여하고 있었다. 우세남의 시에도 나오듯이, 사자는 더 먼 지방에서 오는 진귀한 동물이었다는 이유로 호랑이보다 더 용맹하고 위엄 있는 것으로 여겼다. 이국적이라서 중국에 옛날부터 있었던 호랑이보다 더욱 영적인 성격이 강조된 것이다. 이 대목에서는 왠지 이슬람 이전의 아라비아의 사자신獅子神 야구스Yaghuth를 떠올리기도 하지만 직접적인 관계는 없다.[77] 한인들이 야구스를 알았다고 생각할 수는 없는 일이다. 다음 일화는 사자의 영적인 힘에 대해 말한다.

개원開元 말에 서역의 어떤 나라에서 사자를 바쳤다. 장안의 서도西道에 이르자 사자는 역에 있는 나무에 묶였다. 이 나무는 우물 옆에 있었는데, 사자는 불안을 느끼고 엄청나게 포효했다. 순간 큰 바람과 번개가 일어나더니 우물 안에서 용이 나타났다.[78]

사자란 서쪽 방위를 상징하는 맹수 호랑이의 성질이 모습을 바꿔 나타난 것이다. 호랑이 대신에 나타난 사자로 촉발되어 대극對極에 있던 동방의 용이 가진 신비한 기氣를 발산했다는 이론이다.

사자의 무서운 힘에 대한 믿음은 유형·무형의 여러 형태로 드러났다. 특히 사자의 몸 일부에서도 믿을 수 없을 정도로 아우라를 뿜었다. 사자의 꼬리로 만든 불자拂子에는 파리도 파리매도 다가오지 않았다. 닿으면 바로 죽어버리기 때문이다.[79] 또한 악사가 사자의 힘줄로 거문고를 타면 음악을 연주하는 악단의 다른 현악기가 모조리 망가졌다고 하는데, 이것은 사자의 무서운 포효 소리에서 연상한 것이다.[80] 사자의 똥은 약효가 뛰어나서 소합향蘇合香과 같다고 믿는 사람도 있었는데, 당나라의 약리학자 진장기는 그 오해를 바로잡고 있다.[81] 진짜 사자의 똥(매우 진귀했을 것이 틀림없다)을 복용하면 질척했던 혈액의 흐름이 좋아진다고 믿었다. 또한 땅을 기는 모든 벌레에 대해 위력이 있어서, 똥을 태우면 '귀기鬼氣'를 몰아낼 수 있었다.[82]

사자는 그림에서도 백수의 왕으로서 품격을 갖췄다. 8세기 궁정화가 위무첨韋無忝은 유별나게 동물 그림을 잘 그리는 것으로 알려져 있었다.

이국에서 선물로 들여온 사자를 놀라울 정도로 실물에 가깝게 그렸다. 나

중에 사자는 태어난 나라로 반환되었지만 그림만 남았다. 그림을 보면 어떤 동물이든 두려움에 떨었다.[83]

9세기의 수집가들은 위무첨의 그림을 서로 다툴 정도로 원했다.[84] 실제로 조공물로 온 사자는 당나라의 화가들이 좋아하는 그림 소재였다. 예를 들어 이백시李伯時의 '백묘화白描畵'는 호탄에서 선물로 온 사자를 묘사한 것인데,[85] 그 가운데에서도 유명한 그림이 있다. 사자를 그린 그림 중 견줄 바 없이 탁월한 작품은 염입본의 「직공사자도職貢獅子圖」다. 염입본은 사자 그림을 몇 폭 그린 듯하다. "곰과 비슷한 털과 긴 꼬리"에 검은색을 띤 사자의 모습이다.[86] 단성식은 서역에 검은 사자가 있다고 썼다.[87] 염입본은 이국적인 악기를 들고 연주하는 궁녀들에게 에워싸여 왕위에 오르는 왕의 웅장한 모습을 묘사한 그림 안에 몇 마리의 사자를 그려 넣고 있다. 이 사자들은 "머리는 호랑이, 몸은 곰, 색깔은 황갈색이고, 위엄에 찬 모습으로 눈부시게 빛났다."[88] 염입본의 그림을 이렇게 설명한 것은 주밀周密이었다. 그는 어떤 그림의 사자들도 그의 시대(13세기)의 그림 속에 나타난 사자와는 달랐다고 했다. 검은 사자에 대해서는 "근래 이국에서 조공으로 가지고 온 사자는 그야말로 검은 사자다"[89]라고 덧붙이고 있다. 염입본의 그림에 관한 주밀의 기록과는 달리, 남송과 원대元代에 일반적으로 묘사된 사자는 실물을 그대로 묘사하던 염입본의 그림과는 완전히 대조적이었다. 상상을 그리거나 모양을 바꿔 전형화한 형태로 변화했다.[90]

사자는 종교적인 상징이기도 했다. 코끼리와 마찬가지로 사자는 한인들에게 인도와 불교를 상징하는 동물이었다. 사자가 울부짖는 소리는 살아 있는 모든 것을 향해 설법하는 부처님의 목소리에 비유됐다. 더구나 부처는 사람 가운데 사자였기 때문에 부처가 앉은 곳은 모두 '사자좌獅子座'로 불렸다. 나중에 이것이 고승을 가리키는 상징적인 표현으로 바뀌어, 장인들은 실제로 사자좌를 조각하기에 이르렀다. 시인 이백은 그의 친구였던 승려를 기리는 시에서 "황금빛 사자가 높은 자리에 앉는다黃金獅子乘高座"라고 썼다.[91] 또한 불교 예술 중에서도 인기가 있는 문수보살文殊菩薩도 사자좌에 앉아 있다.

표범과 치타

아시아에는 몇 종류의 표범이 있다.[92] 예로부터 한인들에게도 친밀감이 있어서 전통적인 상징과 제도에 없어서는 안 되는 동물이었다. 표범은 고대로부터 용기와 호전적인 귀족의 상징이었으며, 의식儀式에서 활쏘기 경기를 할 경우 위대한 군주가 쏘는 과녁에 표범을 그려 넣었다. 또 '군자표변君子豹變'이라는 격언도 있다. 일반적으로 군자는 겸허하고 임기응변에 능하며 양보를 잘하는 사람이라는 의미로 사용한다. 그러나 '표범 같은'이라는 표현은 원래 '약다' '교활하다'라는 의미였을 것이고, 특히 '전략에 뛰어나다'라는 의미일 것이다. 너무나도 즉물적인 이 인상은 중세 유럽의 우화에서 세례를 청하는 영혼의 표상으로서 암사자를 이용하던 그리스도교적인 도덕의 형상화를 떠올리게 한다. 아무튼 표범의 호전적인 인상은 후세에도 이어져서 예전에는 '효기驍騎'라 불린 병사가 당나라 시대에는 '표기豹騎'라 불리게 되고,[93] '위위威衛'는 '표도위豹韜衛'로 개명되었다('표도'는 잘 알려진 병법서의 장 제목이기도 했다).[94] 또한 사자와 마찬가지로 표범 그림은 사악함이나 악과 위험을 피하는 힘이 있다고 믿었다. 표범 머리 모양의 베개를 만들게 한 황녀도 있었다.[95]

서역에서는 여러 번에 걸쳐 표범이 조공물로 보내져 왔는데, 그것은 8세기 전반에만 해당된다. 남천축南天竺,[96] 미국米國(마이마르그),[97] 사국史國(키시),[98] 가돌라국阿咄羅國(칸다하르)[99] 등에서도 표범이 들어왔다. 가돌라국에서 온 것은 붉은 표범이었다. 또한 안국(부하라),[100] 강국(사마르칸트),[101] 파사(페르시아),[102] 혹은 대식국(아라비아)[103]에서도 표범이 조공으로 왔다. 요컨대 표범은 예로부터 동아시아에 서식하고 있었지만 그래도 이국적인 느낌을 지닌 동물이었던 것이다.

표범은 사자는 물론이고 코뿔소와 비교해도 그다지 진귀하지 않았다. 표범은 동아시아에 서식하고 있음에도 불구하고 외국 종이 더 애지중지 사랑을 받은 이유가 있었다. 특별한 단서는 713년 강국에서 온 조공물 기록에 보인다. 기록에 따르면 '개와 표범 종류'라는 표현이 있는데 개와 표범을 같은 것으로 여긴 듯하다. 개와 표범의 유일한 유사점은 수렵용으로 훈련된다는 점이다. 이와 똑같은 표현을 다른 의미에서 사용한 기록도 있다. 762년에 숙종은 '응요鷹鷂(매와 새매)와 구표狗豹'의 조공을 금하는 칙명을 내렸다.[104] 또한 이국적인 사절이 '응요와 구표' 등을 보내왔을 때 주는 포상의 가치에 대해서도 조정의 규칙이 있었다.[105] 매, 새매, 송골매, 개 등은 수렵용 동물로서 한인들에게 친숙했기 때문에 표범도 같은 취급을 받았을 것이다.

사냥에 이용하는 표범,[106] 즉 치타는 특히 영양羚羊을 포획하기 위한 사냥용으로 예로부터 인간이 훈련을 통해 길들였다. 수메르인도 치타를 이용한 것 같지만 용맹한 히타이트인은 진짜 표범을 이용해 사냥을 한 듯하다.[107] 이집트의 18왕조와 19왕조의 미술에서는 목에 호화로운 장식을 한 치타를 볼 수 있다.[108] 표범은 인도, 페르시아, 아르메니아, 아비시니아, 북아프리카, 그리고 17세기에는 독일에서도 이용했고, 18세기에는 프랑스인이 사냥에 이용했다.[109] 몽골의 칸이 대규모 사냥을 할 때는 1000마리씩 데리고 다녔다.[110] 그만큼 서아시아나 남아시아에서 인간과 친숙한 동물이었기 때문에 당나라 사람들이 몰랐을 리가 없다. 그러나 사냥을 하는 치타를 표현하는 당시의 문학적인 비유가 거의 없는 점을 보면 조정에서만 이용했던 것 같다. 그것도 아주 짧은 기간이었던 것 같다. 그래도 동아시아의 이국 취향에는 표범이 등장할 무대는 별로 없었고, 그 역할은 발이 빠른 치타에게 맡겨야 했다.

흑담비와 흰족제비

당나라의 기록에는 7세기 초에 만주 지방의 사절이 '풍초豐貂'라는 동물을 바쳤다고 한다. 거란에서는 두 명의 사절과 거란 북쪽에 있는 케룰렌강 지방에서도 한 명의 사절이 조공 사절로 당에 왔다.[111] 이 지방을 일컬어 당시 한인들은 '실위室韋'라고 불렀다.[112] 이 동물 이름은 당나라 시대 문학에는 별로 등장하지 않는다. 하지만 5~6세기의 문헌, 특히 문학적인 기록에는 자주 나온다. 특히 담비와 비슷한 동물의 반들반들한 꼬리를 비유로 사용했다. 이 동물의 꼬리는 곤충 매미와 마찬가지로 고대의 관습에 따라 장식용 혹은 의식용으로 모자에 달았다. 특히 지위가

높은 무인의 모자 장식에 사용되었다. 북방 유목 민족에게 영향을 받은 양식인 듯하다.[113]

이처럼 수요가 높은 호화로운 꼬리를 제공하는 동물의 호칭에 붙는 접두어가 '풍豐'이다. 이 글자는 '매끈한, 풍성한, 통통한, 반들반들한'이라는 뜻이다. 이것이 변해 '최고급'이라는 의미가 되었다. '초貂'는 담비, 족제비, 흰담비 등의 호칭인데, 화북에서는 주로 흰가슴담비를 가리켰다. 당에 조공으로 바친 '고급 담비'와 '선발된 족제비'는 만주나 시베리아 지방이 원산이고, 이는 화북의 고귀한 귀족들의 모자에 무엇보다 아름다운 장식을 제공해주었다. 대부분은 아마 흑담비나 흰족제비였을 것이다. 흑담비와 흰족제비도 중국 문학에는 자주 등장한다. 조공물로 선택된 것은 살아 있는 것을 데리고 와서 궁전의 마당에서 키우며 감상하거나 혹은 장식용 꼬리를 얻기 위한 번식용이었을지도 모른다. 담비와 비슷한 동물의 꼬리와 가죽에 대해서는 나중에 다시 언급하겠다.

영양

토하라를 중개로 해서 당에 소개된 로마의 이상한 외교 사절이 한 쌍의 멋진 사자를 데리고 왔다는 것은 이미 설명했다. 이 사절은 당나라 사람들이 '영양羚羊'이라 부르는 동물도 한 쌍 가지고 왔다.[114] 한문 사료에 적혀 있는 호칭이 문제로 떠올랐다. 이름이 나타내는 의미가 분명하지만, 구체적으로 이 양이 무엇이었는지 드러내는 단서를 찾을 수 없다는 것이다.

'영양'(羚羊 또는 靈羊이라고도 쓴다)은 고랄goral을 말하는데, 한어로는 '산양山羊'이라고 불리는 경우도 있다. 서양에서는 영양과 그 부류들은 샤무아chamois나 미국 염소를 포함해 집합명사로 '영양'이라고 불린다. 산양과도 영양과도 비슷하기 때문이다.[115] 하지만 서아시아나 유럽에는 고랄이 없다. 고랄은 화북의 산악 지대에 서식하며, 당나라 시대에는 화북에서도 화남에서도 그 고기를 먹었다.[116] 특히 화남인은 뱀에 물렸을 때 소독을 위해 먹었다.[117] 고랄의 뿔은 당에서는 약재로서 빼놓을 수 없는 것이었다. 남부 산간 도시에서는 고랄을 '토공품土貢品'으로 조공을 바쳤다. 가루로 만들어 꿀과 섞어 복용하면 모든 원인의 고열을 내리게 할 수 있었다.[118]

영양의 뿔에는 또 하나의 효능이 있었다. 오랜 전설에서는 부남(캄보디아)에서 출토되는 단단한 자색 다이아몬드를 깰 수 있을 만큼의 강도를 지닌 뿔이 있었다고 한다.[119] 7세기에 이와 비슷한 이야기가 하나 있다.

당나라의 정관貞觀 시대에 부처의 치아를 갖고 있다는 브라만 승려가 있었는데, 이것을 갖고 두드리면 어떤 것이든 부서진다고 주장했고.[120] 부혁傅奕은 이 말을 듣고 아들에게 말했다.

"그건 불타의 치아가 아니다. 하지만 금강석은 어떤 것보다 단단하고 어떤 것으로도 이것을 부술 수 없다. 단지 영양의 뿔만이 이것을 산산조각 낼수 있다고 들었다. 가서 시험해보고 와라."

바라문 승려는 (부처의 치아를) 엄중하게 봉인했지만[121] (젊은이는) 끈질기게 찾아다닌 끝에 드디어 볼 수 있었고, 뿔을 꺼내 이것을 두드려 손에 들고 부쉈다.[122]

이것은 고랄의 뿔이었을까? 부처의 치아라고 순진하게 믿은 이 승려가 갖고 있던 것은 진짜 치아거나 아니면 금강석이었을까? 모를 일이다. 부 혁의 아들이 했던 겁을 모르는 저돌적인 행동에서는 전혀 답이 나오지 않는다.

영양이 존재하지 않는 서아시아 불림(로마)의 영양이란 도대체 어떤 동물이었을까? 캅카스나 카르파티아산맥에 사는 샤무아였다고 해도 이상할 게 없다. 이 샤무아들은 시로serow나 고랄의 먼 친척이기 때문이다. 하지만 페르시아나 아라비아의 가젤, 혹은 시리아의 작고 귀여운 도르카스가젤 등 이국을 연상케 하는 매력적인 동물이었을 가능성도 있다. 도르카스가젤은 성질이 온순하고 사람을 잘 따르기 때문에 중근동에서는 애완동물로도 많이 키웠다.[123]

의심스러운 유제류有蹄類

647년에 티베트와 돌궐이 함께 당에 바친 '마제양馬蹄羊'(말발굽을 가진 양)은 영양의 변종이었는지도 모른다.[124]

같은 해 설연타薛延陀에서 소 같은 뿔이 달리고 사슴을 닮은 '발란拔蘭'이라는 동물을 선물로 보냈다.[125] 이 이름은 중세의 돌궐인에게 친숙했던 일각수一角獸 불란Bulan에서 유래하는 것인지도 모른다. 일각수의 뿔은 비와 눈을 모은다고 알려졌다.[126] 혹은(훗날 전설에서) 위구르의 영웅이었던 오구즈 칸에게 죽임을 당한 육식 동물인 일각수였는지도 모르고,[127] 퉁구스나 몽골에 있는 코가 큰 '구란Guran'이라는 큰코영양일 가

주방周昉, 「만이집공도蠻夷執貢圖」. "의심스러운 발굽동물."

능성도 있다.[128] 아니면 티베트 푸른 양 바랄Bharal이었을 수도 있다.

의심스러운 육식 동물

지금은 어느 나라인지 알 수 없지만 '가비엽국伽毘葉國'(산스크리트어로 '가축에게 적합한'이라는 의미의 'Gavya'가 어원인지도 모른다)[129]에서는 고종 즉위 선물로 '천철天鐵'('tenter나 그와 비슷한 발음일 것이다)이라는 이름의 용맹한 곰을 조공으로 가지고 왔다. 이 곰은 흰 코끼리나 사자를 먹는 습성이 있었다.[130] 당시 사람들은 이 곰을 어떤 동물보다 무서운 맹수로 여겼다. 16세기 이시진李時珍은 이 곰에게서 강한 인상을 받고, "사자는 흉포하지만 이것을 제압할 수 있는 동물이 있다"[131]고 기록하고 있다. 이 무서운 동물은 사실 그냥 큰곰羆이다. 큰곰은 덩치가 크지만 주로 초식을 하는 데 비해, 산에 사는 히말라야흑곰(아메리카흑곰)은 몸은 조금 작지만 사나운 육식 동물이다. 사자를 먹는 곰의 별명을 딴 것이 히말라야흑곰이었던 건 아닐까 한다.

마멋

히말라야마멋은 이국적인 진품 부류에 들어가기는 힘들 것이다. 표고 1만 5000미터의 히말라야 경계에 사는 동물이지만, 이곳은 부분적으로 사천이나 운남에 인접한 지대라서 당에서 그리 희귀하지 않기 때문이다. 당나라 사람들은 이 작은 동물을 몽골어로 '타발서跥跋鼠(타바가 tarbagha)'[132]라고 불렀다. 그것은 무리를 지어 사는 성질이 있는 몽골 마 멋에 걸맞은 명칭이다. 몽골 마멋은 영어로 '타바간tarbagan'이라고 부르는 종류다.[133] 당나라 때의 티베트인은 바위 굴에 사는 이 작은 설치 동물 을 사냥해서 먹기를 즐겼다. 진장기가 푹 끓인 타발서를 나력瘰癧(연주창) 환자에게 처방하고 있는 것을 볼 때, 당시 마멋을 약용으로 티베트에서 수입했을 것이다.[134] 어쨌거나 타발서는 난주蘭州에서 '지역 공물'로 사향 및 금가루와 함께 조정에 바쳤다.[135] 농우는 몽골과 티베트의 경계에 있 기 때문에 조공물 목록에 포함된 타발서가 몽골종인지 티베트종인지는 명확히 알 수 없다.

몽구스

그해 계빈국(카피샤)의 사절이 '욕시서褥時鼠'를 조공으로 가지고 왔다. 코가 뾰족하고 꼬리가 붉고 뱀도 잡아먹는다는 동물이다. 뱀에 물린 사람이 있 으면 그 쥐는 물린 곳을 냄새로 정확하게 찾아 그곳에 방뇨한다. 그러면 상처는 즉시 낫는다고 한다.[136]

이것은 642년의 기록이다. 그로부터 약 19년 뒤 계빈국에서는 이 재 주 많은 쥐를 다시 조공으로 보내왔다.[137] 이것은 분명 인도나 자바의 몽구스다.[138] 산스크리트어 이름은 '나쿨라Nakula'이고 그 밖에 인도의 다양한 방언으로 '네왈Newal', '네올라Neola', '니아울Nyaūl' 등으로 불렸다.

화남에는 게를 먹이로 하는 원산 몽구스가 있었는데, 이국적인 사나운 몽구스와는 전혀 다른 종류인 듯하다.[139] 인도산 몽구스가 실제로 소문대로의 능력이 있었는지 혹은 당나라의 궁정에 새끼를 남겼는지는 알 수 없다.

사람들은 이 동물을 매우 좋아해서 같이 잔다. 성질이 사나운 동물이지만 뱀에 물려 죽기보다 몽구스에게 물리는 편이 낫다고 생각한다.[140]

이것은 인도의 철학적인 사고방식으로, 아마 한인들에게는 받아들여지지 않았을 것이다.

족제비 혹은 긴털족제비

페르시아가 활욕사活褥蛇를 조공으로 보내왔다. 겉모습은 쥐 같고 색은 푸르다. 몸길이가 20센티미터 정도이고 구멍에 들어가 쥐를 잡을 수 있다.[141]

이 '욕사褥蛇'라는 동물은 긴털족제비ferret를 연상케 한다. 긴털족제비는 그리스나 로마에서 사육되었고, 서양에서는 예로부터 쥐나 토끼 포획에 이용되었다.[142] 저 용맹한 칭기즈칸도 긴털족제비를 이용해 사냥하는 것을 즐겼다.[143] 한편 쥐를 잘 잡는 족제비는 옛날, 특히 여성의 애완동물로서 집안에서 키웠다.[144] 페르시아에서 온 동물이 긴털족제비인지 족제비인지는 명확한 사실 판단이 어려운 상황이다.

제5장 새

금빛 날개, 은빛 날개
타오르는 불꽃처럼 빛나는 날개
그런 새들을 나는 보았다.
이름 없는 새들이
목청껏 높이 노래를 부르며
노래 부르며 — 그렇게 왔다.
_크리스티나 로세티, 「천국의 새」

당나라 사람들은 새를 훈련시켜 이용하고(매사냥이나 전서구傳書鳩 등)
식용으로도 잡고 약으로도 이용했지만, 무엇보다 애완용으로 새를 좋아
했다. 물론 몸집이 크고 깃털 색깔도 화려한 새일수록 감상용으로 환영
을 받았고, 멀리 이국에서 들여온 새는 상상력을 자극하기 때문에 특히
귀하게 여겼다. 지금부터 설명하겠지만, 새는 문학으로 널리 표현됐고 그
림으로도 많이 묘사되었다. 염입본이 그린 진귀한 새의 그림 등이 있었
지만 유감스럽게도 남아 있지 않다.[1]
　당나라 시대의 정원이나 공원에서는 보기 드문 새와 아름다운 새들이
많이 사육되었다. 황족 수집가는 재력을 이용해 값비싼 새를 여러 마리

사들여 개인적으로 즐기거나 궁중에 데리고 들어가기도 했다. 타고난 재능이 뛰어나고 혈기도 왕성했던 현종은 716년에 환관을 장강의 남쪽으로 파견했는데, 그 경위는 이렇다.

황제는 환관을 강남에 파견해 해오라기鷺鷂와 비오리鸂鷘 등의 새를 잡아다가 궁 안의 공원에서 키우라고 지시했다. 그러나 사절이 가는 곳마다 번거로운 일이 생겼다. 사절이 변주汴州를 지났을 때 예약수倪若水가 진언했다. "지금은 밭의 뽕나무 농사가 매우 힘든 상태임에도 불구하고 농민들은 새의 포획에 쫓기고 있습니다. 강을 건너고 고개를 넘어 수륙水陸을 모두 거치면서 싣고 온 새에게 기장과 고기를 주시는 모습을 보는 사람들 모두 폐하가 새를 귀히 여기고 인민을 천시한다고 여길 것입니다. 폐하에게 있어서 봉황은 그냥 새일 뿐이고 기린도 당연히 평범한 동물이라고 여기신다면, 저런 새 따위는 얼마나 보잘것없는 것이겠습니까?"
그래서 황제는 몸소 칙서를 내려 이런 상주를 한 예약수를 치하하고 비단 40필을 그에게 하사했으며, 새들을 자유롭게 풀어주었다.[2]

예약수는 진언하기를 좋아하는 사내였을까? 그의 진언은 중세 중국의 지식 계급이 말할 법한 전형적인 보수파의 의견이다. 사실 보기 드문 새를 구하러 떠나는 여행은 환관에게는 고난의 여행이었을지도 모르고, 인도적인 진언을 순순히 들어준 것을 보면 현종은 사치를 좋아하지만 동시에 정치적 감수성도 뛰어났던 듯하다.

매와 황조롱이

한인들은 기원전 3세기경부터 매사냥을 했다. 진秦나라의 재상이었던 이사李斯는 사형을 앞두고도 총애하는 회색 큰매에 대한 자랑을 늘어놓았다고 한다.3 매사냥은 화북에서 인기가 높아졌다. 그 후 중국의 문화가 북방의 초원이나 삼림 지역에 사는 민족 문화와 풍요롭게 융합했다. 매사냥은 5세기부터 6세기에 걸쳐 '타타르계' 국가에서 성행했으며, 특히 북제北齊에서 매사냥이 강한 트렌드가 되었다.4

당나라 황제들도 매사냥을 좋아했는데, 특히 태종이나 현종 등 혈기가 남다른 황제들은 요란하게 매사냥을 다녔다.5 한편 매사냥을 경박한 놀이로 여기는 전통적인 도덕관을 가진 군주도 있었다. 7세기 고종은 그 전까지 정기적으로 이루어졌던 매와 황조롱이의 조공을 폐지했다.6 8세기의 덕종은 이원梨園(성당기盛唐期에 궁궐 내에 설치했던 음악 교습소—옮긴이)의 악사들을 내보냈을 때, 궁원에서 사육하던 갈매기도 풀어주었다.7 그리고 9세기에 황위를 이어받은 희종僖宗은 즉위할 때 고종의 선례에 따라 그 덕을 보여주었다.8

궁정 내의 매에 관한 일을 관장하는 응방鷹坊은 사냥개를 사육하는 구방狗坊 옆에 있었다. 응방에서는 네 종류의 매를 사육했다. 그중에서도 가장 진귀하고 고귀한 품격으로 사람들을 매료시킨 것이 독수리였는데 대부분이 금독수리였다.9 눈이 검고 긴 날개를 가진 황조롱이는 다른 어떤 매보다 우아하고 귀족적인 품격이 있었고, 독수리나 대형 엽조류獵鳥類를 잡는 세이커saker와 오리 등의 물새를 잡는 황조롱이가 있었다. '그린랜드' 흰매10는 특히 귀중하게 여겼다. 태종도 '장군'이라는 이름을 붙인 흰매를 키웠다.[11] 또한 만주 지방에서는 '상조霜雕'라 불리는 황조롱이가 각광을 받으며 수입되었다.

바다를 자르는 구름 같은 참매   截海上雲鷹
공간을 가르는 서릿발처럼 하얀 송골매   橫空下霜鶻[12]

소형으로 깃털이 짧은 새매는 숲에서 메추라기 등 작은 들새를 잡는데 사용했다.[13] 매사냥용으로 가장 인기가 있었던 것은 대형 새매였고, 노란 눈의 큰매가 대표적이다. 역시 삼림에서 전통적인 사냥감인 꿩과 토끼 등을 잡는 데 이용했다.[14] 만주에서 들여온 흰 큰매는 특히 귀하게 여겼다.[15] 그러나 검은 큰매도 마찬가지로 소중하게 여겼다. 두보는 각각 흰 큰매와 검은 큰매에 대해 읊은 시 두 편을 남겼다. 여기에 인용하는 것은 검은 큰매에 대한 시다.

검은 큰매는 인간 세상에 머무르지 않는다   黑鷹不省人間有
그 새는 바다 건너 북극에서 온다는데 잘 모르겠다   度海疑從北極來
곧추선 깃털은 바람 거슬러 북방의 국경을 건넌다   正翮搏風超紫塞
겨울 초입 새는 양지의 테라스에서 몇 날을 지냈는데   立冬幾夜宿陽臺
삼림 감독관이 잡으려고 그물을 설치했으나 헛수고였다   虞羅自各虛施巧
함께 돌아갔던 봄 거위들 불안하게 매를 돌아본다   春雁同歸必見猜
만리의 찬 하늘 지나는 데 하루가 걸릴 뿐   萬里寒空只一日
금빛의 눈알과 옥의 발톱은 비범한 것이다   金眸玉爪不凡材[16]

현종의 황자 중 한 명은 붉은 큰매를 갖고 있었다. 이 붉은 매와 쌍을 이루는 노란 황조롱이를 키우는 황족 젊은이들도 있었다. 조정의 매 사육사는 이 두 마리 매를 '결운아決雲兒'라 불렀다.[17]

매 사냥용 새가 타국에서 많이 들어온 것은 의심할 여지가 없다. 뛰어난 새는 대부분 조공물이었을 것이다. 866년에는 사주沙州(둔황) 절도사 장의조張義潮는 티베트의 여성 두 명, 그리고 한 쌍의 말과 함께 정강이가 파란 큰매를 네 마리 보내왔다.[18] 715년에는 만주 지방의 수장이 흰매 두 마리를 바쳤다.[19] 8세기에는 한반도 북쪽에 있는 발해에서 많은 매와 황조롱이를 조공했다.[20] 동일하게 한반도에 있는 신라에서 진귀한 매를 보냈다. 이에 대한 이야기를 시인 두공竇鞏이 작품으로 남기고 있다.

귀족 기수는 새 안장에 앉아 가을의 금원을 걷는다	御馬新騎禁苑秋
그의 하얀 참매가 동쪽, 바다 위로부터 날아온다	白鷹來自海東頭
한나라 황제 일 없어 사냥으로 여가를 누릴 때	漢皇無事須遊獵
눈보라 치듯 팔의 화려한 장갑으로 날아오른다	雪亂爭飛錦臂韝[21]

뛰어난 매와 황조롱이는 조선과 만주 지방이 주요 공급원이었다. 몽골과 투르키스탄에서도 왔다. 그러나 화북에 서식하는 매도 빼놓을 수 없다. 현재 산시성陝西省에 서식하는 매는 특히 모습이 아름답다고 여겼다. 위수와 황하의 합류 지점, 즉 현재의 산시성 동부에 있는 화주華州의 검은 황조롱이와 새매는 조정으로 보내는 조공물이었기 때문에 최고급으로 분류하는 매였을 것이다.[22]

중국이 원산인 매를 당나라 사람이 어떻게 분류했는가에 대해서는,

9세기의 문인이며 자신도 매를 사육했던 단성식의 저작(매에 대해서는 현존하는 가장 오래된 것)으로 알 수 있고, 나 또한 많은 부분을 이 기록에 의존하고 있다.[23] 그는 여러 종류의 매에 대해 각각의 명칭을 꼽고 있다. 주로 색깔에 의한 분류지만 원산국이 기록되어 있는 매도 있다. 사냥 능력이 뛰어난 '백토응白兎鷹', 산시성 북부의 사막 지대에 서식하는 '난웅황爛雄黃' '적반당赤斑唐' '형과백荊窠白', 허베이성 동북부의 흰버드나무白柳에 둥지를 틀고 사는 '방산백房山白', 화북의 활엽수인 떡갈나무에 둥지를 트는 '토황土黃', 그리고 북부의 '백조려白臝驪' 등이 그것이다.[24]

중세의 한인들은 매사냥용으로 매를 잡아 훈련하는 기술을 알고 있었기에 외국의 매 사냥꾼에게서 배울 필요가 없었다.[25] 어린 매가 둥지를 떠날 때는 정찰용 비둘기, 그리고 지면의 색깔과 비슷하게 만들고 벌레를 퇴치하기 위해 황벽黃蘗나무와 떡갈나무 수액을 바른 그물을 이용해서 잡는다.[26] 좀 더 확실한 방법은 떡갈나무나 서양 사시나무(포플러)에서 둥지째로 꺼내 오는 방식이다.[27] 어떤 방법을 이용했더라도 잡힌 매의 꼬리에는 옥, 금 혹은 각인을 한 금속 방울을 달고 새매에게는 자수를 놓은 목걸이를 부착했다. 그리고 모든 새에게 가죽과 파란 비단, 혹은 '운금雲錦' 각대脚帶를 감고 구슬을 꿰어 넣은 가죽끈으로 맨다. 앉게 하는 용도의 금박을 입힌 나무를 주고 조각과 색을 입힌 바구니에 넣었다.[28]

중국이 원산인 종이든 국외에서 들여온 매나 황조롱이든, 모두 당나라 시대의 화가들이 그리기 좋아하던 소재였다. 태종의 형이던 이원창李元昌은 새 그림에 한해서는 염입본이나 염입덕보다 뛰어나다는 평가를 받았다.[29] 당나라의 번창하던 성당 시대 현종 때에는 매를 그리는 화가

가 많았다. 특히 멋쟁이 현종이 마음에 들어했던 강교姜皎가 그린 '수리
매角鷹'는 두보의 시에도 나온다.[30] (수리매는 실제로는 '수리매鷹雕'나 '관머
리독수리冠雕'인 듯하다. 페르시아의 매에 관한 서적에 따르면, 이 매는 '샤바즈
Shāh-bāz'라는 종류인 듯하다.)[31]

매·황조롱이·독수리는 당시唐詩에도 자주 등장한다. 서양의 전통과
마찬가지로 강렬하게 번득이는 눈, 먹이를 노리는 전광석화 같은 움직임,
필살의 일격 등을 비유나 은유로 적고 있다. 또한 매가 잔인한 육식 동
물이라는 점에서 시 안에서 경고의 의미를 담는 경우도 종종 있었다.[32]
시인 장효표章孝標는 훈련받은 매에 대해 노래하고 있다. 그는 대담하고
자유로운 정신이 속박을 받는 모습을 상징하는 소재로 매를 사용했다.

매는 산토끼 토실토실 살 오른 먼 평야를 상상한다	遙想平原兔正肥
익숙한 솜씨로 부리를 돌리고 깃털을 흔든다	千回礪吻振毛衣
매에게 비단으로 만든 매듭을 느슨하게 해주라!	縱令啄解絲絛結
사람의 부름이 없다면, 감히 날지 않을 것이다	未得人呼不敢飛[33]

사냥용 매는 전통적으로 중요한 방위와 관련이 있고, 때로 서쪽을 가
리키기도 했다. 이것은 상당히 오래전부터 생겨난 이미지다. '서'는 '가을'
을 가리키는 방향으로 "매는 북쪽의 둥지를 떠나 월동을 위해 중원 남쪽
으로 건너오는" 이미지가 바로 이 가을에 해당한다.[34] 더 자연스러운 관
계는 매가 서식하는 북쪽, 즉 매를 당나라에 가지고 들어온 오랑캐들이
사는 지역과 관련지을 수 있다.

호괴胡瓌, 「번마도蕃馬圖」. "매가 서식하는 북방, 즉 매를 당나라에 들여온 만주족들이 사는 지방."

베트남의 새가 남쪽에서 온다	越鳥從南來
그러나 북방의 매는 북쪽으로 이주해 간다	胡鷹亦北渡35

이것은 이백의 시다. 또 설봉薛逢이 젊은 임협任俠의 무리에 대해 읊은 칠언절구에는 녹색 눈을 가진 '호응胡鷹'('호'는 북방이나 서방의 오랑캐)이 나오는데(큰매의 눈은 황조롱이에 비하면 노란색을 띠기 때문에 녹색 눈은 사실을 상당히 왜곡한 해석이다), 외국인의 냉혹한 녹색이나 파란 눈을 은근히 함축해 표현한 것이다. 그리고 이것이 얼룩말이나 북방족제비 모피 등의 이국적인 인상과 짝을 이루고 있다.

녹색 눈 만주의 매는 양단 장갑 위를 밟고 선다	綠眼胡鷹踏錦鞲
다섯 꽃무늬로 장식된 회색 말과 흰 담비 털	五花驄馬白貂裘
세 개의 시장을 오가지만, 알아보는 사람이 없다	往來三市無人識
그는 금 자루 채찍을 던지고, 주루로 올라간다	倒把金鞭上酒樓36

비슷한 해석으로 위구르는 '선회하는 매捷鷙猾鶻'였다.37 당나라 시대에는 '표범은 호랑이의 동생, 매는 새매의 형'이라는 말이 있었으며,38 잔인한 행동거지를 빗대어 '조조皁鵰'라는 별명으로 불리던 관리도 있었다.39

이들 맹금류는 용기의 상징으로 여겨졌다. 측천무후의 근위대를 이끈 지휘관이 입은 보라색 나삼羅衫에 가슴에는 사자·호랑이·표범과 매의 장식이 붙어 있었다.40 당나라 시대의 큰매를 약재로 사용한 것도 그와 비슷한 원시적인 발상이라고 할 수 있다. '여우나 귀신'에게 습격당했을 때, 매의 고기를 먹거나 매의 발톱을 태워서 물과 함께 먹었다(이것은

'치질五痔'의 치료에도 효과가 있었다).⁴¹ 매의 똥을 검게 태워서 한 숟가락의 술과 함께 마시면 악령을 물리치는 효과가 있다고 생각했다(단 환자에게는 약의 정체를 밝히지 않는다).⁴² 동물들의 공포 대상인 잔인한 매, 세속에서 얼마간 떨어져 있는 듯한 매의 이미지가 악령이나 사악한 귀신을 물리치는 힘을 가졌다고 여긴 것이다.

공작

한漢나라 시대 이전의 중국에 알려져 있던 것은 인도산 공작孔雀이었다.⁴³ 주周 왕조의 2대 왕에게 이름 모를 서역의 어느 나라에서 아름다운 공작이 조공으로 왔다는 전승이 있는데, 이것은 기원전 1000년 초쯤에 해당한다.⁴⁴ 이 이야기가 미심쩍기는 하지만, 한나라 시대 사람들은 공작을 카슈미르⁴⁵나 파르티아 어딘가에 서식하는 서역의 새라고 생각했을 것이다.⁴⁶ 실제로도 공작이 중국에 있었던 건 아니고, 아마 여행자나 누군가로부터 전해 들은 이야기로 알려져 있었을 것이다. 당시는 지구의 반대쪽 로마에서는 부호들이 작은 섬에 나무를 심고는 인도산 공작을 키워 먹던 시대였다.⁴⁷

그러나 얼마 후에 현재의 화난 지역에 해당하는 지방이 개척되면서 신천지로 떠올랐다. 그곳에는 인도차이나산 녹색 공작이 서식하고 있었다. 3세기가 되면서 반짝이는 녹색과 금색 깃털을 가진 아름다운 공작이 향나무, 진주, 상아 그리고 앵무새 등과 함께 짬파에서 들어왔고, 그 수요는 금방 급속히 늘어났다.⁴⁸ 262년 화남의 오吳가 교지交趾(베트남)에 관리를 파견해 세금으로 3000마리의 공작을 징수했다. 베트남(역사적으로 정확한 호칭은 아니지만 우선 그렇게 붙여둔다)에 파견되는 관리들이 저지르는 이러한 약탈 행위 때문에 이듬해 이 지역에서 폭동이 일어나 세금을 거두던 세리가 살해당했다.[49]

그러나 영남의 열대 해안 지대에 한인이 정착하자 인도차이나뿐 아니라 중국에도 아름다운 공작이 많다는 것이 알려졌다. 당나라 시대에는 레이저우雷州반도의 뇌주와 나주羅州에서 반죽班竹, 앵무, 은 등과 함께 토속적인 공물로서 매년 장안에 공작을 보내오기 시작했다.[50] 한인들은 공작을 '월조越鳥'(베트남 새)로 여기게 되었고, 남방을 상기시키는 대표적인 상징으로 정착했다. 10세기에 많은 새를 키운 것으로 유명한 이방李昉이 공작을 '남객南客'이라 불렀다고 한다. 남쪽에서 온 방문자인 공작은 화북의 정원에서 아름다운 자태를 뽐냈다.[51]

움직인다— 황금빛 물든 푸른 꼬리를 평온하게 흔든다   動搖金翠尾

난다— 옥으로 만든 웅덩이 그늘에서 춤춘다   飛舞碧梧陰[52]

'월조'는 상징적이고 문학적인 별명이고, 보통은 '공작孔雀'(고귀한 참새)이라는 호칭이 사용되었다. 이것은 고대로부터 불린 통칭으로 일면 신비스러운 호칭이라고 할 수 있다. 마치 그리스인이 타조를 '리비아 참새'라든가 '아라비아 참새', 특히 '참새 낙타'라 했다는 것과 유사하다. 라틴계 로마에서는 '이국적인 참새'라고도 했다.[53] 이 모두 민간의 재치를 함축한 호칭이라 할 수 있다. 오랜 한어에서는 '공孔'이 '위대한'이라는 의미를 갖는데, 과연 그것이 '공작'의 유래인지 여부는 알 수 없다. 만약 아름다운 공작이 '위대한 참새'라는 의미로 '공작'이라 불렸다면 이 또한 해학적인 표현이다.

9세기에 방천리房千里가 쓴 『남방이물지南方異物志』는 화남華南의 지리와 자연사에 대한 중요한 기록이나 아쉽게도 현존하지 않는다. 그러나 다른 사료에 남아 있는 이 책의 인용을 통해 내용을 일면 엿볼 수 있다. 당나라의 공작에 대한 인용도 남아 있다.

공작은 교지·뇌주·나주에 매우 많이 살았다. 높은 산의 가장 높은 나무에 둥지를 짓고 산다. 기러기처럼 크고 높이가 3~4자나 되니 크기는 학에 못지않다. 목이 가늘고 등이 불룩하고 머리에 한 치 정도 길이의 깃털이 세 개 있다. 수십 마리가 무리 지어 날아다닌다. 새벽에 울어서 서로를 부른다. 그 소리는 마치 '도호都護(Tughu)'라고 하는 것처럼 들린다. 암컷은 꼬리가 짧고 금빛 깃털은 없다. 수컷의 꼬리는 3년생까지는 짧지만 5년생이 넘으면 2~3자가 된다. 여름에 깃털이 빠지고 봄이 되면 다시 난다. 등에서 꼬리까지 동그란 무늬가 있고 오색 빛이 동전 같다. 자신의 꼬리를 사랑해 산에 둥지를 만들 때는 먼저 꼬리를 쉴 수 있는 장소를 찾는다. 비가 오면 꼬리가 무거워져서 날지 못하기 때문에 남방인은 비가 올 때 이 새를 잡으러 간다. 공작이 지나다니는 곳에 숨어서 기다리다가 산 공작의 꼬리만 잘라 이것을 상품으로 만들기도 한다. 그때 (꼬리를 잘린) 공작이 돌아보면 금빛이 퇴색해버린다. 병아리를 키워 미끼로 사용하는 경우도 있지만 알을 부화시킬 때도 있다. 돼지의 창자나 야채 등을 먹여 키운다. 사람들이 손뼉을 치며 노래하고 춤추는 것을 들으면 공작도 따라서 춤을 춘다. 질투심이 강한 성질로, 아름다운 옷을 입은 사람을 보면 쪼아댄다.54

사냥꾼들은 공작이 병아리일 때 다리를 끈으로 묶어놓고 야생 공작이 그 옆으로 날아오면 그물로 잡았다.[55] 야생 공작이든 새끼 때부터 키운 것이든, 남방인들은 공작의 깃털을 사고팔았을 뿐 아니라 희귀한 고기로 취급해 로마의 미식가들처럼 먹기도 했다. "물론 배고파서 먹기도 했지만 종종 햄이나 육포로 만드는 일도 있었다."[56] 공작 고기는 채소나 고기를 먹고 식중독을 일으켰을 때 효과가 있고, 공작의 피는 저주의 힘을 가진 '고蠱'라 불리는 주술적인 독약을 해독하는 데 효과가 있다고 한다.[57]

남방인은 품위 있는 공작의 교미 습관을 신기하게 여기며 매료되었다. 남방의 습관을 연구해 기록한 당나라 시대 책에는 "공작은 절대 짝을 짓거나 교미를 하지 않는다. 목소리와 그림자가 하나가 되면 잉태한다"[58]라고 적고 있다. 여기에는 암수의 움직임이 특히 중요하다고 보았다. 암컷이 내려가는 바람에서 울고 수컷이 올라가는 바람에서 서로 울면 암컷이 임신한다고 한다.[59] 그러나 단성식이 불교 사료를 인용해 주장하기를, 공작의 암컷은 벼락 소리로 잉태한다고 했다.[60] 또한 공작은 뱀과도 교미를 한다고 여겼다.[61]

공작이 음악에 맞춰 춤추는 것에 대해서는 방천리의 기록이 있다. 공작의 춤에 대해서는 중세 사료에 종종 나온다. 이미 3세기의 기록에 서역에서 선물로 온 공작이 손가락을 튕기면 춤춘다고 기록되어 있다.[62] 꿩은 거울에 비친 자신의 모습을 보고 춤을 춘다고 했고(꿩과 비슷한 봉황도 마찬가지다), 이로써 당唐 시대의 거울 뒤에 새의 그림을 자주 그리는 이유를 설명할 수 있다.[63] 공작이 춤을 추면서 자신의 아름다운 모습에 흥분한다는 점을 빗대서 중세 중국에서는 '공작처럼 허영심이 강하다'라는 비유가 자주 사용되었다. 8세기에 신라가 공작을 조공으로 바쳤는데, 그 아름다운 춤은 자연물을 묘사하는 솜씨가 뛰어났던 변란邊鸞이 그림으로 남기고 있다.[64] 그는 나중에 궁정 화가의 지위를 버리고 방랑하면서 공작을 많이 그렸다. 그 대부분은 송宋나라 시대까지 남아 있었다. 휘종徽宗의 『선화화보』에는 그의 「파초공작도芭蕉孔雀圖」 「모란공작도牡丹孔雀圖」에 대한 기록이 있다.[65]

공작이 지닌 이미지를 강렬하게 만든 것은 불교 문학, 특히 '공작명왕孔雀明王'이라는 개념의 영향이 크다. 현장은 부처가 공작으로서 세상에 있을 때, 부리로 바위를 쪼아 물이 솟아나게 만들어 갈증을 풀었다는 이야기를 전하고 있다.[66] 당나라에는 공작명왕을 칭송한 표국驃國(미얀마)의 춤도 전해지고 있었다.[67] 주술적인 측면이 강하던 진언밀교眞言密敎에서는 '대공작명왕'을 숭배했다. 중국에서는 '대공작명왕'이 비를 내리게 하고 병마를 쫓는 힘이 있다 해서 때로는 공작의 등 위에 연잎을 얹고 그 위를 타고 앉아 있는 신神의 형태로 표현한다.[68] 대공작명왕에 얽힌 경전은 많은데, 당나라 시대의 것으로는 유명한 의정義淨과 불공不空의 한역 경전을 들 수 있다.[69] 또한 저명한 염입본[70]과 오도자[71] 등이 명왕을 묘사한 그림을 그렸다.

앵무

고대 중국에도 앵무의 원산지가 있다. 현재의 산시陝西성과 간쑤성 경계의 대상로에 가까운 농산隴山에 앵무가 서식했다. 사람의 말을 한다는 이유로 때로는 '서역신조西域神鳥'라고도 불렸다. 아마 보라색 가슴을 가진 녹색의 대달마大達磨잉꼬 혹은 대달마앵무[72]의 일종으로 현재는 쓰촨·윈난과 티베트 동부에 서식하고 있으며, 북위 30도 위쪽 지방에서는 찾아볼 수 없다.[73] 유감스럽게도 농산에 서식했던 원산지 앵무는 중세에 애완용으로 남획하는 바람에 멸종했다. 9세기 피일휴皮日休는 지역 공물로서 '금대金臺'에 바쳐야 한다는 이유로 목숨을 걸고 앵무를 포획해야 했던 농산의 주민을 가련하게 여겨 시를 남겼다.

농산, 천 개의 깎아지른 길	隴山千萬仞
앵무새는 꼭대기에 둥지를 틀고	鸚鵡巢其巔
그들은 가장 위험한 곳까지 쫓아 올라가는구나	窮危又極嶮
이 산은 여전히 알 수 없는 곳이다	其山猶不全
멍청하고 이해가 느린 농산 사람들	蚩蚩隴之民
그들은 마치 하늘을 오르듯 산에 매달려	懸度如登天
절벽 사이로 올라가 새 둥지를 뒤져본다	空中覘其巢
새를 잡아 손에 쥐려고 시끄럽게 싸울 것이다	墮者爭紛然
백 마리 새들 중에서 하나도 얻지 못하는구나	百禽不得一
열 사람 중 아홉 명이 새를 잡으려다 죽는다	十人九死焉
농산의 개울가 옆에 수비대 병사들이 주둔한다	隴川有戍卒
병사들도 감시를 게을리하지 않는다	戍卒亦不閑
지시받은 대로, 새장에 새를 넣어서는	將命提雕籠
금대로 바로 달려가야 한다	直到金臺前
앵무의 깃털 자체로는 가치가 없다	彼毛不自珍

앵무의 혀도 그 자체로는 말을 할 수가 없다	彼舌不自言
어떤 목적으로 사람의 목숨을 가벼이 여겨	胡爲輕人命
놀이와 즐거움을 위해 봉사하게 만드는가?	奉此玩好端
내 듣기에 위대한 성왕은	吾聞古聖王
값비싼 새라도 모두 다 자유롭게 풀어준다고 들었다	珍禽皆舍施
하지만 농산 사람들은	今此隴民屬
매년 눈물 홍수를 이루어야 한다	每歲啼漣漣[74]

　서기 2세기경부터, 공작과 함께 상징적인 관련이 있는 새로운 종류의 남방산 앵무가 새롭게 한족의 지배하에 들어온 영남과 교지(베트남)에서 조공으로 온다. 이를 계기로 이 새가 북방에서도 등장하기 시작했다. 당나라 시대에는 장미색 동그라미가 있는 것, 가슴이 빨간 것, 그리고 머리가 파란 것 등 다채로운 색깔을 가진 그 이름대로 예쁜 잉꼬가 레이저우반도와 광둥성 서부에 있었다.[75] 공작도 그랬지만 색깔이 예쁜 앵무와 잉꼬는 이 지방 주민에게 식용으로 이용되었다. 인도의 브라만이 고귀하고 성스러운 음식으로 앵무를 먹기도 했고, 사치스럽고 쾌락주의에 젖어 있던 미식가 황제 엘라가발루스의 식탁에 올랐다. 플라밍고 구이와 함께 음식으로 제공하기 위한 로마 제국의 앵무와는 달리, 이들 지방에서는 단순히 개체 수가 많기 때문에 먹었을 뿐이다.[76] 개중에는 새를 좋아하는 사람들의 새장이나 정원에 방사했다. 농산의 앵무와 경쟁하기 위해 화북으로 잉꼬를 보내기도 했다. 10세기 이방李昉의 정원에 있었던 앵무가 '농객隴客'으로 불리기도 했다는 점을 보면, 당시에는 아직 농산에 앵무가 많았을 것이다.[77]

그러나 서기 3세기에 접어들면서, 서북과 남쪽 지방의 잉꼬보다 귀족적인 취미를 즐기던 호사가들에게 화려한 남방의 앵무가 더 인기를 누렸다. 인도차이나와 인도네시아 등 남방 국가 군주들이 중국 황제에게 아름다운 앵무를 보냈고,[78] 선원이나 상인들이 세상 끝까지 돌아다니면서 들여오기도 했다(앵무는 전 세계에 서식했다). 산뜻한 색깔의 앵무를 본 한인들은 먼 이국의 산은 자기 나라의 산보다 더 화려할 거라고 상상했다.

동방의 장막이 열리고
붉은빛이 눈부시다
보라색 깃털을 가진 금강잉꼬가
은빛 파도 사이를 날아간다.

채터턴의 「아프리카 노래」의 일부다. 중국의 작은 앵무를 통해, 이국땅에 대한 영원한 동경을 읊고 있다. 그러나 여기서 말하는 금강잉꼬는 아프리카산이 아니다. 아메리카 대륙이 원산지로 근대에 들어서기까지 동쪽 대륙에서는 알려지지 않았다. 선원들이나 외교 사절이 당에 가지고 온 앵무는 잉꼬와 무화과앵무, 왕관앵무 등 신종이었을 것이다.

아름답기에 한인들이 가장 귀하게 여긴 것은 '오색앵무'라 부르던 종류다. 중세 인도에서는 말루쿠제도의 붉은잉꼬가, 역시 깃털의 아름다움 때문에 오색앵무Pañcavarṇagini라 불렸다.[79] 몸이 무지개처럼 일곱 가지 색깔로 빛났기 때문이다. 한어 이름도 사실은 인도의 호칭에서 유래한 것인지도 모른다.

내 구부러진 부리로, 내 조그마한 음흉한 눈으로

내 깃털은 오돌토돌한 푸른 에메랄드

내 동그란 목으로 말하자면 반짝이는 루비와도 같아

내 작은 다리, 내 다리 모두 작지만 정갈하지

나는 부름을 기다리며 시종하는 아랫것……

존 스켈턴의 「말하라, 앵무여」에서 그리는 모습을 중점적으로 보자면, 이 종류는 중국에서는 이국적인 앵무새였을지도 모른다. 이후 '홍앵무紅鸚鵡'도 수입했다. 홍앵무가 중국에 들어왔지만 이 새는 동물 분포 경계로 보자면, 동아시아 지역과 오스트레일리아를 둘로 가르는 월리스선Wallace Line 동쪽에 서식한다. 중국 문학에 등장하는 '백앵무白鸚鵡'란 먼 나라에서 온 깃털이 하얀 잉꼬를 가리킨다.

홍앵무를 조공한 기록은 당나라 사료에서는 찾아볼 수 없지만, 당 이전에 수입되었다는 사실은 확인할 수 있다. 720년에 남천축의 사자가 말을 하는 오색앵무를 바쳤다. 이때의 조공 사절에 대해서는 자세한 기록이 남아 있다. 그들은 대식(아라비아)과 토번(티베트)이 자주 폭력 사태를 일으키니 당나라에서 군대를 보내 정벌해달라고 부탁했다. 더구나 "야만족들은 무조건 화려한 의복을 좋아한다"고 호소하는 것도 잊지 않았기에 현종은 그들에게 '비단과 금 혁대'를 보냈다.[80] 1세기 전, 태종은 조공으로 받은 오색앵무를 매우 애지중지해 부賦를 짓게 했다.[81] 이 오색앵무는 흰앵무와 함께 조공으로 온 것으로, 두 마리 모두 추위를 싫어했기 때문에 이를 가엾게 여긴 황제가 특별히 칙령이 내렸다. 결국 앵무는 해방되고 고향으로 돌려보내졌다.[82]

말레이반도의 코끼리가 많이 서식하는 산악 지대에 있는 나라[83]에서도 655년에 오색앵무를 바쳤다.[84] 8세기에는 시리불서국尸利佛誓國(스리위자야)[85]과 토하라(인접국이던 카피샤의 부탁을 받아 라마羅摩 왕이 바친 것이다)[86]에서 오색앵무를 바치고, 9세기 초에는 칼링가에서 두 번이나 오색앵무를 바쳤다.[87] 둘 중 말을 할 줄 아는 한 마리가 현종의 애완동물이었다. 이것을 오래된 도판에 묘사된 전설의 새이며, 길상吉祥의 전조라고 일컬어지는 단수丹首(붉은 머리), 홍억紅臆(붉은 가슴), 주관朱冠(붉은 볏), 녹익綠翼(녹색 날개)을 지녔기에 '시락조時樂鳥'가 아닐까 하고 현종에게 진언한 사람도 있었다.[88]

짬파에서 흰앵무가 조공으로 왔다는 것은 이미 언급했다(그러나 짬파가 원산이 아니고 인도네시아 오지에서 포획했을 것이다). 이 앵무는 "머리가 좋고 사람의 말에 대답했기" 때문에 태종이 불쌍히 여겨 고향 숲으로 돌려보냈다.[89] 염입본은 이 앵무와 함께 온 오색앵무를 그림으로 그렸다. 송 시대의 비평가였던 주밀周密이 그림을 소장하고 있었다고 한다.

우리 집에 오랫동안 「임읍진앵무도林邑進鸚鵡圖」를 소장하고 있다. 이 그림은 당나라의 정관 시대에 태종에게 바친 것이었다. 고향으로 돌아가고 싶어해서 태종이 두 여성과 함께 보내주었다. 이 그림은 염입본의 진적眞跡이다.[90]

회화에 남은 유명한 흰앵무로는 양귀비가 아꼈던 '설의녀雪衣女'가 있다. 현종이 주사위 놀이에서 질 것 같은 순간 양귀비가 이 앵무를 날려 판을 흩트려서 현종을 도왔다는 이야기가 널리 전해지고 있다.[91] 이 흐

못한 일화는(사마르칸트의 이야기와 같이 신화적인 형식을 지닌 이야기지만) 주방周昉이 기록으로 남겼다.[92]

머리에 열 개의 붉은 털이 있는 아름다운 왕관앵무도 있었다. 이 조공물은 세람섬이나 암본섬에서 가져온 것이다.[93] 우아한 장미색 관모冠毛를 가진 잉꼬(대백앵무)로 광주의 항구를 떠나면 5개월이 걸리는 바다 건너 섬나라, 아마 말루쿠제도의 어느 나라에서 가져왔을 것이다.[94] 이 먼 나라의 사절은 파율고婆律膏(장뇌)와 흰앵무도 조공으로 바치고 그 대가로 말과 구리 팔찌를 요구했다고 한다.[95]

예로부터 앵무를 만지면 질병에 걸린다고 알려져 있다. 이는 앵무열을 말하는 것으로, 앵무의 배설물에 오염된 먼지 등이 폐에 들어가 감염된다.[96] 또한 인도에서 구전으로 전해지는 속설 중에 앵무가 주인을 위해 심부름꾼 역할을 하거나 무절제한 부인들의 스파이 역할을 한다는 이야기도 있다.[97] 그리고 앵무는 포로를 상징하기도 했다. 어설픈 재능이 있으면 자유를 잃는다. 남편에게 자유를 바치는 아내나 군주를 위해 자신의 자유를 내던진 가신처럼, 스스로의 의사로 선택한 이타적인 자유의 상실을 상징하는 새다. 주인을 기쁘게 하는 아름다운 깃털은 앵무를 바로 슬픈 조롱 안에 갇힌 새라는 운명으로 이끄는 불행의 원천이었던 것이다.[98]

타조

타조만큼 한인들을 놀라게 한 동물은 없었다. 7세기에 당나라에 온 것은 단 두 마리였다. 그러나 서기 101년 한나라 시대에 안식국(파르티아)에서 들여온 적이 있었기 때문에 얼마나 대단한 새인지 이야기는 들었을 것이다.[99] 중국으로 가져온 타조는 토하라에서 온 것이었다. 1941년에 멸종이 확인되기까지 시리아와 아라비아 사막에 서식했던 것과 같은 종류였을 것이다.[100] 성장한 수컷은 목과 머리가 붉은색이나 분홍색을 띠고, 몸은 윤기가 흐르는 검은 깃털로 덮이고 꼬리와 깃털은 하얗다. 이것은 페르시아에서 '낙타새ushtur murgh'라 불린 종류로,[101] 이 새의 이름이 중세에 한어로 번역되고 나서 동아시아에서 사용되기 시작했다.

그때까지 타조는 '조지대작條枝大爵'이라 불렸는데 이것은 그리스어나 라틴어 명칭을 연상케 한다.[102] 타조라고 번역된 후 고대의 명칭이 전혀 사용되지 않게 된 건 아니고 620년에 서돌궐 사절이 조공을 가지고 왔을 때의 기록에는 '조지거조條枝巨鳥'라고 기록하고 있다.[103] 그보다 유명한 것이 650년에 토하라에서 바친 '타조駝鳥'다. 날개를 퍼덕거리면서 하루에 300리를 달리고 구리나 철을 먹을 수 있다고 많은 사료에 남아 있기 때문이다.[104] 타조는 구리와 철을 소화할 수 있었다는 점에서 당나라 시대에 타조의 배설물이 약에 사용되었다. 잘못해서 쇠나 돌을 삼켰을 때는, 도저히 약이라고는 생각하기 어렵지만 타조의 배설물을 먹으면 좋다고 되어 있었다.[105]

토하라에서 가져온 아름다운 타조는 선대 태종의 명성을 칭송하는 공물로서 고종에게 바쳐졌다.[106] 지금도 고종의 묘에는 타조 석상이 서 있다.[107] 원산국은 알 수 없지만, 분명 진짜 새를 보고 만들었다고 여겨지는 사실적인 타조의 석상이 예종睿宗의 묘 앞에도 남아 있다.

이백의 시에도 수수께끼 같은 타조가 등장한다.

가을 강어귀 비단으로 장식한 타조	秋浦錦駝鳥
천상이나 인세人世에도 드물다	人間天上稀
그 산닭은 맑은 물 앞에서 당황한다	山雞羞淥水
깃털 옷이 반사되는 것을 감히 마주하지 못한다	不敢照毛衣[108]

꿩은 물에 비친 자신의 아름다운 모습에 반한다는 유명한 이야기를 따온 것이다. 그러나 이 작품 안에서 붉은색·흰색·검은색의 '비단錦'의 이미지를 한 타조는 도저히 꿩과는 비교할 수 있는 상대가 아니다. 실제로 '비단'은 원래 꿩을 표현하는 데 사용되었고, 금색 꿩은 '산계山雞' 혹은 윤기가 반들반들한 예쁜 깃털 색깔에서 '금계錦鷄'라고도 불렸다.[109] 이백이 직접 타조를 봤을까? 아니면 이야기로 들은 새를 노래한 것일까? 그것도 아니라면, 비단 타조는 비범한 재능을 가진 시인이 상상한 새였을지도 모를 일이다.

가릉빈가

가릉빈가迦陵頻伽(Kalaviṅka)와 그 아름다운 목소리는 불교 문학에서 자주 묘사되는데, 그것은 가릉빈가 자체의 매력 때문이 아니었다. 중생에게 번뇌의 괴로움과 이 세상의 무상함, 그리고 진실을 설파하는 부처의 목소리를 비유한 것으로, 그 전형으로 이 새가 자주 사용되었던 것이다.[110] 가릉빈가에 대해서 『일체경음의一切經音義』를 저술한 혜림慧琳은 이렇게 기술하고 있다.

이 새는 설산에 서식한다. 알에서 부화하기 전에 이미 지저귈 수 있다. 그 목소리는 듣기에 좋고 우아하다. 결코 싫증이 나지 않는다.[111]

동아시아의 종교 예술에서 신성한 가릉빈가는 전혀 다른 생물인 킨나라Kinnara와 혼동한 형태로 표현되고 있다.[112] 인도에서 전해진 가릉빈가(이에 대해서는 이미 언급했다)의 춤에서 그것을 볼 수 있고, 지금도 일본에서는 새의 날개를 등에 붙이고 춤을 춘다.[113]

종교적인 비유나 성상학聖像學 안에서만 나타나는 생물을 현실 세계에서 찾는 것은 부질없다고 여길지 모른다. 그러나 그렇지 않다. 9세기 초에 칼링가 사절이 당나라에 와서 앵무 한 마리, 장지Zanj(승기僧祇) 젊은이 몇 명, 그리고 여러 진귀한 향과 함께 가릉빈가를 바친 기록이 있다.[114] 그렇다면, 이 인도네시아산 조류는 대체 어떤 새였을까? 그것을 알려면 인도네시아와 인도에 서식하며 맑고 아름다운 목소리를 가진 새를 찾아야 하는데, 그러한 조건을 충족시키는 새는 무수히 많다. 특정 혹은 변종적인 차이는 있지만, 어느 지역에나 서식하는 새는 많이 있고, 그중에는 아름다운 목소리를 가진 새도 많다. 그러나 12세기의 문인 장방기張邦基가 절강浙江의 불사佛寺에 대해 남긴 기록에서 가릉빈가에 대해 더욱 상세히 알 수 있다.

불전 위에는 두 마리의 가릉빈가가 대들보와 용마루 사이에 둥지를 틀고 있다. 크기는 비겹鸊鷉[115]만 하고 깃털은 감색으로 비취翡翠(물총새) 같은 광택이 있다. 그 목소리는 맑고 높이 울리며, 구슬을 두드리는 듯하다. 해마다 병아리를 부화하는데, 항상 알 수 없는 어딘가로 데리고 가버린다.[116]

신비로운 새는 중국에서 자주 볼 수 있었던 오추烏秋(검은바람까마귀)와 비슷하고, 광택이 있는 깃털은 검은색이 아니라 짙은 청색이었을 수도 있다. 맑고 청아한 목소리는 매우 높이 울려 퍼졌다. 그런 새가 인도네시아의 여러 섬과 인도에 분명히 서식하고 있다. 대표적으로는 일반적으로 '바람까마귀류大盤尾'라 불리는 새[117]를 들 수 있다. 자와섬의 새는 '대만 검은바람까마귀'라 불리며, 광택이 나면서 보라색이 감도는 검은 깃털에 긴 꼬리를 끌고 다닌다. "몇 종류나 되는 아름다운 가락으로 지저귀고 흉내를 잘 낸다"고 기술돼 있다.[118] 이 종류 가운데 인도의 조류는 "동방에서 최고의 목소리를 가진 새"로 일컬어졌다.[119]

이로써 모든 증거가 모였다. 가릉빈가는 인도에 살고 광택이 있는 파란 깃털을 반짝이며 구릉지를 날아다니는 아름다운 목소리로 노래하는 새다. 사람을 무서워하지 않는 이 새는 석가의 목소리를 상징했다. 인도차이나와 운남에 사는 암수 한 쌍은 12세기에 저장성까지 와서 장방기를 놀라게 했다. 그리고 칼링가 왕은 세상에서 가장 아름다운 '바람까마귀'를 훌륭한 자연의 신비이자 충성의 증거로 장안의 황제에게 바쳤던 것이다.[120]

제6장 모피와 깃털

얼룩무늬에 금색과 녹색과 파란색 그리고 붉은 반점
눈부신 빛깔이 뒤엉킨 모습이다.
얼룩말 줄무늬 같고, 표범의 반점 같으며, 공작 깃털 같은 눈,
진홍의 줄무늬가 어울려 있었다.
은처럼 하얀 달빛과도 같이 휘황한 얼룩무늬
숨을 들이쉬고 내쉬면 사라졌다가 다시 눈부시게 빛나네
광휘는 칙칙한 흙빛과 어울려 이리저리 뒤섞였다.
무지갯빛 옆구리를 채색하고
비애의 색을 보이는
그 요물女蛇은 눈물로 회개하는 여자 요정
악마의 애첩, 또는 악마 그 자체로 보인다.
_존 키츠, 「라미아」

동물이나 새에서 어렵게 벗겨낸 모피나 깃털로 몸을 감싸는 일은 인류의 탄생 이후 지금까지 이어져 내려오는 습관이다. 원래 인간이 의류를 손에 넣는 가장 간단한 수단이기도 했지만, 모피나 깃털을 걸치면 따뜻할 뿐 아니라 상징적인 의미에서 인간은 이런 의류를 통해 곰이나 늑대, 혹은 백조가 될 수 있었다. 그렇다. 모피나 깃털을 통해 야생의 아름

다움과 자연의 신비로운 힘까지 지닐 수 있다고 여겼던 것이다.

고대 중국에서는 어깨에 모피를 걸치는 것이 특별한 위엄을 표시했고, '대구大裘'를 걸치는 일은 천자의 특권이었다.[1] 천자는 관을 쓰고 모피를 입고 하늘의 신을 제사 지냈다. 황제가 입는 신성한 외투는 어린 양의 가죽으로 만들었고, 천체와 산, 모든 생물의 상징적인 그림으로 장식되어 있었다고 전해진다.

이윽고 모피는 북방 유목 민족과 한인漢人 병사의 의류, 혹은 북방 주민의 겨울옷이 되었다. 당나라 시대에는 이해하기 어려운 종류의 모피도 있었다. 백여우, 담비, 흑담비, 호랑이 모피는 말할 것도 없고, '천금구千金裘'(천금과도 같은 모피), '자삼구紫森裘'(자줏빛 숲의 모피), '취운구翠雲裘'(전설의 파랑새의 깃털), 그리고 '백포구白布裘'(백마白麻의 모피)까지 있었다.[2] 얼핏 황당한 표현이지만 아마 일부 직물을 사용하거나 안감이나 표면만 모피였거나, 모피의 대용으로 두꺼운 천으로 만들기도 했던 망토나 외투를 말하는 듯하다.

당나라 시대에 모피의 산출량이 가장 많았던 곳은 현재의 간쑤성 일대에 해당하는 농우隴右 지방이었다. 조공 목록에 따라 보자면 간쑤성은 금, 숫돌, 양초, 사향, 목면 외에 "동물의 뿔, 깃털, 피혁"[3]을 조정에 바쳤다고 한다. 기록에 따르면 모피와 깃털에 관해 간쑤성은 다른 성과 비교가 안 된다. 또한 궁정용 모피는 멀리 일본에서도 들어왔다.[4] 서역의 것도 있기는 했지만 모피는 주로 북방에서 들어오는 품목으로 모두 야만적이라는 인상이 따라다녔다.

사슴 가죽

사슴 가죽의 주 수입처는 멀리 호라즘이 유명했다. 호라즘에서 수입한 것으로는 "흑담비, 하얀 모피, 설담비 가죽, 초원여우, 담비, 여우, 비버海狸, 얼룩무늬토끼, 산양"[5]이 있다고 기록하고 있다. 중앙아시아와 당 사이에 어느 정도의 모피 거래가 있었는지는 확실하지 않지만 호라즘의 사절이 753년 장안에 자색으로 물들인 사슴 가죽을 가지고 왔다고 전한다.[6] 궁정에 소속된 장인이 사용한 붉은 사슴 가죽은 "파사(페르시아)에서 양주涼州로 전한 것",[7] 즉 이란에서 광활한 서역을 넘어 당나라의 변경까지 운반해온 것이었다. 이란 사슴은 '큰사슴麋'이라 불렸다. 큰사슴 가죽은 당나라 내에서도 산출되었기에 장화용으로 즐겨 사용했다.

장화는 예로부터 한인들이 애용했다. 장화는 고대에 유목민으로부터 들여온 신발로 주로 군용으로 사용했다. 그러나 원래의 이국적인 성격을 지우지 못했다. 당나라 시대가 되어서도 장사長沙의 예기藝妓가 '자지무柘枝舞'를 다 추고 난 뒤의 모습을 노래한 시에 장화는 이국적인 모습으로 등장한다.

그녀는 야만족(남자) 스타일 부츠를 벗고, 진홍의 얇은 망사를 빼낸다

便脫蠻靴出絳幃.[8]

7세기 전반에 융氈으로 장식한 장화가 나오기까지, 궁정의 성역聖域인 깊은 대전大殿에서는 장화 착용을 금기시했다.[9]

현재 광시성 북부에 해당하는 계주桂州에서 서식하던 '큰사슴' 가죽은

장화용으로는 최고의 재료로 여겨졌고, 당나라 시대에는 지방 공물의 반열에 올랐다.[10] 938년에 복건에서 큰사슴 가죽 장화가 만들어졌다는 기록도 있다.[11] 당 시대의 장화 재료로 귀하게 여겼던 부드러운 큰사슴 가죽은 '큰사슴'과 유사했던 '솔기머리사슴'[12]의 가죽이 아니었을까 싶다. 이 사슴은 송곳니가 길고 매우 작은 뿔이 있다. 예쁘게 생긴 사슴으로 장강보다 남쪽의 해안 지대와 남서부의 고지대에서 자주 발견된다. 그러나 사료에 보이는 기록은 혼돈스럽기 때문에 확실한 것이라고는 말할 수 없다. 적어도 중앙아시아와 이란 일대의 '솔기머리사슴'은 아니었다.

붉게 염색한 사슴 가죽 장화는 당대의 최신 유행이었다. 그 모습은 지금도 일본 나라의 쇼소인 소장품 중 신발 컬렉션에서 볼 수 있다. 진홍색 가죽에 금으로 만든 띠, 은으로 만든 꽃, 진주, 유리구슬 등을 장식한 것으로 쇼무聖武 덴노天皇가 신었던 의식용 신발이라고 알려져 있다.[13] 8세기 후반의 대종 치세 때는 궁정의 궁녀들이 빨갛게 물들인 비단 장화를 신었다.[14] 이것은 궁정의 멋쟁이들을 위해 사슴 가죽을 캄보디아의 자색 래커로 염색해 마치 호라즘이나 계주桂州의 장화인 양 흉내 내서 만들었을 것이다.

무두질한 말가죽

무두질한 말가죽은 당나라의 지배하에 있는 감숙의 회랑 지대, 오르도스, 그리고 몽골에서 지방 공물로 장안에 정기적으로 보내왔다.[15] 말가죽은 고대로부터 화북의 강을 건너는 소형 선박이나 가죽으로 만든 작은 배인 코러클Coracle을 만들기도 하고, '안장깔개鞍褥'[16]의 재료로서 빼놓을 수 없는 것이었다. 나중에 언급하겠지만, 돌궐에서는 말가죽 갑옷을 수입했다.[17] 한인들은 고대로부터 가죽 갑옷을 만드는 습관이 있어서, 당대에도 갑옷 제작에 말가죽을 사용했을 가능성은 있다.

바다표범 가죽

몸에 반점이 있어서 한인들이 '바다표범海豹'이라고 불렀던 '흰띠박이 바다표범'[18]은 먹이를 찾아 오호츠크해 연안에 모여든다.[19] 현종 개원開元 연간 발해와 신라에서 바다표범 가죽을 조공으로 보내왔다.[20]

담비 종류의 모피

고대로부터 이어져온 습관의 연장으로, 당대에도 군복의 장식, 특히 모자에 담비나 비슷한 종류의 동물 꼬리를 달았다는 점은 이미 설명했다. 당대의 고급 관리 중에도 용기의 상징으로 동물의 꼬리를 장식으로 다는 사람이 있었다.[21] 그러나 담비 장식과 관련해서 눈에 띄는 사항으로, 북쪽 변경으로 나가거나 고향으로 돌아가 매사냥과 수렵에 나서는 무모한 청년들도 있었다고 한다.

금 사슬 갑옷을 연결하고   錯落金鎖甲

귀를 덮는 담비 가죽 의복   蒙茸貂鼠衣[22]

이런 스타일의 구절은 당시唐詩에도 자주 나온다. 아름답고 따뜻하지만 피에 굶주린 육식 동물의 성질도 겸비한 담비나 북방족제비 가죽은 상징적이다. 북방의 추위 속에서 마유馬乳를 마시는 야만족이나 적과 야수의 위협으로 시달리는 위험한 변경 지역을 연상케 했다. 이기李頎의 「새하곡塞下曲」에 이런 구절이 있다.

국경 검문소 안문雁門 앞에 펼쳐진 노란 구름떼	黃雲雁門郡
태양이 바람과 모래 뒤에서 기울 때	日暮風沙裏
흑담비 모피를 걸친 천 명의 기병들	千騎黑貂裘
이들을 모두 '깃털 숲의 소년들'이라 부른다	皆稱羽林子
금빛 피리 소리가 북녘 눈바람으로 흐느낀다	金笳吹朔雪
철마는 구름 속 빗물 곁에서 운다	鐵馬嘶雲水
천막 아래에서 포도주를 마시고	帳下飮蒲萄
이것이 바로 그들의 생명을 이끄는 한 촌짜리 심장이다	平生寸心是[23]

당 시대에 군용으로 담비, 흑담비, 북방족제비 등 작은 가죽옷이 대량으로 수입되었다. 변경의 기병대 장비를 보충하기 위해 조정에서는 가죽과 마구馬具를 정기적으로 가죽 장인에게 보급했다.[24] 7세기에는 부드럽고 따뜻한 가죽을 말갈의 서쪽, 돌궐의 동쪽, 거란의 북쪽에 위치한 오라혼부烏羅渾部[25]에서 보내왔다. 그리고 8세기에 접어들면서 송화강松花江과 아무르 지방 말갈족이 때로 천 매 단위로 보내왔다.[26]

표범 가죽

720년, '남천축'(팔라바Pallava 왕조인 듯하다)에서 당나라에 표범 가죽을 바쳤고,[27] 그로부터 4년 뒤에는 신라에서도 표범 가죽을 조공으로 보냈다. 신라의 것은 다리가 긴 아무르 표범의 가죽임이 틀림없다.[28] "추우면 응당 표범 가죽을 덮어야 한다寒宜擁豹裘"라는 시 구절에도 나오듯, 반점이 있는 표범 가죽에 감싸여 잠자는 것은 꽤나 기분이 좋았을 것이다.[29] 그러나 표범 가죽은 따뜻해서 좋기는 하지만 위험하기도 하다. 용맹한 표범의 성질이 그 가죽을 입은 사람에게 나쁜 영향을 주었기 때문이다. 약리학자 진장기에 따르면 "표범 가죽을 깔고 잠을 자서는 안 된다. 영혼이 공포를 느낀다" 게다가 "털이 궤양을 일으키는 부위나 상처에 들어가면 독이 된다"고 경고하고 있다.[30] 그러나 그런 경고 따위 아예 무시하는 사람도 있었다. 도교의 은자였던 장지화張志和는 이에 대해 "표범 가죽에 앉아 종려나무 신발을 신고 낚싯줄을 드리워도 미끼를 매달지 않는다. 물고기에게는 마음이 없기 때문이다"라고 기록하고 있다.[31]

표범 가죽은 당대 문인의 일용품에도 사용되었다. 벼루에 먼지가 들어가지 않도록 씌우는 덮개로는 비단 천을 사용했는데, 천이 먹에 젖는 것을 방지하기 위해서는 표범 가죽 주머니를 사용했다.[32]

사자 가죽

"4월, 서돌궐의 엽호葉護 칸이 사절을 보내 사자 가죽을 바쳤다."

이 기록은 622년의 것이다.[33] 사자 가죽은 니므롯(기독교 성서 『구약』에 '용감한 사냥꾼'으로 나오는 인물―옮긴이)과 헤라클레스에게도 어울리는 전리품이었다.

그 밖의 모피

현종 황제는 외국어胡語로 '쪽빛과 향료'를 의미하는 이름의 동물 모피를 갖고 있었다고 한다. 태종 시대에 먼 나라에서 보내온 것이다.[34] 이 동물은 표범과 추우騶虞라 불린 고대의 사나운 상상의 동물과의 교배로 태어난 것이라고 한다. 모피 색은 페르시아의 쪽빛보다 진해서 수십 리나 떨어진 곳에서도 향기가 났다고 전해진다.[35] 교배한 부모 중 한쪽의 정체를 모르기 때문에 이 동물이 무엇이었는지는 알기가 어렵다. 우생학적으로 성공이라고 할 수 없는 판다熊猫가 아닐까 하는 설도 있다.[36] 다른 가능성으로 우선 생각할 수 있는 것은 티베트의 '푸른곰'이다.

8세기에는 만주 지방의 고지대에 사는 말갈족이 담비의 모피를 보내왔을 때, 설원의 모습을 연상케 하는 면모를 갖고 있는 흰토끼의 가죽도 보냈다.[37]

상어 가죽

상어 가죽은 장강 하구에서 남쪽 연안 지대 어디에서나 구할 수 있었다. 그러나 당나라의 보호령인 통킹의 산물이기도 했기 때문에 여기서는 이국적인 물품의 부류에 포함시켰다.[38] 짬파 먼 바다 해저에는 인어가 살고 있다는 오랜 전설이 있었다. 그들은 진주를 많이 갖고 있어서(그들의 눈물이 진주가 되었다고 한다) 특수한 비단을 짠다고 한다.[39] 그러나 전설의 인어가 몸에 둘렀던 상어 가죽은 그렇다고 해서 특별 취급을 받지 않았고 특별한 용도로 사용되지도 않았다. 상어 가죽으로 갑주를 만들 수도 있었고 거친 표면을 이용해 연마에도 쓸모가 있었지만, 당대에는 실용적이고 장식적인 성질로 보자면 주로 검이나 도의 손잡이를 감싸는 데 사용되었다. 상어 가죽 표면에는 미세한 요철이 있어서 잘 미끄러지지 않았기 때문이다.[40] 금이나 은 등의 귀금속과 무늬가 있는 물소의 뿔로 장식하고, 상어 가죽을 감싼 칼자루를 가진 당대의 검은 지금도 일본의 나라(쇼소인)에 가면 볼 수 있다.[41]

동물의 꼬리

동물의 꼬리는 상징적인 장식으로 동물 그 자체나 해당 동물의 본질을 나타내며, 영험한 기운을 갖는다고 여기는 사람들이 있었다. 도검이 그것을 가진 왕을 상징하고 해골이 적의 영혼이 흘리는 눈물방울을 상징하는 것과 마찬가지다. 그러나 단순히 영예의 상징으로 사용된 꼬리도 있다. 거기에는 티베트에 인접한 당나라의 영토(오늘날 쓰촨성과 간쑤성),[42] 그리고 북쪽의 몽골고원에 있는 당나라의 보호령 등에서도 수입된 야크 꼬리 등이 자주 사용되었다.[43] 서북 지대에서 볼 수 있는 백마의 꼬리[44]와 서역의 늑대 꼬리는 사람의 능력을 초월하는 힘이 있다고 여겼다.[45] 특히 표범의 꼬리는 초자연적인 퇴마 능력이 있다고 굳게 믿었다.[46] 음양가陰陽家는 '표범꼬리신豹尾神'을 믿어서, 황제에 관한 의식에도 표범 꼬리를 사용하라고 권장했다.[47] 표범의 꼬리는 고대에는 군사 장비의 일부였지만 한漢나라 시대에는 궁정의 특정한 구역을 나타내는 표식과 마찬가지로 황제가 행차할 때 행렬의 경계를 나타내는 성스러운 표시로 사용했다. 당대의 황제는 표범의 꼬리를 왕위의 상징으로 삼았다. 붉은색으로 칠한 깃대에 늘어뜨려 전용 가마로 운반했다. 가마를 드는 무관은 관을 쓰고 진홍색 의상에 가죽띠를 매고, 수행하는 병사가 열두 명 붙는다.[48] 꼬리를 운반하는 가마는 조정의 의식적인 행진 때면 어김없이 등장했다. 악령을 물리치기 위해 사용된 표범의 꼬리를 사람들은 숭배의 대상으로 삼았다. 훨씬 나중인 송나라 시대에는 표범꼬리 대신 얼룩무늬를 넣은 상징적인 노란색 천이 사용되기 시작했다.[49]

깃털

새처럼 된다는 것, 그것은 다른 어떤 동물의 흉내를 내는 것보다 인간에게 강한 동경심을 갖게 한다. 고대로부터 사람들은 자유로운 날갯짓과 영혼의 비상, 상상의 세계를 날아오르는 것을 꿈꾸었고, 당대에도 마찬가지였다. 새처럼 비상하는 모습의 발상은 특히 '도교'의 전통 안에서 크게 꽃을 피웠다. 도교가 추구하는 이상적인 모습은 '우인羽人', 즉 우화등선羽化登仙인데, 이것은 도교뿐 아니라 모든 한인의 꿈이었다. 중세의 한인들은 동물 가죽과 마찬가지로 새의 깃털도 자신들을 아름답게 장식할 뿐 아니라, 모습을 바꿔 신선에 이른다는 상상을 자극하기 위해 사용했다.[50]

사람들의 마음속 상상을 충족시키는 동경의 깃털은 아름다운 빛깔이어야 한다. 하와이의 궁정 장인이 꽃 속의 꿀을 빠는 하와이 꿀먹이새의 깃털을 모았듯, 장안의 궁정 장인들은 고려꾀꼬리의 멋진 노란 깃털과 무지갯빛으로 반짝이는 물총새의 파란 깃털을 선호했다.[51] 특히 비취색의 물총새 깃털은 무엇보다 귀중해서, 고대로부터 보석이나 여러 호화로운 장식품에 사용되었고 집을 장식하는 데도 사용했다. 당대 문학에는 천막이나 천개天蓋 등의 큰 것에서부터 반지나 작은 장신구까지 물총새의 깃털로 장식했음을 증명하는 문헌 증거가 풍부하다.[52]

진흙이 진주로 바느질한 그녀의 신발에 들러붙어 있다 　　　　　　泥沾珠綴履

비가 그녀의 물총새 깃털 머리핀을 젖게 한다 　　　　　　　雨濕翠毛簪[53]

이 정도로 인기가 있었던 반짝이는 물총새의 깃털 중에는 멀리 영남에서 운반해온 것도 있었다.[54] 그러나 대개는 당 왕조가 안정적으로 지배하지 못했던 안남에서 가져온 것이 많았다.[55]

새의 깃털은 '그림'에도 사용되었다(저자는 어떤 새의 깃털이 사용되었는지는 모른다). 예를 들어 당나라 사람이 그린 것이나, 혹은 확실히 당나라의 영향을 받고 그린 「조모입녀병풍鳥毛立女屛風」이 대표적이다. 이것은 일본의 쇼무 덴노聖武天皇의 궁녀가 나무 밑에 서 있는 그림으로, 깃털은 그림뿐만 아니라 거기에 써놓은 격언에도 사용되고 있다. 현재는 쇼소인에

소장돼 있다.[56]

그 밖에도 안남의 백로 깃털이 있고,[57] 고대에는 주周나라의 무희가 사용한 의식용 지팡이 장식에도 쓰였으며, 당대에는 군대의 훈장으로도 수요가 있었다.[58] 외국의 황자를 맞이할 때 근위병이 사용한 멋진 장식 중에서도 제7대(노란 바탕에 구름과 꽃이 그려진 상의를 입고 모자를 쓰고 작은 창을 특징으로 하는 부대)의 것은 인도에서 수입한 오색의 앵무 깃털로 만들어서 특히 눈길을 끌었다.[59]

그러나 고대로부터 군대용으로 가장 귀하게 여긴 것은 아름다운 꿩이나 그 부류의 깃털이다. 꿩은 중국에서 왕성하게 번식했고 특히 서부나 남부 지방, 그리고 이러한 지방에 인접한 동아시아 지역에서 그 수가 상당했다.[60] 예를 들어 붉은색 꼬리를 가진 진령산(친링산秦嶺山)의 붉은꿩,[61] 뿔이 있고 깃털에 하얀 반점이 있으며 얼굴이 파란 서부의 테밍크트라고판紅腹角雉[62]을 들 수 있다. 그 밖에 파란색과 검은색 무늬가 있고 볼이 빨갛고 꼬리가 긴 영남의 베트남 꿩인 백한,[63] 간쑤성과 청해青海에 서식하며 하얗고 뾰족한 뿔 같은 깃털을 지니고 파란색이 감도는 회색 깃털이 무지갯빛으로 반짝이는 녹색과 보라색으로 알록달록한 푸른 귀꿩[64]도 있다. 서부와 북서부에서 볼 수 있고 녹색과 노란색 등에 금빛 무늬, 빨간 배를 가진 금계,[65] 그리고 티베트와 중국 서남부에 서식하며 빨강·하양·파랑·노랑·검정과 특히 화려한 녹색 깃털이 빛을 뿜어[66] 아마 어떤 꿩보다 아름다운 종류인 은계白腹錦雉 등 아름다운 꿩 종류가 많았다.

이처럼 화려한 새들 중 어떤 것이 궁정의 장인들에게 그 깃털을 제공했는지 확실치 않다. 그러나 흰색과 검은색 반점과 줄무늬가 있고 정수리가 하얗고 눈가는 검은색이며 매우 긴 꼬리가 특징인 아름다운 갈색 긴꼬리꿩이 중국 고대의 전통에서 종종 사용된 것만은 확실하다.[67] 화북 지방이 원산인 꿩은 고대 왕조 시대부터 아름다운 깃털이 의식이나 군용 지팡이, 군기, 모자 등에 쓰여왔다. 당대로 접어들면서 궁정의 가축우리나 조병창造兵廠에서 수요가 늘었다.[68] 전통적인 훈장, 귀족들의 부채,[69] 그리고 우아한 일산日傘 등에 사용되었을 것이다.[70]

그러나 그러한 장식품도 이국적인 취향의 극히 일부에 지나지 않는다.

공작 꼬리 깃털

공작의 꼬리 깃털은 어떤 새의 깃털보다 귀하게 여겨졌고, 고급 비단 및 충교蟲膠(벌레 분비물 수지인 셸락Shellac) 등과 함께 안남에서 수입했다.[71] 안남 사람들은 '금취金翠' 공작 꼬리 깃털을 모아 부채나 먼지떨이를 만들었는데, 살아 있는 공작의 꼬리 깃털을 뽑는 경우가 많았다. 이렇게 뽑으면 깃털의 색깔이 변하지 않기 때문이라고 한다.[72]

당 시대에는 가마를 관리하던 상련국尙輦局 관리가 국가의 의례적 행사용으로 필요한 150개의 부채에 사용할 공작의 깃털을 모았다. 공작 깃털로 만든 부채는 이전에 사용했던 긴꼬리꿩의 깃털로 만든 부채를 대신한 것으로, 당대에도 진귀한 분위기를 자아냈다(하지만 전혀 전례가 없는 건 아니다). 8세기 초의 조정은 검약을 취지로 내걸고 있어서 공작의 깃털 대신 자수를 놓은 복제품을 사용하게 했다.[73] 황제의 행차 때는 '주화단선朱畫團扇' 외에 공작의 깃털을 가진 네 명의 부대와 여덟 명의 부대가 수행했다.[74] 오도자吳道子의 작품으로 여겨지는 당대 황제의 모습을 묘사한 그림을 보면 공작 부채는 사각형이었던 것 같다. "네모난 공작 부채를 양 팔꿈치 사이에 가로로 놓는다"[75]는 설명이 있다. 공작 부채는 권위 있는 신성한 의식에 다양하게 사용했다. 전대의 황제에게 존호를 붙이는 의식 같은 것이다. 9세기에 이에 대한 기록을 남긴 시가 있다. 궁전의 선정전宣政殿 앞에서 두 황제에게 동시에 존호를 바치는 모습이다.

공작 부채가 갈라진다― 향탁이 나타난다	孔雀扇分香案出
곤룡포가 움직이니― 책 봉투가 나타난다	袞龍衣動冊函來[76]

화려한 공작 부채는 당시唐詩에도 자주 나온다. 특히 온정균溫庭筠의 작품에서는 황제의 위엄과 한가롭고 우아한 상징으로 등장하는 경우가 많다.

제방이 휘어지는 곳 머리 위엔 버드나무	彎堤弱柳遙相矚
'공작' 부채가 흔들리며 향옥을 덮고 있다	雀扇團圓掩香玉[77]

수놓인 향초 들고 천 개의 문으로 몰려든 기녀들	繡轂千門妓
황금빛 안장에 올라탄 수많은 가문에서 온 귀족들	金鞍萬戶侯
얇은 구름이 '공작' 부채에 드리운다	薄雲欹雀扇
가벼운 눈이 흑담비 모피를 더럽힌다	輕雪犯貂裘[78]

물론 이 시에서 말하는 '작雀'이란 '공작'의 약칭이다.

깃털 옷

물론 현대인이 걸치는 아프리카대머리황새의 깃털로 만든 숄이나 타조 깃털로 만든 망토는 마력이 퇴화해 주술적인 효력은 전혀 없다. 그러나 예전에는 온몸을 깃털로 덮음으로써 깃털이 가진 마력을 충분히 몸에 지닐 수 있다고 보았다. 깃털로 만든 흔한 장식품에 비해 깃털로 만든 옷은 사람을 새의 정령, 영적인 형태로서의 새, 혹은 이상적인 모습으로서의 새에 다가갈 수 있다고 보았다. 민간 설화에 나오는 조인鳥人이 새의 옷을 입은 인간인지 떼었다 붙였다 할 수 있는 날개옷을 가진 새인지 잘 알 수는 없지만, 그런 건 아무 상관이 없었을 것이다.

어쨌든 백조 처녀 전설은 전 세계에 퍼져 있다. 원할 때 아름다운 여성으로 변신하거나 구름 사이로 날갯짓하는 새가 될 수 있다는 세련된 생물에 관한 이야기는 정령의 구실을 하는 새의 보편적인 인상을 표상하는 예일 것이다. 그것이 세속 세계에 나타난 형태로 잘 알려져 있는 것으로는 『천일야화』의 「얀샤 이야기」와 「바술라 하산」의 이야기에 등장하는 '새 처녀'가 있다. 또한 페르시아에는 페리의 비둘기 옷을 얻은 바흐람의 이야기가 있고, 인도에도 비슷한 종류의 설화가 있다.[79] 그리고 '새 처녀'와 그 무리, 다시 말해 깃털이 있는 선녀, 도교의 선인仙人 혹은 그러한 존재의 이야기는 중국 고대의 문화에서도 종종 볼 수 있다.[80] 다음은 당대의 예다.

야행유녀夜行遊女는 천제녀天帝女라고도 한다. 별명은 '조성鳥星'이다. 밤에는 날고 낮에는 숨는 모습이 귀신 같다. 털을 옷으로 삼아 새가 되어 날고,

털을 벗으니 여자가 된다. 자식은 없다. 어린아이를 잡아가는 걸 좋아한다. 가슴에 유방이 있다. 어린아이에게 사탕을 줄 때 노천露天에 있어서는 안 된다. 어린아이의 옷도 노천에 드러내서는 안 된다. 털이 옷에 떨어지면 새의 재앙을 받을 것이다. 종종 피를 옷에 묻혀 표식으로 삼는다. 어떤 사람의 이야기로는 출산으로 죽은 사람이 변화한 것이라고 한다.[81]

예로부터 있는 전설은 상상의 세계 외에도 영향력을 드러내기도 한다. 경전을 가져오기 위해 여행을 떠난 당나라의 현장 법사는 인도의 시바 교도를 보고 '해골 목걸이'를 한 사람과 '벌거숭이'인 사람 외에 '공작의 꼬리깃털'을 입은 고행자가 있다고 기록하고 있는데, 어떤 이유로 그들이 그런 복장을 했는지는 확실하지 않다.[82] 이러한 기묘한 풍습은 놀라울 것도 없지만 중국에 실제로 날개옷이 있었다는 것에 대해서는 믿기 어렵다는 생각이 든다. '날개옷羽衣'은 도사道士를 나타내는 은유이고 특히 '우화등선'의 도를 깨우쳤음을 은유한다는 것은 잘 알려진 사실이다. 따라서 지위가 높은 도사가 실제로 깃털로 만든 옷을 입었던 것이다. 시대가 많이 지나고 나서도 그 나름대로의 사회적 지위를 가진 세속의 인간 중에 날개옷을 입은 사람이 있었다는 것을 안다면 상당히 놀라게 된다.

기원전 2세기, 도사가 일으키는 기적에 한의 무제가 매료되어 있던 시대에는 '우인羽人'이 단순한 은유가 아니었다. 예를 들어 연금술사인 난대欒大는 황제가 보낸 '날개옷을 입은 사절'을 대할 때, "날개옷을 입고 밤에 하얀 실로 만든 풀 위에 서서" 옥인玉印을 받았다.[83] 당대의 학자 안사고는 날개옷에 주註를 달기를, "새의 깃털로 옷을 만드는데, 신선이 날아오르는 뜻을 취한 것이다"[84]라고 말하고 있다.

후한의 귀족이었던 조강趙綱은 100명 남짓한 수행인을 거느리고 "화려한 검을 지니고 날개옷을 입고"[85] 잔치에 가기도 했다. 5세기 말 섬세하고 치밀한 세공물을 솜씨 있게 만들었던 남제南齊 왕자가 '갖옷裘'(아마 공작 깃털로 만든 망토였을 것이다)을 만들게 했다. 그것은 "꿩의 머리보다 훌륭한 금취金翠의 빛을 뿜었다."[86] 기록으로 전하는 이야기에 나오는 날개옷을 어떻게 이해해야 할지 의아하다.

7세기 말, 남해군南海郡에서 측천무후에게 "물총새의 깃털로 만든 갖옷"을 바쳤다. 그것은 "보통 물건과 달리 진귀하고 아름다웠다." 측천무후는 이것을 총애하는 신하에게 주었다. 이 가신은 다른 궁정의 관인에게 자색 누비옷과 그의 갖옷을 걸고 주사위 놀음을 제안했다. 측천무후는 물총새의 갖옷은 누비옷과는 비교가 안 될 정도로 값어치가 있다며 설득하려고 했다. 하지만 도전을 받은 궁정 관인 쪽에서 긍지 높은 가신의 누비옷은 단순히 무후의 총애로 얻은 데 불과한 예쁜 갖옷 따위와 비교해서는 안 된다고 분연히 말했다.[87] 이 자색 옷의 주인인 궁정 관인의 태도에서, 총애가 아니라 조정에서 정당한 역할을 하고 있는 인물의 높은 기품을 볼 수 있다. 보수적인 정통파인 그는 우화등선을 원하는 고대의 도사가 입은 날개옷이 가진 '환상'의 힘을 간파했다. 마치 청교도가 가톨릭 사제의 관이나 외투에 압도되듯이, 날개옷에 정신이 팔려 있는 관리를 멸시했던 듯싶다.

더욱 신뢰할 수 있는 기록으로는 다양한 새의 깃털로 된 치마를 두 벌이나 지은 솜씨 좋은 당나라 공주가 있었다. 그것은 "정면에서 보면 하나의 색, 비스듬히 봐도 또 다른 색, 낮에는 나름의 색, 그늘에서 보면 또 다른 색, 수없이 많은 새의 모습이 모두 하나의 치마에서 보이는" 것이었다. 이 공주는 백수百獸('百'은 단순히 많다는 의미의 숫자)의 털을 사용한 안장도 만들었다. 보수적인 유학자는 이것을 '복요服妖'(요사스러운 옷)라 며 꺼렸지만, 깃털로 만든 치마는 선망의 대상이었기에 고관이나 유복한 사람들은 이 옷을 흉내 내어 지어 입었다. 이 유행으로 "강江·영嶺 지방 의 진귀한 짐승과 깃털을 가진 새는 거의 다 잡아버릴"[88] 정도라는 소문 이 돌 지경이었다.

현종이 공물로 받은 부드러운 금색 깃털로 만든 '봉황의 금빛 깃털' 이 야기는 좀 더 나중 시대에 생긴 이야기로 출처가 분명치 않다.

궁정에서는 여러 의상에 깃털을 장식했다. 깃털은 밤이 되면 밝은 빛을 뿜 었다. 하지만 옷이나 휘장을 만들기에 충분한 양을 얻을 수 있는 사람은 양귀비뿐이었고, 그것들은 태양빛처럼 눈부셨다.[89]

당연한 일이지만 도교의 신봉자였던 현종과 선녀 같던 양귀비의 궁정 에는 날개옷 전설이 넘치고 넘쳤다. 양귀비가 현종을 위해 춤을 추었다 는 유명한 「예상우의곡霓裳羽衣曲」은 선경仙境의 음악으로, 이 곡에는 날개 옷이 어울려 춤을 출 때는 빼놓을 수가 없었다. 전설에 따르면, 현종이 밤하늘에 떠 있는 월궁月宮에서 선녀들이 이 춤을 추는 것을 보고 곡을 짓고는 그 옷을 빗대어 곡명을 붙였다고 하지만, 실제로 이것은 중앙아 시아 힌두교 브라만에서 유래한 곡을 편곡해 현종이 제목을 붙인 것이 다. 11세기의 과학자 심괄沈括은 어떤 고각의 상인방에는 지금도 "당나라 사람이 가로쓰기를 한 범자梵字와 비슷한 문자가 있다"라고 주장했다. 문 자는 해독할 수 없지만 예상보霓裳譜라고 전해지고 있다.[90] 이 구전이 틀림없다면 이것은 브라만 원곡인 음악을 서역 문자로 쓴 것일 듯하지만 확실하지는 않다.

어쨌거나 당시의 춤과 음악은 이미 없어진 지 오래였다. 그러나 '예상우의무'의 명칭, 그리고 이 곡과 월궁의 선녀, 새인간鳥人間, 현종 및 양귀비와의 관계는 지금도 살아남아서 중국뿐 아니라 일본에서도 노가쿠能樂(가면극 음악)의 「하고로모羽衣」로 전해지고 있다. 무용극인 「하고로모」의 이야기는 고대로부터 어느 나라에나 보편적으로 있는 것이다. 선녀의 날개를 훔친 인간의 이야기와 부분적으로 비슷하다(이 '백조 처녀' 전설의 당나라 버전에서는 주인공 여성이 백학白鶴이고, 백학이 사람 모습이 될 때 하얀 비단옷을 입는다).91 일본 가면극의 「하고로모」에서는 당대 '예상우의무'의 영향을 볼 수 있다. 선녀가 날개옷을 돌려받은 사례로 무뚝뚝한 남자 앞에서 이것을 춘다. 「하고로모」의 영어 번역으로 아서 웨일리의 것이 있다.

하늘의 날개옷, 바닷바람에 살랑살랑 나부낀다
미호三保의 소나무 숲 너머
떠도는 섬을 지나 구름을 밟고 난다
아시타카愛鷹와 후지富士산의 준령은 까마득히 멀어
하늘도 안개에 가려 그 모습을 잃는다.92

선녀 같은 양귀비가 무지개 같은 날개옷을 입고 추는 춤이 보고 싶은 심정이지만, 과연 일본에 남은 '무지개 옷'이 당시의 춤을 그대로 보여주고 있는 것인지, 옛날의 아름다운 춤과 비슷하게 만들어낸 것인지는 알 수 없다.

벌레 장식

사치스러운 궁정의 관인이 애용하는 의류나 기물을 장식하기 위해 소속 장인들이 필요로 했던 재료 중에는 상아·옥·귀갑 외에 영남이나 안남에서 모은 '청충靑蟲'이라는 딱정벌레의 일종도 있었다.[93] 금색과 청록색으로 빛이 나서 '비단벌레' 혹은 '풍뎅이'라고도 불리며, 특히 커다란 풍뎅이는 서강西江의 북쪽에 위치한 광시성이 이 벌레의 산물로 유명했다.[94] 아름다운 무지개처럼 화려한 빛으로 반짝이기 때문에 이 지방에서는 물총새나 공작의 깃털과 마찬가지로 여성의 의상에 장식으로 사용했다. 특히 머리 장식에 애용했다. 그러나 겉보기에 아름다움보다 더욱 중요시한 것은 이 벌레가 가진 '사랑의 수호신'으로서의 효능이다. 이 벌레는 "노란 꽃인 황기黃蜀葵 안에 숨어 짝짓기를 즐기기"[95] 때문에 정욕에 감응하는 느낌을 준다고 했다. 이런 효능에 대한 이야기가 마술과도 같이 온 나라 여성들에게 퍼졌다. 이러한 벌레의 효능에 대해 이하李賀는 시로 노래하고 있다.

동굴 같은 방에서 그녀 생각에 더는 참을 수 없구나	洞房思不禁
마치 벌들이 꽃의 꽃술에서 노는 것 같구나	蜂子作花心
재가 따스해지며 향로의 심지는 무너지고	灰暖殘香炷
푸른 녹색의 곤충 머리핀으로 머릿결이 서늘해진다	髮冷青蟲簪
밤이 멀리 가버리고, 램프의 불꽃이 잦아든다	夜遙燈焰短
잠이 깊어지니 작은 호리병도 깊어진다	睡熟小屏深
짝지어 나는 오리의 꿈은 얼마나 즐거운가!	好作鴛鴦夢

이 '푸른 벌레'의 반짝이는 날개는 한국이나 일본에서도 비슷한 역할
을 했다(일본에서는 '비단벌레' 즉 '보석벌레'라고도 불렸다). 그것은 단순히
사람이 자신을 꾸미기 위해서만이 아니라 기물의 장식에도 사용되었다.
나라奈良의 다마무시노즈시玉蟲廚子(7세기의 불교 공예품)는 일찍부터 유명
했다. 쇼소인에는 상아와 수피를 엮은 손잡이, 비단벌레의 금록색 날개
를 장식한 칼집을 지닌 단도가 남아 있다.[97]

　가장 많이 사용한 것은 '푸른 벌레'인데 보석 장인은 다른 벌레를 사
용하기도 했다. 역시 금록색으로 빛나고 벌 같은 모습을 한 '풍뎅이'는 지
방의 여성들이 팔찌나 머리 장식에 사용했다.[98] 특히 5월 5일에 벌레를
모으면 강력한 최음제가 된다고 믿었다. 얼룩무늬가 있는 메뚜기 종류도
(5월 5일에 지렁이와 교미한다고 여겼다) 젊은 여성의 옷 장식으로 유행했
다.[99] 그러나 이런 이야기를 하다 보면, 다른 이국적인 매력 때문인지 환
상적이고 매혹적인 이야기의 세계에 빠져서 헤어 나오기 힘들다는 단점
이 있으니 이쯤에서 멈추자.

제7장 식물

생기 넘치는 과실수 밑동에서 향기로운 수액과 향유가 피어난다.
숲에는 탐스러운 열매와 황금빛 반짝이는 나무껍질,
먹음직스러운 과일이 주렁주렁, 신비한 서쪽 나라 이야기,
진실이라면, 과수원은 맛있는 숲이다.
_존 밀턴, 『실낙원』 제4권

저자는 7세기에 강국(사마르칸트)에서 당에 보낸 금빛 복숭아를 중세 중국의 이국적 취향을 대표하는 물건으로 취급했다.[1] 금빛 복숭아는 먼 조공국으로부터 운반해 와서 궁정의 과수원에 심기에 알맞은 색깔을 띠고 있었다. 금빛 복숭아는 일시적이든 반영구적이든 아무튼 중국에서 재배된 모든 외래 식물을 대표하는 과실이라 해도 무리가 없을 것이다. 그렇다 하더라도 금빛 복숭아를 궁중 과수원 이외의 장소에 심었는지, 7세기 이후에도 중국에 있었는지에 대한 기록은 없다. 의식적으로 사마르칸트의 복숭아를 흉내 내서 재배했던 건지, 글도 모르는 정원사가 우연히 그런 복숭아를 만들어냈는지는 알 수 없지만 아무튼 '금빛 복숭아'가 중국에서 재배되었다는 사실은 주목할 만하다. 복숭아나무를 감나무에 접목하면 금빛 복숭아가 열린다고도 했다.

금빛 복숭아의 재배법을 알고 있던 사람은 꼽추 곽탁타郭橐駞라는 이였다. 그는 중국 역사에서도 가장 유명한 장안의 정원사였다. 유종원柳宗元의 글에 따르면, 곽탁타의 표표하고도 신선과도 같은 작업 모습이 장안의 귀족들 사이에서도 인기를 얻고 있었음을 알 수 있다.[2] 감柿 색깔이 나는 복숭아에 대해서는 곽탁타가 저술했다고 여겨지는 『종수서種樹書』에 기록이 남아 있다.[3] 확실히 곽탁타가 저자로서 적합한 인물이라고 할 수 있지만, 현존하는 기록을 연구한 결과로 이 서적은 원元 시대의 저작으로 여겨지고 있다. 유종원이 만들어낸 꼽추 곽탁타의 모델이 된 인물이 있었다 하더라도, 그가 소그디아나에서 수입된 것에 필적할 만한 금빛 복숭아를 재배했는지 여부는 매우 의심스럽다. 그 진위는 차치하고, 유종원이 솜씨 좋은 정원사의 이름을 사용한 것은 『종수서』의 가치를 상당히 높였을 것이다.[4] 곽탁타라는 이름은 이국적인 식물과 관련해 앞으로도 여러 번 더 등장할 것이다.

아무튼 조정에 바친 복숭아 묘목을 왕궁 이외의 장소에도 심었거나, 곽탁타 같은 정원사가 그것을 번식시키고 똑같은 품종을 만들었을 가능성은 배제할 수 없다. 이국적인 식물은 조공물로서 국외에서 들여와 온나라에서 재배되기 시작했다. 647년에 당나라의 조공국에서 채소류를 가지고 온 이후로, 식용과 관상용 등 다양한 신종 식물이 장안에 들어왔다. 그리고 그 식물들의 이름과 성질이 꼼꼼하게 기록되었다.[5] 그대로 중국으로 귀화한 식물이 된 것도 많다. 조공물로서 조정에 바친 것 이외에도 귀족 계급의 사람들이 재물을 털어 사들여 중국 땅에 뿌리내린 수입 식물도 있다. 9세기 초 광주로 부임하는 친구에게 보낸 장적張籍의 시를 보면, 수입 식물의 귀화는 신종이 많이 들어왔고 특히 열대의 아름다운 꽃과 식물을 들여올 수 있는 기회가 많았던 화남 지방에서 신품종 수입이 왕성했던 것 같다.

외국 꽃들, 겨우내 오랑캐가 가져온 식물들 가득하네	海花蠻草連冬有
어디를 가더라도, 그것들로 가득 찬 정원들이네	行處無家不滿園[6]

또한 화남 혹은 장안에서, 당 왕조의 비호를 받으며 생활하던 외국인이 심은 관상용 식물도 있었다. 유럽에서 아메리카로 건너간 이민자가 패랭이꽃이나 앵초櫻草, 그리고 튤립을 재배하고 싶었던 것과 마찬가지로, 당나라의 외국인도 고국의 꽃을 그리워했을 게 분명하다. 당대에는 조경 설비도 수입된 듯 보이지만, 지금은 그것이 어떻게 들어와 영향을 끼쳤는가를 밝히기는 어렵다.[7] 오랜 역사를 가진 중국에서는 조경 설계도까지 저항 없이 받아들였다. 미사여구를 늘어놓기 좋아하는 사마상여司馬相如의 서사시를 읽어봐도 알 수 있지만, 늦어도 한대漢代 이후의 궁전 정원은 마치 천자의 통치라는 주문呪文을 식물에게 건 듯, 자연계를 가둔 마법의 축소판 같은 세계관을 보여주고 있다. 한나라 시대 이후에는 원예의 즐거움이 일반에도 퍼졌다. 궁정의 이름난 정원이 그 전설적인 명성을 잃지 않았기에, 일반인의 정원도 그러한 거창한 정원의 이국적인 분위기를 조심스럽게 따라했다.[8]

영국인이 시를 지을 때, 영국 원산의 식물 이름이 더 깊이 감정을 자극한다고 한다. 하지만 영국인에게 친숙하지 않은 이국적인 식물은 시에서 작은 흥분과 변화를 주는 정도의 효과밖에 없다고 제프리 그리그슨은 말한다.[9] 그것은 중국에서도 마찬가지였다. 봄소식을 전하면서 새로운 분위기와 희망을 약속하는 매화, 번식과 불로불사의 전설을 나타내는 복숭아는 긴 전통 속에서 사람들의 감정과 깊이 연결되어 있었다. 여지荔枝는 한나라 시대부터 화북에까지 알려져 있었다. 당시唐詩의 세계에서도 이국적이고 산뜻한 색채감이 있는 감미로운 향기가 나는 과일로 여기기는 했지만, 일상적인 꿈이나 정열과는 그다지 관련이 없는 과일이었다. 이 책의 주제인 금빛 복숭아로 대표되는 고귀한 과일과 꽃에 이르러서는 더 말할 나위도 없다. 당나라 사람들의 상상의 세계에서 태어나는 금빛 복숭아는 현대에 비견하자면 남국의 해변에 흐드러지게 피어나는 무궁화와 별다를 바 없었을 것이다. 백합이나 장미는 원산지에서는 고귀한 꽃이었을지 모르지만 지금은 흔하게 볼 수 있는 식물이 되어버렸다. 그렇더라도, 금빛 복숭아는 결코 그렇게 흔한 존재가 아니었다.

식물의 보존과 번식

현종의 총애를 받던 양귀비는 신선한 여지荔枝를 좋아해서 영남에서부터 파발마를 바꿔가며 실어 날랐다. 여지는 하루만 지나도 변색이 되고 이틀이면 맛이 변하는 과일임에도 불구하고, 양귀비가 있는 장안까지 색은 물론 맛도 손상되지 않게 실어 왔다.[10] 과연 어떻게 운반해온 것일까?

먼저 고창高昌에서 고비사막을 넘고도 신선도를 유지한 상태로 장안까지 운반해왔던 맛있는 말젖포도馬奶葡萄에 대해 언급해두겠다. 어떻게 교묘하게 이것을 운반했을까? 당대唐代의 문헌에는 그 방법이 적혀 있지 않지만, 유추의 단서가 되는 기록을 몇 가지 볼 수 있다. 9세기에 수출되었던 호라즘(화심국火尋國)의 수박은 눈雪과 함께 납 용기에 담아 운반했다.[11] 그렇다면 서역의 포도 역시 가까운 천산天山의 눈과 얼음에 채워 운반하지 않았을까 추측할 수 있다. 그러나 이 방법은 중국의 최남단 지대에서 운반해야 하는 여지에는 적용할 수 없다. 그렇다면 그것과는 다른 저온 운반법이 분명 있었을 것이다. 또한 먼 나라에서 어떻게 식물을 운반해왔는지도(씨가 들어온 게 아니고) 제대로 추측하기 힘들다. 명확한 답은 얻을 수 없을지 모르지만 아무튼 당나라의 냉각법과 식물의 보존 관습에 대해 대충 살펴보자.

14세기 전반의 시인 홍희문洪希文은 현종과 양귀비가 여름 더운 날 시원하게 지내는 장면을 묘사한 그림을 보고 「명황태진피서안락도明皇太眞避暑安樂圖」라는 시를 지었다.[12]

금빛 수수 멜론이 이미 얼음 대야에 잘려 있다	已剖冰盆金粟瓜
얼음물이 빙빙 돌면서 섞인다─ 냉차를 시음해본다	旋調雪水試涼茶
왕과 왕비가 뜨거워진 걸 아직 모르는 궁녀들은	宮娃未解君恩暖
여전히 우물에서 푸른 두레박에 물을 퍼 올린다	尚引青翠汲井花[13]

참으로 미련한 시녀들이다. 현종이 양귀비와 단둘이 오붓하게 있고 싶은데 시녀들이 눈치가 없었던 것이다. 유감스럽게도 이 그림은 작자도 연대도 알 수 없기 때문에 송宋 혹은 원대元代의 작품일지도 모르지만, 8세기에 참외나 차를 얼음으로 차갑게 했다는 증거는 되지 못한다.

눈을 이용해 차게 만든 차에 대한 증거는 차치하고, 당나라 시대에 얼음을 이용해 음식을 차게 했다는 사실에 대해서는 충분한 사료가 뒷받침한다. 실제로 얼음으로 음식을 시원하게 만드는 습관은 주周나라 시대로까지 거슬러 올라간다. 여름에 얼음을 먹는 사람도 있었다. 진장기는 음식물을 차게 하는 데 얼음을 사용하는 건 좋지만 얼음을 그대로 먹어서는 안 되며, 얼음은 질병의 원인이 되기 때문에 먹지 말라고 조언하고 있다.[14] 당나라 시대에는 오이를 얼음으로 차게 했다. 예로부터 있었던 빙실氷室이나 빙혈氷穴에서 보존하거나 얼음을 채운 용기나 단지에 넣었다.[15] 장안의 여름 풍물을 노래한 시에 나오는 참외와 얼음을 채운 단지(옥으로 만든 것도 있었다)에 대한 언급도 모두 당시唐詩에서 볼 수 있다. "옥호로병 속 얼음처럼 맑다淸如玉壺冰"[16]라는 표현은 당나라 시대 이전부터 진정한 군자의 청렴함을 나타내는 전형적인 표현으로 사용되었다. 또한 유명한 연금술사가 '빙합氷盒'[17]을 만들려면 종유석으로 만든 석회석이 좋다고 언급하고 있는 것을 보면, 일종의 얼음 상자 같은 것도 사용되었을 것이다. 상하기 쉬운 실험용 시약試藥을 여기에 보존했던 것으로 보인다.

빙실이나 빙혈은 궁정에 비치된 장소 가운데 최고로 관리했던 듯싶다. 이것은 궁정의 정원이나 과수원을 담당하는 '상림서령上林署令'의 관할이었다. 해마다 겨울이면 한랭지의 산이나 계곡에서 얼음을 잘라다가 지방 장관이 장안까지 운반해온다. 사방 석 자, 두께 한 자 반의 얼음덩어리를 여기에 보존했다.[18]

궁정의 즐거움을 제공하기 위해 이 정도의 방법이 있었으니, 과일과 꽃, 그리고 사람들이 원하는 씨 등을 당나라의 지배하에 있는 변방의 나라에서 운반하는 데도 나름대로의 방법이 있었으리라 추측할 수 있다. 수隋나라 양제煬帝는 밀감의 가지를 납으로 밀봉해 사천에서 운반하게 했다.[19] 11세기에는 같은 방법으로 낙양의 고급 모란을 송의 도읍지 개봉까지 실어 날랐다. 이에 대해서는 구양수歐陽脩의 다음과 같은 기술이 있다.

우선 작은 대바구니 안에 모란을 넣고 바구니 위를 싱싱한 잎으로 덮는다. 이렇게 하면 말에 실어 운반할 때 모란이 움직이거나 흔들리지 않는다. 그리고 줄기는 납으로 밀봉해 며칠이 지나도 꽃이 시들지 않도록 한다.[20]

이와 동일한 방법이 당나라 시대에도 사용되었을 것이다. 더구나 9세기 초에는 밀감을 종이에 싸서 운반했기 때문에[21] 다른 채소도 비슷한 방법으로 보호하면서 운반했다고 여기는 것이 틀림없을 것이다.

이러한 운반 방법을 사용하면서 외국으로부터 진귀한 식물을 장안으로 들여왔고, 상림서의 관리가 수령하면 사적인 연회, 공적인 축전, 혹은 신성한 의식 등 황제가 필요로 할 때를 기다렸다.[22] 사마르칸트에서 들여온 금빛 복숭아, 은빛 복숭아도 마찬가지로 "동산과 정원에 심도록 칙령을 내렸"던 것이다.[23]

금원禁苑은 대내大內의 궁성 북쪽에 있다. 북으로는 위수渭水에 인접했고, 동쪽은 산천滻川의 물줄기가 이어진다. 서쪽 끝은 일찍이 한漢의 도성이었다. 주위는 120리,[24] 짐승과 푸성귀와 과일까지 온갖 종류의 식물이 갖추어져 있다.[25]

전 세계의 식물이 모인 황제의 정원과 종묘장은 당 왕조에게 중요한 수목의 공급원이기도 했다. 740년에 화북의 도시를 미화하는 운동을 펼쳤을 때, 현종은 "장안과 낙양 두 수도 및 성 안의 모든 동산 안에 과수를 심었다."[26] 이때 심은 과일나무는 궁정의 정원에서 가지고 나간 것일 가능성이 높다.

금원에는 미치지 못하지만 이국적인 것을 포함해 많은 종류의 꽃이나 과일나무를 모은 대규모 정원을 가진 부자도 있었다. 양귀비의 오빠인 양국충 일가의 젊은이들이 만든 특색 있는 정원에 대한 묘사에서 그 일면을 엿볼 수 있다. 나무로 이동식 정원을 만들고 그것을 나무 바퀴 위에 올려놓고는 "유명하고 이국적인 나무名花異木"를 심었다. 봄이면 이 꽃수레花車를 일반에 공개했는데, 회전하면서 이동해 어떤 각도에서든 멋진 꽃과 과일나무를 마음껏 감상할 수 있게 만들었다고 한다.[27]

마지막으로 '약원사藥園師'가 관리하는 궁성의 약초원도 이국에서 들여온 식물의 큰 공급원이었다. 태의서령太醫署令은 특정 지역의 약초를 키워 채집하는 책임을 지고 있었다. 여기에서는 16세부터 20세까지 젊은이들이 실제로 사용하는 약초를 제공하는 약초원 안에서 '의박사醫博士'의 지도를 받아(의박사는 약물학 강의를 할 뿐 아니라 각종 의학 지식도 가르쳤다) 약초에 응용하는 음양 이론, 약초의 지리학적 분포, 적절한 수확 시기, 약초의 부위별 성질, 유독有毒·무독無毒의 약초, 약의 구성, 그 밖의 지식을 연구했다.[28] 궁중의 약초원은 당나라 사람들이 필요로 하는 다량의 약초에 있어서 중요한 이차적 공급원이었을 것이다.

대추야자

당 시대에 서역에서 들여온 것은 금빛 복숭아, 은빛 복숭아뿐만이 아
니었다. 대추야자도 서역에서 들여왔다. 대추는 예로부터 페르시아 원산
의 음식으로 알려져 있었고, 당은 이것을 수입했다.[29] 9세기의 어떤 문인
은 페르시아에서 광주로 운반해오는 쫄깃하고 달콤한 대추야자에 대해
쓰고 있다.[30] 이미 8세기에는 약초학자가 대추야자는 얼굴의 윤기를 좋
게 하고 건강 증진에 도움이 된다고 주장하기도 했다.[31]

대추는 여러 이름으로 불렸는데, 그중에서도 가장 잘 알려져 있었던
것은 '파사조波斯棗'였을 것이다.[32] 그 밖에도 외래의 별명이 두 가지 정도
있었지만 일반적이지는 않았던 듯하다. 하나는 페르시아어에서 유래한
'골망鶻莽(*gurmang)' 혹은 '굴망窟莽(*khurmang)'이고, 또 하나는 '무루無
漏'다. '무루'의 어원을 찾기는 어렵지만 이집트어 분누bunnu 혹은 그리스
어 포이닉스phoinix가 아닐까 하고 추측하는 학자도 있다.[33]

카스피해에 있는 따뜻하고 비옥한 타발사단국陀拔斯單國(타바리스탄)의
사절이 746년에 당에 '천년조千年棗'를 가지고 왔다고 한다.[34] 하지만 대
추나무를 갖고 온 건지 건조한 열매만 가지고 왔는지는 알 수 없다. 나
무를 가지고 왔다고 해도 장안의 기후에서는 절대로 키울 수 없었을 것
이다. 그러나 9세기에 광주 근교에 대추나무를 심었던 기록은 남아 있
다.[35]

보리수

보리수는 인도의 성스러운 무화과나무 종류로, 그렇게 희귀한 건 아니지만 영적으로 중요한 상징적 의미를 지닌 나무였다. 641년에 인도의 한 왕으로부터,[36] 그리고 647년에는 마가다국摩揭陀國에서 당에 보리수를 조공으로 바쳤다.[37] 마가다에는 진귀한 수목이 많았기 때문에 당에 보리수를 바쳤다 해도 이상할 건 없다. 서셰버럴 시트웰의 묘사를 살펴보자.

> 금향목金香木이 주위의 공기를 파란 꽃향기로 채우는 것만으로는 흡족하지 않다. 이곳은 꽃이 피는 나무들의 낙원이다. 개복숭아나무, 아름다운 장미, 흐드러지게 피는 꽃들은 하늘의 빛처럼 눈부시다.[38]

한어로 된 기록에 따르면 마가다의 보리수 잎은 '백양白楊'과 비슷하고 다른 이름을 '파라波羅(pala)'라 한다고 기록하고 있다. 이것은 산스크리트의 피팔라pippala, 즉 페풀peepul(인도보리수나무)을 줄인 말이다. 이는 깨달음의 나무bodhidruma의 일반적인 호칭으로, 부처가 깨달음을 얻은 곳이 바로 이 나무 아래에서였다. 전설에서는 불교로 개종하기 전의 아쇼카 왕이 비하라의 부다가야에 있는 보리수를 태워버렸는데, 신기하게도 그 재에서 나무가 다시 나왔다고 한다. 이 밖에도 이 나무에는 수많은 고난의 역사가 있는데, 접목을 거듭하면서 지금에 이르고 있다고 한다. 그중에서 가장 유명한 것이 스리랑카의 아누라다푸라에 있는 보리수로, 혈통이 기록에 남아 있는 수목 중에서는 세계에서 가장 고령의 나무다. 보리수는 전 세계적으로 지혜의 상징으로 여겨지고 있으며, 인도에서도 푼다리카Puṇḍarīka나 아수앗타Aśuattha 등의 별명을 가지고 있다. 불교에서 말하는 지혜의 나무는 반드시 보리수만이 아니라 금, 수정, 귀석貴石 등의 광채 나는 물건으로 대표되는 경우도 있다.[39]

불교에 얽힌 전설에 은근히 흥미를 보이던 단성식은 부처가 그 아래에서 깨달음을 얻었던 그 순간의 보리수나무에 대해 말한다. 부처가 깨달음을 얻었을 때 보리수 잎이 떨어져 흩날렸던 일, 아소카 왕이 나무를 태워버렸던 일, 그리고 다시 부활한 나무, 6세기 샤샨카 왕이 이것을 파괴하려고 했던 일, 그리고 다양한 별명 등 나무에 얽힌 신비한 역사를 써서 남기고 있다. 또한 이런 기록도 있다.

나무의 높이는 400자, 그 아래에 은빛 탑이 주위를 빙 둘러 에워싸고 있다. 정원 부근의 나라 사람들은 사계절 내내 늘 향을 피우고 꽃을 뿌리며 나무를 에워싸고 예배한다. 당唐의 정관貞觀 때는 이곳으로 끊임없이 사절을 파견해 절에 보내고 공물을 바치고, 가사袈裟를 보시했다. 고종 때인 현경顯慶 5년(660)에는 절에 비碑를 세워 성덕聖德을 기록했다.[40]

보리수는 당 이전에 이미 중국에 들어와 있었다. 사원의 정원에도 즐겨 심어 부처와 그가 중생에게 설파한 깨달음의 상징으로서 숭배를 받았다. 또한 '보리수菩提樹'라는 한자 이름은 그 밖의 나무, 특히 피나무[41]에도 사용되었다. 성스러운 무화과나무가 인도 가야의 깨달음의 나무에서 파생한 것인지 여부는 알 수 없다. 마가다의 왕이 정말로 깨달음의 나뭇가지를 조공으로 바쳤다면 그 대단한 가지의 특징이 기록으로 남았을 테지만 그런 사료는 없다. 따라서 중국의 성스러운 무화과는 극히 평범한 보리수였지만 멀리 인도에서 가져왔다는 것으로 가치를 부여하며 부처와 연관된 '보리수'로 여겼을 것이다. 그것은 무화과 이외의 동종 수목에 대해서도 마찬가지다.

피일휴는 절강에 있는 천태종 총본산에 심어 사람들에게 숭배를 받은 이국적인 보리수에 대해 '제량체齊粱體'의 칠언절구를 남기고 있다. 절의 이름은 국청사國淸寺라고 했다. 나라가 정화되는, 혹은 나라가 더러움 없이 순수하다는 의미다.

소나무 무성한 숲 길 십 리– '정화된 나라'로 가는 길	十里松門國淸路
연단 위에서 원숭이 먹이를 준다– 보리수나무 아래서	飯猿臺上菩提樹
놀라운 안개비 맑은 하늘에서 떨어지고	怪來煙雨落晴天
그러나 폭포에 부는 바람이 뿌린 물방울이다	元是海風吹瀑布[42]

사라수

사라수紗羅樹라는 이름은 힌디어 살sal에서 유래한다. 노란 꽃을 피우는 아름다운 나무로 중후하면서 짙은 색조의 목재를 제공하기 때문에 인도에서 환영받았다. 특히 사라수 숲이 무성한 벵골 평야 변방의 목재가 인기 있었다.[43] 이 나무 종류는 대체로 인도차이나와 인도네시아에서도 자라고 있으며, 잘 알려진 인도산 사라수보다 튼튼한 것도 있었다(이 것은 현재 마호가니, 보르네오삼나무, 싱가포르삼나무 등 애매한 이름으로 불리고 있다).[44]

사라수는 중세에 중국으로 들어가 널리 퍼지게 되었는데, 목재로 사용한 기록은 없다. 적어도 당나라 시대에는 사용하지 않았다. 이국적이라는 것, 꽃이 아름답다는 것, 그리고 부처의 깨달음과 관련되어 있다는 점에서 보리수와 비슷하게 종교적인 의미로 사람들에게 사랑받았다. 부처는 쿠시나가라 근처에 있는 사라수 숲에서 열반에 들어갔기 때문에 '사라수왕'이라는 칭호를 얻었다. 관음觀音의 아버지가 '묘장엄왕妙莊嚴王'이라 불린 것과 유사하다.[45] 달의 수정궁으로 신비한 여행을 했던 현종은 거기서 하늘을 찌르는 사라수를 보았다고 한다. "잎은 은과 같고, 꽃은 구름 같았다"라고 기술하고 있다.[46]

성스러운 이 나무는 당 이전에 중국에 들어온 듯하다.[47] 수목 일부가 귀중한 조공물로서 받아들여졌다. 519년 시암만에 있는 말레이계의 부남[48] 왕이 양梁나라에 사절을 보내 여러 향료와 "자단紫檀으로 만든 좋은 인연의 상像, 바라수婆羅樹(사라수)"[49]를 조공으로 바쳤다. 그러나 이 나무는 8세기가 되어서도 아직 이국적이라고 느낄 정도로 진귀한 수목이었던 듯하다. 723년, 이옹李邕은 초주楚州의 회음현淮陰縣에 있는 사라수를 기념하는 비문碑文을 남긴다. 7세기 말에 의정義淨도 서역으로 구법求法 여행을 떠났다가 돌아와 그 사라수 옆에 머물렀던 것으로 유명하다. 이옹은 "바라수는 중하中夏의 것은 아니다"[50]라고 했다. '중하'란 중국을 뜻한다.

그로부터 수십 년 뒤 현종의 천보天寶 초에 서역 왕의 사절이 발한나(페르가나)의 사라수 가지 200개를 꺾어서 장안으로 가지고 왔다. 그 상주문上奏文에는 "일반 풀과는 달리 흉악한 새는 둥지를 틀지 않으며, 하늘로 뻗는 가지는 송백松柏에도 뒤지지 않고, 그늘은 복숭아나 자두나무 그늘에 못지않다"[51]라고 말했다. 그로부터 수년 뒤에 대종 치세에는 서역 지방에 주둔하고 있는 당나라의 관리가 사라수를 보냈는데, 이는 자은사慈恩寺에서 울창하게 자랐다. 그로부터 1세기 후에 단성식이 본 것은 이때의 것이다.[52] 송나라 시대 문헌에는 사라수가 빈번하게 나오기 때문에 이렇게 해서 들여온 가지 대부분이 뿌리를 내렸던 것 같다. 따라서 사라수가 많이 들어온 것은 8세기 중엽일 것이다.

사프란(울금향)

울금화鬱金花는 고대에 가장 고급스럽고 귀족적인 꽃 가운데 하나였다. 가을에 그윽한 향기가 나는 보라색 꽃을 피우는데, 원산지는 페르시아와 북인도 근교로 여겨지며, 이런 지역에서는 옛날부터 대량으로 재배했다. 짙은 주황색 암술머리에서 채취하는 향기가 강한 염료는 고대부터 중요한 교역품 가운데 하나였다. 이 꽃은 플리니우스 시대에 그리스와 시칠리아에서 재배했으며, 로마인들은 포도주에 달콤한 향기를 더하는 데 사용하거나 심지어는 극장에 뿌리기도 했다.[53] 로마 여성들은 머리를 염색하는 데 울금향 염료를 즐겨 사용했기 때문에 로마 교회는 울금향을 꺼리게 되었다고 한다.[54] 울금향은 중세에 중국에 전해졌고, 꽃에서 채취하는 향과 꽃가루는 해독제나 향료로서의 수요도 높았지만 염료로 사용했는지 여부는 확실치 않다.[55]

한인들은 이것을 '울금향'이라 했다. 이는 '고대에 의식용 술을 준비하는 데 사용한 울鬱 나무처럼 그윽한 향기가 나는 금색 물질'이라는 의미다. 이미 외래의 강황薑黃을 '울금'이라고 불렸지만, 이 경우에는 접미어 '향香'은 붙이지 않았다. 그러나 양쪽 모두 가루로 만든 것만을 상품으로 다루는 지역과 나라가 많았기에 강황과 울금향은 혼동되는 일도 많았다.[56] 마찬가지로 홍화紅花, 즉 잇꽃도 울금향과 섞어서 상품화하는 경우가 있었기 때문에 종종 잇꽃을 울금향으로 착각하곤 했다. 잇꽃은 울금향보다 시대가 훨씬 이르다. 이 꽃은 인도와 인도네시아에서 수입한 향기 높은 뿌리줄기인 봉아출蓬莪朮, 즉 자울금紫鬱金과 함께 중국에 들어왔다. 자울금은 강황에 가까운 종류로 향료 거래에서 중요한 상품이었다.[57] (중세에는 약, 향료, 훈향薰香이 뚜렷이 구별되지 않았다. 따라서 어떤 식물을 어떤 종류로 분류하는 일은 근대적인 분류법보다는 중세 문화에 맡기기로 한다. 울금을 '약' 항목이나 '향료' 항목에 넣기보다는, 당나라 사람들이 살아 있는 꽃을 알고 있었다는 점을 강조하는 의미에서 이국적인 식물 안에 넣는다.)

울금향은 641년에는 천축(인도)에서, 734년에는 안국(부하라)에서 당에 조공으로 바친 기록이 있다. 이것이 건조한 암술머리였는지 신선한 울금이었는지는 알 수 없다. 하지만 647년의 기록은 상세한 내용이 남아 있다.

가비국伽毗國(카피샤)에서 '울금향'을 조공으로 가지고 왔다. 잎은 맥문동과 비슷하다. 9월에 개화하고 꽃은 부용芙蓉 같다. 색깔은 자벽紫碧이고 수십 발자국 떨어진 곳에서도 향기가 난다. 꽃은 피지 않기 때문에 심고 싶을 때는 그 뿌리를 채취한다.[58]

이때에는 살아 있는 식물을 포기째 당에 조공해왔던 것이다.

아무튼 가공한 울금은 이국으로부터 수입한 것이든 당나라 땅에서 새로 재배된 묘목에서 채취한 것이든, 의류나 향주머니 등에 향을 담는 데 사용되었다. 7세기 전반에 활약했던 시인 노조린盧照鄰은 다음과 같은 시를 남겼다.

한 쌍의 제비 날아가네, 채색 기둥 사이 여기저기를   雙燕雙飛繞畫梁
그물 휘장과 물총새같이 푸른색 침대보에 울금향   羅幃翠被鬱金香59

또한 9세기 만당晚唐의 시인 진도陳陶는 다음과 같은 시구를 적었다.

빛 차양에서 풍기는 향기로운 연기, 울금향   輕幌芳煙鬱金馥60

여기서 상상할 수 있는 향기를 피우는 방법으로 훈향薰香이나 분무식 향기가 있다. 적어도 10세기 초에는 울금으로 만든 향유가 있었다. 당시 기녀들은 매우 값비싼 화장품으로 몸을 꾸미고 침향수沈香水로 옷에 물을 들였으며, 울금유를 머리에 발랐다.61

로마인이 포도주의 향을 더하는 데 사용했듯 당나라 사람들도 울금향으로 술에 향을 낼 때가 있었다. 이백의 시에 그런 술이 등장한다.

울금향이 좋은, 난릉의 향기 그윽한 술   蘭陵美酒鬱金香
빛나는 옥, 호박 빛으로 그득한 잔   玉碗盛來琥珀光62

9세기의 시인들은 색채를 시 안에 이미지로 사용하기를 즐겼고, 새로운 색을 발견하고 싶어했다. 때로는 옛 시인의 작품에서 그 싹을 찾아내는 경우도 있었다. 이하李賀는 이백의 시에 나오는 호박색 술에서 '호박琥珀'을 술의 은유로 사용했다. 이백의 시에는 9세기에 종종 사용하기 시작하던 '울금향'을 은유로 시를 쓴 것이 또 하나 있다.

울금의 가지에, 강둑에 늘어선 나른한 버드나무　　河堤弱柳鬱金枝[63]

이는 적황색으로 타오르는 잎, 오늘날 쓰는 표현으로는 '사프란옐로' 혹은 '노란색을 띤 적황색'의 색조를 가진 매우 밝고 뚜렷한 색을 지녔다. 즉 짙은 '오렌지옐로'쯤 될 듯하다. 그로부터 1세기 후에는 온정균이 "봄나무, 울금색 붉음春樹鬱金紅"[64]이라 읊었는데, 온정균의 시에 나오는 울금의 인상은 이백이 사용한 것만큼 대담하지는 않았다. 한편, 같은 8세기의 시인 이상은李商隱은 모란 꽃잎을 아름답게 춤추는 소녀들의 옷자락에 비유해 "허리를 굽히고 경쟁하듯 춤추는 울금빛 치마折腰爭舞鬱金裙"[65]라고 읊었다. 이 시대에 중국에서 '울금'은 더 이상 이국적인 향기가 아니라 아름다운 색채를 표현하는 단어가 되어버렸던 것이다. 그렇다 하더라도 이런 비유를 만들어낸 염료가 사실 울금이었는지 강황이었는지는 명확하게 알 수 없다.

나가화

당 시대에는 '나가화那伽花'라 불린 꽃도 있었다. 나가푸슈파Nāgapushpa

의 음역인 듯하다. 단성식은 이 인도의 '뱀꽃蛇花'에 대해서도 기술했다.

꽃은 중국의 삼진三秦과 비슷하고 잎이 없다. 꽃은 희고 꽃심은 노란색이
고 꽃잎은 여섯 개다. 배로 운반해 온다.66

그러나 나가푸슈파라는 이름을 가진 인도의 꽃은 여러 종류가 있고,
단성식이 본 것이 어떤 꽃인지는 정확히 알 수 없다. 그는 닥치는 대로
책을 읽어버리는 호사가다운 면모도 갖고 있었다. 불교에 대한 지식도
깊고 불교서도 많이 소장하고 있었는데, 이국적인 꽃에 관한 지식은 실
제 관찰이 아니라 책에서 얻은 것이 많았을 것이다.67 혹시 인도학의 전
문가라면 단성식의 설명만 읽고도 어떤 꽃인지 알 수 있을지도 모른다.

불토엽

마찬가지로 인도의 꽃으로 '불토엽佛土葉'이라는 것도 명확히 어떤 것인
지 확정할 수 없다.68 이 꽃의 견본은 647년 간다라국에서 당에 조공으
로 보내왔다.

하나의 줄기에서 잎이 다섯 장 나온다. 꽃은 붉은색이지만 꽃심은 예쁜
노란색을 띠고 있다. 꽃술은 보라색이다.69

한자명은 산스크리트어 '부다크셰트라Buddhakṣetra'(불국토佛國土)의 의역

意譯으로, 불국토라는 말은 불교 종파와 대승大乘의 종말론에 따라 해석이 다르다. 사람들이 부처의 권위를 인정하고 가르침에 따르는 땅이나 나라를 의미하지만, 우리가 말하는 '신의 나라', 즉 부처의 가르침이 절대적으로 존중되는 신비한 상상 속의 성스러운 나라를 의미하기도 한다. 때로는 열성적인 신자가 찾는 극락, 특히 아미타阿彌陀의 서방 정토를 가리키는 경우도 있었다.[70] 이 성스러운 식물의 다섯 잎은 오방五方의 불토와 정토를 나타냈던 것일 수도 있다. 아니면 부처의 심오한 계획이 각각의 잎에 새겨져 있었던 것일지도 모른다.

수선

중세 한인은 수선水仙을 로마의 꽃이라고 여겼지만, 한자 이름 '날지捺祇'는 그리스 이름인 나르키소스narkissos와 비슷하고, 페르시아어로는 나르기스nargis라 한다. 페르시아 발음이 어원인 듯하다.[71] 단성식의 기록에 따르면, 수선은 꽃이 홍백색이고 꽃심은 황적색을 띠고 있다고 한다. 그는 무엇이든 꼼꼼하게 관찰하는 사람이라서 꽃의 사용법도 같이 쓰고 있다.

그 꽃을 따서 압착해 기름을 만든다. 몸에 발라 풍기風氣을 없앤다. 국왕과 국내의 귀족은 모두 이것을 사용하고 있다.[72]

플리니우스도 수선에서 채취하는 정유精油는 동상凍傷을 완화하는 효과가 있다고 했는데, 동상은 단성식이 기술하는 '풍기'라는 병의 일종이다.[73] 실제로 단성식이 이 꽃과 꽃에서 채취하는 정유를 봤다는 증거는 없다. 하지만 단성식이 남긴 것 말고는 수선에 대한 기록이 전해지지 않기 때문에 그의 기록에 의지하는 수밖에 없다. 그러나 다른 지역에서 온 사람이 그에게 꽃의 견본을 보여주었을 가능성은 있다.

수련

송나라의 철학자 주돈이周敦頤는 수련睡蓮을 찬미한 시적인 수필을 썼다. 당나라 시대에는 너 나 할 것 없이 모두 모란을 사랑했기에, 국화는 청렴한 은자의 덕을 나타내는 꽃이건만 돌아보지도 않았고, 꽃 중의 군자라고 할 수 있는 연꽃을 존중하는 사람은 자기밖에 없을 정도라는 내용이다.[74] 분명 주돈이의 말도 일리는 있지만, 모란만큼의 인기는 없었을지 몰라도 당나라 사람들도 연꽃을 좋아했다. 연꽃을 읊은 시, 특히 작은 배로 연꽃을 따는 풍정을 노래한 시가 많이 남아 있는 데서도 알 수 있다. 태종도 연꽃에 관한 시를 썼고 정사正史인 「태종본기太宗本紀」에도 태종이 (연꽃을 보러) 부용원芙蓉園에 갔다는 기록이 있다.[75] 백거이는 연꽃을 따는 모습을 시로 읊었다.

작은 복숭아 사이에 작은 연꽃 배	小桃閑上小蓮船
반은 분홍색 연을 따고, 반은 흰 연을 딴다	半采紅蓮半白蓮
강남의 사나운 바람이 불고 파도가 이는 듯하다	不似江南惡風浪

여기 연꽃 연못, 내가 누워 있는 소파 앞에　　　　　　　　　芙蓉池在臥床前[76]

시는 만개한 연꽃을 따는 강남의 아름다운 처녀들 모습을 참으로 잘 묘사했다. 처녀들의 피부색을 붉은색과 하얀색 연꽃잎에 비유하는 건 무척 자주 사용되는 시적 표현이다. 말하자면 '월염형주越艷荊姝'나 '오희월염吳姬越艷'[77] 등이 유사한 예일 것이다. 흰색과 분홍색인 천축(인도)의 연꽃은 당나라보다 훨씬 이전부터 알려져 있었는데, 그래도 어딘가 이국적인 풍취가 물씬 풍기는 꽃이었다. 진장기는 "홍련화·백련화는 서국에서 난다. 외국인이 갖고 온다"[78]라고 썼다. 이국적인 정서와 낭만적인 향이 감도는 시제詩題를 즐겨 사용했던 만당晩唐의 시인들이 연꽃을 읊은 시를 특히 많이 남긴 것도 납득이 간다. 그중에서도 유명한 것이 온정균과 육구몽이다. 당 말의 화가들도 연꽃을 좋아했다. 조광윤刁光胤은 사천 어떤 절벽의 꽃과 대나무 그림으로 유명한데, 그의 「부용계칙도芙蓉鸂鶒圖」는 송나라 시대까지 남아 있었다. 마찬가지로 만당의 예술가 주황周滉도 같은 소재의 그림을 두 폭 그렸고 연蓮과 여러 새를 묘사한 그림도 한 폭 남기고 있다.[79]

연꽃에 감도는 이국적인 정서는 인도에서 불교와 함께 유입되었기 때문이다. 당나라 사람에게 연꽃은 불교와 더불어 사랑받았다. 그러나 연을 자발적인 실체의 상징으로 삼겠다는 개념은 불교 이전의 인도 종교에도 있었다. 부처로 모습을 바꾼 범천梵天을 상징하는 연은 진흙탕 속에서 싹이 나도 더러움이 묻지 않은 순수함을 나타내며, 아미타 신앙에서는 서방 정토에서의 재생을 의미했다.[80] 특히 파드마파니Padmapāni가 '연화수보살蓮華手菩薩'로 한역漢譯되고 천태天台의 한 종파인 '연종蓮宗'이 『묘법연화경妙法蓮華經』을 소의 경전으로 삼고 있는 것을 보더라도 대승불교는 연화의 상징과 함께 중국 문화에 침투했음이 분명히 드러난다. 당나라 시대에 큰 영향력을 갖고 있었던 천태종은 4세기 말에 혜원慧遠이 '백련지白蓮池'에서 창설한 것으로 되어 있는데, 이 경우의 '백련'은 '수련'을 말하는 것이다.[81]

한어 자료에 나오는 '백련'이 진짜 연화蓮華(Nelumbo/Nehumbium)였는지 수련睡蓮(Nymphaea)이었는지는 차치하고, 당나라 시대에는 이미 '백련'의 이미지가 확립되어 있었다. 다른 진귀한 식물과 마찬가지로 색다른 꽃은 상서로운 것으로 여겼기에 시인들은 그 꽃을 찬미하는 시를 지었다. 하나의 줄기에서 꽃이 두 송이 피는 것, 꽃잎이 여러 겹으로 되어 있는 것 등은 특히 사랑을 받았기에 화가들도 즐겨 소재로 삼았다. 가장 자주 볼 수 있는 것이 분홍색 연꽃이고 그다음이 하얀 꽃이었다. 우리가 '이중二重'이라고 부르는 백련은 당나라 시대에는 '천엽千葉'이라고 일컬었다. 현종의 대명궁 태액지太液池에 피는 백련이 가장 유명했다.[82]

그러나 이렇게 멋진 백련도 궁정 이외의 장소에서는 피지 않았다. 궁전의 연못에 예외적으로 피는 것을 제외하고, 문학에 자주 등장했음에도 불구하고(아마 하얀 수련과 혼동되었던 것이겠지만) 화북에서는 재배되지 않았던 듯하다. 9세기 시인이자 조경 전문가이기도 했던 백거이가 백련을 절강에서 낙양으로 가지고 와서 심기까지 낙양에는 백련이 없었다고 12세기의 문인은 기록하고 있다. 분명 백거이는 흰 연꽃에 관한 시를 여러 편 썼다.[83] 백거이와 동시대를 살았던 이덕유李德裕는 흰 연꽃에 관해서 부賦를 지은 것은 그가 최초라고 호언했다. 그는 「백부용부白芙蓉賦」에서 "옛사람은 붉은 연꽃紅蕖의 부賦만을 지었고, 백련의 시는 아직 없었다. 그래서 생각하다 못해 이 부를 짓는다"[84]고 말하고 있다. 즉 백련은 9세기까지도 아직 보기 드문 꽃으로, 조경에 열정을 쏟았던 백거이와 이덕유 같은 인물 외에는 거론하지 않았던 것이다. 「백련」이라는 피일휴의 짧은 시는 인도의 이국적인 분위기를 묘사하고 있다.

심지어 버터조차, 나는 두렵네. 그 순수함이 　　　　　但恐醍醐難立潔

참파카 목련만이 향기에 있어서 견줄 것이네 　　　　只應詹葡可齊香

비스듬히 날리는 금가루 그것이 무엇인지 안다 　　　半垂金粉知何似

급류에 몸을 숙인 소녀의 이마가 금빛을 반사한다 　　靜婉臨溪照額黃[85]

소녀의 눈썹에 바른 금가루는 당시 유행했던 화장법으로 연황鉛黃(크롬황)과 자황雌黃(石黃)을 사용해 색을 입혔다.

북반구에서 분홍색 연꽃은 흔한 꽃이고, 백련은 그보다는 보기 힘들지만 볼 수 있는 꽃이다. 하지만 황련黃蓮과 청련靑蓮은 좀처럼 볼 수 없는 꽃이다. 현재 미국에는 황련이 있긴 하지만 북반구 동쪽에서는 보기 힘들다. 당나라 사람들에게 황련은 식물이 아닌 주로 종교 예술을 통해 알려졌을 것이다. 예를 들면 둔황에서 발견한 그림에는 여성형 보살인 타라Tārā(救度母) 혹은 여성적인 느낌을 주는 관음보살의 모습이 있는데, 연분홍색 옷자락에 가슴에는 황갈색 저고리와 회색 허리띠 및 긴 조끼를 걸친 복장으로 묘사하고 있다. 이 보살상은 "다리를 가볍게 꼬고"는 황련 좌대 위에 앉아 있다.[86] 이것은 인도에서 숭배한 보살상 그림이다.

진짜 황련을 송나라 시대에 꽃을 좋아하는 사람들은 알았지만, 당나

황련 자리에 앉은 관세음보살. "이 보살상은 '다리를 가볍게 꼬고'는 황련 좌대 위에 앉아 있다."

라 시대에는 좀처럼 보기 어려운 것이었다. 9세기 중반에 「추일오중관황
우秋日吳中觀黃藕」를 쓴 조하趙嘏는 그 시에서 붉은 연꽃이 흐드러지게 피
어 있는 호수에서 황련을 발견했다고 말하고 있다.[87] 이건 돌연변이였던
것일까? 아니면 조경 기술 수준이 높았던 절강의 뛰어난 원예가가 만들
어낸 꽃이었을까? 어찌 되었든 진귀한 이야기를 다양하게 기록한 4세기
경 책에는 호남의 여러 산과 계곡에 황련이 핀다고 되어 있다.[88] 이것은
아마 연꽃이 아니고 비슷한 종류였거나 더욱 일반적인 꽃인 황수련黃睡蓮
이나 개연꽃이었을 가능성이 높다.[89]

이처럼 황련은 매우 보기 드물어 자연의 신비로 여겨졌다. 한편 황련
보다 더 초자연적인 이미지와 하나가 된 청련은 당나라 시대에는 대부
분 주술적이라고 할 수 있는 방법으로 만들어졌을 것으로 보인다. 하지
만 그렇다고 해서 실제로 청련이 없었다고 단정할 수는 없다. 둔황에 남
아 있는 종교적 그림 족자 안에 연좌蓮座와 신성의 상징으로서 그려진
연꽃은 대부분이 흰색·연분홍·진홍 등으로, 청련은 거의 없다. 그러나
금색 피부를 가진 '티베트 양식'의 관음 그림에서 손에 청련 가지를 들
고 있는 보살 그림이 있다.[90] 또한 토마토같이 붉은색을 비롯해, 여러 산
뜻한 색조로 감싸인 청련 좌대에 앉은 문수보살 그림도 있다. 청련 "대
좌臺座는 사자의 등에 올라타 있는데 사자의 갈기, 수염, 꼬리는 모두 녹
색"[91]이다. 대체로 청련은 신의 위엄을 보이려는 목적으로 묘사된다. 그
정도로 거창한 것이 아닌 평범한 묘사의 경우, 채색한 도기로 만든 '시녀
侍女' 상의 신발 끝에 청련이 장식되어 있는 조각도 둘이나 있다. 이 시녀
들은 이중으로 틀어 올린 머리에 꽃을 꽂고 '메디치 칼라'(목둘레 뒤쪽에
풀을 먹이거나 철사를 넣어 부채꼴 모양으로 세운 이탈리아 스타일의 칼라 ― 옮

간이)로 된 긴소매 상의를 입고 있다.[92]

자연계에 청수련은 없지만 당송 시대의 사료에는 청수련의 재배가 가능하다고 기록되어 있다. 송나라 초기의 백과유서百科類書에는 호주湖州의 염색 가게에서 청련을 만드는 가족의 이야기가 몇 번이나 나온다. (출전은 명기되어 있지 않지만 아마 당나라 시대의 사료일 것이다. 호주는 중국의 조경 중심지인 절강의 북쪽에 있기 때문에 이 이야기는 신빙성이 있다.) 호주의 자사剌史는 청련의 씨를 장안으로 많이 보냈다. 그 씨를 궁정의 연못에 뿌렸는데, 그중에는 분홍 꽃을 피우는 것도 있었다고 한다.

분홍 꽃에 놀라 궁정에서는 염색공에게 편지를 써서 물었다. 그러자 염색공은 이렇게 말했다.
"우리 집에는 대대로 쪽藍 항아리를 지키는 사람이 있습니다. 이 사람이 항아리 바닥에 연 씨를 넣어두었다가 12년간 기다리고 나서 이것을 심습니다. 그때 심은 씨가 청련의 씨라면 분홍색 꽃이 핍니다. 아마도 원래의 연꽃 색깔로 돌아간 듯하며, 이는 그리 놀랄 만한 일은 아닙니다."[93]

이렇게 본다면, 보살이 들고 있던 정토의 연꽃조차 세속의 정원에 피게 된 것이다. 저 유명한 정원사 곽탁타도 푸른 쪽이 들어간 커다란 통에 연 씨를 넣고 짙은 청색의 연꽃을 피웠다고 한다.[94] 몸이 왜소한 꼽추 정원사의 이야기도 단순한 전설이 아닐지도 모른다.

그보다 놀라운 것이 한유의 미치광이 같았던 악명 높은 조카에 관한 이야기다. 그는 도술에 능해서, 나중에 민간전승에서 '팔선八仙'의 하나에 해당하는 한상자韓湘子가 된다. 점술의 수호신으로 추앙받아 죽고竹

鼓와 박판拍板, 혹은 꽃과 선도仙桃를 담은 바구니를 든 모습이나 횡적橫笛을 부는 모습으로 묘사된다.[95] 이 기괴한 젊은이는(9세기의 단성식이 그렇게 기록하고 있다), 모란 뿌리에 자광紫鑛(lac)이나 감홍甘汞(calomel) 등의 시약을 뿌리에 처리하고는 몇 주 뒤에 청青·자紫·황黃·적赤 등 원하는 색깔의 꽃을 마음대로 피울 수 있었다고 한다. 게다가 맑은 보라색 글씨로 시를 쓸 수 있는 꽃잎도 있었다고 한다.[96] 독자 중에는 자양화紫陽花(수국)의 뿌리 가까운 땅에 녹슨 못이나 녹슨 깡통을 묻는 등 간단한 방법으로 철분을 흡수하게 해서 꽃을 파랗게 변색시킨 적이 있는 사람도 있을 것이다. 따라서 젊은 한상자가 꽃 색깔을 변화시킨 것도 놀랍지는 않지만, 로마의 플리니우스가 사용한 방법은 몰랐던 것 같다.

백합을 물들이는 방법도 발명되었다. 줄기 밑동을 흑포도주나 그리스 포도주의 침전물에 담가 색을 물들인다. 그리고 작은 고랑에 심고 주위에 포도주 침전물을 붓는다. 이렇게 하면 자색 백합을 만들 수 있다.[97]

플리니우스의 근거 없는 이야기를 제정신으로 곧이곧대로 믿기는 힘들다. 이 구절의 번역자는 이러한 의견에 동의할 것이다. 여기에 달린 각주는 "여기서 플리니우스는 사치스러운 처리 방법을 자못 진지한 얼굴로 늘어놓고 있다. 참으로 어리석어 언급할 가치도 없다"라고 주석하고 있다.

아무튼 파란색 꽃은 역사상으로도 의혹의 대상이었다. 중국 식물 전문 수집가인 로버트 포천은 런던원예협회 사무국장 존 린들리에게 보낸 편지에서 "파란 꽃이 피는 모란의 존재는 의심스럽다"[98]라고 말하고 있다. 파란 모란은 도사인 한상자의 전설 속에만 존재했던 꽃일지도 모른다. 그러나 개사프란(추수선秋水仙) 부류의 뿌리에서 채집하는 콜히친이라는 독은 동종 이외의 꽃의 뿌리에 돌연변이를 일으키고 꽃잎이 여러 겹으로 된 꽃을 피우기도 한다.[99] 이를 보건대 도사들의 비전祕傳도 당연한 일이 되어가고 있는 듯하다.

청수련

청수련青睡蓮은 극히 평범한 꽃이지만, 한인들에게는 진귀한 꽃이었다. 647년의 기록에는 이렇게 나온다.

가실필국伽失畢國(카슈미르)에서 니루발라화泥樓鉢羅花(nīla-utpala)를 조공으로 바쳤다. 이 꽃의 꽃잎은 연꽃과 비슷하고 둥글다. 꽃잎의 색깔은 파랗고 꽃심은 노랗다. 향기는 수십 걸음 떨어진 곳에서도 맡을 수 있다.[100]

이것은 인도 원산의 꽃으로 '청수련'이라고도 부르고(보편적으로 '이집트 청수련'이라고도 혼동해 부른다), 문수보살이 들고 있다.[101] 국제적으로 통용되는 이름은 Nymphaea caerulea다.

같은 해 가실필국 근처의 "성격이 흉포하고 담요를 옷으로 입고 사는" 계빈국(카피샤) 사절이 구물두俱物頭(Kumuda) 꽃을 바쳤다.[102] 이 꽃은 "붉은색과 흰색이 번갈아 섞여 있고 멀리서도 향기를 맡을 수 있다."[103] 산스크리트어 이름으로 생각하면 이 진귀한 꽃은 백수련白睡蓮이다. 특수한 색깔을 하고 있어서 일반적인 종의 돌연변이였는지도 모른다. 길상천吉祥天과 관음은 하얀 연꽃 위에 앉아 있다. 백수련 좌대에 앉은 관음의 비단 그림으로 10세기의 회화가 둔황에서 발견되었다.[104] 그러나 이 꽃은 단순히 형태만으로 신성과 결부되어 있는 것은 아니다. 꽃 자체가 달의 신 찬드라Candra라고 한다. 찬드라의 별명이 바로 '연화왕蓮華王'(kumuda-pati)이며, 백련은 바로 이 신의 현신現身이었던 것이다.[105] 그런 의미에서 이 꽃의 신성한 가치는 같은 부류에 해당하는 이집트수련과 같은 위상에 두어야 할 것이다. 그러나 문헌과 도해서圖解書로 드러나는 이 꽃은 크고 하얀 연꽃과는 확실하게 구별되지 않는다는 것도 잊어서는 안 된다. 인도의 연꽃은 불교 미술을 통해 한인들에게도 친숙한 꽃이었음이 틀림없지만, 꽃 색이 파란 것도 하얀 것도 당나라를 비롯한 중세 중국에 뿌리내렸다는 증거는 없다. 이 꽃들은 지금도 진귀하고 이국적인 꽃으로 여겨지는 듯하다.

중국에도 토종 연꽃이 있었지만 이것은 훨씬 남쪽 지방에서만 볼 수 있는 것으로 당나라 시대에는 그 존재를 소문으로만 전해 들었던 꽃이었다. 한자 이름은 '수련睡蓮'[106]이지만 실제로는 꼬마수련이다. 작고 하얀 꽃이 피고, 그 이름의 유래에 대해서는 다음과 같은 이야기가 있다.

여름 한낮에 꽃이 피고 밤에는 꽃잎을 다물고 물속으로 들어가버리다가 낮이 되면 다시 나온다. '몽초夢草'는 낮에 오므려 땅속으로 들어가고 밤에 다시 나오기 때문에 정반대다. 몽초란 색이 붉고 동방삭東方朔이 무제武帝에게 바친 꽃이다.[107]

다시 말하자면, 토종 꽃도 다른 나라, 다른 세계의 전설을 닮아간다는 이야기다.

제8장 목재

내 주인께서는 당신 땅의 숲을 경멸하셨다
이국적 유행과 외국 나무에 심취하셨다
어리석으시다! 호두나무 식탁에서 식사를 하다니!
아니야! 붉은 무늬의 마호가니는 내 것이로다
내 방의 놓인 걸상, 책상 모두
험한 파도 넘실대는 바다 넘어 먼 나라에서 온 것이로다.
_토머스 워턴, 「고급품」

당나라 시대에는 일상적으로 사용하는 공예품을 제작하기에 적당한
목재를 얻을 수 있는 다양한 토종 나무들이 있었다. 도낏자루로는 국산
자단紫檀[1]이 있었고, 바퀴 축과 숟가락·젓가락에는 단단하고 결이 촘촘
한 멧대추나무가 좋았고, 장강 남쪽에서 얻을 수 있는 녹나무로는 배를
만들었다.[2] 그리고 중세에 유행하던 아름다운 거문고나 공후箜篌는 사천
오동나무로 만들었다(이 악기의 마감에는 구슬을 꿴 장식과 절강에서 짠 비
단을 꼬아 만든 현絃을 사용한다).[3] 다행히도 이미 중국에서는 '멸종'한 나
무로 제작한 당나라 시대 공후가 정교하게 복원되어 보존되고 있다. 재
질은 오동나무이고, 나전으로 꽃과 새의 무늬를 넣고 23개의 사슴 뼈를

징으로 사용해 현을 걸었다.4 이 악기는 당나라의 뛰어난 목공 기술을 대표하는 작품이다.

당시는 화북보다 화남에 원시림이 많이 남아 있었고, 아열대 지방에는 단단한 수목을 많이 산출했기 때문에 중국의 최남단 땅에서 생산된 목공품은 수요가 높았다. 이들 수목의 대부분은 중국뿐 아니라 인도차이나 지방에서도 자랐기에 '다소 이국적인' 나무라는 위치에 있었다. '광랑桄榔'이라 부르던 영남과 인도차이나산 사탕야자도 그런 수목이었다.5 사탕야자나무로는 배를 만들기 위한 두꺼운 판자를 묶는 섬유와 과자 장인이 사용하는 사고sago(사고야자 전분)를 얻을 수 있었다. 뿐만 아니라 나뭇결이 아름다운 검은 자주색 목재를 만들 수 있기에 특히 주사위판 장인에게서 환영을 받았다.

화남 지방에서는 여러 용구의 재료로 이용되는 대표적인 목재인 대나무가 울창했다. 중원 지대나 화남에는 여러 종류의 대나무가 자라고 있었는데, '반죽斑竹'6으로 만든 물건들은 유복한 귀족의 가정에서 특히 귀한 대접을 받았다. '반죽'은 줄기에 보라색이 조금씩 들어간 얼룩무늬가 있어서 이것으로 수많은 장식품을 만들었다. 특히 품격 있는 붓대를 만드는 데 사용되었다. 일본 쇼소인에 남아 있는 붓은 상아·금·은·자단으로 장식돼 있다.7 이 아름다운 대나무는 통킹의 환주驩州에서 들여왔다.8 인기가 너무 좋았기 때문에 가짜까지 나돌았다. 쇼소인에는 가짜 '반죽'으로 만든 물건들이 남아 있다. 예를 들어, 확인되지 않은 이 가짜 물체는 먹물을 담는 감나무 상자에도 쓰였다.9

8세기 초에는 황족과 대귀족의 궁정과 저택, 그리고 큰 불교 사원의 건축 재료와 가재도구로 '반죽'을 사용해 사치가 극에 달했다. 양질의 목재에 대한 수요가 비정상적으로 높아져 목재를 얻기 위해 막대한 투자가 이루어지면서 산이 벌거숭이가 되었다.[10] 이처럼 사치스러운 수요는 외국의 목재 소비를 늘렸을 뿐 아니라 외국산 목재, 그것도 아름다운 색깔과 좋은 향기를 가진 목재의 수입이 급격하게 증가했다. 귀족들 사이에서는 일상적인 도구들을 보기 드문 외국산 고급 목재로 만드는 것이 유행했기에 대귀족의 집은 남부 지역에서 수입한 나무 향기로 가득 차 있었다. 공주의 원정을 그린 이하李賀의 시에 그들의 사치스러운 모습이 잘 드러난다. 공주와 시녀들은 전쟁에 나가는 듯한 차림새로, 시녀들은 놋쇠 사슬을 엮은 갑주를 입고 금으로 장식한 향나무에 얇은 비단으로 만든 깃발을 펄럭이고 있다.[11] 이렇게 사치를 자랑하는 물건들을 비롯해 나라의 중요한 의식용 도구를 만들기 위해 궁정에 소속된 장인은 진귀한 인도산 목재를 대량으로 필요로 했다. 이러한 수입 목재들은 안남의 보호령과 광주의 항구에서 당으로 흘러들었다. 그중에서도 특히 수요가 많았던 것은 당나라 시대에는 자단紫檀과 종려, 백단白檀(향단香檀으로도 불렸다) 등의 목재다.

자단

"자진단紫眞檀은 곤륜崑崙의 계곡, 반반국盤盤國(말레이시아)에서 자란다. 중화에는 없지만 그곳 사람들은 모두 이것을 갖고 있다."[12]

당나라 시대의 약리학자 소공蘇恭은 당나라 시대에는 어디서나 볼 수 있었던 붉은 목재를 설명하는데, 거의 인도식 명칭인 '자색의 칸다나

candana' 즉 '자단'이라 불렀다. 가구를 만드는 목재로 우수한 자단은 중세 중국에서는 백단이나 종려나무 부류로 여겼기 때문이다. 이 두 나무를 의미적으로 연결하면 '단檀(Candana)'은 옛 한자로 '종려나무櫚木(Rosewood)'를 가리키며, 이 두 단어는 언어학적인 관련이 있다. 중국에서 흔히 볼 수 있는 말레이 자단[13]은 장미목과 유사한 향기가 나는 노란색 혹은 붉은색이 감도는 목재다. 먼 친척에 해당하는 나무가 때로 중세 중국에 들어온 경우가 있었을 것이다. 예를 들면 뛰어난 목재로 사용하는 안다만Andaman Island 자단,[14] 나무에는 아무런 향기도 없지만 가구뿐 아니라 가루로 만들어서 신분(카스트) 표시를 하기 위해 채색용으로 사용하던 인도산 자단[15] 등이다.

사실 자단은 목재뿐 아니라 염료 용도로도 주목할 만하다. 인도산 자단에서 채취하는 염색목은 중세 유럽의 식탁에서는 소스의 색을 내는 데 사용되었다.[16] 당나라 사람들은 말레이산 자단을 염료로 사용해 의류에 색을 입혔다.[17]

자단은 현악기, 특히 비파의 소재로는 최고였다. 당시唐詩에는 자단으로 만든 비파에 대한 표현이 많았다. 맹호연孟浩然의 시에는 금가루로 장식한 비파가 나온다.[18] 나라奈良의 쇼소인에는 아름다운 장식을 입히고 자단으로 만든 비파가 여러 개 보존되어 있으며, 당나라 시대의 작품인 오현五絃 비파(현존하는 유일한 것)는 자단에 나전, 대모玳瑁(거북 껍질), 호박琥珀 등으로 꽃 모양을 만들어 장식하고 있다.[19] '죽림칠현竹林七賢' 중 한 사람의 이름을 딴 '완함阮咸'(진비파秦琵琶라고도 한다)도 그중 하나로, 자단에 역시 나전·대모·호박으로 앵무새 등의 모양을 장식하고 있다.[20]

이 밖에도 아름다운 자단으로 다양한 소품들을 만들었고 지금까지 현존하는 것도 많다. 그중 많은 물건이 쇼소인에 남아 있는데, 부처에게 공물을 바칠 때 사용하던 정방형의 작은 상자는 금가루로 나뭇결 무늬를 그려놓았고, 채색한 꽃 도안 위에 수정 장식판이 박혀 있다. 이 밖에도 금, 녹나무, 채색 상아로 장식한 쇼무 덴노의 협식挾軾(협식脇息이라고도 하며 옆에 놓고 앉아 팔을 얹는 가구―옮긴이), 동물 모양과 꽃모양의 눈을 박은 바둑판, 투명한 귀갑 밑에 금은으로 꽃 장식을 입힌 주사위판, 금과 수정과 녹색 유리로 만든 꽃·새·나비 도안을 넣은 손잡이 달린 향로 등 모두 자단으로 만든 것이다.[21]

사료에는 이외에도 사치품이 여럿 나온다. 9세기의 예로, 반은 보르네오산 녹나무이고 반은 자단으로 만든 한 쌍의 바둑판을 갖고 있던 부자의 이야기가 있다.[22] 역시 9세기 궁정에는 자단으로 만들고 '백옥'으로 지판을 장식한 공명판을 갖고 있던 궁녀도 있었다. 이 악기는 물소의 뿔로 만든 망치로 두드리게 되어 있었다.[23] 시인이기도 했던 승려 관휴貫休는 9세기부터 10세기에 걸쳐 80여 세의 수명을 누렸는데 '적전단赤旃檀' 불탑(작은 크기였을 것이다)에 대한 시를 남겼다.[24] 또한 태종은 왕희지王羲之의 글을 매우 좋아해, 그 글을 족자로 장식하면서 얇은 보라색 비단으로 묶고 백단白檀으로 만든 족자 틀에 넣은 뒤 자단으로 만든 손잡이를 달았다고 한다.[25]

종려나무

'종려나무'는 정확하게는 자단 종류에 속한다. 반들반들하며 짙은 색과 아름다운 얼룩무늬가 전 세계의 가구 장인들에게 사랑받고 있다. 그러나 이름의 유래는 그 향기에 있지 색깔에 있지 않다. 자단류는(짙은 갈색을 하고 있기 때문에 영어로는 blackwood라고 불리는 종류도 있다) 아시아·아프리카·북미의 아열대 지대에서 자라고 있다. 특히 주목해야 할 종은 자바의 말라바르흑단Dalbergia sissoides과 인도의 인도종려나무D. latifolia 및 인도자단D. sissoo이다.[26] 이들 고급 목재 중에서도 특히 인도자단은 아케메네스 왕조 페르시아에서 수요가 높았고, 엘람의 고대 수도였던 수사 거리에서는 히말라야삼나무 및 사이프러스 등과 함께 종려를 호화로운 의자나 침대 틀을 만드는 데 사용했다.[27]

당나라의 가구 장인도 종려나무에 속하는 나무를 사용했는데 그 대부분은 화려목花櫚木(D. hainanensis)이었던 듯하다. 그 이름이 나타내듯이 해남도에서 배를 이용해 광주로 목재를 보냈다. 이 밖에도 인도차이나 원산의 자단 종류도 사용했을 것이다. 8세기의 진장기는 "안남 및 남해에서 산출되고 책상을 만드는 데 사용된다. 자단과 비슷하지만 색깔이 희고 매우 단단하고 좋다"[28]라고 기록하고 있다. 아름다운 무늬가 들어간 목재는 약으로서 원하는 경우도 있었고, 의사는 두통을 치료하기 위해 종려나무 베개를 처방하기도 했다.[29]

백단

백단은 인도와 자와섬 및 순다제도에서 볼 수 있는 작은 기생목[30]을 심재로 삼아 키운 흰색 혹은 노란색이 섞인 색깔의 나무다.[31] 진장기는 백단이 중국산 자단의 노란 목재와 비슷하다는 데서 "단檀 같은 종류의 나무"라고 했다.[32] 사실 '백白'이라고 표현하는 것임에도 불구하고 백단의 자연색은 노란색이다. 향기가 좋을 뿐 아니라 나뭇결이 치밀하고, 나무에서 배출하는 진액이 굳어 나무를 보호하기 때문에 작은 불상이나 우상偶像, 보석 상자 등 치밀한 세공으로 조각한 보물을 만드는 데 환영받았다.[33] 특히 종교적인 의미로 사용되는 것이 가장 큰 특징으로, 남아시아와 동아시아 백단은 고대 근동의 히말라야삼나무와 비슷한 의미를 갖고 있었다. 솔로몬 사원과 이집트 미라의 관 등에 사용된 히말라야삼나무는 영원한 영혼을 상징했다.

당나라 시대에 백단이 주로 어디에서 조달되었는지는 분명치 않다. 원목이나 공예품 등은 인도 등지에서 들어왔지만 실제로 어느 나라와 지방에서 어느 정도의 양이 들어왔는지는 수수께끼로 남아 있다.[34] '타파등墮婆登'이라는 인도네시아의 어떤 나라(아마 수마트라)가 647년에 당에 백단을 조공했던 기록이 있다.[35] 그러나 그 밖의 백단 수입에 관한 사료를 살펴보건대, 조공물로서 '이향異香' 등으로 분류하기 때문에 특정할 수 없다.

백단은 동양 의학에서도 중요한 역할을 하고 있다. 진장기는 백단이 '악귀기惡鬼氣'(더러운 냄새)를 없애는 '살충' 효과가 있다고 했다.[36] 더러운 냄새를 낮게 하는 것은 백단이 배 속에 차 있는 가스를 없애는 구풍제驅風劑로서의 효용이 있기 때문이다. 실제로 중세 아라비아인은 내장의 산통疝痛을 억제하는 데 백단을 사용했다.[37] 백단을 약으로 사용하는 것은 원래 인도의 관습으로, 의료적 효과까지 당나라에 함께 들어왔을 것이다. 인도에서는 가루로 만든 백단을 화장품으로 사용하고 있고,[38] 중세의 힌두교가 퍼진 인도차이나의 국가들에도 이런 화장술이 퍼졌다.[39] 중세에는 약과 화장품의 구분이 뚜렷하지 않았다. 705년에 반랄밀제殷剌蜜帝(파라미티)가 한역漢譯한 밀교 불전인 『능엄경楞嚴經』에는 "백전단白㫋檀을 몸에 바르면 모든 두통을 없앨 수 있다"[40]라고 적고 있다.

백단의 성스럽고도 달콤한 향기는 엄숙한 모습을 한 신성한 느낌을 주며 사기邪氣를 퇴치하는 성질을 가지고 있다. 그래서 백단은 불상을 조성하기 위한 최적의 목재로 여겼기에, 당나라 현장이 본 관음상도 백단으로 조성했다.[41] 동아시아에서는 크고 작은 여러 백단으로 만든 조각상을 숭배했다. 거기서 파생해 백단은 실제 신의 형용으로까지 여겼다. 시방불十方佛 중 남방불南方佛은 '남방 환희계歡喜界 전단덕여래㫋檀德如來'라고 불렸다.[42]

백단에 얽힌 이미지와 느낌은 당나라 이전 시대로 거슬러 올라간다. 인도 불교의 영향력이 강력했던 수 세기 전의 중국에서 시작한다. '단檀'이라는 말은 인도의 어떤 나라 이름으로 357년 기록에 나온다.[43] 나무의 명칭으로서 사료에 나오는 것은 454년이다.[44] 처음 외국 이름은 '칸다나candana'에 가까운 발음으로 '전단㫋檀'이나 '진단眞檀'의 의미를 가진 한어로 음역했다. 중국산 종려나무를 '단檀'이라 불렀기 때문에 그런 음역도 가능했다.[45] 거기서 자연 파생적으로 향기가 높은 목재인 '단향檀香'의 이름도 탄생했다.

불교 문화가 정점에 이르렀던 당에서는 막대한 수의 조각상을 만들었기 때문에 대부분 중요한 조각은 백단으로 조성했다. 『화엄경華嚴經』 '구회九會'의 예언적인 장면을 조각상으로 재현했다. 외국인 불사佛師(유감스럽게도 이름은 전해지지 않는다)가 60인의 장인을 이끌고 백단을 보석으로 장식하면서 완성했다. 현종은 이 멋진 조각상을 광주의 개원사開元寺에 모셨고, 탁발승 감진鑑眞이 이 불상을 목격했다.[46] 마찬가지로 당을 여행한 일본의 엔닌圓仁은 강력한 권세를 자랑하던 이덕유李德裕의 이름으로 희사한 석 자짜리 백단 석가상을 양주의 개원사에서 보았다고 기술하고 있다. 엔닌은 '서상각瑞像閣'에서 이 위대한 인물과 함께(의자에 앉아서!) 차를 마셨다. 서상각은 파사(페르시아)와 쨤파의 상인들의 희사喜捨를 받아 재건된 건물이다.[47]

더욱 의외인 일화로서 불교 승려 불공不空의 이야기도 있다. 현종이 불공에게 기우제 기도를 부탁했을 때, 불공은 "백단 향룡香龍을 태웠다."[48] 고대 중국에서 그랬듯이, 사람을 신 대신 세우든 불공처럼 불상을 사용하든, 모든 경우 기우제에 우신雨神의 영靈을 태우는 습관이 중국의 전통이다. 불공은 이런 관습을 불교적이며 인도식 풍습으로 응용했다.[49]

백단으로 만들어진 실용품은 쇼소인에 있는 팔각상八角箱처럼 작은 것에서부터[50] 이백의 시에 나오는 '전단각栴檀閣'처럼 거대한 것까지 다양했다.[51] 백단은 종교적인 함축성을 가진 나무였을 뿐 아니라 대단한 사치품이기도 했다. 현종은 751년에 안녹산을 위해 장안에 호화로운 저택을 지어주고, 금은으로 만든 일용품 등 사치스러운 물건들을 주었다. 그중에 길이 10자, 폭 6자의 백단으로 덮은 탁자 두 개가 있었다.[52] 더욱 사치스러웠던 것은 872년에 의종懿宗이 경문 강의를 하는 승려를 위해 안국사에 마련한 높은 좌석이다.[53] 이 좌석은 오대산五臺山의 천태사天台寺에 있던 선대禪臺를 잘 다듬어진 백단으로 덮었다. 미풍이 불면 나무 향기가 매우 멀리까지 감돌았다고 한다.[54]

백단은 시인들에게도 부담 없이 이국적인 인상을 제공했다. '단향소檀

香塑'와 '패엽사貝葉寫'55 등의 시구는 그것만으로 인도와 힌두적인 분위기를 만들어냈다(패엽은 팔미라야자 잎을 말하며 과장된 표현이다). 보기 드문 시를 써서 시재詩才를 드러낸 기녀 조난란趙鸞鸞이 사랑을 노래한 염시豔詩에 '단구檀口'라는 구절이 나온다. 여기서 단구란 '백단같이 향기로운 입'이라는 의미다.56

흑단(오목烏木)

인도와 동인도제도의 여러 나라를 원산지로 하며 감나무와 같은 종류에 속하는 고욤나무 유의 수목 대부분이 검고 아름다운 경질의 목재이며 이들을 총칭해 '오목烏木'이라 불렀다.57 '오문목烏文木'으로 칭하는 흑단의 일종은 이미 4세기에 페르시아 상선으로 중국에 수입했다.58 수입 흑단은 12세기의 기록에도 나타나며, 골동품 거문고가 반들반들 검게 빛나는 것을 보고 "외국의 상선이 가지고 온 오문목 같다"59라고 쓴 문인도 있다.

그러나 4세기부터 12세기, 오랜 기간임에도 불구하고 당나라 시대에 흑단이 수입되었다는 직접적인 증거는 없다. 만약 흑단이 8세기에 중국에서 사용된 외국산 목재로서 중요한 위치를 차지하고 있었다면, 흑단으로 만들어진 물건이 쇼소인에 있다고 해도 이상할 게 없다. 쇼소인의 황실 소장품 목록에는 '흑시黑柿'로 만들었다는 육각대六角臺와 경첩을 이용해 여닫을 수 있는 문 달린 가구, 우아한 세공을 한 자尺가 자주 나온다.60 하지만, 이들은 흑단이 아니고 좀 더 색이 엷은 감나무를 소방蘇芳

(다목나무의 목재 속에 있는 붉은 살)의 즙으로 물들인 것인 듯하다.[61] 이에 대해서는 더 깊은 연구가 필요하다.

제9장 음식

호화로운 선박으로 실어 온 감로와 대추
모로코 페스Fez 항구에서부터, 향료를 더한 모든 진미
비단결 같은 사마르칸트에서 레바논의 삼나무에 이르기까지.
_존 키츠, 「세인트 아그네스의 밤」

중세 동아시아 문명에서는 화장품과 약품 사이에 뚜렷한 구별이 없었
다. 음식과 약, 혹은 조미료와 향료도 마찬가지였다. 이것들을 명확하게
구별하려고 들면, 당나라 시대 문화에서 식용으로 할 수 있는 재료가 어
떤 역할을 했는지를 올바르게 이해할 수 없는 상황에 맞닥뜨린다. 그러
한 먹을거리들의 역할이 매우 복잡하기 때문에 재구성조차 어렵다.[1]

모든 음식에는 나름대로의 약효가 있기 때문에, 당나라 시대 학식 있
는 의사들은 식재료를 연구했다. 씩씩하고 건강한 젊음을 오래 유지하
는 것을 목표로 삼는 도사들은 식사가 시간과의 싸움인 노화老化와 밀
접한 관계를 갖고 있다고 보았다. 때문에 그들은 식용으로 사용하는 재
료가 지닌 약효에 각별히 신경을 썼다. 향신료, 그것도 외래의 것은 향이
진하고, 바로 그 향기가 훌륭한 약효를 냈기 때문에 일반적인 약보다 특

히 더 높은 지위를 차지했다. 외국에서 수입한 향료는 호화로운 연회에서 제공되는 음식의 양념 역할도 했지만, 그 이상의 역할도 맡고 있었던 것이다. 그러나 단지 그것만이 아니었다.

향신료와 향료는 의료뿐 아니라 종교 의식에도 사용되었다. 또 일상생활에서도 음식을 보존하고 해충을 방지하며, 독소를 함유하고 있는 공기를 정화하고 몸을 정화하며 아름다운 피부를 만들고, 무심한 연인의 마음에 사랑을 싹트게 하고, 사회적 지위를 높이는 등 다양한 목적에 사용되었다.[2] 향신료와 향료를 단순히 '사치스러운 교역품'이라고 치부해버리면, 단지 부자들만 건강과 미를 추구했던 것처럼 여길지 모른다. 하지만 이처럼 다양하게 서로 얽혀 있는 복잡한 목적이 있었기 때문에 중세에는 외국에서 수입한 향신료나 조미료가 대량으로 거래되었던 것이다. 그런 재료들은 일찍이 마귀를 쫓는 부적, 만병통치약, 그 밖의 다양한 역할을 갖고 있었다.[3]

하지만 식용으로도 사용하는 향료와 향기가 좋은 음식을 임의로 구별하고, 그런 것들이 음식의 조리, 향료나 향, 혹은 약의 어떤 분야에서 가장 중요시되었는지를 토대로 장을 분리해 따로 다루겠다. 좁은 식견을 토대로 한 임의의 분류라 현대적인 용도나 해석은 무시할 수밖에 없었다. 때문에 다소 기묘하게 보일지도 모른다. 예를 들면 정향丁香이나 육계肉桂는 음식으로 분류하고 싶은 재료이지만, 당나라 시대 조리에 즐겨 사용했다는 기록이 없기 때문에 '음식'이 아니어서 10장 '향료'에서 검토할 것이다. 음식보다는 향수나 약의 조합에 많이 사용된 증거가 있기 때문이다.

당나라 시대 행각승이던 의정義淨은 인도네시아와 인도의 요리를 잘 알고 있었다. 그는 향료를 듬뿍 사용한 이들 나라의 요리를 즐겨 먹은 듯, 중국의 것과 비교해 이렇게 말한다.

요즘 사람들은 생선이나 채소를 날로 먹는 일이 많은데, 서국西國에서는 그렇게 하지 않는다. 채소류는 모두 익히고 아위阿魏와 수유酥油(소유蘇油) 및 그 밖의 향료를 섞어서 먹는다.[4]

의정은 예리한 관찰력과 안목을 갖고 있었기 때문에 7세기 당나라의 식사를 이런 식으로 비교해 묘사했다고 생각하지 않을 수 없다. 하지만 그렇게 보자면 의정이 지적한 음식은 오늘날 우리가 생각하는 이른바 중화요리, 특히 화남의 요리와는 완전히 정반대의 성질이다. 의정이 설명하는 당나라 시대의 요리는 간단한 조리법으로 먹기도 하고 생식도 한다는 면에서 현대의 일본 요리와 비슷해 보인다. 소량의 조미료나 미묘한 맛의 소스를 사용한다. 그렇다면 현대 중화요리에서 볼 수 있는 최고의 조리법은 비교적 새로운 것이고, 당나라 시대에 외국에서 수입한 식재료, 특히 인도 그리고 사막과 바다에 떠 있는 섬나라 중에서도 인도화한 나라들에서 영향을 받기 시작한 무렵부터 그런 조리법이 생겨나기 시작했다고 볼 수 있다.

실제로 당나라 시대의 식습관에 대해서는 그다지 잘 알려져 있지 않다. 이번 장에서는 주로 몇 가지 예를 들어 설명함으로써 당나라 시대에 어떤 음식을 먹었는지를 추측하는 정도다. 그 조리법에 대해서는 언젠가 역사 전문가가 연구해주기를 기다리는 수밖에 없다.

당시 기장, 쌀, 돼지고기, 콩류, 닭고기, 자두, 양파, 죽순 등을 즐겨 먹었다는 것은 알려져 있다. 지방 요리의 기록도 있고, 개구리(세련된 화북 사람들은 남방인이 개구리를 즐겨 먹는 것을 경멸했다는 기록이 있다),5 광주 지방의 '서미병西米餠'(사고야자의 전분으로 만든 간식)6이나 술에 담근 굴,7 절강의 '밤가루 음식'8 등은 모두 당시 화남의 향토 요리다. 지방의 음식 이 궁정이나 수도에 사는 사람들의 입에 맞으면 그런 것들은 토공물 목 록에 들어가게 되고, 궁정의 주방에도 정기적으로 보낸다. 산시성陝西省 남쪽에서 채취하는 하산夏蒜(달래), 간쑤성 북부에서 보내온 사슴 혀, 산 둥성 연안의 문합文蛤, 장강 유역의 당해糖蟹(게), 광둥 조주潮州의 '해마海 馬'(바다사자), 안후이安徽 북부의 술지게미에 담근 '조백어糟白魚', 후난성 북 부의 '독사白花蛇'를 말린 고기, 산시성陝西省 남부와 후베이湖北 동부의 술 지게미에 오이를 담근 '조과糟瓜', 저장성의 말린 생강, 산시성陝西省 남부 의 비파와 앵두, 허난河南 중부의 감, 그리고 장강 유역의 '자등刺橙'(감귤) 등이 유명했다.9

당이 그 판도를 넓혀 새로운 땅과 이색적인 문화를 통치하게 되면서 이오伊吾(하미哈密)의 '향조香棗'(향대추),10 고창의 조공물로 유명한 사막에 서 서식하는 잎 없는 콩과식물에서 채취하는 '자밀刺蜜',11 구자龜玆의 '파 단행巴旦杏'(아몬드),12 안남의 바나나와 빈랑檳榔13(말레이어 이름 Pinang을 한어화한 것이다) 등 장안에서 구할 수 있는 진귀한 맛과 새로운 음식 종 류도 늘었다(조정에서의 유행을 귀족들이 바로 따라 하기 때문에 당연히 그 외 의 지방에서도 수요가 늘었다). 이들 먹을거리와 진미에 속하는 그 밖의 식 품은 일시적으로 '반半 외국 수입품'으로 분류했다. 문화적으로는 외국 수입 식품이지만 정치적으로는 당에 속하는 지역에서 산출하는 식품이 라 그렇다. 이러한 식품들이 세월의 흐름과 함께 중국의 문화 속으로 흡수되어 더 이상 진귀하지 않게 되었다. 이후에 진짜 '외국 수입'의 진귀한 먹을거리가 들어왔다.

먹을거리 수입은 약과 마찬가지로 처리되어 정부의 엄격한 감시 아래 이루어졌다. 국경에서 들어오는 외국인 중에 조공물로서 약이나 맛을 위한 색다른 먹을거리를 가지고 오면, 그 상품을 봉인하고 내용물의 명칭과 숫자를 명기하고 담당 관청도 정해진다. 담당 관청에서는 그것을 조사해 적절한 담당 관리를 통해 시장에 넘긴 뒤 그곳에서 가격을 결정한다.[14] 외국 수입의 특이한 맛 중에서도 최고의 것은 '상식尙食'이라 불리는 담당 관리의 판단에 의해 궁정의 식탁에 올랐다. '상식'은 여덟 명의 '식의食醫'와 16명의 '주식主食'과 함께 계절별로 금기를 지키면서 천자를 위한 호화로운 식탁, 나라의 다양한 연회에 적합한 식사, 비공식적인 연회 등에 수입품을 올린다.

> 음식을 진상할 때는 반드시 먼저 맛을 봐야 한다. 천하의 여러 주州에서 바치는 감미, 자미, 진미, 진귀한 것은 모두 그 명칭과 수를 식별하고 이것을 엄격하게 비축했다가 때와 장소에 맞게 제공한다.[15]

이러한 진귀한 식품이 궁정 이외의 사람들에게도 확산되고 지방 도시와 도회지에서도 환영을 받게 됨에 따라 거래가 활발하게 이루어지기 시작했다. 지금부터는 이러한 진미에 대해 설명해보겠다.

포도와 포도주

세계의 다른 여러 나라와 마찬가지로 한인漢人들도 곡물 재배를 시작한 이래로 곡물로 발효한 음료와 친숙했다. 빵으로는 맥주를 만들 수 있지만, 중국에는 조·쌀·보리로 만드는 맥주(우리 감각으로는 와인이라 부르는 게 더 어울리는) 외에 평소에 마시는 음료, 과즙과 마유馬乳로 만드는 쿠미스,16 그리고 생강주와 벌꿀주 등의 미주美酒17 및 신에게 바치기 위해 향료가 들어간 술 등이 있었다. 고대로부터 전해지는 주류 중에는 당나라 시대에 양조된 것도 있지만 오랫동안 만들지 않아 제조법이 유실된 것도 있다. 그러나저러나, 알코올음료의 주원료는 어디까지나 곡물이었다.

외국 수입 음료도 많이 있었는데, 그중에는 이름만 알려진 것도 있다. 기록에 의하면 짬파에서는 빈랑의 수액으로 술을 만들었고,18 가릉국(칼링가)에서는 야자의 꽃에서 짜낸 즙으로 종려주를 빚었으며,19 당항강党項羌(탕구트)은 특정 보리를 수입해 맥주를 양조했다고 한다.20 그러나 서역에서 들어온 포도주를 제외하고는 중국에서 외국산 술을 맛있게 마셨다는 증거는 없다.

한대漢代 초기에 서역으로 여행했던 영웅적인 인물 장건張騫은 포도 씨를 가지고 돌아왔다. 그 씨를 한의 도읍에 심었고, 식용으로 아주 조금 재배되었다.21 당나라 시대의 어떤 기록에 의하면 이 포도에는 황·백·흑 등 세 가지 색깔이 있었다고 한다.22 5세기경 둔황 부근에서 많이 키웠던 듯하다.23 그러나 포도는 주요 작물이 아니고, 포도주는 어디까지나 보기 드문 외국 수입 음료였다.

당나라 시대 초기, 이란과 돌궐 등 서역 방면을 향해 당이 파죽지세로 침공한 결과, 포도와 포도주가 잘 알려지게 되었지만, 당시에도 포도라고 하면 서역의 희귀한 외국 수입품이라는 인상이 따라다녔다. 포도송이의 모양은 외국 수입풍 모티브로서 작용했다. 수 세기에 걸쳐 다채로운 색깔의 다마스크 직물 패턴으로 사용되었고, 당나라 시대의 거울 뒤에 조각된 헬레니즘 양식의 포도 무늬는 일찍부터 유명했다.[24] 또한 로마인, 아라비아인, 그리고 서역의 위구르인은 포도 재배 기술이 뛰어났고, 포도주를 자주 마시는 것으로 유명했다.[25] 그러나 당이 서역을 정복한 이후 포도 열매나 즙은 외국 수입품이었을 적의 독특한 맛이 빛을 잃고, '반半 외국 수입품'의 모습, 즉 편도나 빈랑과 마찬가지로 빛을 잃어버렸다. 해마다 장안으로 오는 조공물로서 포도로 만든 다양한 식품을 고창에 요구했다. 건포도에는 말린 것, 주름진 것, 찐 것 등 세 종류가 있었고, 그밖에도 포도 시럽, 그리고 물론 포도주도 장안으로 보냈다.[26]

그러나 무엇보다 중요한 것은 포도주를 만들기 위한 새로운 품종의 포도가 포도주 양조 기술과 함께 중국에 들어왔다는 점이다. 이로 인해 새로운 산업의 기초가 마련되었다. 그것은 유명한 '마유포도馬乳葡萄'다. 마유포도가 들어온 가장 오래된 기록은 647년 봄으로, 돌궐의 엽호葉護 칸이 열매가 길쭉한 자주색 포도를 당나라의 천자에게 조공으로 바쳤다.[27] '마유馬乳'라는 이름은 길쭉한 열매 모양을 나타내는데, '용주龍珠'라 불린 다른 종류의 포도와 구별한 것이다.[28] 장안의 기녀 조난란趙鸞鸞이 여자 몸의 매혹적인 부분을 상징적으로 빗대어 지은 5수의 시 「운환雲鬟」 「유미柳眉」 「단구檀口」 「섬지纖指」 「수유酥乳」 중 한 수에 포도가 사실적으로 등장한다. 「수유」에서 유두乳頭를 두고 '자주색 포도'라는 은유를

포도주가 든 가죽 부대를 들고 있는 외국 상인. "로마인, 아라비아인, 그리고 서역의 위구르인은 포도 재배 기술이 뛰어났고, 포도주를 자주 마시는 것으로 유명했다."

사용하고 있는데, 그것을 이끌어낸 계기가 된 맛있는 과일로서는 좀 더 작고 예쁘게 생긴 포도를 상상해야 할 것이다.[29]

649년에 고창이 정복당하자 '마유포도' 가지가 당에 들어왔다. 그러나 이 포도를 들여온 정확한 연대는 알 수 없다. 마유포도는 궁중의 정원에 심었는데 잘 자라서[30] 7세기 말경에는 장안의 금원禁苑 안에 있던 '포도 원葡萄園'에서 그 후손들을 확인할 수 있었을 것으로 보인다.[31] 이윽고 포도는 궁중뿐만 아니라 일반에게도 퍼져나간다. 심지어 한유는 황폐할 대로 황폐해진 포도원의 주인을 비판하는 시를 짓고 있다.

새로 난 줄기 뻗기도 전에 절반이나 시들어	新莖未遍半猶枯
키 높은 지지대 고달프게 붙들고 있네	高架支離倒復扶
암말 젖꼭지 같은 포도 수북하게 따려면	若欲滿盤堆馬乳
지지대 늘려 용의 수염(넝쿨)을 빳빳이 당겨야지	莫辭添竹引龍鬚[32]

이 시에 나오는 포도원이 어디였는지는 알 수 없지만, 건조 지대인 간쑤성에서는 포도 재배가 활발하게 이루어져 현재도 서량西涼의 포도주는 유명하다. 당나라 시대에 또 하나의 포도 산지는 산서(산시山西) 북부의 태원 지방으로, 소위 '연희포도주燕姬葡萄酒'는 바로 태원 포도주를 말한다.[33] 이처럼 여러 지방의 평판이 좋은 포도밭에서는 많은 품종의 포도를 재배했다. 포도주용 포도뿐만 아니라 10세기에 하동河東(산서)에서는 식용으로 큰 열매가 달리는 포도도 재배했다. 이것은 매우 예민한 과일이었기 때문에 장안까지 운반하는 사이에 안타깝게도 전혀 가치 없는 물건이 되어버렸다.[34]

7세기가 되면서 포도주뿐 아니라 포도도 한인들에게까지 알려졌다. 이에 대해 영양학 전문가가 기록을 남겼다. 맹선孟詵에 따르면 포도즙은 태아가 모체의 심장을 밀고 올라올 때는 태아의 위치를 내려오게 하는 데 좋지만, 포도를 과도하게 먹으면 불안증에 빠지고 눈이 어두워진다고 주장하고 있다.35

그럼에도 포도는 일상적인 과일이 아니었다. 포도를 중국에서 재배하기 시작한 8세기만 해도 시인 두보는 '포도가 익었다葡萄熟'와 '목숙(자주개자리)이 많다苜蓿多'로 대구를 만들기도 하고(모두 기원전 2세기에 장건이 한에 가지고 들어왔기 때문에 고전적인 구句라고 할 수 있다), '강녀羌女'와 '호아胡兒'를 한 쌍으로 대구를 이루게 하는 등 포도를 이역異域의 희귀한 이미지로 사용하고 있다.36 그는 아마 양주涼州 등 변경 도시의 모습을 읊었을 것이다. 사실 양주의 포도주(당나라 시대의 양주는 마치 샌프란시스코의 차이나타운 같은 외국 수입 문화권이었다)는 매력적이고 진귀하고 훌륭한 음료로 여겨지고 있었다. 포도주는 대상로 끝에 있는 둔황에서도, 우리가 뭔가 축하할 일이 있을 때 샴페인을 터트리듯 중요한 축제 때에만 마시는 값비싼 술이었다.37 양주에서 보내온 포도로 만든 미주美酒를 양귀비가 칠보 유리잔으로 마셨다는 기록도 있다.38 9세기 초에 목종穆宗은 이러한 미주를 맛보고는 이렇게 말했다.

"이것을 마시면 사지가 융합하며 조화로운 느낌이다. 참으로 '태평군자太平君子'로다!"39

'태평군자'라는 칭호는 노자의 존칭을 연상케 할 뿐 아니라 술은 신의 현현顯現이라는 그리스적인 견해와도 통하는 면이 있다.

서역의 포도주는 예로부터 귀한 대접을 받았다. 한나라 시대부터 당나라 시대에 걸쳐 수입되었고,[40] 3~4세기경의 진귀한 물건을 기재하고 있는『박물지博物志』에는 이런 기술이 있다.

서역에는 세월이 지나도 썩지 않는 포도주가 있다. 항간의 소문으로는 10년이 지난 것도 마실 수 있다고 하는데, 이것을 마시면 한 달 동안 만족스러운 취기가 가시지 않는다.[41]

당나라 시대에는 페르시아산 가자나무 가려륵訶黎勒(myrobalan)으로 만든 진귀한 과실주가 있었는데, 장안의 술집에서 마실 수 있었다고 한다.[42] 그러나 9세기 초에 알렉산드리아에서 들어왔다는 칠흑의 '용고주龍膏酒'는 아마도 상상력이 왕성하던 소악蘇鶚이 만들어낸 술일 것이다.[43] 8세기에 분명히 페르시아식으로 만들어진 포도주가 석국石國(차치)에서 조공품으로 헌상돼 왔다.[44] 이 무렵에는 포도주를 만드는 기법이 이미 당에 뿌리를 내리고 있었다.

641년 고창 왕이 포로로 잡혀 훌륭한 악사 및 여러 전리품과 함께 태종 앞에 끌려 나왔을 때 사흘 동안 주연酒宴, 즉 공식적으로 떠들썩한 잔치가 장안에서 벌어졌다.[45] 이것은 문자 그대로 '술'을 즐길 기회가 되었다. 그도 그럴 것이 고창은 '서주西州'라고 이름이 바뀌어 당나라의 속국이 되었는데, 이때 포도주 양조 기술도 당에 들어오고 자극도 향기도 높은 팔색八色(여덟 종류)의 포도주가 화북 사람들에게 알려지기 시작했기 때문이다.[46] 새로운 포도주 제조에는 '마유포도'를 빼놓을 수 없었던 듯하다. 포도주를 빚는 작업은 태원에 있는 포도밭에 전속시켜 해마다 대량의 포도주를 궁정에 바치게 했다.[47] '마유포도'로 만든 태원의 포도주에 대한 평판은 유우석劉禹錫의 「포도가葡萄歌」에도 나타난다. T. 샘슨은 이것을 1869년에 격조 높은 영어로 번역했다('The Song of the Grape'). 이 시에 나오는 '진인晉人'이란 산시山西의 사람들을 말한다.

인적미답의 땅에서 온 포도 줄기
헝클어진 줄무늬 위로 마디가 뻗친 가지
꾸미기 위해 정원으로 가져갔다
밝은 초목이 돋아나 가지 위로 피어나니
가지들은 빠르고 큰 걸음으로 올라간다
우아한 곡선으로 폭은 넓어지고
여기선 퍼지며 엉키고 저긴 힘없이 떨어지니
이제 담벼락 꼭대기에 이른다
그때 초목이 녹색으로 밝아져
보는 사람을 매혹시킨다
애쓰며 가지를 뻗어 저택의 지붕을 넘어서니
마치 의지가 살아 있는 것 같다
마침내 포도넝쿨이 다 자라나
나무로 된 틀을 올라가고
넝쿨 격자는 부드러운 녹음을 드리우고
기분 좋은 테라스 칸막이를 형성한다
쌀 찌꺼기가 뿌리에 잘 스며들면서
모든 잎과 싹을 축인다
그때면 비단 술 모양의 꽃이 털처럼 날리고

무리를 이룬 진주 같은 과일이 낮게 매달린다

'암말 젖꼭지' 포도 위에 흰 서리가 어슴푸레 반짝이니

아침 햇살처럼 '용 비늘'도 빛난다

한번은 여기로 찾아온 여행객이

놀라서는 말을 걸었다

주위를 산책하면서, 우연히 보게 된 것이다

나무에 매달려 있는 과실을

우리 진晉 사람들은 포도를 소중히 다루고

진기한 보물처럼 경작한다오

우리가 만든 이 향긋한 포도주

뭘 마셔도 갈증이 그대로인 사람조차

이 포도주를 양껏 마시면

그땐, 양주凉州는 그대의 것이다

野田生葡萄 纏繞一枝高

移來碧墀下 張王日日高

分岐浩繁縟 修蔓蟠詰曲

揚翹向庭柯 意思如有屬

爲之立長檠 布濩當軒綠

米液溉其根 理疏看滲漉

繁葩組綬結 懸實珠璣纍

馬乳帶輕霜 龍鱗曜初旭

有客汾陰至 臨堂瞪雙目

自言我晉人 種此如種玉

釀之成美酒 令人飮不足

爲君持一斗 往取涼州牧[48]

포도주 제조의 새로운 기법을 토종 중국산 작은 야생 포도인 '영욱癭
奧'(까마귀머루)으로도 응용했다. 영욱은 흑자색 열매가 열리는 포도로 지
금도 산둥에서 자생하고 있다. 당나라 시대의 약초가藥草家는 이 열매로
만든 포도주가 감숙과 산서 포도주와 비슷하다고 기록하고 있다.[49] 단성
식의 일화에 나오는 '포도곡葡萄谷'의 포도 열매가 바로 '영욱'일지도 모른
다(그는 '葡萄'라는 외래어를 사용하고 있다). 이 포도곡은 분명 산둥에 있었
다.[50] 그곳에서는 자유롭게 열매를 딸 수 있었는데, 딴 사람은 어김없이
길을 잃었다는 전설이 있다. 그 열매는 선향仙鄕에 있다는 불로불사의 과
일과 관련되어 '왕모포도王母葡萄'라고 불렸다. 8세기 중반에 어떤 행각승
이 이 포도 덩굴을 지팡이 대신 사용한 뒤에 절의 정원에 심었다. 그러
자 포도가 무성하게 나서 땅에 처질 정도로 자주색 열매가 열리고 거대
한 나무 그늘을 만들었기에 '초룡주장草龍珠帳'이라고 불렀다고 한다.[51]

가자나무

746년, 돌기시(투르게시)·석국(차치)·사국(키시)·미국(마이마르그)·계빈
(카피샤)의 합동 사절단이 당나라 조정에 바친 조공물 중에 암마륵庵摩
勒(여감자)이 있었다.[52] 보통 이 과일은 남방 항로에서 수입되었는데, 특히
페르시아 상선으로 운반해온 것이 대표적이다.[53]

인도 원산으로 예로부터 알려져 있는 세 종류의 가자訶子는 모두 산스크리트어로 '세 개의 과일'을 의미하는 트리팔라Triphalā라는 이름으로 불렸다.[54] 한자 이름은 '삼과三果' 혹은 '삼륵三勒'이다. '륵勒'(*-rak)은 토하라어인 세 가지 과일 이름의 어미를 표기한 것이다.[55] 토하라어는 인도유럽계 언어로 중앙아시아에서는 중요한 위치를 차지하고 있었다. 한자 이름은 토하라어에서 나왔을 것이다. 세 가지 과일이란 '암마륵庵摩勒(āmalakī)',[56] '비려륵毗黎勒(vibhītakī)', 가려륵訶黎勒(harītakī)이다.[57]

이 세 종류의 떫은맛이 나는 과일에 대해 인도인과 티베트인, 그 밖에 인도 문명의 영향 아래 있던 나라 사람들은 훌륭한 효능이 있다고 믿었다. 티베트의 어떤 문헌에는 이 세 가지 과일이 불로장생의 묘약으로 기록돼 있다. 가려륵은 인드라 신이 사는 향산香山에서 나는 과일로서 여러 지역의 사람들에게 귀한 대접을 받았고,[58] "익으면 여섯 가지 맛과 여덟 종류의 효능이 있으며, 그 세 가지 과일을 취하면 일곱 가지 덕을 얻을 수 있고 모든 병을 치유한다"라고 쓰여 있다.[59] 반대로 인도에서 '비려륵'은 악령에 사로잡혀 있다고 믿기도 했다. 어떤 종류의 과일이든, 가죽 가공용과 약으로서의 이용 가치가 있다고 믿었다. 특히 익은 것은 설사약으로 효능이 높고, 풋과일은 수축성이 좋아 수렴제(피부를 팽팽하게 한다)로 이용했다.[60]

당나라 시대의 약초학자, 그것도 왕궁의 약초학 서적을 교감한 권위 있던 의사 소공蘇恭은 이 귀중한 세 종류의 과일이 그 무렵 당나라의 통치하에 있던 안남에서도 나며, 적어도 암마륵과 비려륵은 영남에서도 자란다고 기록하고 있다.[61] 송나라 시대의 약리학자 소송蘇頌은 11세기 당시 가려륵이 영남 지방, 그것도 특히 광주에서 잘 자란다고 말한다.[62]

본래의 '삼과'는 페르시아만을 항해하고 광주에 온 인도 배로 운반해왔는데, 인도차이나에서 자라는 이외의 종류 역시 기본적으로 똑같은 효과를 냈다. 따라서 과일은 좀 더 가까운 곳에서 수입되었던 듯하다. 그러나 여기서는 학식이 높은 소공의 의견을 존중해 '삼과'가 화남의 큰 항구 부근에서 재배되었다고 생각하는 것이 좋을 것 같다. 대양을 떠돌아다닌 감진鑑眞 화상和尚은 광주의 대운사大雲寺에서 대추와 비슷한 열매가 있는 가려륵 나무를 봤다고 하는데, 이 기록이 맞을 것이다.[63] 그러나 중국 부근에서 볼 수 있는 매우 비슷한 수목과 과실을 말린 것도 있었는데, 이 열매가 중국으로 수입되어 수확한 '삼과' 나무 혹은 그 열매와 자주 혼동을 일으켰던 것 같다.

유래가 어쨌건 간에, 불교문화와 함께 인도에서 들어온 삼과의 자연친화적 효능과 그에 대한 신앙은 한방의학에 있어서 중요한 요소가 되었다. 나라의 쇼소인에 남아 있는 귀중한 약물 중 8세기의 '삼과 열매'가 시든 채 보관되어 있다는 점도 크게 이상하지 않다.[64] 7세기 초의 의사 견권甄權은 암마륵이 "머리칼을 검게 한다"[65]고 쓰고 있다. 암마륵에 회춘제와 같은 효과가 있었다는 증거다. 유명한 소공은 비려륵이 호두와 비슷하며 외국인들은 이 과실을 끓여 뜨거운 장국으로 만든다고 적고 있다.[66] 이것은 분명 음료다. '술'로 분류되어 있기 때문에 알코올 성분이 들어가 있었을 것이고 화북 지방에서 즐겨 마셨다. '삼륵장三勒漿' 만드는 법은 페르시아인으로부터 전해졌다고 한다.[67] 10세기 초에는 가려륵에 '삽옹澁翁'이라는 장난스러운 명칭을 붙인 적도 있었다.[68] '옹翁'은 상품으로 팔리고 있는 가려륵의 쭈글쭈글한 껍질을 빗댄 명칭일 것이다. 어쩌면 노인의 비유일지도 모른다. 8세기의 시인 포길包佶은 병이 들어 앓아

누웠을 때 그를 걱정하는 친구로부터 가려륵 잎만 받고도 효과를 보았기에 노화 및 질병 치료에서 보인 그 훌륭한 효능을 칭송하는 「거로질祛老疾」이라는 시를 지었다.[69]

채소

당나라 시대에는 외국으로부터 잎사귀를 비롯한 여러 종류의 채소를 수입해 들여왔다. 중국 땅에 이식된 것도 있고 식용을 위한 수확물로서만 들어온 것도 있다.

647년에 니파라국泥婆羅國(네팔)의 왕이 당에 조공으로 보낸 진귀한 식물 중 시금치가 있었다. 당나라 사람들은 네팔을 '추운 나라'로 부르며, 그곳에는 추위에 떠는 부실한 사람들이 살고 있다고 생각했다.[70] 시금치의 원산지는 페르시아라고 하며, 도사들은 '파사초波斯草'(페르시아 약초)라 불렀다. 이것은 일종의 비의적인 카발라의 느낌이 스며 있는 호칭으로, 당 이후에 사용하기 시작한 이름일지도 모른다.[71] 실제로 도사들은 이 진귀한 채소에 특별한 흥미를 가졌던 듯하다. 식사 요법을 전문으로 하는 맹선孟詵의 말에 따르면 시금치는 "알코올의 독소를 없애준다. 진사辰砂를 섭취하고 있는 사람은 먹는 게 좋다"[72]라고 한다. 다시 말해서 영원한 생명을 얻으려고 연금술로 만든 약인 진사를 먹는 도사는 시금치를 곁들이면 수은을 먹은 후의 불쾌한 증상을 없앨 수 있다는 것이다. 아무튼 시금치에 열을 가하면 풍미가 좋아진다고 기록에 남아 있다.[73] 시금치의 한자 이름인 '파릉波稜(*Palinga)'은 외국에서 수입하면서 그 어원에서 이름을 따온 듯하다. 곽탁타의 이름으로 쓴 『종수서』에는 '파릉'이 나라의 이름이라고 기록돼 있다.[74]

그리고 감람甘藍(양배추)의 일종인 무감람蕪甘藍(콜라비)도 있었다. 진장기는 이것을 '감람' 또는 '서토람西土藍'이라고 부르고 있다. 넓은 잎이 중국의 쪽잎과 비슷하게 생겼던 것 같다.[75] 진장기는 감람을 일종의 자양강장약으로 권장하고 있다. 감람은 원래 유럽산 식물이기 때문에 분명 서역과 티베트 혹은 하서河西회랑을 통해 중국으로 들어왔을 것이다.[76]

7세기에 네팔에서 조공으로 보낸 새로운 식물 중에는 "양파와 비슷한" 하얀 식물(대파나 양파일 듯하다),[77] 양상추와 비슷한 고채苦菜(씀바귀),[78] 역시 넓은 입을 가진 초채酢菜,[79] 그리고 향이 강한 호근胡芹(셀러리)[80]이 있었다. 그러나 이들 모두 네팔에서 나는 식물이 아니다. 이들은 모두 네팔의 왕이 먼 우호국인 당에 조공으로 바치기 위해 수입한 진귀한 외국산 수입 식물이다.

746년에 돌기시突騎施를 비롯한 국가들의 종합 사절단이 가지고 온 '천금등千金藤'(함박이덩굴)은 지금은 수수께끼의 식물이다. 그러나 진장기는 이와 똑같은 이름의 토종 중국산 식물을 여럿 기록하고 있다.[81]

'첨채甜菜'(사탕무)는 본래 페르시아 이름이다. 당나라 시대에 들여왔다고 하는 현대 학자도 있다. "아마 아라비아인이 갖고 왔을 것"[82]이라는 견해가 있다.

그러나 이러한 실용적인 채소들을 노래한 당나라 시대 시인은 없었다.

맛난 것

달콤하고 향기로우며 큼직한 잣[83]은 '해송자海松子' 혹은 '신라송자新羅松子'라 불렸다. 당나라 사람들은 이것을 수입해 단단한 껍질을 까서 먹었다.[84]

소그디아나·호라산·페르시아에는 여러 종류의 피스타치오가 있어서 즐겨 먹었지만, 이들 역시 당나라 시대에 중국에 들어와 9세기경부터는 영남에서 재배했다.[85] 당나라 사람들은 이것을 '호진자胡榛子'라고 불렸는데,[86] 드물긴 해도 귀에 익숙지 않은 이란 이름으로 불릴 때도 있었다. 맛은 물론이고 정력을 높이고 일반적으로 건강에 좋다고 여겼다.[87]

서남의 남조南詔에서는 호두와 비슷한 맛이 나는 '만호도蔓胡桃'가 들어왔다. 당나라 사람들은 이것을 '만중등자蠻中藤子'라고도 불렸는데,[88] 진짜 호두는 '호도胡桃'라고 불렸다.

당나라 사람들은 감람橄欖(올리브)에 대한 소문을 페르시아 이름인 '제돈齊暾(Zeitun)'으로 접했고, 페르시아와 로마에서 생산되며 조리용 기름을 얻을 수 있다는 사실은 알고 있었던 듯하다.[89] 그러나 올리브 열매나 기름이 당에도 들어왔다는 확증은 없다. 소위 '중국 감람'은 물론 올리브가 아니고 중국이 원산인 두 종류의 수목에서 나오는 열매다.[90] 그중 하나인 오람烏欖에서는 검은 감람수지와 남지欖脂를 채취할 수 있으며, 이것을 선박의 코팅과 미끄럼 방지에 사용했다.

수마트라에서는 향기가 강하고 톡 쏘는 자극이 있는 종자가 들어왔다. 이것은 분명 딜dill이다.[91] 당에서는 '시라蒔羅'라는 이름으로 불렸는데, 이것은 산스크리트어의 지라jira나 중세 페르시아어의 지라žīra에서 유래한다.[92] 약리학자 이순李珣은 시라가 페르시아에서 들어왔다는 오래된 문헌을 인용하고 있지만, 원래부터 페르시아 상선이 운반해온 수입물은 세간에서는 무턱대고 페르시아산이라고 알려져 있었다. 이순은 시라의 씨는 훌륭한 조미료가 되지만 "아위阿魏와 함께 먹으면 맛을 손상시키기 때문에 좋지 않다"[93]고 했다.

오늘날 구이저우에 해당하는 지역(당시는 황량한 산악 지대였다)에 살고 있던 장가족牂牁族의 족장이 당 왕조에 '젓갈로 담근 고기醢'를 조공으로 바친 적이 있다.[94] 이 숙성 고기에 대해서는 다른 사료가 없기 때문에 여기에서는 그냥 진미라는 분류 안에 포함시켜두었다.

해산물

강과 바다 양쪽에 사는 숭어[95]는 수달이 좋아하는 먹이인데, 중세의 한인들도 즐겨 먹었다. 당나라 시대에는 연해에서 잡혔지만[96] 729년에 발해가 만주에서 사절을 보내 황제에게 숭어를 바쳤다는 사료를 보면, 숭어란 외국에서 수입한 진귀한 먹을거리라고 생각해도 무방할 것이다.[97] 남쪽 지방에서는 이 물고기를 이용해 '도정跳鯱'이라는 재미있는 이름을 가진, 소스라고 할 수 있는 일종의 조미료(젓갈)를 만들었다. 소금에 절인 물고기에 "초를 조금 넣어 술에 담그면" 기막힌 맛이 되었다고 한다. 숭어는 "전쟁터의 구름처럼 큰 무리를 이루어 이동"하기 때문에 투망을 하지 않아도 대량의 물고기가 배로 튀어 올라 그 무게로 배가 가라앉을 듯한 정도였기 때문에 '도정'이라는 이름이 붙었다고도 한다.[98]

그 후 같은 만주 지방의 어민이 100마리의 말린 '문어文魚'를 보냈다.[99] 이 물고기는 신화적인 색채를 띠고 있다. 굴원의 구가九歌 「하백」에 "하얀 거북이를 타고 문어를 쫓는다乘白黿兮逐文魚"라는 구절이 나오기 때문이다. 또한 3세기 초 조식曹植의 「낙신부洛神賦」에도 등장한다.

문어를 높이 띄워 수레를 호위하니　　　　　　　　　　騰文魚以警乘

옥으로 깎은 방울 울리며 함께 가는구나　　　　　　　　鳴玉鑾以偕逝

참고로 '옥란玉鑾'은 마구馬具에 다는 방울이다. 이러한 고대의 '문어'와 만주 지방의 만족이 바친 소금에 절인 생선과의 관련은 상상의 영역을 벗어나지 않는다.

마지막으로, 당나라 시대 의사들은 신라에서 수입한 조개 이매패二枚貝(대합, 바지락 따위)를 알고 있었고 아마 그것을 입수할 수도 있었을 것이다. 이 조개는 신라에서는 식용이었고, 진장기는 '곤포昆布'(다시마)[100]라는 식용 해초와 이 조개를 넣고 끓인 국을 '결기結氣'(숨이 막히는 병)의 치료에 권장하고 있다.[101] 이것은 한반도에서 전해진 방법임이 틀림없지만, 의사의 권유 없이 먹었는지 여부는 알 수 없다. 이 조개는 '담라擔羅'라 불렸는데, 이는 분명 제주도의 옛 이름인 '탐라'에서 온 것이다.[102] 제주도는 조개가 유명했고, 한인들은 원산지의 이름을 그대로 조개의 이름으로 차용했던 것이다.

조미료

후추가 전해지기 전, 한인들은 '초椒'(산초)를 이용해 매운맛을 냈다.[103] 인도와 중국, 그리고 일본에서는 다양한 종류의 산초가 후추 대용으로 사용되어 씨뿐 아니라 열매를 감싸는 껍질 부분도 조미료와 약으로 이용했다.[104] 고대에 사용했던 '진초秦椒'(초피나무)[105]는 중세 의술에서 여러 가지로 응용되었다. 예를 들면 월경 불순이나 적리赤痢(이질)를 치료하거나 대머리 치료를 위한 육모제育毛劑로 이용하기도 했다.[106] 단성식은 산초에는 수은을 모으는 특징이 있다고 하지만, 그것을 어떻게 이용했는지는 기록하지 않았다.[107] 시굴試掘할 때 표식이 되었는지도 모른다. 이와 매우 비슷한 것으로 '촉초蜀椒'라 불린 사천에서 생산하는 산초가 있었는데, 북쪽으로는 장안 남쪽의 진령秦嶺에서도 자랐지만 최고의 종은 '서역'의 것에 한정된다는 권위 있는 기록도 있다.[108]

다른 향초와 마찬가지로 산초는 일반적으로 사용되었던 재료인데, 보존 목적과 신전의 공양에 어울리는 식품으로 만들기 위해 의식용 술이나 고기에도 첨가했다.[109] 특히 산초로 맛을 낸 신주神酒는 고대와 중세에는 신년 의식에 사용하는 헌주獻酒로 양조했다.[110] 그러나 산초나 다른 향초로 맛을 낸 음료와 요리도 이윽고 세속화되어 신에게 바치는 제단이 아니고 귀족, 나중에는 서민의 식탁에까지 오르게 되었다.[111] 8세기 말 덕종은 응유凝乳와 산초를 차에 넣어 마셨다고 한다.[112] 기행을 일삼던 승려이며 8세기 시인인 한산寒山은 사치스러운 미식가의 식탁을 야유하는 시를 남겼다.

마늘 소스에 담아 증기로 찐 젖 뗀 애저(새끼 돼지)　　　　　　蒸豚搵蒜醬

청초와 소금으로 맛나게 구운 오리　　　　　　　　　　　　　炙鴨點椒鹽[113]

소금과 후추에 익숙해진 현대인은 이런 향신료를 당연하게 여기겠지만, 이 조합은 당시에는 특히 남방 요리에만 한정된 특징이었는지도 모른다. 다시 말해 지금 우리가 '광둥요리'라 부르는 복잡한 조리법에서나 있었던 것이다. 한유는 처음 남방 요리를 먹었을 때의 경험을 시로 남겼다.

여기로 오면서 나는 도깨비를 막았다　　　　　　　　　　　我來禦魑魅

그래서 나는 남쪽 요리를 맛볼 자격이 충분하다　　　　　　自宜味南烹

짠맛과 신맛이 섞이고　　　　　　　　　　　　　　　　　　調以鹹與酸

청초와 오렌지를 곁들인다　　　　　　　　　　　　　　　　芼以椒與橙[114]

후추는 당시 전혀 진귀한 물건도 아니었다. 아마 산초의 값비싼 대용품으로서 외국에서 수입해 들어왔을 것이다. '호초胡椒'(외국 산초)라는 이름에서 벌써 대리품으로서의 역할을 엿볼 수 있다.[115] 또한 옛날부터 사용해온 '진초秦椒'가 아닌 '촉초蜀椒'(촉 지방의 산초)는 특히 질이 좋은 품종으로 여겼다. 그보다 더 좋은 것이 '호초'(후추)였는데, 모든 초의 사용목적은 똑같았다. 그런데 새로운 품종이 들어오게 되자 전에 없었던 요리가 생겼던 듯하다. 예를 들면 '후추'에 대해서는 이런 기술이 있다.

후추는 마가다에서 생산되는 것으로, 현지에서는 매리지昧履支(maricha)[116]라 부르고 있다. 씨의 형태는 한漢나라의 산초와 비슷하지만 자극이 매우 강하고 맵다. 6월에 수확한다. 지금 사람들은 서역의 반육盤肉(살코기)을 요리할 때 모두 이것을 사용하고 있다.[117]

외국 수입의 요리를 만들기 위해서는 외국 수입의 조미료가 필요했던 것이다.

검은 후추는 호초胡椒의 뾰족한 열매 끝에서 채취한다. "산더미처럼 쌓아 발효시키는 과정에서 검게 변하는데, 발효가 끝나면 깔개 위에 펼쳐 건조시킨다." 하얀 후추도 같은 열매에서 채취한다. 특히 크고 질 좋은 열매를 골라 외피가 벗겨질 때까지 물에 담가둔다.[118] 후추는 미얀마와 인도의 아삼이 원산인데, 처음에는 인도·인도차이나·인도네시아에서 들여왔다.[119] 인도에서 페르시아로 건너갔다가 페르시아 상선이 백단 및 약재와 함께 중세 아시아 각국으로 운반했다.[120] 당나라 시대의 약학서에는 후추가 서융西戎의 나라, 즉 오랑캐의 나라에서 난다고만 간략하게 기록돼 있다.[121] 그러나 앞에서 살펴봤듯이 후추는 특히 마가다의 것이라고도 되어 있고, 사실 산스크리트어로 '마가다Magadha'는 후추의 별칭이다.[122] 따라서 마가다는 후추의 가장 큰 생산지였음이 분명하다.

중세 말과 근대 초에 후추가 막대한 가치를 갖게 되면서 후추 거래를 독점하는 상인들이 엄청난 재산을 끌어모았다는 사실은 역사에 나오는 사실이다. 그러나 후추는 근대가 아닌 8세기에도 역시 고가였고, 777년에 당나라의 재상이었던 원재元載가 실각해 재산을 몰수당했을 때, 그의 집에서 강력한 약효를 지닌 종유鍾乳 500냥 등 가지각색의 사치품과 함께 100담擔(1담은 100근)의 후추도 발견되었다. 이것은 놀랄 만큼 어마어마한 양으로, 그가 얼마나 개인 주머니를 채웠는지를 엿볼 수 있다.[123]

예전에는 조미료로서뿐만 아니라 약으로서도 중요했던 후추의 약효는 주로 그 자극성에 기인한다. 장의 분비액을 촉진해 소화를 돕는다고 보았다.[124] 맹선孟詵은 혼합물이 없는 술에 후추를 넣어 복용하면, '심복냉통心腹冷痛'을 낫게 한다고 했다.[125] 그러나 부작용도 있었다. 어떤 전문 서적에는 "대량으로 섭취하면 폐를 상하게 만들기 때문에 피를 토한다"[126]고 쓰여 있다.

당나라 사람들은 '장호초長胡椒'[127]라는 후추도 사용하고 있었고, 이것을 산스크리트어 이름으로 '필발리蓽撥梨(pippali)'[128] 혹은 일반적으로는 그것을 줄여 '필발蓽撥(pippal)'이라고 불렀다(pitpat 혹은 pippat과 착각한 발음이다). 영어의 'pepper'도 당연히 동일한 어원에서 온 것이다.[129] 장후추는 보통 검은 후추보다 훨씬 전에 남아시아에 퍼져 있었고,[130] 플리니우스 시대의 로마에서도 검은 후추보다 가치가 높았다.[131] 단성식에 따르면 장후추는 검은 후추와 마찬가지로 마가다에서 산출된다고 했다.[132] 후추는 페르시아 상인이 싣고 온 물건 중에서 중요한 품목이기 때문에 소공蘇恭은 이를 페르시아산이라 여겼다. 그는 "호인胡人(외국인)이 갖고 온다. 음식에 넣어 맛을 좋게 한다"[133]고 기술하고 있다. 후추는 당나라 시대에는 국내에서 재배되지 않았던 듯하다. 때문에 당시唐詩에도 나오지 않는다. 그러나 11세기에는 영남에서 재배되었고,[134] 송대宋代의 유명한 시인 소식蘇軾은 그 향기에 대해 자세히 기록하고 있다.

장후추는 매우 비슷한 부류인 구장호초蒟醬胡椒보다 자극이 강하기에 다른 후추보다 약효도 강하다고 여겼다. 후추는 다리와 허리를 튼튼하게 하고, 소화를 돕고, 위의 냉증을 치료하는 등의 약으로 처방되었다.[135] 태종이 설사에 시달리며 의사의 약도 효과를 보지 못했을 때, 위사衛士

가 황우유黃牛乳로 끓인 후추를 권했더니 효과가 있었다고 한다.[136]

동남아시아에서는 가벼운 자극물로서, 또 구취를 없앨 목적으로 구장蒟醬[137] 잎을 씹는 습관이 널리 퍼져 있었고, 보통은 이것을 빈랑자檳榔子의 열매를 얇게 썬 것과 함께 씹었다.[138] 이는 당나라 시대에 '구장蒟醬'이라는 이름으로 팔렸다. 영남에서는 오래전부터 빈랑을 씹는 습관이 있었기 때문에 영남 지방에서 구장 제조법과 관련이 있었을 것이다.[139] 그러나 '토필발土蓽撥'이라고 부르기도 했다.[140] 이것도 다른 후추와 마찬가지로 술이나 음식의 조미료로 사용되기도 하고, 소화 불량을 치료하는 약으로도 처방되었다.[141] 소공에 의하면 구장은 촉蜀(사천)에서도 자라지만 서쪽 나라에서 가지고 오는 것도 있다고 기술하고 있다.[142]

당나라 사람들은 인도 영향 아래 있는 나라들을 원산으로 하는 '필징가畢澄茄(cubeb)'라는 후추도 알고 있었다.[143] 당나라 시대에는 시리불서국尸利佛誓國(스리위자야)에서 가지고 왔고,[144] 중세의 아라비아 상인들도 인도네시아에서 이것을 입수했다. 중국 사람들이 이 후추 거래에 깊이 관여하고 있었기 때문인지 인도에서는 이것을 '카밥치니Kabab chini'(중국 후추)라고 부르게 되었다. 하지만 실제로는 단지 '중국 무역'에서 중요한 상품이었기 때문일 것이다.[145] 필징가는 중세 초기 유럽에서도 향신료로 사용했다.[146] 중국에서는 이것을 '비릉가毗陵茄(Vilenga)'(분명 검은 후추의 혼합물을 나타내는 인도계 언어의 방언이 말레이산 식물에 적용된 것인 듯하다)[147] 혹은 산스크리트어와 같은 어원인 '필징가畢澄茄(Viḍaṅga)'라고도 불렀다. 이순李珣은 이것이 검은 후추와 같은 나무에서 나온다고 생각했다.[148] 어쨌든 당나라 시대의 의사들은 식욕을 증진시키고, 악한 기운을 제거하며, 머리카락을 검게 하고, 몸에 향기를 나게 하는 등의 목적으로 이것을 처방했다.[149] 조미료로 사용된 기록은 없지만, 다른 후추의 부류로서 이 장에 덧붙여두었다.

중국에는 원산인 겨자, 즉 개자芥子(갓)[150]가 있었다. 당나라 시대에는 외국 물건을 수입하는 무역 상인이 서역산을 가지고 들어왔다. 이것은 감람이나 순무에 매우 가까운 종류의 '백개白芥'[151]였고, 백개 이외에도 '호개胡芥'라는 이름으로도 불렸다.[152] 지중해가 원산이지만 8세기에는 산시성陝西省에서 재배하기 시작했다.[153] 크고 자극이 강한 하얀 입자는 따뜻하게 데운 술에 넣어 호흡기 계통의 질환에 처방했다고 한다.[154] 필징가와 마찬가지로 조리에 사용되었는지 여부는 알 수 없다.

설탕

당나라 사람들은 단 과자류를 좋아하고 잘 먹어서 단맛을 내는 데 주로 벌꿀을 사용했다. 산시성陝西省 남부에서는 밀순蜜筍(꿀에 잰 죽순)[155]을, 장강 하구 근처의 양주揚州와 항주杭州에서는 밀강蜜薑(꿀에 잰 생강)을 만들어 먹었다.[156] 또한 벌꿀과 물을 섞은 것을 오래 복용하면 안색이 예쁜 장미색이 된다고 알려져 있었다.[157] 이처럼 벌꿀은 오래전부터 한인들에게 알려져 있었고, 양질의 벌꿀을 강인羌人(티베트인)으로부터 사들였다.[158]

중국에서는 오래전부터 곡물을 설탕의 원재료로 이용했다. 고대에는 차조와 찹쌀로 맛있는 시럽이나 설탕과자를 만들었고, 늦어도 2세기에는 '맥아당麥芽糖'을 만들었다.[159] 그러나 당나라 시대의 조공물 일람에는

'맥아당'이 기재되어 있지 않기 때문에 이 무렵의 맥아당은 저급하고 맛이 없는 것으로 간주되었던 듯하다. 당나라 시대에서 거슬러 올라가 훨씬 오래전에 사탕수수 즙과 설탕의 결정이 들어와 환영을 받았기 때문이다.

사탕무와 옥수수 및 팔미라야자에서 채취하는 설탕도 인기가 있었지만, 가장 많이 사용된 것은 자당蔗糖이다. 열대 아시아와 오세아니아 지방에서는 모든 종류의 사탕수수가 재배되고 있었고, 사탕수수는 넓은 재배 지대에서 서쪽으로 퍼져나갔다. 5세기경까지 페르시아에 전해진 듯하고, 이집트에는 7세기, 에스파냐에는 8세기까지 전해졌다.[160] 사탕수수에서 설탕을 채취하는 데는 몇 가지 방법이 있다. 가장 손쉬운 방법은 그대로 씹어서 달콤한 즙을 마시는 것이다. 약간의 손질을 가하는 경우는 짜낸 즙을 끓여 결정을 만들어서 조리할 때 감미료로 쓴다. 조금 더 복잡하게 하자면 그것을 정제해 맛이 변하는 것을 방지한다.[161] 이 세 가지 방법 모두 중국에서 활용되고 있었다.

주周 왕조 말과 한대漢代의 사람들은 사탕수수를 남방의 더운 지방, 특히 안남 지방의 산물로 인식했다.[162] 사마상여司馬相如가 기록한 '감로甘露'는 남방 사람들이 사탕수수를 발효시켜 만드는 음료를 가리켰을 가능성도 있다. 어쨌거나 한인들은 사탕수수 즙을 좋아해서 이윽고 재배하기에 이르렀다. 당나라 시대에 사천 중부, 호북 북부, 절강 연안부에서 재배했다.[163] 그렇다고 어디나 있는 흔한 식물은 아니어서, 화북에서는 사탕수수 줄기가 고가로 거래됐다. 그것은 8세기에 들어와서도 마찬가지였다. 태종은 진귀한 하사품으로 가신에게 사탕수수 줄기를 20개 주었다고 기록하고 있다.[164]

더구나 사탕수수는 공작이나 연꽃과 마찬가지로 석가모니와 관련이 있는 복잡한 인상을 구성하는 많은 자연물 중 하나였다. 석가모니는 조상 중 한 사람이 사탕수수에서 태어났기 때문에 익스바쿠Iksyāku(사탕수수)라는 성姓이 주어졌다고 한다.[165] 또한 미얀마와의 국경에 있던 티베트 미얀마 부족을 정복한 위고韋皐는 남조南詔의 무악舞樂을 당 왕조에 바쳤는데, 그중에 「감자왕甘蔗王(사탕수수왕)」이라 불리는 것이 있었다. "석가모니의 가르침은 사탕수수처럼 달콤해서 모두가 그 맛에 기쁨을 느끼기 때문"[166]이었다고 한다.

일반적인 이용으로는 설탕을 '석밀石蜜'이라는 작은 덩어리로 만드는 방법이 있었다. 이것은 사탕수수 즙을 햇볕에 말려서 만드는 것으로, 3세기에는 이미 통킹 지방에서 제조하고 있었다.[167] 때로는 이것을 작은 사람의 모습, 혹은 호랑이나 코끼리 등의 모양으로 만드는 일도 있었다. 후한의 먹거리 '예당猊糖'은 이러한 사탕 세공의 한 예인데,[168] 예당에 사용된 설탕이 남방의 사탕수수에서 채취한 것인지는 알 수 없다. 당나라 시대에 '석밀'은 여러 지방에서 생산되었다. 궁정의 식탁에 오르는 석밀은 산시성山西省 동남쪽에 있는 노주潞州에서 인삼, 자포貲布(삼베), 먹 등과 함께 북으로 보내왔다.[169] 궁정용 석밀은 절강 북부에 있는 월주越州의 지역 공물로서 단사丹砂(진사辰砂), 자기磁器, 비단 등과 함께,[170] 또한 호남 남부에 있는 영주永州에서는 칡, 죽순, 진귀한 화석 등과 함께 조정에 보냈다.[171]

석밀에 사용하는 설탕의 원료는 지방에 따라 다르지만 우유는 반드시 사용되었다. 장안 근처에서 제조하는 석밀은 오랫동안 상하지 않는 우수한 품질을 자랑했는데, 백밀白蜜과 응유凝乳로 만들었다.[172] 쌀가루를 물소 젖으로 끓여 딱딱하고 무게가 있는 덩어리로 만드는 지역도 있었다.[173] 그러나 가장 양질이며 하얀색을 띤 것은 사탕수수와 우유로 만들었는데, 이것은 사천 지방과 '파사인波斯人(페르시아인)'만이 사용하는 방법이었다.[174] 여기서 말하는 '페르시아인'은 이란 동부에 살았던 사람들임에 틀림없다. 8세기에 안국(부하라)과 호라즘(화심국)이 '석밀'을 당에 공물로 진상하고 있기 때문이다.[175] 사마르칸트에도 석밀은 있었다.

사람들이 술에 취해 자주 노상에서 춤추고 노래하기를 좋아한다. 왕은 금과 보석으로 장식한 양털 모자를 쓰고, 여자들은 머리를 틀어 올려 묶고 금박으로 수놓은 검은 천을 쓰고 있다. 아이가 태어나면 입에 석밀을 머금게 하고 손에는 아교풀을 쥐여준다. 성장하면 달콤하게 말할 수 있기를 희망해서다.[176]

서역에서 만드는 석밀은 매우 질이 좋아 태종은 그 제조법을 배워 오라고 명령하며 마가다에 사절을 파견했다. 마가다에서는 우수한 재료를 가지고 석밀을 만들었다고 한다. 이 제조법은 양주揚州의 제당 업자에게 전해졌다. 그들은 사탕수수에서 짜낸 즙을 끓여 설탕을 만들었는데 "그 색과 맛은 서역의 것을 훨씬 능가한다"[177]라고 기록하고 있다. 이 설탕은 '사탕沙糖'이라 불렸다.[178] 이것은 입자는 가늘지만 정제되어 있지 않은 양질의 흑설탕이었던 것 같다. 정제되지 않은 설탕으로 만든 당병糖餅은 자당蔗糖 외에 이물질을 포함하고 있기 때문에 금방 분해되어 끈적끈적해진다.[179]

아무것도 섞이지 않은 순수한 백설탕을 만들려면 사탕수수 즙에서 효과적으로 여러 번 반복해 불순물을 제거해야 한다. 마가다에서 들어온 제조법을 이용했던 당나라 시대에도 이러한 정제는 이루어지지 않았던 듯하다.[180] 불순물을 완전히 제거해 깨끗한 결정이 된 설탕은 한어로 '당상糖霜'이라 불렸는데, 이것은 송나라 시대에나 발명됐을 것으로 보인다.[181] 그러나 당나라 시대에 당상을 만드는 방법을 알고 있는 사람이 있었다는 구전도 있다. 그렇게 보자면 그가 송나라 시대의 당상 제조를 가능케 한 주인공일지도 모른다. 760년대나 770년대 무렵 사천 중부의 소계小溪라는 마을 바로 북쪽에 있는 산산繖山에 추鄒라는 승려가 살고 있었다. 그는 '당상' 만드는 법을 알고 있어서 그것을 '황黃'이라는 농부에게 가르쳤다. 이윽고 이 산의 사탕수수 밭 근처에는 설탕을 정제하는 사람이 많아졌다고 한다.[182]

제10장 향료

저기 사막에서 올라오는 자는 누구인가?
연기 치솟듯이 올라오네.
몰약과 유향 냄새 풍기며
상인들이 사고파는 온갖 향수의 냄새를 풍기며.
_『구약』「아가雅歌」 3:6

향과 향로香爐

이미 설명했듯이 중세 동아시아에서는 약, 향신료, 향료, 향 사이에 엄밀한 구별이 없었다. 다시 말해 몸과 마음을 치유하고, 연인을 다가오게 만드는 향기, 그리고 신神을 부르는 향이 뚜렷하게 구별되어 있지 않았다. 이 장에서는 그것이 인간과 신 어느 한쪽에 매력적인 것인지는 모르겠지만, 일단 향기를 중요한 특징으로 하는 물질에 대해 설명하겠다.

당나라 시대의 상류 계급 사람들은 남자든 여자든 소용돌이치는 향의 연기와 그윽하게 감도는 향수 속에서 살았다. 몸에는 향수를 뿌리고, 목욕물에는 향을 넣고, 옷은 향주머니와 함께 걸었다. 저택은 늘 감미로운 향기가 났고, 직장에는 그윽한 향기가 감돌았으며, 사원은 온갖 종류의 달콤하고 향기로운 향유와 정유精油로 가득했다.[1] 이처럼 우아한 귀족의 생활 공간은 환상의 세계, 천국, 민간 설화에 나오는 신비로운 세계, 그리고 특히 도교에서 자극을 받은 이상적인 상상의 세계를 본뜬 것이었다(더욱이 불교 설화에도 향료는 풍부하게 나오기는 한다). 이러한 꿈의 세계는 여러 훌륭한 향기로 가득 차 있었고, 그것은 영혼을 살찌게 한다고 믿었다. 따라서 향은 기분을 고양시키고 영혼을 정화시킴으로써 정신성을 향상시켜 더 높은 차원의 능력을 발휘하게 한다고 믿었다.

유교 의식을 감싸는 신성한 분위기도 향기를 뿜는 수액이나 수지, 향료 덩어리를 듬뿍 사용해 의식의 분위기를 끌어냈다. 이 의식의 중심은 '황제', 즉 (보다 정확한 해석을 하자면) 신성한 하늘의 아들天子이었다. 그 사람이야말로 하늘에서 쏟아지는 기氣와 직접 연결되어 있고, 지상에 거주하는 모든 생명의 왕이었다. 구체적인 예를 보자. 775년, 일찍이 안녹산의 휘하에 있던 장군은 안녹산에 적대적인 장군인 이정기李正己(당에 복속해 있던 고구려 출신 장군)가 지닌 천하를 호령할 듯한 형상을 알아보았다. 그는 잡혀 있던 이 장군의 사절을 풀어주고 푸짐한 답례품을 하사하며, "이정기의 초상화를 그리게 하고 향을 태워 초상에 봉향했다. 이에 이정기가 기뻐했다."[2] 다시 말해 운이 좋은 고구려 출신 장군은 적군의 장군에게 신으로 숭배를 받았던 것이다.

훈향은 고귀한 영적 기운의 존재를 구현하고, 자연계와 인간계에 신비한 기를 불어넣었다. 혹은 황제가 신의 대리자로서 의식을 거행할 때는 신의 성스러운 향기를 표현했다. 847년에 선종宣宗이 즉위했을 때 궁정 의례를 엄격하게 하기 위해 규율을 정비하고 포고령을 내렸다. 그 안에는 황제 스스로 손을 씻고 향을 태우고 나서야 대신들이 제출한 초고

草稿를 열람한다는 항목이 있었다.3 알현 때는 회당에 전통적인 예복과 의식용 깔개를 펼치고, 황제 앞에 '향료를 늘어놓은 탁자'가 놓였다. 재상들은 이 탁자 앞에 서서 향 연기를 몸에 쐬고 나서 국사를 거행했다. 이것만 봐도 신성한 조정에서도 향이 매우 중요한 상징적 역할을 하고 있었음을 알 수 있다.4 조금 낮은 계급의 경우, 예를 들어 '진사進士' 시험 때 수험생과 최고 시험관은 시험장의 향안香案 앞에서 서로에게 예의를 갖췄다.5 여기서도 향안이 신성함과 황제의 은총을 상징하고 있다.

황제는 총애하는 가신이나 휘하의 사람들에게 은총의 표시로 향료를 하사했다. 조정의 고관이 향기로운 약, 향유, 진귀한 향 등을 하사받았을 때 황제에게 바친 '사표謝表'(감사의 표시)가 지금도 남아 있다. 장구령張九齡이 현종 황제에게 바친 「사사향약면지표謝賜香藥面脂表」6 등이 그 좋은 예다. 마찬가지로 관리가 쓴 감사 편지 가운데 동지 바로 뒤에 실시된 백신百神을 모시는 제의祭儀 때 사여賜與된 향료에 대해 "향이 좋은 약 금은 두 장, 면유 한 종지, 향이 밴 고약 두 자루, 가루비누澡豆 한 자루"7라는 문장도 남아 있다.

분향焚香은 지상의 황제에게는 모습이 보이지 않는 신들을 숭배할 때도 중요한 역할을 수행했다. 743년에 안녹산이 입조入朝했을 때 황제에게 했던 이야기가 남아 있다.

"작년 영주營州에서는 해충이 곡물의 싹을 습격했습니다. 저희는 향을 사르고 신께 이렇게 기도했습니다. 저희 마음이 올바르지 않고 군주에게 충성하지 않으면 벌레들이 우리 심장을 갉아먹게 해주십시오. 만약 신기神祇에 어긋나지 않았다면 벌레들을 몰아내주십시오. 그러자 북쪽에서 새떼가 날아와서 눈 깜짝할 사이에 벌레들을 먹어 치웠습니다. 부디 이것을 국사國史에 기록하도록 분부를 내려주십시오." 이를 그대로 기록했다.[8]

안녹산의 겸손한 말(후의 안녹산을 생각하면 억지로 꾸며낸 겸손이라고 말할 수밖에 없겠지만)이 날조인지 여부는 차치하고, 기도가 지체 없이 하늘에 닿도록 신을 향해 향을 피운다는 점은, 극히 일반화한 의식의 일부분이었음을 알 수 있다.

불교와 당나라에 들어온 인도 문화도 당나라의 사묘寺廟에 새로운 향을 많이 도입했다. 이와 함께 분향과 향료에 관한 풍부한 관습 및 신앙까지 흘러들어, 기존의 전통도 더욱 발전했다. 하지만 당나라 땅에서의 훈향熏香과 향료에 얽힌 풍습과 태도는 인도차이나만큼의 강렬한 영향력은 없었다. 인도차이나는 토착 풍습이 당만큼 발전하지 않았기 때문이다. 예를 들면 인도화한 말레이반도의 '적토국赤土國'(5세기 석비의 기록에 의하면 말레이반도 웰즐리 지구에 있었던 락타므르티카Raktamrttika가 아닐까 싶다)[9] 상류 계급 사람들은 몸에 향유를 바르고, 단단국丹丹國의 왕들은 향가루를 온몸에 발랐다.[10]

당에서는 그렇게까지 하지는 않았지만, 당시는 불교의 전성기이기도 했고 분향은 예배 의식뿐만 아니라 문학이나 사상의 세계에서도 큰 역할을 담당하고 있었다. 불교 전적典籍에는 향에 관한 말이 넘치고, 산스크리트어의 '간다Gandha'(향이 나다)는 '부처와 관련되다'라는 의미로 사용하는 경우도 많았다. 절은 '향전香殿'이라 불리고 석가를 화장한 장작더미는 '향탑香塔'이라 했으며, 보살에게는 '향왕香王'이나 '향상香象'이라는 칭호를 주었다. 그리고 향산香山(Gandhamādana)에는 향과 음악의 신 건달

바乾闥婆(Gandharvas)가 사는 것으로 알려졌다.[11] 이러한 사항들을 비롯해 많은 유사한 표현이 한역되어 당나라 사람들의 사상과 어휘의 확산을 불러왔다.

기분 좋은 향은 세속의 생활, 특히 사대부 계급의 사회생활에도 침투해 들어왔다. 8세기의 어떤 사치스러운 도련님은 침향(가라伽羅)과 사향을 입에 머금지 않으면 손님과 이야기를 하지 못했고, 그가 "입을 열면 향기로운 입김이 온 방 안에 퍼졌다"[12]고 한다. 그런 도련님이라면 분명 손님을 만나기 전에 향료가 들어간 물로 목욕을 했을 것이다.[13] 현대 여성들이 수제 과자의 맛을 선별하고 경쟁적으로 구입하듯, 당시 남자들은 좋은 향을 서로 다투어 견주었던 것이다. 중종中宗 시대의 우아한 연회에서 궁정 사람들은 각자 선발한 향료를 서로 비교하고 겨루었다. 그 경합에서 향고香膏의 한 종류가 우승했다는 기록이 있다.[14] 그중에서도 사치의 극에 달했던 10세기 한희재韓熙載는 스스로의 감식법에 따라 정원의 꽃과 훈향의 향기를 융합시키는 방법을 생각해냈다. 목서木犀와 용뇌龍腦, 도미酴釄와 침향沈香, 난蘭과 사절四絕, 함소화含笑花와 사향麝香, 담복詹蔔과 단향檀香을 짝짓는 등의 공식이다.[15]

향이 이렇게 우아한 목적으로 사용되기 시작하면서 이번에는 연인의 마음을 끌거나 성적인 쾌락을 높이기 위해 이용되기 시작했다. 당나라 시대 조정의 귀족들은 향수를 최음제 대신으로 사용했다. 9세기 장안에 살았던 '연향蓮香'이라는 이름을 가진 미녀는 너무나 훌륭한 향을 휘감고 있어서 "그 향기에 이끌려 꿀벌과 나비가 날아들었다"[16]고 한다. 또한 재상인 원재元載(몰수된 그의 가산 중에 막대한 양의 후추가 있었다는 것은 앞에서 언급했다)의 보호를 받고 있던 옥 같은 피부의 기녀는, 어릴 때 그녀의 앞날을 내다본 어머니가 향료를 먹게 했기에 다른 기녀들처럼 인공 향의 도움을 받지 않고도 마치 선녀처럼 우아한 향이 났다고 한다. 도교적인 인상을 지닌 그윽한 피부의 관능적인 어떤 여성에 대한 이야기도 있는데, 유감스럽게도 소악의 『두양잡편』에만 나오는 존재였다. 멋 부리기에 민감한 여성들이 아무리 흉내를 내려고 해도 그런 향을 얻을 수 없었다.[17]

일반적인 약藥의 조합에서도 향료가 중요한 위치를 차지하고 있었다. 최음제의 조합에도 향료가 직접적으로 관련이 있는 건 자연스러운 현상이었다. 이미 노경에 접어든 현종이 젊은 양귀비에게 마음을 빼앗겼을 때 안녹산은 최음제 100개를 바쳤다. 쌀알보다 작은 빨간 환약으로, '정화향情花香'을 가지고 만들었다고 한다. 현종이 규방에 들어가기 전에 한 알을 먹으면 욕정이 솟고 마음이 고양되어 정력이 쇠하지 않았다고 한다.[18]

한인들은 중국이 원산인 식물과 동물에서도 많은 향료와 훈향을 만들었다. 육계肉桂, 장뇌樟腦, 대만풍나무(혹은 초부용草芙蓉)[19] 등은 원산지의 나무에서 채취했다. 원산의 풀에서는 자화늑정紫花勒精(sweet basil)[20]과 향모香茅(citronella)[21]를 짜낼 수 있었는데, 전자는 주로 호남의 남부에 있는 영주永州에서 수확했다.[22] 이들 향료는 복숭아 꽃잎과 함께 목욕물에 향기를 주기 위해 사용했다(향모는 수입품이 더 질이 좋다고 했다).[23] 중국이 원산인 동물에서 채취하는 향료에는 정신을 가라앉히고 악몽을 물리치는 용도로 처방하는 약제에 종종 사용하는 사향고양이,[24] 그리고 중국 북부와 서부에 널리 퍼져 사는 소형 사향노루에서 채취하는 사향麝香이 있었다. 중국에서 생산되는 사향이라도 이용하는 방법은 어느 정도 이국 정서에 영향을 받고 있었다. 8세기에는 운남의 원주민 족장[25]과 요락부饒樂府에 정착한 만주의 해奚족이 사향을 바쳤다.[26] 또한 멀리 페르시아인이 아후라 마즈다 신을 예배할 때 수염이나 눈썹에 사향을 바른다는 것도 당나라 사람들은 알고 있었다.[27]

그러나 아무리 뛰어난 국산 향료가 있어도 백단白檀이나 침향沈香, 보르네오의 장뇌樟腦나 광곽향廣藿香, 안식향安息香과 소합향蘇合香, 그리고 유향乳香과 몰약沒藥 등 머나먼 나라에서 운반해오는 다양한 향료는 중국의 것보다 훨씬 훌륭했다. 특히 고무나 수지 계통의 진귀한 향료는 환영을 받았다.[28] 귀중한 향료는 세계 각지에서 당나라로 들어왔는데, 그 대부분이 남중국해를 건너오는 화물선으로 실어왔다. 815년에 칼링가(가릉국)에서 들여온 '이향異香'(이국적인 신기한 향료) 역시 바닷길을 통해 들어온 것이었다.[29] 이 화물선들이 입항한 덕분에 광주에는 거대한 향료 시장이 생겼고, 양주에도 광주에 버금가는 향료 시장이 문을 열었다. 귀족들이 향료를 아낌없이 펑펑 사용했다는 것을 생각하면, 수입되는 향료는 막대한 양이었음이 틀림없다. 심지어 건축 자재로도 향목을 사용했다.[30] 인도차이나 향료가 인기가 있었기 때문에 중국에서 생산한 향료는 '걸아향乞兒香'(거지들의 향료)이라고 비하했다.[31] 넓은 의미에서 '남해'라 불린 지방에는 풍부하게 우거진 삼림 지역에서 나무들이 향기로운 수지와 향고香膏를 분비한다. 따라서 무진장으로 향료와 향을 남방으로부터 수입했다.[32]

때문에 한인들은 남방에는 온갖 중요한 향료를 만들어내는 궁극의 향나무가 자라고 있다고 상상하기 시작한다. 상상의 향나무의 뿌리는 백단, 가지는 가라, 잎은 광곽향, 수지는 유향이었다. 어떤 전설에 따르면,

이 나무는 중앙아시아의 오래된 산인 기련산祁連山에서 자란다고 한다. 기련산이라는 도교의 선경仙境과 결부시켜 이 나무를 '선수仙樹'[33]라고 불렀다. 그러나 11세기 약리학자 소송蘇頌은 이런 '고인古人'의 견해에 대해, 이 이야기는 원래 시암에 있었던 부남(캄보디아) 사람들이 믿었던 이야기라고 주장하고 있다.[34] 부남인들이 믿었다는 이야기로 흘러가자, '선수'는 사실 또 다른 신선들이 사는 산에서 자라는 나무라는 이야기가 떠돌았다. 결국 부남 왕이야말로 신의 산을 다스리는 왕이었던 것이다.

고대 이집트인은 태양이 서쪽 하늘로 질 때 태양신 라를 숭배하며, "쿠피kuphi라 불린 사치스러운 과자를 바쳤다. 쿠피는 벌꿀, 포도씨, 건포도, 몰약 등 16종류 이상의 재료를 섞은 고급 과자였다."[35] 혼합향은 고대 중근동에서는 드물지 않았고, 중세 중국에서도 즐겨 사용했다. 반대로, 혼합하지 않고 순수한 한 종류의 향기만을 즐기는 것은 사실 역사가 상당히 짧았던 듯하다. 동양과 서양의 혼합향의 차이는 구할 수 있는 재료의 차이에서 생긴다. 서양에서는 주로 유향을 몰약, 갈바눔(풍자향楓子香), 그리고 나감향甲香(onycha)과 섞는다. 반면 동양에서는 침향을 유향, 백단, 정향丁香, 사향, 그리고 나감향과 섞었다고 현대의 어떤 학자는 주장하고 있다. 당나라 시대의 본초학에 관한 책에서는 침향, 몰약, 정향, 곽향藿香, 남향欖香(elemi), 그리고 대만풍나무 등 여섯을 주요 향으로 친다.[36]

장안의 서북 마니교 사원 근처에 있었던 절인 '화도사化度寺'에서 사용했던 조합법이 남아 있다. 조합법으로는 침향 45그램, 백단 150그램, 소합향 30그램, 나감향 30그램, 보르네오장뇌 30그램, 사향 30그램을 혼합한다. 재료들을 가루로 곱게 빻아 비단으로 거른 다음 꿀과 섞어 반죽 상태로 만들고는 말려서 곱게 간다.[37] 이러한 혼합향은 '백화향百和香'이라는 이름으로 시詩에 자주 나오는데, '백화향'이라는 별명은 당 이전부터 있었다.[38] 두보의 시에 "꽃향기가 백화향처럼 섞이네花氣渾如百和香"라는 구절이 있고,[39] 8세기 말부터 9세기 초의 시인인 권덕여權德興는 규방의 아름다운 여성과 백화향을 시로 묘사했다.

초록빛 창문에서 진주 비단에 원앙새 수를 놓고   綠窗珠箔繡鴛鴦
시비는 '백번 섞은 향료'에 비로소 불을 놓는다   侍婢先焚百和香[40]

당나라의 백화향은 일본에서도 유행했다. 당에 수출하기 위해 만들어진 백화향은 침향과 설탕, 자두 과육을 섞어 만드는 것이 보통이었다.[41]

비슷한 조합의 향료가 당에 '수입'되었던 흔적이 있다. 토하라의 사절이 724년에 '간다팔라乾陀婆羅(Gandhaphala)'라는 이약異藥(신비한 약) 200가지 남짓을 당에 바쳤다.[42] 간다팔라(향이 있는 과일)는 인도에서는 몇 종류의 향기 좋은 과일나무를 지칭하는 이름이다. 산스크리트어에서 음역한 한자명을 당시 발음으로 저자가 바르게 복원할 수 있다면, 이는 몇 가지 향약을 과일 형태로 반죽한 원추형 향약일 것으로 가정할 수 있다.

일단 당에 들어온 그윽한 외국의 향료 원료는 성질과 그것을 입수한 사람의 목적에 따라 다양한 용도로 사용했다. 사치스러운 문화 덕분에 향목香木은 목수나 가구 장인의 차지가 되었다. 그중에서도 최대 사치는 현종 시대의 대신이자 양귀비의 오빠였던 양국충의 '사향각四香閣'이 유명하다. 손잡이는 백단, 벽의 흙은 사향과 유향을 섞어 발랐다. 봄이 되면 양국충의 초대를 받은 고귀한 손님들이 이 사향각에 와서 만개한 모란

을 감상하는 것이 관례였다.[43]

그러나 그런 사치스러운 재료를 사용할 수 있는 사람은 어마어마한 대부호뿐이었다. 꽤나 유복하다는 상류 계급의 사람들도 대개는 수입품 향재香材를 훈향이나 향료 등의 일반적인 용도로 사용했을 뿐이다.

향이 들어간 촛불로 침실과 개인 거실을 밝히는 것은 기분 좋은 일이다. 그래서 당시唐詩에는 향촉香燭과 향심香芯이 자주 등장한다. 잘 알려져 있는 것이 의종이 사용한 향촉으로, 길이는 고작 두 치에 불과했지만 밤새도록 서서히 타올랐고 너무나 훌륭한 향을 뿜어냈다고 한다.[44] 또한 시간을 알 수 있도록 눈금이 그려진 향초도 있었다. 이것은 밤새도록 수행하는 승려가 최초로 사용한 것인지도 모를 일이다. 6세기 시인 유견오庾肩吾의 시를 보면 당 이전에 이미 널리 알려져 있었음을 알 수 있다.

향을 태워 우리는 저녁의 때를 안다　　　　　　　　燒香知夜漏
눈금을 매긴 양초로 우리는 시간을 확인한다　　　　刻燭驗更籌[45]

유견오의 시에 나오는 서두의 한 구절 중 시각을 알리는 향은 눈금 밀랍 초와 비슷한 역할을 하는 것으로, '향종香鐘'이라고 불러야 할 것이다. 시간을 표시하는 문자를 새긴 문자판에 향 가루로 섬세한 문양을 그려 넣는다. 섬세한 무늬와 선을 따라 향이 타오르면서 각각의 시각을 나타내는 글자까지 도달하면 시간을 알려주었다. 향으로 그려진 오래된 글자는 사대부들이 사용하는 인감에 새기는 글자와 비슷하기 때문에 '향인香印'이라 불렀다. 궁정 시인 왕건王建은 길고 고독한 밤의 상징으로 '향인'을 사용하고 있다.

향을 태우며 한가로이 앉는다	閑坐燒印香
온 방이 소나무와 측백나무의 향기로 가득하다	滿戶松柏氣
향불이 모두 다하니 지금이 분명하다	火盡轉分明
푸른 이끼 석비 위에 글자	靑苔碑上字[46]

향 가루를 뿌려서 태우는 재료는 대개 목재였던 듯하다. 모양을 조금 바꾼 고풍스러운 향종香鐘에 대한 묘사가 10세기의 사료에 남아 있다. 거기에는 "나무틀을 사용하고 향 가루를 전각篆刻의 글자처럼 펼치고는 재빨리 그것을 고착시키면 '곡수향曲水香'이 나온다"[47]고 쓰여 있다. 그러나 재료를 돌로 만든 것도 있었던 듯하다. 지금도 쇼소인에 그런 공예품이 남아 있다. 그중 하나는 호화로운 목각의 연꽃 위에 올린 동그란 석판으로 연꽃 꽃잎에는 신화의 세계에 등장하는 인물이 금박으로 묘사돼 있다.[48] 쇼소인이 보관한 이 향종 문자판은 한자로 된 향인이 아니고 산스크리트어의 알파벳인 데바나가리 문자를 새겨 넣었다. 문자판에 데바나가리 문자를 사용한 것은 드문 일이 아닌 듯하다. 향종은 불교적인 환경에서 종종 사용했거나, 달리 보자면 인도에서 전해진 것인지도 모른다. 단성식의 시 한 구절이 이를 소개한다.

| 서쪽 나라에서 온 게문偈文(gāthās)을 번역한다 | 翻了西天偈 |
| 타고 남은 산스크리트 문자가 향기롭다 | 燒餘梵字香[49] |

가정이나 보통 의식에서는 향로를 이용해 향을 태웠다. 이하李賀의 「신현神弦」이라는 시에 나오는 옥으로 만든 향로처럼 귀중한 재질의 향로도

있었다. 이 시에서는 한 무녀巫女가 접신하기 위해 '상사相思'라는 이름의
나무로 만든 가짜 손톱을 끼고 비파를 연주해 신의 강림을 기다린다.

소녀 무당이 술을 따라 올리니 구름이 가득해지네	女巫澆酒雲滿空
옥 화로 숯 향이 "통! 통!" 북소리와 함께 퍼진다	玉爐炭火香鼕鼕
바다 신과 산의 도깨비가 몰려와 접신하니	海神山鬼來座中
지전, 바스락거림, 방울 소리, 휘몰아치는 바람	紙錢窯窣鳴颾風
상사목에 금빛 춤추는 방울 달고	相思木帖金舞鸞
눈썹 한번 찡그리고 다시 또 연주한다	攢蛾一啑重一彈
무녀는 별과 귀신 불러 술잔과 그릇에 흠향하네	呼星召鬼歆杯盤
산 귀신이 흠향할 때면 소름에 몸을 떤다	山魅食時人森寒
종남산 지는 해 산등성이 깔리고	終南日色低平灣
귀신은 있음과 없음 사이에 영원히 있구나	神兮長在有無間
신의 분노와 신의 즐거움에 무당은 안색을 바꾸고	神嗔神喜師更顏
신을 보내고, 온갖 것 타고 청산으로 돌아온다	送神萬騎還青山[50]

전통적인 향로는 '박산로博山爐'다. 경사면에 해당하는 부분에 신선계
의 모습을 그려 넣는 경우도 있었다. 사치를 좋아해 복도 난간을 침향으
로 꾸몄을 정도였던 부자 왕원보王元寶는 침대 앞의 고풍스러운 향로를
한층 더 호화롭게 꾸몄다. "두 작은 동자 조각이 칠보七寶 박산로를 받치
고" 있었다. 왕원보는 이 향로를 "일몰부터 일출까지 태웠다."[51]

그러나 이것조차 낙양의 절에 있었던 '백보향로百寶香爐'에 비하면 보잘
것없었다. '백보향로'는 어느 공주가 절에 헌납한 것으로, 높이는 석 자,

향연이 나오는 구멍이 네 개, 진주, 홍옥수紅玉髓, 호박, 산호 등 다양한 보석으로 장식되어 있었다. 그리고 날갯짓하는 새와 짐승, 신귀神鬼, 천계의 기악가妓樂家 등 신화의 세계를 새겨놓았다. 사치의 극을 다한 이 향로에 사용된 비용은 "전錢 3만, 창고 안의 재보財寶도 향로에 향을 태우려고 다 써버렸을"52 정도였다고 한다.

일반적으로 많이 사용된 향로는 실재 혹은 상상 속의 새나 동물, 예를 들어 사자나 기린 등의 형태로 만들었고, 때로는 동물의 입에서 향 연기가 피어오르는 모양으로 만들었다. 특히 많이 만들었던 것이 오리53와 코끼리54 모양의 향로였다. 또한 이상은의 시에 묘사된 바에 따르면, 운모로 된 작은 창이 달린 향로도 있었다고 한다.55

중국에서는 한나라 때부터 긴 손잡이의 향로를 사용했다. 손잡이에 사자가 붙은 것은 중앙아시아와 간다라에서도 볼 수 있지만, 원래는 고대 이집트가 발상지인 듯하다.56 향로는 일본으로도 건너가 오늘날까지 아름다운 향로가 쇼소인과 나라奈良의 도쇼다이사唐招提寺에 전해지고 있다. 대개는 안티몬과 금의 조합 등 구리와 다른 금속의 합금으로 만들었지만, 자단紫檀을 금·은·보석으로 만든 꽃무늬로 장식한 멋진 향로도 있었다.57

'훈롱薰籠'이라는 향로는 안이 텅 빈 금속 구球로, 정성을 다한 꽃무늬와 동물무늬가 투과 방식으로 조각되어 있었다. 향로 안에는 쇠로 된 그릇이 매달려 있고, 그 그릇에 향을 담아 태웠다. 이것은 의류나 침구에 향을 쐬기 위해 만들어진 것으로, 때로는 벌레 퇴치용으로도 사용했다. 은과 청동으로 만들어진 것이 쇼소인에 남아 있다.58 또한 궁중의 생활을 묘사한 왕건의 시에는 "은으로 만든 훈롱 속의 불꽃이 눈보라가 이

관음觀音의 인도. "중국에서는 한나라 때부터 손잡이가 긴 향로를 사용했다."

코끼리 모양의 향로. "일반적으로 사용하는 향로는 실제로는 보기
힘든 상상의 새나 동물의 모습을 조각해 만들었다. 사자나 기린의
형상을 하기도 했다."

는 듯하다銀熏籠底火霏霏"[59]라는 구절이 있다. 그러나 향로가 옷에 향을 옮기는 유일한 방법이라고 할 수는 없다. 재상인 원재元載의 아내는 다음과 같은 방식으로 쓰기도 했다.

길이 30자 남짓 되는 청사靑絲 40타래를 각기 10자씩 나누고서는 비단에 자수를 놓는다. 다음으로 각각의 청사 밑에 금은 향로 20개를 가지런히 놓고 모든 향로에 이향異香을 태워 옷에 향을 머금게 했다.[60]

다양한 향낭香囊과 향대香袋를 착용하고 특히 허리띠에 매다는 관습은 고대로부터 있었고, 귀족의 탈것에도 향을 입혔다. 이 관습은 당나라 시대가 되어도 계속되었고, 옷에 향을 머금게 하는 데는 주로 '나륵羅勒'이 사용되었다.[61] 특히 궁녀들은 온몸에 향을 듬뿍 묻히고 다녔기 때문에 궁정인의 행렬이 지나갈 때는 수십 리 밖에서도 그 향기가 났다고 한다.[62] 당나라 시대의 궁녀들이 썼던 향취에 대해서는 선승 한산이 시에 남기고 있다.

홀로 산 아래로 잠시 내려왔다	儂家暫下山
성곽과 해자 안으로 입성한다	入到城隍裏
우연히 한 무리의 소녀들을 보았다	逢見一群女
단정한 이목구비와 자태가 아름다웠다	端正容貌美
머리칼은 촉蜀의 유행대로 꽃을 꼽았다	頭戴蜀樣花
볼연지와 분을 발라 윤이 났다	燕脂塗粉膩
금빛 팔찌에는 은으로 꽃무늬를 새겼다	金釧鏤銀朵

얇게 비치는 옷은 분홍색, 암갈색, 자줏빛이었다	羅衣緋紅紫
주홍빛 얼굴은 여신이나 요정과도 같았다	朱顏類神仙
향기를 뿜는 떼들에서 진한 향연을 발산했다	香帶氛氳氣
그 나이 남자라면, 모두 고개를 돌려 응시했다	時人皆顧盼
맹목적인 유혹이 그들의 심장과 마음을 물들였다	癡愛染心意
말마따나 '세상에서 비할 데 없는' 것이었다	謂言世無雙
영혼과 그림자가 쏙 빠져 그녀들을 따라간다	魂影隨他去
썩은 뼈 덩어리를 물어뜯는 개들같이	狗咬枯骨頭
헛된 꿈에 입술과 이를 핥는구나!	虛自舐唇齒
어떻게 돌려서 생각해야 하는지도 모른 채	不解返思量
그들에게 무엇에 있어 짐승과 다를쏜가!	與畜何曾異
이제 그녀들도 머리 흰 할망구가 될 것이다	今成白髮婆
유령과 마귀와도 같이 추하게 늙어	老陋若精魅
시종일관 승냥이 같은 마음으로 들떠 살아갈지니	無始由狗心
해방과 자유의 땅에 들지 못할 것이다	不超解脫地[63]

남자도 향을 마음껏 사용해도 상관없었다. 9세기의 시에는 장안의 밤, 외국 기생과 즐기기 위해 나선 젊은 무인武人 이야기가 나온다. 그가 백마를 타고 봉황 무늬가 그려진 상의를 걸치고 "이국적인 유명 향기를 소매에 채우고異國名香滿袖熏"가는 모습을 묘사하고 있다.[64] 황제도 향낭을 소지했다. 특히 납일臘日 의식 때는 반드시 향낭을 소지하게 되어 있었다.[65]

양귀비와 함께 매장된 향낭은 유명하다. 사천에서 도읍으로 돌아온 현종은 사절을 보내 마외馬嵬의 길가에 묻은 귀비의 유해를 은밀하게 찾게 했다. 유해를 찾던 사절은 남아 있는 것이 향낭뿐이라며 그것만 가지고 돌아왔다. 향낭을 본 현종은 슬픔을 가누지 못했다.[66]

향낭은 대개 채색 혹은 꽃무늬를 본뜬 소재, 특히 박사薄紗로 만드는 경우가 많았다. 쇼소인에는 박사와 아마포로 만든 작은 향낭이 남아 있다.[67] 또한 당시唐詩 중에는 숙련된 무기舞妓들이 향을 채워 넣고 던지며 춤추던 향구香毬(공)도 나온다.[68]

침향

당나라 사람들이 좋아했던 향료 '아가로阿迦嚧(Agaru)'의 산스크리트어 원명에서 다양한 영어 동의어가 파생했다. 말레이어의 Gahru, 히브리어의 Ahaloth, 포르투갈어의 Aguila 등도 거기서 나왔고, 무역 용어인 'Garroo'도 마찬가지다.[69] 이들은 모두 동남아시아 원산인 침향속(Aquilaria)의 수목을 가리킨다.[70] 훈향으로 거래되는 침향은 비중이 무겁고 짙은 색 부분으로 병에 시달려 상처가 난 곳이고, 이것을 에워싸는 가볍고 부드러운 엷은 색 부분과는 구분된다. 수지樹脂로 가득 차 있거나 향기가 매우 짙게 난다. 때로는 질병에 걸려 짙은 향기를 내는 부분의 모습이 사람이나 동물 형태로 일그러지는 경우도 있다. 이런 모양의 침향은 상품 가치가 크게 증가했다.[71]

한인들은 최고 품질의 것을 특별히 '침향'이라고 불렀다. '침沈'이라는 말은 물보다 비중이 무겁기 때문에 붙은 것이다. 어떤 당나라 사람은 짬파 사람이 침향 만드는 과정을 기록했다.

> 그들은 이것을 잘라내 몇 년이고 쌓아둔다. 나무가 썩어 심지와 마디만 남
> 으면 물에 담그기 때문에 침향이라 한다.[72]

여기에 이어지는 이야기가 있다.

> 만약 물에 뜨고 표면에 검은 맥이 드러나 있으면 전향煎香이다. 유명한 향
> 인 '계골鷄骨'이나 '마제馬蹄'도 전향일 뿐 전혀 (의료적인) 효능은 없다. 오로
> 지 옷에 향을 쐬어 냄새를 얻기 위해서만 사용한다.[73]

'계골'이나 '마제'는 소매용 싸구려 침향의 명칭이다.

서양에서는 중국이 침향의 산지로 알려져 있다. 예를 들어 오만의 이
바드파 이슬람 상인은 8세기에 당에 가서 침향을 샀다는 기록을 남긴
다.[74] 광주는 토공물로서 은, 등나무 가구, 여지茘枝, 비단구렁이 담즙 등
과 함께 침향을 장안에 진상했는데,[75] 여기에 포함된 침향은 안남과의
국경 지대에서 입수한 것임에 틀림없다.[76] 이슬람권 사람들이 말하는 '중
국'은 침향의 산지는 아니었지만 거대한 침향 시장이 있었음에 틀림없다.

당에서 사용된 침향 대부분이 수입품으로 특히 짬파에서 온 것이 많
았을 것이다. 짬파의 왕은 8세기에 30근의 '흑침향'을 장안에 진상했
다.[77] 지금도 그렇지만 당시에도 문명이 발달한 짬파의 사람들은 산간
부의 원주민에게 의뢰해 병해를 입은 침향을 조달했다. 19세기에도 짬
파 사람은 '가라伽羅(Gahlao)'라는 침향을 판매했다. 빈투언에 있는 이슬

람교 짬파 사람들은 '오랑글라이Orang glai'(숲의 사람)라고 부른 산간 지방 원주민과 손을 잡고 부지런히 침향을 모았다. 19세기가 되어서도 침향은 짬파나 안남에서 이루어지는 종교 의식에서 중요한 물건이었다.[78]

침향은 내질환계의 모든 통증 완화, 액막이, 영혼을 정화시키는 용도 등으로 이용되었으며, 특히 한방 의학에서는 중요한 약재였다. 약으로 사용할 때는 술에 넣어 졸였다. 또 상처에는 연고에 섞어 발랐다.[79] 당나라 시대에 분향焚香과 훈향薰香에 침향을 즐겨 사용한 것은 인도에서의 이용법과 마찬가지로 강한 향기를 품은 연기가 궤양이나 상처에 효과가 있다고 여겼기 때문인 듯하다.[80] 10세기 초 시라프의 아부 자이드는, 중국 황제는 침향과 장뇌로 염殮을 하고 둘러싸서 매장한다고 적고 있다. 이 기록이 근거 있는 것인지는 아직 확인할 수 없다.[81]

아무튼 중세 중국에서 모든 의식과 사적인 이용에 침향이 매우 큰 역할을 맡고 있었던 것만은 분명하다. 이하李賀의 절구絕句를 보면 그 모습이 잘 드러난다. 젊은 귀공자가 방에서 홀로 새벽을 기다리는 모습을 묘사한 것이다.

곱슬곱슬하고 빙빙 도는 '물에 가라앉은' 연기	裊裊沈水煙
까마귀가 소리친다—몹시 지쳐 보이는 밤의 전경	烏啼夜闌景
구불구불 이어지는 호수—연꽃 사이에 이는 잔물결	曲沼芙蓉波
허리에 맨 백옥이 차갑다	腰圍白玉冷[82]

침향으로 만든 향수로 기녀의 옷을 '물들였다'고도 하지만, 이것은 관능미를 높이기 위해서였을 것이다.[83] 그러나 그보다 더 사치스러운 것이

침향으로 가옥에 향을 입히는 일이다. 침향을 분말로 해서 향을 원하는 장소에 바른다. 종초객宗楚客은 자신의 저택 벽에 이 분말을 사용했고 손님이 문을 열면 침향의 향이 감돌았다고 한다.[84] 이처럼 향료를 사용한 건축물은 현재는 하나도 남아 있지 않지만, 쇼소인에는 침향의 분말로 마무리 칠을 하고 정향과 '야감초野甘草'의 빨간 씨앗 '상사자相思子'로 장식한 팔각형 경통經筒이 있다.[85] 고귀한 부처님의 말씀을 담기에 어울리는 상자다.

이쯤에서 침향으로 만드는 중요한 소품도 소개해보겠다. 예를 들어 쇼소인에는 침향과 반죽斑竹을 축으로 하고 자작나무 수피로 감싼 붓이 남아 있다.[86] 건축 재료로 사용할 정도로 큰 침향이 있었다고는 생각할 수 없지만, 9세기의 정사正史에는 그에 대한 기록이 남아 있다. 경종敬宗이 즉위했을 때, 한 페르시아 상인[87]이 사치를 좋아하는 젊은 황제에게 정자를 하나 지을 수 있는 침향을 바쳤다. 그러나 그 터무니없이 어리석은 행위로 인해 경종은 대신들에게 심하게 질책을 당했다.[88] 이런 값비싼 정자의 대표적인 예로서, 경종보다 1세기 전에 현종이 침향정沈香亭을 세웠다. 침향정 앞에는 붉은색·자주색·분홍색·흰색 모란꽃을 심어놓았다. 그러나 그중에서도 가장 아름다웠던 것은 양국충이 세운 침향정이었다고 알려져 있다.[89] 부패하지 않은 침향속沈香屬의 나무는 진짜 '침향'은 아니라지만, 새로 자른 것은 향도 짙었고 나무 일부만 수지가 함유되어 있어도 훈향으로서는 사용할 수 있을 정도였을 것이다.[90] 사치스러운 건물의 골조에 사용된 것은 이처럼 향은 높지 않지만 부패하지 않는 향나무였을지도 모른다.

자등향

자단향紫檀香(Kayu laka)도 당나라 사람이 즐겨 사용했던 향나무다. 이 향은 인도네시아에서 수입하는 황단黃檀의 속재목에서 채취할 수 있다.[91] 이순李珣은 "소방목 같은 향기가 난다. 처음 태웠을 때는 향기가 별로 강하지 않지만 몇 종류나 되는 향료와 섞으면 그윽한 향기가 된다"[92]고 말하고 있다. 당에서는 처음에 '자등향紫藤香(Lakawood)'이라고 불렀다(등나무도 '자등'이라 불렀기 때문이다). 무엇보다 이 향의 진면목은 '강진향降眞香'이라는 데 있었다. '진인眞人'이라는 것은 노을을 먹고 이슬을 마시고 사는 도교의 선인을 가리키며, '진眞'이라는 명칭을 통해 도교 사원에서 이 향을 매우 귀하게 여겼음을 알 수 있다.[93] 조당曹唐은 도교를 주제로 한 시에서 불로장생의 약을 강진향과 비교하고 있다.

붉은 이슬 불로장생의 술잔 기울이는 것 같고　　　　　　紅露想傾延命酒
소방목 태운 연기는 강진향을 맡는 것 같구나　　　　　　素煙思爇降眞香[94]

자단향의 사용에 관해 주술적인 것과 의료용을 구별하기는 어렵다. '집 안의 괴이함'을 쫓아내기 위해 태우는 경우도 있었고, 액막이로서 어린아이가 소지하게 하는 경우도 있었다.[95]

남향

중세의 한인들은 열대 감람과 수목에서 채취하는 함유含油 수지樹脂 몇 종류를 알고 있었으며, 이들을 '남향欖香' 혹은 '남지欖脂'라고 불렀다. 광주 지방이 원산인 '중국 감람'[96]의 남지는 당나라 시대에 배의 판자에 바르는 왁스로 사용했고, 그 질감 때문에 '감람당橄欖糖'[97]이라고 했다.

그러나 광주의 도심부에서 조정에 바친 지역 공물 중에는 또 다른 종류의 남향이 있었는데, 이를 '첨당향詹糖香'[98]이라 했다. '첨詹(Trâm)'은 안남어로 '감람(Kanarai)'을 말한다. 이것은 코팔(천연수지)계의 감람[99]으로, 당나라 시대에는 영남 일부, 아마도 안남과의 변경 지대에서 자라고 있었을 것이다. 그러나 주요 산지는 통킹이었다. 첨당향은 뿌연 색깔의 과립으로 레몬과 송진 향기가 났다.[100] 그러나 향으로 사용하려면 숯을 섞기 때문에 검은색을 띠고 있었다.[101] 소공蘇恭은 "첨당향은 귤과 비슷하다. 가지와 잎을 끓여 향을 낸다. 사탕沙糖과 비슷하게 검다. 교주交州와 광주보다 남쪽 지방에서 얻을 수 있다"[102]고 말하고 있다. 통킹에서와 마찬가지로 당나라의 장안에서도 신전에서 신에게 분향하는 데 사용했음이 틀림없다.

장뇌

중국(혹은 일본)의 장뇌樟腦[103]는 '우선右旋 장뇌'로, 중국과 일본, 그리고 통킹을 원산으로 하는 큰 나무의 수액을 결정結晶시켜 만든다. 보르네오

(혹은 수마트라) 장뇌104는 '좌선左旋 장뇌'로, 인도네시아와 말레이산 고목에서 채취되는 앞의 것과 매우 유사한 물질이다.105 중국에서 구하려던 것은 남방의 것으로, 유럽에서도 중세부터 현대까지 이 장뇌가 거래되었다.106

중세 중국에서는 장뇌를 두 가지 별명으로 불렀다. 하나는 말레이어 무역 용어를 어원으로 하는 '파율장뇌婆律樟腦'로 단순히 '파율고婆律膏'107라 부르기도 했다. 파율Baros은 수마트라 서해안에 있는 마을이며, 예전에는 장뇌의 주요 수출지였다.108 또 하나는 '용뇌향龍腦香'이다. 바다를 넘어 이국에서 들여오는 보기 드물고 진귀한 물품은 바다를 다스리는 용의 인상에 결부시키는 일이 많아 '아말향阿末香'도 같은 이유로 '용연향龍涎香'이라 불렀다. 당나라 사람들은 '파율고'와 '용뇌'를 구별하려고 했지만 결국 성공하지 못했다. 원목의 둥치가 굵은지 가는지에 따라 다르다고 주장하는 사람도 있었지만, 어떤 것이 어디서 나오는지는 분명히 구분하지 못했다.109 또한 '파율'은 투명한 수액이고 '용뇌'는 그것을 건조한 것이라는 의견도 있었다.110 분명 '파율'에는 통상 '고膏'라는 말이 따라다녔던 것을 보면 결정화한 '용뇌'와 달리 유분을 함유한 형태로 판매되었던 듯하다. 한편, 불서국佛誓國(스리위자야)에서는 '용뇌유龍腦油'를 수출했다.111

당나라 사람들은 보르네오산이라고 알려진 장뇌가 도대체 어디서 채취되는지 잘 몰랐던 것 같다. '파율'과 '파리婆利'는 당시 한어 발음으로는 거의 같았다.112 또 다른 이설로, 페르시아인이 이것을 만들었다고 알려졌지만,113 이것은 흔히 있는 발음상의 혼동이었다. 페르시아 상인이 가지고 온 물건을 페르시아산이라고 생각했기 때문이다. 현장玄奘은 말라바르 해안의 '말라구타林羅矩吒(Malakūta)' 지방에서 장뇌향을 채취한다고 했다.[114] "모양은 운모 같고 빙설氷雪같이 하얀색을 띠고 있다"[115]고 기록하고 있다. 아마 장뇌 나무는 이 나라에서도 뿌리를 잘 내렸을 것이다. 이외에, 칼링가(가릉국) 동쪽 지방에서는 "죽은 이의 입에 금을 채우고, 장뇌향을 듬뿍 사용한 불로 화장한다"[116]고 보고하고 있다.

타국에서 당에 들여온 장뇌향 중 기록에 남아 있는 것으로는 7세기에 타화라墮和羅(드바라바티)의 속국이었던 타원국陀洹國(다곤)의 왕이 파율고를 바쳤다는 기록이 있다.[117] 또한 금·철·울금향을 풍부하게 산출하는 오장국烏萇國(우디아나)도 7세기에 '용뇌'를 바쳤다는 기록이 있으며, 당나라의 황제로부터 감사장을 받는다.[118] 그로부터 1세기 뒤에는 장뇌의 산지에서 멀리 떨어진 아라비아에서도 조공을 보내왔다.[119] 장뇌는 따뜻한 남방의 이국적 향기가 나는 물건이었던 것이다.

중세 후기가 되면서 장뇌를 운반할 때 대나무 마디 안에 넣었기 때문에 여행가인 이븐바투타는 장뇌란 대나무 안에서 생기는 것이라고 믿었다.[120] 상품으로서 당에 가지고 들어온 장뇌도 그러한 형태로 운반되었을 것이다. 일찍이 중국에서 장뇌는 찹쌀·숯·홍두紅豆를 섞은 통 안에 보관했다.[121]

당나라 사람들은 장뇌의 향을 매우 좋아해 다양한 향과 훈향에 장뇌를 넣었다. 그중에서도 유명한 것이 통킹에서 현종에게 바친 '서룡뇌瑞龍腦'(궁정에서 이렇게 불렸다)다. 특별히 향이 강한 장뇌향으로, 매미와 누에 모양으로 만들어서 부적 종이처럼 몸에 지닐 수 있게 만들었다. 현종은 총애하는 양귀비에게 이것을 열 개 주었다. 여기서 앞에서 언급한 현종이 바둑을 두고 있을 때의 이야기를 계속 이어서 말해보겠다. 하회지의 비파 연주를 들으면서 바둑을 즐기고 있을 때 양귀비가 귀여워하던 개가 바둑판을 헤집어 망가뜨렸다.

그때 갑자기 바람이 불어 양귀비의 어깨에 걸친 스카프가 하회지의 스카프 위에 겹쳐져버렸다. 한동안 그대로 가만히 있었는데, 하회지가 몸을 움직이는 바람에 스카프가 떨어졌다. 귀가한 하회지는 온몸에서 생각지도 못한 그윽한 향기가 나온다는 것을 알고 스카프를 벗어 비단 주머니에 넣어 간직했다.

이후 (촉으로 도망쳤던) 현종 황제는 궁궐로 돌아왔지만, 길에서 죽은 양귀비를 그리워하는 생각이 머리에서 떠나지 않았다. 이에 하회지는 간직해둔 스카프를 꺼내 지난 이야기를 상세하게 들려주었다. 황제는 비단 주머니를 열더니 울면서 "이것은 서룡뇌향이구나"라고 말했다.[122]

옷에 스며든 장뇌 향을 얼마나 귀하게 여겼는지는 다음 이야기에서도 알 수 있다. 어린 황제 경종은 종이로 만든 화살 안에 용뇌와 사향 가루를 넣고 그것으로 궁녀들을 치는 엉뚱한 놀이를 했다. 화살을 맞은 운 좋은 궁녀는 멋진 향기에 감싸였다.[123]

당 왕조가 사용했던 약물학 서적에 따르면 장뇌는 "심장과 장기의 사기邪氣"를 물리치고 백내장 등 특히 눈병에 좋다고 여겼다.[124] 8세기의 연금술사인 장과張果는 골수 안에 들어간 '바람風'을 치료하려면 장뇌와 사향을 섞는다(이 조합은 자주 사용되었다)고 했다.[125] 인도에서도 장뇌의 이용법이 불전佛典과 함께 전해졌다. 관음을 칭송하는 한역 불전에 따르면 독충에 쏘였을 때 파라주婆羅州(보르네오)의 장뇌와 안식향을 같은 양으로 깨끗한 물에 넣어 섞고 "관음상 앞에서 다라니를 열 번 외운다. 암송이 끝나면 즉시 낫는다"[126]고 적혀 있다. 이 약에는 다른 이용법도 있었다. 나중에 복건에서 '민閩' 왕조를 일으킨 왕심지王審知의 조카 왕연빈王延彬은 10세기 초에 천주泉州의 자사刺史 직을 얻었다. 그는 남양에서 오는 화물선과의 거래를 장려하고 항구 도시와 천주를 더욱 번영시켜 천주의 조상으로 칭송받는 인물이다. 그는 탐미주의 미식가로, 과음했을 때 취기를 깨는 비법을 터득하고 있었다. 바로 연회 후에 액체로 만든 장뇌를 머리에 몇 잔이고 뿌리고 한낮까지 푹 자는 것이었다.[127]

장뇌는 음식에도 들어갔다. 825년에 황제(이때도 어린 황제 경종이다)를 위해 '청풍반清風飯'이 준비되었는데, 이 음식은 '수정반水晶飯' '용정분龍睛粉' '용뇌말龍腦末'에 우유를 섞은 것이었다. 이 음식을 금속 용기에 담아 꽁꽁 언 연못에 담가두고 완전히 얼린 뒤에 한여름 더운 날 황제의 식탁에 올렸다.[128]

안남에서 바친 벌레 모양으로 만든 장뇌에 대해서는 이미 설명했다. 장뇌를 다양한 모양으로 만드는 풍습은 당 혹은 그 이후 시대에도 있었던 듯하다. 『청이록清異錄』을 저술한 10세기의 도곡陶穀은 이렇게 적고 있다.

장뇌로 불상을 만드는 건 알고 있지만 채색된 것은 본 적이 없다. 그러나 개봉의 절에는 안료로 채색한 보기 드문 장뇌 소년상이 있다.[129]

소합향

그 옛날 로마나 파르티아에서 중국으로 수출했던 소합향蘇合香130은 짙은 보라색으로 사자의 배설물이라고도 알려져 있던 강력한 약이었다.131 이 방향성 수지는 당나라 시대 이전에도 일반적으로 잘 알려져 있었고 종종 사용되었던 듯하다. 고풍스러운 시를 쓴 진표陳標가 진왕秦王의 모습을 읊은 시를 만들었을 때는 이미지로 소합향을 떠올렸던 것이다.

진나라 왕궁의 궁궐은 봄 연기구름으로 덮이고	秦王宮闕靄春煙
진주나무의 보석 같은 가지들, 쪽빛 하늘로 다가오네	珠樹瓊枝近碧天
군주의 기품은 소합향으로 피어나고	御氣馨香蘇合啓
주렴이 흔들리는 빛, 수정처럼 매달려 있다	簾光浮動水精懸
비단과 크레이프가 향기로운 소매를 따르니	霏微羅縠隨芳袖
인어 비단은 보석 장식한 바닥 깔개를 좇는구나	宛轉鮫綃逐寶筵
여기서부터 쿰단kumdan으로 한번 돌아보시네	從此咸陽一回首
천 년 전부터 드리운 가을 색 일몰 구름	暮雲愁色已千年132

서역에서 수입한 수지인 소합향은 서양에서 몰약과 비슷한 위치를 갖고 있었다. 하지만 소합향과 달리 몰약은 별로 이국적이지 못했기에 그다지 중요시하지 않았다. 그러나 당나라 시대에 소합향으로 취급한 것은 사실 향수를 만들 때 사용하던 말레이산 발삼이었다.133 10세기에는 '제고帝膏'134라는 신비로운 이름으로 불리기도 했다. 다른 향료와 마찬가지로 아주 작은 덩어리를 몸에 지니는 방식이나 허리띠 끝에 늘어뜨려 가

지고 다니는 경우가 많았다. 그래서 이단李端의 시에 이런 구절이 있다.

소합향 알갱이 띠에 단 껄렁한 젊은이들   遊童蘇合帶

야자나무 잎 부채를 살랑대는 창녀들   倡女蒲葵扇[135]

안식향과 조왜향

한인들이 '안식향安息香'(파르티아의 향료)[136]이라고 부른 향료는 한 가지 종류의 향이 아니다. 당 이전에는 몰향沒香의 혼합물로 자주 사용된 브델륨 등 방향성 고무 수지를 이런 이름으로 불렀다.[137] 9세기 이후가 되면서 인도차이나와 인도네시아산 조왜향爪哇香이나 안식향에도 같은 이름을 사용하기 시작했다.[138] 9세기가 되어 이런 명칭상의 변화가 일어난 일과 '소합향'의 자리매김이 달라진 일은 중세 중국 상거래의 변화를 보여준다. 인도 방면의 수입 물품이 시리아나 이란 방면을 대신해 중요해지기 시작했음을 말해준다. 그래서 당나라 시대의 문헌에서는 서양산 향료와 남방산 향료를 혼동하고 있었다. 하지만 모두 같은 목적으로 사용되었기 때문에 확실하게 이 향료라고 말할 수는 없다.

기적을 일으키는 것으로 알려진 4세기 승려였던 불도징佛圖澄은 '안식향'을 기우제 의식에 사용했는데, 이것은 '안식향'이 중국 기록에 나타난 최초의 사례다.[139] 5~6세기에는 투르키스탄 지방의 불교국에서 안식향이 진상되어 왔는데, 그 나라들 가운데에서도 특히 간다라가 유명했다.[140] 간다라에서는 많은 불교 경전과 진귀한 향료가 중국으로 들어왔다. 그러나 간다라는 무역으로 돈을 벌기 위해 향료를 매개했을 뿐, 향료는 간다라 원산의 것이 아니었다. 그러나 중국에서 '간다라'라는 나라는 '향국香國'이라는 의미로 해석되었다. 그래서 예전에는 안식국(파르티아)의 일부이기도 했던 간다라에서 오는 방향성 고무 수지가 '안식향'이라 불려도 이상할 게 없었다.[141]

당나라 시대 중반이 되면서 아라비아인이 '자와의 유향乳香(Lubān Jāwi)'이라 부르는 수마트라산 안식향이 브델륨의 대용품으로 들어왔는데, 이 또한 '안식향'이라 불렸다. 그래서 이순李珣은 '안식향'이 "남해와 파사에서 산출된다"[142]고 쓰고 있다. 이들은 모두 '유향'으로 상선에 실려 남중국해를 거쳐 들어왔고, 상선 중에는 페르시아 배도 있었기 때문에 이런 혼동이 일어나는 것도 당연했다.

조왜향의 성질은 안식향으로도 이어진다. 단성식은 페르시아에서는 "벽사수辟邪樹라 부르고 있다"고 기록하고 있는데, 이 향은 파르티아에서 들여온 본래의 '안식향'을 가리킨 것이다.[143] 당나라 시대의 약초학자들은 안식향이 몸 안의 사기邪氣를 진정시킨다고 믿고 있었다.[144] 특히 부인이 밤에 꿈을 꾸면서 악귀惡鬼와 관계를 가졌을 경우, 안식향을 태워 그 연기를 국부에 쐬면 단혈丹穴(여자 성기의 은어)이 영원히 닫힌다고 쓰고 있다.[145] 그들은 방향성 수지의 전통적인 성질을 토대로 해서 이렇게 말하는 것이겠지만, 실제로 처방한 것은 인도네시아산 안식향인 경우가 많았다.

유향

유향乳香은 아라비아의 남쪽 지방에서 자라는 나무[146]나 동아프리카 해안 지역에서 나오는 그와 비슷한 종류의 나무[147]에서 채취하는 수지다. 한어로는 두 가지 호칭이 있다. 하나는 3세기까지 거슬러 올라가서 산스크리트어에서 음역된 '훈육薰陸(kunduruka)'[148]이고 또 하나는 유방 모양이라는 데 착안한 '유향乳香'이다. 이것은 플리니우스가 "그중에서도 특히 귀하게 여기는 향료는 유방 모양을 한 것으로, 수지가 한 방울씩 떨어지고 그 위에 또 한 방울이 반복되어 합쳐지면서 생긴 모양이다"[149]라고 묘사한 향료다. 유대교의 카발라(신비 철학) 분위기를 풍기던 '영화범유靈華泛腴'[150]라는 호칭은 연금술사들이 사용했을 것이다.

유향의 원산지인 하드라마우트에서는 날개를 가진 독사가 지켜주고 있고,[151] 하트셉수트 여왕 등 이집트의 지배자들은 아프리카 동부의 푼트Punt에 유향을 찾는 탐험단을 파견했다고 한다. 당나라 사람들은 유향과 그 원산국을 정확하게 연결 짓지 못했던 것 같다. 소공蘇恭은 인도산 하얀 유향과, 안이 녹색을 띠고 향기가 흐릿한 몽골산 유향에 대해 쓰고 있다.[152] 무역 상품의 산지를 어떻게든 페르시아라고 하고 싶어하던 이순은 유향도 페르시아산이라고 쓰고 있다.[153] 이처럼 문헌에 보이는 유향은 아시아 시장에서 널리 매매되었던 진짜 유향도 있었겠지만 명백하게 가짜와의 혼동이 있었다.

유향은 몰약沒藥, 갑향甲香, 갈바눔 등과 함께 고대 히브리인의 의식에 사용된 성스러운 향료로서 그리스도교 의식에서도 귀하게 여겼다.[154] 당에서도 훈향으로 사용했지만 히브리인이나 그리스도교의 사용 빈도만큼 널리 이용된 건 아니다. 더구나 엄청나게 고가였다. 해남도의 해적이 었던 풍약방은 페르시아인 노예를 거느리고 위세를 부리며 살고 있었는데, 손님을 모아 유향을 등불 대신 태우곤 했다. 이것은 믿을 수 없을 정도의 사치다.[155] 한편 조무광曹務光이라는 남자는 세상의 사치를 멸시하여 유향 열 근을 대야에다 태우고 "재산은 쉽게 얻을 수 있지만 부처님은 좀처럼 찾을 수 없다"[156]고 외쳤다고 한다.

유향은 의료에도 사용되어 궤양과 장의 병증에 처방했다.[157] 도교 의술을 연구하는 의사들은 곡물 대신 유향을 먹으면 생명을 연장하는 효과가 있다고 보았다.[158] 『역대명화기歷代名畫記』를 저술한 장언원張彦遠은 의외의 방법으로 유향을 사용했다. 그는 유향 분말을 풀에 섞어 그림의 족자 틀에 붙였다. 이렇게 하면 표장表裝이 단단하고 벌레도 생기지 않는다고 한다.[159]

몰약

몰약沒藥[160]은 유향과 마찬가지로 아프리카와 아라비아 원산의 고무 수지로, 고대 중근동에서 신성시했다. 특히 고대 이집트에서는 미라를 만들던 장인들에게 빼놓을 수 없는 성분으로 알려져 있었다.[161] 기독교 신약성서에서 니고데모는 이 전통적인 방법으로 그리스도의 몸을 보존했다. 짙은 빨간색 몰약은 당나라 사람들에게는 거의 알려지지 않았고, 약제사들은 주로 술에 섞어 사용했다. 아마도 진통제로 이용되었던 듯,[162] 칼에 베인 상처나 낙마에 의한 부상, 혹은 유산이나 산후의 통증에 복용하도록 처방했다.[163] 당에서는 셈어 무르murr[164]라는 발음에서 유래하는 이름으로만 알려져 있었다. 기묘한 약초의 명칭이 게재된 10세기의 약초 목록에는 '만룡설혈蠻龍舌血'이라는 이름으로 게재하고 있다.[165] 훈향과 향료로서 사용한 기록은 보이지 않는다. 당나라에서 몰약은 국제적 명성에 비해 알려지지 않았다. 이런 면에서 보자면 몰약을 '약' 항목으로 넣어 다루는 것이 좋았을지도 모르겠다.

정향

정향丁香은 서양에서도 중국에서도 다양한 용도로 이용되고 있고 '음식'이나 '약'을 다루는 장에 넣어도 좋았을 테지만, 향료로서의 특성이 가장 귀한 대접을 받았다. 당나라 사람은 종종 정향을 훈향 등에 섞었기 때문에 이 장에 넣었다.[166]

정향은 건조한 꽃봉오리 모습 때문에 전에는 '계설향雞舌香'이라 불렸다. 나중에는 '조향爪香'이라고 불렸는데, 이것 역시 손톱같이 생긴 꽃 모양을 나타내고 있다. 영어의 'clove'가 라틴어 'clavis'를 어원으로 하고 여기서 옛 프랑스어 clou, 즉 '손톱'이 파생된 것과 비슷하다.[167] '조향'은 원래 중국이 원산인 몇 종류의 '자정향紫丁香'(라일락)을 가리키는 호칭으로, 작은 꽃 모양에서 이 이름이 붙었다. 당시唐詩에서 '조향'이라 하면 '라일락 향기'를 말하며, 외래종 향료인 정향이 아니다. 한편 우리가 정향이라 부르는 '계설향'은 이상은과 황도黃滔 등 당나라 시대 시인의 작품에 '계설'로 생략 사용되고 있다. 그들은 정향의 일반적인 인상과 독특한 향에 주목했을 것이다.

정향은 인도네시아에서 수입했다. 이순은 이를 '동해東海'라고 하는데, 이것은 원산지인 말루쿠제도를 가리키는 듯하다.[168] 한편 소공은 안남에서도 정향을 채취할 수 있다고 하므로 안남에도 전해졌다고 할 수 있다.[169]

정향에 대한 고전 시대의 고귀한 이용법으로는, 한대에는 이를 입 냄새 제거에 사용하고 있었다.[170] 조정의 고관들은 황제의 어전에서 보고를 할 때는 반드시 정향을 두세 알 입에 머금고 있어야 했다.[171] 또한 훈향과 향료에도 섞어 사용해, 수나무雄株의 꽃을 '발효'시켜 만드는 향료도 있었다고 기록하고 있다.[172]

당나라 시대에는 현대의 서양 요리에서처럼 정향이 사용되는 일은 없었지만, 얇게 썬 고기를 '조향'에 담가 향을 내는 요리, 즉 조향으로 향을 낸 액체에 재는 조리법이 있었다.[173] 계설향은 술꾼에게도 귀한 대접을 받았다. 계설향을 씹으면 술기운이 쉽게 오르지 않고 아무리 마셔도 취하지 않는다고 여겼기 때문이다.[174]

의료에도 많이 사용됐다. 치질 치료에서부터 살충과 '벽악辟惡'(악귀를 몰아냄), '거사去邪'에까지 응용했다.[175] 생강즙과 섞어 복용하면 희끗희끗한 수염도 검게 변하면서 회춘한다고 알려졌다.[176] 그러나 동서양을 불문하고 옛날부터 정향은 치통의 특효약이다. 정향유의 유효 성분인 오이게놀이 '정피丁皮'에 함유돼 있기 때문이다. 이순은 이것을 치통에 처방했다.[177]

청목향

목향의 뿌리인 '청목향靑木香'은 제비꽃 같은 독특한 향기가 나는 휘발성 기름이다. 향료의 조합에 중요하게 이용하는 물질로,[178] 한어 이름은 '목향木香'이다.[179] 한인들은 그 강한 향에 주목해 일찌감치 기원 무렵부터 사용했다. 주로 카슈미르 지방의 산물로 여겨졌지만, 당나라에서는 조국(카부단)과 사자국獅子國(실론)의 것도 알려져 있었다.[180] 카슈미르로부터 오는 조공물 목록에는 들어 있지 않지만 8세기 초에는 이 지방에서 들여온 '번약蕃藥' 안에 섞여 있었는지도 모른다.[181] 그러나 약물학 서적에는 곤륜 방면에서 바다를 건너오는 것을 최고로 여겼고, 서역에서 육로를 통해 운반되어 오는 것은 질이 떨어진다고 기록되어 있다.[182] 목향의 뿌리는 훈향과 향수에 다소 섞어서 사용했을 뿐 아니라 약으로도 사용했다.[183] 특히 가슴 주변 통증에 효과가 있다고 알려져 "여성이 피와 기침으로 가슴이 아파 참을 수 없을 때, 술에 소량을 섞어 마시면 좋다"[184]고 했다.

파촐리

말레이시아산 민트[185]에서는 고대 유럽에서 말라바트론Malábathron 혹은 '인도의 잎'이라 부른 향기 높은 검은 기름을 채취할 수 있다.[186] 산스크리트어 이름은 타밀라파트라Tamāla-pattra인데, 파촐리Pachouli라는 말은 타밀어 파칠라이Paccilai(녹색 잎)에서 나왔다. 한어명은 '곽향藿香'이지만

그 모양 때문에 '두엽향豆葉香'이라고도 불렀다.[187]

파촐리는 당나라 시대에는 돈손국頓遜國의 산물이었지만[188] 11세기에는 광주에서도 재배되었고[189] 지금까지도 이 지방에서 볼 수 있다.[190] 중국에서는 말레이산 파촐리가 3세기경부터 알려져 있었고, 옷에 향기를 배게 하는 데 사용했다.[191] 인도에서도 크게 유행해 여성이 머리에 향기를 머금게 하는 데 사용했다.[192] 심지어 제2제국 시대나 빅토리아 왕조 중기의 유럽에서 파촐리와 인도는 떼려야 뗄 수 없는 관계가 되었다. 따라서 파촐리 향은 어깨를 덮는 숄이 진짜 인도제인지 아닌지의 여부를 확인하는 기준이 되기에 이르렀다.[193] 한역 불전에서는 목욕, 특히 불상을 씻기 위해 정수에 넣는 것으로, 종종 산스크리트어 이름으로 등장한다(예를 들어 705년에 번역된 밀교 경전 『능엄경』 등).[194] 당나라 시대의 불교 승려들은 이 규칙에 따랐을 것이다.

재스민 오일

당나라 시대에는 두 종류의 이국적인 재스민이 알려져 있었다. 페르시아명으로 '야새만耶塞漫(Yāsaman)'[195]이라는 이름의 꽃과 인도 이름으로 '말리茉莉(Mallikā)'[196]라 부른 꽃이다. 모두 영남 지방에서 재배했다.[197] 향기로운 이 꽃은 페르시아·아라비아·로마를 회상케 하며 사랑과 아름다움, 특히 사랑스러운 요정 같은 여인을 연상케 하는 꽃으로 사랑받았다.[198]

8세기 중반의 당나라 사람들은 이슬람인이 재스민 꽃을 압축해 향유를 짜낸다는 것을 알고 있었다.[199] 이것은 예전에는 다라베지르드·사부르·시라즈 등에서 생산한 페르시아 수입품이었다.[200] 말리유는 송나라 시대 광주 항구를 통해서도 들어왔는데,[201] 전설적이라고 할 수 있는 명성을 지닌 이 향유가 당나라에 수입되었는지는 확실치 않다.

장미수

로마의 황제 네로는 장미 향이 나는 분수를 갖고 있었다고 한다. 엘라가발루스 황제는 장미수薔薇水로 목욕을 했다고 한다.

중국에 처음 장미수가 전해진 것은 958년이다. 이해에 짬파의 슈리 인드라바르만 왕이 후주後周에 아부 하산이라는 남자를 보냈는데, 그가 준비해 진상한 '방물方物'에는 84개의 유리병에 담긴 '맹화유猛火油'라는 액체와 15개의 장미수가 있었다. 하산이 그것을 '서역'에서 가져온 향수로 옷에 뿌리는 것이라고 소개했다.[202] 이 사절에 대해서는 잘 알려져 있지만, 그 이전에도 당에 장미수가 들어왔다는 사실은 알려져 있지 않은 것 같다. 짬파의 사자가 오기 20~30년 전, 후당後唐의 황제들은 궁정 내의 용휘전龍輝殿에 놀라울 정도로 사치스러운 정원을 갖고 있었다. 침향沈香으로 산과 언덕을 만들고, 강과 호수에는 장미수와 소합유를 채우고, 정향과 금곽芩藿[203]을 나무와 숲으로 만들었으며, 성곽은 훈육薰陸, 건물은 황자단黃紫檀으로 세우고, 인물은 백단白檀나무로 깎았다. 전체가 하나의 미니어처 도시를 형상하고 있었다. 성문에는 '영향원靈香園'이라고 쓴 현판이 걸려 있었다. 일설에는 사천의 나라였던 촉蜀을 정복했을 때 챙긴

전리품이라고도 한다.204

9세기의 기록에도 장미수는 나온다. 한유가 보낸 시를 받은 유종원은 그것을 너무나 소중히 여긴 나머지, '장미로薔薇露'(장미 이슬)로 손을 씻지 않고는 그 시를 읽지 않았다.205 '장미로'는 지금 중국에서도 청량음료수로 생산되고 있다.206 이렇게 보자면, 짬파의 사자가 오기 훨씬 전에 장미수 제조법이 전해져 있지 않았다고 하기 힘들다. 즉 유명한 파르스Fars(이란)의 굴라브Gulāb(장미)가 동양에 처음으로 나타나기 전에 중국에도 독자적인 장미수 제조법이 있었다는 이야기가 된다. 어쨌든 이들 장미수는 그보다 수 세기 후에 이란에서 처음 제조됐다. 이는 유명한 에센셜 오일이었던 '화향유花香油'와는 다르다.207

아말향 또는 용연향

용연향龍涎香은 병증이 있는 향유고래의 장내에서 채취되는 분비물이다.208 회색을 띤 가벼운 물질로, 꽃향기를 반영구적으로 유지하는 작용이 있어서 향수 전문가들이 귀하게 여겼다.209 영어명은 'Amber grey'지만, 이전에는 아라비아어 안바르Anbar에서 파생한 말이라서 단순히 'Amber'라고 불렸다. 9세기까지 이 단어가 중국에 전해졌고, 단성식의 명문 수필에서도 언급하고 있다.210

중세에 용연향을 매매했던 것은 주로 아라비아인이다. 이븐호르다드베는 아라비아의 무역상이 니코바르제도의 원주민에게 철을 주고 대신 귀중한 분비물인 용연향을 입수한다고 기록하고 있다.211 그러나 단성식은

용연향의 산지가 동아프리카 발발력국撥拔力國(소말릴란드)이라고 이야기
한다.

발발력국은 서남해 방향에 있다. 이들은 오곡을 먹지 않고 고기만 먹는
다. 항상 축우畜牛의 맥에 침을 찔러 피를 빼서 우유와 섞어 날것 그대로
마신다. 옷이 없고 단지 허리 아래를 양가죽으로 가린다. 부인들은 피부가
희고 단정하다.

그리고 이 기괴한 사람들의 주요 상업적 교환 물품은 '아말향阿末香'과
상아였고, 이를 많은 페르시아 상인을 상대로 교역한다고 했다.[212]
　용연향이 어디에서 채취되는 건지 중세 사람들은 알지 못했다. 페르시
아와 아라비아의 학자 중에는 "그것이 바닷속 식물의 싹에서 흘러나온
다는 사람이 있고, 또 바위에서 솟아나는 얼룩진 물방울이 바다로 흘러
굳은 것이라고 주장하는 사람도 있으며, 동물의 똥이라는 사람"도 있었
다.[213] 이 점에 대해서는 한인들 사이에서도 당나라 시대가 끝날 무렵까
지 문제가 되지 않았던 것 같다. 10세기에서 11세기경이[214] 되자 아말향
은 '용연향'으로[215] 불리게 되었다. '용연향'은 그 이전에도 당시唐詩에 등
장하는데, 이때는 용이 날뛴 수면에 생기는 거품을 가리켰다.[216] 단순히
전설이 아니고 송나라 초기에 실제로 아말향을 수입하기 시작했고, '용
연향'이라는 이름도 새롭게 사용하기 시작했을 것이다.[217]
　고래는 용과 비슷하다. 둘 다 위대한 바다의 정수精髓이고 머리에 보석
을 가진 인도의 마카라Makara와 통하는 점도 있다.[218] 향유고래의 머리에
서 채취되는 경랍鯨蠟과 혼동을 일으켰기 때문에 용의 침이라고 여겼는

지도 모른다.219 아무튼 아말향은 '용뇌향', '용린향龍鱗香'(침향의 일종), '용
안龍眼'(여지와 비슷한 과일), '용수향龍鬚香' 등 용의 신체 일부로 한인들의
세계를 풍성하게 채색했다.220 그러나 말리유와 마찬가지로 '용연향'은 당
나라 사람들에게는 이야기로만 듣던 이국의 물품이었다.

패갑향

갑향 또는 패갑향貝甲香은 장강 이남 해안에서 서식하는 복족류腹足類
연체동물의 아가미뚜껑에서 채취되는 향료다. 안남의 육주陸州 등 해안
에 산재한 지방에서 지역 공물로 장안에 보냈다.221 그런 의미에서는 '반
半 이국적'이라고 해도 좋을 것이다. 단단한 껍질 안에는 즙이 많은 살도
들어 있어서 남방 사람들은 이것을 먹었다.222 생김새는 조개의 아가미
뚜껑 모양이라서 한어로 '갑향甲香'223이라고도 불렀다. 침향(가라伽羅), 사
향 등과 섞어서 사용하는 훈향의 재료로도 인기가 있었다(모자이크향의
경우와 같다).224 이 훈향은 '갑전향甲煎香'225이라고도 해서, 사치를 좋아하
던 수隋나라 황제는 이것을 장작에 섞어 궁정의 중앙 정원에서 태웠다고
전해지고 있다.226 여성들이 입술에 바르는 크림도 갑향에 납蠟이나 향기
로운 과일과 꽃을 태운 재를 섞어서 만들었다.227

제11장 약

내게 수많은 이름의 약초를 보여주시고
신묘하고 놀라운 효능을 말씀해주셨습니다.
_존 밀턴, 「코모스」

약리학

아부 자이드의 기록에 따르면, 9세기 중국에서는 걸리기 쉬운 질병과 그 적절한 치료법을 간결하게 기록한 석비를 공공장소에 세웠다고 한다. 사람들은 이런 방식으로 신뢰할 수 있는 의료적인 조언을 얻을 수 있었고, 가난한 환자에게는 나라에서 약값을 지급했다. 당나라의 훌륭한 의료 제도를 기록한 자이드의 기술을 뒷받침하는 한문 사료를 발견하지 못했지만, 분명히 공중公衆에 대한 교화 항목은 석비에 새겼고, 당나라 때는 특히 의료적인 측면에서 복지 정책을 강화했다.[1] 인도적인 활동에 관심을 쏟기 시작한 것은 불교의 영향 때문이다. 불교는 원래 외래 종교지만 6세기까지는 완전히 한화漢化해 그 무렵부터 단발적이 아닌 정기적인 사회복지 활동을 펼치기 시작했다. 절의 승려들은 가난한 사람들에게 먹을 것 등을 베풀고 약을 제공하기 위한 시약원施藥院을 마련했다. 이러한 복지 활동은 기도나 의식 등의 '경전敬田'(경배의 장)과 함께 '비전悲田'(자비의 장)으로서 신앙 생활의 중요한 두 측면의 한 부분을 담당했다.[2]

동아시아에서 중세 불교가 가장 왕성했던 7세기부터 8세기에 이르기까지, 병원을 비롯해서 가난한 사람들을 위해 종교와 관련된 복지 시설을 도심부에 잇따라 세우기 시작했고, 이런 복지 정책을 황제가 직접 명령하는 경우도 종종 있었다. 열심히 불교를 신봉한 신자였던 측천무후는 특히 전문 관리를 배치해 가난한 사람, 병자, 노인, 고아를 위한 복지 시설을 관리했다.[3] 8세기 중반, 행각승 감진鑑眞도 상업 중심지였던 양주揚州에 의료 시설을 세웠다.[4] 도교道敎를 신봉했던 현종도 735년 초 장안에 공공 병방病坊을 건립하라는 칙령을 내렸는데, 여기에는 수도에서 거지를 없애겠다는 목적도 있었다.[5] 845년 폐불廢佛 사건 이후 재상 이덕유의 제언으로, 그때까지 불교 사원에서 관리했던 의료 시설에 세속의 관리자가 참여하게 했는데, 이런 것들은 나중에 다시 종교 시설로 돌아갔다.[6]

당나라 시대의 형법에 따르면, 의사는 반드시 고대로부터 전해지는 처방과 정식으로 인정하는 약초의 사용법을 지켜야 했다. 만약 처방이 잘못되어 환자가 죽었을 경우에 담당 의사는 2년 반의 노역형에 처해졌다.[7] 자칫 실수를 저질러 황제를 죽게 하는 일이 있으면 교수형에 처해졌다.[8] 이러한 엄격한 정책은 보수주의를 초래해, 고대의 처방을 그대로 새로운 처방전으로 베껴 썼다. 덕분에 원래는 전해지지 않았을 처방조차 남아 있어 역사학자에게는 반가운 결과가 되었지만, 의료계로서는 실험이나 자주성을 상실해버렸다. 정부가 정통적인 치료법을 중시했음에도 불구하고 정부와 전통파 사이에서도 새로운 개방적인 의료가 더 큰 영향을 끼쳤다. 의사들이 환자의 고통을 완화하는 일을 최우선으로 생각하게 된 일은 의외라고 할 수 있다. 이것은 불교적 윤리가 의사의 태도에 영향을 주었기 때문이다.

불교의 자비심에 몸을 바친 중세 중국에서 가장 유명한 의사는 손사막孫思邈일 것이다.9 그는 도교를 깊이 연구해 도사로서도 존경을 받았다. 수隋 황제의 초대를 거절하고 나중에 나이가 들고 나서는 당 태종의 조정에 출사했지만 관직은 받지 않았다.10 그는 의술에 평생을 바쳤으며, 『노자老子』와 『장자莊子』의 경전 주석注釋을 남겼고, 더욱이 300권으로 이루어진 한방서 『천금방千金方』,11 중국 최초의 안과학서12 등 많은 책을 저술했다. 또한 서양의 의료과학에 앞서 광물질을 약으로 이용하는 비방을 주장했다. 그에게 죽음이 닥쳐왔을 때 공물로 고기를 바치거나 부장품으로 함께 묻는 통桶 등 성대한 장례식은 하지 않도록 하라는 유서를 남겼다. 나중에는 약왕묘藥王廟에 모셔 제사를 지내는 신이 되었다.13

손사막의 제자인 맹선孟詵도 의사로서 높은 평판을 얻었다. 스승과 달리 다양한 관직에 올랐고 특히 측천무후 밑에서 활약했다. 무후의 치세 말경에는 산속에 은둔해 연금술과 약초학 연구에 힘쓰고, 현종 때 높은 존경을 받으면서 93세로 죽었다. 그도 중요한 약방문을 여러 권 써서 남겼다.14

당나라 시대의 의료, 특히 약리학을 언급하다 보면 진장기陳藏器를 거론하지 않을 수 없다(보수적이고 훌륭한 의사는 그 외에도 많았지만 여기서는 생략한다). 사실 그는 약학과는 딱히 직접적인 관계가 없었다. 반면 그는 당나라의 물질문명에 대해 상세한 기술을 남겼고, 그를 통해 우리는 많은 것을 배웠다. 그가 기록한 『본초습유本草拾遺』는 그 제목에서도 알수 있듯이 약에 대한 기존의 개략적인 지식을 보충할 목적으로 저술되었다. 송나라 시대의 약리학자들은 정통으로 간주하지 않던 약초에 대해 기록한 이 책을 엄하게 비판했지만 이 책은 중세 초기에 사용되기 시작한 새로운 약에 관한 정보를 많이 포함하고 있어 말할 수 없이 가치가 크다. 관습에 구애되지 않는 그의 태도 때문에 정식 사서史書에는 그에 대한 전기가 올라와 있지 않다. 게다가 당사唐史에 따르면, 진장기는 "인육人肉이 이질贏疾(결핵이 아닐까 싶다)을 치료한다"고 주장했기 때문에 이 병에 걸린 부모를 가진 자녀들이 자신의 살을 잘라 부모에게 먹이는 행위를 하게 만들었다는 기록도 있다.[15]

마지막으로, 당나라 시대의 외래 문명을 다루는 입장에서 '이밀의李密醫'(일본 사서에는 '이밀예李密翳'로 전한다—옮긴이)라 불린 페르시아 출신의 인물을 빼놓을 수 없다. 그는 734년에 일본인 견당사遣唐使였던 다지히노 히로나리多治比廣成를 따라 일본으로 건너가 나라 시대의 문화 번영에 힘쓴 수많은 외국인 중 하나다.[16]

당에는 약을 다루는 이들이 참고할 수 있는 수많은 고금의 약초학 서적이 있었다. 기본적인 서적으로는 적어도 다음과 같은 책들을 꼽을 수 있다.

(1) 『신농본초神農本草』. 중국 원산인 식물이나 동물과 관련된 신 신농씨神農氏의 이름을 딴 이 책은 '경經'으로서의 권위가 부여되어 있다. 원래 아마 한나라 시대에 편찬한 것으로 보이지만, 한대를 훨씬 거슬러 올라가는 사료도 포함하고 있다. 당나라 시대에 전해진 것은 5세기 말에 도홍경陶弘景이 편집한 것으로, 초기 사료에 그가 주석을 붙이고 있다. 그는

약을 '삼품三品'으로 나누는데, 이는 도교의 영향이 짙다. 우선 진사辰砂·석청石靑·운모·선지仙芝·복령茯苓·인삼·사향·모려牡蠣(굴) 등 몸을 가볍게 하고 수명을 늘려주는 약재를 '상품上品'으로 분류해 설명하고 있다. 이어서 자황雌黃·웅황雄黃·유황硫黃·생강·서각犀角(물소뿔)·녹용 등이 지닌 강장 작용을 열거한다. 이것이 저항력을 늘려주는 '중품中品'이다. 마지막으로 자석赭石(ocher)·연단鉛丹·연분鉛粉·조두鳥兜(투구꽃)·와蛙(개구리)·도인桃仁(복숭아씨) 등 독성이 있는 것도 포함시킨다. 이 약재들은 질병 치료의 목적으로만 사용되는 '하품下品'이다.

(2) 육조六朝 시대에 나온 것으로는 유명한 도사 도홍경의 『명의별록名醫別錄』이 가장 중요할 책일 것이다. 이 책은 『신농본초』에 한나라 시대 이후에 생긴 전문 지식을 추가한 것이다.[17]

(3) 당나라의 궁정에서 편찬한 것으로는 이적李勣이 중심이 되어 편집하고 정리해 659년에 완성한 『신수본초新修本草』가 있었다. 하지만 소공蘇恭이 편찬해 개정판을 낸 『당본초주唐本草注』가 더 잘 알려져 있다. 이 책에는 도홍경 시대 이후의 새로운 정보가 많이 담겨 있다. 특히 남방에서 들여온 약초에 대한 기술이 많고, 약초학 서적으로는 첫 번째로 도판圖版이 들어간 저술이었다.[18] 당나라 시대에 도판을 넣은 약초서에는 남방뿐 아니라 외국산 식물 그림도 첨가되어 있었을 것이고, 이를 그린 유명한 화가도 있다. 『본초훈계도本草訓誡圖』를 그린 7세기의 왕정王定이 대표적이다.[19]

(4) 앞에서 손사막을 언급했는데, 그가 쓴 또 한 권의 책으로 『천금식치千金食治』가 있다. 이 책에는 '천금'의 가치가 있는 식사 요법이 기재돼 있다.

(5) 맹선의 『보양방補養方』(8세기 초).

(6) 장정張鼎의 『식료본초食療本草』(8세기 중엽)는 먼저 나온 『보양방』을 발전시킨 서적으로, 당 이후에는 매우 자주 활용되었다.[20]

(7) 다른 나라의 약초에 대해 기록한 이순李珣의 『해약본초海藥本草』(8세기 중엽)도 있다.[21]

(8) 그리고 마지막으로 왕도王燾의 『외대비요外臺祕要』도 중요한 책이다.[22]

말할 것도 없이 황제는 항상 최고의 명의와 약초학자, 약초를 사용할 수 있었다. 조정에서 사용된 약초에 대해서는 입수할 수 있는 사료도 많다. 장안에는 드넓은 토지를 조정의 약초원으로 확보하고 있었다. 의사·침사·안마사·주술사와 더불어 '태의령太醫令' 관할 아래 '오사五師'의 한 사람인 '약원사藥園師'가 약초원을 관리했다.[23] 약원사에게는 16세에서 20세까지의 젊은 조수가 여러 명 딸려 있었다. 약원사는 그들에게 각각의 약효, 약효가 높은 약초의 국내 생산지, 올바른 재배법과 관리 방법, 수확에 가장 좋은 시기, 올바른 보존 방법 등을 가르쳤다.[24]

이 약초원에서 궁정으로 약초가 운반되었고 필요할 때 '상약국尙藥局 봉어奉御'의 직함을 가진 두 명의 주관主管에게 전달했다. 진단·처방·배합은 이 '상약국 봉어'의 책임이었다. 배합에는 특정한 규칙이 있었다. 어떤 약을 짓건, 반드시 연명 효과가 강해 군주 또는 하늘에 해당하는 '상약上藥' 한 봉, 몸의 조직을 강화하는 작용을 하는 신하 혹은 사람에게 해당하는 '중약中藥' 세 봉, 그리고 보좌역으로 땅에 해당하는 질병이나 고치는 '하약下藥' 9종을 배합해야 했다. 또한 조정의 약사는 약의 맛과 오장의 관계라든지, 폐와 횡격막의 병일 경우 황제가 일단 식사를 하고 나서 약을 복용하고 가슴과 복부의 병일 경우 약을 복용하고 나서 식사를 하는 등 복잡한 규칙도 고려해야 했다.[25] 배합할 때는 중서성中書省과 문하성門下省 그리고 여러 호위 장군이 각각 한 명씩 입회했다. 완성된 약은 일단 상위의 약사가 시험해보고 다음에 전중殿中(약사의 상관) 그리고 황태자(이 시기에 황위 교체를 노릴지도 모르기 때문에)가 시음하고 나서 황제의 병상으로 가지고 갔다.[26]

한편 불교의 시약원이 큰 역할을 했던 것 이외에, 일반 서민이 어떻게 약을 입수했는지는 잘 알려져 있지 않을뿐더러 당나라 시대 약의 소매에 이르기까지 전혀 알려져 있지 않다. 광주·양주·장안 등의 대규모 시장에 대한 추측만 있을 뿐이다. 그러나 예외적으로 사천의 재주梓州에서 9세기 중엽부터 음력 9월 초(양력으로는 10월)면 전국의 약장수들이 이 도시에 모여 8일 밤낮으로 성대한 약 축제를 열었다는 사실은 알려져 있다.[27]

구할 수 있었던 약에 대해서는 더 상세한 사료가 있다. 약제사들은 약이 되는 식물·동물·광물을 깊이 연구했다. 활성 작용이 없는 것, 독성이 있는 것, 혹은 소름이 끼칠 것 같은 재료도 질병의 치료에 사용했다. 당나라 시대에 일반적으로 사용된 약의 다양성을 이해하기 위해 막대한 성분의 품목 가운데 몇 가지 예를 들어보기로 한다.

절강과 사천의 부자附子, 광서 북부와 강서 남부의 계피와 균계菌桂(실론계피), 서북부의 대황大黃, 북부와 만주 지방의 인삼, 장강 하구에서 생산하는 연근蓮根, 호북과 사천의 패모貝母(중국조개), 사천 남부의 향포香蒲(부들), 북부와 몽골 지방의 감초甘草, 섬서의 복령, 반모斑蝥와 비유갑秘油甲, 산서 산속에서 발견되는 용골龍骨, 사천이나 감숙 산속의 영각羚角(영양

뿔)을 들 수 있다. 그 외에도 운남 북부에서 사천 그리고 티베트 구릉 지대를 넘어 당나라 본토, 몽골, 만주 지방까지 이어지는 넓은 지대에서 얻을 수 있는 사향, 사천과 산동의 거세한 소에서 나오는 우황, 호남성 남부의 서각犀角, 영남의 염사담蚺蛇膽(비단구렁이 쓸개), 오르도스 지방 멧돼지의 모분석毛糞石, 산서 태원의 비소砒素, 산동·호북·광동의 종유석鐘乳石, 섬서와 감숙 등에서 채취되는 석고石膏, 사천 북부의 망초芒硝(황산나트륨의 10수화염), 산서 중부의 초석硝石, 산동과 안휘 북부의 운모, 감숙의 암염巖鹽, 장강 삼각주 지구의 사염瀉鹽(엡솜염, 황산마그네슘), 중원 지방 특히 절강의 갈분葛粉 등 온갖 물질을 다양한 질병 치료 약재로 사용했다.[28]

다행스럽게도 일본 나라의 쇼소인正創院에 8세기의 약이 남아 있다. 주로 다른 나라 사절이 쇼무 덴노에게 바친 무기·유구遊具·가구·악기 및 그 밖의 보물들과 함께 약을 보관하고 있다. 756년에 쇼무 덴노가 죽자 황후 고묘光明가 약 60종류의 약을 포함한 이들 보물을 도다이사東大寺에 헌납했다. 쇼소인은 그 보관 창고였다. 대부분의 약은 당의 것이지만, 나아가 먼 아시아의 여러 나라에서 온 것도 있다. 이란의 육계肉桂, 정향丁香, 몰식자沒食子(오배자 열매), 밀타승蜜陀僧, 인도의 후추와 물소 뿔, 그 밖에 반모斑蝥나 '용골' 화석, 그리고 현대의 우리에게는 약이라고 생각되지 않는 가라伽羅, 소방蘇芳, 진사, 은가루 등도 있다. 1948년 이후로 이들 약에 대한 과학적인 연구가 가능해지면서 중국 중세의 몇 가지 약이 제대로 해명되고 있다. 그 이전에는 '망초芒硝'가 엡솜염의 옛 호칭이며 이것이 중세 중국에서 약으로 사용되었다는 것은 알려져 있지 않았다.[29]

권위 있는 약초학 서적만 대조해봐도 당시 배합된 약은 수천 종류에 이르며, 이런 처방이 온갖 질병에 효과가 있다고 여겼다. 오래된 처방이 정말 약효가 있는지 여부에 대해서는 최근 학자나 과학자들이 주목하고 있다. 그리고 현대에 이르러, 중세 중국의 약초에는 '현대적'인 약효가 있는 것도 있었음이 밝혀지고 있다. 당나라 시대에 아메바 이질의 치료에 사용한 광엽옹초廣葉翁草,[30] 성병 치료용 감홍甘汞(염화제1수은의 약재),[31] 그리고 각기병에 처방된 술을 섞은 조롱박瓠簞 등이 이에 해당한다.[32] 반면에 최상의 품질을 가진 용골 화석, 특히 불투명한 여러 색이 섞인 용골 화석은 몽마夢魔나 사기邪氣를 물리쳤다거나,[33] 발기 부전에는 백마白馬의 음경을 벌꿀과 함께 술에 담가 마신다는 등의 처방은 현대인에게는 신뢰를 받지 못한다.[34] 귀신에 씌었을 때 주문呪文을 적은 복숭아나무 팻말을 끓여서 마시는 것은 약의 처방이라기보다 주술이다.[35]

그러나 당나라 시대의 약에 대한 사실을 객관적으로 관찰하려면, 현대적인 '과학'이나 '미학'에 지배된 편견을 버리는 것이 좋다. 진실이든 거짓이든, 아름다운 것이든 추한 것이든 모두 중세 중국 사람들의 생활의 일부로 봐야 한다. 예를 들면 입춘에 부부가 빗물을 마시고 나서 잠자리를 가지면 아내는 반드시 임신한다거나, 꽃에서 모은 이슬은 피부에 좋다거나, 불안감이 심해서 괴로울 때는 주석과 은의 합금에 수은을 섞은 연고가 진정제로 각광을 받는다거나 하는 일들이다. 이외에도 감홍은 술꾼의 딸기코에 효과가 있다거나, 웅황은 어떤 독도 중화한다거나, 자철광磁鐵鑛(천연 자석 연금약으로 정력을 높여주는 가루)은 고환을 강하게 하고 허리를 튼튼하게 한다는 등의 처방이다. 배뇨 장애나 월경 불순에는 질산칼륨이 좋고, 감초는 약초의 왕으로 어떤 약과 섞어도 효과가 높아지고 특히 복부가 불쾌한 증상에 좋다. 고대에는 등골나물은 퇴마를 할 때 물 뿌리는 의식에 사용했다. 이 나무의 잎은 기름과 섞어서 부인용 육모제로 쓴다. 당아욱(접시꽃)은 장에 문제가 생겼을 때 완화제로 사용했다. 식용 대황의 뿌리는 위장을 튼튼하게 한다. 조리한 부추는 식욕을 증진한다. 부추를 짠 즙은 광견병이나, 독성이 있는 파충류나 독충에 물렸을 때 좋다. 겨울 파(대파)는 어린이의 성장에 좋고, 말린 생강은 가슴과 복부의 팽만과 변비에 효과가 있으며, 고사리는 수면 유도 효과가 있다. 사탕수수에는 진정 효과가 있고, 말린 살구는 심장, 말린 복숭아는 폐를 좋게 하는 약이다. 여성의 이부자리 밑에 본인이 모르게 화살을 감추면 산후 복부의 불쾌감을 개선할 수 있고, 근육이 뭉치면 국자로 세 번 두드리면 낫고, 뱀에 물렸을 때는 거미를 갈아 즙을 마시면 효과가 있고, 진통을 완화하고 싶을 때는 해마를 몸에 지니면 효과가 있다. 야간의 사정射精 등 성에 관한 문제가 있으면 굴이 좋고, 당나귀 고기를 오미五味와 끓여 먹으면 우울 상태나 정신 이상에 효과가 있다. 호랑이 고기를 먹으면 모든 나쁜 기운을 몰아내며 산속에서 호랑이를 만나도 호랑이를 두려움에 떨게 할 수 있다. 야생 멧돼지 고기를 술과 함께 사흘 동안 먹으면 여성은 모유가 잘 나오게 되고 열흘을 먹으면 서너 명의 자녀를 키울 만큼 젖이 나온다는 등등 이상한 처방을 나열하자면 끝도 없다.[36]

광물을 먹는 일이 중요하다고 주장하는 도교의 전통과 실험도 약학의 일부로 큰 위치를 차지했다(그중에서도 중요한 것이 장수의 특효약 즉 단약丹藥이다). 당나라 시대의 의학은 진보적 혹은 보수적인 연금술에 완전히 나쁜 측면에서 강한 영향을 받고 있었다. 그래서 약초학 책은 종종 회춘을 위한 약, 매력적인 여성, 초능력 등 장밋빛 꿈으로 채색되어 있었다. 그렇다고 '도사道士'의 처방 모두가 보편적으로 받아들여졌던 것은 아니다. 견권이나 장과張果도 진사辰砂(수은)의 독성에 주의를 촉구하고 있다.[37] 그러나 시대의 요구는 도교를 신봉하는 경향이 강했다. 따라서 잘속는 신봉자는 비록 약학자의 약방문은 없지만 도교에서 말하는 선인들이 사는 어느 머나먼 전설의 도원향에 분명 만병통치약이 있을 것이라는 희망을 갖고 있었다.

당나라 바로 전 왕조인 육조 시대에는 불사리佛舍利, 불상과 향 등 종교적인 일용품이 다른 나라와의 무역의 중심이었던 것과 달리, 당나라 시대에는 외래의 약에 대한 수요가 매우 높았다.[38] 약뿐 아니라 외국인 약학자도 필요로 했기 때문에 귀족들 사이에서는 요가나 탄트라 주술의 숙련자이자 기적을 일으키는 인도인에 대한 열광적인 유행이 퍼져 있었다.[39] 그러한 경향은 한나라 때도 있었지만 시대의 요구에 부응한 혼합적인 환상의 연금술 덕분에 훌륭한 효능이 있는 약을 다루는 불교나 힌두교 시바파의 연금술사들을 당나라의 도사나 진사 복용자들과 똑같이 높은 존재로 여겼다.

그에 따라 이미 중국에 상당한 영향을 끼치고 있던 인도 의술의 영향이 점점 커져 인도의 많은 의학서, 특히 불교와 관계가 깊은 의학서가 한어로 번역됐다. 그중 한 예가 7세기의 『천수천안관세음보살치병합약경 千手千眼觀世音菩薩治病合藥經』으로, 이것은 한방서와 다라니陀羅尼 주문을 합친 경전이었다.[40] 불교 의학서는 특히 안과 의학에 영향을 주었던 듯하다. 행각승 감진鑑眞이 748년에 광동에 왔을 때, 광주 근처 소주韶州에서 외국인 전문가에게 안과 진료를 받았다. 또한 이미 언급했지만 손사막은 분명 불교서의 영향을 받아 안과 의학의 선진적인 책을 저술한 적이 있다.[41]

보수적인 당나라 궁정 관인들이 최신 수입 약초학 지식을 갖고 거만하게 행동하는 천축의 가짜 연금술사들을 흔쾌히 받아들였던 것은 아니었다. 당당하게 잘못된 치료에 대한 질책도 했다. 많은 당나라 황제가 도사가 처방한 연금술 약을 복용했다는 것은 진작부터 유명하며, 원인 불명의 질병에 의한 죽음 역시 이들 약의 독성에 의한 것이라는 설도 있다. 연금술로 만든 단약丹藥에 대한 의혹은 당나라 사람에게도 외국인에게도 똑같이 작용하고 있었다. 태종과 고종도 인도의 고명한 의사를 궁정에 초빙해 장생약을 처방하게 했다. 고종의 측근 중에는 장생약이 효과를 내지 못했다는 태종의 예를 들며 야만적으로 처방된 단약의 복용을 경계한 사람도 있었다. 사실 태종의 죽음이 단약 때문이라는 소문을 암암리에 퍼뜨리는 사람도 있었다.[42] 810년에 헌종이 장생약의 효능에 대해 측근에게 물은 적이 있었다. 이에 측근 중 한 명은 단약은 역사적으로 볼 때 위험한 것임이 증명되고 있다고 술회하며 덕종을 예로 제시했다. 덕종은 인도 호승胡僧에게 단약을 연단錬丹하게 해서 복용한 뒤 급작스러운 중증에 빠졌다. 덕종이 임종에 이르자, 측근들은 호승을 사형에 처하려 했지만 실행되지는 않았다. "외국 오랑캐들의 웃음거리"[43]가 되고 싶지 않았기 때문이다. 그러나 헌종은 조부의 사인을 제대로 받아들이지 않았던 듯, 자기 자신까지 '금단金丹'(도사의 환약)의 독에 시달리게 만들었다.[44] 또한 그 자손들도 적지 않게 중금속을 함유한 단약의 희생이 되어 목숨을 잃은 것으로 보인다.[45]

도교와 인도의 단약에 대한 절대적인 신앙은 쇠퇴하지 않고, 당에서는 새로운 단약을 찾아 여러 외국으로 사절을 파견했다. 716년 어떤 외국인이 현종에게 바다 너머에 있는 나라들의 풍요로운 재보財寶와 '시박

市舶(해상 무역)의 이득'에 대해 이야기했다. 그리고 "사자국(실론)에 가서 훌륭한 약과 약에 해박한 노녀老女를 찾아 궁정에 살게 하고 싶다"라고 말했다. 그러나 이 정체불명의 외국인과 함께 가도록 명령받은 관료는 반대했다. 황제가 장사에 손을 대서는 안 되며, 외국인이 가진 약의 효과가 미심쩍고, 또 내궁에 외국인 여자를 들이는 것은 의례에 맞지 않는 일이라는 등의 주장을 폈다. 더 나아가, 그러한 외국인이 주는 '현혹眩惑' 중에는 천자의 덕을 높일 수 있는 것은 하나도 없으니 재고해주시기를 바란다는 취지로 반대했다. 그래서 현종은 약을 찾으러 가는 사절의 파견을 단념했다.[46] 이렇게 황제가 외국인에게 '현혹'당하는 것에 대한 혐오는 당시 보수적인 황제에게 흔하게 보이는 현상이었다. 특히 황제의 의도가 실패로 끝나는 것은 당시로서는 있어서는 안 되는 일이었기에 문제가 심각해졌다. 그럼에도 이국적인 약이 당으로 쉴 새 없이 들어왔고, 특히 불교 사원에 약과 의학이 집중되는 사례가 많았다. 해외 무역이 쇠퇴한 9세기에도 그런 상황이 계속된 것은 놀라운 일이다. 9세기의 시인 허당 許棠은 불교 사원에 외국에서 수입한 약이 풍부하게 있다고 기술하고 있고,[47] 피일휴는 80세가 넘은 원달元達이라는 승려가 진귀한 약초를 정원에 심어놓고 즐거워하고 있다고 기록했다.[48]

이국적인 약의 전파에는 분명 불교 사원의 약초원이 큰 역할을 했다. 물론 다른 나라에서 약초를 들여오는 데서 순례자들이 최초로 한 역할도 잊어서는 안 된다. 열성적인 약초 수집가 중에는 당나라 조정에 진출하는 외국인도 많았다. 예를 들면 중앙아시아에서 바닷길로 당나라로 들어온 나제那提(Nandī)는 당에 오기 전 남아시아를 널리 여행하고, 655년 방대한 산스크리트 경전을 가지고 장안에 들어왔다. 이듬해에는 진귀한 약초를 가져오기 위해 인도로 갔는데, 이 여행은 광주에서 더 이어지지 못하고 끝났다. 그리고 663년에 역시 약초를 모으러 진랍(캄보디아)에 갔지만, 그 이후의 일은 알려지지 않았다.[49] 사서史書에서 지志와 전傳에는 약초를 구하는 사명을 완수하려고 했던 외국인들의 용감한 기질을 기록하고 있다. 한인들을 위해 약초를 구하러 갔다가 목숨을 잃은 사람도 적지 않았다.

외국에서 수입하는 약초는 동상적인 상업로를 통해 들어오는 것도 있었고, 먼 나라의 왕자가 보내는 반半 상업적인 외교 사절이 '공물'로 상납해 들여오는 것도 있었다. 이러한 수입품들은 국경에서 엄격하게 검사를 받았고, 그 가치와 당나라의 정책에 따라 판매 가격을 정했다.[50] 지금에 와서는 그 내용까지 추측하기 어렵지만, 이렇게 세관의 관문을 통과한 아시아 지방의 최고 품질의 약초가 어느 정도의 규모로 들어왔는가에 대해서, 특히 8세기 초부터 중반까지의 시대상을 염두에 둔다면 대략 상상이 간다. 당시는 전 세계의 모든 나라가 장안으로 눈을 돌리고 있었다고 해도 과언이 아니었다. 토하라는 몇 번인가 '이약異藥'(이국적인 약제)을 보내왔고,[51] 페르시아의 왕자는 직접 '향약香藥'을 들고 장안에 왔다.[52] 개실밀簡失蜜(카슈미르)에서는 '호약胡藥'(서역의 약)을 가져왔고,[53] 계빈국(카피샤)에서도 '비방기약祕方奇藥'(특별한 비법으로 만든 놀라운 약)을 조공으로 바쳤다.[54] 이후 상업로의 변화가 생긴 9세기에는 티베트에서 여러 약이 들어왔다.[55]

당나라의 약물학자들이 이러한 진귀한 약초들을 연구하면서 그 성과가 차츰 약초학 서적에도 담기게 됐다. 그러한 서적을 실제 의료에 종사하는 의사들이 읽었기 때문에 약초의 수요가 높아졌고, 그 대부분의 약초를 당에 이식하기 시작했다. 그리고 새로 당에 들어온 약효가 높은 약초만을 게재한 서적도 나오기 시작한다. 이순의 대작인 『해약본초』에 대해서는 이미 설명했다. 지금은 완전한 형태로 전해지지는 않지만 다행히 송나라 시대 이후의 의학서에서 이순을 많이 인용하고 있다. 그러나 유감스럽게도 정건鄭虔의 『호본초胡本草』는 그렇게 운이 좋지 못했다. 정건의 책은 주로 이란 지방의 약에 대해 쓴 책이었다고 여겨지지만, 당나라 이후에 없어져버렸다. 게다가 그 책의 인용을 다른 책에서 발견하기도 쉽지 않다.[56]

질한

인도에서 들여온 신비한 약 중 하나로, 8세기 북인도 불교국 왕이 바친 '다양한 향기'[57]라는 의미를 지닌 '질한質汗(Citragandha)'이 있다.[58] 인도보다 많은 질한이 토하라에서 왔고,[59] 돌기시·석국·사국·미국·계빈국 연합 사절도 당나라로 가지고 왔다.[60] 여기에는 정檉(버드나무), 송진, 감초, 지황地黃 뿌리, 그리고 '열혈熱血'도 포함되어 있었던 듯하다. 열혈은 출산에 따르는 출혈 치료약으로, 술에 섞어 처방했다(진장기가 그렇게 기록하고 있다). 서역의 오랑캐들은 독특한 방법으로 이 약의 효능을 시험했던 듯하다. 진장기는 이들의 시험에 대해 "소아의 한쪽 발을 자르고 이 약을 입안에 넣고 발을 구르게 한다. 즉시 걸을 수 있게 된다면 좋은 약이다"[61]라고 기술하고 있다.

저야가

667년 불림국拂林國(로마) 사절이 당나라의 황제에게 그야말로 어느 증상에나 다 효과가 있다는 해독제 '저야가底也迦(Thēriaca)'를 바쳤다. 플리니우스에 따르면, 이 약은 600종류의 원재료를 섞은 것이라고 한다.[62] 당나라 사람들은 이것이 돼지의 간이 섞인 듯 검붉은 색깔을 띠고 있고, 외국 오랑캐들이 매우 귀하게 여기는 약으로 보았다. 소공蘇恭은 '백병百病'에 효과가 있는 약이라고 기술하고 있다.[63] 중세 이슬람 세계에서 사용한 테리아카에는 몰약·아편·대마 등이 들어가 있었는데, 당에 들어온 만병통치약에 이런 성분이 함유되어 있었는지 여부는 알 수 없다.[64]

두구

두구豆蔲(Cardamon)는 중국에서 나기도 했지만[65] 남쪽 나라에서 수입한 것이 더 귀한 대접을 받아서 다량으로 수입했다. '흑두구黑豆蔲' 혹은 '고두구苦豆蔲'는 한자명이 '익지자益智子'(지혜를 더해 주는 씨)[66]인데, 영남과 인도차이나가 원산이기 때문에[67] '반半 이국적'이라고 생각해도 될 것이다. 참쌀 경단 안에 넣거나 꿀을 넣은 쌀과 함께 먹으면 뇌가 활성화한다고 여겨서 이런 이름이 붙었다.[68] 그러나 일반적으로는 "기를 이롭게 하고, 정신을 안정시키고, 자양을 보충하는" 약효가 있다고 여겼다. 특히 "소금으로 쪄서 복용하면 배뇨 장애에 매우 좋다"[69]고 알려져 있다.

통킹에서는 '진두구眞豆蔲'가 수입됐다.[70] 말린 두구 열매는 늦어도 기원전 4세기경에 그리스에서 인도로 수입됐으며, 두구는 로마에서는 잘 알려져 있었다.[71] 두구는 열매와 껍질뿐 아니라 달콤 쌉쌀한 잎도 약으로 사용했다고 이순李珣은 말한다.[72]

'만종두구蠻種豆蔲'[73]는 장뇌 향이 나는 인도차이나산 두구로[74] '가짜 두구'로 불렸지만 호흡 장애 치료약으로 효과가 매우 좋기 때문에 수입했다.[75]

자바산 '단두구團豆蔲' 혹은 '관두구串豆蔲'[76]는 가고라伽古羅(Qaqola)[77]라는 지역에서 수입해왔다. 이곳은 말레이반도의 서해안에 위치한 지역인 듯하며, 아라비아어로 '두구'를 뜻하는 '카쿨라Qāqulah'라는 말도 바로 이 지명에서 유래했다.[78] 두구 나무가 자바에서 들어와 환금 작물로서 말레이반도에서 재배된 듯하다.[79] 11세기경까지는 광동에서도 재배하기 시작했다.[80] 단성식은 "씨가 뭉쳐서 포도송이처럼 된다. 처음에는 푸른 색상이 돌지만 익으면 하얗게 된다. 수확은 7월이다"[81]라고 쓰고 있다. 한인들은 이것을 '백두구白豆蔲'라 불렸다. 백두구는 기관지나 폐의 울혈뿐 아니라 다른 증상에도 많은 효과가 있었다.[82]

'두구'는 오공吳鞏·이하李賀·두목杜牧·한악韓偓 등 9~10세기 시인의 작품에 자주 나온다. 이 시기의 당나라 시대 시인들은 진귀한 색깔이나 냄새, 그리고 농후한 다른 나라의 향기에 끝없는 동경심을 갖고 있었다.

육두구

육두구肉豆蔲에 대해 최초로 기록한 중국 사람은 당나라 때의 진장기다.[83] 그는 이것을 '다육질 두구'[84]라 부르며, 이 향신료(당시는 향신료로 사용하였던 듯하다)는 큰 상선에 실려 당나라에 수입되어 들어왔고, 두구와 똑같이 카콜라가 원산이라고 했다.[85] 한편 이순은 이것을 "곤륜과 로마의 산물"[86]이라고 하고 있다. 이런 모호한 지명만으로는 도대체 어디서 재배했는지에 대해서는 잘 알 수 없지만, 아무튼 넓은 범위에서 교역품으로 취급했던 것임을 엿볼 수 있다. 동인도산 육두구는 6세기에 유럽에도 전해졌다.[87] 당나라 시대에는 다양한 소화 장애나 설사에 두구 분말로 액체를 만들어 조제한 약을 처방했다.[88] 송나라 시대 초기에는 영남에서 재배했다는 점을 보면, 육두구와 그 사용 방법이 일반에 널리 받아들여졌던 것 같다.[89]

울금과 봉아출

울금鬱金은 몇 종류나 되는 울금속 뿌리줄기의 하나로, 색소를 지니며 약간의 향이 있다.[90] 매우 좁은 의미에서 향신료의 일종으로 여겼고, 일반적으로 볼 수 있는 울금은 중국 남방이 원산으로도 여겨졌다. 게다가 매우 유사한 종류로 인도와 인도네시아 원산인 향이 진한 봉아출蓬莪朮은 주로 향수의 원료로 사용됐다.[91] 이 밖에도 인도와 인도네시아산 울금 여러 종류가 염료나 약 혹은 카레 양념과 향수에 사용됐다.[92] 한어로는 이들을 총칭해서 '울금'이라 불렀다. 이것이 사프란의 명칭이기도 하다는 것은 이미 설명했고, 사프란은 '울금향'으로 이미 자세하게 설명한 바 있다. 아무튼 울금과 사프란은 상거래가 이루어지는 현장뿐 아니라 실제 사용할 때도 자주 혼동을 일으켰다. 내용으로 말하자면 향이 강조되고 있는 경우에는 사프란이나 봉아출을 말하고, 그 이외의 경우에는 울금을 가리킨다고 생각하면 될 것이다.[93]

당나라의 정사正史에는 천축(인도)에서 금강석·전단旃檀(단향목)·울금(혹은 봉아출?)이 산출되고, 그것들을 대진大秦(로마)·부남(캄보디아)·안남 같은 나라들과 거래한다고 기록되어 있다.[94] 울금이 봉아출이 아니라면, 이것은 사프란을 말하는 것이었을까? 어쩌면 세 가지 향신료 모두를 가리키는지도 모른다. 마찬가지로 당나라 시대에 '울금'은 대발률大勃律(발루르),[95] 사양謝颺(자구다),[96] 오장烏萇(우디아나),[97] 개실밀箇失蜜(카슈미르)[98] 등의 산물이라 여겼다. 인도 북쪽에 있는 이들 나라의 교역을 보면 사프란이라고 생각할 수도 있고, 카슈미르는 사프란의 원산국이므로 이 경우 당연히 사프란일 것이다.

한편 페르시아인은 봉아출이 중국에서 난다고 생각했다.[99] 이것은 중국에 '강황薑黃'이라 불리는 생강과의 식물이 있고, 이것을 서역에서 수입했기 때문이라고 여겨진다. 소공은 서역인이 '강황'을 '출迖'(*dź'iuĕt, 종종 jud나 jet에 가까운 발음이다)이라고 하고, 또 일반적인 울금을 말의 질병을 치료하는 데 사용했기 때문에 '마출馬迖'이라고 부른다고 주장했다.[100] 이 음역은 오리엔트 지방 어딘가의 언어로 '봉아출'을 나타내는 말의 첫 음절에서 온 것일지도 모른다. 아라비아어로는 자드바르jadwār다.

당나라 시대에 울금은 주로 혈액의 순환 장애인 울적鬱積이나 출혈을 멈추게 하는 약으로 사용했다.[101] 여성의 옷을 염색하기도 하고 동시에 은은한 향기를 내는 데 사용된 '울금'이 울금인지 사프란(고대에 역시 염료로 사용했다)이었는지 여부는 알 수 없다.[102] 황제의 행차가 지나는 길에 장뇌와 함께 뿌린 가루는 울금이나 봉아출 중 하나일 것이다. (1960년 브뤼셀의 뉴스와 비교해보면 좋다. 12월 15일 보두앵 왕의 결혼식 때, 브뤼셀의 번화가에서 가장 번잡한 뤼뇌브 거리에 향수를 뿌렸다는 보도가 있었다.)103 당 현종은 재정상의 이유로 9세기에 이 관습을 폐지했다.104

호동 수지

각각의 약재가 중요하기는 하지만, 서로에게는 별 관계없는 수목 중에 '오동桐'이라 부르는 나무는 중국에 많이 있었다. 기본적으로는 오동나무라고 하면 아름다운 보랏빛 꽃을 피우는 것에서 그 이름이 붙은 '화동花桐'을 가리킨다. 나무 이름에 있어서 이와 같은 부류에 들어가 있는 것으로 '오동梧桐' 혹은 '청동青桐'(봉황동鳳凰桐),105 '유동油桐'(목유동木油桐),106 '자동刺桐'(산호수珊瑚樹),107 '호동胡桐'(지양脂楊)108 등이 있다.

호동의 수지는 아메리카포플러Tacamahac라고도 불리는 북미의 포플러109가 대표종이다. 그러나 중국의 포플러와는 전혀 다른 인도차이나산 방향성 조엽목照葉木의 수지도 함께 포플러라고 했다.110 당나라 시대 무렵에는 이미 수입되고 있었던 호동 수지는 포플러의 일종에서 채취했다. 그 수목은 여러 가지 가정용품을 만드는 데 사용했다.111 화북이나 고비사막, 그리고 멀리 서쪽의 유럽에도 자라고 있다. 한자명 '호동胡桐'은 참오동桐이 아니고 '벽오동碧梧桐'과 비슷하다는 데서 유래한 이름이다.112 수지는 중국 시장에서 '호동진胡桐津'113이나 '호동루胡桐淚'라는 이름으로 거래했다. 당시의 전문가들 중에는 수목에 붙은 벌레가 파먹은 곳에서 수지가 흘러나온다고 생각하는 사람도 있었다.[114] 수지는 톱밥과 알칼리성 흙을 섞어서 감숙,[115] 합밀哈密,[116] 그리고 투르키스탄과 이란 등 다양한 지방에서 운반해왔다.[117]

의사는 호동의 수지를 '대독열大毒熱', 복부의 부기浮氣 치료와 최토제催吐劑로 사용했다.[118] 더욱 중요한 용법으로는 보석 세공사들, 특히 궁정 소속의 세공사들이 금이나 은을 납땜할 때 용제溶劑로 사용했다.[119]

감로밀

서역의 교하交河(야르호토)에서 나오는 '자밀刺蜜'에 대한 기록을 남긴 약물학자는 진장기뿐이었다. 진장기는 이것이 가시가 있는 사막 식물의 분비액으로, 원산지에서의 호칭을 음역해 '급발라給勃羅'[120]라고 기록하고 있다. 이것은 아마 '양가시나무Khār-burra'라고 생각되며, 아라비아의 '낙타가시나무'를 연상케 하는 모습이다. 진장기는 이 달콤한 분비액에 대해 연구한 듯, 출혈을 동반하는 심한 설사 등 많은 질병에 처방으로 소개하고 있다.

이와 매우 비슷한 것으로, 같은 식물에서 채취했을 가능성도 있는 당분이 많은 물질이 있다. 이 약물은 "파巴(사천)보다 훨씬 서쪽 지방으로부터" 가져왔다고 한다. 진장기는 이것을 고대 전설에 나오는 신비롭고 달콤하고 농후한 꿀과 연결시켜 '감로밀甘露蜜'이라는 이름을 붙였다. 그리고 가슴의 모든 열을 없애고, 눈을 시원하게 하며, 혹은 갈증을 멈추게 하는 데 효과가 있다고 했다.[121]

아발삼

아발삼阿勃參은 아라비아산 식물의 수액이다. '메카의 향고香膏'라고도 부르며, 시바족(기원전 10세기경 아라비아 서남부에 살던 민족―옮긴이)의 여왕이 팔레스타인에서 가지고 왔다고 여기고 있다. 9세기의 단성식은 이 푸른빛이 감도는 색깔을 가진 방향이 있는 수지에 주목하고 "그것을 옴에 바르면 어떤 증상도 낫는다. 그 기름은 매우 비싸고 가격은 금보다 무겁다"라고 기록했다. 단성식은 이것을 불림국(로마)의 산물이라고 말하는데, 실제 로마인들도 이 수지를 알고 있었다. 로마에서는 이를 산출하는 발삼나무를 폼페이와 베스파시아누스의 개선 행진에 장식했다. 단성식이 표기한 '아발삼'은 시리아어의 '아푸르사마Apursāmā'와 그리스어의 발사몬Bálsamon에서 온 것으로 보인다.[122] 하지만 이 수액을 중국 땅에 들여왔다는 명확한 사실史實은 없다.

갈바눔

갈바눔은 아위阿魏와 근연 관계에 있는 식물에서 채취하는 달콤한 수지다.[123] 단성식도 이 수지를 알고 있었고, 그 페르시아 이름 비르자이 Bīrzai 및 아람어 헬바니타Khelbānita와 같은 어원인 셈어의 명칭을 한어로 음역해 '별제䴙齊'와 '안발리타頊勃梨咃'라고 기록하고 있다. 이것은 유대교의 성스러운 의식에 사용하는 향수에 포함된 네 가지 성분 가운데 하나로, 플리니우스 등 로마의 저술가들에게도 알려져 있었다. 단성식은 이것을 파사(페르시아)나 불림(그의 기술에는 자주 나오지만 결국 아시아에 걸쳐 있는 로마 지방을 말한다)의 산물이라고 하고는, 다양한 치료제로 사용한다고 기술하고 있다.[124] 그러나 실제로 당에 이 수지가 있었는지 여부는 알 수 없다.

아위

갈바눔과 달리 아위阿魏(Asafetida)는 당에서도 약으로서, 또 조미료로도 잘 알려져 있었다.[125] 일반에게는 토하라어 안크와Aṅkwa와 비슷한 서역 호칭으로 불렀지만, 산스크리트 이름인 '형우形虞(Hiṅgu)'도 전해지고 있었다.[126] 햇볕에 말린 수지 덩어리와 뿌리를 얇게 자른 것을 수입했고 뿌리 쪽은 질이 떨어진다고 여겼다.[127] 아위는 아시아 여러 나라로부터 당에 들어왔다. 특히 사양謝颺(자구다)과 파사(페르시아)에서의 수입이 많았는데, 그 밖에도 남아시아와 중앙아시아의 이름도 모르는 나라들에서 들여왔다.[128] 당나라의 도호부가 있던 정주庭州의 북정北庭은 지역 공물로서 아위를 정기적으로 도읍에 보냈을 뿐 아니라,[129] 그것이 상선에 실려 화남의 바다까지 운반되기도 했다.[130]

아위는 신경을 자극해 소화를 돕는다. 당나라에서 특히 귀한 대접을 받은 효능으로는 악취를 중화시키는 신기한 성질이 있었다. 그러나 아위 자체에도 강한 냄새가 있다.[131] 기생충 구제에도 효과가 뛰어났다.[132] 또한 대추와 함께 우유나 육즙으로 끓여 복용하면 악령을 물리치는 데 효능이 뛰어나다고 한다.[133]

9세기부터 10세기에 걸쳐 80년의 생애를 보낸 천재 화가이자 시인 승려 관휴가 남긴 「동강한거작桐江閑居作」이라는 시를 보면 아위는 차와 함께 마셨던 것 같다.

조용한 방에서 백단 인장을 태운다	靜室焚檀印
깊은 화로에 금속의 플라스크를 뜨겁게 달구고	深爐燒鐵瓶
아위를 넣은 차는 따뜻해진다	茶和阿魏暖
측백나무 뿌리로 수놓은 난롯불은 향기롭다	火種柏根馨
몇몇 외로운 학이 날아온다	數隻飛來鶴
엄청난 더미의 경전을 읽어간다	成堆讀了經
지둔支遁같이 나를 가지 못하게 막아서는 건	何妨似支遁
푸른 어두움 속에서 말을 타는 것이다	騎馬入青冥134

'단인檀印'은 말할 것도 없이 향시계香時計다. 지둔支遁은 4세기의 은둔 승려로 말馬을 매우 좋아했다고 한다.

단성식이 기술하고 있는 것은 몇 개 국어로 쓴 방대한 자료에 대한 독서에 기반한 것이다. 앞에서도 지적했듯, 그가 언급한 식물과 외국어는 반드시 당나라에서 볼 수 있었던 것이라고 단정할 수 없다. 그러나 박식한 그의 지식의 원천은 물론 서적만이 아니었던 듯하다. 아위를 삼출하는 식물에 대한 상세한 기술에서는 불림(로마)의 승려 만彎(Wan)과 마게타(마가다)의 승려 제파提婆(Deva)에게서 정보를 얻었다고 술회하고 있다.135 아나톨리아인 혹은 시리아인이라고 여겨지는 만에게서 이야기를 들었다면, 단성식은 이 밖에도 이름을 거론하지 않은 외국인으로부터 다른 나라의 물건에 대해 정보를 얻었을지도 모른다.

피마자

소공蘇恭은 '비마蓖麻'의 씨[136]가 소 진드기와 흡사한 모양을 하고 있어 그렇게 부르고 있다고 한다. 씨는 서역에서 수입되는 것 외에 당에서도 재배했다.[137] 피마자유는 고대에 여러 나라에서 귀한 대접을 받았다. 최초로 재배된 것은 기름을 램프에 사용했던 이집트라고 알려져 있다.[138] 중국에서는 씨와 함께 씨에서 채취되는 기름도 약용으로 사용했다.[139]

페르시아조협(쥐엄나무)

'인도 금사슬나무' '골든샤워' 혹은 시적으로 '청아한 계피'라고 부르는 이 나무[140]는 인도인에게 '황금색'의 '왕수王樹'이며, 아라비아인은 이를 '인도캐럽나무' 혹은 '오이 목걸이'라고 불렀다.[141] 아름다운 꽃을 피우며 긴 콩깍지에 새빨간 씨를 품고 있는 인도 원산의 나무인데, 씨 주변의 검은 과육이 변비에 효과가 있어서 귀하게 여겼으며, 일찍부터 열대 각국으로 이식했다.[142] 당나라 사람들은 이것을 '바라문조협婆羅門皂莢'[143] 혹은 '파사조협婆娑皂莢'[144]이라고 불렀다. 중국산 '조협皂莢'[145] 혹은 '묵조협墨皂莢'으로 부른 '조두수皂豆樹'와 비슷하기 때문이다. 당나라 시대의 의사에게는 인도 이름인 '아륵발阿勒勃(Āragvadha)'[146]도 잘 알려져 있었으며,

이것을 다양한 내과 질환에 처방했다.

해초

식용 해조류는 당나라 사람에게 진귀한 것은 아니었다. 예를 들면 맛있는 즙이 나오는 바닷말[147] 등은 중국 대륙의 중부와 화남의 해안 지대에서는 일상적으로 볼 수 있었고, 일본에서 수입되는 일도 있었다.[148] 화남의 여울에서 채취되는 '파래'는 당에서는 '석순石蓴'[149]이라 불렸다. 이것은 이뇨제로 사용되었고, 당나라 사람들은 '서역인'의 의학서에 있는 사용법에 주목하고 그것을 따라 했다.[150]

사할린 다시마[151]는 갈색 다시마로, 요오드·칼륨·당분을 풍부하게 함유하고 있다. 대개는 한반도의 신라에서 '곤포昆布'라는 이름으로 정기적으로 수입했는데, 발해의 퉁구스계 민족인 말갈에서 가져오는 조공물이기도 했다.[152] '해도海島 사람들'은 이것을 건강을 위해 즐겨 먹었는데, '북방인北人'이 먹으면 질병에 걸린다고도 했다. 다시마는 각종 부스럼에 효과가 있다 해서 사람들에게 권장됐다. 갑상선종도 그러한 부스럼의 하나로 꼽았을 것이 틀림없다.[153]

인삼

한방에서 사용하는 순식물성 연금술鍊金術 약은 사람의 모습을 닮은 인삼人蔘 뿌리다.154 '신초神草'155 혹은 '추면환단皺面還丹'(강력한 효능을 연상케 하는 연단鍊丹과 관련된 명칭)156이라는 이름은 산서 지역 태항산맥太行山脈에 있는 자단산紫團山에도 자생하는데,157 한반도의 고구려·백제·신라와 만주 지방의 나라에서 나오는 것을 최고로 쳤을 뿐 아니라 이들 지방에서 가장 많이 들여왔다.158

신라에서 오는 조공물에는 손발이 나 있고, 인간의 모양을 한 것도 있다. 길이는 한 자가 넘는 것도 있다. 붉은 비단실로 감아 장식했다.159

시나 회화 혹은 보석 등을 친구에게 선물하듯, 만병통치약인 인삼도 답례품으로 이용했다. 인삼을 받은 것에 대한 감사를 표현하는 당시唐詩도 많이 남아 있다. 피일휴는 시에서 생명을 연장하는 인삼의 효과는 도교의 연금술보다 훨씬 뛰어나다는 표현으로 칭송하고 있다.160 당나라 시대의 약물학자들은 인삼이 "오로칠상五勞七傷을 다스리고 오장육부를 보강한다"라는 등 다양한 효능을 기록하고 있다.161 그리스-아라비아 마법사들에게 신비하게 취급받던 만드라고라mandragora의 중국-한국판 라이벌이라고도 할 수 있는 인삼이지만, 최근 중국의 과학적 연구를 보면 당나라 시대에 유행했던 정도의 효과는 없는 듯하다. 인삼은 교감신경과 중추신경 및 비뇨생식기 계통을 자극한다고 한다.

여러 약초

왜현호색과 식물162의 노란 뿌리는 만주 지방에서 수입해 신장 질환에 처방했다.163

'남양유동南洋油桐(자트로파)'의 동양종으로 미세하게 독성이 있는 갈색 덩이줄기164는 한국과 감숙 변방의 모래땅에서 채취하며 '심동心疼'의 치료에 사용했다.165

인도의 승려가 현종에게 바친 '선모仙茅'166의 뿌리는 약효와 강장 작용이 인삼에도 뒤지지 않았기에 '바라문삼婆羅門蔘'이라고도 불렀다. 당나라 후기나 송나라 초기에 중국에서도 재배했고, 12세기경에는 광서廣西에 뿌리를 내렸다.167

'건타乾陀'(이 이름은 '갈색'을 의미한다고 한다) 나무껍질은 '서국西國'에서 가져온 것으로, 승려의 옷을 물들이는 염료로 사용하며 안남에서도 채취한다고 이순李珣은 기록하고 있다.168 이 명칭은 산스크리트어로 '향료'를 의미하는 간다Gandha와 승려의 '백납의百衲衣'를 의미하는 칸타Kanthā가 어원인지도 모른다.169 당나라 시대에는 술에 섞어 복용했고 "배를 따뜻하게 하고 위를 편하게 했다"라고 설명하고 있다.170

안남에서 수입한 '황설黃屑'171은 노란색을 내는 염료로 사용하는 외에, 가슴과 복부 통증 치료에 처방했다. 분말 상태의 자단이거나 그와 비슷한 것이었던 듯하다.172

페르시아의 해안 지대에서 나는 호황련胡黃連173의 뿌리는 장의 질환이나 치질에 효과가 있었다. 그러나 이것이 확실히 무엇이었는지는 알 수 없다.174 송나라 시대에 섬서와 감숙에서 재배했지만175 지금은 나지 않는 것 같다.

'학슬鶴虱'(담배나물)176이라 부르는 약간 독성이 있는 씨는 페르시아 등 서역에서 들여왔으며, 외국인들은 이것을 '천아슬天鵝虱'이라고 불렀다. 기생충 구제나 각종 궤양, 부종에 처방했다.177

아프리카 원산의 다육·다즙 식물의 결정結晶178은 침향에서 추출되는 쓴맛과 유사해 '상담象膽'이라 불렀다. '소아의 감열疳熱'에 처방했다. 페르시아에서 자라는 약초라고 한다.179

만주 지방의 갈대가 무성한 소금 습지에서 채취하는 '관균菫菌'(하얀 버섯의 일종)180은 수입되어 촌충 구제를 위해 술에 타서 복용했다.181

북천축(북인도)과 토하라의 사절이자 승려가 당나라의 조정에 아부하기 위해 들여온 정체 모를 약초도 있지만,182 진장기와 이순 등 외국 약초에 해박한 약리학자들이 기록한 특이한 약초도 상당히 많다. 그중에는 '남편의 애정을 얻는' 효과가 있는 '무풍독요초無風獨搖草'(바람도 없는데 저 혼자 흔들리는 풀)와 같이 황당한 것들도 있었다.183

우황

동물에서 채취하는 약 중에서도 중국 사람들은 특히 우황牛黃을 귀하게 여겼다. 우황이란 그 이름대로 다양한 반추동물의 네 번째 위, 특히 베조아르bezoar 산양의 위 안에 있는 응고물이다. 근동 지방에서는 해독제로 잘 알려져 있었다. 중세 중국에서 '우황'이라 불린 것은 반드시 그와 똑같은 것은 아니고, 수소의 담낭에서 꺼낸 담석을 가리키는 경우가 많았다.[184] 의료상 이러한 담석의 효능은 몸보다는 정신에 더 크게 작용했던 듯하다. 수소가 토해낸 '노란' 것 안에 "나비 같은 것이 있어서 날아갔다"[185]라는 언급이 중세 문헌에 있었던 것도 이상하게 여길 수는 없다. 사실 "우황은 영혼을 평안하게 하고, 정신을 안정시켜 사邪를 피하고 체내의 악을 제거한다"[186]고 알려져 있다. 귀중한 우황은 당나라 국내, 주로 산동 지방에서 생산되었다. 산동의 도시는 해마다 장안에 지역 공물로 석기와 대합, 해합海蛤(대합의 일종) 등과 함께 우황을 보냈다. 사천에서도 어느 정도는 생산했다.[187] 중국산 '우황'은 멀리 시베리아에서도 수요가 있었으며, 부적으로도 약으로도 귀한 대접을 받았다.[188] 한편 8세기에 당나라는 한반도 신라에서 엄청난 양의 '우황'을 조공으로 받았다.[189] 또한 만주 지방과 남조南詔에서도 들여왔다.[190] 761년에 발한나(페르가나)에서 보내온 '사황蛇黃'이라는 용 모양의 우황 역시 당나라 사람들을 무척 흥분시켰을 것이다.[191]

올눌

이순은 오래된 지방지地方志를 인용하면서, 신라어로 '올눌膃肭'이라 불린 동물에 대해서 언급하고 있다.[192]

올눌은 동해 바다에 출몰한다. 모양은 사슴 같지만 머리는 개를 닮았다. 꼬리는 길다. 매일 수면 위로 얼굴을 내밀며 떠오른다. 곤륜崑崙(kurung) 가문 사람들이 화살로 이것을 잡아 그 성기外腎를 적출한다. 그것을 햇볕

에 백일 동안 말린 것은 맛도 향기도 매우 좋다.193

'외신外腎'은 물론 고환을 말한다. '곤륜가'는 '곤륜인'으로 인도네시아 사람을 가리키기 때문에 중국과 일본 사이에 가로놓인 바다의 이야기라 볼 수 있다. '바다에서 사냥을 전문으로 하는 사람'을 의미하는 일반 용어로 사용했다고 보지 않으면 의미가 통하지 않는다. 이 동물은 바다표범의 일종임이 틀림없고,194 만약 정말로 긴 꼬리를 갖고 있었다면 해달일 것이다. 대개는 신라 앞바다에서 포획했다.195 올눌을 가지고 만드는 약은 약초와 섞어 술에 넣어 복용했다. 귀신이나 여우에 홀렸을 때나, 꿈에 도깨비와 성관계를 했거나, 혹은 남성의 정력 감퇴 등 여러 가지 증상에 효과가 있다고 했다.196

당에서는 이 약이 해리향海狸香이나 사향묘의 향과 유사한 명칭으로 팔렸을 가능성도 있다.197

염사담蚺蛇膽

짬파와 달리 당나라의 도시에 사람의 쓸개를 적출하는 사냥꾼이 출몰하는 일은 없었지만,198 당나라의 통치하에 있었던 안남의 꼬리가 검은 비단구렁이 쓸개는 장안으로 수출되었다.199 이 쓸개를 의사들이 즐겨 약으로 사용했다.200 같은 방식으로 현재의 구이저우에 해당하는 보안(푸안普安)의 비단구렁이도 전문 장인이 쓸개를 채취했다.201 남방의 생활을 가까이에서 관찰한 유순劉恂은 매년 음력 5월 5일에 '양사호養蛇戶'

가 비단구렁이의 쓸개를 도려내는 모습을 설명하고 있다.

> 뱀은 모두 큰 바구니에 들어 있고, 부드러운 풀 위에 똬리를 틀고 겹쳐 있다. 두 남자가 뱀 한 마리를 지면 위에서 들어올려 10여 개의 말뚝으로 뱀의 몸을 머리 쪽에서부터 뒤집어 뱀이 몸을 버둥거리지 않도록 말뚝으로 누른다. 그러고 나서 예리한 칼로 복부를 몇 치 정도 자르면 간과 쓸개가 튀어나오고, 그러면 쓸개를 잘라낸다. 모두 오리 알 정도의 크기다. 건조시켜 공물로 보낸다. 이후 내장을 다시 집어넣고 상처를 봉합한 후 즉시 다시 바구니에 넣는다. 강과 호수에 풀어준다고도 한다.202

비단구렁이 이야기는 단성식의 귀에도 들어갔다. 그는 조금 더 간단하게 이것을 잡는 방법을 기록하고 있다.

> 구렁이는 늘 사슴을 삼킨다. 사슴을 소화시켜 가벼워지면 나무를 휘감고 뼈를 뱉어낸다. 뱀이 이때 입은 상처를 고치는 양생을 하고 있을 때 뱀의 비계는 매우 맛있다. 혹은 뱀에게 부인의 치마를 던지면 옷 안에서 똬리를 틀고 일어나지 않는다고도 한다. 쓸개의 위치는 상순에는 얼굴에 가깝고, 중순에는 심장 근처이고, 하순에는 꼬리에 가깝다.203

약 시장에서는 다른 동물의 담즙이 대용으로 쓰였는데, 숙련된 약제사는 진짜인지 여부를 시험하는 방법을 알고 있었다. 쓸개를 아주 조금 물에 넣으면 진짜 비단구렁이의 쓸개라면 물에 떠서 원을 그린다. 모조품으로 자주 사용되는 돼지나 호랑이의 쓸개는 물에 가라앉는다.204

쓸개는 약으로 썼기 때문에 중국과 인도차이나 사이에는 이와 관련한 무역 관계도 생겼다. 캄보디아와 그 밖의 나라에서도 비단구렁이의 쓸개는 중요한 역할을 했다. 당나라의 의사들은 비단구렁이의 담즙을 출혈성 설사, 기생충에 의한 출혈 등 다양한 질환에 처방했다.[205]

백랍

안남의 백랍白蠟은 보통 밀랍을 햇볕에 말려 색깔을 하얗게 탈색시킨 것이다.[206] 이것도 약으로 사용했다. 달걀과 섞어 술에 넣어 마시면 임신 중인 부인의 출혈에 효과가 있다고 한다(주술적인 의미에서 출혈 부위를 막는다는 의미일지 모르겠다). 백발에 바르면 머리카락이 검게 된다고 믿었다.[207]

머리털

8세기에는 만주 지방과 한국에서 장안에 대량의 모발을 조공으로 보내왔다.[208] 주술적인 치료를 제외하고 당나라 여성의 모발보다 외국 여성의 것이 좋다고 여긴 이유는 짐작할 수 없지만, 주술 치료의 기록이라면 비교적 쉽게 조사할 수 있다. 모발은 강한 주술적인 힘을 가진 위험한 물건이었다. 견권甄權의 동생이며 역시 약물학자였던 견입언甄立言에 따르면, 모르고 삼킨 머리카락이 뱀으로 모습을 바꿔버렸다고 주장하는 도사가

있었다. 견입언은 그를 위해 웅황을 이용한 약을 처방해 조제해야 했다고 한다.[209]

살아 있는 인간에게서 뽑은 머리카락을 나무에 매달아두면 까마귀 등의 새가 와서 과실을 엉망으로 먹어치우는 일은 없다. 도망치는 사람의 경우, 그 사람의 머리카락을 물레 위에 놓고 머리카락을 돌린다. 그러면 그 사람은 정신없이 허둥대다가 머리가 혼란스러워져서 어디로 갈 작정이었는지 알 수도 없게 되어 헤맨다고 한다. 이러한 모발이 지니는 능력은 모두 영적인 힘에 의한 것이라고 여겼다.[210]

그러나 모발에 관한 대부분의 처방은 별 의미 없는 것이다. 마치 간질 발작을 일으킨 사람에게는 목을 매서 죽은 사람이 사용한 끈이 효과가 있다는 것과 다를 바 없는 내용이다.[211] 다시 말해 머리카락은 묶거나 틀어 올리거나 단단히 땋거나 하는 개념과 관련된 상징적 효능을 기대했던 것이다. 예를 들면 어린아이가 놀라서 갑자기 울음을 터뜨릴 때는 모발을 태운 재를 기름에 섞어 젖이나 술에 넣어주면 좋고, 원인 불명의 출혈에는 모발과 손톱을 태운 재를 숟갈로 긁어서 술에 넣어 마시면 효과가 좋다고 말하고 있다.[212]

녹염

'녹염綠鹽'은 중앙아시아 언기焉耆(카라샤르)와 이란 지방에서 제조해

배를 통해 장안으로 운반했다. 천연 탄산 남동광藍銅鑛 즉 아주라이트 azurite와 마찬가지로 안과 질환 치료에 사용했다. 이것은 황산동의 결정이었음에 틀림없고 별명을 '녹염'이라고 했으며, 트라코마(눈의 결막 질환)에 효과가 있다고 여겼다. 그 대용으로서 중국에서는 금속인 동과 식초를 섞어 녹청(초산구리)을 만들어 사용했다. 하지만 의사들은 이것을 약으로 사용하지 말도록 경고하고 있다.[213]

제12장 옷감

벽을 둘러 티루스 태피스트리가 걸리고
상아로 꾸민 보물 상자에는 금관이 넘쳐난다.
측백나무 옷장에는 벽걸이 직물,
호화로운 의상, 천막과 덮개,
극상의 리넨과 진주로 수놓은 터키 스타일 쿠션,
드리운 천은 베네치아 금실로 시침했네.
_윌리엄 셰익스피어, 『말괄량이 길들이기』 2막 1장

9세기 중반, 마치 보살처럼 엄숙한 '여만국女蠻國'의 사절이 장안에 공물을 가지고 왔다(라고 서정파 소설가 소악은 설화를 통해 이야기하고 있다). 그 공물 중에 '명하금明霞錦'이 있었다.

그것은 '정련된 물과 향마香麻'로 짠 것이라고 한다. 눈부신 빛과 그윽한 향기가 사람을 사로잡아 오색이 서로 어우러진 자태가 당나라의 것보다 아름다웠다.[1]

영락瓔珞으로 단장한 '여만국' 여걸들이 가지고 온 아름다운 천은 인도네시아와 인도차이나에서 들여온 섬세한 면綿 제품으로, '조하朝霞'라 이름 붙인 옷감에서도 상상할 수 있다. 이에 대해서는 나중에 설명하겠다. 당에서 짠 것보다 아름다운 천이 있다는 것은 소악의 상상력이 얼마나 확고했는가를 이야기한다. 어쨌거나 당시의 당은 사치품이나 아름다운 직물에서는 세계의 중심이었기 때문이다.

당나라 시대의 직물 중에서 가장 즐겨 사용한 섬유는 비단으로, 국내 산인 누에고치에서 뽑아낸 긴 세사細絲와 야생 누에고치에서 뽑아낸 짧게 잘린 섬유를 가지고 실로 만들어 사용하는 것이었다. 야생 누에로 만든 섬유는 뽑아내서 실로 만들 필요가 있었다. 또한 모시풀, 칡, 마, 바나나, 대나무 등 식물성 섬유도 있었고, 거기서는 보통으로 사용하는 거친 천뿐 아니라 고급스러운 마도 짤 수 있었다. 동아시아에서 양모는 주로 펠트로 만들어 사용하는 것이고, 양모 옷감은 이란 문화권의 특징이었다.

섬유를 사용한 다양한 종류의 직조 방법이 있었다. 조정 직염서織染署의 일람표에는 아마포와 양모 외에 견絹·능綾·나羅·사紗를 포함한 비단과 다섯 종류의 조수組綬, 네 종류의 주선紬線 등이 기록되어 있다.2 당나라 시대의 가장 특징적인 직조 방식은 횡사문직橫斜文織이었다. 이것은 예로부터 횡사문직이 알려져 있던 서역에서 들어온 것이라고 생각하는 학자도 있다. 횡사문직은 사산조 페르시아에서 특히 귀한 대접을 받았다. 고대 중국에서 횡사문직은 별로 사용하지 않았지만 종사문직縱斜文織은 있었다. 당나라 시대에 발명된 수자직繻子織은 몇 가닥의 섬세한 종사縱絲가 횡사橫絲를 완전히 덮어버리는 직조 방식이다.3 소위 '금錦'이라 불리는 것은 다채색의 능단자綾緞子로 주로 횡사문직이지만, 더 이전 과거에 종사문직 방식으로 짠 것도 있다.[4] 당나라 시대에는 비단에 금박을 넣은 진짜 비단錦도 직조했다. 여러 색깔로 짜 넣은 직조는 8세기에 위구르에서 전해진 듯하다.[5]

당나라 시대에는 옷감 프린트도 있었다. 목판에 무늬를 새기고 그 사이에 천을 위에서부터 누르고 움푹 들어간 부분에 염료를 넣는 '음화陰畵' 법으로 8세기부터 사용된 기술이다. 인도와 서양에서 일반적으로 만들어진 납힐염蠟纈染과는 대조적이다.

당나라 시대에 사치스러운 직물을 대표하는 것으로 '공작라孔雀羅'가 있다. 하북의 항주산恒州産 직물로 섬세하고 아름다우며 광택이 나는 것이었던 듯하다.[6] 6세기경부터 사치품을 좋아하는 여성들에게 환영받았다.[7] 수隋의 궁녀 정육낭丁六娘의 「십색十索」이라는 시가 있다.

공작 망사 비단으로 지은 치마	裙裁孔雀羅
빨강과 녹색이 섞이고 대비했네	紅綠相參對
물고기 비늘같이 빛나는 용의 양단	映以蛟龍錦
눈에 띄게 빛나는, 감탄할 만큼 신기하네	分明奇可愛
거칠거나 곱거나, 당신은 내 님이오	麤細君自知
젊은 당신, 옷과 띠를 갖추시오!	從郎索衣帶[8]

당나라 시대 방적업의 중심은 장강 하구 일대와 사천 지역이었다. 이들 지방에서는 유산 계급이 요구하는 막대한 양의 아름다운 직물을 만들기 위해 수많은 직공이 베틀 앞에 앉았다. 양귀비가 사용하는 천을 짜기 위한 직공도 700명이 있었다고 한다. 그래서 사치와 풍기 문란을

이유로 방적업이 비난의 대상이 되거나 규모를 축소시킨 적도 있었다. 771년에 대종은 그런 이유와 함께 세밀한 옷감 작업은 "여공女工에게 해롭다"라고 해서 단색이나 채색 비단과 무늬가 들어간 비단 제품 등 복잡한 무늬의 직물을 만들지 못하도록 했다. 용·봉황·기린·사자·공작·천마나 지초芝草 등의 무늬를 짜 넣는 것도 금지했다. '고려백금高麗白錦', 잡색의 비단과 보통의 세밀한 무늬의 비단은 이전처럼 짜도 된다고 허용했다.[9] 문종文宗도 829년에 비슷한 칙령을 내려 "화려하고 요란한 무늬를 짜던 베틀은 1월 1일에 태운다"[10]라고까지 명령했다.

대종이 유통을 인정한 직물 중에 '고려백금'이(단순한 호칭이 아니고) 실제로 있었다면 흥미로운 일이다. 비단에 있어서 한인들의 마음은 이국 취향에 중독되는 일은 없었던 듯하다. 당나라 시대에 뛰어난 방적 기술이 있었음에도 불구하고 많은 직물이 수입되었다. 국내의 기술이 뛰어났기 때문에(진귀한 물건에 대한 흥미가 오히려 높아져서) 이국의 물건도 자신 있게 들여왔다고 할 수 있을지도 모른다. 아시아에 훌륭한 비단 제품들을 제공했던 만큼, 당나라에서도 수입 직물의 영향을 받았고, 당나라에서 제작된 이국적인 취향을 나타내는 직물이 타국으로 수출되었다. 그래서 나라의 쇼소인이나 호류사法隆寺에 남은 아름다운 천과 거의 똑같은 것이 중앙아시아의 투루판 근처에서 발견되고 있다. 모두 당시 환영받았던 그림이나 무늬, 그리고 사산조 페르시아에서 환영받았던 도안이나 무늬, 상징 등이 그려져 있다. 이후 이들 도안은 대개의 경우 완벽하게 당나라의 문화에 동화되었다.[11]

호류사의 천에는 동그라미 안에 수염을 기르고 활을 들고 말을 탄 네 명의 사산조 국왕의 초상이 그려져 있는데, 말의 옆구리에는 한자가 적혀 있다.[12] 8세기 말 「해인헌문금부海人獻文錦賦」라는 시에는 '무봉舞鳳'에 대해 "이중으로 겹친 꽃과 여러 겹으로 포갠 잎이 빙글빙글 돌며 무늬를 이룬다重葩疊葉 紛宛轉以成文"[13]고 읊고 있다. 꽃을 그린 족자나 동그란 창문 안에 동물을 그리는 것은 전형적인 이란 양식으로, 이런 조공물에서 볼 수 있는 꽃의 원 안에 '봉황'을 그린 것은 유명한 당나라 비단의 전형이 었을 것이다.[14]

금의

682년 초에 토하라 사절이 고종에게 공물로 금의金衣(금박을 넣은 화려 한 옷)를 가지고 왔다. 사치를 좋아하지 않는 고종이 이 값비싼 선물을 거부할 것을 미리 알고 있었다고 해도 될 것이다.[15]

모직물

중세의 동·서 투르키스탄 모직물은 모두 유명했다.[16] 당나라 사람들은 모직물에 친숙했지만(당시唐詩에도 자주 나온다), 깔개나 융단으로 사용하 는 용도 외로는 수입하지 않았던 듯하다. 당나라 사람들의 한정된 사용 량을 충분히 감당할 만큼 국내 공급으로 충당이 되었을 것이다. 그러나 9세기에 티베트에서 물소 꼬리와 금기金器 등과 함께 바친 수달의 털로 만든 직물 '달갈獺褐'(혹은 모포毛布라고 하는 게 더 적당하겠지만)만은 특별했다.[17] 이 '달갈'(당나라 시대의 알파카 같은 존재였을까?)은 이국의 진귀한 물건이었다. 수달이란 동물은 당에서도 드물지 않았다. 당나라 시대에는 영리한 수달 10여 마리를 훈련시켜 물고기를 잡게 하는 어부도 있었다.[18]

중국산 모직물은 티베트의 것과 마찬가지로 진귀한 물건이었다. 장강 하구 근처의 선주宣州에서는 토끼털로 직물을 만들었고,[19] 감숙의 회주會州와 오르도스의 풍주豊州에서는 낙타의 털로 짠 모직물 제품을 만들었다.[20] 낙타털을 사용한 직물의 생산 기술은 서역과 이란 문화권 사람들로부터 배웠을 것이다.

융단

726년 안국(부하라)의 왕이 당에 사절을 보내 대식국(아라비아)의 침략에 대한 지원을 요청했다. 이때의 사절은 '울금향과 석밀石蜜' 등의 진귀한 물건과 함께 '불림拂林 수구구繡氍毹'(로마식 수놓은 카펫)를 가지고 왔다.[21] 안국의 황후인 '가돈可敦(카툰)'으로부터 당나라의 황후에게 '대구구大氍毹'(큰 카펫) 두 장과 '수구구繡氍毹'(수놓은 카펫) 한 장이 조공으로 왔고,[22] 그 답례로 부하라의 왕은 허리띠, 안비鞍轡(안장과 고삐), 기장器仗(무기와 의식儀式에 쓰이는 물건) 및 왕위의 상징이 될 여러 가지 물건과 황후의 의장衣裝과 화장품을 현종에게 요구했다.[23]

그 밖에도 '무연舞筵' 등의 융단이 계빈(카피샤), 미국(마이마르그), 돌기시(투르게시), 자시赭時(차치), 사국(키시)의 조공물로 8세기에 장안에 들어왔다.[24] 750년에 장안에 보내온 페르시아산 '수무연繡舞筵'(무희를 수놓은 카펫) 중에는 특히 '대모大毛' 혹은 '장모長毛'라 불리는 것이 있었다. 이러한 종류의 카펫들은 털이 매우 길고 두꺼운 융단이었을 것으로 여겨진다.[25] 이하李賀의 시에 나오는 '금사金蛇' 장식의 '무연'은 페르시아 지방의 것이었는지도 모른다.[26] 마찬가지로 이하의 시에 한어화한 페르시아명의 '탑등毾㲪'이라는 융단이 나오는데, 이것은 틀림없이 페르시아산 모직으로 만든 융단이었다. 이러한 융단은 8~9세기의 유복한 가정에서는 그리 진귀한 물건이 아니었을 것이다.

「궁왜가宮娃歌」는 한번 번역해 읽어볼 만한 시다. 여기에 나오는 '수궁守宮'이란 도마뱀붙이를 말하며, 오래된 습관으로는 도마뱀붙이의 색깔이 빨갛게 될 때까지 단사丹砂를 먹이고 나서 도마뱀붙이를 절구로 찧어서 그 즙을 황제가 총희寵姬들의 몸에 발라 표지를 했다고 한다. 이 표지는 성교를 하지 않는 한 영구히 사라지지 않았다고 한다. 이렇게 해서 황제는 총희들이 정절을 지켰는지 여부를 알 수 있었고, 그런 이유에서 도마뱀붙이가 '수궁'이라 불린 것이다. '칠성'은 '북두칠성'을 말한다. '아견阿甄'은 3세기 때 군주의 총희로, 다음의 시 「궁왜가」는 '아견'과 마찬가지로 쓸쓸한 생각을 호소한 것이다. '장주長洲'는 궁전의 정원을 가리키는 명칭이다. 이 시에는 고대와 현대의 이미지가 혼재되어 있다.

촛불은 높이 매달려, 얇은 천처럼 허공에서 빛나고	蠟光高懸照紗空
꽃으로 덮인 방, 밤에, '궁전의 위병들'은 문을 두들긴다	花房夜搗紅守宮
코끼리 입은 향을 뿜고, 탑등은 따뜻하다	象口吹香毾㲪暖
칠성이 성곽에 걸리고, 물시계 내는 징소리 듣는다	七星掛城聞漏板
추위는 비단 창을 통과하고, 회랑 그림자는 어둡다	寒入罘罳殿影昏

커튼의 창틀, 창틀을 채색한 불사조 그림, 서리의 흔적   彩鸞簾額著霜痕
땅강아지는 구부러진 난간 아래에서 달을 애도한다   啼蛄吊月鉤欄下
굽은 경첩과 구리 문패 나를 잠그네, 아견과 같아   屈膝銅鋪鎖阿甄
꿈에서, 나는 집 문으로 들어가 모래섬에 오른다   夢入家門上沙渚
하늘의 강이 떨어지는 곳엔 긴 섬으로 가는 길 있다   天河落處長洲路
밝게 빛나는 위대한 지도자이신 군주에게 바란다   願君光明如太陽
파도를 스치는 물고기 되도록, 첩을 풀어주소서!   放妾騎魚撇波去27

석면

로마인도 한인도 기원 초기부터 석면의 특수한 성질에 대해 알고 있었다. 한나라 사람들은 이것을 로마의 산물이라고 여겼다. 로마인은 광물 섬유인 석면에 대해 잘 알고 있었고 그것이 바위에서 채취된다는 것도 알고 있었기 때문에 한인들이 그렇게 생각한 것도 무리는 아니었다. 아폴로니오스 디스콜로스가 석면 냅킨에 대해 언급한 것이 있다.

이러한 냅킨이 더러워졌을 때는 물로 씻을 게 아니라 잔가지를 태워 그 불 위에 올리면 더러운 때가 떨어진다. 그러면 냅킨은 깨끗해져서 불에서 나온다.28

자연의 이치이기는 하지만, 너무 보란 듯 잘난 체를 하며 내세운 방법이다. 이와 비슷한 이야기가 2세기 중국에도 있었다. 어떤 남자가 석면

옷을 일부러 더럽게 만들고, 짐짓 화를 내고 있는 것처럼 가장하고는 석면 옷을 불에 던져 넣었더니 옷이 깨끗해졌다고 한다.[29] 그런 이야기를 들으면 석면의 한자명도 납득이 간다. 한인들은 이것을 '화완포火浣布'라 불렀다. 그러나 '화모火毛'라는 별명이 말하는 바는 석면의 원재료가 잘못 해석되었다는 것이다. 헬레니즘 시대의 오리엔트에서 석면은 면과 마찬가지로 식물이 원료라고 여긴 적도 있었다. 한인은 6세기가 될 때까지 석면은 '화서火鼠'(봉황이라고 여긴 적도 있는)의 모피로, 이 모피는 불에 태우면 새것처럼 깨끗해진다고 일반적으로 믿었고, 그 후에 아라비아인도 그렇게 생각했다.[30]

750년 페르시아 국왕이 당 현종에게 '화모수무연火毛繡舞筵'(석면으로 만든 무희를 수놓은 카펫)을 보냈다. 이것은(추측할 수 있듯이) 화서의 털로 만든 깔개(자리)다.[31] 당시의 시 한 구절을 보면 석면은 의류에 사용되는 경우도 있었던 듯하다. 부자 귀족의 의상을 읊은 시가 있다.

수놓인 사각형 깃이 달린, 불로 씻어낸, 옷 한 벌	火浣單衣繡方領
보석 박힌 접시와 지갑 달린 '층층나무 양단' 거들	茱萸錦帶玉盤囊[32]

석면은 특히 영남 지방과 관련이 되는 경우가 많았는데, 이것은 영남에서 수입품 거래가 많이 이루어졌기 때문일 것이다. 9세기 초엽의 원진元稹은 영남을 읊은 시에서 사고야자에서 나오는 전분과 남향欖香 등 영남의 전형적인 음식 외에 석면에 대해 묘사하고 있다.

불 리넨에 먼지가 끼거든 불로 씻어야 할 일이다	火布垢塵須火浣

목면은 따뜻하고 부드러워 옷 안감으로 적당하다   木綿溫軟當綿衣33

목면은 '케이폭kapok'을 말하며, 역시 또 하나의 전형적인 남방 산물이다.34

펠트

한인들은 주周나라 말엽부터 펠트를 만드는 기술을 갖고 있었고 그것을 이용하고 있기는 했지만, 펠트란 오랑캐들이 사용하는 것이라는 선입견이 있었다. 원산지인 이란계 국가에서는 고대의 승려나 아케메네스 왕조의 국왕이 펠트로 만든 높은 모자를 쓰고 있었고, 나중에 그것을 소그드인들이 따라 했다.35 당나라 때는 펠트로 커튼, 천막, 깔개, 안장덮개, 장화 등 다양한 물건을 만들었는데, 그런 유행에도 불구하고 펠트가 토착화하지는 않았다. 버터 등과 마찬가지로 유목민의 것이라는 인상이 뿌리 깊이 자리를 잡고 있어서였다. 초원의 유목민을 이야기하는 당나라 사료에는 그들이 펠트를 사용한다는 점을 강조하고 있다.

티베트의 지위가 높은 군인은 수백 명씩 수용할 수 있는 거대한 펠트 천막에서 살았다고 하는데,36 위대한 국왕 송찬간포松贊干布(송첸캄포)는 중국에서 시집온 왕비를 기쁘게 하려고 "펠트나 모피 옷을 버리고 견絹과 금錦을 입었다"37고 한다. 티베트에서 당나라 물건이 유행한 건 7세기 초부터였다. 그리 많은 시간이 지나지도 않은 고종 시대부터 티베트는 중국에서 양조釀造, 맷돌, 종이와 먹을 만드는 법을 배웠던 것이다.38

붉은 머리에 녹동벽안綠瞳碧眼의 키르기스인(그들은 흑발을 불길하다고 여겼다)은 허리띠에 숫돌을 매달고 하얀 펠트 모자를 썼다.[39] 돌궐에서는 펠트를 사용해 신의 우상偶像을 만들어 향고香膏를 듬뿍 바른 가죽 자루에 넣어 여행을 하고, 예배를 할 때는 그것을 막대기에 매달아 늘어뜨렸다.[40]

그러나 펠트 장화는 장안에서도 만들었고,[41] 장화 제작을 위한 붉은색 펠트는 안서도호부에서 납품했다.[42] 감숙 내륙부나 오르도스와의 경계 지방에서는 하얀 펠트를 일반용품으로 만들었다.[43] 7세기 초 장손무기長孫無忌(율령의 편찬자로 알려져 있다)는 검은 양털로 만든 펠트 모자[44]를 대유행시키고, 현종이 안녹산에게 준 수많은 사치품 중에도 '수아모전繡鵝毛氈'(거위 털로 수놓은 카펫)이 있었다.[45] 펠트는 적어도 초원 유목민의 아취를 자아내는 천이었다. 하지만 영국에 있으면 스코틀랜드의 양모를 어디에서나 볼 수 있듯, 당에서도 그다지 진귀한 천은 아니었던 것이다.

아마포

아마포亞麻布를 식물성 섬유에서 뽑아낸 실로 짠 천이라는 넓은 의미로 받아들인다면, 중국에서 직조한 훌륭한 아마포가 여러 종류 있었다. 특히 마麻, 모시풀(라미), 칡 등으로 짠 천은 뛰어났다. 그러나 수입한 아마포도 있었다. 오르도스나 몽골 지방, 당나라 국내의 산서와 섬서의 '호녀포胡女布'라 부르던 천을 수입했다. 이름에서 보면 비非한족이 짠 천인 듯 보이는데, 어떤 실로 짰는지는 알 수 없다.[46] 신라나 신라에 가까운 만주 지역에서도 재질을 알 수 없는 천(아마 마사를 사용한 천)이 들어오고 있다.[47] 그런 의미에서는 면포綿布도 우리가 생각하는 '아마포(리넨)'의 일종이라고 할 수 있다. 한인들은 면포도 아마포와 같은 종류의 직물로 취급했다. 그러나 그에 대해서는 다시 설명할 것이다.

월낙포

월낙포越諾布(varṇkā)는 인도와의 교역에서 사용했던 명칭이고, 그것이 '채색품彩色品'이었을 것 같은 추측을 하게 해준다.[48] 월낙포는 미얀마의 표국驃國(퓨) 너머에 있는 채식주의 나라인 '소바라문국小婆羅門國'에서 생산하는 물건이라 하며,[49] 8세기에는 사마르칸트에서도 장안으로 가지고 왔다.[50] 송나라 사료에는 바그다드에서 '순백의 월낙포'(채색포가 순백인 것은 모순이다)와 로마의 '금자金字 월낙포'가 나오는데,[51] 당나라의 이 '채색포'가 도대체 어떤 것이었는지를 알 만한 단서는 전혀 없다.

견주

당나라는 비단 대국이었지만 타국의 비단도 수입했다. 839년 초 평문직平紋織 생사生絲(편의상 견주絹紬라고 부른다)[52]가 당나라의 조공국인 일본에서 황해를 건너왔다.[53] 이런 종류의 비단은 궁정 화가가 그림을 그리는 캔버스용 비단으로 최적이었을 것이다.

야생 누에고치 비단

당나라를 비롯한 동아시아 국가들은 야생 누에나방이 고치를 찢고 나올 때 생기는 견사絹紗 토막에서 뽑은 실로 비단綢을 만들었다.[54] 8세기 말에는 남조가 티베트의 비단을 공물로 당에 가지고 왔다.[55] 안남과 일본에서도 직조 상태가 거친 비단(영어화한 한어로 '샨퉁shantung'이라 불리는 비단)[56]을 조공했다. 일본의 샨퉁에는 두 종류가 있었는데, 각각 200필씩을 보내왔다. 그중 하나는 미농美濃의 이름을 딴 미농시美濃絁이고, 또 하나는 '수직시水織絁'라 불렸다. '수직시'라는 신비로운 호칭은 이해하기 힘들지만 여기에서는 나중에 설명할 '수잠水蠶'을 상상하게 된다.

그 전에 신라에서 보낸 홀륭한 비단綢에 대해 설명하겠다. 신라는 8세기에 몇 번인가 '조하주朝霞綢'와 '어아주魚牙綢'라는 견직물을 당에 보냈다.[57] 흑수말갈黑水靺鞨과 실위室韋도 당에 '어아주'를 조공으로 보냈다고 한다.[58] '조하주'는 밑에서 빛을 비추면 하얀 구름 위에 밝은 분홍색을 겹친 색깔이 떠오르는 천을 연상케 해서, 인도에서 많이 수입하고 있던 인기가 높은 면직물에 사용하던 명칭이다. 신라가 보낸 견직물도 같은 이름으로 불릴 만큼 아름답게 채색되어 있었을 것이다. '어아주'는 밝고 큰 노란 바탕에 노르스름한 줄무늬와 천의 결이 들어가 있었던 듯하며, 마치 해마(해상海象)의 어금니 같았다는 데서 이 이름이 붙었다.[59]

채색견

당나라 시대에는 태피스트리처럼 색깔을 넣어 짠 것과 비단 등 화려한 채색 무늬의 호화로운 직물(특히 섬세한 비단)을 '금錦(Brocade)'이라고 통칭했다. 여기에서는 그런 것들에 대해 간단히 설명하지만, 중국은 세계에서도 손꼽히는 아름다운 견직물 생산국으로, 타국에서 들어오는 것보다 직접 생산하는 것이 더 많았음을 잊어서는 안 된다. 아름다운 직물에 관해서는 페르시아가 당과 우열을 다투었다. 골돌骨咄(쿠탈)이나 계빈국(카피샤)의 사절은 의기양양하게 '파사금波斯錦'(페르시아 비단)을 당나라의 천자에게 내밀었을 것이다.[60] 흑밀모니소리만黑密牟尼蘇利曼(Amīr al-Muhminīn Sulaymān, 충실한 우마야드의 사령관이라는 의미)이 716년에 현종에게 아름다운 비단錦 '금선직포金線織袍'를 바친 것을 여기서 언급해둘 필요가 있다.[61]

동로마 시대의 그리스 양식도 동아시아에 들어와 있었다. 한 예로, 투루판에 가까운 아스타나 고분군에서 발견된 팔각별의 무늬가 들어간 천이 있다.[62] 그 밖에 이국의 진귀한 물품 중에는 사마르칸트에서 온 '모금毛錦'(아마 섬세한 양모 직물이거나 양모와 비단絹의 혼방이었을 것이다),[63] 신라가 당의 백제에 대한 승리를 축하하며 보낸 비단 등이 있다. 신라의 비단에는 오언 형식으로 고종을 한껏 추켜세운 승리의 찬가가 수놓아져 있었고, 신라 왕의 동생이 이것을 고종에게 바쳤다.

수양과 빙잠

서역의 진기한 양에 대해 검토할 때, 로마의 전설에 나오는 '토생양土生羊(스키타이 양)'에 대해 설명한 바 있다. 이 전설은 신화적인 아르고호에 올라탄 영웅들과 황금 양모의 이야기를 어렴풋이 반영하고 있을 가능성도 있다. 이 이야기가 '수양水羊'의 이야기와 혼동되어버렸다.

'수양'의 털은 기원 초 인도양 연안에서 피니콘pinikón을 생산하기 위한 원재료로 사용했다. 피니콘이라는 이름으로 알려진 섬유는 진주를 만드는 조개의 이음매에 해당하는 부분을 이용해 단단하고 가는 섬유를 직조했다. 아마 페르시아만이나 스리랑카의 진주 산업에서 파생한 것으로 보인다.[64] 이렇게 조개의 섬유로 짠 천은 "금갈색과 엷은 육계肉桂 색"을 유지했다.[65] 동물성 섬유의 가장 큰 공급원이 양이 아니라 누에였던 중국에는 바다 너머 먼 나라의 '수잠'으로 짠 훌륭한 천에 대한 이야기가 많이 떠돌았다. 아마 이 '수잠'은 대왕조개를 가리킬 것이다. 아름다운 양귀비는 거울처럼 반들반들한 목재에 빨간색과 금색 두 마리의 봉황을 상감한 비파를 갖고 있었는데, 그것을 수잠의 비단실로 만든 현으로 연주했다. 이것은 250년 전에 멀리 떨어진 나라에서 보내온 조공물이었다.[66]

또한 빙잠水蠶이라 불리는 수잠 견사로 짠 이불 '신금금神錦衾'도 있었다. 사람에게 도움이 되는 수잠은 (전설에 의하면) 원산지 남해의 오색으로 칠한 연못에서 좋아하는 잎을 먹여 키웠을 것이라 상상했다. 그 고치로 만든 이부자리는 물에 젖으면 부풀어 오르고 불에 닿으면 쪼그라들었다.[67] 이것은 우리에게도 매우 친숙한 이야기꾼 소악이 기록한 이야기다. '수잠'이 '빙잠'이라고도 불리는 일은 '수水'와 '빙冰'이라는 글자상의 차이가 크지 않아 한어 사료에서 종종 혼동되고 있기 때문이다. 더구나 고대 중국에도 '빙잠'에 대한 구전이 있었기에 한인들은 빙잠의 존재를 자연스럽게 받아들였다. 4세기 사료 기록에서는 크기가 7치이고 비늘과 뿔이 있는 빙잠이 원교산員嶠山에 있었으며, 서리나 눈에 덮이면 색깔이 있는 고치를 만들었다. 그 고치로는 물에도 젖지 않고 불에도 타지 않는 문금文錦을 짤 수 있었다고 한다. 고대의 영웅 요堯임금은 이 섬유를 '해인海人'에게 받아('해인'은 단순히 바다 너머에서 온 사람이라는 의미로도 사용된다), 그것으로 보불黼黻(임금의 예복)을 짰다.[68]

　의심할 줄을 모르는 문인들은 이 상상 속의 천(이것도 대왕조개가 관련되어 있는 걸까?)을 기원 1세기경에 산동에서 생산하던 하얀 섬유 '빙환冰紈'[69]과 혼동해버렸다. 빙환의 명칭은 그저 색깔이 얼음처럼 맑고 깨끗하다는 데서 붙은 이름이다.[70] 그리고 9세기의 문인은 '사방의 오랑캐에게 질서가 생기면 바다는 보물을 숨기지 않네四夷卽敍, 海不藏珍'의 운韻으로 「해인헌빙잠부海人獻冰蠶賦」를 읊어 천자의 위엄을 찬양했다.[71] 천주泉州의 자사刺史였던 인물도 똑같은 운으로 「해인헌빙환부海人獻冰紈賦」를 지었다.[72] 이렇게 해서 눈에 덮인 원교산에서 거대한 빙잠이 만드는 오색찬란한 천은 한漢나라의 빙환과 혼동되었고, 결국 "불에도 타지 않고 물에도 젖지 않고 화서火鼠에 필적하는 신물神物로 취급했다. 붉은색 혹은 녹색"이 빙잠 실의 훌륭한 특성을 유지하는 증거라고 했다. 화서까지 끌어다 이 전설에 인용한 것이다.

　이 두 수의 서사시에서 장식한 말잔치가 상징하는 바는 조공으로 들어온 빙환을 요 임금 시절 태평성대가 부활했다는 비유로 해석해야 할

지도 모를 일이다. 어찌 되었건, 실제로 '얼음冰(또는 물水)' 누에의 고치로 짠 천이라고 설명할 수 있는 물건이 이국에서 당에 들어왔는지는 판단하기 어렵다. 만약 당이 그런 천을 받았다면 그것은 사실 피니콘이었을 가능성이 높다.

목면

9세기 초 무렵부터 '면綿'이라는 말이 한시에 자주 나오기 시작한다. 예를 들면 피일휴는 어떤 승려에 대한 시를 읊으면서 "목면木綿 천 수건을 두르고, 단향목 그릇에 밥을 먹는다巾之吉貝布, 饌以梅檀餌"[73]고 표현하고 있다. '길패포吉貝布'는 목면 천을 말한다. 장적張籍은 「곤륜아崑崙兒」라는 시에서 당나라에 데리고 온 곤륜 노예를 "칠흑 같은 피부, 커다란 금 술잔 귀걸이를 달고 곱슬머리를 묶고 목면 구裘를 입고 있다自愛肌膚黑如漆, 行時半脫木綿裘"[74]고 묘사했다. 백거이는 돌궐풍의 새파란 천막 안에서 아침 일찍 술을 마셨는데, 그 일에 대해 당당하게 이런 시를 남기고 있다.

짧은 바람막이가 내가 누운 소파의 머리를 덮는다	短屛風掩臥牀頭
까만 모자, 푸른 모직 펠트, 흰 목화 망토	烏帽靑氈白氎裘
해장술 한잔 마시고 깜빡 자고 일어나면	卯飮一杯眠一覺
세상사 무슨 걱정이 있겠는가	世間何事不悠悠[75]

목면은 당나라 중엽부터 잘 알려져 있었는데, 예로부터 친숙한 천이

아니라 새로운 것이었던 듯하다. 여기서 동아시아 목면의 역사를 돌이켜 살펴보자.

면은 일년생 '인도면'(초면草棉)과 다년생 '아시아면'(수면樹棉) 두 종류의 식물에서 뽑아내며, 둘 다 아시아의 아열대 지방에 자생하고 재배도 했다. 이들 식물에서 뽑은 이용 가치가 높은 섬유는 서양과 중국 양쪽 사료 모두에 시말simal이라는 이름으로 알려진 '견면목絹綿木'에서 채취하는 판야panya나, 또 다른 종류의 '견면목'인 실크목화나무(양목면洋木綿)에서 뽑아내는 케이폭kapok과 혼동하는 일이 많았다.[76] 시말이나 케이폭 모두 남아시아 일대에서 자라고 있고, 쿠션 등을 채우는 재료로는 쓸 수 있지만 실을 뽑아낼 수는 없었다.

진짜 면이 나오는 나무는 중국 원산이 아니고 주변 아열대 지역에서 자라는 특수한 나무다. 그러나 흰가루곰팡이 병에 약하기 때문에 연간 강수량이 많은 곳에서는 재배할 수 없다. 그래서 말레이반도 남부, 보르네오, 수마트라, 혹은 자와 서부에서는 자라지 않는다. 백단과 마찬가지로 자와 동부, 발리, 순다제도, 말레이반도 북부 등 건기(대개 4월에서 9월까지)가 있는 곳에서 재배하고 있다.[77] 가장 최초로 재배된 것은 아마 인도일 것이다.[78]

목면은 3세기경에 서역을 경유하는 경로와 인도차이나를 경유하는 경로 등 두 개의 경로로 들어온 교역 상품으로서 중국에 전해졌다.[79] 목면 재배법도 같은 경로로 들어왔다. 우선 한나라 후기에, 나중에는 운남이라 불리게 된 지방에서 해당 지역의 비非한족이 키웠고, 그리고 6세기 초에는 동투르키스탄에서 목면을 재배했다.[80]

당나라 때에는 서역 고창(코초)에서 생산한 목면이 특히 잘 알려져 있었다. 고창 주민이 목면을 재배해서 실을 뽑아내고 천으로 짠 것을 당나라에서 수입했던 것이다.[81] 행정상 고창은 당나라의 지배하에 있었지만, 고창 정복은 당나라 국내의 목면 생산을 자극했을 것이 틀림없다. 그런데도 당나라에서는 인도차이나와 그 주변 도서島嶼 지역의 목면을 훨씬더 귀하게 대접했다. 예를 들면 짬파에 대한 이런 기록이 있다.

그 왕은 백첩白氎과 고패古貝(면포)를 팔뚝 위에서부터 비스듬히 걸어 허리에서 묶고 있다. 진주나 사슬을 꿰어 장식하고 곱슬머리에는 꽃을 장식하고 있다.[82]

파리국(발리)도 목면을 재배하고 면포를 만드는 것으로 알려져 있었다. "남자는 모두 곱슬머리이고, 고패포古貝布를 입고 횡폭橫幅 쪽을 허리에 감고 있다."[83] 경전을 찾으러 여행을 떠난 현장은 인도에서 '고길패古吉貝'로 만든 천을 봤다고 한다. 하지만 이는 오류이며, 이것은 사실 '야잠사野蠶絲'로 만든 옷이라고 기록하고 있다.[84] 또 겁이 많고 못생긴 토하라 사람을 가리켜 "펠트氈로 만든 옷을 많이 입는데, 갈褐을 입는 일은 많지 않다"[85]라고 기술하고 있다. 목면은 남방의 국가들에서 수입했다. 남조의 '방사紡絲',[86] 짬파의 '화첩花氎' 등의 면직물,[87] 그리고 사자국(실론)의 섬세한 '백첩白氎'[88] 등이 대표적이다. 남양의 여러 섬나라에서도 면포를 보내왔는데, 이들 나라가 어디인지는 특정하기 어렵다.[89] 알려지지 않아 신비로운 '타파등국墮婆登國'도 그런 나라 중 하나다. '타파등'은 가릉국(칼링가)의 서쪽 바다에 떠 있는 섬나라로, 패다엽貝多葉에 글자를 쓰고 죽은 이의 입에는 금을 채워 넣으며 시신을 파율고婆律膏나 용뇌龍腦 등을 쌓아놓은 나무 위에서 태운다고 기술하고 있는 나라다. 이 나라의 왕은 647년 당에 사절을 보내 고패古貝(면포)를 바치고 있다.[90]

위의 인용에는 '백첩Bagtak'이나 '고패Karpāsa' 등의 외래어가 나온다. 당나라 때는 아시아면나무, 견면繭綿, 면포에 여러 명칭이 있었다. 가장 일찍부터 사용된 명칭 가운데 하나는 한나라 후기부터 당나라에 걸쳐 사용된 '동橦'[91]이다. 유래는 알 수 없지만 당나라 후기에는 사용하지 않았다. '동'보다 일반적이었던 것이 산스크리트어의 '카르파사'[92]가 말레이계 언어로 들어왔고, 그것이 다시 한어로 음역된 것('길패' 혹은 '고패'), 그리고 옛 이란어와 어원이 같은 현대 페르시아어의 '박탁'과 통하는 단어를 사용했는데, 이것은 팔리어의 파타카Pataka와도 통하는 듯하다.[93] 이 두 가지를 구별할 때는 카르파사(한어 음역)는 거친 면포를 의미하고 파타카는 결이 가는 천을 가리켰겠지만, 반드시 그렇게 구별되는 건 아니었다. 지금까지 살펴보았듯이 이들 단어는 만당晚唐의 시에 자주 등장한다. 시인들을 보면 9세기 초까지는 면 산업이 영남에 뿌리를 내리고 있었다고 생각하지 않을 수 없다. 당시의 시인 왕건은 광주에 부임하는 친구를 보내는 시를 썼는데, 거기에 다음과 같은 구절이 있다.

국경 지방 수비대 앞으로는 용뇌를 파는 가게들　　　戍頭龍腦鋪
관문 어귀에, 코끼리 상아 더미들　　　　　　　　　關口象牙堆
......

집집마다 가족들이 짠 백첩 비단　　　　　　　　　白氎家家織
미인초를 여기저기서 키우고 있구나　　　　　　　　紅蕉處處栽[94]

10세기 시인도 왕건과 마찬가지로 남방의 사물을 「남월南越」이라는 시에 썼다.

새벽 부엌에서 심심한 맛의 채소를 끓인다   曉廚烹淡菜
봄이면 쟁기와 틀을 놓고 목화 꽃을 심는다   春杼種橦花[95]

조하

'조하朝霞'는 한반도에서 수입된 담홍색 견직물의 명칭이라고 이미 설명했다. '조하'는 '아침노을과 같은 색으로 물든 구름'이라는 의미로, 복숭아 색으로 물들인 인도차이나와 인도네시아의 아름다운 면포를 가리키는 경우도 있었다. 이하李賀의 "한 필의 얇고 가벼운 시폰, 아침노을 색으로 염색하네輕綃一匹染朝霞"[96]라는 시구에서 드러나듯 견직물에도 사용했다. 우연이지만 테오필 고티에는 「장미 색깔의 옷」이라는 시에서 이렇게 질문하고 있다.

붉은 노을
비너스의 조개
피기 직전의 꽃봉오리
이들은 미지의 색조인가?

왕발王勃의 절구에도 '조하'라는 말이 나온다. 이것은 노을을 가리키는

직유인데, 신이 짜는 옷감이라는 의미로 사용되고 있기 때문에 여기서
도 조하와 천의 관계를 엿볼 수 있다.

향기로운 가름막(병풍)에 봄 약초가 그려 있을 때	芳屏畵春草
요정의 갈대 옆에서 아침의 홍조를 짜는구나!	仙杼織朝霞
언덕과 물길에 난 길 같은 것	何如山水路
내 얼굴을 지나쳐 꽃은 어디로 날아갈까?	對面卽飛花[97]

장미색 면포는 안남도호부에서 직접 수입했고,[98] 더구나 얼핏 면포와
는 인연이 없을 것 같은 티베트에서도 조공을 보내왔다.[99] 그러나 다른
면제품과 마찬가지로 '조하'는 인도화한 남방 나라들의 제품으로 알려져
있었다. 예를 들면 실리차단라室利差旦羅(Srîkshetra)라고도 불렸던 표국驃
國(미얀마)의 면제품 문화는 주목할 만하다. 7세기, 표국 사람들은 산스크
리트 경전을 토대로 한 불교를 믿었다. 이것은 팔리 경전을 믿는 원시 불
교와 대립하는 가르침이다. 그들은 "죽은 이의 뼈를 재로 만들어 각인刻
印이 있는 적토색 도자기 옹기에 담았고,"[100] "옷은 고패를 조하로 염색해
허리에 감기만 한다. 비단은 누에에서 뽑는 것이므로 생물을 이용한다고
해서 입지 않는다."[101] 또한 쨈파 왕의 비妃들은 "조하 고패bagtak를 짧은
옷으로 만들고, 목에는 금화金花를 장식했으며, 몸은 사슬 진주를 꿰어
장식한다."[102] 다시 말해 국왕과 거의 같은 복장을 했던 것이다.[103] 북방
의 어떤 당나라 도시에서는 이러한 남쪽 해양에서 온 검은 피부를 가진
사람들이 사용하는 염포染布뿐 아니라 그들 오랑캐들의 옷과 장식도 볼
수 있었다. 부남과 천축의 악대가 장안의 식전式典에서 머리 부분이 봉황

의 모습을 한 공후箜篌, 비파, 동발銅鈸, 횡적橫笛, 소라고둥 등의 악기를 연주했을 때, 무희들은 조하의 의상을 입었다. 인도의 무희들이 입은 의상은 승려의 옷과 유사한 모습이었다.[104]

제13장 안료

뉴턴에게 있어서 색채 개념은 철학적이지 않다.
색채란 영적spiritual인 것이다.
_크리스토퍼 스마트, 「어린양 안에서 기뻐하라」

　장안長安 조정朝廷 소속으로 있던 염색 장인들은 흰색 외에 청青·강絳 (진홍)·황黄·흑黑·자紫 등 5색을 정식 색채 염료로 사용했다.[1] 이 색깔들 은 오래전부터 귀하게 여겨온 식물성 염료에서 채취했다. 전람靛藍(쪽)[2]· 천초茜草(꼭두서니)·비자梔子·역자櫟子(도토리)·자초紫草(지치) 등이다. 색에 따라서는 대용품도 있어서, 벽목檗木(황벽나무),[3] 황로黄櫨(개옻나무, 일명 스 모크트리),[4] 소벽小檗(매자나무)[5] 등은 비자 대신 황색 염료로 사용했다. 광 물성 안료는 주로 화가들이 그림물감으로 쓰거나 여성들이 화장할 때 사용했다. 전통적인 광물성 안료에는 남동광藍銅鑛의 청색, 공작석의 녹 색, 진사의 적색(혹은 연단이나 '홍연紅鉛'을 사용할 때도 있었다), 황토의 황 색, 탄소의 흑색, 연백鉛白의 백색이 있었다. 외국에서 들어오는 새로운 염 료는 주로 식물성이었다. 외국에서는 당나라에 없는 식물을 가지고 염료 를 만드는 곳도 있었지만 광물성 안료 중에는 새로운 것이 별로 없었다.

바위와 그 구성 성분은 기후가 달라도 크게 바뀌지 않아, 종류가 많다기 보다 양적인 차이가 나는 데 불과하다. 그렇기 때문에 외국에서 새로 들어온 염료는 주로 식물성이었다.

긴팔원숭이 피

중세 중국의 염료 중에는 원재료나 명칭 등에서 상상 속의 산물이나 풍문으로만 나돌고 있는 것들이 있었다. 남방의 산에 내리는 서리가 보라색 염료가 되고, 산에 있는 호수의 물방울이 적색 염료가 되었다는 것은 아무래도 미심쩍기만 하다.

아관산鵝管山의 서리는 보라색으로, 백자담白蔗潭의 이슬은 붉은색으로 물들일 수 있다. 그것을 아는 자가 없다니 이 얼마나 애석한 일인가.6

그러나 '성성혈猩猩血'이라 불렸던 염료는 차원을 초월한 현실이자 신비로우면서도 실재하는 역설적인 존재였다. 이것은 성성이라 불리는 동물의 피다(그렇게 여겼다).

서역의 오랑캐는 양모 융단을 염색하는 데 이 피를 사용했다. 그러면 융단은 맑은 적색으로 물들고 검게 변색하는 일도 없다. 피를 채취할 때 성성이에게 "얼마나 나눠줄 수 있느냐?"라고 물으면 "두 되"라고 대답한다. 피가 좀 더 필요하다면 물어보기 전에 채찍으로 때리면 성성이가 양을 늘

려주기 때문에 한 말까지 피를 채취할 수 있다.[7]

오래된 서적에 의하면 이 애교 있는 원숭이는 인간의 말을 이해하고, 말도 할 줄도 알았다고 여기는 듯하다. 사실 원숭이가 아니고 피부가 흰 나체의 '야녀野女'(안남의 밀림에 살고 있다고 여겼다)라는 설도 있었다.[8] 미식가들은 성성이의 입술 요리를 진미로 여겼다. 남방의 원주민은 술을 좋아하는 성성이의 성질을 이용해 쉽게 포획할 수 있었다.

성성이는 멋을 부리는 센스도 있었던 듯하다. 당나라 시대의 일화가 있다. 안남의 어떤 장관 댁에서는 식용으로 성성이를 몇 마리씩 우리에 넣어놓고 있었다. 머슴들은 가장 살찐 것을 골랐고, 울고 있는 성성이를 우리에 가둬놓고 장관을 기다렸다. 장관이 "이게 뭐냐?"라고 묻자 우리 안에서 성성이가 "주인님의 머슴과 한 단지의 포도주입니다"라고 대답해서 장관은 크게 웃으며 이 농담을 매우 마음에 들어했다. 물론 술을 좋아하는 성성이는 장관의 사랑을 받는 애완동물이 되었다.[9]

이 이야기는 외국 이야기와 외국에 대한 동경이 혼재된 것이겠지만, 성성이가 중국의 긴팔원숭이였다는 것은 틀림이 없다.[10] 중국 남부와 인도차이나에 서식하는 세 종류의 긴팔원숭이는 모두 '성성이'라는 호칭을 사용했다. 인도차이나의 '검은긴팔원숭이'와 '흰긴팔원숭이', 그리고 '흰뺨긴팔원숭이'가 그것이다.[11] 흰뺨긴팔원숭이는 지금도 중국 서남부에 서식하고 있다. 같은 지방에서 검은긴팔원숭이가 눈에 띨 때도 있다. 흰긴팔원숭이는 조금 더 남쪽에도 서식하고 있다. 8~9세기의 당시唐詩에서 성성이는 장강 유역이나 사천 방면에 나타났고, "때로는 성성이가 나무 위에서 우는 모습을 볼 수 있었다."[12] 흰뺨긴팔원숭이와 동속同屬의 원숭이들은 현재 남방의 경계선으로 밀려난 다른 많은 포유동물과 마찬가지로 옛날에는 더 북쪽 지방에도 있었던 듯하다.

긴팔원숭이의 이야기는 원래 서양의 것이었을 가능성이 높다. 이집트의 개코원숭이는 글을 읽을 수 있었기 때문에 지혜의 신 토트에게 바쳐졌다고 하는데, 이 이야기는 수다쟁이 중국의 원숭이를 연상케 한다.[13] 또한 고대 유럽에서 원숭이는 술을 매우 좋아한다고 아리스토텔레스, 아엘리아누스, 플리니우스도 그렇게 관찰하고 있다. 술에 취해버리기 때문에 포획하기 쉽다는 점도 중국 서남부의 원숭이와 같다.[14] 그러나 서양의 전통에서 원숭이는 호색적인 것으로 알려져 있다. 성성이가 호색적이라고 여기는 것은 이집트의 회화에서 남근상과 성성이를 함께 그려 넣는 것을 설명하는 단순한 이유에서인지도 모른다. 인도의 붉은원숭이도 호색적이라고 하는데, 아마 인도의 긴팔원숭이가 플리니우스나 아엘리아누스가 말하는 아시아의 사티로스Satyros의 유래일 것이다.[15] 그리스 고전에 나오는 판Pan은 호색적인 산양山羊이고, 사티로스는 호색적인 원숭이였다. 중세 후기의 유럽에서는 원숭이가 '사치스러운 것', 즉 성욕을 상징했다.[16] 유감스럽게도 중국의 긴팔원숭이는 특별히 '사치'스럽지는 않고, 서양 원숭이의 피는 염료로 쓰지 않는다.

동아시아 이외의 지역에서 혈액을 염료로 사용한 전통이 있었는가에 대해서는 아직 사례가 발견되지 않았다. 서양에서도 비슷한 염료는 있지만 유인원과는 관계가 없다. 영어의 심홍색Crimson이나 심홍색 천Cramoisy은 코치닐 연지벌레와 마찬가지로 고대의 염료 재료가 된 카민 연지벌레Kermes라는 이름상의 흔적이 있다. 독일과 폴란드에서는 12세기부터 다양한 종류의 카민 연지벌레를 '성 요한의 피'라고 부르며 사용했다. 서양

에는 '용혈龍血'이라 불리는 식물성 염료가 여러 종류 있었는데, 원숭이와
는 관계가 없다. 그러나 중국에서 사용된 염료의 역사를 돌이켜 보면 '성
성혈'이 서방에서 수입된 천의 산뜻한 붉은색을 말하는 것이었지 한인이
사용하던 염료의 명칭은 아님을 알 수 있다. 원래 "카민 연지벌레에서 채
취하는 염료"를 가리켰다고도 여기지만, 그것이 어디서 포유동물과 바뀌
치기 되었는지는 설명할 수 없다.

　'성성혈'은 당나라 시대보다 훨씬 이전부터 외국에서 들어온 염료의 명
칭으로 사용됐는데, 하나의 색깔 이름으로 일반적으로 사용되기 시작한
것은 당나라 후기다. 그렇게 되면 애기동백나무 꽃도 '성혈猩血'의 색깔로
표현할 수 있고,[17] 잘라낸 가지를 그려 넣은 '성색猩色'이란 병풍,[18] '성훈
猩暈'이라는 이름을 가진 세련된 색깔의 여성용 립스틱도 만들 수 있다.[19]
'성홍猩紅'색과 대조적으로 사용되는 일이 많았던 '슬슬瑟瑟'(라피스라줄리
의 푸른색 안료)에 대해서는 나중에 설명하겠다. 9~10세기 당시唐詩에 나
오는 새로운 표현에 대해서도 함께 언급할 것이다.

라크

　당나라 사람들이 사용했던 동물성 염료가 하나 있다. 이것이 자광紫鑛
즉 라크Lac로, 인도네시아산 수목에서 라크패각충[20]이 분비하는 액체다.
이 벌레는 가지에 수지 상태의 액체도 분비하는데, 이것이 상업용 셸락
수지가 된다. 당나라 시대의 보석 세공사들은 이것을 접착제로 이용했는
데,[21] 조금 더 근대에 이르러 말레이 사람들은 크리스(단검)를 칼자루에

붙일 때 이것을 사용했다.[22] 당나라 시대에는 '자광'(원료의 유래가 광물이라고 착각하고 있었음을 나타낸다) 혹은 외래어로 '늑거勒佉(Lakka)'라고 불렀다.[23] 자광은 안남[24]과 짬파[25]에서 수입되어 비단을 물들이거나 입술 연지의 안료로도 사용했다.[26]

용혈

라크패각충의 분비액은 신수神獸 혹은 반신수半神獸인 중국의 '기린麒麟'과 혼동을 일으키게 했다. 옛 유럽에서 '용혈龍血'이라는 이름으로 매매했던 적교赤膠(키노나무) 중에는 중국에서 '기린갈麒麟竭'이라고 불렀던 것이 있고, 이것은 혈액을 건조시킨 것이라고 여겼다.[27] 실제로는 인도네시아산 등나무 열매에서 채취하는 염료[28]지만 매매할 때는 전혀 다른 식물 수지인 소코트라섬에서 생산되는 '용혈'과, 인도네시아산으로 전혀 다른 종류의 염료인 적교赤膠,[29] 그리고 라크[30]와 혼동을 일으켜버렸다. '기린갈'은 당나라 때의 수렴성 약으로 지혈에도 사용했다. 피와 비슷한 색깔이 일종의 마술적 요소를 연상케 한 것이 그 이유 중 하나일 것이다.[31] 염료로서 사용했는지 여부는 단정할 수 없지만, 원산지 말레이에서는 일반적으로 염료로 이용했고,[32] 당나라의 약사들도 라크와 사용법이 같다는 점을 강조하고 있다.[33]

사판

'브라질나무'34를 가리켜 한인은 '소방蘇芳'이라 부르고, 동아시아에서는 일반적으로 사판으로 알려져 있다. 오래된 자바어와 어원을 같이하는 인도네시아어의 '사판Sapan'(붉다)에서 온 이름으로, 붉은 심재心材에서 염료를 취할 수 있기 때문이다.35 소방은 몇 세기에 걸쳐 부남과 임읍에서 수입했지만,36 당나라 시대에도 이들 나라의 소방은 귀한 대접을 받으며 수요가 많았다.37 사산조 페르시아에서도 소방은 염료로 사용했고, 해남의 해적이던 풍약방이 페르시아 상선으로부터 갈취한 약탈품 중에 대량의 소방이 있었다고 한다.38 당나라 사람들은 소방으로 천을 염색하거나 목제품을 채색했다.39 쇼소인의 아름다운 '흑시黑柿'로 만든 궤櫃도 소방으로 물들인 문화재다.40

자색 소라고둥

수나라의 양제는 궁녀들에게 '나자대螺子黛'라는 페르시아에서 온 화장품을 매일 지급했고, 궁녀들은 이것으로 유행하는 긴 눈썹을 그렸다.41 무슨 색깔이었는지는 알 수 없지만 한어의 명칭에서 유추하건대 소라고둥 껍질에서 채취되는 고대자古代紫(붉은색을 띤 자주색)가 아니었을까 싶다. 이 염료에 관한 당나라 시대의 기록은 저자가 본 바로는 없다(수나라 왕조의 화장품 하나둘쯤은 왕조 교체 때에도 남아 있었을 테지만). 그러나 유명한 이 염료가 동아시아까지 전해졌을 가능성을 생각하면, 아마도 당나라 왕조에서도 사용했을 것이다.

인디고

중국에서는 예로부터 원산인 여뀌蓼를 식물성 '전청靛青'의 원료로 사용했지만,[42] 당나라 시대의 화장품 제조에는 진짜 인디고라고 여기던 페르시아산 수입품인 '청대青黛'[43]도 사용했다. 짙은 남색은 인도산으로 여기고는 하지만, 사실 이집트에서는 매우 일찍부터 사용했으며 나중에 이란계 국가들에서도 사용하기 시작했다.[44] 당나라 시대에는 안식安息(putchuk)이나 청목青木(gum guggul)과 마찬가지로 조국(카부단)이나 발한나(페르가나)의 산물로 여겼다.[45] 페르가나 여성들은 청대를 아이섀도로 사용했다.[46] 717년에 사마르칸트의 왕이 여러 진귀한 물건과 함께 당에 인디고를 공물로 보냈다.[47]

페르가나뿐 아니라 당나라의 여성들도 이 수입 화장품을 사용했으며, 이백은 이에 대한 시를 남겼다.

황금잔에 가득한 포도주 葡萄酒 金叵羅
호리호리한 말을 탄 15세의 요염한 오나라 여성 吳姬十五細馬馱
푸른 콜kohl로 그린 눈썹, 빨간 양단 부츠 青黛畫眉紅錦靴
그녀의 말은 옳지 않으나 노래는 아름답다 道字不正嬌唱歌
거북 껍질 매트에 누워 내 가슴에 취해 있네 玳瑁筵中懷裏醉
연꽃 장식 아래 내 님께서는 무엇을 하시는가? 芙蓉帳底奈君何[48]

8세기 후반에 덕종의 궁녀들도 '아미蛾眉'를 그리는 데 청대를 사용했다.[49] 9세기 초가 되면서 시인들은 '청대'를 먼 산들을 묘사하는 색으로 사용하기 시작했다. 백거이는 "인도라는 이름의 산에는 청대가 한 무더기山名天竺堆青黛"[50]라고 읊었고, 원진은 "꽃이 만발한 산을 청대로 그린다華山青黛撲"[51]라고 읊었다. 이 시대 문학의 특색 가운데 하나가 '성성혈'과 같은 외국풍의 이미지를 묘사하는 것이었다.

파라득

'인색견과印色堅果'는 산스크리트 이름으로 파라득婆羅得(발라타카)[52]이라고 한다. "서방의 바다와 페르시아의 나라들"에서 수입하며, 하반신을 튼튼하게 하거나 머리카락을 검게 물들이는 데 사용했다.[53] 북인도가 원산인 인색견과 나무는 원산지에서는 천에 검은 도장을 찍거나 흑회색黑灰色 염료로 널리 사용했다.[54] 하지만, 당나라 사람들이 이것을 염료로 사용했는지 여부는 알 수 없다.

오배자五倍子

알레포떡갈나무[55] 등 참나무과 나무에다가 혹벌류가 산란을 하면 그 자극으로 동그란 혹이 생긴다. 타닌이 풍부한 철염과 결합하면 즉시 먹 같이 검푸른 색이 된다. 그래서 먹이나 염료로서 널리 수요가 높았다. 한인들은 중국 원산의 참나무 수피나 열매에서 자연적 타닌을 채취하고 있었는데, 이란 이름으로는 '몰식沒食'(*muzak 혹은 *mazak)이라 불렀다. 그러나 페르시아에서 수입하고 있던 나무 혹을 더 고급이라고 여겼을 것이다.[56] 소공蘇恭은 서역에 있는 사막의 '위성류渭城柳'에도 혹이 생긴다고 기술하고 있다.[57] 약초 관계 서적은 너도밤나무에 생기는 혹을 자양 강장이나 머리카락을 검게 하는 약으로 권장하고 있는데, 파라득과 마찬가지로 염료로서도 사용했을 것은 쉽게 상상할 수 있다.

등황

감보지gambodge는 원산국 캄보디아에서 유래한 명칭이다. 망고스틴과 같은 종류에 속하는 인도네시아산 나무의 수액을 굳혀 안료로 썼다.[58] 이 수액에서는 아름다운 황색 안료를 얻을 수 있기 때문에 동아시아에서는 매우 귀한 대접을 받았다. "황금색 섬라묵수暹羅墨水를 만들 수 있기 때문에 지방에서 산출되는 흑지黑紙로 만든 책에 글자를 쓰는 데 사용했다"[59]고 한다. 중세 중국의 화가들이 애용했던 유일한 식물성 안료를 감보지, 즉 '등황藤黃'[60]이라 불렀다. 이순李珣은 화가뿐 아니라 연단사鍊丹師(도사)도 이 안료를 사용했다고 기록하고 있다.[61] 이것이 사실이라면, 아마 쨈파에서 수입한 감보지였을 것이다.

편청

중국 화가는 예로부터 녹색이나 청색 안료로는 구리·공작석·남동광의 탄산염을 사용했다. 중세 한인은 이러한 것에서 취할 수 있는 다양한 색조의 파란색이나 녹색에 대해 속어나 전문적인 명칭 등 다양한 호칭을 사용했다. 입자가 거친 것은 색깔이 진하게 나오고 가는 것은 밝은 색깔이 나온다는 등의 전통적인 식별 방법이 있었다. 남동광은 일반적으로 '석청石青'이라 불렸는데, 연단鍊丹을 하는 도사들은 '청요옥녀青要玉女' 등 기괴한 명칭으로 불렀다.[62] 입자가 거친 짙은 색깔은 '대청大青'이라 불렀다. 소공은 '편청扁青'[63]이 짬파와 부남 등 남방의 나라에서 상선으로 들여온 것이라고 말하고 있다. 약초학자인 소공은 이것을 공작석이라고 생각했지만,[64] 아마도 입자가 거칠고 푸슬푸슬한 깊은 남색의 남동광이었을 것이다.[65] 연단을 하는 도사들끼리 쓰는 은어로 남동광은 '곤륜崑崙'[66]이라고 불렀다. 현재의 '인도차이나'와 같다.

자황

서양의 화가는 '웅황雄黃(Auripigmentum)'이라 부르던 선명한 색깔의 산화비소를 '왕의 노란색'이라 했는데, 한인들은 이것을 계관석鷄冠石의 색깔인 '웅황'[67]과 결부시켜 '자황雌黃'[68]이라 불렀다. 연금사鍊金師들의 비의祕儀 냄새가 나는 은어로는 '신녀혈神女血' 혹은 '황룡혈黃龍血'이라 했으며,[69] 호남 지역 생산품보다 상선으로 운반되어 오는 '손혈噀血'이 질은 더 좋다고 여겼다.[70] 또한 남동광은 '동정銅精'이라 불렸기 때문에 금金과의 광물학적인 관계에서 '자황'은 '금정金精'이라고 했다.[71] 적어도 5세기에는 이미 부남과 쨈파에서 수입하고 있었기 때문에 '곤륜황'이라는 별명도 있었다.[72] 둔황에서 가지고 온 비단 그림의 황금색이 이 안료였던 것도 이상할 게 없다.[73] 당 무렵 상미商彌(Mastūj) 지역은 자황과 포도를 풍부하게 산출하는 것으로 유명했지만,[74] 자황과 포도를 당에 수출했는지 여부는 알 수 없다.

당나라 시대의 문헌에 따르면, 여성들 사이에서 '액황額黃'이라는 화장법이 유행하고 있었음을 알 수 있다.[75] 여기에는 일산화납 같은 황연黃鉛이 사용되었던 듯하지만 황금색의 비소를 사용하는 경우도 있었을 것이다. 그러나 납과 마찬가지로 비소도 피부에 바른 상태로 방치해두면 인체에 해롭다.[76] 청이나 흑과 마찬가지로 황색은 고귀한 신분을 가진 여성들의 화장에 어울리는 색깔이었다. 외국에서 온 물건도 포함해 그러한 색다른 유행을 재미있어 하는 시인도 있었을 뿐 아니라 분개하는 시인도 있었다.

백거이는 그가 본 9세기 초의 화장과 머리 모양을 「시세장時世粧」이라는 시로 읊었다.

요즘 시대 유행, 요즘 시대 유행	時世粧 時世粧
도시에서 사방으로 퍼졌다	出自城中傳四方
현재의 유행은 멀건 가깝건 만연하다	時世流行無遠近
볼연지 안 바른 뺨과 분칠 안 한 얼굴	腮不施朱面無粉
숙녀들은 탁한 유지를 입술에 마구 바른다	烏膏注唇唇似泥

페인트칠한 지붕 모양으로 눈썹은 기울어 있다　　　　　　　雙眉畫作八字低

아름답거나 추하거나, 어둡거나 맑거나, 본연을 잃었다　　　妍媸黑白失本態

그들이 방을 떠날 때면 모두 같은 슬픔어린 표정　　　　　　粧成盡似含悲啼

머리에 검게 발라 빗질하고 뒤로 부풀려 올렸다　　　　　　圓鬟無鬢堆髻樣

아무리 붉게 발라도 노란 피부색 감춰지지 않는다　　　　　斜紅不暈赭面狀

한때 흐트러진 긴 머리 우리 동도東都에서 유행했다　　　　昔聞被髮伊川中

사람들이 슬퍼한다. 타타르족이 있다는 걸 알기에　　　　　辛有見之知有戎

왕자여, 주목하시오! 이 시대 원화의 머리 스타일을　　　　元和粧梳君記取

긴 머리 올리고 분 바르지 않는다− 화풍이 아닌 것을!　髻堆面赭非華風77

제14장 공업용 광물

현자의 돌, 만능 약, 황금의 종자
소금, 유황, 수은
높은 땅의 기름, 생명의 나무, 신비의 혈액
백철광, 불순 아연화, 마그네시아……
그 밖에 기묘한 재료가 가득하다.
이름을 알려주면 인간은 파열되어버릴 것인가?
_벤 존슨, 「연금술사」 2막

　중세 인도와 중국 사이의 교역품 이름에는 어두에 '치니Cīnī'나 '치나Cīna'가 붙는 물건이 많다. 그것은 이 물건들이 중국에서 들어와, 문화가 꽃피는 풍요로운 나라로부터 온 훌륭한 수입품으로서 인도에서 유행했음을 말해준다. 당나라의 승려 현장은 인도에서 복숭아를 '치나니Cīnanī'(당나라에서 온 물건)로 부르고 배는 '치나 라자푸트라Cīna rājaputra'(당나라 왕의 아들)라 부르고 있다는 점을 관찰해 보고하고 있다.[1] 그러나 실제로 이 물건들은 중국 원산이 아니고, 중국과의 교역이 차지하는 중요성에서 그렇게 이름 붙은 것들도 많다. 마치 당나라 시대에 교역된 페르시아의 물건들이 사실은 말레이나 인도 원산이었던 것과 비슷하다. 명목상 중국 원산으로 여겼던 물건에는 연단鉛丹 혹은 주연朱鉛(연지)인 '지나분至那粉(Cīna pishṭa)'이나 납을 표시하는 '지나연至那鉛(Cīna Vaṅga)'이 대표적이다. 당나라 사람들은 광산을 열심히 개발했고 주연을 만드는 비밀도 알고 있었기 때문에 광물에 '지나'라는 이름이 붙어 있어도 이상할 게 없다. 당시 그들은 주연이 수은이 아니라 납에서 생기는 신비로운 진사辰砂의 일종이라고 생각했던 것이다. 아무튼 이러한 호칭에서 중국의 광물이 중세 아시아에서 얼마나 귀한 대접을 받았는지 알 수 있다.[2]

중국은 온갖 종류의 광물이 풍부했고, 대부분을 당나라의 공예 전문가들이 실용적으로 사용했다. 고대 한인은 광물을 정말 열심히 연구했고, 광물에서 생기는 약이나 광물의 성질에 대한 연구에 관해서는 세계적으로 선구적인 수준이었다. 그렇기에 한편으로 최고 품질의 광물을 필요로 했고, 그러한 성질에 대해서도 깊은 지식을 갖고 있었던 화가, 가죽 전문가, 보석 세공사 등이 사용하기 위해 대량의 광물도 수입했다.

물론 연단하는 도사, 화가, 의사가 아무리 풍부한 지식을 갖고 있어도 시장에서는 다양한 광물이 혼란을 일으키는 경우도 있었다. 주의 깊게 살펴보지 않으면 대용품을 팔아넘기는 상인도 있었다. 그래서 시장에서 광물을 구입할 때, 중세의 한인뿐 아니라 현대의 학자까지도 혼란을 일으키기도 한다. 이름만 봐서는 같은 광물의 견본으로 보이지만, 그 설명이 모순되어 있는 것이 상당히 많았기 때문이다. 다행히 소공이나 당나라 시대의 약물서 저자들이 이러한 가짜에 대해 상세한 설명을 남기고 있다. 예를 들면 7세기의 상인들은 방해석方解石(탄산칼슘을 주성분으로 하는 탄산염 광물)을 석고石膏(수화성水和性 황산칼슘)라 칭하며 팔았던 일 등이 그렇다.3 그러나 그들만큼 신중하게 편찬을 진행하지 않았던 약물학자들 가운데에는 이 두 종류의 물질을 같은 이름으로 소개하고, 더구나 매우 자세하게 잘못된 설명을 한 것도 있어서 현대의 학자를 난감하게 만들고 있다.

당나라에서도 채취하고 있지만 수입도 병행했던 광물 중에는 자황 등과 같이 중국산보다도 순도가 높고 활성이 높다고 여겨졌던 것도 있다. 혹은 붕사硼砂 같은 광물은 중국에서 채취되지 않기 때문에 수입에 대한 수요가 높았다. 당나라에서는 아직 만들지 못하는 인공 물질인 일산화납 등도 수입했다. 이 장에서는 이러한 광물에 대해 소개한다.

소금

중국은 막대한 양의 소금을 생산했다. 진장기는 "전 세계에서 소금이 채취되지 않는 곳이 있을까? 소금이 귀한 것은 서남의 오랑캐 나라뿐이다"4라고 주장하고 있다. 생활에 빼놓을 수 없는 무기질인 소금은 주로 바닷물을 갖고 만들었다. 제염의 중심은 해안을 끼고 있는 제국齊國(현재의 산둥성)으로, 이곳은 당나라 때도 왕성하게 소금을 생산했다.5 그러나 한나라 무렵부터 짙은 소금물과 천연가스를 사천의 깊은 구멍 속에서 채취했고, 암염도 있었거니와 변경 지대에서 바짝 마른 소금 호수까지 발견했다.6 예를 들면 몽골과의 국경 근처 황하가 돌아 흐르는 장소에 있던 풍주豐州에 사는 이민족은 매년 1만 4000석의 소금을 당 왕조를 위해 채집해 헌상했다.7

약의 조제, 공업용으로 사용되는 소금에는 '융염戎鹽' '광명염光明鹽' '인염印鹽' 등의 종류가 있었다. '융염'은 마그네슘의 수화성 황산염, 칼슘, 나트륨, 칼륨, 염화나트륨 등의 여러 가지 성분이 섞인 것으로 불순물 때문에 색깔이 달랐고, 감숙이나 청해 등 건조 지대의 알칼리성 토양에서 이런 소금을 채집했다.[8] 말하자면 말라버린 고대의 호수 바닥에 고인 소금의 결정이다. '광명염'은 암염이고,[9] 그 모양 때문에 이름이 붙은 '인염'은 인공적으로 정제한 소금으로 중국의 인장印章처럼 큰 장방형으로 굳어 있었다.[10] 섬서 서쪽에 있는 영주靈州의 '인염'은 이 지방에서 당나라의 조정으로 보내는 '지역 공물'로 채택할 수 있는 품질이었다.[11]

중국 내부에 소금 산지가 이 정도로 있었고 조정은 소금을 전매했기 때문에 소금을 수입했다는 기록을 보면 놀랄 만한 일이기는 하지만 중요한 수입품이었던 것은 아니다. 수입된 소금은 약으로 사용하기 위해 특별히 요구했던 색깔이 있는 종류뿐이었던 듯하다. 그중 하나가 '녹염綠鹽'인데, 일반적으로 가정에서 사용하는 '염화나트륨'과는 전혀 관계가 없다. '녹염'에 대해서는 11장의 '녹염'에서 검토한다.

'흑염黑鹽'은 돌기시(투르게시)·석국(차치)·사국(키시)·미국(마이마르그)·계빈국(카피샤)의 합동 조공물로서 746년에 보내왔다('홍염紅鹽'과 함께 왔다).[12] 그리고 751년과 753년에는 옥수스강 남쪽에 있는 호라즘(화심국)에서도 '흑염黑鹽'을 조공으로 보내왔다. 이 나라는 우차牛車의 이용이 활발한 것으로 알려져 있어서, 상인은 우차를 타고 아시아 국가들을 돌아다니며 행상을 했다고 한다.[13] 그러나 이 '흑염'이 도대체 어떤 물질이었는지는 수수께끼에 싸여 있다.

명반

　명반明礬은 동서양을 불문하고 예로부터 많이 사용되어 왔다. 우선 의사가 사용했고(수렴 효과가 잘 알려져 있었다), 수용성 염료를 물에 녹지 않는 안료에 고정하기 위한 매개 염료로도 사용했다. 가죽 세공사는 동물 가죽을 부드럽게 하는 데 명반을 사용했고, 당나라의 종이 제작 전문가는 고급 종이에 명반으로 윤기를 냈다.[14]

　당나라 시대의 명반은 색깔에 따라 등급이 매겨져 있었고, 순수한 것은 '백반白礬'이라 불렸다. 색깔이 있는 것에는 다른 성분이 섞여 있었기 때문인데, 그중에는 명반과 매우 흡사한 수화성水和性 유황硫黃도 포함되어 있었던 듯하다. '백반'은 중국 북부나 서북부에서도 채취하는데, 최고급의 것은 중앙아시아의 고창에서 수입되어 궁정에서 종이의 마무리 가공에 사용했다.[15] 대진(로마)과 파사(페르시아)도 끝이 가늘고 뾰족하며 투명도가 높은, 바늘 모양의 무늬가 들어간 양질의 명반 산지로서 알려져 있었다. 이런 종류의 명반은 연단을 하는 도사가 가장 좋아했고, 약사들도 페르시아의 것을 귀하게 여겼다.[16]

　'황반'은 철과 알루미늄이 섞인 수화 산화 황산염 '철명반鐵明礬'에 아마도 알루노겐을 섞은 것이라고 여겨진다.[17] 사주沙州와 과주瓜州에서 '지역 공물'로 보내왔고,[18] 연단사가 즐겨 사용한 것 외에도 '가죽 염색용'으로도 사용했다.[19] '녹반綠礬'도 과주에서 생산했다.[20] 이것은 녹주석綠柱石 같은 색을 한 유리질 물질로 이름 그대로 '녹반'이다.[21] '녹반'을 구우면 산화해 붉게 색이 바뀌기에 '강반絳礬'이라 했다.[22]

　페르시아에서는 금으로 된 실 무늬가 들어간 우아한 명반도 수입해서 들어왔다. 이것도 연단을 하는 도사가 즐겨 사용했는데,[23] 이것이 어떤 광물이고 동아시아에 들어오고 나서 어떤 용도로 사용됐는지는 밝혀져 있지 않다.

염화암모늄

염화암모늄은 화산 지대의 분기공噴氣孔에서 자연적으로 생기는데, 가축의 분뇨로도 만들 수 있다. 당나라 사람들은 "뾰족한 초석칼륨 같은 형태로 밝고 깨끗한" 염화암모늄을 서역에서 수입하고 있었는데,[24] 안서도호부安西都護府가 있었던 쿠처에서 조공물로 들어오는 것이 특히 귀한 대접을 받았다.[25] 당나라 사람들은 이것을 이란어의 음을 따서 '요사硇砂'라고 불렀는데, 이것은 아마 원어는 소그드어이고 원래는 페르시아어 나우사디르Naušādir에서 유래하는 이름이었을 것이다.[26] 당나라 시대의 금세공사는 금과 은을 접합할 때의 용제로 요사를 사용했다.[27] 약효가 높다고 당나라 약물학 서적에서 처음 기록하고 있다.[28] 약물학자들은 그 독성에 대해 주의를 촉구하고 섭취를 제한하도록 권장하고 있지만, 기관지의 울혈이나 그 밖의 호흡기 질환에 효과가 있다는 것도 강조하고 있다.[29]

붕사

붕사硼砂는 중국 서방의 건조 지대, 특히 티베트의 호수 연안에서 결정結晶 상태로 발견할 수 있다.[30] 금속 산화물을 녹이는 성질이 있기 때문에 당나라 시대에는 금속 세공사가 금과 은의 납땜에 사용했으며, 티베트 방면에서 수입했다.[31] 그러나 당나라 시대의 약물학 서적에는 붕사에 대한 이야기가 나오지 않는다.[32]

초석, 망초, 사리염

당나라 시대의 약리학자들은 사리염瀉利鹽(엡솜염, 수화 황산마그네슘)을 망초芒硝 및 황산소다(수화 황산나트륨)와 섞어 초석硝石(초산칼륨)으로 굳혔다. 이들 물질은 이름으로는 구별했지만, 성분은 비슷한 것이라고 여겼다. 중앙아시아의 건조 지대에서 알칼리성 호수의 물이 증발해서 생긴 것으로 생산지에서 수입했다.[33]

당나라 시대의 연단 도사들이 실력을 발휘하기에는 무엇보다 용해성 초석이 중요했으며,[34] 불꽃놀이의 원료로서도 빼놓을 수 없었다. 당나라 사람들은 '염화焰花' '은화銀花' '도화桃華' 등의 아름다운 불꽃놀이를 즐겼다. 돌아가는 회전 불꽃까지 있었던 듯하다.[35] 어떤 불꽃놀이를 만들려고 해도 초석이 필요했을 것이다. 13세기의 아라비아인들은 초석과 불꽃놀이를 매우 중국적인 것으로 보았기에 초석을 '중국의 눈雪(thelj as-Sīn)', 쏘아 올리는 불꽃을 '거란契丹의 화살(sahm khatāī)'이라고 불렀

다.36

황조광黃曹鑛은 '박초朴硝'37라고 불렀는데, 약물학상으로는 '망초芒硝'38라고 하던 사리염의 그림자에 가려져버렸다. '망초'는 끝이 뾰족한 결정체 모양에서 이름이 붙었고, 혼합물이 있는 황조광을 증류해 만들었다.39 이 방법으로 순도가 매우 높은 시약을 얻을 수 있었다는 사실을 쇼소인에 남아 있는 것으로 알 수 있다.40 설사약으로서의 효과가 알려져 있었고, 당나라 약제사들은 이것을 즐겨 처방했다.41

유황

당나라 의사는 약의 처방에 종종 유황硫黃을 사용했는데, 의사보다 유황을 필요로 한 사람은 진사가 들어간 불로장생약을 조합하는 연단 도사들이었다. 화가나 화장품을 만드는 사람은 섬세한 붉은색을 내는 데 유황을 사용했다. 불꽃놀이 가공에도 유황을 사용했다.

유황은 피부병에 효과가 있어서 유황 성분을 함유한 온천은 한나라 시대부터 인기가 있었다.42 또한 온천물을 끓이는 발열 작용이 있다고도 믿었다. 같은 이유에서 몸을 따뜻하게 하는 성분으로 약으로도 사용되어 허리나 신장의 냉증 치료에 이용했다.43 고대로부터 유황으로 만든 술잔에는 수명을 늘리는 등 특별한 힘이 있다고 믿어왔다. 대종 시대의 재상이었던 원재元載는 열과 냉증의 균형을 완벽하게 하면 건강을 지킬 수 있다고 보았다. 그는 따뜻한 음식은 차가운 물에 띄운 도기에 담아 먹고, 차가운 것은 유황 그릇으로 먹었다고 한다.44 연단 도사인 위산보韋山

甫는 유황의 성분을 이용해 인간의 욕망을 억제할 수 있다고 떠벌였기에 "그의 도술은 즐겨 이용되었다."[45]

이러한 목적에 사용하던 유황은 몇 세기 전부터 바닷길을 통해 인도 네시아에서 수입했다.[46] 유황은 인도네시아의 화산 지대에서 채집했다고 볼 수 있다. 노란 광석을 '유황流黃'[47]이라고 불렀다. 당나라 사람은 새로운 색깔이 만들어내는 이미지를 항상 추구했기 때문에 '유황'을 새로운 옷감의 색깔로 보았다. 따라서 당시에서 나타나는 것도 이상할 게 없다. 다음과 같은 온정균의 시가 있다.

부드럽게 흐르는 노란 옷을 입은 작은 여인　　　　　　　小婦被流黃
누각에 올라 보석으로 장식된 지터를 연주한다　　　　　登樓撫瑤瑟[48]

색깔에 관한 이러한 문학적인 이미지는 당시의 시대성에 맞아떨어지기는 했지만, 결코 새로 탄생한 것이 아니고 사실상 복고적인 것이었다. 당나라 시대보다 훨씬 오래전에 만들어진 시에도 이것을 황견주黃絹紬라는 이름의 색깔로 노래하고 있다.[49]

웅황

자황과 마찬가지로 웅황雄黃도 황산과 비소의 화합물이다. 특히 금광 근처에서 발견되기 때문에(역시 자황처럼) '금金의 묘목'이라 여겼다.[50] 연단사들 사이에서 전해지는 말로는 웅황에는 구리를 금으로 바꾸는 힘이 있고, 웅황이 금으로 변화하는 경우도 있다고 믿었다.[51] 그래서 웅황은 도사의 연단방鍊丹房에서는 빼놓을 수 없는 성분이었다. 불로장생의 약으로는 노란색이 지니는 신비로운 상징이 귀한 대접을 받았다.[52] 일반적으로는 '웅황'이라고 불렸지만 도사들은 이것을 비의적인 의미를 덧붙여 '단산혼丹山魂'이라고 했다.[53]

웅황은 약제로서도 중요한 역할을 했다. 피부병 치료약으로 권장되는 외에도 화농을 일으키는 상처의 소독, 회춘의 약, 액막이 등에도 사용했다. 쇼소인에 남아 있는 약 중에 계란형 웅황은 액막이용이었는지도 모른다. 특히 미친 여성에게 빙의하는 몽마夢魔에 효과가 있다고 여겼다. 웅황과 수지를 굳힌 덩어리를 태운 연기로 외음부를 그을리면 몽마가 떠나갔다고 한다.[54]

웅황은 자황과 함께 예로부터 중국의 여러 장소에서 채취했는데, 당나라 시대 최고의 품질을 가진 제품은 이름도 모르는 서방의 몇 나라에서 수입했다.[55] 남조南詔 남부에 위치한 대리大理에는 황화 비소의 중요한 광맥이 있었다.[56] 거기서 채취된 것이 당으로도 운반되어 왔는지도 모른다.

밀타승

우리가 일산화연이라고 부르는 납의 산화물은 당나라 시대에는 페르시아 이름을 어원으로 하는 밀타승密陀僧(mirdāsang)이라고 불리며, '연황화鉛黃花' '황치黃齒' '황룡黃龍'이라는 별명도 있었다.[57] 주된 용법은 두 가지가 있었다. 우선 치질 혹은 금속제 무기에 의한 상처를 위한 치료약,

그리고 얼굴에 나는 부스럼에도 효과가 있어서 얼굴에 바르는 연고 성분으로도 만들었다.[58] 그리고 목제 가구를 만들 때 유성 도료를 건조시키기 위해 가구의 장식 전문가들이 사용했다. 당나라 시대의 유성 도료에는 대개 들기름을 주로 이용했고, 투명한 라커와 함께 사용하는 경우가 많았다.[59] 유성 도료를 바른 것으로 당시 기록에 나타나는 것으로는 현종이 안녹산에게 하사한 음식을 보관해두는 합盒이 그런 종류였던 듯하다.[60]

'황룡의 이빨'과 같은 모양을 한 밀타승의 결정은 페르시아에서 수입했다. 납과 은을 녹여 방연광方鉛鑛을 만들 때 부산물로 밀타승이 생긴다는 사실을 한인이 알아낸 것은 송나라 시대에 접어들고 나서다.[61] 그러나 그보다 일찍 연단 도사의 비밀스러운 녹로에서 만들어졌을지도 모른다.

소다회

세제나 색유리에 사용되는 노란 흙 상태의 소다회는 '남해南海 해안'에서 수입했다.[62] 이것은 천연 탄산나트륨으로, 아마 중세 유럽의 유리 장인이 사용했던 소금기에 강한 나무와 마찬가지로 수송나무를 태워서 만들었을 것이다. 한인은 이것을 '자연회自然灰'라고 부르고, 이미 3세기경부터 세제와 유리 제조에 사용했다.[63] 그러나 당나라 시대에도 진장기처럼 전문가가 아닌 사람이 그 사용 방법을 잘못 이해해, 유리와 비취(인공 성분을 자연의 것으로 착각하고 있다)를 자연회에 묻어두면 점토처럼 '부드럽

게' 되어 세공하기가 쉬워진다고 주장하기도 했다.[64]

금강석

2세기 초, 흉노를 무찌른 한나라의 장군은 보수로 금강석金剛石(다이아몬드)을 박은 대구帶鉤(띠고리)를 손에 넣었다. 금강석은 중국이 원산지는 아니기 때문에 이 대구는 일종의 전리품으로, 한나라에서 만든 것은 아니었을 가능성이 높다.[65] 또한 5세기 조왜爪哇(자와)의 가라단국訶羅單國(켈라탄) 왕이 남송南宋 황제에게 빨간 앵무새와 함께 금강석 반지를 보냈다.[66]

그러한 장식용 금강석이 당에 들어왔을지라도 사료에는 전혀 기록을 남기지 않았다. 당나라 시대에 사용된 금강석은 공업용으로, 그중에는 인도(백단과 울금도 생산하는)에서 수입된 것도 있었음이 틀림없다. 동로마 제국, 부남, 안남 등은 주로 인도에서 금강석을 수입했기 때문이다.[67] 그러나 캄보디아의 전신인 부남에서도, 시암만 해안에서 금강석이 채굴되었던 듯하다. 금강석은 "자석영紫石英과 매우 비슷하고 물밑 암석에서 생긴다. 사람이 물에 들어가 이것을 캔다. 이것으로 옥을 조각할 수 있다."[68] '자석영'이라는 아름다운 이름이 붙여진 돌은 일반적으로 자수정紫水晶이지만, 이 경우에는 연수정煙水晶을 가리키는 게 아닐까 하는 설도 있다.[69] 색깔이 들어간 토파즈 결정과의 비교도 납득이 가지만, 인용으로 보자면 당나라 시대에는 금강석이 구슬을 만드는 도구로 간주됐음을 잘 알 수 있다. 금강석은 단단한 돌을 자르거나 진주에 구멍을 뚫는 데 사용했다.[70] 또한 장안의 궁정 보석 세공사가 사용하는 옥의 가공을 위한 다이아몬드 헤드는 중앙아시아에서도 수입했다.[71] 좀 더 가깝고 손쉬운 곳으로는 서북부의 감주甘州에 사는 위구르인도 가공용 다이아몬드 헤드를 만들었다.[72]

공업적 이용 외에 중국에서 금강석은 불교와 일체를 이룬 인상이 가장 일반적이었다. 한자명 '금강석'은 그것이 금金 안에서 생긴다고 여겼기 때문이다.[73] 이것은 산스크리트어의 '금강Vajra'이 어원이고, 어떤 것도 산산이 부수는 인드라 신의 벼락을 상징한다. 이 벼락은 '금강저金剛杵'라고도 불렀다. 결코 상처 나는 일이 없는 부처의 몸은 '금강의 몸'이고 깨달음을 열었던 부처는 '금강좌'에 앉았다. 또한 구마라십鳩摩羅什(쿠마라지바)이 처음 한역한 불교 경전으로 『반야바라밀다경般若波羅蜜多經』의 초역판抄譯版인 『금강경金剛經』은 당나라 시대에 매우 인기 있었다.[74]

금강석은 매우 단단한 외국적인 소재였지만 현대인이 생각하는 것 같은 부귀나 낭만의 상징은 아니었던 것이다.

제15장 보석

오르무즈와 인도의 부귀
아니, 풍요로운 '동방'의 호사스러운 손길
매혹에 찬 진주와 황금을 아낌없이 왕에게 뿌리네.
_존 밀턴, 『실낙원』 제2권

일국의 왕이 타국 군주의 환심을 사기 위해 호화로운 보석을 산더미
처럼 선물하는 것은 좋은 일이다. 당나라 시대 장안에는 그러한 외교적
의미에서의 보석이 잇따라 들어왔다. 그러나 보석은 사료 안에 명확한 명
칭으로 기재되는 경우가 거의 없고, 그 특징도 기껏 '진기珍奇'라든가 '명
보名寶' 등 애매한 분류로 얼버무려버린다. 예를 들면 619년에 계빈국(카
피샤)이 보대寶帶를,[1] 627년에 서돌궐 칸이 보전금대寶鈿金帶를,[2] 650년경
에는 고종高宗의 즉위를 기념해 티베트의 송찬간포松贊干布가 금은주보金
銀珠寶 15종을,[3] 712년경에 대식(아라비아)의 사절이 '보전대寶鈿帶'를 바쳤
다. 이때의 사절은, 경의敬意는 알라에게만 바치는 것이라며 현종에게 무
릎 꿇는 것을 거절한 악명 높은 인물이다.[4] 또한 744년에는 대식국(아라
비아), 강국(사마르칸트), 사국(키시), 서조국(카부단), 미국(마이마르그), 사양

국謝颶國(자구다), 토하라, 돌기시(투르게시) 등의 나라에서 당에 '말과 보물'을 조공으로 보냈다.[5] 그리고 746년 사자국(실론) 쿨라밤사의 시라미가尸羅迷伽(실라메가) 왕이 바라문 승려 아목거발절라阿目佉跋折羅(아모가바지라)를 통해 많은 보화를 바쳤고,[6] 815년에는 칼링가(가릉국)에서 이름 높은 보배를 바쳤다.[7]

이렇게 보물을 조공으로 바치는 것은 먼 나라들에까지 당나라의 위대함이 널리 퍼져 있음을 나타내지만, 받아들이는 당으로서는 약간 괴롭고 답답한 측면도 있었다. 앞서 언급했지만, "금품보다 덕을 존중하는" 윤리 중시의 태도 때문에 천자가 고가의 물건들과 진보珍寶를 거절하는 경우가 그것이다. 아무리 훌륭한 보석도 그 경우에서 벗어나지 않았다. 당나라의 건국 원년에 서돌궐의 칸이 당 황제로부터 군왕郡王의 칭호를 받고, 고조에게 대주大珠를 보냈다. 고조는 "구슬은 그야말로 보물이 되지만 짐이 중요하게 여기는 것은 적심赤心(참된 마음)이다. 구슬은 소용이 없다"라는 말과 함께 이 구슬을 돌려보냈다.[8]

아무리 갖고 싶어도 보물을 탐하는 것은 전통적인 윤리관에서는 품위 없는 일로 여겼다. 한편 오랑캐, 특히 페르시아인은 보석을 좋아해 보석을 많이 갖고 있다고 당나라 사람은 생각했고, 이런 모습이 당나라 사람과 페르시아인의 큰 차이라고 생각했다. '가난한 페르시아인'은 터무니없는 형용 모순을 드러내는 예였다.[9] 이란의 마술사는 당나라 이야기에 자주 등장하며, 환상적이고 매혹적인 마술을 구사할 뿐 아니라 마력을 간직한 보석을 많이 갖고 있다는 의미로 유명했다. 페르시아의 보석상은 고가의 보석에 대한 찬미인 동시에 선망과 경멸의 대상이었다.[10] 여기에 소개하는 짧은 이야기는 도교의 냄새도 풍기지만 그러한 보석상에 대한 태도를 엿볼 수 있는 일화다.

임천臨川의 잠씨岑氏는 각지를 여행했는데, 어느 날 계곡물 안에 연꽃 씨 정도의 크기로 서로 쫓고 쫓기는 하얀 돌 두 개를 발견하고 이것을 주웠다. 돌아가서 수건을 넣는 상자에 보관해두었다. 그날 밤 꿈에 하얀 옷을 입은 미녀 두 명이 나타나 자매라며 그의 시중을 들었다. 꿈에서 깨어나자 이것은 그 돌이 모습을 바꾼 미녀임이 틀림없다고 생각했다. 그래서 돌을 옷에 단단히 매달아두었다.

나중에 예장豫章으로 돌아오자 페르시아인이 다가와 "보물을 갖고 계시지요?" 하고 물었다. 잠씨는 "있습니다" 하며 돌을 내밀었다. 페르시아인은 3만 전을 제시하며 이 돌을 원했다. 잠씨는 보석은 쓸모가 없었기 때문에 기꺼이 그 값을 받고 교환하고는 그것을 밑천으로 돈을 더 벌어 유복해졌다. 그러나 대체 그 돌이 무슨 도움이 되는 걸까 묻지 않았다는 점을 후회했다.[11]

보석을 원하는 오랑캐는 번뇌의 상징이기도 했다. 괴짜 승려 한산의 시에는 수정 구슬을 사고 싶어하는 벽안의 오랑캐 상인이 나온다. 수정 구슬은 불교에서 더러움이 없는 신앙심, 다시 말해 '무가보無價寶'를 말한다.[12]

옥

우리가 '옥玉'이라고 부르는 것은 엄밀하게 말하면 경질의 각섬석角閃石인 연옥軟玉[13]과 경질의 휘석輝石인 경옥硬玉(비취휘석翡翠輝石)을 말한다. 고대 중국에서 사용된 것은 연옥이며, 경옥은 근대에 들어와서 사용하기 시작했다. 남아메리카의 아즈텍인은 경옥을, 마오리족은 연옥을 사용했다. 이에 대해 서셰버럴 시트웰은 이렇게 말하고 있다.

> 마오리 전사들, 위대한 용자의 영혼은 「일리아스」의 그림자처럼 장엄하다.
> 파도를 일으키지 않는 깃털은 사나이다운 몸을 강조하고, 오른손에는 위
> 풍당당한 칼을 상징하는 옥으로 만든 홀笏을 들고 있다.[14]

사실 유감스럽게도 중세의 사료에는 광물학적으로 옥이라는 것을 명확히 알 수 있는 기술은 없다. 우리가 'Jade'라고 영역하고 있는 말은 한어에서는 단순히 '질 높은 장식적인 돌' 정도의 의미밖에 갖지 않는다. 연옥과 비슷하다는 것만으로 규화硅化한 사문석蛇紋石조차 '옥'이라고 불리는 경우가 있었다. 대리석은 '백옥白玉', 매옥煤玉은 '흑옥黑玉'이라 불렸다. 동석凍石이나 엽납석葉蠟石 등 부드러운 돌은 당음唐音으로 '옥玉(ngiwok)'이라 불렸으며 이것이 현대 베이징어의 '옥玉(yü)'의 유래라고 한다. 이러한 가짜 옥 가운데에서 특히 유명한 것이 '남전미옥藍田美玉'이다. 이것은 장안의 남쪽에 있는 종남산終南山의 '남전'에서 채굴되는 녹색과 백색이 섞인 대리석을 말한다.[15] 양귀비는 박자를 넣어 치는 경磬의 소리를 좋아했기 때문에 현종은 남전미옥으로 공후箜篌를 만들게 해서 양귀비에게

주었다.[16]

옥의 가공은 중국 고대로부터 귀하게 여겨 왔는데, 옥 자체는 중국이 원산이 아니다. 오래된 전설이나 상상 속에서도 옥은 세계의 중심에 있는 신성한 산의 돌이었다. 『산해경山海經』에는 서방에 있는 옥산玉山이 나온다.

나아가 서쪽으로 350리 가면 옥산이 있고, 여기에는 서왕모西王母가 산다. 서왕모는 인간의 모습에 표범 꼬리, 호랑이 엄니를 갖고 노래를 잘한다. 머리를 산발하고 옥으로 만든 홀을 들고 있다.[17]

이 신성한 산이 세속적인 모습으로 드러난 곳이 바로 호탄(허톈和田)의 고성古城이다. 호탄은 당나라 초기에는 '구살단나瞿薩旦那(Gaustana 혹은 Gostana)', 9세기에는 '우전于闐(Yūttina)'이라 부르던 나라로, 서역의 실크로드 남쪽에 있었다. 왕은 "벽에 그림을 그려 넣은 궁전"에 살며 "기술이 뛰어나고, 터무니없는 소리를 하는 사람들" 위에 군림하고 있다고 한다.[18] 이곳이 고대에 중국에서 사용하던 연옥의 산지로,[19] 당나라의 보석세공사가 사용하는 짙은 녹색 옥을 여기서 가지고 왔다.[20] 귀중한 연옥의 작은 돌은 타림강으로 흘러들기 전에 호탄 부근에서 합류하는 두 줄기 강의 바닥에서 채취했다. 이 두 강이 흑옥黑玉(Kara-kāsh)강과 백옥白玉(Yurung-kāsh)강이다. "그 나라 사람들은 밤에 달빛이 환히 비치는 곳에서는 반드시 아름다운 옥을 얻을 수 있다."[21] 그래서 호탄의 옥은 달빛의 결정이라고 일컬어졌던 것이다.[22]

연옥은 신석기 시대부터 중국에서 중요한 역할을 했는데, 연마한 다른 돌과 비슷한 목적으로 사용했다. 주周 왕조 무렵에는 이미 조정이나 종교와 깊은 관계를 갖게 되어 의식儀式이나 주술용 기물器物을 만드는 데 옥을 사용했다. 그 중에는 끝이 뾰족한 '옥규玉圭'도 있었다. 이것은 도끼(고대의 왕권을 의미하는)가 모습을 바꾼 것으로 여겼다. 왕실의 천문 관찰자가 사용한 '규얼圭臬', 신비의 힘으로 가득 찬 옥기玉器로 천자의 즉위를 알리는 '옥첩玉牒', 시체의 구멍을 막는 '상장옥喪葬玉', 그 밖에 머리에 쓰는 관이나 허리띠의 장식, 버클, 칼집 장식, 반지 등도 만들었다.[23] 이처럼 개인이 평소에 사용하는 장식품도 고대에는 액막이 부적으로서의 의미를 지녔을 것이다.

한나라 시대에 이르면 그러한 주술적인 기능은 상당 부분 상실했지만, 그래도 형태가 많이 바뀌면서 주술적 의미는 남았다. 예를 들면 조정의 주술사가 비를 내리게 하는 우룡雨龍을 조종하는 데 사용한 녹색 연옥 막대[24] 등도 남았지만 새로운 의미를 갖는 물건으로 바뀌었다. 더구나 이 아름다운 돌에는 시적이고 비유적인 인상도 덧붙여졌다. 연옥의 반들거리는 광채는 유교의 '인仁' 덕을 표시하고, 단단하고 야무진 감촉은 군자의 충실함을 비유했다.[25] 좀 더 속된 측면으로는 옥, 그것도 지방脂肪 같이 하얀 옥은 지중해 여신의 피부가 대리석으로 비유되듯, 여성의 아름다운 피부를 비유하는 데 쓰였다.

호탄의 연옥이 가진 이러한 의미와 용도를 당나라 사람들도 답습했다. 이미 과거의 전통이 된 것도 있지만 여전히 살아 있는 관습도 있었다. 그때그때의 목적에 맞게 그것을 적당히 응용하면서 사용했다. 면면이 이어온 전통 중에 옥이 가진 신비로운 힘에 주목한 예로서는 신성한 힘의 응축인 옥으로 의식용 기물을 만들었던 점을 꼽을 수 있다.

그러한 기물 중에서도 가장 신성하고 신비에 가득 차 있었던 것이 천자가 고대로부터의 의식인 봉선封禪 때에 산동의 태산泰山에 헌납한 '옥첩玉牒'이다. 이 의식은 천자가 자신과 그 왕조에 주어진 은혜, 신들, 그리고 조상들에게 감사를 올리기 위해 행했다.[26] 666년 과거의 황제들과 마찬가지로 고종도 하늘을 향한 길을 열기 위해 봉선의 의식을 거행했다.

금으로 짠 옥책玉策이 3장. 각각 길이는 1자 2치, 폭은 1치 2푼, 두께는 3푼. 조각된 글자는 금으로 메워져 있었다. 옥궤玉匱에 옥책을 넣었다.[27]

비슷한 옥첩이 10세기 초에 사천을 통치했던 왕건王建의 묘에서 출토됐고, 그중에는 금으로 된 갑옷을 입은 전사 그림을 채색해 묘사한 것도 있다.[28]

천보天寶 연간, 현종은 의식용 기물에 질 낮은 옥이 사용되고 있다는 것을 개탄하며 칙령을 내렸다. 질이 떨어지는 옥은 신성한 조화를 흐트러뜨리기 때문이다. 그래서 다음과 같은 조칙을 발포했다.

신에게 예를 올릴 때의 육기六器와 종묘의 전옥奠玉은 진짜 옥을, 여러 제의용으로는 옥돌珉을 사용하라. 옥을 구하기가 어려우면 큰 기물을 과감히 작게 하고 진짜 옥을 취할 수 있도록 하라.[29]

신들을 찬양하는 의식에 사용하는 그릇은 모두 옥을 사용하는 것이 규칙이었기 때문에 이것은 재정상으로 어쩔 수 없는 수단이었을 것이다. 당나라에서 유복한 가정에서는 옥으로 자질구레한 일용품을 만들었다. 꽃병이나 작은 상자, 때로는 주나라 시대에 사용된 것을 흉내 내서 장방형으로 만들었다. 이런 기물은 아라비아에서 가져온 녹색이나 자연스러운 흰색에 가까운 색이 아니고, 고대에 선호했던 황색과 갈색이 감도는 옥으로 마련하는 경우도 많았다.[30] 궁정의 여성들은 거북이 모양을 한 옥으로 된 작은 상자에 향을 넣었다.[31] 그러나 이들 모두가 당나라 장인의 손으로 만들었다고 단언할 수 없다. 작은 '곤륜옥잔배崑崙玉盞杯'는 곤륜산이 아닌 그 모양만으로 '곤륜'이라고 불렸을 것이다.[32] 티베트의 '매우 진귀한' 옥배玉杯는 틀림없이 중앙아시아의 고지에서 들여온 것이다.[33]

몸에 지니는 장식품에 옥을 사용하는 관습은 옛날부터 있었지만, 당나라에는 새로운 형태도 유행했다. 옥으로 만든 새 모양을 금은으로 장식한 여성의 머리 장식이나 빗 등에 사람이나 동물을 부조로 새긴 옥을 사용했고, 이런 것들은 아직 남아 있다.[34] 허리띠 장식에 옥으로 만든 어추魚墜(물고기 모양의 펜던트)도 관직의 위엄과 특권의 상징으로서 당에서 유행했다.[35] 외국에서 들여오는 장식품도 있었고, 강국(사마르칸트)에서는 현종에게 백옥 반지를 바쳤다.[36]

수隋나라 시대에는 금속제 고리를 이은 허리띠가 정식으로 사용됐다. 그 이전에는 가죽 허리띠가 사용됐는데, 이를 대신해 옥의 장식판으로 만든 허리띠를 매는 것이 당나라의 유행이었다. 외국에서 조공으로 들어온 것도 있는데, 632년에 태종이 우전국于闐國(호탄)에서 조공으로 받은 것은 24장의 녹옥으로 만든 얇은 판을 페르시아풍으로 다듬어 보름달과 초승달 모양으로 제작한 것이었다.[37] 9세기 초부터 중반에 걸쳐 티베트에서는 옥으로 만든 허리띠를 수차례 당나라의 천자에게 바쳤다.[38]

907년 당나라 붕괴 전후에 사천을 통치하고 있던 왕건의 무덤에서는 용을 조각한 7장의 옥 장식판으로 만든 허리띠가 발견되었다.[39]

당나라 시대에는 낙타, 사자, 거북, 토끼, 여러 새나 '봉황' 등 전설상의 상징적인 동물을 본뜬 작은 상을 옥으로 만들었다.[40] 현종의 애마 모형도 옥으로 만들어진 것이 나중에 그림을 곁들인 서적이나 문학으로 알려졌다.[41] 풍만했던(그렇게 알려진) 양귀비는 여름에 한창 더울 때 '갈폐濶肺' 증상을 일으켰기 때문에 작은 옥으로 만든 물고기를 입에 머금고 증상을 완화시켰다고 한다.[42] 작은 옥으로 만든 동물에 대한 일화가 또 하나 있는데, 이것은 불쾌한 증상에 효과가 있는 옥이 아니라 신비로운 예언을 할 수 있는 옥이다. 황태후가 어린 황손들을 궁정에 불러 놀게 하면서 서역에서 온 조공물인 옥으로 된 작은 세공물을 늘어놓고 쟁탈전을 하게 했다. 그중에서 경기에 참여하지도 않고 태평스러운 얼굴로 보고 있던 황손이 있었다. 나중에 현종이 된 인물이다. 거기서 황태후가, 현종은 천하를 평화롭게 다스릴 것이라는 의미의 '태평천자太平天子'가 될 황손이라고 했고, 이날의 기념으로 현종에게 옥으로 만든 작은 용을 주었다. 나중에 현종은 심한 가뭄이 덮쳤을 때 이 용을 부적 삼아 기도를 했다고 한다.[43]

신불神佛의 상도 옥으로 만드는 일이 있었다. '대흥선사大興善寺'[44]라는 절에는 높이 1자 7치의 옥 불상이 있었고, 마찬가지로 옥으로 만든 보살상과 '비선飛仙'이 있었다.[45]

호탄의 옥에는 몸을 가볍게 하고 수명을 늘려주는 약으로서의 특수한 용도가 있었다. 이것은 고대의 도교를 기원으로 하는데, 궁정의 약물학 서적에는 버젓이 그 용법이 기록되어 있다. 그러한 특수한 용도의 식용

옥 가운데 가장 뛰어난 것은 고대로부터 전해 오는 연금술 처방으로 액체 상태로 만든 옥이었다. 가루나 가는 입자 상태로 마시면 내장에 쌓인 불순물이나 더러움을 씻어낼 수 있다고 여겼다.[46]

수정

영어의 'crystal'이나 'rock crystal'은 투명한 석영의 결정, 즉 무색의 이산화규소를 말한다. 한어로는 '수정水精'인데, 이것은 고대로부터 한인이 '수정'을 얼음의 화석이라고 믿었기 때문일 것이다. 플리니우스도 그렇게 생각했다.[47] 수정 자체는 진귀한 물건이 아니기 때문에 투명도가 아주 높은 것만 귀한 대접을 받는다. 이렇게 질 높은 것에다가 훌륭한 세공을 가한 것이 외국에서 당으로 들어온 수정의 특징이다. 일본의 엔닌이 가지고 온 염주[48]나 8세기에 몇 차례 강국(사마르칸트)에서 조공으로 바쳤던 술잔 등 수정 기물,[49] 계빈국(카피샤)에서 보낸 수정 술잔[50] 등이 그렇다.

수정도 다른 단단한 장식적인 돌과 비슷한 용도로 사용했다. 또한 유리 같은 투명한 아름다움 때문에 선경仙境을 조각해 조성하는 데 즐겨 사용했고, 소악이 기록한 진귀한 조공물 일람에는 수정 바구니에 든 '각화작却火雀'[51]이 있다. 9세기의 월궁 항아姮娥에 관한 시에서는 "벽공에서 내려주신 수정채碧空遺下水精釵"[52]를 하계의 연인에게 보내는 기념품으로 표현하고 있다.

시인에게 수정은 직유나 은유로 유비하기 편하고, 얼음·물·이슬·달빛의 비유로서 시에 자주 등장한다. 다음에 소개하는 수정 염주 등도 그 전형적인 예다.

훌륭한 장인이 문지르고 닦아내 만든 구슬 한 줄	良工磨拭成貫珠
속속들이 맑고 깨끗하다. 마치 없는 것 같지 않은가?	泓澄洞澈看如無
별이 반짝이고, 달이 비춰도 이를 능가하지 못한다	星輝月耀莫之逾53

"샘에 살얼음처럼 윤이 난다"54며, 승려의 염주를 읊은 시도 있다. 또 이슬로 비유하기도 했다.

연꽃잎 속에 부어라	傾在荷葉中
그때 당신이 본 것, 그것은 이슬이다	有時看是露55

위응물韋應物의 시에도 다음과 같은 묘사가 있다.

물건을 반사시키면, 얼굴의 색조를 띤다	映物隨顏色
투명함으로 둘러싸여 안과 밖이 모호하다	含空無表裏
구슬을 들어 달에 비추어본다	持來向明月
투광透光－구슬이 물로 돌아가지 않을까 걱정한다	的皪愁成水56

그 밖에도 약간 정취가 다른 점에서는 호두나무의 하얀 꽃을, 염주를 든 승려에 비유한 이백의 시에도 수정水精이 이용되고 있다.

뚜렷하고 분명하게 보이는 빨갛고 얇은 소매	紅羅袖裏分明見
백옥 접시 안, 당신이 보면 사라지네	白玉盤中看却無
기억을 더듬어보자면, 늙은 수도승이었다고 회상하네	疑是老僧休念誦
손목에서 물 구슬을 내려놓더라	腕前推下水晶珠[57]

광물에서 상상할 수 있는 색깔에 대한 인상은 의외로 많다(그런 것에
마음을 쓰는 사람이 있을 때의 이야기지만). 고전적인 은유는 염료지만(우리
가 사용하는 남藍·자紫·선홍 등과 마찬가지로), 당나라 때는 이미 광물에 대
한 은유를 익히 사용하고 있었다. 그렇다고 "녹색은 에메랄드, 청색은 사
파이어, 황색은 금이나 토파즈, 흰색은 상아, 분수나 흐르는 맑은 물은
은이나 수정"[58]이라고 비유한 크리스토퍼 말로에 필적할 정도로 과장된
비유를 사용한 당나라 시인은 없었다. 하지만 "금강석의 바위가 빛나는
고원에는 터키석과 금 거울 같은 호수"[59]라고 읊었던 티베트의 음유 시
인처럼, 한인들도 수목·새·꽃 등에서 보석의 색깔을 보았을 것이다.

홍옥수

홍옥수紅玉髓(carnelian)는 투명한 규소의 결정으로 옥수 중에서도 붉
은 빛이 감도는 돌을 말하는데, 여기서는 한어의 '마노瑪瑙'('말의 뇌'에서
유래하는 말), 다시 말해 일반적으로 영어의 '아게이트agate'라고 부르는 돌
을 가리킨다. '아게이트'는 파란빛이 감도는 회색이나 흰색 등 대조적인
색의 줄무늬가 들어간 옥수다(적어도 당나라 시대에는 그랬다). 붉은빛이

감도는 색깔의 것을 '마노'라 불렀다. '아게이트'는 붉은 색깔이 특히 돋보이는 것을 가리키는데, 당나라에서는 그것들을 '홍옥수'라고 불렀다. '마노'의 붉은색에 대해서는 몇 가지 문헌에서 찾을 수 있다. 846년에 "발해가 마노 궤櫃를 바쳤다. 깊이 3자, 짙은 꼭두서니 색으로 세공이 훌륭하다."[60] 또 마노 판을 가늘게 부숴 작은 파편을 석류 씨라고 속여 친구에게 선물한 남자가 있었고, 선물을 받은 친구는 정말로 그것을 먹으려고 했다고 한다.[61] '마노'는 귀신의 피가 변한 것이라는 설까지 있었다.[62] 꼭두서니 주황, 석류, 피 등의 색깔이 가리키는 것은 바로 '홍옥수'다.

홍옥수는 서방에서 상당한 양을 수입했으며, 모두 작은 세공물을 만드는 데 사용했다.[63] 사마르칸트[64]와 토하라[65]가 홍옥수(홍옥수로 만든 꽃병 같은 것도 있었다)를 당에 보낸 기록이 있다. 토하라는 고가의 조공품으로 원석을 보내고 있다. 이러한 원석은 궁정 보석 세공사의 손에 들어갔을 것이 틀림없다. 8세기에는 페르시아(망명 정권?) 사절이 '마노상馬瑙床'을 바쳤다.[66] 동방에서도 마노가 들어왔다. 예를 들면 730년에 발해의 사절이 '마노 술잔'을 바쳤다.[67] 그 이전에도 655년에 일본이 거대한 마노 덩어리를 바쳤다.[68] 그러나 일본에서 들어오는 마노는 진짜가 아닌 것도 있었던 듯하다.[69]

홍옥수로 만든 술잔, 접시, 그릇, 그 밖의 기물은 당나라 시대 문학에 자주 나온다. 쇼소인에는 폭이 넓은 잎 모양을 한 당나라 시대의 마노 그릇이 있다.[70] 호탄의 옥 조각사는 홍옥수와 옥수로 작은 동물을 조각하는 재주가 뛰어났는데, 당나라의 보석 세공사도 이러한 작은 기물을 만드는 것이 특기였던 듯하다.[71]

공작석

구리가 탄화해 생긴 공작석孔雀石은 기술 분야에서는 금속계 광석으로 다루는 경우도 있다. 가루로 만들면 화가의 안료로 쓰인다. 특히 마노처럼 아름다운 줄무늬가 들어가 있으면 가공해 장식품이나 그릇 등으로도 만들 수 있다. 현대에는 우랄산맥의 공작석이 가장 유명하며, 이것은 아직도 러시아에서 탁자의 상판이나 아름다운 상감으로 사용하고 있다.

중국에서도 돌의 질에 따라 다양한 목적으로 공작석을 이용했다. 당나라 때는 산서 북부의 대주代州에서 공작석과 동종의 파란 돌인 남동광이 안료로 채굴됐다.[72] 현재의 장시성 동부에 해당하는 신주信州의 동광銅鑛에서도 공작석을 채굴했다(구리는 일반적으로 공작석으로 발견된다).[73] 하지만 보석으로 분류할 만큼 질이 좋은 공작석은 11세기가 되어서 이 지역에 장식품 산업이 활발해지기까지 발견되지 않았던 듯하다.[74] 안휘성 남부 선주宣州의 공작석은 조정으로 보내는 지역 공물로 지정되어 있었는데, 장식용이었는지 안료로 만들기 위한 것이었는지는 알 수 없다.[75] 8세기에 공작석으로 만든 경대 이야기가 있었지만[76] 공작석을 깎아 뭔가를 만드는 일은 없었던 듯하다. 이러한 이야기는 문헌에 극히 드물게 등장할 뿐이다. 불림(로마)에서 643년에 '석록石綠'(중국에서는 공작석을 일반적으로 석록이라고 불렀다)이 조공으로 왔다는[77] 데서 공작석은 진귀한 외국의 물건으로 기록하게 됐던 모양이지만, 여기에도 들어온 물건의 형상은 기록되어 있지 않다.

10세기에 접어들면서 공작석의 새로운 용도가 나타났다. 10세기는 시대적으로 당에서 조금 벗어나지만, 흥미 있는 관련 사항이므로 잠시 언급해두려고 한다. 이 세기에 들어서자 장식용으로 기복이 많은 험준한 산 모양으로 만드는 분석盆石이 유행했다. 사실 분석의 역사는 이보다 시대를 더 거슬러 올라간다. 특히 '박산博山'형 향로는 한나라 시대에 환영을 받았다. 그러나 7세기 초 무렵부터 금속과 도자기 흙 등의 인공 소재로 분경盆景을 만드는 게 아니라 평범한 돌을 사용해 작은 산을 쌓는 보다 자연에 가까운 효과를 내는 방식이 동아시아의 어딘가에서부터 유행하기 시작했다. 백제가 일본의 스이코推古 덴노에게 보낸 것 등이 그 전형으로, 진짜 돌을 분盆 위에 얹은 향로였다. 이것이 송대에 즐겼던 '분산盆山'78의 원형 가운데 하나인데, 당나라 때는 아직 '분산'이라고 하지는 않았다. 그러나 분산에 담은 물 주위로 상자형 정원을 만든 '분지盆池'라는 말은 당나라 사료에도 나온다.79 그로부터 3세기 후(다시 말해 10세기 초), 청색과 녹색을 띤 값비싼 광물로 만든 작은 분산에 대한 내용이 기록에 등장하기 시작한다.

오월吳越의 손승우孫承佑 총감은 나라를 뒤흔들 정도의 부를 거머쥐고 있었다. 그는 천금을 들여 천연의 산 같은 모양을 한 '석록'을 사들이고 장인에게 명령해 '박산 향로'를 만들게 했다. 그 봉우리 정상에는 숨겨진 구멍이 있고 거기서 나오는 연기가 한쪽으로 모여서 높이 올라가 매우 아름다웠다. 그의 친구는 이것을 본떠서 만들었고, 이를 '불이산不二山'이라고 불렀다.80

손승우가 가지고 있던 보물은 이 공작석으로 만든 산뿐만이 아니다. 보르네오산 장뇌를 수酥(연유 혹은 술)로 끓이는 솥을 가지고 있었다. 이

솥은 장안 근처에 있는 유명한 온천지 여산驪山을 모형으로 만든 것이었다.[81]

같은 시대, 다시 말해 10세기 초 만주 지방 남부에 있었던 거란의 황자皇子가 돌로 여러 개의 봉우리를 만든 '공청부空青府'라는 것을 갖고 있었다('공청'은 남동광의 옛 이름으로 공작석과 유사한 부류인 탄산동을 말한다).[82]

그로부터 100년 이상이 지나 남조의 뒤를 이은 운남의 대리국大理國이 송에 사절을 보내 검, 코뿔소 가죽으로 만든 갑옷, 융단, 안장과 비마륵轡馬勒(재갈과 고삐)과 함께 '벽간碧玕'이라는 짙은 청색(혹은 짙은 녹색)의 돌로 만든 산을 바쳤다.[83] 이것이 공작석이었는지 채색 유리(당나라 시대의 사료로는 그렇게 해석할 수 있다)였는지 혹은 청록의 산호珊瑚(이에 대해서는 믿을 만한 증거가 있다)나 진귀한 녹색 사문석蛇紋石이었는지는 현재로서는 알 수 없다.[84] 당나라 때 사랑받았던 수수께끼의 '벽간'은 멀리 서남부에서 운남과 미얀마 원주민의 손을 통해 운반해왔다. 이 보석은 호탄에서도 산출되었다.[85]

청금석

청금석lapis lazuli이 동아시아 문명에서 어떤 의미를 갖고 있었는지는 자세히 밝혀져 있지 않다. 원元나라 이전의 사료에는 여기에 해당하는 한어를 찾을 수 없다는 것이 최대 이유다. 아마도 당나라 사람이 '슬슬瑟瑟'(고한어로 *ṣ̌ət-ṣ̌ət)이라 부르던 짙은 남색의 돌이 청금석에 해당할 것이다.[86] 그러나 청금석과 거의 분간하기 어려운 파란 준장석准長石인 '방方 소다석sodalite'[87]과 때로는 '사파이어'도 '슬슬'이라고 불렀다. 지금부터 한 문 사료를 토대로 설명할 경우에는 '청금석'이란 본래 마노瑪瑙를 가리키 는 것으로 한다.[88]

당나라 사람은 호탄에서 청금석을 구입했던 듯하다. 다섯 개의 성채 를 가진 도시, 대지의 여신의 은혜를 받은 풍요로운 호탄은 다섯 겹의 요새로 방어되던 도시로 그 하천 바닥은 청금석으로 가득 차 있었다.[89] 8세기 후반 호탄의 옥기玉器를 손에 넣기 위해 덕종 황제는 주여옥朱如玉 (주옥같다는 의미의 이름)을 사절로 보냈다. 그는 규홀圭笏, 가패요대珂佩腰帶 장식, 베개, 비녀, 화장품 상자, 팔찌 등 연옥으로 만든 훌륭한 세공품 외 에 "슬슬 백 근, 그 밖의 보물"을 가지고 돌아왔다.[90] 호탄의 상인들은 자 기 나라에서 생산하는 옥뿐 아니라 다양한 보석을 팔아 부를 축적했던 듯하다. 몇 세기 후의 중국에서 청금석이 '우전석于闐石'[91]이라 불리게 됐 다는 점을 보면, 호탄의 보석 시장이 동아시아에서 나오는 보석과는 '다 른 보석'의 교역을 독점했던 것 같다.

본래 청금석 산지는 기후가 좋은 초원인 바다흐샨으로, 고대로부터 이 곳은 청금석의 산지로 알려져 있었다.[92] 옥수스강 지류가 흐르는 호탄의 계곡에서는 하늘색, 짙은 청색, 녹색 혹은 회색의 광물을 석회암 암반에 서 채굴했다. '매홍첨정석玫紅尖晶石'이라 불리는 붉은색 첨정석도 채굴했 고, 중세의 동방에서는 청금석과 마찬가지로 귀한 대접을 받았다.[93] 당나 라 사람들은 이들 보석의 채굴 장소가 춤을 잘 추는 것으로 유명한 석 국(차치, 현재의 타슈켄트)의 동남쪽에 있다는 것을 알고 있었다.[94] 서역까 지 진출해 당나라 군단을 지휘했던 고구려인 고선지는 750년에 석국을

약탈했을 때 금·낙타·한혈마汗血馬와 함께 대량의 청금석을 손에 넣었다.[95]

중앙아시아와 동아시아에 판매하는 청금석은 주로 석국(차치)에서 산출됐고, 동양 교역은 호탄이 독점하고 있었다. 하지만 한인들은 청금석이 페르시아의 돌이라고 생각했다.[96] 그것이 잘못된 것은 아니었다. 사산 왕조 무렵에는 보석을 가공하는 데 홍옥수·마노·석류석·벽옥碧玉 외에도 청금석도 많이 사용했다는 점이 고고학적 발견으로 밝혀지고 있다.[97] 그러나 페르시아에서는 청금석이 하늘의 상징으로서 특별한 의미를 지니고 있었다. 그것은 호스로 2세의 '돔형 왕좌' 타흐티타크데스Takhtītākdēs에서 볼 수 있다. 거기에는 청금석과 금으로 장식한 금란金襴이 걸려 있고, 파란 하늘에 별과 행성, 황도대黃道帶와 세계의 기후, 고대 왕들의 초상이 그려져 있었다.[98]

또한 한인들이 지닌 로마에 대한 인상으로, 바실리우스 궁전의 문짝은 상아, 바닥은 금, 대들보는 향나무, 마룻대공(들보 위에 세우는 작은 기둥)은 수정이나 채색 유리, 기둥은 슬슬瑟瑟로 되어 있는 곳이라고 기술하고 있다.[99] 6~7세기경의 콘스탄티노플 대성당 바닥에는 금으로 된 유리 조각의 모자이크가 있고, 기둥은 짙은 남색으로 장식되어 있었다. 아마도 한인은 그 모습을 전해 듣고 표현했다고 생각해볼 수 있다. 플리니우스는 청금석이 '사피로스sapphiros', 특히 황철광을 가리키며 "진짜 남색의 보석은 천남색天藍色이다. 그리고 그 안에는 눈이 휘둥그레질 정도로 놀라운 금색 반점이 있다"라고 말하고 있다. 이것은 송대에 '우전석于闐石'을 '금성석金星石'이라고도 불렀던 것을 연상케 하는 기술이다. 플리니우스는 메디아에서 생산한 것을 최고로 치고 있다.[100]

당나라에서 청금석은 고귀한 답례품이었다. 양귀비의 언니는 사치를 좋아한 것으로 유명한데, 그녀의 저택을 지은 장인에게 금으로 만든 사발에 산더미처럼 청금석을 담아주었다.[101] 청금석으로는 훌륭한 보석을 만들 수 있었다. 매년 10월에 현종이 여산驪山의 온천으로 행차할 때는 화려하게 차려입은 대열이 산길을 지나가면서 주위에 짙은 향기가 감돌았다. 그리고 그들이 지나간 뒤에는 현란한 신발과 청금석 알갱이들이 떨어져 있었다고 한다. 쇼소인에 남아 있는 청자색 청금석의 얇은 판으로 장식된 허리띠는 8세기의 궁정 사람들이 즐겨 사용했던 것과 같은 종류였을 것이다.[102] 쇼소인에는 이 밖에도 반점이 있는 상아를 파란 청금석으로 장식한 '여의如意'(법회나 설법 때 법사가 손에 드는 물건)도 남아 있다.[103]

동아시아에서 푸른색 광석을 좋아한 것은 한인들만이 아니었다. 티베트는 금보다 청금석을 귀하게 여겼다.[104] 청금석의 청색에서 푸르른 하늘을 상상했고, 여신의 머리칼은 청금석 색이라고 믿었다.[105] 티베트에서는 남녀가 모두 '슬슬'로 목걸이를 만들어 걸었다.[106] 훗날 한어 사료(10세기)에는 티베트 남자가 중국 모자를 쓰고 부인은 변발에 슬슬 목걸이를 하고 있다는 기술이 있다.[107] 질 좋은 구슬은 말 한 마리와 교환했다고 한다. 이것은 청금석이 아니고 환丸이나 반원형으로 가공한 사파이어였을 것이다.[108]

남조南詔의 여성들은 조개껍데기나 호박으로 만든 비녀 외에 청금석으로 만든 비녀도 좋아했다. 남조 왕은 청금석과 호박을 당나라 황제에게 보냈다.[109] 당나라 여성들도 청금석 머리장식을 사용했다. 9세기의 시인 온정균은 「슬슬채瑟瑟釵」라는 제목으로 보석 세트에 대한 시를 썼다. 그

시에는 "비췻빛으로 물들인 얼음翠染冰", 여성의 흑단 같은 머릿결을 "떨어져 내리는 구름墮雲"이라 비유한 구절이 나온다.[110] 이 파란 광석은 종교적인 기물과 장식으로도 사용했다. 873년에 황제가 존귀한 불사리佛舍利를 맞이하기 위해 금박으로 장식한 향여香輿에 불사리를 안치하고 청금석으로 장식한 깃발을 세웠다.[111] 청금석으로는 상당히 큰 물건도 만들 수 있었으며, 베개 등에 청금석을 박아 넣은 것도 있었다. 이러한 사치품은 금으로 된 침대와 마찬가지로 복건에서 소금의 매매를 관리하던 부자 관리의 소유물이었다.[112]

한인이 청금석을 건축 재료로 사용했다는 예는 찾아볼 수 없지만, 이것은 중세 사료의 기록이 전해지지 않을 뿐인지도 모른다. 로마 궁전에 있었던 남색 기둥과 비슷한 것이 당나라의 궁전에 있었다는 기록은 없다. 청금석을 건물의 장식에 사용하고 특히 하늘의 표상을 묘사할 때 즐겨 사용했던 것을 생각하면, 그러한 건축물에 대한 기록이 중국에 없다는 게 이상하다는 생각도 든다. 동로마나 페르시아 왕이 만든 하늘의 분위기에도 청금석이 사용됐고, 그로부터 수 세기 후에 세워진 상트페테르부르크의 성聖 이삭 대성당에도 "입구에 청금석 기둥, 제단에는 공작석의 원주"가 있었다. 마찬가지로 고대를 회상하는 건축으로, 상트페테르부르크의 궁전 부속 건물인 '차르스코예 셀로'를 들 수 있다. 이곳에는 "발트해와 그 모래해안을 상징하는 의미로 벽면에 호박을 장식한 방, 진주로 화환 모양을 상감한 흑단으로 꾸며진 청금석으로 된 홀"[113]이 있다. 중세 한인의 눈으로 보면 이것은 러시아가 아니고 페르시아의 모습을 방불케 한다고 해야 할 것이다. 청금석도 호박도 페르시아 이외의 지방에서도 채굴할 수 있지만, 당나라 사람들은 이것들을 페르시아산이라고 여겼기 때문이다. 그러나 이러한 건조물이 당에서 만들어진 일은 없었다. 당나라 사람은 고대 천자가 하늘에 의식을 지내던 장소인 '명당明堂'의 복원을 시도하고 있었는데, '명당'에는 하늘을 나타내는 남색의 동그란 천장이 있기 때문에 남색 보석이 사용되었을 것으로 추측해 볼 수는 있다.

그러나 청금석을 궁전 정원 장식에 사용하는 일은 있었다. 현종은 장안의 동쪽에 있는 '화청궁華清宮'에서 총희寵姬 및 가신들과 겨울을 지내는 관습이 있었다. 온천 하나에 청금석으로 천지天地를 상징한 모양의 상자형 정원을 만들고는 그 주위에서 후궁 미녀들이 백단향나무와 옻칠로 만든 작은 배를 저었다.[114] 이 사치스러우면서도 멋진 정원의 조경은 아마 귀족 취미의 정원에 있어서 최고봉이라고 할 것이다. 이때부터 자연의 광석을 사용해 상자형 정원을 만드는 일이 시작됐으며, 백 년 후에는 보통 사람과는 그 획을 달리하는 백거이나 우승유牛僧孺 등의 정원이 등장하게 된다.[115]

12세기가 되자 남색의 진흙 반죽을 구워서 만든 인공 슬슬瑟瑟이 나돌기 시작했다.[116] 아마 당나라 때도 있었을 것으로 여겨지며,[117] 당나라 시대의 투명한 슬슬이 대부분 가짜 청금석이었음에 틀림없다. 고대 이집트 투탕카멘의 묘에서 발견된 매장용 가면이나 가구의 상감에서 볼 수 있듯, 여러 곳에서 인공 청금석을 사용했다.[118] 심지어 기원전 7세기의 많은 아시리아 사료에도 인공 보석 만드는 방법이 기재되어 있다. 그중에는 시프루şipru(sapphiros), 즉 청금석 만드는 방법도 있었다.[119]

서역에서 들여온 이 아름다운 보석이 알려지자 짙은 군청색을 나타내는 새로운 색깔 이미지도 탄생했다.[120] 이 색깔을 표현하는 말이 시의 세계에서 필요하게 되면서 이전에 사용하던 '벽碧'(이것도 원래는 광석의 이름이었다)이라는 글자가 짙은 청록 계통의 색깔 모두를 표현하는 용어로 사용되기 시작했다. 시인 백거이는 이에 딱 어울리는 표현을 만들어냈다. 예전에는 광물의 명칭이었던 'Azure'(하늘색)가 영어로 색을 표현하는 말이 된 것과 똑같은 방식으로 백거이도 보석에서 가져와 색깔의 명칭을 만들어냈던 것이다. 파란색의 시적인 표현으로서 기존의 'lapis lazuli' 대신 처음으로 Azure(어원은 페르시아어의 Lăžward)를 사용한 사람은 영국의 소설가 제프리 초서지만,[121] 백거이는 초서보다 앞선 게 된다. 이러한 광물의 비유는 예로부터 한시의 전통에도 있었다. 6세기 양粱의 간문제簡文帝는 다음과 같은 시구를 지었다.

바람은 홍옥수 잎을 열고　　　　　　　　　　風開瑪瑙葉
물은 녹주석 물결을 흔든다　　　　　　　　水浄瑠璃波[122]

'마노'는 홍옥수로 오렌지색이 감도는 붉은색을 말하며, '유리瑠璃'는 '녹주석綠柱石'이고 인공 녹주석이거나 아니면 청금석을 의미하는 푸르거나 청록색 연고 상태의 진흙일 것이다.

같은 말을 중첩한 첩어인 '슬슬瑟瑟'이라는 말은 9세기 이전부터 시에서 사용했는데, 원래는 특정 색깔과는 관계가 없고 무성한 잎 사이를 산들산들 부는 바람 소리 등을 표현하는 의성어였다. '슬슬'과 소리의 관계를 처음 이야기한 사람은 16세기의 양신楊愼으로, 백거이의 시에 자주 나오는 '슬슬'이라는 의성어는 양신의 시대에 이르러서는 일반적으로 생각할 수 있는 의태어가 아니고 생동감 있는 색채의 묘사로 변해 있었다.[123] 양나라 황제가 사용한 '녹유리綠瑠璃'와 마찬가지로, 백거이는 '슬슬' '벽

유리碧瑠璃'나 '벽슬슬碧瑟瑟'을 살랑살랑 부는 바람의 색깔, 그리고 그의 정원에 있던 돌과 '가을 하늘'(짙은 청색 하늘이었을 것이다)을 묘사할 때 사용했다. '추천秋天'에서는 감벽紺碧의 하늘과 단풍이 간문제의 '마노엽' 처럼 산뜻한 대비를 보인다.

이러한 색깔의 대비는, 9세기 초에는 이국적이고 신선했지만 10세기에는 정성껏 작품을 쓰려는 시인들이 백거이 흉내를 내느라 사용하기 시작해 '성성혈猩猩血'과 같은 정신이 번쩍 드는 빨간색과 대비를 이루는 단어가 된다. 방간方干(860년경)의 시에는 성성혈 색깔의 꽃과 짙은 녹색 나무의 대비가 있고, 위장韋莊(900년경)의 작품에서는 짙은 남색으로 표현한 강물 물결무늬와 수채 안료의 피 같은 붉은색을 대구로 사용하고 있다. 또한 은문규殷文圭(904년경)는 다음과 같은 시구를 노래한다.

꽃 심장에 있는 이슬은 긴팔원숭이 피로 씻고　　　　　　花心露洗猩猩血
물 표면에 이는 바람은 청금석을 얇은 천에 편다　　　　水面風披瑟瑟羅[124]

시재詩才에 넘치는 관휴(시도 그림도 뛰어났다)도 선경仙境을 노래한 사행연구四行連句에서 '청靑'과 '금金'을 대비시키고 있다.

서넛의 선녀 같은 아가씨　　　　　　　　　　　　　　　三四仙女兒
몸엔 청금석 푸른 옷을 두르고　　　　　　　　　　　　身著瑟瑟衣
손에는 어둠을 비추는 달 구슬 들고　　　　　　　　　　手把明月珠
금빛 배나무를 쓰러뜨리려 하네　　　　　　　　　　　打落金色梨[125]

당시 불교의 고승에게 그랬던 것과 마찬가지로, 9세기 후반의 시인들이 보여주는 새로운 색채에 대한 인상은 도교에서 묘사하는 선경의 세계와 잘 맞아떨어졌다. 예로부터 사용해온 '단청丹靑'(단사와 남동석청) 등이 이미 고대의 신선한 느낌을 상실했고, 단순히 '붉은색과 청색' 즉 '채색화'를 묘사하는 평범하고 무심한 표현이 되었다. 여기에 이러한 새로운 색조의 대비는 그동안 이골이 나도록 썼던 진부한 표현을 뛰어넘는 새로운 입김을 불어넣었다.

금정

643년 '불림국(로마) 왕'[126]의 사절이 태종에게 적색과 녹색의 파리玻璃, 공작석, 그리고 '금정金精'이라는 보물을 가지고 왔다.[127] 사절은 대식(아라비아)인들의 습격에 대해 이야기했으며, 정중하게 대접을 받은 후에 태종의 옥새가 찍힌 친서와 아름다운 능금綾錦을 받았다. 그리고 741년에도 토하라의 사절이 장안에 왔을 때도 채색 파리, 홍옥수 원석, '금정' 원석을 바쳤다.[128] 마찬가지로, 신비한 돌(귀한 보석이었던 듯)을 오식닉국五識匿國(시그난)[129]에서 조공으로 보내왔다. 토하라에 인접한 구로俱魯(쿠란)강에서 '금정'을 채굴하며, 이것을 연마해 사용한다고 장안에 알려져 있었다.[130]

당나라 시대에는 '금정'이 외국산 귀석을 가리키는 명칭으로 사용되지는 않았던 것 같기 때문에, 조금 더 이른 시기의 문헌에서 이 돌이 무엇이었는지를 밝히는 단서를 찾아야 한다. 이 말은 5세기 초부터는 백랑白

狼·백토白兔·백작白雀·백치白稚·백구白鳩 등 흰 동물에 대해 설명할 때 사용하는 경우가 많았다. '백白'은 '금정'에 의해 생을 얻은 길상吉祥의 표지였다.[131] 다시 말해 사람들을 놀라게 했던 알비노는 '백白'의 덕德이 생물의 형태가 되어 이 세상에 출현한 것으로, 오행설의 '서西'와 '금金'의 요소를 나타냈다. 아래에 당나라 시대의 사료에서 찾은 사례를 소개한다.

> 금성金星의 정精이 종남산 규봉圭峯 서쪽에 떨어졌다. 그래서 그곳을 태백산이라 부른다. 그 정은 아름다운 구슬 같은 하얀 돌이었다.[132]

'금성'도 '태백'도 금정을 가리킨다. 색이나 투명도가 백옥과 유사하면서 희고 투명한 돌이기에 우주에서 내려준 것이라고 여겼다. 피일휴는 시에서 물을 표현할 때 '금정'을 이용했다.

'옥의 정수'는 깨끗하기에 맑고	澄如玉髓潔
'금의 정수'는 신선하기에 위로 떠오르네!	泛若金精鮮[133]

'옥수玉髓'는 오래된 도교 용어로 옥을 녹인 선액仙液을 말하는데, '백옥수白玉髓(Chalcedony)'를 의미한다. 이 단어들을 사용해 '금정'을 하얀 액체 같은 옥과 비교하고 비슷하다는 것을 대비했으며, 액체 혹은 진주처럼 하얀 돌로서 '금정'이라는 개념을 강조하고 있다.[134]

이 기묘한 돌은 당나라 시대의 매우 짧은 기간에만 수입했기에 정체를 알아내기는 어렵다. 지금까지 살펴봤듯이 그것은 추상적인 '금정'의 결정이라고 여겼다. 남동광이 구리의 결정이고 계관석이 금의 결정이라

고 여겼듯, 금정은 서쪽과 가을의 요소, 달의 흰색의 진수였다. 다시 말
해 반들반들하고 아름답고 진귀한 흰색의 반귀석半貴石이었다고 설명할
수밖에 없다. 가장 가까운 것으로는 빙장석冰長石이라고도 불리는 월장석
月長石을 생각할 수 있다. 이것은 정장석正長石의 일종으로 진주 같은 광택
이 있는 유백색이 특징이다. 플리니우스가 하얀 보석의 부류에 넣어 분
류한 뇌석雷石(ceraunia)으로 "태양과 달뿐 아니라 별에서도 빛과 광채를
받"는다고 기술하고 있다. "페르시아의 키르만Kirmān에서 채굴되는" 것이
었는지도 모른다.135

유리

파리玻璃와 유리瑠璃는 수백 년에 걸쳐 한인들에게 친숙했고, 동주東周
시대부터 중국에서 만들었다.136 한어의 단어로도 유리와 파리는 구별
된다. 유리는 반투명 혹은 둔탁하게 투명한 색유리 혹은 색이 들어간 세
라믹을 말한다. 우리가 '납유리(페이스트)'라고 부르는 유리에 가까운 것
으로, 납유리와 마찬가지로 자연계에서 채굴되는 보석, 특히 녹색과 청
색을 띤 보석의 대용품으로 여겼다.137 사실 유리 공작석이나 녹주석 등
의 자연 광석과 혼동하는 일도 다분하고, 터키석 등과는 어김없이 혼동
을 일으켰다. 한편 파리는 수정과 유사하고, 물이나 얼음에 비교될 정도
로 투명하거나 무색 혹은 약간의 색이 들어가 있는 정도였다. 당나라 시
대에 유리는 이미 드물지 않았다. 하지만 파리를 재료로 사용해 불에 녹
인 후 불어서 만든 그릇은 보기 드물었다.138

가짜 보석인 유리·파리에 대해 많은 이야기를 할 필요는 없다. 실생활에서도 사료 안에서도 자주 등장하며, 때로는 서방에서 오는 사절이 들고 오기도 했다. 이러한 이유로 파리와 유리는 이국적이면서도 동시에 중국적이었다.[139] 종종 표국 등 먼 곳의 사정을 전하는 물건이기도 했다. 표국에는 우수한 천문학자와 불법佛法이 있었고, 신성한 절들은 유리로 덮고 유약을 끼얹어 금과 은으로 상감한 기와로 장식했다.[140] 당나라 후기에는 유리로 된 머리 장식과 팔찌도 유행했다.[141] 당나라에서 생산한 유리와 외국 유리의 상대적인 장점에 대해 설명한 중세 후기의 기록에 따르면, 당나라 납유리는 색이 선명하지만 무르고 외국산의 것은 거칠고 색이 짙지만 튼튼하다고 나와 있다. 이것은 당나라의 다른 물건에도 적용될 것이다.[142] 파리의 보석 같은 성질은 시인의 마음을 자극했으며 특히 아름다운 선향의 경치를 연상하게 해서 "수정으로 만든 궁전의 유리 기와水晶宮殿瑠璃瓦"[143] 등 수정과 채색 납유리로 지은 건물에 대해 시를 읊기도 했다.

그래도 투명 유리로 만든 기물은 외국의 보물 대접을 받았다. 진장기는 이렇게 말한다.

파리는 서국西國의 보물이다. 옥·돌의 종류로서 땅속에서 생긴다. 천 년이 지나 얼음이 모양을 바꾼 것이라는 설도 있지만 그렇지는 않을 것이다.[144]

수정과 마찬가지로 얼음이 화석이 된 것이라고 생각하는 사람도 있었다.[145] 아름다운 유리 제품은 계빈(카피샤)에서 당나라에 조공으로 보냈고,[146] 발한나(페르가나)에서는 '벽碧유리',[147] 토하라에서는 홍색紅色과 벽색碧色 유리,148 불림(로마)에서는 적색과 녹색의 유리를 당나라로 운반해 왔다.149 쇼소인에 남아 있는 파리 중에는 이러한 조공품이었던 것이 포함되어 있는지도 모를 일이다. 쇼소인에는 짙은 남색에 다리가 긴 유리 술잔이 있다. 환형環形을 부조 모양으로 둘러 장식한 데다가 은 받침대에 얹어서 사용하는 술잔으로 전혀 중국풍이 아니다. 또한 엷은 녹색을 한 페르시아풍의 주둥이가 넓은 물병도 있다.150 이러한 물건들은 서역의 것을 흉내 내서 당에서 제조했을 가능성도 있다. 사실, 중국에서 납과 바륨 유리 대신 소다 유리 제작이 발달하기 시작했을 무렵과 시대가 일치한다.151

유리는 주로 장식용 유리를 말한다. 거푸집 제조나 조각으로 만들어 다양한 사치품으로 사용했다(당시唐詩에 그렇게 나온다). 반면 파리는 일반적으로 불어서 만드는 유리 제품의 재료로 술잔·그릇·접시를 만들었다. 쇼소인에는 여러 가지 유리그릇이 있다. 중국산도 있지만 서역산이라고 여겨지는 것도 있고, 개인 혹은 공공의 소유로 되어 있는 유리그릇은 세계 각국의 것이 많이 남아 있다. 예를 들면 짙은 녹색 어추魚墜의 경우, 금으로 물고기의 눈·입·아가미 등을 만들어서 붙였다. 이것은 당나라 관리가 사용하고 있는 것을 흉내 내어 제작한 듯하다.152 또한 주둥이가 파도 모양으로 된 녹색의 얇은 술잔,153 높은 받침대가 딸려 있는 그릇,154 옅은 갈색 그릇, 황색·푸른색·녹색이나 엷은 녹색을 한 주사위,155 사산 왕조의 은세공을 흉내 낸 "꽃무늬와 소용돌이무늬에 발이 달린" 네 개의 잎으로 장식된 술잔,156 녹색이 감도는 하얀색으로 "두 마리 용이 마주 보고 진주를 서로 빼앗는" 모양의 팔찌, 두 마리 용의 머리가 서로 마주한 호박색에 적갈색 줄무늬가 들어간 팔찌도 있다.157 당나라 시대에도 이러한 어추, 주사위 말, 팔찌 등을 유리로 만들었는지는 명확하지 않다. 다시 말해 '유리'란 돌과 마찬가지로 가공한 유리의 의미로 사용했다고 할 수 있다.

불구슬

630년 짬파에서는 당나라 태종에게 수정 같은 '화주火珠'('불 구슬')를 바쳤다. 달걀 정도의 크기로 "정오에는 해를 향하고, 해와 마른풀 사이에 놓으면 풀이 타오른다"[158]고 기록되어 있다. 사절은 "이 돌이 나찰국羅刹國(락샤사)에서 채굴된 것으로 그 나라 사람들은 몸이 검고 머리칼은 붉은색이며 야수의 어금니와 독수리 발톱을 하고 있다"[159]라고 말했다. 파리국婆利國(발리)에서 산출되는 매우 비슷한 돌에 대해서도 당나라의 기록에 남아 있다.[160] 마찬가지로 동남아시아 국가인 타화라墮和羅(드바라바티)에서는 상아와 함께 당에 화주를 선물하고 답례로 말을 요구했다.[161] 수정 같은 구슬은 가습미라국迦濕彌羅國(카슈미르)에서도 채굴했다고 한다.[162] 카슈미르는 아라비아의 광물학자들에게 수정이 풍부한 곳으로 알려져 있었다.[163] 839년에 엔닌이 산동 등주登州에 도착했을 때 하루라도 빨리 일본으로 무사히 돌아갈 수 있도록 스미요시住吉의 신에게 수정 구슬을 바치며 기도했다는 기록이 있다.[164]

이러한 수정 구슬의 한어명은 산스크리트어의 아그니마니Agnimaṇi(불의 보석)에서 유래한다. 이는 인도의 불붙이는 용도의 렌즈를 말하는 것으로, 서역 수정 구슬의 원산지는 인도였던 듯하다. 인도는 아마 헬레니즘 시대의 중근동에서 수정 구슬을 손에 넣었을 것이다. 플리니우스는 소작燒灼에 사용하는 수정 구슬에 대해 기록하고 있고, 그보다 훨씬 전인 기원전 9세기에는 아시리아의 아슈르나시르팔 왕의 궁전에도 수정 렌즈가 있었다.[165] 중국에서는 1세기에 이미 볼록렌즈는 물론 수정렌즈도 알려져 있었다.[166] 한나라 시대에는 수정 렌즈가 아니라 '양수陽燧'라 부르던 구리로 된 오목거울이 있었다. 이것은 '햇빛으로 태운다'거나 '햇빛에 의해 발화한다'는 의미다.[167] 진정으로 태양의 활력은 신성한 하늘의 빛을 응축하고 있고, 그 태양빛을 한 군데로 모을 수 있는 물건은 마나mana를 응축할 수 있는 물건으로 숭배받았다.

새로 들어온 불구슬이 그 힘을 갖게 했다. 불구슬은 달의 상징 혹은 달의 모형이기도 하며, 용이 가지고 논다고 여기는 '화진주火眞珠'와 관련이 있었다. 미술 세계에서 자주 볼 수 있는 이 '용주龍珠'(용의 구슬)는 원래는 보름달을 의미하며, 옛날 한인은 연초에 목동자리 별자리를 표지로 하는 춘룡春龍 뿔 위에 뜬다고 생각했다.[168] 또한 중국의 전설 속에 나오는 우룡雨龍과 동일시하던, 뱀의 왕자라는 인도의 나가nāga 신이 가지고 있다고 한다. 때문이 이 구슬이 바로 소원을 들어주는 '여의보주如意寶珠(cintāmaṇi)'이기도 했다.[169]

화주는 해와 달 양쪽 모두를 상징하기도 했다. 빛과 휘황하게 열이 나는 동그란 샘인 '불구슬'은 그 밖의 빛나는 보석과도 관련되어 있었다. '명주明珠(또는 염주)', '야광주', '월명주'(461쪽에 나온 관휴의 환상적인 시를 보라)에 얽힌 전설은 주나라 시대까지 거슬러 올라간다. 원래 그 당시 인도에서 들어온 것인지도 모른다. 중국의 '명주'나 '야광주'나 '월명주'의 전승과 유사한 이야기는 서역의 마니교도에게는 최고의 보석이었던 '월광

'보주'에서부터 히에라폴리스의 여신상 머리 위에 있으며 "밤에 눈부신 빛을 뿜는"[170] 보석에 이르기까지 유사한 형태로 여러 나라에서 볼 수 있었다.

실제로는 중국에서 볼 수 있는 빛을 뿜는 '보석'은 고래의 눈일 경우도 생각할 수 있다. 고래의 눈은 다른 많은 바다짐승의 몸 부분과 마찬가지로 자연스럽게 발광한다. 따라서 광주光珠란 인도에서, 바다 밑에서 얼굴을 내미는 용왕이 가졌다고 전해지는, 소원을 들어주는 구슬이기도 했다.[171] 이것은 중국에서는 4세기부터 알려져 있었고, 8세기 현종의 조정에는 만주 지방 말갈에서 몇 번인가 조공으로 보내왔다.[172]

광물성으로 빛나는 보석도 있었다. 그런 성질을 자연스럽게 지닌 돌도 있지만, 문지르거나 열을 가하면 발광하는 것도 있었다. 당나라 현종 개원 연간에 미국(마이마르그)의 사절이 '벽璧(*piŋk)'이라 불리는 돌을 바쳤다. '벽'은 주나라 왕조 시대에 하늘에서 선택을 받은 군주의 상징으로 여긴 고대의 납작한 돌 반지의 이름이기도 했다. 그러나 이 말은 '짙은 남록색 돌' 때로는 '빛을 내는 남록색 돌'을 나타내는 '벽碧(piäk)'[173]에도 사용했다. 만약 이것이 의식용 반지가 아니었다면, 형석螢石 중에서도 열에 의해 발광하는 종류의 녹광형석綠光螢石이었을 것이다. 형석은 키프로스의 헤르미아스 왕의 묘 앞에 서 있는 대리석 사자상의 녹색 눈이 대표적이다. 이 보석은 고대의 형광성 '에메랄드'의 재료였음이 틀림없다.[174] 더욱이 그리스 시대의 연금술사들은 형광성 도료를 사용해 마치 마술처럼 밤에 빛나는 보석을 만들 수 있었다. 그중에서도 가장 유명한 것이 '에메랄드'와 '석류석'이다.[175]

당나라의 화주火珠 중에서도 가장 유명한 것이 천자가 하늘에 의례를

행하는 명당明堂의 꼭대기에서 눈부시게 빛나는 구슬이다.[176] 당나라의 명당은 주나라 시대의 천자가 사용한 의식용 당堂을 복원한 것으로, 달력과 계절을 조절하는 역할을 담당했다. 명당의 구조와 장식에 대해서는 훨씬 전부터 오래된 물건을 연구하는 사람, 건축가, 군주정치 이론가들이 논의를 지속해 왔다. 당나라 시대 초에도 치열한 논의가 오갔는데, 실제 건축은 이례적으로 여성 '천자'였던 측천무후(이집트의 하트셉수트를 연상케 하는)의 시대가 되어서야 처음으로 건설을 시도했다. 그녀는 권위를 강조하기 위해 동쪽 수도였던 낙양의 성명당聖明堂을 파괴하고, 687년에 그 장소에 다시 명당 건축을 시작했다. 이렇게 해서 우주의 만물을 상징하는 사당이 686년 2월 11일에 완공됐다.[177] 이 명당은 695년 화재로 타버렸지만 측천무후는 곧바로 재건을 명령해 696년 봄에 새로운 명당이 완성됐다. 재건된 명당은 높이 294자, 너비는 300자로 구주九州에 군림하는 여제의 힘을 상징하기 위해 안에는 새로 주조한 청동 솥이 아홉 개나 있었다(九鼎). 원래 명당의 꼭대기에는 철로 만든 봉황이 얹혀 있었는데, 태풍으로 파괴됐기 때문에 대신 불구슬을 올려놓은 것이다.[178] 이 불구슬에 필적할 정도로 압도적이었던 것이 695년에 건축한 주철로 만든 거대한 기둥 '천축天軸'이었다. 주나라 왕조를 부흥시킨 여제를 찬양한 기둥으로, 높이가 105자였고 그 꼭대기에는 역시 불구슬이 빛났다. 구슬은 네 개의 '용인龍人'이 지탱하고 있으며, 구슬에는 백관과 사이四夷의 족장 이름을 새겨 넣었다. 이 당당한 건조물을 설계한 인물은 '모파라毛婆羅'였는데, 이름으로 볼 때 그는 분명 호인胡人이었을 것이다.[179]

명당을 세우고 나서 약 42년이 지난 후인 738년, '진사' 시험을 치르러 온 최서崔曙라는 남자가 「명당화주明堂火珠」라는 시를 지었다.

바른 장소에서 바라보니 몇 층의 집이 드러나고	正位開重屋
텅 빈 공간에 불의 구슬이 나타나네	凌空出火珠
밤이 오면 한 쌍의 달이 가득 빛나고	夜來雙月滿
그러나 새벽이 지나는 때 하나의 달만 홀로 서 있네	曙後一星孤
하늘이 맑아져도 빛은 꺼지지 않는다	天淨光難滅
구름이 생기면, 그것이 없기를 바라는 듯하다	雲生望欲無
멀리 떨어져, 우리는 웅장한 고요가 계속됨을 느낀다	遙知太平代
나라의 보배는 유명한 도시에 있구나	國寶在名都[180]

이 이름 높은 불구슬은 청동이었다고 알려져 있다.[181] 만약 그것이 정말이라면, 실질적으로 고대의 양수陽燧의 재료를 이용하면서도 열을 응축하는 수정 구슬의 이름까지 가진 셈이 된다. 이것이 더욱 발전해 세계 구석구석까지 빈틈없이 비추는 화톳불 같은 빛나는 부처의 진리를 상징하는 불탑의 보주가 된다.

기록으로 남은 당나라 시대의 이야기에는 불구슬을 나타내는 합성어가 있다. 이를 보건대 사람들은 불구슬이 고대의 청동 구슬을 정식으로 이어받았다고 여겼음을 알 수 있다. 이 이야기에서는 일반적으로 페르시아인은 부자에다가 마술을 부린다고 믿었다는 것도 잘 드러난다. 여기서는 그 일부만 소개하겠다. 광주 근처의 묘혈墓穴에서 젊은이가 횡재를 한 이야기다. 그는 고대 명사들의 영혼과 함께 일종의 도교적인 황천의 세계로 신기한 모험 여행을 하고는 보배로운 진주를 얻었다. 그가 '파사저波斯邸'(페르시아 시장)로 가서 진주를 팔려고 거리로 나서니, 진주를 살 사람이 이런 이야기를 해준다.

이것은 우리나라 대식국(아라비아)의 보물인 양수주陽燧珠다. 옛날 한나라 초기에 조타趙佗가 이인異人을 보내 산을 넘고 바다를 건너게 했다. 그는 우리에게서 이것을 훔쳐 번우番禺로 돌아갔다. 이것이 천 년 전의 일이다. 우리나라에는 예언하는 사람이 있는데, 올해는 나라의 보물이 돌아온다고 했다. 그래서 국왕은 내게 큰 배를 마련해주고 짐을 가득 싣고는 나라의 보물을 찾으러 가라고 명령했다. 그리고 오늘 그 보물이 손에 들어왔다.

그렇게 말하고 그는 옥액玉液으로 그것을 씻었다. 그러자 밝은 빛이 온 방 안을 비췄다. 그리고 그 오랑캐는 상선을 타고 대식국으로 돌아갔다.[182]

상아

약리학자 견권은 이렇게 전한다.

서역에서는 상아를 귀하게 여기고, 이것을 이용해 바닥과 의자를 장식한다. 우리 당나라에서는 이것을 귀히 여겨 의례용 홀笏로 삼는다. 코끼리는 엄니가 빠지면 스스로 그것을 묻어 감춘다. 곤륜 사람들은 나무로 만든 어금니를 코끼리에게 주고 그 상아 어금니와 바꾼다.[183]

당나라 사람은 상아를 영남嶺南[184]과 도호부가 있었던 안남,[185] 그리고 운남의 남조[186]에서 입수했다. 멀리 짬파,[187] 동인도제도의 북읍北邑과 타파등墮婆登,[188] 그리고 사자국(실론)[189]에서도 수입해 들여왔다.

상아는 젓가락, 비녀, 빗 등 작고 가는 세공물에 많이 사용했다. 보통 큰 가구나 살림살이에 부착해 장식으로 삼는 경우도 있지만, 붉은색·감색·녹색 등 아름다운 색으로 염색도 했다. 물들인 상아에 조각한 꽃 모양은 하얗게 도드라져 보였고, 하얀색 그대로의 상아에 채색을 한 손잡이를 붙일 수도 있었다.[190] 쇼소인에는 곱자형 자단紫檀 상자가 있다. 자단, 황양목黃楊木, 흑시黑柿, 그리고 하얀 상아와 녹색으로 물들인 상아를 기하학적 무늬로 맞추어 장식을 하고 있다.[191] 쇼소인의 공예품 중에는 그 밖에도 상아를 사용한 것이 많이 남아 있는데, 상아로 만든 비파를 연주하기 위한 가짜 손톱도 있다. 이 손톱에는 산·동물·새·꽃 등이 조각되어 있고, 진홍색에 약간의 녹색과 청색을 넣어 물들였다.[192] 당나라 황제는 여러 절일節日에 따라 많은 의식용 기물이 필요했다. 예를 들면 한식 때 사용하는 색을 입힌 달걀, 하지의 '뇌차雷車'(천둥소리를 내는 도구) 등이다. 이를 준비하기 위해 중상서中尙署의 관리는 매년 2월 2일에 조각한 상아나 채색한 자단으로 만든 자尺를 바치게 되어 있었다.[193] 쇼소인에 있는 꽃·새·동물 등 호화로운 조각을 한 진홍색 자는 아마도 중국 황제가 사용한 것이거나 일본 덴노가 갖고 있었던 복제품임에 틀림없다.[194]

당나라 시대의 특징적인 상아로 된 물건으로는 상부가 동그랗게 된 의식용 홀이 있다.[195] 이것은 고급 관리가 천자를 알현할 때 사용했다. 9세기 중반 재상이 황제를 알현하는 의식에 임할 때는 궁정의 문에서 이것을 들고 어전으로 나왔고, 그 밖의 관리들은 하인이 들고 온 가방에 제

각기 홀을 넣어 휴대했다.[196] 지위가 낮은 관리가 사용하는 홀은 대나무나 나무로 만들었고, 고관이 드는 홀은 상아였다.[197] 그중에는 매우 호화로운 장식이 된 것도 있었던 듯하다. 예를 들면 당나라 황태자가 20세를 맞아 '관례冠禮'를 치를 때, 나중에 천자가 될 인물에게 어울리는 옷을 입고 허리에는 검은 옥, 검과 불구슬로 장식한 칼집을 매달고 금으로 세공한 상아홀을 들었다.[198]

상아에는 또 한 가지 특수한 용도가 있다. 천자가 타는 오로五路 가마의 장식이다. 오로란 옥로玉路·금로金路·상로象路·혁로革路·목로木路를 말한다. 모두 차대車臺의 좌측에 상징적인 청룡, 우측에 백호가 붙어 있고 3층의 파란 자수가 놓인 뚜껑이 있으며, 위에는 거울인 '박산방경博山方鏡'을 얹었다. 상아 가마는 천자가 통상적인 행차에 사용한 것으로, 색깔은 황색이고 상아로 장식했다.[199]

상아는 작은 조각으로도 사용했다. 8~9세기경의 것으로 곱슬머리의 벌거숭이 아기에게 젖을 물리고 있는 귀자모신鬼子母神의 조각상이 남아 있다. 풍만한 몸을 기울인 형태로 분명 당나라 양식의 특징을 나타내고 있는데, 동시에 간다라 양식의 영향도 볼 수 있다.[200] 그 밖에 상아를 채색해 조각한 춤추는 소녀를 묘사한 작은 상도 있는데, 이런 작은 조각들은 분명 당나라 장인이 만든 것이다.[201]

코뿔소 뿔

당나라에서 서각犀角(코뿔소 뿔)은 상아와 마찬가지로 작은 세공물을 만드는 데 사용했다. 일반적으로 상아와 서각을 단어상으로 관련짓기도 하고, 특히 대구對句로 많이 사용했다. 앞에서도 설명했듯, 이 무렵 호남에는 코뿔소가 많이 서식하고 있었다. 서각은 조공물로 바치기도 했는데, 수요가 매우 많았기 때문에 외국에서 수입할 필요가 있었다. 가까이는 남조202나 안남203에서, 조금 더 멀게는 인도에서 광주 항구로 운반되어 왔다. 지금 인도차나 코뿔소가 멸종의 위기에 있는 것은 당나라로 지나치게 많은 뿔을 수출한 것이 큰 원인이다.204 코뿔소는 뿔이 빠지면 그것을 묻는 풍습이 있다고 하며, 묻어놓은 뿔을 인공 뿔과 바꿔치기를 해주면 쉽게 서각을 얻을 수 있다고 믿었다.205 그러나 이것은 상아에 얽힌 구전을 서각으로 환치했을 뿐이다. 표면에 아름다운 무늬가 들어가 있기도 하고 나뭇결처럼 되어 있는 뿔은 특히 귀한 대접을 받아 비싼 값에 거래되었다. 연마하면 동물 등 실감나는 모양의 문양이 나오는 것도 있었다.206

서각은 중국 중세에는 약, 특히 다양한 독에 대한 해독제로 중요한 지위를 차지했다. 그 작용은 멀리 4세기경부터 신뢰를 얻고 있었으며, 원래 중국에서 서아시아로 퍼져 로마 제국까지 이르렀던 것인지도 모른다.207 당나라 시대에는 뿔을 가루로 해서 복용하거나(뿔을 종이에 싸서 주머니에서 따뜻하게 하면 부드러워져서 곱게 잘 빻아진다고 믿었다),208 검게 태운 재를 물에 넣어 마시거나 했다.209 좀 더 오랜 이전 시대에는 약을 먹기 위해 뿔 안을 비워 뿔잔으로 만들었는데, 이것은 안이 공동으로 되어 있었던 고대의 물소 뿔잔 모양을 모방한 것이다. 천연 물소의 뿔은 안이 비어 있기 때문이다.210 그러나 당나라 시대의 코뿔소 뿔잔으로 알려져 있는 것 대부분이 둥글고 작아 지극히 전형적인 뿔잔 모양을 하고 있으며,[211] 이것이 독이 퍼지는 효과를 없앤다고 여겼는지 여부는 확정할 수 없다. 짧고 구부러진 뿔잔이 쇼소인에 남아 있다.[212]

뿔 자체도 보석 세공에 쓸 수 있는 귀중한 재료로 다루었기에 작은 상자, 팔찌, 문진, 작은 칼의 손잡이, 젓가락 등으로 만들었다.[213] 모두 상아로도 만들 수 있는 것들이다. 또한 커튼에 매다는 장식적인 고리로도 사용해[214] "상아로 만든 침대, 망사 커튼, 서각 고리 抽象床羅帳犀角墮"[215]라는 표현도 볼 수 있다.

조정의 신하나 고급 관리는 황제를 알현하거나 궁정의 연회에 출석할 때 서각으로 된 얇은 판으로 장식한 허리띠를 착용했다. 호박 같은 검은 줄무늬가 들어간 뿔은 옥이나 금과 비슷하게 귀한 대접을 받았다.[216] 이러한 허리띠에 막대한 가치가 있다는 소문은 이슬람권의 항구나 시장에서도 나돌기 시작했다.[217] 쇼소인에는 검은 옻칠을 한 가죽에 반점 무늬를 넣은 서각 허리띠가 남아 있다.[218] 『두양잡편』에는 당나라의 경종이 밤에 빛을 뿜는 허리띠를 갖고 있었다는 기록이 남아 있다.[219]

서각의 또 다른 특수한 이용법으로는 가늘고 길고 평평한 모양의 '여의如意'를 만들기도 했다. '여의'는 긴 막대에 끝이 둥글고, 승려가 경을 읽을 때 정중하게 손에 쥔다.[220] 쇼소인에는 이러한 종교 도구가 많이 소장되어 있는데, 그중에는 채색된 유리구슬과 금실을 넣고 꽃과 새를 조각해 넣고 상아로 장식한 여의[221]와, 은으로 새·나비·구름을 묘사하고 상아를 박아 넣은 자단 손잡이를 단 것도 있다.[222]

어아

8세기에 몇 번인가 신라에서 '어아魚牙'(물고기 이)가 당나라에 조공으로 왔다.[223] 또한 만주 지방의 퉁구스족은 한자명으로 '골돌骨咄'[224]이라는 것을 바쳤다. 이 명칭들은 페르시아어의 '단단마히dandān māhī'('물고기이'라는 뜻), 즉 아라비아어의 후투khutu에 해당하며, 모두 해마의 어금니를 말한다. 종종 시베리아에서 발견되는 매머드 화석의 엄니를 가리키는 경우도 있었다.[225] 그러나 만주 지방에 있었던 당나라의 중진重鎮인 영주營州에서 조공으로 온 골돌과 신라의 '물고기 이'는 대부분이 해마의 엄니였다. 그중에는 시베리아의 태평양 연안에서 발견되는 외뿔고래 화석의 뿔도 섞여 있었을 것이다.[226]

진주

진주眞珠는 형용할 수 없는 아름다움과 신비로운 매력을 지니고 있다. 그러나 당나라 사람들은 그 매혹적인 아름다움을 진정으로 이해하고 찬탄할 수 있는 사람은 멀리 외국 사람들뿐이라고 생각했다. 신비로운 외국에는 진주 안에 감춰진 물의 요소를 자유자재로 다루는 사람들이 있었다고 한다. 그래서 진주는 사막에서 사람들을 우물로 이끌고, 바다에서는 용왕의 보물로 인도하는 것이다. 그렇게 훌륭한 진주인 '상청주上淸珠'를 계빈국(카피샤) 왕이 현종에게 바쳤다(고 기록되어 있다).

(상청주는) 방 안을 환하게 비췄다. 구슬 안에서는 선인仙人과 옥녀玉女, 운학雲鶴이 움직이고 있다. 수해나 한발, 무장한 병사나 강탈 등의 재앙을 당했을 때도 마음을 담아 기도하면 반드시 영험함을 나타낸다.227

이 이야기는 9세기부터 10세기에 걸쳐 살았던 문인들이 쓰고 있는데, 그들의 기록은 대부분 신뢰할 수 있기 때문에 '상청주'는 실재했다고 여겨도 좋을 것이다. 빛나는 광물을 동그랗게 가공해 진주로 가장하고 내부에 새나 선인, 선녀의 모양을 조각한 것이었는지도 모른다. 그렇더라도, 당나라 사람에게는 어딘가 용이 가진 보물 상자에서 꺼내 온 마법의 진주였던 것이다.

훌륭한 진주 이야기는 당나라 시대의 일화가 많다. 그 대부분은 페르시아 상인이 갖고 있거나 반대로 찾아다니거나 했던 물건이다. 여기서 하나의 예를 들어보겠다. 선원들의 이야기를 당나라 스타일로 변환한 것인 듯하다.

저번 세대쯤에, 서역에서 들어온 페르시아인이 있었다. 부풍扶風에 온 사람으로 숙소를 찾고 있었다. 그는 숙소 문밖에 마름돌이 있는 것을 보고 며칠을 서성거렸다. 숙소 주인이 그 이유를 묻자 그 서역 오랑캐가 말했다.
"이 돌을 비단 다듬이로 쓰고 싶으니 2000전에 사겠소."
주인은 돈을 받고 매우 기뻐하며 그 돌을 오랑캐에게 주었다. 오랑캐는 돌을 성 밖으로 가지고 나가 그것을 깨서 안에서 한 치 정도의 진주를 꺼냈다. 그리고 칼로 자신의 겨드랑이를 베고 그 안에 진주를 숨겼다. 그러고 나서 자기 나라로 가려고 배를 타고 바다를 건너는 길을 나섰다.

열흘 이상이나 바다를 여행했을 즈음, 갑자기 배가 가라앉기 시작했다. 선원들은 해신海神이 보물을 원하고 있기 때문이라는 것을 알고 있었고, 여기저기 찾아다녔지만 신에게 바칠 보물이 보이지 않았다. 그래서 그 오랑캐를 바다에 던져 넣으려고 했다. 오랑캐는 놀라 겨드랑이를 째고 진주를 꺼냈다. 선원들은 주문을 외우며 말했다.

"이 구슬을 원한다면 가져가시오!"

그러자 해신이 털이 덥수룩한 커다란 손을 뻗어 그 구슬을 들고 사라졌다.[228]

진주는 부와 미, 신비한 힘의 상징이었다. 또한 훌륭한 재능을 가진 사람을 가리키기도 했다. 화가 염입본이 나중에 재상이 된 적인걸狄仁傑을 만났을 때, 이 뛰어난 젊은이를 '창해유주滄海遺珠'라고 찬양했다.[229] 진주가 비유로 사용될 때 특히 그 산스크리트어명인 '마니mani'는 부처와 그 가르침을 상징한다. 또한 중국에 정착한 인도의 전설에서 진주는 소유주의 소원을 들어주는 소원의 보석이었다.[230] 중국과 인도에서는 모두 진주와 달이 상관성을 지닌다고 여기고 있었다. 중국에서 진주는 조개 안에 품은 응축된 음陰의 요소(여성, 마이너스의 요소, 달에 관련된 물건)이고, 달이 차고 기울어짐에 따라 진주조개 안의 '주태珠胎'도 차오르거나 기울어진다고 믿었다.[231]

고대 한인도 중부 연해에서 채취되는 진주를 구할 수 있었지만, 한漢 왕조가 생기고 나서는 변경의 야만인이 사는 지방이던 합포군合浦郡 (현재의 광둥성 서남부)이 진주의 주요 산지였다. 화북의 부자에게 진주는 상아·서각·은·구리·과일 등과 함께 화남에서 운반해오는 사치품이었다.[232] 그러나 남획이 심해지면서 합포군의 진주는 바닥을 드러내고 말았다. 후한의 태수 맹상孟嘗이 진주 채취를 제한하고 보호하는 좋은 정책을 취했기 때문에 다시 진주가 풍부해져 사람들의 생활이 윤택해졌다. 이후 맹상은 신격화되어 어업의 수호신이 된다. '합포환주合浦還珠'라는 말은 멈출 줄 모르는 탐욕이 경제에 미치는 영향을 의미하며, 이를 소재로 쓴 '부賦'도 많다.[233]

당나라 시대의 진주 채취업에는 부침이 있었다. 처음에 진주는 조공품으로서 조정에 바치도록 요구했지만 655년 12월 5일에 조공의 명령을 정지했다.[234] 그 후 714년 8월 27일에도 정지하긴 했지만, 일단은 진주 조공을 다시 부활시킨 듯하다. 합포는 주로 은의 산지로 알려져 있지만 주민의 생활과 경제를 부흥시키기 위해 863년 8월 18일에 진주가 가장 잘 나오는 먼 바다의 섬이었던 '주지珠池'에서의 진주 채취를 다시 허락했다. (사람들은 진주조개의 살도 즐겨 먹었다는 점도 잊어서는 안 된다. 대나무 조각 위에 얹어 건조시켜 먹었다.)[235] 사천에 서식하는 민물조개에서도 진주가 어느 정도 나왔다.[236]

그러나 남쪽 바다 건너에서 상선으로 실려 오는 진주는 색깔도 윤기도 아름다워 국산 진주보다 귀한 대접을 받았다.[237]

남쪽 땅에는 새들도 많이 지저귄다	天南多鳥聲
마을과 도시의 절반은 성벽이 없을 지경이다	州縣半無城
그 나라 시장에는 야생의 종족들이 모여들고	野市依蠻姓
산속 마을 이름이 강 이름이다	山村逐水名
독 안개가 모래 습지에서 피어나고	瘴煙沙上起

괴이한 불이 밤비를 뚫고 반짝인다	陰火雨中生
진주를 찾는 외로운 이들만 이 길을 지나네	獨有求珠客
매년마다 남쪽 바다로 가는 길	年年入海行

이것은 웨일리가 번역한 왕건의 「남중南中」이라는 시다.238 햇빛이 이글거리는 외국 땅에서 가져오는 구슬의 영롱함을 사람들은 좋아했고 또 탐욕스럽게 이것을 원했다. 하지만 동시에 당나라보다 열등한 문화권에서 들여오는 번쩍거리는 싸구려 물건이라는 경멸도 있었다. 심지어는 보물은 중국 문화가 야만적인 해안의 나라들에게 끼친 영향에 대한 대가로 받아들였다. 9세기 초 경종 시대에 여영呂穎이 지은 「서역헌경촌주부西域獻徑寸珠賦」에 등장하는 다음과 같은 구절 등에서 당나라 사람이 가진 진주에 대한 동경과 경멸을 잘 표현하고 있다.

| 그리하여 밖의 오랑캐를 버리고 중국이 되는구나 | 由是化中國而及外夷 |
| 마치 바람에 풀이 고개를 숙이는 것과 같다 | 如風之偃草239 |

642년 당나라는 그러한 의미를 담았다고 생각하며 인도가 바친 '대주大珠'를 받고,240 749년에는 짬파의 국왕 노타라盧陀羅(루드라바르만) 2세가 바친 '진주일백조眞珠一百條',241 750년에는 파사귀국波斯鬼國(페르시아의 그림자 나라)에서 바친 '무공진주無孔眞珠'를 받았다(771년에도 또 바쳤다).242 또한 사자국(750년)243과 일본(839년)244에서도 진주를 조공으로 바쳤다.

진주는 당나라의 것이나 외국의 것이나 상관없이 주로 그 재질 때문에 의상이나 가재도구 장식에 사용했다. 동그란 구슬 모양이 특히 병풍이나 휘장에 적합했다. 9~10세기에 나온 이야기를 읽어보면, 동그란 진주는 물론 불상과 같은 일그러진 진주도 상관없이 불교 사원에 바치는 봉헌 물품에 어울린다고 말하고 있다.[245]

진주는 그 밖의 특징 있는 물질과 마찬가지로 당나라의 약리학자가 사용하는 절구로 빻아 약으로도 사용했다. 약이라기보다는 오히려 그 동그란 모양과 보름달처럼 맑고 밝은 빛에서 연상할 수 있는 효과 때문에 백내장 등 안과 계열의 질병에 처방했다. 특히 장수를 위한 묘약으로서 도사들에게서 환영을 받았다. 진주는 가루 상태로 빻고 나서 약에 섞었다.[246]

대모 거북

당나라 사람은 안남의 육주陸州에서 대모玳瑁 거북[247]을 수입해 여성들의 비녀나 머리 장식을 만들기도 하고 고급스러운 가재도구의 상감에도 사용했다.[248] 818년에는 칼링가(가릉국) 사절이 장지Zenj 소녀 두 명과 더불어 살아 있는 코뿔소, 대모 거북을 가지고 왔다.[249] 쇼소인에 남아 있는 오현 비파에는 아름다운 거북 껍질로 만든 가짜 손톱이 딸려 있다. 낙타 등에 타고 비파를 연주하는 오랑캐 모습이 나전으로 세공되어 있다.[250] 이러한 대모 거북과 그 외의 거북 등딱지는 따뜻한 남쪽 바다에서 당나라로 운반되어왔을 것이다.

거북의 등딱지는 당나라 시인들에게 있어서 '얼룩무늬'를 연상케 하는 것이었기에 이런 시도 남아 있다.

연못물—녹주석같이 순수하다　　　　　　　　　　池水琉璃净

정원의 꽃—거북 껍질에 점무늬가 있네　　　　　　園花玳瑁斑[251]

거거

거거車渠[252]라 불리는 큰 조개껍데기 겉에는 깊은 고랑이 나 있지만 안쪽은 매끈하고 하얀색을 띠고 있어서 보석 세공에 이용할 수 있다. 고대 중국에서는 이러한 조개의 '진주층'을 어디서 얻어지는 것인지 알 수 없는 돌로 여겨서는 옥과 마찬가지로 연마했다. 중국에서 거거는 특히 중세 초기에 술잔 등의 재료로 환영을 받았다. 당나라 황제들은 조개의 '진주층'을 불림(로마)의 특산품,[253] 그리고 전설에 나오는 인도의 칠보七寶 (Saptaratna)라고 생각해 귀하게 여겼다.[254] 아마 당나라 때는 이 거대한 조개껍데기를 여전히 수입하고 있었겠지만 잔존하는 사료만 가지고는 확실한 내용을 알 수 없다.

산호

당나라 사료에는 불림(로마)의 산호珊瑚 채집법이 기재되어 있다.

바닷속에 산호의 섬이 있다. 바다의 남자들이 큰 배를 타고 해저를 향해 쇠 그물을 던져 넣는다. 산호는 반석 위에 처음 나오기 시작했을 때는 균처럼 하얗고, 1년이 지나면 노랗게 색이 변하고, 3년 동안 크면 빨갛게 되면서 이리저리 가지가 생기고 높이가 3~4자가 된다. 이렇게 되면 쇠 그물 사이로 튀어나온 가지가 그물에 감기므로 그것을 배에서 끌어올린다. 수확 시기를 놓치면 썩어버린다.255

이것은 말할 것도 없이 전 세계에서 유행했던 지중해산 붉은 산호에 대한 내용이다. 당나라 사람은 남쪽 바다에서 채취하는 산호에도 친숙했기 때문에 페르시아와 사자국인 실론에서 수입했다. 한자명으로 '산호'는 옛 페르시아어로 '돌'을 의미하는 '산가(*sanga)'에서 유래한 듯하다.256

나뭇가지 형태를 한 산호는 늙지 않는 선인仙人이 사는 이상향에 있다는 보석의 나무나 환상의 나라에서 자라는 나무를 연상케 했다. 이런 이유로, 산호는 한인의 상상력을 특히 자극했던 것 같다. 자신이 앉을 장소는 반드시 향을 태웠다던 결벽증 시인 위응물257은 산호의 아름다움을 찬탄하는 시를 남기고 있다(보석을 소재로 한 일련의 오언시의 일부다).

꽃도 잎도 부족한 진홍빛 나무	絳樹無花葉
아직 돌도 보석도 없네	非石亦非瓊
어디에서 사람들이 그것을 찾아낼 수 있을까?	世人何處得
봉래蓬萊의 꼭대기에 자란다고 하는데	蓬萊石上生258

진秦나라와 한나라의 황제들은 동해 바다에 떠 있는 선인도仙人島라 일컬어진 봉래蓬萊를 하염없이 추구했지만, 당나라 시대에 이르러서는 신선

—
당대 화가 노능가盧楞伽의 「육존자상六尊者像」 중 하나. 존자에게 산호 나무를 바치는 외국인. "나무 모양을 한 산호는 불로 신선이 사는 이상향의 보석 나무와 환상의 나라의 나무를 연상하게 하는 것이다."

이 산다는 봉래 따위는 거의 꿈같은 상상의 이야기에 불과하다고 생각했다. 그러나 정원의 연못에 산호 나무를 심으면 이러한 이상향의 분위기를 충분히 맛볼 수 있었다.[259]

육지의 봉래이며 불로장생을 얻을 수 있는 복숭아 열매가 열린다고 여기는 장소는 곤륜이다. 곤륜에는 봉래에서 자라는 빨간 산호수와 마찬가지로 신비한 광물 '낭간琅玕'으로 만든 수목이 자라고 있다고 상상했다. 청靑·녹綠·청록 등의 신비한 보석이 열리는 이 나무는 고대부터 이미 알려져 있었다. 심지어 주周나라와 한나라 시대 초기 기록에도 등장한다.[260] 그러나 당나라 사람에게 있어서 낭간은 신선의 산호나 마찬가지고 현대인이 생각하는 알라딘의 보석 나무와 같은 것이었다. 즉, 단순히 상상의 세계의 산물에 지나지 않았다.

그럼에도 불구하고 당나라는 서남의 오랑캐 나라[261]나 호탄에서 '낭간'이라 불리는 물건을 수입했다.[262] 이것은 '유리瑠璃'라 부르던 색깔이 있는 납유리라는 사람도 있지만,[263] 어쩌면 바다에서 채취하는 산호의 일종인 '석난간石闌干'일 수도 있다. 이는 채취한 직후에는 빨갛지만 시간이 지나면 파랗게 변색하는 것이라고도 알려졌다.[264] '낭간'이라고 부르던 물건 중에는 청색·비취색 산호도 있었지만 반들반들한 청록의 광물도 있었을 것이다. 어쨌거나 이런 물건들은 10세기에 운남에서 당나라로 조공한 분경盆景을 조성하기 위해 사용한 '벽간碧玕'과 무관하지 않다(앞의 '공작석' 항목에서 설명했다).

서역에서 들여온 빨간 산호는 고대로부터 반지나 팔찌 등의 장식품과 그 밖의 귀중한 물건들을 장식하는 데 사용했다. 그러한 작은 장신구는 미녀의 머리에 꽂았던 산호 비녀[265]에서부터 취향이 고상한 선비의 서재에 놓인 산호 붓걸이[266]에 이르기까지 당시唐詩 안에서 다양하게 표현되고 있었다.

호박

한어 '호박琥珀'은 '호백虎魄'과 발음이 같으며, 이 이름은 죽음을 앞에 둔 호랑이가 사람을 찌를 듯이 노려보는 눈이 반들반들한 광물로 변했다는 전설에서 유래한다고 전한다. 그리스에서 호박을 스라소니의 오줌이 응고한 것이라고 여기는 것과 비슷하다. 호박에 대해 당나라 시대의 박식가이며 진귀한 물건을 즐겨 수집했던 단성식의 기록이 남아 있다.

> 어떤 사람의 이야기에 따르면, 용의 피가 땅으로 스며들어 호박이 된다고 한다. 그러나 『남만기南蠻記』에 따르면 영주寧州의 사막에는 절요봉折腰蜂이란 곤충이 있는데, 언덕이 무너졌을 때 이 벌이 나온다. 지역 사람들은 벌을 태우고 처리해 호박으로 만든다.[267]

참으로 불가해한 이야기지만, 이것은 종종 호박 안에 갇힌 말벌 등의 벌레를 가리키는 것인 듯하다. 아무튼 '호박琥珀'은 '호백虎魄'과는 아무 관계도 없고, 원래는 서아시아나 남아시아의 언어에서 유래한다. '하르파흐 harpax'라는 말과 관계가 있는 '하루파흐xarupah'를 말하는 것이라고 여겨진다. '하르파흐'는 플리니우스의 기록에도 나오는 시리아어 단어다.[268]

호박과 호랑이의 혼백에 대한 전설은 중세까지 전해지기는 했지만, 호박의 성질은 3세기에 이미 밝혀져 있었다. 당나라의 약리학자는 호박에 대한 과학적인 지식을 갖고 있었고, 그것을 저서로도 남기고 있다. 『촉본초蜀本草』에는 "호박은 수액이 땅에 스며들어 천 년을 지나서 만들어진 것이다"[269]라고 기록되어 있다. 위응물의 시에도 호박이 나온다.

한때 그것은 늙은 '복령의 신'이었다네	曾爲老茯神
그러나 원래는 차가운 소나무 수액이네	本是寒松液
모기나 각다귀가 그 안으로 떨어지면	蚊蚋落其中
천 년 후 그대로 거기 보일지도 모를 일이네	千年猶可覿[270]

복신茯神은 소나무 그루터기에서 자라는 귀중한 균류로 약재다. 이것은 송진이 호박이 되는 과정에서 생기는 것이라고 여겼다.[271]

귀중한 호박은 로마의 산물로 여겼고,[272] 주로 페르시아에서 수입했다.[273] 이것은 발트해 해안에서 채취하는 호박이었을 것이다. 그러나 좀 더 가까운 곳으로는 미얀마 북부의 미치나에 호박 광상鑛床이 있었다(수세기 후에는 이 근처에서 유명한 비취 광맥이 발견된다). 남조의 사람들이 열심히 호박을 채취했고, 귀족들은 현대의 카친족과 마찬가지로 호박으로 만든 귀걸이를 했다.[274] 짬파[275]와 일본[276]에서도 호박이 조공으로 왔다. 남중국해에서 상인이 운반해온 것은 특별히 질이 좋다고 평가받았다.[277]

당나라 시대의 호박은 산호와 비슷한 취급을 받았고, 여성의 보석 장식품과 유복한 집을 장식하는 작고 값비싼 미술품으로 가공했다. 쇼소인에는 호박을 사용한 주사위, 어추魚墜, 염주, 의식용 관冠의 옥 장식, 거울 뒤의 상감 등이 있다.[278] 호박은 약으로도 이용했다. 귀중한 물질은 모두 그 아름다움과 기능성이 인체의 유기적인 조직에도 효과를 미친다고 믿었기 때문이다. 사람들은 상록수인 소나무를 예찬하고, 송진을 장수의 약으로 만들었다. 호박은 송진이 세월이 지나며 기적적으로 굳은 것이기 때문에 수명을 연장해주는 훌륭한 효과가 있는 게 틀림없다고 믿었다.[279] 구체적으로는 '나쁜 피'를 뽑아 '합금창合金瘡(부스럼)을 낫게 하는 효과가 있다고 믿었다.[280] 즉 호박에 대한 과학적 지식이 풍부해졌음에도 불구하고, 당나라 시대가 되어서도 호박은 피가 응고해 생긴 것이라는 고대의 구전을 토대로 한 처방을 사용했던 것이다.

당나라 시인은 호박의 색을 붉은 기가 감도는 투명한 노란색으로 표현했다. 특히 술을 묘사하는 것으로 사용했다. 이미 울금향 항목에서 이백의 시를 인용했지만 장열張說의 시에도 호박이 나온다.

북당엔 값비싼 호박 빛깔 술　　　　　　　　　　　　　　　北堂珍重琥珀酒[281]

9세기의 시인 이하는 이 묘사법을 더욱 발전시켜 '호박'을 '술'의 환유법으로 이용했다. 그는 감정을 강조하기 위해 색깔이 상기시키는 방법을 시에 사용한 것으로 유명한데, '호박'도 그러한 일련의 용법 가운데 하나다. '금' '은' '벽碧' 등을 특히 많이 사용하고, '천백天白' '추백秋白'[282] 등 백색으로 풍경이 주는 명암과 감정을 즐겨 대비했다(마치 흑백사진처럼). 이하의 「장진주將進酒」라는 시에서는 '호박'이 '술'을 나타내고 있다.

유리 그릇에 호박술이 걸쭉하네!　　　　　　　　　　　　琉璃鐘琥珀濃
작은 통에 술은 진주처럼 붉구나　　　　　　　　　　　　小槽酒滴眞珠紅

용을 삶고 봉황 구우니 옥 기름이 방울져 내리네	烹龍炮鳳玉脂泣
망사, 수놓인 차양이 향기로운 바람을 둘러싸네	羅屛繡幕圍香風
용 피리를 불어라! 악어가죽 북을 쳐라!	吹龍笛擊鼉鼓
하얀 이 노래하고, 가느다란 허리 춤추네	皓齒歌細腰舞
바야흐로 푸른 봄날은 저물려 하니	況是靑春日將暮
복숭아꽃 분홍 비처럼 흐드러지게 떨어진다	桃花亂落如紅雨
그대에게 권하노니 종일토록 마시자꾸나	勸君終日酩酊醉
이 술이 유령劉伶의 무덤까지 닿진 않을 테니	酒不到劉伶墳上土283

죽림칠현 중 한 사람인 유령劉伶은 술꾼으로 유명해, 술 항아리와 함께 매장했다고 한다. 그는 시에서 제물로 땅에 술을 뿌리는 짓은 고의든 실수든 아무 소용이 없다는 의미로 사용하고 있다.

매옥

매옥煤玉도 유기물의 화석으로 중세에 귀한 대접을 받았던 보석이다. 무른 성질이고 '현옥玄玉'284이라고도 불렀다. 고대 전통에서는 호박이 천년의 시간을 지나면 매옥이 된다고 여겼다. 그러나 태웠을 때 냄새를 맡아보면 재질이 나무임을 알 수 있다. 어린아이들은 작은 매옥을 몸에 지녀 나쁜 기운을 몰아냈다.285 매옥은 서역의 고창 남쪽 지역 광상鑛床에서 채굴했다.286

제16장 금속 제품

도자기 접시, 금 수저
흰 설탕 가득한 접시
금으로 장식한 상자에는 민트
그리고 다이아몬드를 박은 작은 상자
모든 것이 부귀와 영화로 가득하네
그 안에 한 무더기 마노
대리석과 금으로 만든 인장
신비한 암호 새로운 기물
이쑤시개도 시계도
그녀의 손에 닿는 모든 건 금 세공품……
_작자 미상, 『메릴랜드로의 여행, 또는 귀부인의 옷방』

금속 제품은 당나라 문화 안에서 중요한 위치를 차지한다. 당시는 금속 공예 기술도 매우 발달해 있었다. 당에 들어온 오랑캐들이 귀중한 금속 제품을 구해 자기 나라로 돌아가려고 하는 것을 보고[1] 당 왕조는 금·은·구리·철의 수출과 오랑캐 상인胡商에 의한 동전의 유출을 금지하는 칙령을 여러 번 내렸다.[2] 중국은 광물 자원이 풍부한 지역이지만 항상 공급이 부족한 금속도 있었다. 금도 그중 하나다.

금

당 왕조에서 금의 산지는 사천이었다. 금은 물이 흘러 쌓이면서 사금으로 묻혀 있었기 때문에 '부금麩金'이라 불렸다.3 허당許棠은 용주龍州(현재 쓰촨성 동북부)를 묘사한 시에서 "물은 하얗게 날아오르고 새는 붉은 곳碧溪飛白鳥, 紅旆映青林"이라 노래했는데, 이 시에는 다음과 같은 구절이 있다.

흙에서 나는 것은 약에 적당할 뿐   土産唯宜藥
왕에게 공물로 바치는 건 금뿐이다   王租只貢金4

영남과 안남의 금 광산은 더욱 귀하게 여겨졌는데, 이 지역의 광산은 원주민만이 접근할 수 있는 바위 또는 바위산 깊은 곳에 그 맥이 흐르고 있는 경우가 종종 있었다.5 저명한 약리학자 진장기는 이렇게 쓰고 있다.

남인南人들이 말하기를, 독사의 이빨이 돌 안에 떨어지는 장소 또는 독사의 똥이 바위에 묻거나 혹은 원조鵷鳥(봉황의 일종)의 똥이 바위에 묻은 장소라고도 하는데, 독이나 똥을 제거하면 그곳에서 생금生金이 난다.

인체에 유해한 '생금'은 인축무해人畜無害한 '황금'하고는 구별되어야 한다고도 주장한다. 진장기는 다음과 같은 기록도 남기고 있기 때문이다.

사람이 금을 섭취하는 것을 종종 보는데, 땅을 한 길 남짓을 파면 분자석

粉子石이 있다. 돌은 각각 모두 검게 그을어 있고 그 밑에 금이 있다. 큰 것은 손가락 정도, 중간 것은 마두麻豆 정도이고, 색깔은 상황橡黃이다. 깨물어보아 무른 것이 진짜 금이다. 이것을 삼켜서 훔치려는 사람도 있는데, 독성은 없다. 부금麩金은 물속 모래 안에서 나오기 때문에 이것을 양탄자로 걸러서 채취한다.[6]

또한 부주富州·빈주賓州·징주澄州(모두 광서성 남부)의 강가에 사는 사람들은 "나무로 만든 키箕로 까불어서 금을 채취하는 일을 생업으로 삼고 있다"[7]라는 기록도 있다. 광주의 '금지金池'에서는 "항상 똥 안에서 부금 조각이 발견되기 때문에 주민들이 갑자기 거위나 오리를 많이 키우기 시작하고, 그 똥을 모아 체로 쳐서 하루에 한 냥에서 반 냥의 금을 얻어 유복해졌다."[8]

금을 채취하는 사람들은 예로부터 탄광 광부들의 입에서 입으로 전해지는, 어떤 금속의 소재를 나타낸다는 식물을 이용했다. 생강 밑에는 주석이나 구리가 있고, 야생 파가 자라는 곳에는 은이 있다. 쪽파가 나는 땅에는 금이 묻혀 있다고 한다.[9] 지면에 금속 성분이 함유되어 있으면 이에 적합한 특정 식물이 자라기 때문에, 거기에는 시굴할 만한 광상이 있다는 것은 최근에 서양에서도 증명되고 있다.[10]

수은이 금을 '끌어당긴다'는 학설이 알려져 있었는데,[11] 당나라 시대의 탄광 광부들이 모래 안이나 분쇄한 모암母巖에서 혼홍混汞 선광법으로 금을 분리하는 방법을 알고 있었는지 여부는 알 수 없다. 도사들만이 아는 비법이었는지도 모른다.

당 이전에는 금도 은도 식기나 꽃병으로 가공되는 일은 없었고, 보석 장식품이 되는 일조차 없었다. 금은 고대의 청동기를 모방한 값비싼 장식이나 큰 청동기에 호화로운 상감을 하기 위해 사용했다. 그런데 금이나 은을 두드려서 매우 얇은 막 상태로 가공하는 기술이 페르시아에서 들어왔다(아라비아의 박해를 피해 당에 온 페르시아 난민 중에는 금 가공 장인도 있었을 것이다). 이것이 당나라 장인들을 매료시켰고, 주형鑄型을 떠서 금속을 가공하는 방법으로 대치했다. 그리고 이 기술과 함께 꽃이 핀 가운데서 사냥하는 풍경, 좌우 대칭의 포도 무늬와 동그란 꽃 장식 무늬 등 사산 왕조 페르시아의 디자인과 무늬도 들어왔다.[12] 그러나 이국풍의 물건이 유행해도 예로부터의 금속 가공 방법은 없어지지 않았다. 칼날에 금 상감을 입힌 은 손잡이 칼, 손잡이를 침향으로 덮고 칼날에는 금으로 꽃을 상감해 장식한 단도 등도 만들었다.[13]

당나라의 세공사들은 금엽金葉, 금박, '조화금雕花金'[14] 등을 제작해 사용했다. '조화금'은 금엽을 옷감의 장식처럼 사용하는 데서 붙은 명칭이다. 둔황의 회화에도 있듯이 금엽은 그림을 그릴 때 사용했다.[15] 쇼소인에는 화금花金의 새와 식물 모양의 훌륭한 장식을 곁들인 '신라오현금新羅五弦琴' 등 조화금을 금엽으로 사용해 아름다운 장식을 꾸민 공예품이 많이 남아 있다.[16] 이처럼 화려한 기물을 장식하는 금이 적어도 안남의 환주驩州에서 생산됐다는 것으로 알려져 있다.[17]

귀중한 금속을 옻칠한 꽃병에 입히는 기술도 있었다. 이것은 현대 일본에서는 일반적으로 '헤이다쓰平脱'[18]라는 명칭으로 알려져 있다. 당나라 시대의 작품으로서는 금과 은으로 만든 꽃·새·구름 등으로 꾸민 옻칠 뚜껑이 달린 상자 등이 남아 있다.[19] 사료에 따르면 이 기술은 다양한 일용품에 사용했던 듯하다. 장안에서 안녹산이 총애를 받고 있을 무렵, 현종은 값비싼 많은 기물과 함께 '금 평탈平脫 서두시저犀頭匙箸'나 '금은 평탈 격곤둔반隔錕鈍盤'을 하사했다. 현종이 총애하는 양귀비는 금 평탈 '장구옥합裝具玉合'과 '철면완鐵面椀' 등을 안녹산에게 선물했다.[20]

고대에 세계 여러 지역에서 사용했던 금가루 세공 기술은 이미 상실되었다고 여기고 있었지만, 20세기가 되면서 재발견했다. 숯가루 안에서 금분을 새빨갛게 달구면 금 카바이드(탄화 칼슘)의 얇은 막이 생긴다. 이것을 공기 중에서 가열하면 금가루가 순금이 되어 금속 표면에 접착된다.[21] 이 기술은 고대 중국에도 있었는데, 아마 러시아 남부에서 전해진 기술일 것이다. 고대 한반도에 있었던 낙랑군 지역에서는 금 버클(일반적으로 볼 수 있는 벨트후크와는 다르다)이 발견되고 있다. 이것은 터키석, 중국풍의 용, 작은 구슬 모양으로 장식되어 있었다. 어느 시대의 것인지 정확히는 알 수 없지만 3세기에서 8세기의 것으로 여겨지는 칠기와 함께 출토되었다.[22] 당나라 시대의 금가루는 금실을 염주처럼 엮는 데 사용되었다. 일반적으로 당나라의 금박 세공은 금 입자를 늘어뜨려놓은 금실을 이용해 이뤄졌다. 그것은 일찍이 머리 장식의 일부였던 금박으로 만든 봉황의 입상立像 같은 섬세한 세공이나 금박과 금실로 제작한 공작을 장식한 호화로운 비녀에서 볼 수 있다.[23]

다른 나라에서도 유사하지만, 중세의 한인은 고대로부터 전해지는 금가루 세공보다 금실 세공을 더 좋아했다. 당나라 시대의 세공 보물로서는 진주, 터키석 등 귀중한 보석으로 장식한 훌륭한 금비녀가 여러 개 남아 있는데, 대부분이 금실 세공이다.[24]

금가루는 당나라 회화에서도 중요한 역할을 했다. 그러한 두루마리 그림이 둔황에서 발견되고 있다.[25] 녹색 종이를 잘라 만든 연꽃 꽃잎(불교의 산화散花 의식에 사용했을 것으로 보인다)에 금가루로 장식한 것이나,[26] 은박을 씌우고 진주를 박아 넣은 단도의 칼집 등이다. 칼집은 침향으로 만들고 그 위에 새·꽃·구름 등의 무늬가 금으로 그려져 있다.[27]

도금 기술은 당나라 시대에 발명했다고 생각되는데, 9세기의 시에도 몇 번이나 나온다.[28] 도은鍍銀은 여성의 화장품 그릇,[29] 낙타 모양 술병,[30] 검이나 도의 칼집[31] 등 다양한 기물에 사용했다(순금도 사용했다). 물론 비녀, 빗, 관冠, 팔찌 등 여성의 몸치장에 필요한 장식품이나 이 밖의 온 갖 장식물이 금으로 만들었다.[32] 금으로 만든 새, 특히 우리가 소위 '봉 황鳳凰(phoenix)'이라 부르는 신성한 새는 여성들에게 인기가 높아서 특 히 머리 장식으로 즐겨 사용했다.[33] 나비나 꽃무늬, 잎사귀 무늬를 넣은 리본 상태의 소재를 나란히 장식한 금관金冠 등은 아마 당나라 여성들의 몸치장을 위해 만들어졌을 것이다. 나비나 꽃무늬, 얇게 두드린 금으로 장식한 띠를 늘어뜨린 당나라 시대의 금관, 아마 여성의 옷에 장식으로 달았을 것으로 보이는 금 비천飛天상, 그리고 얇게 편 금과 페르시아풍의 사자를 돋을새김 세공으로 장식한 목제 빗 등 당나라 시대의 아름다운 세공은 지금도 많이 남아 있다.[34]

도사들도 금을 필요로 했다. 그들은 액체나 분말 상태의 금에는 정신 을 안정시키고 수명을 연장하는 강력한 약효가 있다고 믿었기 때문이 다.[35] 약리학자 맹선은 약효가 있는 금을 태우면 오색 영기靈氣가 올라간 다고 직접 시험해 기록하고 있다.[36]

상상의 세계에서도 금은 중요한 역할을 했다. 사람들은 신기한 세계, 신성한 광채로 가득 찬 것에 대해 금의 상징성을 부여했다. 이러한 환상 적인 이미지는 당나라에서 불교 신앙이 정점을 맞이했던 시대에 더 증폭되었다. 그리고 인도의 영향을 받아 더욱 풍부해졌다. 후광이 비치는 부처는 '금인金人' 혹은 '금선金仙'이라 불리며 불상도 금으로 덮었는데, 도교의 선인도 '금신金身'이었다. 게다가 부처의 말씀은 '금언金言'이고, 그 거처에서부터 가진 모든 것까지 다 '향기' 높은 '금색'이었다. 문수보살이 있는 정토도 '금색'이고 비슈누 신이 타고 있는 대괴조大怪鳥 가루다Garuḍa의 날개도 금빛이었다.[37]

보다 세속적으로 금은 온갖 가치 있는 것, 특히 덕이 높은 사람을 비유하는 말로 쓰였다. 태종은 총신寵臣 위징魏徵에 대한 비유로, 궁정의 가신家臣이라는 광맥에서 금을 찾아내어 가치 있는 보물로 연마하는 좋은 장인이라고 칭찬했다.[38] 당나라 시대에는 '피사간금披沙揀金'을 소재로 한 서정적인 부賦를 많이 지었다. 유종원은 '보물을 찾는 길은 좋은 인재를 고르는 것과 같다求寶之道 同乎選才'는 의미로 「피사간금부披沙揀金賦」[39]를 지었다. 금이 가진 중후함과 광채는 덕이 높은 인물의 찬란한 광채가 드러나는 것과 같다고 보았다.

당나라 시대의 금은 이러한 대접을 받고 있었다. 그러나 국내 생산이 수요에 미치지 못해 아시아의 다른 나라에서 금이 국경을 넘어 속속 수입돼 들어왔다. 금을 두드려 황금 그릇을 만드는 기술과 당나라 장인이 금기金器에 곁들이는 각종 무늬는 원래 이란에서 들어온 것일 듯하다. 물론 티베트의 세공 기술도 당에 영향을 끼쳤음에 틀림없다. 티베트에서 당으로 보내오는 조공물과 답례품 목록에는 금으로 만든 아름답고 진귀한 커다란 기물이 여러 개 기재되어 있다. 하나같이 훌륭한 세공이었다. 티베트의 금세공은 중세의 경이驚異라고 할 수 있었다. 그러나 티베트의 세공이 당에 끼친 영향을 지적할 수 있는 것은 무척이나 대담한 학자

일 것이다. 언젠가 고고학자가 티베트 혹은 티베트의 영향을 받은 당나라 금세공 기술을 발견해주기를 기원한다. 티베트에서 가져온 사치스러운 수입품에 대한 설명을 해보겠다.

티베트에서 보내온 금세공 조공물 중 최고는 초기에 진상된 것이다. 640년 말, 당나라 공주와 티베트 왕의 결혼을 준비하기 위해 송찬간포의 재상인 녹동찬祿東贊(가르통첸)이 장안을 방문해 혼수품으로 무게 천 근의 금기와 수많은 보물을 바쳤다.[40] 이듬해 문성공주文成公主는 높은 고원 지역의 왕에게 시집가고, 나중에 그 땅에서 신격화되어 숭배를 받기에 이른다. 염입덕은 이 결혼을 축하하는 그림을 그렸다고 하는데, 유감스럽게도 현존하지 않는다.[41]

640년에 조공으로 들어온 금기金器가 무엇이었는지는 알 수 없지만, 641년에 티베트 왕이 태종의 신속한 고구려 정복을 칭송하며 거위 모양을 한 높이 7척이나 되는 크기의 금으로 만든 술 항아리를 바쳤다.[42] 658년 초에는 다시 티베트에서 훌륭한 금제품이 선물로 왔다. 금으로 만든 기마상, 말·사자·코끼리 등 금으로 만든 다양한 동물들을 배치한 황금 도시의 모형이었다.[43]

티베트에는 이러한 훌륭한 금속 공예품이 많이 있었다. 티베트는 금의 나라였던 것이다. 9세기에 티베트 왕은 금으로 만든 호랑이와 표범, 무시무시한 파충류 등으로 장식한 커다란 천막에 살고 있었다.[44] 티베트 이외에도 금이 풍부한 나라는 있었다. 위구르 왕은 회골성回鶻城(Ordu-Baliq)에 100명을 수용할 수 있는 금 장막을 갖고 있었고,[45] 당나라에서 멀리 떨어진 로마의 왕은 금박으로 덮은 소파에 앉아 있었다.[46] 신라는 당나라에 대량의 금을 조공으로 바쳤다.[47] 또한 만주 지방의 부족들,[48]

운남 지방의 남조,[49] 투르키스탄의 석국(차치), 사국(키시), 미국(마이마르그) 등 여러 나라에서도 때때로 당나라에 금으로 만든 기물을 바쳤다.[50] 눈으로 덮인 발률국(발루르)도 당나라에 금으로 만든 꽃金花을 바친 일이 있었다.[51]

이 정도로 많은 금이 당에 들어왔음에도 불구하고 이상하게도 인도와 동남아시아에서는 금이 조공되지 않았다. 말레이반도 어딘가에 인도인의 이상향(엘도라도)으로 금으로 된 섬이나 황금 대륙 수바르나드비파 Suvarnadvipa가 있다는 전설이 있었다.[52] 이 전설은 인도인을 동남아시아로 내몰았지만, 중국에는 전설이 전해지지 않은 듯하다.

자금

현종은 장안에 심한 가뭄이 엄습했을 때 황자 한 명이 『용지서龍池書』를 쓴 데 대한 상으로 '자금대紫金帶'를 선물했다. 이것은 고종이 고구려를 함락시켰을 때 손에 넣은 것이다.[53] 당나라 시대의 기록에는 자금으로 만들어진 우아한 기물이 드문드문 보인다. '백옥등白玉鐙'을 자랑하던 젊은 무인은 소매 안에 '자금추紫金錘'를 갖고 있었고,[54] 소종昭宗이 이름뿐인 황제 노릇을 하던 904년에 정치의 실권을 쥔 주전충朱全忠에게 어의옥대御衣玉帶와 함께 '자금주기紫金酒器'를 하사했다.[55] 자금은 눈에 덮인 머나먼 땅 발률국에 풍부하게 있었다.[56]

우아한 호칭을 가진 '자금'은 당나라 이전부터 알려져 있었고, 송나라이후 기록에도 보인다. 그러나 명나라 기록에 나온 것은 정교한 가짜인

듯하다.57

자금이 무엇이었는지를 알 수 있는 열쇠는 고대 이집트에 있을지도 모른다. 투탕카멘의 무덤에서 발견된 호화로운 부장품 중에는 홍자색 얇은 막으로 덮인 금장식이 있었다. 예를 들면 왕의 샌들이 네 켤레 나왔는데, 그 중 한 켤레는 이 재질로 만든 장미 매듭과 황금의 끈으로 번갈아 장식되어 있었다. 마찬가지로 19왕조의 타우스레트Tawosret 왕비의 관冠 장식과 20왕조의 람세스 11세의 귀걸이에도 이 진귀한 금속이 사용되고 있다.58 이 물건들은 미량의 철을 함유한 금으로, 열을 가하면 자색으로 변한다는 것이 밝혀졌다.59 금속에 자색 등 미묘한 색을 입히는 고대의 기술은 나중에 헬레니즘 시대 연금술사들의 비법 가운데 하나였다. 이에 대해서는 알렉산드리아와 동로마의 파피루스 기록으로 알 수 있다.60

발률·중국·한국의 자금이 이집트나 중국 혹은 그 외의 지역에서 독립적으로 발견된 동양과 서양의 연금술이 우연히 병행적으로 존재했음을 의미하는 것인지, 아니면 어느 한쪽의 기술이 중앙아시아를 넘어 융합한 것인지는 확정할 수 없다. 자금이 중국에서 발명된 것인지 타국에서 배운 기술인지와는 관계없이, 연금술 도사들에게 있어서 자금은 매우 매력적인 소재였다.

은

당나라 시대의 은 생산은 영남과 안남에 집중되어 있었다.61 백금은 주로 회취법灰吹法으로 방연광方鉛鑛(황화납)에서 분리해 생산한 듯하고, 생산량은 납 384푼에서 1푼이나 2푼밖에 나오지 않았다.[62] 9세기 초에 조업하던 은 정제소는 40군데에 불과했고, 매년 1만 2000냥의 은을 생산했다. 9세기 중반에 오면 정제소가 42군데로 늘어나 생산량도 1만 5000냥까지 증가했다.[63]

당나라 은 세공사의 기술은 적어도 9세기 중엽까지는 다른 어디보다 뛰어났지만, 845년 회창會昌 폐불 정책으로 은을 중심으로 하던 이란풍의 유행도 영향력이 쇠락하면서 이후에는 은기의 제조도 감소했다.[64] 당나라 장인은 다양한 디자인의 물건을 만들었다. "야무지게 두드려서 작은 원에 돋을새김을 한 기물"[65]도 많이 있었다. 타출打出 세공도 있었고, 때로는 조금彫金 제품도 볼 수 있었다. 몇 개의 부분을 납땜해 하나의 작품으로 완성한 것도 있지만, 이것은 특히 고배高杯를 만들 때 사용된 기술이다. 은기銀器의 장식에는 금 상감을 많이 사용했다. 이렇게 만든 은 사발, 접시, 작은 상자, 술잔 등에 장식한 무늬는 신화의 장면이나 꽃, 동물 도안이 많았다. 특히 사산 왕조의 은기와 직물에서 보이는 이미지와 유사한 테마인 '황족의 사냥' 장면은 특징적이다.[66] 한편 한나라 시대의 석각石刻과 상당히 유사한 고대 중국의 무늬를 사용한 은기도 볼 수 있었다.[67] 청동 거울에 은박 혹은 도은을 입히는 특수한 기술도 있었고,[68] 옻칠 위에 얇게 편 은으로 무늬를 넣은 평탈平脫도 만들었다. 이 기술을 활용한 작품으로, 포동포동한 궁녀를 그린 세공물은 주목할 만하다. 쇼소인 공예품에서 볼 수 있는 궁녀들처럼 나무 밑에 서 있는 모습이 많다.[69] 가위, 족집게, 젓가락, 그리고 부장품인 작은 상像 등도 은으로 제조하는 경우도 있었다.[70]

일반적으로 사용하던 약물 중에 연금술사가 발명한 것이 틀림없는 '은고銀膏'라는 약도 있었다. 이것은 은과 주석에 수은 혼합물을 첨가한 약으로, "정신을 안정시키고 기氣를 단단하게 하는 효과를 나타내는 약"이라고 하며, 도사들이 처방했다.[71] 액막이 부적을 만드는 데 사용한 '황은黃銀'의 성분 구성은 알 수 없지만, 이것 역시 연금술 도사들이 만들어낸 물건일 것이다.[72] 은을 유황으로 그을린 '오은烏銀'도 만들었다. 불로장생을 원하는 사람들은 약을 신비한 '오은'으로 만든 그릇에 담아 끓였다.[73]

금과 마찬가지로 은도 일반적으로 통화通貨로서 사용되지 않았다. 적어도 정부가 발행하는 통화로 유통되는 일은 없었다. 그러나 티베트 국경에서는 소금과 비단이, 그리고 중원으로 이어지는 산악 지대에서는 진사와 은이 자주 사용된 듯하다. 다른 지방보다 은이 풍부한 영남에서는 교역에 은을 사용했다.[74] 사실 영남 지방과 다른 지방의 경계를 이루는 '오령五嶺'을 넘으면 매매는 모두 은을 매개로 이루어졌다.[75] 광주 지방의 상거래에서 은의 역할은 매우 중요했고, 808년에 은의 채굴이 금지되었을 때도(황제가 구리는 도움이 되지만 은은 무익하다고 했다) 영남 지방만은 예외로 했을 정도다.[76]

투르키스탄[77]과 만주 지방[78]에서 은을 조공으로 보내온 적도 있었지만, 외국산 은은 대부분 신라[79]나 티베트[80]에서 들어왔다. 이들 나라에서는 조공물로서 아름다운 은기를 가지고 오는 경우가 많았다.

658년 초에 티베트에서 당으로 보낸 훌륭한 조공물 중에 '금파라金頗羅'[81]라 불리는 것이 있었다. 그리고 761년에는 구자(쿠처)의 왕이 장안에서 황제에게 '은파라'를 바치고 답례로 아름다운 비단을 받았다고 한다.[82] 또한 조국(카부단)의 위대한 신을 모신 사당에는 한의 황제에게서 받은 것이라고 알려진 귀중한 금속 세공물이 여러 개 봉납되어 있다. 그 중에는 금으로 된 상像과 폭이 한 길 5자인 '금파라'도 있었다.[83] 그러나 '파라'가 무엇이었는지, 금인지 은인지는 수수께끼로 남아 있다.

놋쇠

중국의 한인들은 구리와 아연의 합금인 놋쇠(황동黃銅)를 페르시아 산물로 알고 있었다. 그래서 '유석鍮石'이라 불렀다. 이것은 페르시아어의 투티야Tūtiya가 유래이고 '아연석亞鉛石'을 의미한다.[84] 놋쇠는 8품이나 9품의 관직에 있는 인물의 허리끈 장식에 필요하기 때문에[85] 궁정의 세공사에게는 없어서는 안 되는 재료였다.[86] 또한 연금술사들도 신비스런 수상 쩍은 조합물을 만드는 데 '파사유석波斯鍮石'의 조각을 사용했다.[87] 718년에는 미국(마이마르그)에서 '놋쇠鍮'를 보냈다.[88]

장안의 절에 6자나 되는 놋쇠 노사나불盧舍那佛 입상이 있었다는 사실을 보면, 대량의 놋쇠를 조달할 수 있는 방법도 있었던 듯하다.[89]

당나라 사람도 놋쇠의 합금법을 배웠을 수 있다. 한인은 그 밖에도 뛰어난 합금 제조법을 알고 있었다. 구리와 니켈을 혼합한 '백동白銅' 등은 한나라 시대부터 만들었기 때문이다.[90] 쇼소인에는 백동으로 만든 손잡이가 긴 장병향로長柄香爐가 남아 있다.[91] 마찬가지로 쇼소인에 남아 있는 향로 중에는 '홍동紅銅'으로 만든 것도 있는데, 이것은 안티몬·금·구리의 합금인 것으로 밝혀지고 있다.[92] 중국의 '백동白銅'이라는 말도 영어-인도 합성어인 'Tootnague'(이것도 Tūtiya에 유래한다)에서 온 말이고, 나중에 페르시아에서는 한인들이 이것을 거울과 화살촉으로 사용한다고 해서 '하르치니Khār-čīnī(중국의 돌)라 부르기도 했다. 이슬람교도들은 창살이나 반지, 방울 등에 황동을 사용했다.[93]

은화와 금화

중세의 한인들은 금화를 주조하지 않은 대신, 금이나 은으로는 사치품을 만들었다. 예외적으로 영남에서 교역에 은을 (그리고 금도) 사용했다. 한인은 외국에서 들어오는 금을 좋아했다. 일본의 견당사들은 자금 대부분을 금분金粉 형태로 가지고 당나라로 들어갔다.[94] 6세기의 중국에는 서역 나라들의 금화와 은화, 특히 쿠처의 것이 나돌았다. 7세기부터 8세기에는 서역에 있던 당나라의 도호부에서도 이러한 동전들을 사용했다. 그것은 고창에서 발견한 시신의 입에 동전이 한 개 들어 있고, 앞면에 아후라 마즈다 사제의 얼굴, 뒷면에 무아위야 칼리파의 이름이 새겨져 있었던 것으로도 알 수 있다. 이 합금 동전 외에 당나라의 일반 통화에 사용한 동전도 있었다.[95]

이 시대에는 로마의 금화와 페르시아의 은화 모두 서역의 사막을 넘어 찾아오는 상인에 의해 상거래에서 거래했다. 그중에는 당나라에 들어온 것도 있고, 동전에 그려진 외국 신들과 왕의 모습은 진귀한 물건을 좋아하는 한인들을 기쁘게 했다. 장안에 있는 수隋나라 시대의 무덤에서는 유스티니아누스 2세의 금화,[96] 하남에 있는 동시대 무덤에서는 호스로 2세의 은화 두 닢을 발굴했다.[97] 외국의 동전은 당나라보다 수나라 시대에 많이 유통된 것으로 보이는데, 이것은 단순히 고고학적인 발견의 건수에 의한 것일 뿐인지도 모른다. 장안에 있는 당나라 무덤에서는 동로마의 금화[98]가 나왔고, 그 근처의 다른 무덤에서는 호스로 2세의 은화가 하나 출토됐다.[99]

한편 광주에서는 이슬람 국가의 금화인 디나르가 상거래에 사용된 듯하다. 당나라 기록에 따르면, 아라비아인은 금화를 무역에 사용한다고 적고 있다.[100]

제17장 세속적 물건

> 그랬다. 빛나는 창가에서
> 손에 마노색 유리 램프를 들고 선 당신 모습
> 고대 그리스 조각을 얼마나 닮았던지!
> 아, 프시케, 깨끗하고 성스러운 나라에서 온 영혼!
> _에드거 앨런 포, 「헬렌에게」

잡화

한인은 나무, 도자기, 금속, 그 밖의 재료를 이용해 물건을 만드는 데 뛰어난 기술을 갖고 있었다. 하지만 당나라 사람들은 외국에서 가져온 진귀한 물건을 더 좋아했다. 특히 그것들이 돈 많은 유산 계급을 기쁘게 한 것은 말할 것도 없다. 일본에서 당으로 들어오는 승려들이 가져오는 "은으로 장식한 칼, 허리띠, 각종 붓" 등이 특히 환영을 받았기 때문에[1] 853년에 일본의 '왕의 아들'이 장안에 보낸 '보배로운 여러 물건寶器'에 당나라 사람들은 광분했을 것이다.[2] 수입품은 단순히 진귀하다거나 원재료가 귀중하다는 이유만으로 원했던 것은 아니다. 안남의 등나무 세공 등은 궁정의 필수품이기도 했다.[3]

당나라에서도 페르시아 양식의 그릇을 만들었지만(금속제 주전자를 흉내 내서 도자기로 만들고 채색한 것도 있었다), 서역에서 수입된 수반水盤이나 주전자도 있었다. 현존하는 은 주전자 등 정교한 금속 제품은 중국과의 교역용으로 페르시아에서 만든 물건일 것이다.[4] 안국(부하라)도 강국(사마르칸트)도 당에 '타조란배駝鳥卵杯'를 바쳤다.[5] 타조의 알로 만든 술잔인 타조란배는 바빌로니아 시대부터 제작해 사용하고 있었고, 아라비아의 시인은 "타조의 알처럼 매끈하고 반짝이는 아름다운 여성의 섬세한 피부"[6]라고 읊고 있다. 아라비아에서는 '보장옥주지병寶裝玉酒地瓶'을 조공으로 보내왔다.[7] 계빈국(카피샤)이 바친 금 붓에는 노사도盧思道의 「연행가燕行歌」가 각인되어 있었다.[8] 또한 자색 무늬가 도드라지도록 커팅한 유리로 만든 작은 상자 위에 로마 왕의 이름이 쓰여 있는 것도 있다.[9] 강국은 '보향로寶香爐'와 '목약병자目藥瓶子'를 보냈다.[10] 신라 왕은 매사냥용으로 매의 꼬리에 다는 섬세한 조각 세공이 된 방울[11]과 의례용 깃발을 보냈다.[12] 안국에서는 당나라의 황제에게 '보상자寶床子'를 바쳤다.[13] 853년에 조공물을 가지고 온 일본의 왕자는 장기를 잘 둬서 '추옥楸玉'이라는 이름을 지닌 옥으로 만든 장기판과 여름에 시원하고 겨울에 따뜻하게 해 준다는 개옥蓋玉을 바쳤다.[14]

등불 나무

7세기 중반에 토하라의 왕이 바친 두 개의 '마노등수瑪瑙燈樹'는 특히 주목할 만하다.[15] 별명으로 '화수火樹'(등불 나무)라고도 불렸던 이 인공

'나무'는 당나라 시대의 축제 중에서도 특히 화려한 원소제元宵祭에 사용했다. 원소제는 1월 중반에 사흘 혹은 그 이상 열리는 축제다. 집집마다 다투어 등을 걸고 밤새도록 춤추고 노래했다. 이것은 서역 지방의 정월 축제가 전해진 것인 듯하다. 고창에 남은 당나라 시대 벽화에는 일곱 개의 가지를 고리로 만들어 각각의 가지에 일렬로 등을 달아놓고 그 옆에 부인 한 명과 시녀들을 그린 그림이 있다.[16] 이 축제는 늦어도 6세기에는 중국에 전해졌고, 축제일은 1월 15일 보름달이 뜨는 날로 정해졌다. 축제를 즐기는 사람들은 인공 등을 하늘보다 밝게 비추고 싶어했다.[17] 축제가 있는 날 밤만은 도심부의 야간 외출 금지령도 해제되어 떠들썩하게 밤을 지샜다.

장안에 거대한 등으로 나무들을 장식하고, 등에는 자수나 값비싼 금속으로 꾸며 넣었다. 5만 개의 동그란 등불이 걸렸고, 아름다운 의상에 머리 장식을 한 1000명이 넘는 장안의 여성과 많은 시녀가 축제에서 시중을 들었다고 기록되어 있다. 낙양의 거리는 촛불과 최고의 장인이 고급스러운 비단으로 만든 '등루燈樓'가 늘어섰다고 한다. 각각의 '등루'는 높이가 150척으로, 금은보석으로 장식하고 용·봉황·호랑이·표범 등을 상징하는 꽃 등불로 꾸몄다. 당나라에는 청동으로 만든 등수燈樹도 있었고, 이것을 만드는 장인들의 공임으로 4만 관을 지불했으며, 온 나라 사람들에게 보이기 위해 운반하는 운임으로만 1만 관이 들었다고 한다.[18]

현종 황제가 어느 도시의 원소제가 가장 예쁜지 도사에게 물었더니 양주라고 대답하고는 도술을 사용해 현종을 양주로 데리고 갔다는 일화도 있다.[19] 839년에 양주를 방문한 엔닌은 불교 사원에서도 떠들썩한 정월을 축하하는 모습을 기록하고 있다. 불교 사원 등에서 세운 등불 나무 아래 선남선녀가 보시를 하고 지나가는 풍경이다. 엔닌은 양주의 어떤 절에서 '시죽지등匙竹之燈'을 봤다고도 한다. 이것은 높이 7, 8척의 대나무 끝에 등불 대신 수천 개의 숟가락을 매단 것이다.[20] 수나라 양제는 수 왕조가 붕괴하기 직전, 양주의 원소제에 대한 소회를 다음과 같은 시로 표현했다.[21]

법륜이 하늘에서 돌아가니	法輪天上轉
인도의 음악이 하늘에서 내려온다	梵聲天上來
등불 나무 천 개의 빛을 내니	燈樹千光照
불꽃이 일곱 가지에서 열린다	花焰七枝開
달 그림자 흐르는 물에 어리고	月影凝流水
봄바람이 야밤의 매화를 흔드네	春風含夜梅
작은 깃발들 황금 땅에서 일렁이고	幡動黃金地
종은 녹주석 연단에서 울린다	鐘發琉璃臺[22]

갑옷

당나라에서는 전쟁에 사용하는 무기를 매우 중시해서, 주변국에는 무기와 갑옷을 갖지 못하게 금지했다. 무기와 갑주를 반출하거나 불법으로 소유하는 것이 발각되면 1년에서 3년의 도형徒刑을 받았지만, 그럼에도 무기의 암거래는 많았다. 특히 북방 유목 민족과의 사이에서 왕성했다.[23] '갑甲 1령領과 노弩 3장張'을 감추고 있는 것이 발각되면 벌로 2000리 유배를 보냈다. 불법으로 무기를 제조한 장인은 더욱 엄한 죄를 물었다.[24] 반대로 장안으로 들어오는 군용품은 병기고에 넣기 전에 모두 이름과 숫자를 등록했다.[25] 중국에서 갑주의 제조가 가장 왕성했던 곳은 장강 유역과 회하 주변이다.[26]

중국 고대의 갑주는 딱딱한 동물의 가죽으로 제작했다. 특히 코뿔소나 야생 물소의 가죽이 환영받았다.[27] 이러한 동물의 가죽으로 만든 갑주는 당나라 시대에도 제조했고,[28] 역시 고대로부터 전해져온 고래 가죽 갑주의 생산도 계속했다.[29] 병사들은 나무나 비단, 마麻로 된 갑옷으로 몸을 지키고,[30] 때로는 모직氈과 종이 갑주도 사용했다.[31] 또한 말의 대퇴부 가죽으로 만든 갑옷은 돌궐계 토구즈오구즈가 바친 외국제 갑옷으로 진귀한 것이다.[32] 가슴을 가리는 부분이 둥글고 특징 있는 재단으로 만든 갑옷이다. 이런 새로운 양식의 갑옷 '경편회갑硬片盔甲'도 당나라 시대 병사의 갑주에 유행해, 도자기로 만든 기사상과 다르마팔라 Dharmapāla(수호신) 그림을 갑옷에 그려넣은 것을 볼 수 있다.[33] 같은 양식이 서역에도 있었던 걸 보면 단순히 갑옷으로서가 아니라 하나의 예술 양식으로 중국에 전해졌던 것인지도 모른다.[34]

금속판으로 만든 갑주는 고대에는 가죽으로 만든 것에서 발전했는데, 당나라 시대에는 철판 갑주가 일반적이었다.[35] 반짝반짝하게 닦은 철 갑주로 '명광갑明光甲'이라 부르던, 한반도에서 제조한 것도 있었다.[36] 아마 한반도 서남부의 산물로 여겨진다. 왜냐하면 7세기 전반에 백제가 조각을 곁들인 도끼와 함께 '명광갑'을 수차례나 장안에 보냈기 때문이다.[37] 또한 태종이 고구려와 전쟁했을 때는 수천 벌의 명광갑을 노획했다.[38] 그러나 위광을 뿜는 제국의 수호신인 천자나 그 위병에게는 황금 갑옷이 어울린다. 백제는 그러한 훌륭한 갑주를 태종에게 바쳤다.[39] 태종이 요동 지방을 정복했을 때 백제는 황금으로 칠한 갑주와 '산오문山五文' 무늬의 '현금玄金' 갑옷도 바쳤다.[40] 태종은 이적李勣을 거느리고 전쟁에 임했을 때 이 값비싼 조공품인 황제의 갑옷을 입었는데, 갑주는 햇빛을 받아 빛을 뿜었다고 한다.[41]

당이 번영을 구가하던 시대에는 이처럼 화려한 갑주도 그다지 진귀하지는 않았던 듯하다. 은으로 제작한 갑주도 있었다는 것이 기록에 남아 있다. 713년에 현종이 장안에서 그리 멀지 않은 여산驪山에서 군사 훈련을 명령했을 때는 20만의 병사가 모였다. 이때 병사들의 '과연금갑戈鋋金甲'이 천지를 비췄다고 기록돼 있다.[42] 또한 병사들의 생활을 가까이에서 묘사한 두보는 애국적인 젊은 영웅에 대한 시를 썼다. 두보의 귀에는 항상 전장에서 두드리는 북소리가 들렸고, 그 눈에는 반짝이는 창끝이 들어왔던 듯하다.

눈은 여전히 황금 갑옷에 얼어붙어 있다   金甲雪猶凍

먼지도 자주색 깃발에서 떨어지지 않는다   朱旗塵不翻[43]

작은 쇳조각을 여러 겹으로 겹친 갑주도 당나라 시대에는 사용했다.[44] 운남 지방의 납서족(나시족納西族)은 지금도 비늘 갑옷을 사용하고 있는데, 일찍이 운남에 있었던 남조의 것은 얇은 가죽을 꿰맨 형태의 갑옷이었다.[45] 중세의 티베트인은 적색과 흑색의 옻칠을 하고 가죽 비늘을 꿰맨 갑주를 착용했다. 지금까지도 비늘 모양의 갑옷이 티베트에 남아 있다.[46] 이것은 당나라 시대의 것과 비슷한 것일지도 모르지만, 고대의 공통된

양식에서 발전한 것인지 당나라의 양식이 전해진 것인지는 특정할 수 없다.[47]

8세기 초가 되면서 중국에도 쇄갑鎖甲이 등장한다. 사료에 기록이 남아 있는 것으로는 718년에 강국(사마르칸트)이 바친 '쇄자갑鎖子甲'[48]이 최초다.[49] 그러나 같은 8세기에는 티베트의 군대는 말과 병사 모두 눈만 내놓고 온몸을 가는 사슬 갑옷으로 덮고 서역 지방을 행진했다.[50] 9세기의 신라에서는 '요성遼城의 동쪽'에 있는 쇄갑이 오래전 하늘에서 내려온 것이라고 믿었다.[51] 어쨌거나 사슬 갑주는 이란에서 만들기 시작했다.[52] 동아시아 양식의 독특한 갑옷으로 보이는 갑옷 그림이 둔황의 벽화에 남아 있다.[53] 쇄갑 사슬은 대개 철제였는데[54] 다른 금속이 사용되는 경우도 있었다. 당시唐詩에는 이런 구절들이 나온다.

빗속에 버려진 황금 사슬 갑옷	雨抛金鎖甲
이끼 너머 녹색에 파묻힌 창	苔臥綠沈槍[55]
노란 구리에 쇄갑을 입고 말을 탄 마부	奚騎黃銅連鎖甲
망사 깃발 향기로운 깃대에는 금 잎사귀	羅旗香幹金畫葉[56]

검과 창

내게는 신비로운 사람이 준 신검이 있다	我有神劍異人與
어둠 속에서, 이따금 신검의 영혼은 속삭인다	暗中往往精靈語

신라의 검을 노래한 이 시의 표현을 보자면, 고대인은 검에 마력이 있다고 믿었음을 알 수 있다. 인도네시아에 있었던 마자파히트 왕국의 검처럼 영혼을 가진 검이 그렇다. 신통력이 있는 검은 당나라보다는 더 많은 주술사가 있고 귀신도 배회하고 호신 부적도 많은 먼 나라들의 무기라고 여겼다. 맞으면 피 한 방울 흘리지 않고도 사람을 죽인다고 알려진 '남만南蠻'의 독삭毒槊조차 그 위력은 독 때문이 아니고 '종천우하從天雨下'의 마력 때문이라고 여겼다.58

완벽한 검은 음양의 기가 교차하며 생긴다. 그것이 절의 종 등 다른 금속의 기물일지라도 다를 바 없다. 금속을 녹일 때 풀무는 동녀童女나 동자童子가 바람을 불어 넣는 것이 가장 이상적이라고 여겼다. 옛날에 검은 자웅 한 쌍으로 제작했다. 청동의 영혼들이 서로 부르고, 쌍검은 서로 말하기도 노래하기도 하며 자유자재로 움직일 수 있었다. 섬광을 일으킬 수도 있고, 용의 영혼을 담은 검은 번개를 자유자재로 다루었다.59 당나라 시대에는 옥을 자를 수 있는 '보도寶刀'라고 부르던 곤오昆吾의 청동 검이 유명했다. 이 검은 고대의 마력을 가진 왕자王者가 지니는 검의 전형이라 보았다. 이 검에 대한 신화는 사람들의 마음에 살아 있었을 뿐 아니라 역사적인 은유에 가득 찬 시의 소재로도 자주 등장한다.60 무명의 검이라도 신비로운 마력을 지닌 검은 시에 자주 등장했다. 전쟁 시를 많이 남긴 두보에게도 그러한 검을 표현한 시를 볼 수 있다. 여기서는 태풍처럼 혼란스러운 나라를 평정하는 영웅적인 왕에게 어울리는 외국의 검을 노래하고 있다.

아주 먼 타국에서 여기로 가져왔네	到此自僻遠
아직 진주나 옥이 붙어 있지는 않구나!	又非珠玉裝
너는 무엇이 기이하고 괴이한가?	如何有奇怪
밤마다 빛의 불꽃이 튀는구나!	每夜吐光芒
이제 호랑이 정령이 절정으로 튀어 오르네	虎氣必騰踔
그러나 용의 신체는 오래 보존할 것이다	龍身寧久藏
바람과 먼지는 멈추어서는 안 되니	風塵苦未息
나는 당신을 현명한 왕에게 드릴 것이네!	持汝奉明王[61]

　당나라 무기고에 있는 도검 중에는 금과 은으로 장식된 긴 의식용, 행진용 도검들이 있었다.[62] 단검은 병사가 들고[63] 장검은 보병이 사용했다.[64] 이들 도(그리고 그 밖의 몇 점)는 모두 단인單刀인 단도나 기병도로,[65] 아시아 국가들에 군림하는 당나라 시대의 위엄을 나타내는 도구였다. 창은 기병이 사용하는 옻칠 된 짧은 것[66]과 보병이 사용하는 나무로 만든 긴 것이 있었다.[67] 또한 궁전의 위병과 의식에 참여하는 근위병 등이 드는 화려한 창도 있었다.[68]

　중세 중국의 아름다운 검은 쇼소인에 남아 있는 공예품을 보면 상상할 수 있다. 칼자루나 칼집은 보석과 값비싼 금속으로 장식되어 있고, 옻칠로 꽃이나 동물의 무늬를 그린 것도 있다. 자루를 상어 가죽으로 감고 자루와 칼집에는 금과 은의 줄무늬로 덮었다. 더 화려하게 동그란 보석을 박아 넣은 것 등은 당나라 시대의 화려한 검을 방불케 하는 보물이다.[69] 이처럼 훌륭한 무기들 몇 점은 당에서 만들었을 것이다. 조정에 바치는 '문도文刀'는 사천 동부의 삼협三峽 지방에서 제작했다.[70]

그 밖에 수입된 것도 있었다. 남조가 바친 '낭검浪劍'은 주조할 때 녹인 금속에 독을 섞고 칼날을 말의 피로 식혀 만든 것이다. 황제가 다스리는 나라에 바치는 물건에 걸맞게 만들기 위해 칼자루와 칼집은 금이나 코뿔소 뿔로 장식했다.[71] 8세기에는 만주 지방의 흑수말갈이 철검을 몇 번 바쳤다. 하지만 이들 검에 마력이 있었다는 기록은 없다.[72]

중세 중국에서도 '다마스쿠스강鋼'이 알려져 있었는데, 당나라 시대에 그것이 수입됐는지 여부는 확실치 않다. 6세기의 기록에 따르면 그것은 페르시아산으로 되어 있는데, 10세기의 자료에서는 계빈국(카피샤) 제작품으로 되어 있다. 기록에는 "단단해서 금옥金玉을 자를 수도 있다"라고 기술되어 있다.[73] '다마스쿠스 칼'의 구름 문양은 강철의 얇은 판을 접어 단조해나가면서 완성했지만 중세 인도에서 만들었던 고탄소 '우츠wootz' 강철로도 비슷한 파도 무늬를 만들 수 있다.[74] 중국에서는 이것을 '빈철鑌鐵'이라고 불렀다. 피나Piṇa와 마찬가지로 인도 프라크리트어의 영향을 받은 이란계 언어가 어원일 것이다.[75] 만일 당나라 사람이 '다마스쿠스강으로 만든 칼'을 입수했다면, 그것은 인도에서 들어왔거나 인도의 영향 하에 있는 지방이나 나라에서 들어왔을 것이다.

활과 화살

한자의 '궁弓'(활)은 '용龍' '홍虹'(무지개), '궁穹'(하늘) 등과 어원이 같다.[76] 이런 언어적인 연결은 신화적인 관련을 암시하고 있다. 활은 비구름과 같은 힘을 갖고 번개를 내뿜는다.

당나라 시대에는 다양한 종류의 활이 있었다. 보병은 뽕나무로 만든 장궁長弓과 소노小弩를 사용했다. 또한 사정거리가 긴 노弩, 의식용으로 채색한 활도 있었으며, 뿔과 힘줄로 보강한 '각궁角弓'은 기병이 사용했다.[77] 고대 한인을 괴롭힌 초원의 민족들은 각궁을 사용했고, 한인도 오래전부터 이런 활을 사용했다. 당나라 시대에는 하북과 섬서에서 각궁을 만들었다. 변경에 가까운 지방에서 생산된 것은 분명 유목 민족의 영향이다.[78] 자작나무樺나 가래나무梓로 만든 쇼소인의 아름다운 활은 당나라에서 제작한 것으로 알려져 있다.[79] 그러나 "힘센 장사가 아니면 쏠 수 없는"[80] 호라즘의 활이나 만주 지방의 실위室韋에서 만든 정교한 각궁[81] 등의 무기조차 당나라의 중요한 '외국 문물' 중 하나라고 여겨도 좋을지는 의문이다.

당나라의 활과 화살은 장강 남쪽에 있는 강서와 호남 지방의 대나무 숲에서 벌채한 대나무로 만들었다.[82] 목제 화살은 활쏘기나 사냥 때만 사용했다. 긴 강철 화살은 전장에서 갑주를 뚫을 수 있도록 만들었다. 노전弩箭(crossbow)은 짧고 '피우皮羽'(가죽과 깃털)가 붙어 있었다.[83] 유목 민족이 사용하는 무시무시한 바람소리를 내는 화살은 몽골의 국경 근처 성진城鎮에서 만들어 장안에 조공물로 보냈다.[84] 고대로부터 북방의 산물로 귀하게 여겼던 흑수말갈이 만드는 석촉石鏃(돌화살촉)은 당나라 시대에도 훌륭한 화살로 평가됐고,[85] 미얀마 지방에 살고 있는 야만족이 사용했던 맹독 화살에 얽힌 이야기도 여럿 있다.[86] 당나라의 궁병은 그 당시에 특별히 대적할 만한 적이 없을 정도로 강했다고 한다.

하얀 칡넝쿨로 엮은 호록胡籙(전통箭筒보다 가벼운 화살통)은 대개 검은색이나 붉은색 옻칠을 입혔다. 쇼소인에는 그러한 호록이 남아 있다.[87]

그러나 이런 것들이 하북 규주嬀州에서 만든 궁정용 호록이었는지 여부
는 알 수 없다.[88]

제18장 종교 용품

전 세계, 내가 아직 발을 들여놓은 적이 없는 땅이 있을까?
그곳 사람들도 신의 표시와 발자취를 영원히 찾아 헤매고 있을까?
이곳, 신비의 나라 인도, 신들은 모이고 맴도네.
나무 위를 난무하는 벌처럼 폭풍처럼 몰려다니는구나.
_알프레드 코민 라이올, 『인도 왕자의 명상』

중앙아시아의 사막이나 남쪽 바다의 교역로를 통해 인도와 인도 문화
의 영향을 받은 여러 나라로부터 종교적인 신성한 물건들이 중국으로 들
어왔다.[1] 한인뿐 아니라 다양한 나라의 장인들이 아시아의 장대한 불교
사원에서 사용하는 종교 용품을 만들었다. 위험한 사막과 바닷길을 여행
하고 오는 순례자들을 위해 사원에는 여러 가지 상점(간이 숙박시설, 전당
포, 외상 판매점 등)이 있었다.[2]

이렇게 성물들이 신자들에게 팔리게 되자 불상, 불사리佛舍利, 경문經文
등이 불법佛法의 성지 인도에서 동아시아 방향으로 흘러들어왔다. 그 결
과 외국의 다양한 물건들이 당나라의 종교적인 분위기를 다채롭게 만들
었다. 그중에는 티베트에서 바친 높이 5자의 불단[3]과 인도에서 승려가
가지고 온 나란다 사원의 모형도 있다.[4] 또한 밀교의 고승이었던 불공不

空은 임종 전에 "오고금강령저五股金剛鈴杵, 은 접시, 보리자菩提子 염주와 수정 염주"를 대종에게 의탁했다.5 오대산五臺山 천태종天台宗 사원의 동굴에 모셔진 은으로 된 공후箜篌에는 "8만 4000곡의 곡조가 있고, 각각이 번뇌를 하나씩 없앨 수 있었다"고 한다.6 인도의 성지를 찾아 불교와 인연이 있는 물건들을 모은 사람들 중에서도 유례를 찾아볼 수 없을 정도로 많은 물건을 가지고 돌아온 고승이 의정義淨이다. 그는 671년에 광주를 떠났다가 695년에 돌아왔는데, 그동안 30여 나라를 여행하며 산스크리트 경전 400권, 50만 권의 송頌, 불사리 300점을 가지고 돌아왔다.7

불사리

사람들은 불교의 성인이나 고승의 유골인 불사리佛舍利를 열광적으로 숭배했고, 이런 성물들이 시장에 나오면 매우 비싼 값에 팔렸다. 그것은 다음에 인용하는 이야기에서도 잘 알 수 있다. 재상 이임보李林甫의 저택에서 가까운 지역인 평강방平康坊의 보리사菩提寺 지주가 전한 일화 가운데 하나다.

이 우좌右座(이임보)는 생일마다 항상 이 절의 승려에게 방문해줄 것을 부탁해 재회齋會를 열도록 했다. 승려 을乙이라는 사람은 일찍이 부처를 찬양해 안장鞍裝 일습을 보시로 받았다. 그것을 팔자 그 가격이 7만 전이나 했다. 승려 광廣은 평판이 좋아 경문을 몇 년이나 독송했다. 부처를 찬양할 기회가 오면 그 자리에서 우좌의 공덕을 온갖 표현을 다해 기도해주고 두둔한 보시를 노렸다. 재회가 끝나고 포렴 밑에서 채비綵篚(비단 광주리)에 향라파香羅帕(향기 나는 비단 수건)를 넣은 보시를 받았다. 낡은 못과 비슷한, 길이 몇 치 정도의 것이 담겨 있었다. 승려는 기대가 어긋나자 돌아와서 며칠 동안 부끄러움과 분함을 참을 수 없었다. 그러나 대신大臣이라 불리는 인물이 자신을 속일 리가 없다고 생각을 고쳐먹고 그것을 그대로 들고 서시西市로 가서는 서역에서 온 상인에게 보였다. 상인은 이것을 보고 놀랐다.

"상인上人께서는 어디서 이것을 손에 넣으셨습니까? 부디 이것을 제게 파십시오. 부르시는 값대로 지불하겠습니다."

승려는 혹시나 하고 10만 전을 달라고 말해보았다. 상인은 큰 소리로 웃었다.

"무슨 말씀이십니까? 원하시는 가격을 말씀해주십시오."

50만 전까지 가격을 올렸을 때, 상인이 말했다.

"이것은 값이 1000만 전은 됩니다."

그러고는 그 자리에서 돈을 내주었다. 승려가 그 명칭을 묻자 상인은 이렇게 말했다.

"이것은 보골寶骨입니다."[8]

불사리에 대한 사람들의 집착이 심해지자 이것을 훔치는 사람도 나왔다. 한인 '명원明遠'은 유명한 부처의 치아를 '석란錫蘭'(스리랑카)의 성골聖骨 상자에서 훔쳐내려고 했다. 스리랑카에서 부처의 치아가 없어지면 섬 전체가 찰나에 삼켜진다는 전설이 있었을 정도다.[9] 불행인지 다행인지, 이상한 힘에 의해 방해를 받아 명원은 결국 치아를 훔칠 수 없었다.[10]

이러한 열광적인 신자가 있으면 그에 반대하는 사람도 나오는 것이 세상 이치다. 당나라 시대에는 성스러운 유골 숭배를 비난하고 성스러운 유골 자체를 추악한 것으로 업신여기는 사람도 많았다. 그중에서도 가장 유명한 사람이 한유다. 그는 사람들이 부처의 손가락뼈를 숭배하는 데 대해 매우 신랄한 비판문을 썼다. 이러한 반대 운동은 지식 계급이 가진 외국 혐오의 한 측면이었는데, 9세기의 외국 배척 운동은 결국 불교에 대한 박해를 낳았고 불교 예술은 파괴되었으며 더 나아가 이후 불교가 중국 문화의 중요한 부분을 담당하는 일은 차츰 줄어들었다.[11]

그런데도 성스러운 유골을 찾는 사람들은 끊이지 않았다. 790년에 순례 여행을 마치고 장안에 돌아온 오공悟空은 오장나국烏仗那國(우디야나) 승원僧院에서 석가의 치아를 가지고 돌아왔다.[12] 9세기경 장안에 있는 네 개의 불교 사원에 부처의 치아가 있었다. 절은 각각 길일을 택해 향을 피우고 그 연기에 감싸인 가운데 신도들이 약, 음식, 과일, 꽃 등을 봉납하고 "불치佛齒를 모신 누각을 향해 빗발치듯 새전賽錢(시주하는 돈)을 던졌다."[13] 오대산의 절은 벽지불辟支佛의 두골頭骨을 갖고 있다는 것을 자랑으로 삼고 있었다. 엔닌의 기록에는 "그 색깔은 백암白黯(어두운 백색), 모양은 본국의 경석輕石과 비슷"했으며, 정수리에는 백발이 몇 가닥 남아 있었다고 전하고 있다.[14] 또한 장안에 남은 아소카 왕의 유골에서부터 오대산에 있는 일본의 영선삼장靈仙三藏의 것까지 역사에 남을 인물의 유물도 있었다.[15] 영선의 것은 그야말로 특이한 것으로, "자신의 팔 가죽을 벗긴 것인데, 길이가 4치, 너비 3치였다. 그리고 금동으로 탑을 만들어 불상을 안치했다."[16]

이러한 종교적인 물건들이 시인의 마음을 크게 자극하지는 않은 듯하지만, 박학한 이야기꾼의 상상력을 북돋아주기에 충분했다. 서역에서 측천무후에게 보낸 마주魔珠 이야기도 그런 분위기에서 탄생했을 것이다.

이 구슬과 함께 광목천廣目天의 턱뼈와 벽지불의 파란 혀를 바쳤는데, 턱뼈는 호상胡床(걸상) 정도의 크기이고 혀는 소의 혀처럼 컸다고 한다.[17]

불상

당나라 시대에는 불상佛像을 비롯해 여러 신상神像이 나돌았다. 특히 금속, 나무, 흙으로 만든 작은 불상은 신도가 부담 없이 가질 수 있어서 유행했기 때문에 당나라의 장인들은 부지런히 불상을 만들었다.[18] 부자와 규모가 큰 사원은 외국에서 수입된 불상이나 예술성이 높은 작품을 입수할 수 있었으며, 이러한 작품은 모두 당나라 사람들의 외국 취향을 만족하게 만들어주었을 뿐 아니라 그들의 기호에도 영향을 끼쳤다. 외국의 것을 흉내 내서 당에서 만들어진 불상도 많았다.

염입덕이 창작한 듯한 「칠요도七曜圖」(마니교와 관련된 것인지 모르겠다)[19] 등 상징적인 것과 남조 및 티베트를 정복한 위고韋皐가 조정에 바친 「표국악인도驃國樂人圖」 등 사실적寫實的인 작품이 있었다.[20] 당 왕조는 궁정 화가에게 외국의 사절을 모델로 삼아 얼굴과 옷차림을 그리게 했다. 때문에 외국의 물건들을 그린 '사실적인' 그림도 정기적으로 창작했다.[21] 그것들은 백단 축에다 백옥·호박·수정으로 장식해 마는 족자 형식의 그림으로,[22] 당시 사람들, 특히 궁정인의 취향에 적지 않은 영향을 끼쳤을 것으로 보인다. 더구나 먼 외국의 공방에서 제작된 그림이나 조각까지 궁정 바깥의 사람들에게 확산되면서 당나라 사람들의 취향에 더욱 큰 영향을 끼쳤을 것이 틀림없다.

당나라에서 인도로 여행을 떠난 순례자들은 경문이나 불사리뿐 아니라 불상도 가지고 돌아왔다. 이들은 당나라 신도를 교화하고 사원을 멋지게 장식하는 데에도 한몫을 차지했다.[23] 불상은 인도뿐 아니라 그 밖의 불교국에서도 들어왔다. 장안 영화사靈華寺[24]에 있던 호탄의 청동 불상이 그 한 예다. 이 불상은 신라 왕이 810년에 헌종에게 바친 것으로,[25] 금과 은으로 만든 천인天人과 불상의 벽화가 그려진 당堂에 봉안했다.[26] 불교 이외의 종교적인 것들도 있어서, 둔황의 벽화에는 그리스도교의 성인으로 보이는 붉은 수염을 한 인물의 그림도 보인다. 머리에 쓴 관 위에는 몰타 십자가가 붙어 있는데, 동아시아에서는 그도 역시 보살의 하나로 여겨졌던 것일지도 모른다.[27]

이런 경로로 외국에서 들어온 물건들 중에서 한인의 취향에 가장 크고 오래 영향을 준 것이 있었다. 극락정토에 태어날 수 없었던 장인들의 손과 마음을 불상에 다가가게 만든 일정한 양식과 모형이 있었다. 불상의 묘사에 뛰어났던 화가 금강삼장金剛三藏(바지라 트립타카)이 실론에서 당에 왔을 때, 불상 등의 표준적인 비율을 표시한 책을 여러 권 가지고 왔을 것이 틀림없다.[28] 그것들을 흔쾌히 당나라의 화가에게도 보여줬는지 자신이 독점하고 있었는지는 알 수 없지만, 한인은 제대로 된 모형을 구하기에 인색하지는 않았기 때문인지 그러한 자료와 재료를 사용해 그림을 그렸다. 둔황의 벽화에 같은 비율로 묘사된 것이 여러 개 있기 때문에 이상적인 상을 그리기 위한 틀이 있었고, 그 틀에 충실하게 따라서 그렸다고밖에 생각할 수 없다.[29]

불상의 정형을 구하기 위해 특사도 외국으로 보냈다. 현종은 호탄에 사절을 보내 북방의 수호신인 다문천多聞天(바이슈라바나)의 정통적인 상을 가지고 오게 했다. 다문천은 중앙아시아의 튀르크계 왕들이 좋아했던 불상이다.[30] 신들의 상을 만들기 위한 모형은 전리품이나 외교상의 물품으로서 큰 위치를 차지하는 경우도 있었다. 세력이 강대했던 당나라 사신 왕현책은 인도에서 많은 불상의 그림을 손에 넣었다. 그 가운데 부다가야에서 가지고 돌아온 것으로 미륵보살 그림이라 일컬어지는 것도 있었다. 이 그림의 비율을 토대로 665년에 장안에서 금박을 입힌 불상을 만들었다.[31] (물론 예술은 두 나라 사이에서 상호 영향을 준다. 8세기에는 메소포타미아 지방의 아라비아에서도 한인 직물 장인, 금 세공사, 화가들이 창작에 힘썼다. 번숙樊淑이나 유자劉泚 등의 화가들, 악환樂環과 여례呂禮 등의 직물 장인이 대표적이다.)[32]

그러나 845년의 불교 탄압으로 모든 불상을 몰수해 농기구로 다시 주조하게 하거나 동전으로 녹여서 국고에서 사용했기에 당나라의 종교 예술에 대한 외국의 영향은 이때를 기해 종말을 고했다.[33] 엔닌은 이 수난의 모습을 이야기하고 있다.

청동·철·금 불상에 무슨 잘못이 있는가. 조칙詔勅에 의해 모두 재로, 동전으로 바꾸어버렸다.[34]

제19장 서적

이상한 철학들을 읽어야 한다면
모든 이방의 왕에 대한 기밀을 말하겠다.
_크리스토퍼 말로, 「파우스투스 박사의 비극적인 역사」 1막

외국 서적

당나라 사람들은 외국에서 들어온 서적을 보고 그 특이함에 강한 인상을 받고 놀랐지만, 이윽고 그것들 대부분을 중국 스타일로 바꾸어 수용하기에 이르렀다. 감수성이 예민한 한인들은 외국의 진귀한 문자를 보고 해독할 수 없는 문자 중에는 뭔가 재미있는 내용이나 상상을 초월하는 지혜, 무시무시한 주문이 숨어 있는 게 아닌가 하는 상상을 했다. 한자에도 특이한 글자 모양이 없었던 건 아니다. 고대로부터 즐겨 사용되던 해서楷書나 전서篆書 외에도 호조서虎爪書, 도해서倒薤書, 언파서偃波書, 일서日書, 월서月書, 풍서風書, 충식치서蟲食齒書 등 특이한 글자체가 있었다. 더구나 외국에서 들어와 정착한 호서胡書나 천축서天竺書도 있었다.[1] 그러나 서역에서 사용하고 있던 문자로 당나라 시대의 호사가의 눈에 띄었던 문

자와 책 중에는 여순서鱺唇書, 연엽서蓮葉書, 대진서大秦書, 타승서駄乘書, 기시서起屍書, 천서天書, 용서龍書, 조음서鳥音書 등도 있었다. 이것들조차 단성식이 기록한 64종류 중 극히 일부에 지나지 않는다.[2]

이들 문자가 쓰인 종이에도 다양한 종류가 있었다. 당나라 시대 중국에서는 마麻, 갈葛(칡), 상桑(뽕나무) 혹은 대나무나 자단 펄프로 종이를 만들었다. 이 종이들은 다채로운 색깔로 염색을 했고(얇고 단단한 황금색 종이는 당나라 종이 중에서 가장 아름다운 것 중 하나다), 때로는 향도 첨가했다. 이것을 막대기에 풀로 붙여 긴 두루마리인 권축卷軸으로 만든다. 고급 권장卷裝은 백단 축에 감아 수정으로 손잡이爪를 붙였다.(물론 9세기까지는 이미 접는 책, 즉 호접장蝴蝶裝도 있었고, 10세기가 되면서 책 형태로 꿰맨 것도 나왔다.) 그래도 최고급의 것은 옛날과 마찬가지로 비단에 쓴 두루마리 책이었다.[3]

당나라 안에 이러한 훌륭한 소재가 있음에도 불구하고 외국 종이도 많이 사용했다. 당나라의 시인은 종종 '만전蠻箋'을 언급하고 있고, 고려는 조공물로 두루마리 종이를 바쳤다. 일본은 소나무 수피로 종이를 만들었고, 당나라 남쪽 지방에서는 '어자문魚子紋'의 하얀 종이와 '측리지側理紙'라 불리는 해조류를 원료로 한 종이를 조공으로 보냈다.[4] 이들 종이 제작 기술은 원래 중국에서 발달한 것이기 때문에 외국적인 요소란 표면적인 차이에 불과했다.

서역의 양피지가 당까지 건너왔는지 여부는 알 수 없지만, 위대한 여행가 장건張騫은 안식安息(파르티아)에서는 동물의 가죽에 가로쓰기로 글자를 기록한다고 주장하고 있는 걸 보면, 한인은 2세기경부터 그런 종이가 있었음을 알고 있었을 것이다.[5] 중세 호탄에서는 가죽에 글자를 썼는

데, 한인은 이런 것에 흥미를 보이지 않았다.6 그러나 당나라 때 많이 사용된 듯한 외국의 종이 가운데 시인의 상상력을 적게나마 자극한 것이 있다. 남아시아의 대추야자(팔미라) 잎이다.7 이것은 산스크리트어로 '잎'을 의미하는 '패다貝多(파트라)'8라는 이름으로 알려져 있었다. 당나라 정사正史에는 천문학과 수학에 뛰어난 인도인(이는 누구나 알고 있었다)은 "패다수엽貝多樹葉에 내용을 적는 듯하다"9라고 쓰여 있다. 외래어의 올바른 어원을 조사해 기록한 단성식은 이것을 마가다국의 상록수라고 설명하고(파트라 잎을 꿰매서 책을 만드는 것이 마가다국의 일대 산업이었기 때문인지도 모른다), 파트라 종이에 쓴 문서는 잘만 관리하면 500년에서 600년까지 보존이 가능하다고 주장하고 있다.10

장안에서도 패다수樹貝多樹(파트라 나무)를 볼 수 있었다. 진귀한 파트라 나무는 '서국'에서 들여와 '흥선사興善寺'11의 정원에 심어놓았다. 이곳은 장안에서 가장 큰 절이라고 알려져 있었고, 가람 규모뿐 아니라 호탄의 구슬로 만든 불상, 유명한 오도자가 그린 그림, 전설의 노송老松 등 보물이 많았다고 알려져 있었다. 노송 가지로 깎은 용상龍像은 가뭄이 계속될 때면 비를 내리게 한다고 믿었다.12 9세기 후반의 시인 장교張喬는 이 절의 파트라 나무를 예찬한 시를 남기고 있다.13 장안의 기후에서 어떻게 이 나무가 말라 죽지 않고 살아남았는지 신기한 일이다.

잎을 가지런히 추려서 모양 있게 만든 책은 '올라스Ollahs'라고 부르며, 당나라 시대에는 '범협梵夾'14이라는 판자 사이에 끼웠다.15 중국에서 인도로 건너간 순례자가 열심히 서적을 모아 돌아온 것을 생각하면, 파트라 서적은 그다지 진귀한 것도 아니었음에 틀림없다. 아마 당나라 시대의 대부분의 큰 절에는 있었을 것이다. 엔닌은 오대산에서 파트라에 쓴

—
파트라 잎에 팔리어로 쓴 『반야바라밀다심경般若波羅密多心經』, 둔황 출토. "고경古經을 필사한 파트라 종이."

『법화경』을 보았다고 말하고 있다.[16] 사원 이외의 장소에서도 볼 수 있었고, 불교를 믿었던 의종은 "손에 범협을 들고 경을 읊었다."[17] 746년에 실론의 시라미가(실라메가) 왕이 바라문 승려 아목거발절라(아모가바지라, 불공不空)에게 부탁해 파트라에 쓴 『대반야경大般若經』 일부를 바쳤다.[18]

파트라 서적은 구란국倶蘭國(쿠란) 왕이 646년에 당에 보낸 편지에도 드러나듯 "부처님의 말씀과 비슷한"[19] 말로 쓰여 있기 때문에 숭배를 받았다. 신성한 파트라는 시인의 마음에 강한 이국적인 인상을 불러일으켰다. 시인은 불교적인 분위기를 자아내기 위해 시 안에 자주 파트라를 언급하고 있다. 이상은은 「제승벽題僧壁」에서 "만약 경문의 말씀을 믿는다면若信貝多眞實語"[20]이라고 읊고 있다. 앞에서 파트라와 백단을 두루 사용한 예를 들었는데, 피일휴의 시에서도 그것을 볼 수 있다.

훈육kunduruka 향으로 가득한 작은 바실리카 　　　　　　　　小殿薰陸香
파트라 종이에 쓰인 어떤 오래된 경전 　　　　　　　　　古經貝多紙[21]

그윽한 유향乳香과 파트라 그것이 바로 따뜻한 서역 종교의 향기와 촉감이었다.

서점과 서재

8세기부터 9세기경 당나라에서는 외국의 지리 서적, 사전류, 일반 서적을 대도시의 점포에 가면 살 수 있었던 것 같다. 하지만 당나라 시대의 서점에 대해 상세한 점은 알 수 없다.[22] 과거 시험 공부에 대비해 학생들이 고전을 구매하러 가는 서점 이야기가 당대唐代 전기傳奇에 나오기도 하고, 시詩 안에서 낙양 남시南市에 있는 서점에 대한 내용이 나온다는 정도다.[23] 9세기의 성도成都에서는 꿈 해몽, 점성술, 족보 종류의 인쇄본도 판매하기 시작했다.[24]

서점과 달리 유명한 장서가는 많았기에 개인 서재에 대해서는 다소나마 상세하게 알 수 있다. 물론 최대 규모는 황실 장서다. 태종은 위징·우세남·안사고 등 즉위 당시부터의 가신의 권유로 628년에 서적의 수집을 시작해 서가書家에게 사본寫本을 만들게 했다. 궁정의 서고[25]는 20만 권의 장서를 자랑했으며 희귀본 사본도 많았다. 현종도 책의 수집에 여념이 없었고, 특히 민간에 있는 귀중본의 서사書寫에 힘을 쏟아 사천의 질좋은 마지麻紙에 베껴 쓰게 했다. 장안과 낙양에는 경서經書를 수장收藏하는 집현원集賢院[26]을 건설했고, 장서는 새롭게 고안된 사부四部 분류에 따라 분류별로 채색된 상아를 붙여 보관했다.[27] 붉은 패의 '경전經'은 하얀 상아로 된 축과 노란 띠, 녹색 패의 '사서史'는 파란 상아로 된 축과 얇은 녹색 띠, 남색 패의 '개인 저작子'은 조각을 넣은 박달나무 축과 자색 띠, 하얀 패의 '선집集'은 녹색 상아로 된 축과 붉은 띠를 달았다.[28]

8세기 전반 즉 현종의 치세 전반은 당나라가 평화를 구가하고 있었고, 조정에 의한 서적 수집의 전성기였다. 그러나 11세기가 되어 구양수가 당나라의 역사를 쓰기 시작했을 무렵에 이르면, 당 말의 내란, 특히 황소의 난으로 궁정의 장서 중 절반 이상이 없어져버렸다.[29]

당나라 시대의 사원 등에 있던 장서의 수는 알 수 없지만 상당한 양이었을 것으로 볼 수 있다. 산스크리트어 경전의 한역 일람이 664년에 만들어졌는데, 거기에는 2487권이 기재되어 있고, 그중에는 매우 긴 경전도 있다.[30] 만약 이 가운데 경전 중 하나, 예를 들면 『법화경』 사본 1000권이 장안의 모 사찰의 불탑에 있었다고 상정하고 계산해보면, 장안 전체의 사찰에 있던 경전의 수는 천문학적인 수량이 된다.[31]

개인 장서가는 온 나라에 퍼져 있었고, 가장 오래된 판본과 진본珍本의 상당수를 그들이 소유하고 있었다고 할 수 있다. 현종의 쓸모없는 책 수집에 대해 진언을 올렸던 예약수에 따르면 "장서가 너무 많아 서가에 다 넣지 못해 창틀에 서적을 쌓아두었기 때문에 서재에는 햇빛이 전혀 들어오지 않았다."[32] 또한 장삼張參은 "독서는 사서寫書에 미치지 못한다"[33]라고 하며 후반생을 유교 경전 베끼기에 소비했다. 특히 진귀한 것에 대한 연구를 소홀히 하지 않았으며 초인적인 기억력을 가진 단성식은 비서성祕書省의 교서랑校書郎을 맡아 비각祕閣의 서적을 독파한 뒤에는 자택에서 장서를 읽는 낙으로 살았다고 한다. 그는 불교 관계 지식에서 상당한 조예를 지녔었다.[34]

장서가들이 이 정도로 정열을 불태우며 서적을 모았기 때문에 개인의 서가에는 막대한 수량의 훌륭한 서적이 정리되어 있었다. 이필李泌의 장서는 3만 권, 유백추劉伯芻·위술韋述·소변蘇弁 등은 각기 2만 권의 서적을 갖고 있었다.[35] 그리고 개인의 서재는 가재도구도 궁정의 것에 필적할 정도로 사치스러웠으며, 희구본稀覯本도 궁정의 장서에 못지않았다. 수집가 최인량崔仁亮은 장서의 질帙(책갑)에는 수정으로 잠금장치를 하고 종이는 운모로 윤기를 냈다고 한다. 시인 여온呂溫은 이런 모습에 대한 묘사를 남기고 있다.

하늘로 뻗은 옥탑에는 귀중한 책장이 있고 　　　　玉樓寶架中天居

봉인된 귀중본과 은밀한 희귀본─ 많은 두루마리들 　緘奇祕籍萬卷餘

수정으로 꾸미고 녹색 무늬를 새긴 두루마리들 　水精編帙綠鈿軸

금으로 글을 써놓고, 운모로 두드린 종이 　　　雲母搗紙黃金書[36]

여행기와 지리서

당나라 사람들이 오랑캐와 외국에 대해 가졌던 인상은 실제로 외국으로 여행했던 사람과 조정의 지리학자가 쓴 서적에 의존하는 바가 컸다. 그러한 여행기나 지리서 대부분은 유실되었지만 제목만은 남아 있다. 주웅朱應의 『부남이물지扶南異物志』, 정사장程士章의 『서역도리기西域道里記』, 승려 지맹智猛의 『유행외국전遊行外國傳』, 작자 불명의 『임읍국기林邑國記』,[37] 『봉사고려기奉使高麗記』, 『토번황하록吐蕃黃河錄』, 방천리房千里의 『남방이물지南方異物志』, 배구裴矩의 『서역도기西域圖記』, 고음顧愔의 『신라국기新羅國記』, 원자袁滋의 『운남기雲南記』, 여술呂述의 『힐알사조공도전黠戛斯朝貢圖傳』 등이다. 그중에서도 특히 중요한 것이 『서역도기』 60권으로, 이것은 고종이 강국(사마르칸트)과 토하라 등의 서역 나라들에 사절을 보내 그 관습과 물산을 조사해 지도를 그리도록 명령했던 것으로, 많은 사절의 기록이다. 이 기록과 자료들은 허경종許敬宗의 감독하에 조정의 사관史官이 모으고 편집해 658년에 황제에게 바쳤다.[38]

이 밖에도 많은 서적이 있었다. 제목만 남고 실제 서적은 상실했기 때문에 더욱 궁금증을 불러일으키는 서적도 있지만, 그런 가운데 훗날 다른 시대에 다른 사료에 일부분이 인용되어 전해지고 있는 것도 있다. 방천리의 중요한 저작이 그렇고, 반쯤은 해적과 같은 사신이었던 왕현책의 『중천축국행기中天竺國行記』도 인도의 신기한 사건이 가득 담긴 기록이었다.39

인도로 가는 순례자 중에는 학문을 쌓은 승려도 많았고, 그들이 남긴 기록도 당나라 사람들에게는 외국에 관한 중요한 정보원이었다(잘못된 정보는 비교적 많지 않았다). 다행히 현존하는 기록도 있어서 현장삼장玄奘三藏과 의정義淨의 이름은 누구나 들어본 적이 있을 것이다. 특히 현장의 『대당서역기大唐西域記』는 시대를 초월해 단순한 기록 이상의 영향을 끼쳤다. 당나라 시대에 현장의 인기는 대단했고, 그에게 촉발되어 인도의 영향을 받은 문화에 강하게 이끌린 사람도 많다.40 그로부터 수백 년 후에는 현장의 작품을 토대로 한 소설 『서유기西遊記』가 저작되었다. 이것은 아서 웨일리의 영역으로 서양에도 알려지며 악당 퇴치를 소재로 한 소설로서 세계적으로 유명해졌다. 소설의 세계에서 외국 취향의 독보적인 작품이라고 할 수 있을 것이다.

종교서

600권이 넘는 경전과 논서論書(아비다르마)를 인도에서 당으로 가지고 돌아온 삼장 법사 현장은 인도에서 당으로 오는 위험한 여정을 상세한 기록으로 남겼다.41 여러 명의 승려가 인도에서 부처의 진리를 가지고 오기 위해 이 위험한 길을 여행했다. 현장은 654년에 인도의 지광智光

(Iñānaprabha) 법사에게 서한을 보내고 있다.

> 인더스강을 건너는 도중에 경을 한아름 잃어버렸습니다. 그 경전들의 제
> 목을 기록했으니 보내주시기 바랍니다. 공양할 물건을 조금 보내오니 받
> 아주십시오. 여정이 멀어 아쉽게도 많은 것을 보낼 수가 없습니다.[42]

위험을 무릅쓰고 고난을 극복하며 인도에 도착한 경건한 불교도는 대
개 마가다의 절 날란다Nāranda(那爛陀寺)에서 공부하는 것이 관례였다. 당
시 날란다 사원의 벽돌 건물에는 5000명의 승려와 수행자가 거주할 수
있었다. 그들은 부처가 깨달음을 얻은 부다가야의 보리수도 숭배했다. 그
러한 승려 중 한 명으로 티베트에서 인도로 가서 날란다에서 소승불교
를 공부한 도생道生(산스크리트어명은 Candradeva)도 있었다. 그는 막대한
양의 서적과 불상을 가지고 귀국길에 올랐지만 네팔에서 병사했다.[43] 또
한 현조玄照는 열렬한 의지를 가지고 중인도로 갔지만 60세를 넘은 나이
라 뜻을 이루지 못하고 현지에서 죽었다.[44] 그들은 여행지에서 본 이상한
물건이나 사건의 기록을 남기지 않았고 당나라의 장서에 새롭게 인도의
서적을 보태준 바는 없지만 위대한 불교계의 순교자이며, 그들의 불교
지식은 큰 족적을 남겼다.

이러한 순례자 대부분은 당에서 특히 잘 알려져 있는 것과 귀하게 여
기던 경전 원전을 구하러 인도로 여행을 떠났다. 예를 들면 당나라 이전
에는 환영을 받았던 『열반경涅槃經』도 7세기 후반이 되면서 『법화경』의
인기에 눌렸고,[45] 8세기 전반에 의정이 한역한 『금광명최승왕경金光明最勝
王經』이 일시적으로 유행했지만 8세기 후반에는 『금강경金剛經』의 인기가

높았다.[46] 현존하는 가장 오래된 인쇄본은 『금강경』이다.

이러한 여행의 변화에 맞춰 장서가들도 새로운 서적을 모았고, 때로는 조정이 그것을 돕기도 했다. 대승불교에 경도되어 있던 측천무후는 자신이 소장한 『화엄경』[47]이 완벽한 판본이 아니라는 이유로 산스크리트어 원전을 원했고, 그 경전 원본이 있다는 호탄에 사절을 보냈다. 사절은 원전과 함께 한역이 가능한 실차난타實叉難陀(Śikṣānanda, 학희學喜라는 한자 이름을 받았다)를 데리고 돌아왔다. 실차난타는 경전을 가지고 동도東都(낙양)의 궁전에 들어와 한역을 시작했지만, 항상 측천무후가 옆에 있었기 때문에 경전의 번역 작업도 쉽지 않았을 것이다.[48] 그러나 그는 귀중한 경전을 품에 안고 화려한 당나라의 도읍으로 불려온 수많은 외국 학승을 대표하는 예라고 할 수 있을 것이다.

실차난타와는 달리 비상한 명성을 얻은 8세기 밀교승도 있다. 예를 들면 석가의 후예로서 80세에 장안에 온 선무외善無畏(슈바카라싱하) 등이다. 그는 대량의 산스크리트어 문헌을 가지고 들어와 이상한 힘으로 주술을 다루었다. 이 점에서 현종의 신뢰를 얻어 몇 번인가 기우제 때 기도를 했다.[49] 또한 법월法月(다르마찬드라)은 많은 양의 경전과 논論, 점성술 책, 산스크리트어 의학서와 함께 새로운 주문呪文들을 당으로 가지고 왔다.[50] 남인도의 팔라바스에서 가르치고 나중에 실론으로 간 인도 왕족의 아들 금강지金剛智(바지라보디)는 실론 사절을 동반하고 당으로 들어왔는데 『대반야바라밀다경大般若波羅蜜多經』을 가지고 왔다.[51] 밀교의 주술사 중에서 가장 유명한 사람이 금강지의 제자 불공不空(아모가바지라)이었다. 그는 석란錫蘭(실론) 출신 바라문으로 8세기 후반에 당나라의 궁정에서 대활약을 하며 우대를 받았다. 많은 당나라 사람들의 존경과 숭배를

받으며 살다 당나라에서 열반했다.[52] 그들은 강력한 주문, 주부呪符, 믿기
어려운 '미약媚藥'과 그 사용법을 설명한 서적을 당으로 가지고 들어왔다.

그러나 모든 것이 인도에서 온 건 아니다. 9세기 초에는 신라도 황제에
게 어울리는 조공물로 경전을 보내고 있다.[53] 또한 부처의 가르침 이외의
서적도 외국에서 들여왔다. 638년에는 페르시아의 네스토리우스교, 즉
경교도 아라본阿羅本이 경전과 가르침을 태종에게 바쳤다. 태종은 그 심
오한 가르침에 감명을 받아 장안에 경교 절을 세우도록 윤허했다.[54] 또
한 807년에는 위구르인이 낙양과 태원에 마니교 절을 짓는 것을 허락했
다.[55] 그러나 도교에 경도된 무종武宗 시대, 키르기스에 의해 위구르 세력
이 붕괴하자 마니교 경전과 신상은 거리에서 불태워졌다.[56] 예로부터 있
었던 신들이 다시 숭배를 받게 되면서 외국의 종교와 문물에 대한 매력
은 아예 없어져버렸다.

과학책

서역으로 여행을 떠난 당나라 승려들은 불교 경전 외에 철학·수학·
천문학·의학 등의 서적도 가지고 돌아왔다.[57] 당나라 시대에는 과학적인
연구를 강하게 요구했으며, 인도의 천문학이 높은 평가를 받고 있었다.
조정에서는 이런 방면의 학술 논문을 금이나 보석과 마찬가지로 반겼다.
720년에는 계빈국(카피샤)의 사절이 현종에게 '비방기약祕方奇藥'과 함께
천문학 서적을 바쳤다.[58]

8세기경 정식 역법曆法 계산은 인도의 세 가문인 카샤파Kāśyapa·가우

타마Gautama · 쿠마라Kumāra 가문이 대세를 이루었다.[59] 그중에서도 특히 뛰어났던 인물이 현종의 태사감太史監을 지낸 구담실달瞿曇悉達(가우타마 싯다르타)[60]이었다. 석가와 같은 이름의 구담실달은 인도의 '구성九星(나바그라하)'을 당나라 역법과 유사하게 고쳐[61] 월식이나 일식을 보다 정확하게 예상하는 방법과 숫자 영零의 사용법, 사인 함수正弦 등을 소개했다. 유감스럽게도 숫자 영과 사인 함수는 보수적인 당나라의 천문학자들이 받아들이지 않아 채택되지 않았다.[62]

7세기에는 역시 인도에서 전해진 '칠요력七曜曆'[63]을 사용했다. 배열이 다른 같은 제목의 서적은 이미 한나라 시대부터 있었다.[64] 그러나 7세기 중반에 나온 법령으로 칠요력을 개인이 소유하거나 연구하는 것은 천문도·참서讖書·병서와 함께 금지했다.[65] 때문에 천문학을 통한 외국에 대한 흥미는 조정 직속 과학자와 그들을 관리하는 정치가에게만 허락되는 것으로 제한되었다.

인도의 달력 계산법이 확산된 것은 불공(아모가바지라)의 공적이다. 그는 『문수사리보살급제선소설길흉시일선악숙요경文殊師利菩薩及諸仙所說吉凶時日善惡宿曜經』을 한역했다. 이 경전을 이용하면 행성의 위치를 정확하게 예측할 수 있었다.[66] 그의 제자 양경풍楊景風은 764년에 이 책에 주석을 달고 그 안에서 주일週日에 대응하는 행성의 명칭을 각각 산스크리트어·페르시아어·소그드어로 쓰고 있다. 소그드어(마니교?)의 '칠요七曜'를 한자로 나타내면 놀랍게도 잃어버린 바빌로니아 신들의 이름이 된다. 미흐르Mihr(태양), 마흐Mâh(달), 바흐람Bahram(화성), 티르Tīr(수성), 오르무즈드Ormuzd(목성), 나히드Nâhid(금성), 케반Kevan(토성)이다.[67] 나히드는 고페르시아어에서 아나하테Anahate라고 하는 것이 알기 쉬울지도 모른다. 이것은 아나이티스Anaitis, 즉 셈어의 아프로디테에 해당한다. 그러나 당나라 사람이 금성이라는 이름을 듣고 정 많은 여신 아프로디테를 떠올리는 일은 없었을 것이다. 소그드어의 '일요일'을 의미하는 단어 '밀일密日(Mihr)'은 오랫동안 계속 사용돼왔다. 1960년 타이완에서 발행된 중국의 역서에도 '밀일'이 기재되어 있다.[68]

당나라 시대에 사용했던 대부분의 역법 계산과 점성학 책은 서양의 역법이나 술법 체계에 토대를 두고 있었다. 수력을 이용한 혼천의渾天儀(이 혼천의는 탈진기脫進機에 연결해 천체의 움직임에 연동시킬 수 있었다)를 만든 것으로 유명한 뛰어난 천문학자 일행一行 화상和尚의 천문학 저작에서는[69] 중근동에서 사용했던 행성의 명칭을 게재하고 있다.[70]

인도화한 여러 나라에서는 의학과 약리학 책도 들어왔다. 그 대부분은 수나라 시대까지 궁정의 장서로 존재했다. 『서역제선소설약방西域諸仙所說藥方』 『바라문약방婆羅門藥方』 『서역명의소집요방西域名醫所集要方』 등이다.[71] 그러나 당나라의 정식 서명 목록에서는 이들 서적을 찾을 수 없다. 아마 당나라 시대에 빈번하게 일어났던 내란이나 혹은 무종의 배외폐불排外廢佛 때 없어졌는지도 모른다. 그러나 의학 서적은 그 후로도 외국에서 잇따라 들어왔으며, 특히 '비방'이 환영을 받았다는 것은 이미 설명했다. 외국의 약초에 대한 도감圖版書이 있었던 것도 밝혀지고 있다. 현종이 신라왕에게 하얀 앵무 암수 두 마리, 자색 나포羅袍, 금은 세공 기물, 나사羅紗와 능견綾絹 300단 남짓을 하사했는데, 이에 신라 왕이 감사의 편지와 함께 신라에서 나는 약초와 버섯류의 그림을 바쳤다는 기록이 있다.[72]

악보와 지도

당나라 시대에는 서역의 음악에 대한 인기가 높았고, 서역의 악사가 활약했다. 따라서 서역에서 사용되던 악보도 당나라에 들어왔다. 현종의 형인 영왕寧王은 음악에 깊이 경도되어 쿠처의 악보를 읽고 음악을 연주하고 북을 쳤다. 현종은 이것을 보고 "음악에 취해 넋이 나간 듯하다"[73]라고 했다. 쿠처의 악보는 전해지지 않지만, 비파 연주를 위해 작곡된 중세의 비파 악보(현대의 악보와 전혀 다르다)가 둔황에서 발견되었다. 당나라 시대의 오현비파를 위한 악보도 일본에 남아 있다.[74] 이 악보들에는 쿠처의 영향이 짙게 배어 있다. 아마 영왕이 읽었던 것도 비슷한 악보였을 것이다.

당나라 시대의 지도 작성은 전략적인 요소가 짙었고, 정부와 군부가 매우 힘을 들인 부문이다. 새로운 영토를 늘리고 속국을 완전한 지배하에 놓아두기 위해 지도 작성은 외국에 파견된 사절에게 주어진 중요한 임무 가운데 하나라고 하겠다. 이른바 스파이 행위다. 또한 외국에서 당으로 오는 사절도 각국의 산천 풍토에 대해 관리에게 상세하게 보고해야 했으며, 그 내용은 자세히 지도에 반영했다.[75] 때로는 타국이 당나라의 황제에게 지도를 바쳐 조공국으로 입장을 확인하는 일도 있었다. 왕현책은 마가다 침략에 성공한 후 현재의 서西아삼 지방에 해당하는 가몰로국伽沒路國(카마루파)으로 들어갔다. 가몰로국 왕은 장안에 사절을 보내 여러 가지 진귀한 조공물과 함께 자기 나라의 지도를 바치고 그 대가로 노자老子의 상像과 『도덕경道德經』을 요구했다.[76]

주

서문

1 Laufer (1919), p.379; 『冊府元龜』卷 970, p.11b; 『唐會要』卷 99, p.1774; 卷 100, p.1796.

2 Reischauer (1955a), p.82. 일본인 수입상들이 상하기 쉬운 물건을 사 갔다고 한다.

3 Soper (1950), p.10. 신라 출신들이 화가 주방周昉의 그림을 대량으로 사서 신라로 돌아갔다고 한다.

4 高楠順次郎 (1928), p.22.

5 Balazs (1931), pp.52~54. 이 책에서는 당대 무역의 일반적인 사항에 대하여 기술하고 있다.

6 Coedès (1948), p.68.

7 Bagchi (1929), p.77, pp.346~347.

8 P. Pelliot, *Memoires sur les coutumes du Cambodge*(1951), p.81.

9 v. Gabain (1961), p.17.

1장 당나라의 영광

1 이 시대 역사에 관한 가장 좋은 안내서는 Goodrich (1959), p.120ff.

2 물가는 당나라 초 10년간 상당히 올랐다. 하지만 7세기경에 이르러 낮아졌고, 7세기 말에 가서 다시 조금 오른다. 全漢昇 (1947), pp.102~109 참조. 세제稅制에 관해서는 Balazs (1931), pp.43~55와 Pulleyblank (1955), p.125를 참조하라. 부역은 비단으로 납부할 수도 있었다. 변경 지역에서 세금은 간략하게 부과했다, 영남嶺南의 농민은 쌀로 납부했다. 당나라 지배하의 돌궐에서는 양이나 돈으로 세금을 냈다. 상공업이 성행하던 도시 지역에서는 다른 세금이 부과됐다. 양주揚州는 상인 거래의 중심지였다. 곡식이나 비단 대신 주로 현금으로 납부했다. 제조업이 성행하는 도시에서는 지방 특산물로 대납했다. 당나라 부역의 기본은 곡물·피륙·부역의 세 가지 제도로 압축된다. 땅의 크기나 평수와 크게 상관없이 토지와 가옥에는 세금을 낮게 매겼다.

3 Pulleyblank (1955), p.27.

4 Pulleyblank (1955), pp.48~49.

5 小川昭一 (1957), p.97; Schafer (1951), p.411 참조. 이 시기의 특징은 '고문古文'과 '전

기傳奇'였다. 풀리블랭크는 문예 부흥이 왕조의 정신적인 부흥과 관련 있다고 보았다. Pulleyblank (1960), p.113.

6 全漢昇 (1947), pp.109~126, 특히 pp.111~112를 참조하라. 자본 축적과 세제 문제로 인해 764년에는 725년 같은 호황기에 비해 장안의 쌀값이 500배나 뛰었다고 한다.
7 全漢昇 (1948), pp.144~145.
8 全漢昇 (1948), p.145.
9 Pulleyblank (1955), pp.35~36.
10 『隋唐嘉話』卷 1, p.26b~27a 및 中山久四郎 (1917), p.352 참조.
11 지방에서는 비단 이외의 물품도 교환 기준으로 이용됐다. 서북부에 위치한 둔황에서는 곡물이 대표적이었고, 화남 지방의 변경인 광주에서는 금과 진사辰砂, 상아象牙가 기준이 되었다. 全漢昇 (1948), pp.107~114.
12 구리 광산을 새로이 개척하고 동전을 주조하는 방식을 개량하면서 화폐 경제에 영향을 끼친다. 全漢昇 (1948), pp.144~148 참조. 8세기 후반에는 화폐 수출을 금지하는 칙령을 내리지만 상인들이 그 법을 잘 지킬 리 만무했다. Reinaud (1845), pp.72~73; 桑原騭藏 (1930), pp.34~35.
13 全漢昇 (1948), p.133; Balazs (1931), pp.82~92를 보라. 8세기는 상업 원활화를 위해 최초로 신용장이 도입된 시기로 유명하다. 편리한 사용은 9세기에 신용장 제도를 정부가 독점하면 본격적으로 시작된다. Balazs (1960), p.204.
14 Balazs (1931), pp.82~92; Pulleyblank (1955), p.30.
15 Pulleyblank (1955), pp.55~56.
16 이 악명 높은 반역자는 혼혈아였고, 그 이름은 소그드계였다.
17 Pulleyblank (1955), pp.26~27, pp.75~81, p.103.
18 8세기 중반의 전국 인구는 754년 호적 조사에 의하면 5200만 명이었다. 서도西都였던 장안에만 약 200만 명이 살았고 동도東都였던 낙양에는 100만 명이 넘었다. 이 두 도시가 100만이 넘는 곳이었고, 그 외에 100만에 가까운 도시로 사천의 성도成都가 있었으며, 50만 명을 넘는 도시는 22개가 있었다. 광주같이 돈이 넘쳐나던 항구조차 인구 20만이 살았을 뿐이었다. 안사의 난이 일어난 후 764년에 행한 호적 조사에 따르면, 전국 인구의 약 3분의 1인 1600만 명이 사라진다. 전란이 집중되었던 화북의 인구 저하가 가장 확연하다. 이 지역은 당시 전 지역 인구의 4분의 3이 사라진다. 이런 엄청난 인구 감소 비율은 사실상 과장된 것이었다. 내란 후 황폐해진 결과이기에 정확하지 못하다. 또한 승려, 상인, 외국인, 세입자처럼 세금을 내지 않는 사람 다수가 제외된 숫자다. Balazs (1931), p.14ff, p.23. 이 밖에 Fitzgerald (1947), pp.6~11 참조.
19 이에 대해서는 주로 Goodrich(1959)와 Fitzgerald(1938)를 참조하라. 758년 바다에서 광주를 약탈한 아라비아인과 페르시아인은 아마 해남도海南島에 근거지를 둔 해적이었을 것이다. Schafer (1951), p.407을 참조하라. 당나라와 중앙아시아의 이슬람 무리에 관한 내용은 Drake (1943), pp.1~40.
20 全漢昇 (1947), pp.112~147; 全漢昇 (1948), pp.129~133.
21 中山久四郎 (1917), p.558; Levy (1955), p.117.

22 특히 Pelliot (1904), p.134, p.l41 참조.

23 이에 관한 참고자료는 많지만, 특히 Goodrich (1959) pp.129~131을 참조하라. 라이트는 이미 7세기에 불교에 대한 박해가 시작되었다고 한다. Wright (1951), pp.33~47.

24 Wright (1957), p.37.

25 Schafer (1951), p.409.

26 Schafer (1951), pp.408~409.

27 Pulleyblank (1955), p.134.

28 Quennell (1928), pp.92~95. 여기서 말하는 물고기는 당나라 사신이 가지고 있던 물고기 모양의 할부割符였다. 당나라에는 유대인도 있었다. 하지만 라비노비츠가 언급하는 9세기의 페르시아계 유대인이라는 엘다드 하다니Eldad ha-Dani라는 인물은 의심스럽다. Rabinowitz (1946), p.236. 중세 중국에 있던 유대인들은 대부분이 페르시아인이었을 것이다. A. Stein (1907), pp.570~574에는 동투르키스탄의 단단우일리크Dandan-uiliq에서 히브리어로 쓴 페르시아인의 업무 편지가 소개되는데, 연도는 708년이다. 8세기에는 『구약』 「시편」이 쓰인 종이나 예언서가 발견되었다. 당나라 등에서 활동하던 유대인 상인에 대한 사항은 Pelliot 참조. White (1942), pp.139~140 및 Needham (1959), p.681을 보라.

29 『新唐書』, 卷 216b, p.4135b에 따르면, 격렬한 토론 후에 당나라는 731년에 티베트에 유가儒家 경전과 『사기史記』의 사본을 보내기로 한다. 『資治通鑑』, 卷 213, pp.13a~13b 참조.

30 Reischauer (1955a), pp.227~281.

31 趙文銳 (1926), p, 961; Reischauer (1940), p.146 참조.

32 趙文銳 (1926), p.961; Balazs (1932) p.53; Reischauer (1940), pp.150~153 참조.

33 Balazs (1932), p.53; Reischauer (1940), pp.156, pp.160~161. 신라에 멸망하기 전까지 한반도 동남쪽에 있던 백제의 선박은 황해를 건너 절강 항주만의 월주越州로 입항했다. 『舊唐書』, 卷 199a, p.3616a 참조.

34 Reischauer (1955a), pp.277~281.

35 Reischauer (1955a), p.143.

36 Reischauer (1940), p.162; Reischauer (1955a), p.281, pp.284~285 참조. 일본의 천태종天台宗 승려 엔닌圓仁은 9세기 당나라를 방문했을 때, 중국에 거주하는 신라인 대부분이 이미 한족화漢族化해 신라어를 잊었다고 했다. 그는 신라 배에 승선했으며, 수도로 향하는 도중 주로 신라 사절을 위한 숙박 시설인 불교 수도원 신라사新羅寺에 머물렀다고 기록한다. Reischauer (1955), p.150.

37 桑原騭藏 (1930), P.48, p.97.

38 桑原騭藏 (1930) p.48, p.97; Hourani (1951), pp.74~75; Villiers (1952), p.7, pp.56~57, pp.113~114; Wheatley (1961a), pp.xviii~xx, pp.42~43. 구와바라 지쓰조는 중국에서는 2세기에 이미 서남 계절풍에 대해 알고 있었다고 봤다. 5세기의 승려 법현法顯은 계절풍을 이용해 인도네시아로 항해했다. 7세기 의정義淨은 동북풍을 타기 좋은 항구인 광주에서 출발했다.

39 Hourani (1951), pp.61~64. 인더스강 하구에는 해적이 있었다고 한다.

40 Sauvaget (1948), p.41; Hourani (1951), p.69 참조.

41 Lewicki (1935), pp.176~181; Sauvaget (1948), p.41. 앞 책에는 이바드파 이슬람 상인이 8세기에 시라프에서 당으로 향하는 해로를 통해 당나라에 들어왔다고 말한다. 그중 하나가 오만 출신의 아부 우바이다Abū' Ubaida로, 침향을 수입해 팔려고 당나라와 교역했다.

42 Hourani (1951), p.78.

43 Pelliot (1912b), p.105; Schafer (1950), p.405. 13세기에 들어서 육로 교역에서 페르시아 인이 소그드인을 대체하게 된다.

44 Braddell (1956), p.13에서는 인도 해안 항구 가운데 서쪽의 말라바르는 동쪽의 코로만 델에 비해 인도양 방면으로의 항해가 편리했기 때문에 초기에는 말라바르가 더 붐비는 항구였다고 말한다.

45 승려 바즈라보디Vajrabodhi는 8세기 초에 스리랑카 항구에서 보석 거래를 위해 출항한 35척의 페르시아 선박에 대해 보고하고 있다. Hasan (1928), p.98.

46 Hourani (1951), pp.70~72; Schafer (1951), p.406; Wheatley (1961a), p.45 참조. 승려 혜초慧超가 기술한 페르시아-동아시아 무역 및 주요 무역 해로에 관한 사항은 Schafer(1951)를 보라. Pelliot (1904), pp.215~363, pp.372~373 참조.

47 桑原騭藏 (1930), pp.46~47. 고대에 인도양 항로를 연 것은 아라비아인이었을 것이다. 이 무역 항로를 실론(스리랑카)에서 동아시아까지 넓힌 것은 사산 왕조 페르시아다. Hasan (1928), p.85.

48 12세기에 이르러서야 중국 선박이 무역에서 큰 역할을 담당하기 시작한다.

49 山田憲太郎 (1959), pp.135~140. 중국의 선박이 인도까지 항해한 것은 9~10세기가 최초다.

50 Hourani (1951), pp.46~50; Paris (1952), pp.275~277, p.655; Wolters (1960), p.346 참조. 라우퍼는 인도네시아에 또 하나의 페르시아 선박 기지가 있음을 증명하려 했으나 성공하지 못한다. 그의 가설이 틀렸기 때문이다. 인도네시아에서는 페르시아의 선박에서 사용하는 단어가 많이 포함된 전문 무역 용어를 사용했을 가능성이 크다. '남양南洋' 지역에서는 다양한 오래된 민족의상을 조합한 것 같은 복장으로 자국에서 생산한 물건뿐 아니라 인도에서 생산한 물품도 이미 당나라에 많이 들여왔다. Laufer (1919), pp.468~487도 이를 지적하고 있고, 張星烺 (1930), Vol. 4, pp.185~193은 이를 비판하고 있다. 필자는 폴 펠리오의 의견에 동의한다. "이렇게 이전의 사료에서 페르시아가 나오는 경우는 대개 페르시아어를 가리키는 것으로 보인다. (…) 11~12세기 페르시아가 말레이반도의 국가 이름과 혼동되어 쓰였다. (…) Pase(Pasei 또는 *Pasi)라는 이름을 페르시아와 혼동한 것 같다." "서기 1000년경까지 파사선波斯船이라 하면 페르시아 선박 이외에는 생각할 수 없었다." 각각 Pelliot (1959), p.87, p.102에서 인용.

51 Hirth and Rockhill (1911), p.28; 中山久四郎 (1917), p.348~351; 張星烺 (1930), Vol. 2/3, p.181; 桑原騭藏 (1930), p.86~89; Homell (1946), p.143~146; Hourani (1951), p.109. 고전적인 '해안 풍경'에 관한 이야기는 인도의 조류나 서양의 이미지다. 노아의

방주 이야기에도 있듯이, 새를 놓아 육지를 찾았다. 中山久四郎는 재상 장구령의 이야기를 전한다. 그는 전서구를 길러 편지를 전했다. 이 전서구를 '비노飛奴'(날아다니는 노예)라고 불렀다. 전서구는 광주에 사는 페르시아인 또는 스리랑카 상인들에게서 배운 것이 아닐까 한다. 『開元天寶遺事』(『唐代叢書』卷 3, p.43a) 참조. 전서구가 중국에 전해진 것은 7세기 말엽이었다. 실제로는 7세기 초부터 소개되었다. 당 태종은 전서구를 '장군將軍'이라고 불렀다. 즐겨 찾은 새는 백색 송골매로, 장안과 낙양 사이에서 서신을 전달했다고 한다. 『朝野僉載』(『唐代叢書』卷 1, p.53b). 다른 새가 아닌 비둘기를 사용하게 된 것이 후대였다. 8세기 중반에 광주에 입항했다는 20미터 길이의 페르시아 상선을 묘사하고 있는 高楠順次郎 (1928), pp.466~467 참조.

52 나무 판을 덧댄 갑옷 장식과 선박 장식은 대조적인 인상을 보여준다.

53 桑原騭藏 (1930), pp.86~89; Hourani (1951), p.88ff; Schafer (1951), pp.405~406 참조. 중세 당나라의 바다에서 '박舶'이라 하던 큰 배는 다야크Dayak족의 전쟁을 위한 선박과 관련이 있다. Christie (1957a), passim을 보라.

54 『新唐書』卷 39, p.3724d; 『太平寰宇記』卷 70, p.10b. '노룡'의 전략적인 가치에 대해서는 松井秀一 (1959)의 종합적인 연구가 볼 만하다. 특히 이 책 pp.1397~1432를 참조하라. 또한 당나라의 주요 교역로에 대한 내용은 趙文銳 (1926), pp.960~961 참조. 趙文銳는 총 7개의 무역로를 열거하고 있다. 여기에서는 영주營州를 경유해 안동安東으로 가는 길을 예시하고 있다. 『新唐書』卷 43b, pp.3735d~3736d에 기재하고 있는 유명한 여행기 및 관련 사료는 Pelliot (1904) 참조.

55 Miller (1959), p.8.

56 Chavanne (1905), pp.529~531; Stein (1925), p.481과 사진 34~36; Stein (1933), pp.160~162; Bergman (1939), p.42; Miller (1959), p.23 참조.

57 이 길에 관한 내용은 둔황에서 발견한 저자 불명의 9세기 지리서에 자세히 설명되고 있다. Lionel Giles (1932), p.825 이하 참조.

58 『北史』卷 97, p.3041b; Schafer (1950), p, 181 참조.

59 Pelliot (1904), p.131, p.141, pp.150~153, pp.175~178; Laufer (1905), p.234, p.237 참조. Christie (1957) 등은 당나라의 미얀마 루트에 대해 기술하고 있다.

60 Bagchi (1950), p.19.

61 Pelliot (1904), p.133.

62 石橋五郎 (1901), pp.1051~1063; 桑原騭藏 (1930), pp.19~20; Balazs (1932), pp.53~54. 이븐호르다드베 등 아라비아 지리학자들이 말하는 루킨Lukin은 루핀Lupin을 말하는 것으로 같은 지명이다.

63 中山久四郎 (1917), p.361; 桑原騭藏 (1930), pp.16~17.

64 中山久四郎 (1917), p.247. 中山久四郎는 많은 불교 사료를 이용해 외국인 특히 인도 사람이 광주를 '치나Cīna', 장안을 '마하치나Mahācīna(큰 치나)'라고 불렀다고 한다. '칸푸Khanfu'라는 말의 유래도 한어의 '광부廣府'에서 온 말이다. 이 지역의 정식 이름은 '광주廣州'였다.

65 Balazs (1932), p.23, p.56. 광주는 풍부했지만 대도시는 아니었다. 8세기 당에는 인구

50만 이상의 도시가 25개 있었다. 9세기 아부 자이드의 기록에 의하면 광주에 거주하는 외국 상인의 수는 12만 명가량이었다고 한다.

66 Balazs (1932), p.55; Sauvaget (1948), p.6.
67 감진鑑眞이 748년에 광주를 방문하면서 남긴 기록이 있다. 高楠順次郎 (1928), pp.466~467.
68 高楠順次郎 (1928) p.467. 저자가 여기에 올린 한어 사료는 中山久四郎 (1917), pp.487~488의 자료에서 가져온 것이다. 중세 광주의 상황은 石橋五郎 (1901), pp.1063~1074도 참조하라.
69 Balazs (1932), p.56; Sauvaget (1948), p.7; Schafer (1951), p.407.
70 中山久四郎 (1917), pp.487~488.
71 高楠順次郎 (1928), p.466. 당나라 때 인도에서 온 불교 순례자 목록은 Bagchi (1950), pp.48~55 참조.
72 Hourani (1951), p.63. 12세기 초 지리학자인 마르와치Marwazī의 기록에 따르면, 분열된 종파들이 749년에 당나라로 도피해 섬과 항구에 면한 도시를 찾아왔다고 한다. 이것은 광주임에 틀림없으리라 생각되지만 저자는 의심스럽다고 말하고 있다.
73 상품을 쌓아두는 도매상의 창고에는 '거주지邸'라는 푯말이 붙었다. 상품을 진열하는 소매 점포에는 '가게店'로 표시를 했다. 祝秀俠 (1957), p.13 참조. 周一良은 광주가 여타 대도시만큼 중요한 도시라고 말한다. 밤에 외출 금지령인 소금宵禁이 있었다. 周一良 (1945), p.23. 그러나 광주에 부임하는 친구에게 보내는 장적張籍의 시 가운데 「蠻聲喧夜市」라는 시가 있다. 『全唐詩』 函 6 冊 6에 따르면, 석양의 종소리가 울리면 사람들은 각자의 거주지坊로 돌아가야 하고, 다음 신호에 방의 문은 닫아야 했다. 장적이 말하는 야시장이란 대도시의 중앙 시장처럼 큰 것이 아니라 지역적인 것이었을지도 모른다. 대도시는 특별한 날에만 야간 영업이 허용되었으며, 그날 야시장은 매우 붐볐다. 『雲仙雜記』 卷 7, p.50에 따르면 부자는 지갑에 현금을 담아 몰래 야시장을 방문해 맘 놓고 술과 여자를 즐겼다고 기록되어 있다. 거대 도시의 시작은 정오에 300타의 북을 쳐서 개점을 알리고 일몰 시 다시 300타의 북을 쳐서 폐점을 알렸다. 『唐六典』 卷 20, p.13b.
74 『新唐書』 卷 4, p.3640d 및 卷 116, p.3942d; 『舊唐書』 卷 89, p.3357c.
75 정확한 연도는 알려지지 않았다. 桑原騭藏 (1930), p.8; Balazs (1931), p.54 참조.
76 中山久四郎 (1917), p.353.
77 中山久四郎에 의하면 곽자의郭子儀의 안사의 난 진압을 돕기 위해 757년 칼리파가 보낸 아라비아 군대가 아닐까 추측하고 있다. 中山久四郎 (1917), p.354. 그러나 페르시아 사람들이 섞여 있었던 것이나 배에서 도망친 점 등을 감안할 때 해적 두목이었을 것으로 보인다고 말한다. 풍약馮若芳은 페르시아인을 비롯한 많은 외국인을 잡아 해남도에서 노예로 부렸다고 한다. 그의 배에는 많은 페르시아 선원이 승선해 있었다. Schafer (1951), p.407 참조.
78 王恭武 (1958), pp, 82~84.
79 中山久四郎 (1917), p.362.
80 『九家集注杜詩』, p.483 「諸將五首」.

81 『九家集注杜詩』p.150「自平」. 반란에 관해서는 中山久四郎 (1917), pp.351~352, pp.355~356 참조.

82 『舊唐書』卷 131, p.3436d; 中山久四郎 (1917), pp.356~357.

83 임기가 만료된 관리 이면은 장안으로 돌아가는 길에 하인의 짐을 조사해 외국에서 수입한 비싼 기호품을 적발해 찾아내서는 모두 강에 던져버렸다 한다.

84 『舊唐書』卷 51, p.3482b; 『新唐書』卷 170, p.4042b; 中山久四郎 (1917), p.360; Baizas (1932), pp.57~58도 참조.

85 中山久四郎 (1917), p.363.

86 서신徐申(재임 802~806), 정인鄭絪(재임 811~812), 공규孔戣(재임 817~819) 등이 대표적이다. 그들은 위법적인 징세를 철폐하고 불필요한 수입을 줄였으며, 불법 수입품을 엄격하고 철저하게 압수했다. 그들은 특히 남해신南海神 신앙을 장려했다. 공규는 개혁으로 유명한데, 당시 조주潮州에서 유명하던 문인 한유韓愈조차 그를 칭송할 정도였다. 中山久四郎 (1917), pp.364~365, pp.489~491 참조.

87 『新唐書』卷 9, p.3655d; 中山久四郎 (1917), pp.559~560; Levy (1959), pp.114~115, p.117, p.121; 王恭武 (1958), pp.82~84 참조. 아라비아인이 잔푸Djanfu라고 부른 푸젠성 천주泉州(후에 마르코 폴로는 '자이툰'이라고 불렀다)는 훗날 국제 해운 항구로 크게 번성하는 곳이다. 7세기의 이곳은 이슬람 선교사가 있었다는 기록이 있지만 신용하기 힘들다. 확실히 9세기의 천주에는 외국 상인이 있었고, 10세기에는 독립된 지방 군벌의 통치하에서 푸젠성의 항구가 크게 발전한다. 지방 군벌은 천주와 복주福州 항구에 외국 선박이 기항하는 것을 장려했다. Schafer (1954), P.78 참조.

88 매화나무가 많았기 때문에 매령梅嶺이라 불렸지만, 다른 이름으로는 대유령大庾嶺이라고도 했다.

89 向達 (1933), p.33; Schafeir (1951), p.408, p.413 참조.

90 中山久四郎 (1917), p.254; Schafer (1951), p.407(주 36) 참조. 특히 『全唐文』에서 수집해놓은 장구령의 글「開大庾嶺路記」참조. 당나라의 육로와 시장에 대한 간단한 소개는 嚴耕望 (1954) 참조.

91 中山久四郎 (1920), pp.252~261. 이 두 운하를 연결한 것은 화남 정복과 화북으로의 물자 수송의 편의를 도모하기 위한 것이었다. 기원전 3세기경의 진秦 왕조 시대에 만들어진 영거靈渠다. 이 중요한 수로는 한나라의 마원馬援이 이끄는 군대의 식량 운반을 위해 확장했다. 이 수로는 가끔 보수 공사가 필요했고 당唐·송宋 시대에도 여전히 이용했다.

92 『全唐詩』函 9 冊 3, p.13a의「九子坡聞鷓鴣」.

93 페달 밟기로 바퀴를 돌려 바람과 물의 흐름을 거슬러 올라갈 수 있는 명륜선明輪船은 785년경에 황족 중 한 명인 이고李皐가 외국인에게서 기술을 이전받아 제안한 것이다. 주로 군용 선박으로 사용된 것 같다. 桑原騭藏 (1930), pp.95~96.

94 『容齋隨筆』卷 9, p.88에서 인용한 당시唐詩다. 중세의 양주에 관해서는 石橋五郎 (1901), pp.1309~1314 참조.

95 全漢昇 (1947a), p.153, pp.165~166.

96 全漢昇 (1947a), pp.154~157.

97 全漢昇 (1947a), p.153.

98 全漢昇 (1947a), pp.161~163.

99 全漢昇 (1947a), pp.149~153; 祝秀俠 (1957), pp.41~42.

100 『容齋隨筆』 卷 9, p.88.

101 당시의 소재로 페르시아 상인의 가게 이야기가 나온다. 中山久四郎 (1920), p.244.

102 『舊唐書』 卷 110, p.3402d; 卷 124, p.3426b;『新唐書』 卷 141, p.3988d. 당시 양주의
총인구는 45만 명을 넘었다.

103 『容齋隨筆』 卷 9, p.88.

104 全漢昇 (1947a), pp.166~175. 장사長沙와 계림桂林에서는 금속 가공과 제조업이 성행
했다. 항주杭州는 비단 생산이 발달했다.

105 『容齋隨筆』 卷 9, p.88.

106 Pulleyblank (1955), pp.35~36, pp.183~187.

107 Reischauer (1955), p.20.

108 Schafer (1951), p.408.

109 『新唐書』 卷 38, p.3721b; Bakazs (1931), p.23. 낙양의 정식 이름은 하남부河南府지만
낙양이라는 지명이 더 유명했다.

110 Shen tu. 神都?

111 『新唐書』 卷 38, p.3721b.

112 加藤繁 (1936), p.48. 상인들이 공동의 이익을 목표로 모인 전문 상가(상점이 줄지어 선
거리)에서 이후 상업인 조합의 전신인 '행'이 생겨났다.

113 徐松 (1902), p.5, p.33b; Drake (1940), p.352.

114 中山久四郎 (1920), pp.246~247; 趙文銳 (1926), pp.953~954; Pulleyblank (1955),
p.37;『新唐書』 卷 134, p.3978b;『舊唐書』 卷 105, p.3393a. 이 인공 호수를 만든 사람
은 위견韋堅이었다. 이 인공 호수는 멀고 넓은 곳으로부터 운송한 화물을 모으는 곳이
라 해서 '광운담廣運潭'이라 불렸다.

115 631년 당나라가 돌궐을 정복하고는 약 1만 가구의 인구를 당나라에 이주시켰고, 이
들이 장안에 정착했다고 기록되어 있다. 向達 (1933), p.4. 당나라 장안에 관한 내용은
Sirén (1927) 참조.

116 사르트바크Sārthvāk는 소그드어로, 분명히 한어 살보薩寶와 같은 의미다. (저자는
1961년 2월 12일 앨버트 디엔Albert Dien과 개인적인 정보를 교환했다. 이에 대한 자료
는 H. W. 베일리Bailey와 인근 학자들의 실질적인 문서에 근거한 것이다.)

117 加藤繁 (1936), pp.49~51, p.60. 이런 도시에 점포를 개점하는 상인과 그 지배인은 송대
宋代에 와서는 조합장을 둔 상인 조합으로 성장한다.

118 『新唐書』 卷 196, p.4087b. 이런 일은 「다경茶經」을 저술한 육우陸羽의 전통에 따른다.
그의 저서는 당나라에서 차의 유행에 큰 영향을 끼쳤다.

119 『資治通鑑』 卷 225, p.4a. 775년의 사건이다.

120 『冊府元龜』 卷 999, p.26b.『舊唐書』 卷 72, pp.2b~3a에는 문종文宗의 조칙이 있다. 向

達 (1933), p.34 참조. 당나라는 민간 고리대금업자의 금리를 6퍼센트까지 제한했고 정부의 금리는 7퍼센트였다. Balazs (1960), p.205.

121 石田幹之助 (1932), p.67; Gernet (1956), pp.228~232.

122 岸邊成雄 (1955). 기생의 화대는 당시 세간의 경제 상태에 따라 달랐으며, 명성에 따라 차이가 날 수밖에 없었다. 어느 유명한 기생은 화대로 동전 30만 매枚를 받았다고 한다.『雲仙雜記』卷 1, p.6.

123 祝秀俠 (1957), pp.114~115. 장안의 환락가에 대한 기록에서, 유명한 기녀에 대한 전기까지 있다.「北里志」(『唐代叢書』卷 8, pp.1a~22a)와 岸邊成雄 (1955) 참조. 사기私妓와 관기官妓에 대해서는 王桐齡 (1930) 참조.

124 『李太白文集』卷 15, p.1a에 수록된 「送裵十八圖南歸崇山」. 向達 (1933), pp.36~37; 石田幹之助 (1942).

125 『李太白文集』卷 3, p.8a의 「前有一樽酒行」. 이 시에서 사용하는 단어 '朱成碧'이란 '제대로 물건이 보이지 않을 때'와 유사한 환각 상태를 묘사하고 있다고 생각할 수 있다. 첫 번째 절은 고대 경전 속에 있는 시(『주례周禮』「춘관春官」'사악司樂')를 암시하고 있는 것 같다. 거문고 몸통을 만들 때 전통적으로 사용된 소재인 오동나무의 고대 최고 산지를 언제나 생각한다는 뜻이다. '柱'란 거문고의 일종인 금琴과 슬瑟이나 쟁箏같이 지판에 있는 기둥을 뜻하는 단어로 사용한다. 서역 또는 북방 지역의 여성을 뜻하는 '胡姬'란 이란 출신의 기생으로 몸놀림이 우아하고 아름다운 여성을 말한다. 원래 주周나라의 성씨이기도 하며 '귀부인'이란 의미를 지녔던 '姬'란 당시에는 '예기藝妓'를 표현하는 말로 사용했다.

126 中山久四郎 (1920), pp.244~245.

127 石田幹之助 (1932), pp.65~66; Drake (1940), p.352; Schafer (1951), p.408.

128 『太平寰宇記』卷 152, p.4a.

129 『太平寰宇記』卷 152, p.4a.

130 Boodberg (1935), p.11.

131 『新唐書』卷 40, p.3726d. 두통약은 향기 높은 땅속줄기로 만든다. 식물 이름은 hemlock parsley(한어로는 芎藭)로 학명은 Conioselinum unibittatum이다.

132 『唐會要』卷 100, p.1798; 『資治通鑑』卷 255, p.20b.

133 『新唐書』卷 182, p.4062c; 『舊唐書』卷 177, p.3538c.

134 Schafer (1951), p.410 참조.

135 石田幹之助 (1948), p.75, p.88. 이 인형에는 '주호자酒胡子' 또는 '포취선捕醉仙'이라는 이름을 붙였다.

136 Schafer (1951), pp.413~422.

137 Reichauer (1955a), p.220. 당나라 말년의 외국인(여기서는 아라비아인 등)의 정치 및 사회적 권력에 관한 내용은 張長弓 (1951), pp.6~7 참조.

138 Balazs (1932), p.54 이하 참조.

139 Balazs (1932), p.54; Reischauer (1955a), p.40 참조.

140 Farquhar (1957). 그는 명나라 기록에서 명확하게 기록되어 있는 사실들을 열거한다.

이 책 p.61 참조.

141 일본에서 파견한 견당사遣唐使가 장안 상점가에서 상거래를 하려다가 매우 큰 어려움을 겪은 이야기를 기록하고 있다. Reischauer (1955a), p.81.

142 공식 판매 허가서를 요구하는 경우도 있었다. 예를 들어 『冊府元龜』 卷 999, p.25a에 "해곡奚가 서부 도시에서 무역하기를 소원하고 정부는 이를 허용한다"라는 기록이 있다. 이것은 716년에 일어난 일로, 이 사료에는 장안 시장에서 정식으로 무역을 하기 위해 허가를 구한 예도 기록되어 있다.

143 『唐會要』 卷 86, p.1581. 이 조칙에 따르면 당나라의 모든 금속은 북쪽 또는 서쪽 국경을 넘어가는 일을 금지하고 있다. 원재료가 무기로 가공되는 것을 두려워했음이 틀림없다.

144 桑原騭藏 (1930), p.190.

145 Schafer (1951), p.409; 『舊唐書』 卷 8, p.3081c. 이 페르시아 승려는 정부 관료와 손을 잡고 있었다.

146 아부 자이드에 관한 기록. Reinaud (1845), p.34 참조. 桑原騭藏는 이 법외 관세에 관해 『新唐書』와 『唐國史補』에 실린 '하정세下碇稅'나 '박각舶脚'이 아니었을까 추측한다. 桑原騭藏 (1930), p.188.

147 『舊唐書』 卷 7, p.3a. 흥미롭게도 이 시기에 복건은 당나라 초기부터 중요한 무역 기지로서 성과를 올리고 있었다고 기록하고 있다.

148 中山久四郎 (1917), p.245. 이는 당나라의 이야기 속에 외국인이 임종 때 신세를 졌던 당나라 사람에게 보석 같은 보물을 선물하는 내용이 나오는 이유를 설명해주는 듯하다.

149 『唐會要』 卷 100, p.1796; 『唐律疏議』 卷 2, pp.70~71.

150 『唐會要』 卷 97, p.1748. 태화 공주가 결혼해 이주한 것은 821년이었다.

151 『資治通鑑』 卷 232, p.18a.

152 『唐律疏議』 卷 2, p.40. 예를 들어 신라인과 백제인(둘 다 결국 한국인이지만)의 쟁의가 좋은 예다. 국적이 다른 사람끼리 분쟁이 일어나면 당나라 법률에 따라 결론을 내렸다.

153 『舊唐書』 卷 198, p.3614b.

154 『舊唐書』 卷 197, p.3609d.

155 『冊府元龜』 卷 999, pp.13b~22a에는 이러한 선물에 대해 예시하고 있다. 비단 주머니는 구리로 만든 물고기인 할부割符 어대魚袋를 대신했다.

156 『唐會要』 卷 100, p.1795. 할부의 내용에 관해서는 Rotours (1952)에 상세히 다루었다. 특히 pp.75~87 참조.

157 『唐會要』 卷 100, p.1798. 695년에 반포한 법령에 배급량에 대해 다루고 있다.

158 『舊唐書』 卷 10, p.3089b.

159 『唐六典』 卷 18, pp.11a~18a. 이 숙박 시설은 중서성中書省 관할이었다.

160 '홍려鴻臚'의 의미가 고대에 어떠했는지는 당나라 시대에는 사실상 명확하지 않았다. 전성傳聲의 의미가 있다고도 한다. '臚'가 '선포宣布' 혹은 '전하다'의 뜻으로 쓰이는 경우는 있었다. '鴻'(보통은 야생 기러기의 의미)은 선포(혹은 그에 가까운)의 의미로 쓴

다고는 하지만 명확하게 설명하기 어렵다.

161 684년부터 705년 사이에는 단순히 사빈시司賓寺라 불렀다. 외국에서 사자가 도착할 경우의 접대에 관해서는 840년에 장안에 왔던 일본 사자의 설명을 참고하라. Reischauer (1955), p.283 참조.

162 『新唐書』卷 46, p.3741b.

163 愚公谷 (1934), pp.8~9. 가탐은 당나라에 귀화한 위구르인으로, 마니교의 비밀 의식을 배운 마니교도이기도 했다.

164 『新唐書』卷 23a, p.3677d.

165 '시중侍中'과 유사한 의미다.

166 '번蕃'이란 원래 나무 울타리로서 완충 지역의 의미다. 당에 대한 조공국의 본래의 역할을 드러내는 형용사이기도 하다. 모든 나라는 원칙적으로 당나라의 조공국이다. 여기에서 '蕃'은 일반적으로 외국을 나타내는 말로 사용한다.

167 『新唐書』卷 16, p.3667c. 여기에서 이 의식에 대해 매우 상세하게 기록하고 있다.

168 Reischauer (1955a), pp.79~80.

169 수마트라에 있던 나라다. 자세한 내용은 Pelliot (1904), p.321 이하 참조.

170 현종의 「褒賜尸利佛誓國制」. 『舊唐書』卷 22, p.17b.

171 『舊唐書』卷 17, pp.la~lb. 중종中宗 때의 일이다.

172 向達 (1933), p.42; 石田幹之助 (1942), pp.65~66.

173 『元氏長慶集』卷 24, p.5b의 「法曲」.

174 Fitzgerald (1938), pp.173~174.

175 劉茂才 (1957), p.199. 이 사전 제목은 『돌궐어突厥語』로 일본에서는 9세기 말 이후에 도입된 것으로 보인다. 후지와라노 스케요藤原佐世의 『日本國見在書目錄』, pp.891~897에 기재되어 있다.

176 小川環樹 (1959), pp.34~44.

177 向達 (1933), pp.42~43; 石田幹之助 (1942), pp.65~66; Soper (1951), pp.13~14; Acker (1954), p.171의 각주 2 참조. 鄭振鐸 (1948)의 그림 113; Mahler (1959), pp.108~109와 그림 XXXI 참조.

178 Mahler (1959), pp.109~110와 그림 XV.

179 向達 (1933), pp.42~43. 石田幹之助 (1942), pp.65~66; Soper (1951), pp.3~14; Acker (1954), p.171의 주 2. 이외에도 나선형으로 말린 원뿔형 외국 모자도 있었지만, 이용 여부는 확실치 않다. 向達 (1933), p.43; Mahler (1959)의 그림 XIX 참조.

180 원진은 그의 책 상권에서 머리털을 붉게 염색하는 화장을 '비화풍非華風'이라고 표현하며 경멸했다. 向達 (1933) p.42; 石田幹之助 (1942), p.67; Mahler (1959), p.18, p.32 및 도판 VIII 참조. Mahler는 기타 많은 외국 스타일의 유행에 대해 쓰고 있으며, 그가 열거하는 외국 스타일 대부분이 이란에서 유래한 것이다. 이란의 붉은 염색 머리에 대해서는 陶宗儀, 『説郛』卷 7 「髻鬟品」(p.2a) 참조.

181 Waley (1960), p.240.

182 石田幹之助 (1948), pp.144~145; 劉茂才 (1957), pp.203~204. 그러나 총체적으로 보자

면 중국 건축물은 이집트와 마찬가지로 외래문화의 영향을 거의 받지 않았다. 불교의 우주관을 근거로 석굴의 천정화를 강조하는 경우도 있다. 이런 불교의 영향을 받은 이국적인 모습은 고유의 건축물 선례가 없었던 둔황 같은 장소에서만 있는 것은 아니다. Soper (1947), p.238.

183 向達 (1933), p.41; Fitzgerald (1938), pp.173~174; Maenchen-Helfen (1957), p.120.

184 向達 (1933), pp.45~46; Reischauer (1955), p.297 참조. 떡 요리와 호롱불에 사용한 식물성 기름 산업의 관해서는 Gernet (1956), pp.146~149 참조.

185 8세기에 이름을 알린 문필가 심기제沈旣濟가 쓴 여우와 인간의 사랑을 다룬 이야기 「임씨전任氏傳」의 한 장면이다. 『太平廣記』 卷 452, p.1b. Dragon King's Daughter (1954) 중에도 번역문이 있다(p.7). 또한 자기 나라에서는 부유했지만 당에 와서 외롭고 검소한 생활을 보내는 남자를 그린 「鬻餅胡」 이야기도 있다. 『太平廣記』 卷 402, p.9a~9b 참조.

186 『食譜』, p.69a. 이 책에는 '소미연燒尾宴'이라 불리던 호화로운 연회의 계산서가 실려 있다. 이는 대신이 더 높은 지위를 얻었을 때 열리는 연회다. 이 연회를 기록한 저자 위거원韋巨源 자신의 영전을 축하하기 위해 열린 연회였다. Edwards (1937), p.1, pp.192~193.

187 『食譜』, p.69a.

188 Soper (1951), pp.9~11.

189 『宣和畫譜』 卷 8, pp.222~224.

190 『宣和畫譜』 卷 8, pp.225~228.

191 Soper (1950), p.11.

192 Soper (1951), p.74.

193 『歷代名畫記』 卷 9, p.273; 『宣和畫譜』 卷 1, p.60.

194 주방이 어떻게 「양비출욕도楊妃出浴圖」라는 걸작을 그렸는가에 관해서는 『宣和畫譜』 卷 6, pp.166~172를 보라.

195 화가들은 양귀비가 앵무새를 훈련하는 그림도 그렸다. 『宣和畫譜』 卷 5, pp.155~159 및 卷 6, pp.166~172.

196 『宣和畫譜』 卷 10, p.262.

197 Mahler (1959), pp.81~84.

198 『宣和畫譜』 卷 1, p.60.

199 『歷代名畫記』 卷 10, p.324; Soper (1950), p.19. 이외에도 이국적인 풍경으로 유명한 화가로는 이형李衡과 제민齊旻이 있다. 『歷代名畫記』 卷 10, p.313.

200 Soper (1951), p.25. 고려 왕이란 668년에 멸망한 고구려나 이후까지 당나라와 긴밀한 관계를 가졌던 신라를 의미한다.—옮긴이

201 『宣和畫譜』 卷 6, pp.166~172.

202 『宣和畫譜』 卷 5, pp.155~159.

203 특히 9세기에 그려진 제158호는 석가의 열반을 슬퍼하는 중생의 마음을 묘사한 것으로, 이런 형태의 그림이 지니는 양식적 특징이 보인다. Gray (1959), 그림 57.

204 Grousset (1948), xxxiv~xxxv. 쿠처에서 가까운 키질 천불동 벽화에 대해 설명하고 있다.

205 『歷代名畫記』卷 10, p.313, p.324; Soper (1950), p.19. 동물의 조각 중에서 특히 이국적인 영향이 뚜렷한 것은 시베리아 혹은 이란풍으로 대리석에 조각한 12지支 동물 조각이다. 롤런드Rowland(1947)는 "그런 의미에서 이들의 부조는 양식이라기보다는 패션이라 해야 할 것이다. 당나라 시대의 이국적인 정서에 물든 사람들이 좋아하던 다른 물건들과 마찬가지로 중국 조각사상의 정상적인 양식 발전 궤도에서 크게 벗어나고 있다." Rowland (1947), pp.265~282. 하지만 그것이 이국적인 소재를 그린 '회화'에까지 적용될 수 있을지는 의문이다.

206 이런 복식服飾은 음악 사상에까지 큰 영향을 남겼다. 그 선율에 맞추어 수많은 가사가 만들어진 「보살만菩薩蠻」은 9세기에 인기 있었던 한 민간 예술가(이름은 지금에 전해지지 않는다)가 작곡했다. 곡명의 의미는 글자 그대로 '보살풍의 오랑캐'이며, 더 정확히는 '보살풍의 의상을 입은 오랑캐'다. 소악蘇顎에 따르면(『杜陽雜編』卷 2, p.58b), 이는 여만국女蠻國(티베트 고원 지역에 있던 모계 사회 국가)에서 공물을 가지고 당나라에 온 사절에서 유래하는 이름이다. 사절들은 고전적인 보살상처럼 "금으로 장식한 관모를 쓰고 몸에는 유리구슬로 짠 장식을 걸치고 있었다." 이 여만국이 현재는 명확한 자료가 있는 것은 아니지만 인도적인 모권제 나라였음을 추측해볼 수 있다. 중세 중국의 사료에는 인도차이나와 인도네시아의 남녀 문제에 관해서 여만국과 유사하게 묘사하고 있다. 『冊府元龜』卷 959, p.17b에는 베트남 지역이던 짬파 왕국의 왕은 "법복을 착용하고 옥구슬 법기인 영락瓔珞을 들고 불상처럼 장식했다"고 기록하고 있다. 송대의 『萍洲可談』에는 '보살만'은 광주에 사는 외국인 여성(인도네시아나 인도차이나계?)이라고 한다. 이 설은 어느 정도 사실을 반영했다고 할 수 있다. "'보살만'의 어원은 'Mussulman'의 음역이다"라고 해석하는 Hirth의 이론을 간과하기 힘들다. 이에 관해 桑原騭藏 (1930), pp.67~69; Baxter (1953), p.144 참조. 최근에는 '보살만'의 어원이 미얀마의 민족명인 퓨사만Pyusa[wati]-man이라는 설이 나왔지만(張琬 1960, p.24), 이는 현대 중국어 음운으로 유추한 것이므로 타당하지 않다. 이에 대해서는 후에 다시 논하도록 하겠다. 『杜陽雜編』에 실린 외국 사절 대부분이 신화적 존재이거나 소악이 작가적 상상력으로 착색한 것으로 보인다. 보살만이란 실제로 있었던 사건이라기보다 소악의 상상 속에 지어낸 사건에서 유래하는지도 모른다.

207 Soper (1951), p.11, 각주 122.

208 Jayne (1941), p.7.

209 『酉陽雜俎』卷 5, p.218. 이것은 장안의 보인사寶因寺에 있는 그림을 가리킨다.

210 산스크리트어의 Vijaya를 어원으로 하는 사캬어의 Visa에서 유래한다. 向達 (1933), p.6.

211 『宣和畫譜』卷 1, p.63과 『唐朝名畫錄』(1950년 Soper 번역, p.11)의 기록에 따르면 그는 토하라(타림 지역) 출신이라고 하지만, 『歷代名畫記』卷 9, pp.278~279에는 호탄 사람으로 나온다. 長廣敏雄 (1955), pp.71~72는 후자를 따른다.

212 向達 (1933), pp.6~7, pp.52~56; 石田幹之助 (1942), pp.179~180; Soper (1950), p.11; Bailery (1961), p.16. 울지을승의 연대기에 대해서는 복잡한 문제가 있지만, 長廣敏雄

(1955), pp.72~74 참조. 둔황에서 발견된 당 초기의 벽화 인물(제220굴 642년의 유물 등) 중에는 빛의 명암만으로 형상을 묘사한 그림도 있다. 이를 '공간 안에서의 존재감 주장'이라 평하기도 한다. Gray (1959), p.54. 이것은 울지을승이 당나라에 소개한 양식으로 당나라 사람들을 놀라게 한 인도와 중앙아시아 양식의 하나였을지도 모른다.

213 Trubner (1959), p.148.

214 송나라 시대 『雲煙過眼錄』 卷 1, p.7에 보인다.

215 荒井健 (1959), pp.5~6, pp.11~12. 여기서 '귀재鬼才'의 '귀鬼'란 보통 사람이 일컫는 말이 아니다. 영적인 의미도 지닌다.

216 『李長吉歌詩』 外集, pp.14b~15a.

217 『舊唐書』 卷 147, p.3474c.

218 『樊川文集』 卷 2, p.6b에 수록되어 있는 두목의 시 「過華淸宮」.

219 이런 서정적인 주제를 지닌 문학의 발전 관해서는 Schafer (1956), pp.81~82 참조.

220 사빈석泗濱石에 대해서는 『서경書經』에도 기재되어 있다. 고대의 전통적인 악기인 경磬을 제작하기 위해 사용했다. 한대漢代를 넘어서면서 이 돌에 대한 수요가 점점 더 늘어났다. Schafer (1961), pp.50~51 참조. 이를 대신해 사용된 돌을 '화원석華原石'이라 했다. 『元氏長慶集』 卷 24, p.4b에 「화원경華原磬」이란 시가 있다. 현종 황제는 전통적인 경석을 화원석으로 제작했다. 새로운 재료로 만든 악기의 소리를 맘에 들어했다. 장안 남산 남전藍田 옥으로 경을 제작했다고 알려져 있지만, 이것은 구슬이 아니라 녹색을 띠는 대리석이다. 양귀비는 경을 연주하는 데 명수였다. 그녀를 위해 경을 만들었다고 한다. 『開元天寶遺事』(『唐代叢書』 卷 3, p.76b).

221 이것이 바로 악부樂府를 이른다.

222 Schafer (1951), pp.417~421.

223 이러한 경향이 조장된 결과 8세기부터 10세기에 걸친 화가들이 환각적인 그림을 그리기 시작했다고 한다. 가령 바위산의 인간과 야수 등이다. 후에 서양에서 유행하는 초현실주의를 연상하는 그림도 있다. Baltrušaitis (1955), pp.212~213.

224 Loehr (1959), p.171. 11세기 말에는 더 차분하고 정적인 그림을 선호하는 경향이 지배적이었다.

225 『穆天子傳』 卷 10.

226 『癸辛雜識』 續集, 卷 b, p.14a. 이는 '마팔이馬八二'라는 나라다. 『元史』 卷 210, p.6596b 에 나와 있다(二를 爾로 서술하고 있다). 천주泉州에서부터 약 10만 리 떨어져 있는 대국이었다. 한어 이름은 아랍어의 Ma'abar의 음역이라고 한다. 폴 휘틀리Paul Wheatley 교수의 학설로는 코로만델의 일부 또는 전체에 걸쳐 있는 나라였을 거라고 한다.

227 江紹原(1937)의 연구서에 기재되어 있다. 이 책에는 여행을 하면서 위험한 영혼과 요괴의 세계를 모험하는 이야기가 담겨 있다. 고대 중국 문학(아마도 구전 문학의 일부)에서는 신중한 나그네가 여행지에서 조력자가 해주는 조언을 받는다. 그는 피할 수 있는 사고를 설명해주는 모습으로 등장한다. 『산해경山海經』도 그러한 여행 가이드의 일례다. 이러한 유형의 책에는 나그네가 먼 곳에 갔을 때 만나게 될지도 모를 괴물에 대해서 설명하고 있다.

228 『全唐文』卷 16, p.13b. 『新唐書』卷 1, p.3634d에 기재된 618년 11월 29일의 내용도 참조하라.

229 중종中宗 때(『全唐文』卷 16, pp.13a~13b)나 헌종憲宗 때(『全唐文』卷 59, p.6b) 등이 있다.

230 小川昭一 (1957), pp.112~114. 小川昭一는 만당晚唐 시기에 사용하던 전형적인 시적 모티브를 '변경의 시' '내란의 시' '역사의 시'로 분류하고 있다. 저자는 '믿기 힘든 이상한 조공품'이란 '역사의 시'의 일종으로 분류한다.

231 John. C. H. Wu (1939) p.165. 여기에 인용한 구절은 당나라 말기의 시인 이상은李商隱과 두목杜牧, 그리고 온정균溫庭筠의 작품을 가리킨다.

232 9세기 말 회고주의 문학은 현종 때 정도는 아니지만 8세기 말 대종代宗 때를 중흥 시대로 회고하는 정도라고 할 수 있다.

233 Ting kuo pao

234 대종 시대의 이야기다. 『酉陽雜俎』卷 1, pp.3~4. 이 이야기는 비록 상상의 모습 또는 다른 차원에 대한 묘사로 점철되고 있긴 하지만 사실에 근거하고 있다고 하겠다. 「肅宗朝八寶」(『太平廣記』卷 404, pp.1a~3a에 수록)에는 천제天帝가 불교 승려에게 준 진귀한 보배에 관한 이야기가 기재되어 있다. 이 진귀한 보배는 760년대 당에 평화와 번영을 가져왔다고 한다. 이에 감동한 황제는 연호를 '보응寶應'이라 했다. 같은 이야기가 『유양잡조酉陽雜俎』에 간략하게 실렸고, 저자는 이 이야기를 토대로 한 것이다. 이 보석은 여기서 묘사한 것과 같은 형태로 황제에게 헌상되었다. 『舊唐書』卷 10, p.3090c. 葉德錄 (1947), pp.101~103.

235 『開元天寶遺事』(『唐代叢書』卷 3, pp.42b~43a)에는 코뿔소 뿔의 신비한 힘에 대해 말하고 있다. Laufer (1913), pp.315~370 참조.

236 『開元天寶遺事』, p.45a.

237 『開元天寶遺事』, pp.41b~42a.

238 한문 사료에는 이 나라를 소발률小勃律이라고 하고 있다. 왕은 길기트에 살고 있었다. 張星烺 (1930), p.5, p.160 참조.

239 『酉陽雜俎』卷 14, pp.109~110.

240 Tu-yang tsa pien. 『杜陽雜編』

241 『全唐文』卷 813, pp.27a~27b에 기재된 소악의 자서自序에서는 다음과 같이 기술하고 있다. "필자는 어릴 적에 『습유기拾遺記』와 『동명기洞冥記』 등의 괴이한 이야기를 읽고, 권위 있는 수입 공물에 대한 일을 배운 뒤 감동했다. 따라서 '세상에는 어떤 일이라도 일어날 수 있다'고 믿지 않을 수 없게 되었다." 이 책은 『당대총서唐代叢書』에 남아 있다. 이에 대해 에드워드가 간단한 설명을 하고 있다. Edward (1937), pp.83~85. 에드워드 박사는 알렉산더 와일리Alexander Wylie (1867), p.194를 인용하고 있다. 이 책은 『습유기』와 흡사해 전체적인 내용 대부분 전거가 확실하지 않은 것이라는 상당히 조심스러운 결론을 내린다. 白壽彝(1937)는 당나라와 송나라의 향료의 역할에 관한 연구에서 『두양잡편』에 수록된 일화를 역사적 사실인 것처럼 인용하고 있다. 다행히 소악의 저서는 항간에 잘 알려져 있었고, 14세기에는 양우楊瑀의 저술인 『산거신화山居新話』

가 베스트셀러였다. 수백 년이 지나 괴이한 소설의 작가들이 이들의 이야기를 많이 이용했다. Franke (1955), p.306 참조.

242 '영적인 빛을 내는 콩靈光豆'이라 한다. 이 부분에 관한 이야기는 에드워드의 영어 번역이 있다. Edward (1937), I. pp.84~85.

243 '일림日林'은 '일본日本'으로 정정해야 할지도 모른다. 이 나라의 이름과 진상했다는 신기한 돌에 대해 이야기는 소악이 5세기 작가 임방任昉의 『술이기述異記』에서 가져온 것이다. 『述異記』 卷 b, p.12b.

244 인체를 투과해서 보는 돌은 외국이 아니라 서기전 3세기 중국에 있었다고 한다. 진시황은 이를 '조골보照骨寶'(뼈를 들여다보는 보배)로 불렸다고 한다. 이 돌은 생산국에서는 '힐다詰多' 구슬이라 불렀다. 『杜陽雜編』 卷 13, p.73.

245 이 누에고치가 내뱉는 실에 대한 내용은 12장 옷감에서 상술한다.

246 Lung chüeh ch'ai. 용각채

247 『舊唐書』 卷 52, p.3281d.

248 Lüshui chu. 이수주

249 Ch'üeh huo ch'üeh. 각화작

250 Laufer (1915), pp.320~321. Quenneel은 Wâq-wâq의 사만달samandal이라고 기술한다. "녹색의 딱따구리 같은 새로서 날개에 빨강·흰색·녹색·파란색 반점이 있다"고 설명하고 있다. 그러나 한문 사료에 나타난 각화작은 검은색이라고 기술하고 있다. Quennel (1928), p.148.

251 Ch'ing feng과 Fei luan. 정봉/비란. 페르시아 신화에 나오는 시무르그simurgh는 한어 사료에 보이는 환상의 조류로서 '독수리'라고 생각해도 좋을 것이다. 란鸞이란 새는 서양에서 일반적으로 피닉스라고 불리며 중국 전설의 새 봉鳳이라고 하기에는 무리가 있다. 대신 청란靑鸞(Argus pheasant)이라는 새를 화려하게 과장한 것이라고 보아야 한다.

252 Ch'ang jan ting. 상연정

253 Ch'ang chien ping. 상견빙

254 Pien chou ts'ao. 변주초

255 Wu ts'ai ch'ü-shu. 오채구유. 오색이란 모든 색 또는 무지갯빛이라는 뜻이다.

256 Wan fo shan. 만불산

257 이러한 세밀한 회화 작품은 당·송대에 크게 유행했다.

258 Chu-lai niao. 주래조

259 인도차이나의 녹색 까치綠鵲(kitta chinensis)는 붉은 부리에 녹색 날개이며, 꼬리는 녹색과 파랑색이 섞여 있고 가장자리는 하얗다. 이외에도 주래조로 묘사할 수 있는 까치가 있다. 똑똑하고 목소리는 날카로우며 깃털 색 등으로 보아 '까치'라고 해야 할 것이다.

260 To hsin ching.

261 이 새는 군벌이던 주자朱泚가 세력을 쥘 징조로 해석되었다. 주자는 덕종의 왕도를 공격하고는 만주 방향으로 나아가 군벌을 세우고 그 후 황제를 자칭했다. 이 새가 전조인

것은 한어로 새 이름을 해석할 경우 그렇다는 것이다. 그 뜻은 '주朱가 찾아오다'이다. 이러한 해석을 하지 않는다면 그저 공물의 하나였을 것이다.

262 14세기에 양우楊瑀의 책에서 사용하는 것과 같은 방법이다. Franke (1955), p.306.

2장 사람

1 『舊唐書』卷 199a, p.3615d. 당나라 시대 이전에 대량으로 노예화한 일반 시민에 대해서는 王伊同 (1953), p.303 참조.

2 소簫는 팬파이프, 적笛은 플루트, 필률篳篥은 오보에, 가笳는 클라리넷에 해당한다.

3 Ho ch'ao huan.하조환

4 '융의戎衣'는 승마용 장화와 바지로 구성된 야만족의 의상으로, 전투용 복장이다. Waley (1923), pp.117~118. 달단韃靼의 민족의상은 원래 군복이지만 생활용으로도 착용한다.

5 Fitzgerald (1933), pp.153~154.

6 『唐會要』卷 33, p.607, p.610. 이 의식에 대한 상세한 묘사가 있다.

7 『唐會要』卷 14, p.321의 기록에서는 669년에 고구려의 포로를 끌고 온 이후를 기술하고 있다, 이적李勣과 그 부하들의 공을 기리기 위한 연회를 하사하고 있다.

8 Chao ling.소릉

9 『唐會要』卷 14, pp.320~321.

10 666년에 능묘에 바쳐진 고구려의 포로도 마찬가지였다. 『唐會要』卷 14, p.321.

11 석국石國(차치)이라고 한다.

12 『新唐書』卷 135, p.3980b.

13 『唐會要』卷 14, p.321.

14 『唐會要』卷 14, p.320. 돌궐에서 중요 인물로 포로가 된 자는 두 사람이 더 있다. 그들에 대해서는 『唐會要』卷 14, pp.320~321의 650년과 681년의 기재를 참조.

15 『舊唐書』卷 199a, p.3613d; 『酉陽雜俎』卷 7, p.57.

16 王伊同 (1953), p.301.

17 Waley (1941), p.174. 이것은 원시原詩의 일부다.

18 王伊同 (1953), p.302.

19 『魏書』卷 12, p.1932d.

20 메들리는 이렇게 썼다. "8~9세기에는 궁정의 노예 숫자를 줄이려 했다. 그 대부분이 시장에서 매매되어 고가에 팔렸다. 궁중 노예들은 하는 일의 질도 높을 뿐 아니라 예절도 좋았다. 역시 궁중에 있었다는 소리를 들을 만했다. 부가가치로는 그곳의 추문이나 가십을 알고 말해주는 노비를 특히 귀중히 여겼다." Medley (1955), pp.267~268.

21 노예화한 전쟁 포로는 태종과 현종의 사적 호위로 삼았다. Pulleyblank (1955), p.142.

22 『唐會要』卷 86, p.1573 및 Balazs (1932), p.10.

23 Pulleyblank (1955), p.42, p.46.

24 Balazs (1932), p.2~3.

25 Waley (1960), p.162.

26 Balazs는 중세 중국에서는 노예가 농업 생산에 종사하는 일은 거의 없었다고 한다. 그 점에선 로마의 노예와는 전혀 다르다. 그러나 왕이동王伊同은 북위北魏와 수나라 시대 에는 공이 큰 인물에 보상으로 토지가 주어질 때 경작을 하는 노동력으로 노예도 주어 졌다고 한다. Balazs (1932), p.11 및 王伊同 (1953), pp.334~335.

27 Balazs (1932), p.13.

28 『元氏長慶集』卷 23, pp.10a~10b. '화완포火浣布'는 석면으로 만든 물건이다. '염주炎 洲'는 중국 남쪽에 있는 지역을 나타내는 시적이고 신화적인 표현이다. '촉蜀'은 사천四 川 지역의 이름이다. '해奚'는 만주의 한 부족 이름이다.

29 Wilbur (1943), p.90.

30 Pulleyblank (1958), pp.206~207. 노예는 법적으로 자유로운 인간良人과 동등하지 않 다. 노예가 주인의 범죄를 호소했을 경우 그 호소의 진위와 상관없이 사형당하고, 주 인에게 폭력을 행사해도 사형당했다. 또 주인의 여자와 정을 통한 경우, 비록 여성 측 동의가 있었다고 해도 노예는 장기 징역을 받았다. Wilbur (1943), p.151의 주 156 참 조. 외국인 노예에게 결혼은 허용되지 않았다. 또 한인의 자식으로 입양되지도 못했 다. Balazs (1932), p.11; Wilbur (1943), p.158 참조. 이러한 법률의 근저에는 열등한 외 국인의 피가 섞이는 것에 대한 공포가 있었다. 노예에 대한 당나라 법률에 대해서는 Pulleyblank (1958), pp.212~217 참조.

31 中山久四郎 (1917), p.488; 高楠順次郎 (1928), p.462.

32 Barthold (1958), p.236, p.240. 사만에서는 튀르크인 노예 매매 허가증을 발행했다. 튀 르크의 노예는 페르가나의 중요한 수출품이었다.

33 701년의 조칙으로 금지되었다. 『唐會要』卷 86, p.1569.

34 Barthold (1958), p.235. 10세기의 지리학자 마크디시Maqdisī의 기술에서 볼 수 있다.

35 Wilbur (1943), pp.92~93.

36 『唐會要』卷 86, p.1571. 2년 후, 신라의 사절이 산둥의 해안에서 방랑 생활을 하는 신 라인을 귀국시킬 수 있도록 당나라 황제에게 탄원했다.

37 『唐會要』卷 199a, p.3615d.

38 Balazs (1932), pp.6~7; Pulleyblank (1958), p.207, p.217 참조. 당나라 이전에는 더 북 쪽의 원주민 노예가 된 족속이 있었다. 사천의 요족獠族의 경우, 그들을 잡아다가 노예 로 삼는 것이 정부의 정책이었다. 王伊同(1953), pp.307~308.

39 『全唐文』卷 50, pp.6b~7a.

40 『全唐文』卷 81, pp.9b~11a.

41 『舊唐書』卷 154, p.3486a; 中山久四郎 (1917), p.364.

42 『張司業詩集』卷 6, p.18a. 구리 기둥이란 중국의 남쪽 끝을 상징하고, 서양에 비견 한다면 헤라클레스의 문에 해당한다. 금린金麟은 금린金鄰과 발음이 같다. 금린이 란 당나라 시대 안남에 설치된 요새였다. 이전에는 계속 남쪽 땅인 수바르나드비파 Suvarnadvipa 또는 수바르나부미Suvarnabhumi(金州) 일대를 막연히 지칭했다. Pelliot (1903), p.226; Luce (1924), pp.151~154; Wheatley (1961a), pp.116~117 참조.

43 Christie (1957a), p.352. 현대 크메르어의 krong phnom에 해당한다. 그래서 크메르를 부남扶南(山)이라 불렀다. 현대 중국어로 '푸난'이다. 이러한 사실로만 중세의 발음을 추측하는 것은 쉽지 않다(본서 서장 참조).

44 이 개념의 흔적에 대해서는 Braddell (1956), p.16 참조.

45 『舊唐書』卷 197, p.3609d. 곤륜은 Kurung의 음역으로서 가장 대표적 표기다. 어원이 바뀐 크메르어 음역도 유사하다. 한인들은 부남 왕의 성姓이 '고룡古龍'이라고 설명하고 있다. Pelliot (1904), p.230 참조. 또 곤륜을 Prum과 Krom 등의 토착의 어원과 연결해볼 수 있다. 이는 아랍어의 Komr나 Kamrun에 반영되었다고 생각하는 학자도 있다. R. Stein (1947), p.238.

46 『一切經音義』卷 81, p.835c. 펠리오Pelliot에 따르면 Kgmer(크메르)은 한어 閣蔑 (*kâpmiet)에 해당한다. Pelliot (1959), p.599. 필자는 '突彌'는 *T'uət-mjiɐ라고 본다. '骨堂'은 *K'uət-d'âng이다.

47 Pelliot (1959), p.600; Wheatley (1961a), p.183.

48 中山久四郎 (1917), p.263. 나카야마 규시로中山久四郎는 『영표록이嶺表錄異』를 인용하고 있다. 장싱랑張星烺은 『평주가담萍洲可談』을 인용한다. 장싱랑은 중세 한어에서 곤륜노라는 말이 아랍인이 아프리카에서 데려온 흑인을 의미한다는 설을 주장한다. 張星烺 (1929), p.96; 張星烺 (1930), vol. 3, pp.48~81; 張星烺 (1930a) 참조. 주로 한어 사료를 근거로 이를 주장하고 있으며, 이들의 사료에서는 한인들이 그들보다 피부가 검은 민족을 모두 '흑黑'이라 표현한다. 짬파나 페르시아까지 적도 근처 아열대 지역의 사람들까지 모두 '흑'이라 불렀다. 이것은 근현대의 식민주의자가 적도 근처의 원주민을 '검다'라고 표현한 것과 비슷하다. 장싱랑은 곱슬머리와 수염에 대한 기록도 근거로 들고 있다. 이는 인도나 인도차이나, 인도네시아 사람들의 일반적인 특징이기도 하다. 그러나 여기서 아프리카의 흑인은 분명 인도나 인도 주변의 사람들과는 구별하고 있다. 가장 의문이 드는 것은 12세기 초의 송나라 시대 문헌인 『평주가담』에 나오는 노란 곱슬머리를 '귀노鬼奴'라 했다는 점이다. 장싱랑은 영어 논문에서도 이 노랑머리를 황갈색으로 표현하고 있다. 이래서는 명확하지 못하다. 칠흑의 피부를 하고 힘이 장사요, 수영을 잘하는 곤륜노는 단적으로 '귀노'와 구분해야 한다. 아마도 귀노란 지금도 있는 노랑머리의 파푸아와 멜라네시아의 흑인계 민족이었는지 모른다. 또 그 속에는 아프리카계 흑인도 있었을 것이다. 정전뒤鄭振鐸는 당나라 무덤에서 출토된 마부 인형을 보면 주로 그 곱슬머리 곤륜인 경우가 많다고 했다. 鄭振鐸 (1958), p.5. 이 마부 인형은 요포腰布 또는 요권腰卷 같은 것을 달고 있다. Mahler (1959), p.84와 p.88 참조. 1911년에 Hirth와 Rockhill(p.32)은 '곤륜노는 말레이인 혹은 말레이반도나 그보다 더 적도 쪽섬에서 데려온 검은 피부의 네그리토를 의미한다고 생각된다'고 했다. 곱슬머리 곤륜노가 점차 흑인을 지칭하는 장Zāng(僧祇)과 혼동되었다는 펠리오의 의견이 타당하다고 생각된다. 펠리오는 "인도네시아 네그리토는 아프리카의 흑인이 아니지만 '장'이라 표현했다. 아프리카의 흑인 또한 한인에는 곤륜노라고 부르게 되었을지도 모른다"고 말한다. Pelliot (1959), p.600.

49 『太平廣記』卷 194에 실린 배형裴鉶의 『전기傳奇』에도 곤륜노에 대한 이야기가 있다.

50 『龍王女』 (1954), p.89. 張星烺 (1930a)은 pp.44~59에 이 이야기 외에도 곤륜노에 관한 이야기를 담고 있다.

51 수화에 대해서는 Burton (1934), vol. 1의 p.774와 p.931의 '아지즈와 아지자의 이야기' 각주 참조.

52 한어의 음으로는 *səng-g'ji 또는 *səng-g'jie다. 슐레겔Schlegel(1898)은 Pelliot (1904), pp.289~291에 나오듯이 이것이 시암인을 표현하는 것이라고는 하지만 증명하기는 힘들다. Pelliot (1959), pp.597~603도 참조.

53 독녀毒女의 자연사에 대해서는 Penzer (1952), pp.3~71 참조.

54 813년에 네 명의 소년을 공물로 바쳤다. 『唐會要』 卷 100, p.1782; 『新唐書』 卷 222b, p.4159c. 815년에는 다섯 사람의 소년을 바쳤다. 『舊唐書』 卷 15, p.3111b; 卷 97, p.3610a; 『冊府元龜』 972, p.7a. 818년에는 소녀 두 명을 공물로 바쳤다. 『舊唐書』 卷 197, p.3610a; 『唐會要』 卷 100, p.1782 또는 『冊府元龜』 卷 972, p.7a를 보라.

55 『冊府元龜』 卷 971, p.6a. 인도네시아인은 당나라의 '천자'를 Deva-putra로 번역했다. 高楠順次郎 (1896), p.136.

56 발라즈Balazs는 흑인 노예(장싱랑張星烺의 설에 따르면 그는 이 안에 곤륜노도 포함하고 있다고 본다)가 당시 당나라의 경제 활동에 관여하지 않았다고 보고 있다. 곱슬머리의 말레이시아인 노예(그런 모습을 보였는지는 분명하지 않지만)는 민간 가정 노예로 자주 쓰였던 것 같다. '승기노僧祇奴'는 겨우 10년 정도 유행했다고 주장한다. Balazs (1932), p.13.

57 Mookerji (1957), p.133.

58 송대에는 잔지바르섬을 '쿠룽장기국崑崙層期國'이라 했다. 현대 중국어로 '쿤룬청치'로 발음한다. 곤륜南洋의 흑인層期이라는 말이다. 張星烺 (1929), p.97 참조. 원대元代의 흑인 노예나 명대明代의 인도네시아 (순다에서 데려온) 노예에 대해서는 Goodrich (1931), pp.138~139 참조.

59 Mathew (1956), p.52. 이탈리아령 소말리아의 모가디슈, 잔지바르 보호령인 카제르와에서 발견되었다.

60 『新唐書』 卷 34b, p.3736c; Pelliot (1904), p.349. 말레이반도 서해안이라고 할 수 있다. 폴 휘틀리Paul Wheatley 교수는 프톨레마이오스의 Konko-nagara 또는 Kokko-nagara가 관계있음을 시사한다. 이 지역에 있었던 듯한 지명이다. (1959년 10월 19일, 펠리오와의 사적인 통신으로부터 얻은 정보다.)

61 '僬僥'에 대한 한자가 몇 가지 있다. '僬僚'도 그중 하나다. 이들은 고대 한자어의 발음에서는 *zd'iäu-ngieu라거나 *zd'iäu-lieu라고 하기도 했다. 僬僥(ts'iäu-njau)를 鷦鷯(ts'iäu-njau)와 비교해볼 만하다. 鷦鷯는 '작은 새'라는 뜻이지만 근원적인 의미로 보자면 크기가 작다는 말이다. 『사통辭通』은 『국어國語』로부터 공자의 말을 끌어내 인용하고 있다.

62 『辭通』 卷 7, p.105. 중국 역사에 나타나는 소인족에 대한 개요는 和田清(1947) 참조. 『유양잡조』에는 몸길이가 세 치밖에 안 되는 소인의 미라를 갖고 있던 수집가의 이야기가 실려 있다. 미라는 소인국 출신으로 알려져 있다. 『酉陽雜组』 卷 10, p.80.

63 『通典』卷 187, p.1002b.

64 Waley(1941), p.168.

65 『新唐書』卷 194, p.4083c.

66 Pelliot (1924), p.321 및 p.335a. Sriboza=Śrībhoja=Śrivijaya로 9세기 말경에 같이 쓰인 듯하다. 아라비아의 여행자들의 기록에 따르면, Seboza 또는 Zabedj라는 나라가 등장한다. 당나라 사료에는 '삼불제三佛齊'라는 나라로 소개한다. 이는 인도에 있다는 '금의 섬'을 지칭하는 말이다. Wheatley (1961a), pp.177~183.

67 『冊府元龜』卷 971, p.6a. 3세기의 한자 사료에는 일본 훨씬 남쪽에 있는 소인국(주유국侏儒國)이 등장한다. 『太平御覽』卷 378, p.4a의 「魏志」 참조.

68 『唐會要』卷 99, p.1775 및 『冊府元龜』卷 971, p.5b. 현장玄奘 스님은 사마르칸트를 이 세상의 낙원이라고 말했다. 『大唐西域記』卷 1.

69 『通典』卷 193, p.1042a에 그 윤곽이 기재되어 있는데, 이는 주로 『위략魏略』을 따르고 있다. 『太平御覽』卷 368, p.4a 참조.

70 이 전설은 분명 그리스가 유래로 보인다. 한적에 처음 등장한 것은 3세기경이다. Needham (1959), p.505. 여기에 인용한 전설은 『통전通典』卷 93, p.1042a에 나오는 「突厥本末志」에서 가져온 것이다.

71 『通典』卷 193, p.1041c에 있는 이 이야기는 옛날부터 있던 고사와 유사하다. 이에 대해서는 Hirth (1885), pp.202~204 참조. 난쟁이 나라의 학鶴 이야기는 둔황에서 발견되는 백조 처녀 전설에도 나온다. Waley (1960), p.154 참조.

72 楊蓬生 (1952), pp.519~520.

73 한어 泥涅師다. 저자는 이렇게 번역하고 있다.

74 Drake (1943), P.7; 『新唐書』卷 221b, p.4155b.

75 당조가 채용할 수 있는 군인이 된 오랑캐는 강제로 궁전에서 거주하도록 한 것은 아니었다. 황제의 근위병으로 선택된 자는 현무문玄武門 근처에 주둔했다. 『唐六典』卷 5, p.12a.

76 楊蓬生 (1952), p.510.

77 Grousset (1932), p.16. 호쇼 차이담에서 발견된 북부 돌궐의 비문에 따른다.

78 『唐代叢書』卷 1에 수록되어 있는 『朝野僉載』, p.52b.

79 7세기 초의 사실이다. 『新唐書』卷 222b, p.4159c. 그리스의 지리학자에게도 알려진 인도차이나 알비노에 대해서는 Wheatley (1961a), pp.158~159 참조.

80 『舊唐書』卷 16, p.3116d.

81 Reischauer (1955a), p.45.

82 『舊唐書』卷 16, p.3116d.

83 『舊唐書』卷 19a, p.3135a. 사주沙州(둔황)의 절도사였던 장의조張義潮가 큰 독수리 네 마리와 말 두 필과 함께 두 명의 투루판 소녀를 866년 황제의 탄신기념일인 연경절延慶節에 보낸다. 이듬해 황제는 조칙을 내려 연경절이나 단오절에 여성을 헌상하는 것을 금지했다. 『新唐書』卷 9, p.3655a.

84 『冊府元龜』卷 971, p.3b; 陳垣 (1928), pp.63~64.

85 Pelliot (1923), pp.278~279. 왕현책이 말하는 당나라 여행에 대해서는, 吳連德 (1933) 참조.

86 한문 전적에 '般茶'(펠리오는 이를 儀式水라고 부른다) 또는 '畔茶水'라 한 이 액체에 대해서는 Pelliot (1912), pp.376~377 참조. 니덤은 이것이 무기산無機酸에 대해서 언급하는 초기 사료라고 여긴다. 아마도 유황을 함유한 것이라고 생각하는 듯하다. Needham (1954), p.212.

87 『酉陽雜俎』 卷 7, p.57; 『唐會要』 卷 82, p.522. 『유양잡조』에는 인도에서 건너온 진귀한 약 이야기가 또 하나 기재되어 있다. Waley (1952), pp.95~56.

88 『唐代叢書』 卷 3, p.15a에 수록되어 있는 『劉賓客嘉話錄』.

89 『冊府元龜』 卷 972, p.10b.

90 『唐會要』 卷 33, pp.609~610. 외국의 음악이 당나라 궁정 음악에 흡수되는 과정에 대한 상세한 상황은 岸邊成雄(1948) 참조.

91 『全唐詩』 函 5, 冊 5, p.21a에 실린 왕건王建의 시 「양주행涼州行」. '산계山鷄'는 대개 긴 꼬리꿩(학명 Symaticus reevesii)을 가리킨다.

92 Chiao fang.

93 음악을 전문으로 하던 우교방右敎坊은 광택방光宅坊에, 춤을 전문으로 하는 좌교방左敎坊은 연정방延政坊에 있었다. 낙양에도 교방 둘이 있었고 모두 명의방明義坊에 있었다. 『唐代叢書』 卷 8, p.80a에 수록된 「敎坊記」.

94 노래하는 기녀인 가기歌妓들은 노예와 같았다고 한다. 王伊同 (1953), p.328.

95 714년 기록이 있다. 『新唐書』 卷 5, p.3644b.

96 『唐代叢書』 卷 8, pp.80a~90a에 수록된 「敎坊記」; Baxter (1953), pp.119~120 참조.

97 당 초기의 궁정 악사가 연주한 외국 음악의 곡목은 투루판 오아시스 왕국 고창의 음악을 더했을 뿐 수隋대와 거의 다르지 않다.

98 당시 당나라에서 부하라는 옛 파르티아 이름 아르사크Arsak에서 온 안국이라 불렀다.

99 9세기에 이르자 '교방'은 7세기보다 훨씬 쇠퇴했다. 8세기 '이원梨園'은 없어졌을 뿐 아니라 그 기능도 축소되어 '선소원仙韶院'으로 이어졌다. 선소원은 명칭만으로는 우아하고 고풍스러우며 종교적이다. 상당히 도교적인 향기가 난다.

100 이는 岸邊成雄 (1952), pp.76~86의 내용을 정리한 것이다. 시게오 기시베岸邊成雄는 서역 음악이 당나라에 미친 영향을 세 가지로 정리하고 있다. 1) 호탄을 중심으로 하는 낡은 이란계의 음악, 2) 쿠처를 중심으로 하는 토하라(새로운 이란) 음악, 3) 사마르칸트를 중심으로 하는 소그드 음악.

101 『新唐書』 卷 33, p.611.

102 向達 (1933), p.56; 孔德 (1934), pp.44~46 참조. 특히 潘懷素(1958)의 새 연구에 주목하라.

103 向達 (1933), pp.58~59.

104 '羯鼓'의 '羯'은 북방 부족의 이름으로, 아마 이 악기의 유래에 관해 말하고 있다고 생각한다. 갈고는 중앙아시아와 인도에 널리 알려진 악기지만 당에는 쿠처로부터 전해졌다.

105 孔德 (1934), pp.62~66. '갈고'라는 전통 악기의 현대적 모습에 대해서는 Harich-

Schneider (1954), p.4 참조.

106 向達 (1933), p.58.

107 向達 (1933), p.58; 孔德 (1934), pp.51~52.

108 Ku ch'ui.고취 사타돌궐沙陀突厥에서 사용하던 삼선三線 현악기는 '호금胡琴'이라는 이름으로 당나라에 소개된다. Eberhard (1948), p.55.

109 孔德 (1934), pp.30~31.

110 孔德 (1934), pp.75~79.

111 '아악'이라는 이름으로 일본의 궁중 음악 일부로 남아 있다. '아악'은 춤이 따른다舞樂는 고전의 지적대로, 일본의 고전적인 아악에는 춤과 노래歌舞, 당나라의 음악唐樂, 고구려의 음악高麗樂, 중국의 관현악에 얹어 부르는 일본의 민요催馬樂, 당나라의 한시와 일본의 한시를 악기에 맞추어 부르는 낭송까지 포함한다. 여기서는 당악에만 초점을 두고 있다. Harich-Schneider (1954), p.1.

112 음정을 지판을 눌러 결정하는 것이 아니라 기둥柱을 움직여서 음을 맞추게 되어 있다. 일본어에서는 '금琴'이라고도 부른다.

113 Harich-Schneider (1954), pp.3~5.

114 일본에서는 일반적으로 '가료빈迦陵頻'이라 불린다.

115 高楠順次郎 (1928), pp.27~28; Demiéville (1925), pp.223~224.

116 Harich-Schneider (1954), pp.3~5.

117 드미에빌Demiéville에 의하면 원래 이 곡은 캄보디아의 것으로, 수나라가 605년에 짬파를 침략하면서 그곳 음악과 안무를 함께 들여왔다고 한다. 하지만 한인은 캄보디아의 음악을 좋아하지 않았고(그리고 짬파 음악도 유행하지 않았다), 춤은 당시 알려진 것보다 더욱 '순수한' 인도 양식의 음악에 맞췄다. Demiéville (1925), pp.223~224.

118 Demiéville (1925), pp.226; Demiéville (1929), pp.150~157. 1929년 저서의 도판 16의 1에는 가릉빈가 무용수의 복장 도판이 있다.

119 옛 발음으로는 *puât-d'əu 혹은 *b'wat-dəu다. 다카쿠스 준지로高楠順次郎는 이것도 베다 시대의 왕 페두Pedu의 인도어 음을 한어로 발음한 것이라고 본다. 춤은 뱀을 밟아버리는 왕의 말을 표현하는 것이라고 생각했다. 그러나 向達은 준지로의 이론에 반론을 제시한다. 왕국유王國維의 지적처럼 중앙아시아 나라의 'Pa-tou(拔頭)'가 그 어원이라는 것이다. 高楠順次郎 (1928), pp.27~28 및 向達 (1933), p.65 참조.

120 Harich-Shneider (1954), p.5. 다카쿠스 준지로는 이 또한 다른 많은 인도의 음악 및 춤과 마찬가지로 캄보디아에서 당나라로 전해졌다고 생각한다.

121 高楠順次郎 (1928), pp.27~28; Harich-Schneider (1954), pp.4~5.

122 p'o hu ch'i han.발호걸한

123 向達 (1933), pp.65~69. 일본에 남아 있는 것으로는 도롱이를 입고 추는 춤이다.

124 San yüeh.산악 719년 토하라 왕 야브구가 사지의 관절을 빼는解支之人 사람을 장안으로 보냈다. 관절이 이상할 정도로 부드러운 곡예사였던 것이다. 『唐會要』 卷 99, p.1773.

125 孔德 (1934), pp.56~62c. 646년에 장안에 온 음악, 마술, 줄타기, 신체 절단 마술에 능한 5인의 인도인에 대해서는 Lévi (1900), p.327; Waley (1952), p.90; Waley (1956), p.125 참조.

126 『朝野僉載』卷 3, p.34.

127 『全唐文』卷 12, p.1a에「禁幻戲詔」가 수록되어 있다.

128 Laufer (1923), pp.38~39.

129 시게오 기시베岸邊成雄는 당에 있던 서역의 악사 31명의 이름을 열거하고 있다. 이들은 각기 나라의 이름을 성으로 사용한다. 岸邊成雄 (1952), pp.68~72.

130 『唐代叢書』卷 1에 수록한『朝野僉載』, pp.51b~52a 참조.

131 岸邊成雄 (1952), p.74. 서역 악사의 출신 국가는 악사에게 주어진 한어 이름에서 찾을 수 있다. 나라의 명칭을 바탕으로 한 성이나 이름을 주었다. 이들은 당나라에 악사와 악곡을 제공했지만 조정의 공식 기록에 들어가지 않은 나라로는 미국(마이마르그), 서국(키시), 조국(카부단), 석국(차치), 목국(메르브), 하국(쿠샤니아), 호탄, 쿠마드 등이 있다. 岸邊成雄 (1952), p.86 참조.

132 '횡취橫吹'는 당나라 때에는 이미 '피리笛'라 불리고 있었지만, 피리란 원래 세로로 부는 악기였다.

133 『唐代叢書』卷 4에 실린 『國史補』卷 4, p.63b.

134 이하李賀의「龍夜吟」,『李長吉歌詩』外集, p.14a.

135 『唐代叢書』卷 10,「李謩吹笛記」, p.11a.

136 쿠처에서 이민 온 자들에게는 통상적으로 '백白'이란 성을 주었다. 이는 쿠처 왕의 이름으로도 남아 있다. 국명인 쿠처도 인도유럽어에서 '흰색'을 의미하는 말에서 유래한다는 설이 있다. Bailey (1937), pp.900~901.

137 Ch'un ying chuan. 向達 (1933), p.57. 원래 시는 원진의 『元氏長慶集』卷 24, p.5b의「法曲」이다. 본서 1장에 일부가 실려 있다.

138 『冊府元龜』卷 971, p.95;『新唐書』卷 221b, p.4155a.

139 向達 (1933), p.59.

140 Hu t'eng wu.호등무

141 向達 (1933), pp.60~61. 이 춤은 유언사劉言史의「王中丞宅夜觀舞胡騰」이라는 시에서 상세히 묘사하고 있다(『全唐詩』, 函 7, 冊 9, p.4b). 이 시는 이시다 미키노스케石田幹之助가 저서에서 일어로 번역했고(1932, p.74), 그것을 M. Haguenauer가 프랑스어로 번역했다. 호등의 춤을 묘사한 이단李端의 시의 프랑스어역도 이시다 미키노스케의 저서에 실려 있다. 石田幹之助 (1932), p.73.

142 向達 (1933), p.95 참조. 向達는 '차지Chaj'라고 적고 있다. 'Chāch'란 페르시아 스타일의 글쓰기 용어로서, 아랍어에서는 Schāch이다. Barthold (1958), p.169 참조. 샤반 Chavannes은 부하라나 사마르칸트의 정예 군단을 가리키는 말인 Chākar의 한어 표기로 보았다. Chavannes (1903), p.313.

143 Barthold (1958), pp.171~172.

144 向達 (1933), pp.61~62에 따르면 혼자서 춤추는 일인무도 있었다. 송나라 시대에 소년 합창 가무단이 춤춘 것에 관한 기록이 있지만 분명히 일인무와는 다른 것이다.

145 『全唐詩』, 函 7, 冊 5, 卷 23, p.8a에 백거이의 시「柘枝妓」가 있다. 이외에도 백거이는 이

름은 같지만 내용은 다른 기생에 관한 시를 남겼다. 『全唐詩』, 函 7, 冊 6, 卷 25, p.16a.

146 Che-chih chi.자지기

147 '도화桃花'에 관해서는 王桐齡 (1947), p.164 참조.

148 Hu shüan mü[tzu]. 호선녀 '胡旋'의 발음을 'Khwarizm'에 연결시키려 한 시도도 있지만 확증은 희박하다.

149 719년 쿠마드에서(『冊府元龜』卷 971, p.3b), 727년 키시에서 2번(『冊府元龜』卷 971, p.7b; 『唐會要』卷 99, p.1777), 729년 마이마르그에서(『冊府元龜』卷 971, p.8a), 그리고 713년(『唐會要』卷 99, p.1775)과 727년(『冊府元龜』卷 971, p.7b)에 사마르칸트에서 조공을 받고 있다.

150 石田幹之助 (1932), p.71; 向達 (1933), pp.63~64; 孔德 (1934), pp.54~55. 『唐代叢書』卷 11, p.10a에 수록된 『樂府雜錄』참조. 당조의 '정식正式'에서는 외국인 악사의 복장에 대한 상세한 묘사를 하고 있다. 『通典』卷 146, p.762c에도 등장한다. 백거이와 원진은 '호선녀'에 대한 시를 남기고 있다. Haguenauer의 프랑스어역이 石田幹之助(1932) pp.68~69에 소개되고 있다. Haguemauer의 프랑스어역을 바탕으로 한 영역은 Mahler (1959), pp.147~149를 보라.

151 『新唐書』卷 35, p.3716C.

152 『唐會要』卷 33, p.620. 794년에 당나라와 남조가 조약을 맺고 800년에는 악단을 진상할 수 있도록 한 관리는 절도사 위고韋皐였다. "악기를 조율해 음높이를 동일하게 맞추는 건, 악단으로는 최초였을 것이다. 서역의 음악 튜닝에 관한 이러한 사료는 훨씬 후대까지 나타나지 않았다. 아시아의 다른 악단에는 이에 비교될 것이 없다. 공교롭게도 당나라에도 없던 일이다"라는 글을 남긴다. Twitchett and Christie (1959), p.178.

153 Twitchett and Christie (1959), p.176.

154 Coedès (1948), p.179.

155 『舊唐書』卷 13, p.3105a; 『唐會要』卷 33, p.620과 卷 100, p.1795; 『嶺表錄異』a, p.4; Twitchett and Christie (1959), pp.176~179; 『舊唐書』卷 197. 정원貞元 18년이 8년으로 잘못 기재되어 있다. 특수한 악기로는 인도의 칠현금vinā이 있는데, 공명통 부분이 표주박형으로 되어 있다. 당나라에서 한어 자료에서는 '포금匏琴'이라 불렸다. 수양제는 짬파를 정복하고는 대나무로 만든 소박한 칠현금의 일종을 가져갔다. 하지만 이는 한인에게는 촌스러운 악기로밖에 보이지 않았다고 한다. 대형 악기는 화려하게 채색을 했다. 미얀마의 악사는 아마 그런 악기를 연주한 것으로 보인다. 林謙三 (1925), pp.444~452; 『唐會要』卷 33, p.620 참조. 백거이는 미얀마의 악단을 데려와 행진하는 것으로 당나라의 국력을 자랑하는 조정의 행태를 자기 기만적인 모습이라 비판한다. "버마 음악은 쓸데없이 소란스럽다. 그런 것을 총명한 음악이라 한다면, 천자께서는 농민들의 목소리를 듣는 편이 좋다"라고 했다. G. E. Harvey (1925), pp.14~15의 'The imperial Secretary on th e Occasion of a Burmese Pwe at the Chinese Court A. D. 802'.

156 『冊府元龜』卷 971, p.6a.

157 『新唐書』卷 222c, p.4159d.

158 『舊唐書』卷 199b, p.3619d; 『冊府元龜』卷 972, p.3b.

159 Reischauer (1955a), p.82.

160 『唐會要』卷 33, p.619.

161 『唐會要』卷 33, p.619.

162 『冊府元龜』卷 972, p.7b; 『唐會要』卷 95, p.1709.

163 '목소리聲'와 '색상色'은 음악과 여성의 아름다움을 표현하기도 한다.

164 『新唐書』卷 220, p.4149c; 『舊唐書』卷 199a, p.3616d.

3장 가축

1 『新唐書』卷 36, p.3178d.

2 『新唐書』卷 50, p.3752d; Rotours (1948), p.884.

3 기주岐州·빈주邠州·경주涇州·영주寧州 사이에 있는 지역에 위치했다. 『新唐書』卷 50, p.3753a 및 Rotours (1948), p.887 참조. 당나라의 방목장 관리에 대해서는 Maspero (1953), pp.88~92 참조.

4 Schafer (1950), p.182.

5 651년에 고종은 개·말·매·학을 조정에 헌상하는 것을 금지했다. 이들 동물의 수렵·포획을 경박한 행위로 비난했다. 『新唐書』卷 4, p.3638c.

6 『舊唐書』卷 199b, pp.3617d~3618a.

7 『唐會要』卷 72, p.1306. 원문에는 검은 갈기의 말을 '낙마駱馬'라 하고 하얀 갈기의 말은 '총마驄馬'라고 했다. 단옥재段玉裁의 『說文解字注』 참조.

8 『舊唐書』卷 3, p.3070a.

9 『新唐書』卷 4, p.3639c.

10 Erkes (1940), p.43.

11 pa chün.팔준

12 『增廣注釋音辯唐柳先生集』卷 16, pp.8a~8b에 수록된 유종원의 「觀八駿圖說」.

13 '준골'과 '용매'는 고대로부터 천마를 지칭하던 표현이다.

14 『李太白文集』卷 3, p.5a에 수록된 이백의 「天馬歌」. '월지굴月支窟'은 서쪽 방향을 나타내는 보통명사다. '월굴月窟'을 바탕으로 이백이 만든 조어다. 나중에 육구몽陸龜蒙의 시에도 등장한다.

15 Waley (1955), p.100.

16 Beal (1885), I, p.20.

17 일본에는 이란에서 생산한 은제 화병이 남아 있다. 石田幹之助 (1942), p.186. 중국의 대형 무덤 근처에 조성된 날개 달린 말 조각상 역시 이란 말을 기초로 한 것이 틀림없다.

18 「經行記」, p.5a.

19 B. Schwarts는 피 같은 땀은 다유두사상충多乳頭絲狀蟲(Parafiliaria multipapillosa)이라는 기생충 때문이 아닌가 하는 의견을 밝혔다. Dubs (1944), pp.132~135; Waley

(1955), p.102 참조. 메디아 한혈마는 헤로도토스의 책에도 나온다. Dubs (1944), p.135 참조. 니소스 말은 몸집이 큰 것으로 유명했다. 이외에 메디아 지역의 말은 몸집이 작았고 머리 모양에 특징이 있었다. Anderson (1961), p.127.

20 Waley (1955), p.96.

21 Yetts (1934), p.242. Fernald에 따르면, 한인이 처음에 서역의 말을 얻었을 때 박트리아 산 말과 스텝 지방의 조랑말인 포니가 혼혈한 오손마烏孫馬였을 것이다. 한나라 전에는 날개를 가진 모습으로 그려져 있다고 지적한다. 처음에는 '천마'였다가 후에 대원마로 변화한 것이다. 대원마는 훨씬 후대의 명칭이다.

22 Waley (1955), p.96, pp.101~102. 웨일리는 이를 파지리크 빙하에서 발견한 노란 말 가면과 비교한다.

23 江上波夫 (1951), p.94 참조. 에가미 나미오江上波夫는 대원의 한혈마는 한나라 대에 훈족이 타던 '결제駃騠'와 같다고 보았다. '결제'란 몽골어로 '땀을 흘리다'란 뜻의 *külütei와 같은 어원일 거라고 지적한다.

24 Lydekker (1912), p.148.

25 Dubs (1944), p.133.

26 Vergil, Georgica, iii, p.81. *At duplex agitur per lumbos spina*, Anderson (1961), p.26.

27 『唐會要』卷 72, p.1306.

28 『新唐書』卷 221b, p.4155a.

29 『紀異錄』卷 3, p.6. '叱撥'은 '什伐'로 쓴다. 이 둘은 조금 다른데 '叱'의 첫 음절 치설음齒舌音이 두 번째 음절인 구설음口舌音 '什'과 동화했다. 이 현상은 태종의 '육준六駿' 이름 중 하나에서도 생긴다. 요시토 하다라原田淑人(1944)는 이를 이란어의 aspa라고 했지만 해석에 무리가 있다. 原田淑人 (1944), p.389. R. N. 프라이Frye가 주장하는 바로는 이것이 소그드어로 '사족동물'을 일컫는 표현이라 한다. 아마 čarθpaδ로 발음했고 그것이 한인의 귀에는 čirpaδ로 들려서 '叱撥'이라는 소리로 가차假借된 것이다. 따라서 čarθpaδ가 올바른 발음이다.

30 741년『冊府元龜』卷 971, p.13a. 여기서는 대원을 '拔汗那'로 음역해 기록한다.

31 이 밖에도 말의 이름을 따서 '청총青驄'이라는 이름의 고양이가 있었다. 『酉陽雜俎』卷 8, p.242.

32 Andersson (1943), p.29; Yetts (1934), p.237. Yetts는 갈기가 서 있는 특징을 가진 말은 상商 왕조의 갑골문에 나타나는 것과 같은 말로 생각했다.

33 Lydekker (1912), pp.71~72; 江上波夫 (1951), pp.104~105. 에가미 나미오는 고대 흉노족의 도도騊駼라고 보고 있다.

34 Dernier Refuges (1956), p.212.

35 Lydekker (1912), p.107. 아마도 '아라비아 말'이라는 단어는 정확하지 않다. 현재 보이는 말로는 몽골 야생마Przewalski와 리비아 말의 후손이라 보는 학자도 있다. Yetts (1934), p.251.

36 Lydekker (1912), pp.107~108.

37 Erkes (1940), p.34, pp.41~44.

38 『冊府元龜』卷 970, p.5b. 라우퍼Laufer는 이런 '야생마'는 실제로는 반 야생마로서 승마하기에는 용이했다고 본다. 목장에서 먹이를 줘서 키우는 것이 아니라 초원으로 방목했다고 한다. Laufer (1916), p.371.

39 『冊府元龜』卷 971, p.5a. 이런 종류의 말은 단주丹州가 원산이다. 다른 지방에 있었다는 기록도 있다.

40 『新唐書』卷 42, p.3730a; Sowerby (1937), p.284. 여기서 말하는 '촉마蜀馬'란 4세기 토욕혼 사람들이 타던 말이다. 『晉書』卷 97, p.1336c. 리데커Lydekker는 현재 화남의 포니는 이와 같거나 그것에 상당히 가까운 종류의 것이라고 한다. Lydekker (1912), pp.109~110. 현재 사천의 말 사진은 Phillips, Johnson, Mayer (1945), p.22에 나온다. 이 말과 기타 화남의 포니는 "몽골 말보다는 근육이 발달했고, 목도 단단하고 머리도 약간 높다. 발놀림이 안정되어 있으므로, 이것이 바로 중경重慶 말로서 돌계단을 수월하게 오르내렸다." Phillips, Johnson, Mayer (1945), p.21.

41 Liu hu.육호. 『新唐書』卷 91, p.3899a.

42 Sowerby (1937), p.283.

43 Pelliot (1959), p.135. 펠리오는 저자가 얼룩dappled이라고 번역한 이마의 무늬piebald를 말하고 있다.

44 『唐會要』卷 217b, p.4143b.

45 『酉陽雜俎』卷 10, p.78.

46 『冊府元龜』卷 970, p.18a. 이런 말들을 '양마良馬'라고 불렀다. '양良'이라는 형용사를 붙인 것은 '태생이 좋다'라는 의미다.

47 말갈靺鞨은 고대 한어에는 *muât-yât로 발음했고 *matghat라고 발음하기도 했다. 그들은 타타르족(일부는 퉁구스족)이었다. 종종 테오필락토스 시모카테스가 말하는 Moukri(t)와 동일시하기도 한다.

48 730년에 각각 30마리씩 두 무리가 들어왔다. 『冊府元龜』卷 971, p.8b.

49 현재는 해奚와 마찬가지로 몽골 계열이라고 본다.

50 747년부터 748년 겨울까지 공납한 말의 숫자는 불명확하지만, 836년부터 837년 겨울에는 50마리를 공납했다. 『冊府元龜』卷 971, p.16b; 『唐會要』卷 96, p.1722.

51 『冊府元龜』卷 972, p.7a; 『舊唐書』卷 199b, p.3619b. 『唐會要』卷 72, p.1308에는 해奚의 말은 거란에서 보낸 것보다 뛰어나다고 기록하고 있다.

52 619년(『唐會要』卷 96, p.1717), 623년(『舊唐書』卷 199b, p.3618d), 719년(『冊府元龜』卷 971, p.3b), 724~725년(『冊府元龜』卷 971, p.6a), 730년(『冊府元龜』卷 971, p.8b). 『唐會要』卷 72, p.1308에는 돌궐 말보다 작아서 나무가 밀집한 숲을 달리는 데 적합하다고 기술하고 있다.

53 『唐會要』卷 72, p.1306; 江上波夫 (1951), p.108.

54 『新唐書』卷 78, p.3872b.

55 『冊府元龜』卷 999, p.18b.

56 설연타에서 막대한 수의 말을 가져온 사실은 이미 말했다. 토구즈오구즈에서는 747년

과 748년에 말이 왔다. 『冊府元龜』卷 971, pp.16a~16b. 돌궐에서는 말을 동반한 사자가 입당했고, 종종 수천 마리의 말을 가져오는 일도 있었다. 626년(당은 이를 거부했다, 『冊府元龜』卷 970, p.5b), 628년(『冊府元龜』卷 970, p.6a), 704년(명마였다고 기록한다, 『冊府元龜』卷 970, p.18b), 717년(『冊府元龜』卷 971, p.2b), 727년(『冊府元龜』卷 971, p.7b), 731~732년(『冊府元龜』999, p.18b)에도 말을 조공했다는 기록이 있다.

57 『新唐書』卷 50, p.3753a; Rotours (1948), p.898.

58 『新唐書』卷 51, p.3754a; Balazs (1932), p.53; Levy (1951), p.890.

59 『冊府元龜』卷 999, p.25a; 『資治通鑑』卷 224, p.19a.

60 『新唐書』卷 50, p.3753a; 『新唐書』卷 51, p.3754a; 『冊府元龜』卷 972, p.7b; 『冊府元龜』卷 999, pp.25a~26a; Balazs (1932), p.53.

61 『冊府元龜』卷 999, p.25a.

62 한어 사료에서는 '견곤堅昆(*kien-kuən)' 혹은 '결골結骨(*kiet-kuət)로 되어 있다. 이는 알타이어 *kirokon/kirokot에서 온 것 같다.

63 『唐會要』卷 100, p.1785. 843년 사절단이다.

64 676년(『舊唐書』卷 5, p.3074b; 『冊府元龜』卷 970, p.16b), 724~725년(『冊府元龜』卷 971, p.6a), 747년(『冊府元龜』卷 971, p.16a), 747~748년(『冊府元龜』卷 971, p.16b)이다.

65 서돌궐에서 말이 온 것은 622년(『冊府元龜』卷 970, p.4b), 627년(『舊唐書』卷 194b, p.3599c), 635년(『舊唐書』卷 194b, p.3599d)이다. 철륵鐵勒에서는 642년(『舊唐書』卷 199b, p.3617d), 돌기시突騎施는 717년(『冊府元龜』卷 971, p.2b), 726년(『冊府元龜』卷 971, p.6b), 744년(『冊府元龜』卷 971, p.14b)이다. 처밀處密에서는 721년(『冊府元龜』卷 971, p.4b)에 당나라로 말을 보냈다. 서돌궐의 사절은 627년에 5000마리를 가져왔다.

66 624년(『唐會要』卷 99, p.1774), 724년(『冊府元龜』卷 971, p.5b), 744년(『冊府元龜』卷 971, p.14b), 그리고 750년(『冊府元龜』卷 971, p.17b).

67 726년(『冊府元龜』卷 971, p.7a), 727년(『冊府元龜』卷 971, p.7b) 및 750년(『冊府元龜』卷 971, p.17b).

68 741년(『冊府元龜』卷 971, p.13b).

69 681년(『冊府元龜』卷 970, p.17a), 720년(『冊府元龜』卷 971, p.4a; 『唐會要』卷 99, p.1773), 744년(『冊府元龜』卷 971, p.14b), 748년(『冊府元龜』卷 971, p.17a).

70 746년(『冊府元龜』卷 971, p.15b), 747년(『冊府元龜』卷 971, p.16a).

71 744년(『冊府元龜』卷 971, p.14b).

72 744년(『冊府元龜』卷 971, p.14b).

73 744년(『冊府元龜』卷 971, p.14b).

74 729년(『冊府元龜』卷 971, p.8a), 733년(『冊府元龜』卷 971, p.9b), 746년(『冊府元龜』卷 971, p.15b), 750년(『冊府元龜』卷 971, p.17b). Maqdisī도 쿠탈Khuttal(骨咄)에서 말을 공출했다고 기록하고 있다. Barthold (1958), p.236.

75 『冊府元龜』卷 970, p.14a.

76 『舊唐書』卷 4, p.3075c.

77 817년(『冊府元龜』卷 972, p.7b; 『唐會要』卷 97, p.1737), 827년(『冊府元龜』卷 972, p.8b), 836년(『唐會要』卷 97, p.1739), 837년(『唐會要』卷 97, p.1739).

78 631년(『冊府元龜』卷 970, p.7a), 676년(『冊府元龜』卷 970, p.16b; 『舊唐書』卷 5, p.3074a), 721년 (『冊府元龜』卷 971, p.4b).

79 아마도 742년 이후에도 말을 조공한 것으로 보인다. 『新唐書』卷 110, p.3933c.

80 『冊府元龜』卷 970, p.17a.

81 724년(『冊府元龜』卷 971, p.5b), 744년(『冊府元龜』卷 971, p.14b), 753~754년(『冊府元龜』卷 971, p.19b).

82 『冊府元龜』卷 970, p.8a; 『舊唐書』卷 198, p.3614a. 돌궐은 당나라 천자, 특히 태종을 '하늘의 칸天可汗'으로 불렀다. 石田幹之助 (1942), p.5, p.20. 이 밖에도 서역의 나라로 는 자구다謝䫻國가 744년(『冊府元龜』卷 971, p.14b), 시그난識匿國이 724~5년(『冊府元龜』卷 971, p.5b, p.6b), 코한나可汗那가 733년(『冊府元龜』卷 971, p.9b), 소힐리발옥란蘇頡利發屋蘭이 748년(『冊府元龜』卷 971, p.17a), 그리고 타바리스탄陀拔斯單이 746년(『冊府元龜』卷 971, p.15b)에 말을 공납해 왔다. 이 가운데 '可汗那'는 '拔可那(파르가나) 또는 '石可那'(샤가니얀, Şaghāniyān)의 오류일 듯하다.

83 『舊唐書』卷 197, p.3611b; 『唐會要』卷 99, p.1764. 외국에서 가져온 여러 말에 대해서 는 『唐會要』卷 72, pp.1305~1308 참조.

84 『新唐書』卷 50, p.3753a; Rotours (1948), p.895; Pulleyblank (1955), p.106.

85 『舊唐書』卷 194a, p.3599b; 『資治通鑑』卷 213, pp.5b~6a. '수항성受降城(항복을 받은 성)'이라는 변방 도시가 세 개 있었다. 그중에서도 서수항성은 오르도스 변방 영주靈州 끝에 있는 삭방군朔方軍의 관할 지역이었다.

86 『冊府元龜』卷 971, p.16b.

87 『資治通鑑』卷 213, p.14b.

88 『舊唐書』卷 198, p.3612a.

89 『舊唐書』卷 198, p.3612a.

90 소를 운반하는 경우는 열 마리당 목부 한 사람을 할당했다. 낙타·당나귀·노새의 경우 목부 한 명에 6마리를 할당했다. 양은 목부 한 명이 70마리를 몰고 가야 했다. 『唐六典』卷 22, p.30a.

91 Maspero (1953), p.92; pp.113~49; 楊蓮生 (1955), p.150.

92 『唐會要』卷 72, p.1305; 『唐六典』卷 17, pp.24b~25a; pp.28a~28b; Maspero (1953), pp.88~89.

93 Maspero (1953), p.89.

94 『新唐書』卷 50, p.3753a; Rotours (1948), p.886.

95 '비황飛黃'은 신선이 타는 말이었다(『淮南子』). '길량吉良'이란 고대에는 반점이 있는 말이다(『山海經』의 주해). '용매龍媒'와 '도도駼騠'(고대 타르판?) 및 '결제駃騠'(고대의 한혈마?)에 대해서는 이미 말했다.

96 向達 (1933), p.74는 일반적으로는 그렇다고는 말하지만, 唐豪는 그것이 2세기 초 중국의 발명품이고 서쪽 페르시아에 전해져 사산 왕조 시대에 발전한 뒤 다시 동아시아로

널리 퍼졌다고 말한다. 唐豪의 의견에 따르면, 마상에서 놀이를 하는 모습을 묘사한 조식曹植의 시에 근거하고 있다. 하지만 신뢰할 만한 것은 아니다. 唐豪 (1957), pp.2~7.

97 타취(Ta ch'iu). 타국打鞠 혹은 격국擊鞠이라고도 했다. 向達은 한어 '毬(*g'i̯əu)'는 페르시아어 gui가 어원이라고 한다. 唐豪는 완전히 반대의 설을 제기하고 있다.

98 向達 (1933), pp.74~79.

99 『冊府元龜』卷 971, p.2b.

100 向達 (1933), p.76.

101 『景龍文館記』.

102 『新唐書』卷 22, pp.3677b~3677c. 『明皇雜錄』(『唐代叢書』卷 4, pp.8a~9a)에는 춤추는 말에 대한 이야기와 그들의 슬픈 결말을 전한다. Waley (1952), pp.181~183; Baxter (1953), pp.121~122 참조.

103 『明皇雜錄』(『唐代叢書』卷 4, p.9a) 참조.

104 『甫里先生文集』卷 12, pp.15a~15b.

105 위의 주 14 참조.

106 『新唐書』卷 1, p.3634d. 이러한 금령은 치세 초기에 내려지는 것이 전형적인 형태다. 진자가 왕복하는 것처럼, 뒤를 이은 황제들인 태종(수양제 후계), 고종(태종의 후계), 중종(무후의 후계), 숙종(현종의 후계), 덕종(대종의 후계) 등으로 이어지며 발전했다.

107 『舊唐書』卷 199a, p.3616a; 『冊府元龜』卷 970, p.4b.

108 723년에는 과하마 한 마리, 724년에는 두 마리를 공납했다(『冊府元龜』卷 971, p.5a; 『唐會要』卷 95, p.1912). 또 734년에도 '작은 말' 두 마리를 공납했다(『冊府元龜』卷 971, p.10b). 토욕혼도 '작은 말'을 사육했다고 한다(『新唐書』卷 221a, p.4156d). 하지만 그것을 보냈다는 기록은 없다.

109 Lydekker (1912), p.110; Laufer (1913), pp.339~340; Sitwell (1953), pp.77~78.

110 『漢書』卷 68, p.529a. 호칭에 대해 저자는 안사고顏師古가 각주한 3세기의 역사가 장안張晏의 설에 따른다. 『한서漢書』에는 '과하마'라는 이름은 없고, '작은 말'로 되어 있다. 그 1세기 후에는 '과하마'라는 이름이 쓰이게 된다.

111 『後漢書』卷 115, p.897; 『三國志』「魏書」卷 30, p.1005b.

112 『北史』卷 94, p.3033b.

113 당나라 시대의 학자 이현李賢을 비롯해 대부분이 이 설을 따르고 있다. 『後漢書』卷 115, p.897a.

114 Laufer (1913), p.359; 『遼史』卷 116, p.5851b. 라우퍼는 이 명칭을 알기 위해 한국어 어원을 조사했지만 헛수고였다고 말하고 있다. Laufer (1916), p.375.

115 『桂海虞衡志』, p.16a. 범성대范成大는 '과하果下'가 황제용으로 키운 소형의 마차용 말에 붙인 이름이라고 했다. 광동 덕경德慶의 농수瀧水에서 온 말은 가장 키가 큰 것도 석 자에 미치지 못한다고 한다. 최고의 말은 고대의 천마처럼 쌍척이었다고 한다. 이 말이 아라비아 말의 혈통임을 알 수 있다. 명나라 시대였는지 명확하지는 않지만, 조공물로 농수 지방에서 조정으로 상납했다. Laufer (1916), p.375.

116 『北史』卷 94, p.3033b; 『後漢書』卷 115, p.897a의 각주.

117 이 책 2장 106쪽 참조.

118 『開元天寶遺事』(『唐代叢書』卷 3, p.49b); 石田幹之助 (1942), p.9. 마쓰모토 에이이치 松本榮一는 둔황 벽화의 이런 정경이 불교적 배경 배치에 따른 것이라고 지적한다. 石 田幹之助 (1942), p.9. 안타깝게도 마쓰모토 에이이치의 논문(「燉煌繪の研究」圖板 78a-b)을 확보하지 못해 확인할 수 없다.

119 『全唐文』卷 10, pp.20a~21a 수록 「六馬圖讚」.

120 태종과 패권을 다툰 상대다.

121 낙양 근처의 하천이다.

122 피츠제럴드Fitzgerald의 영어 번역 참조. Fitzgerald (1933), 도판 3.

123 Huang ts'ung p'iao.황총표

124 Huang ts'ung tieh ch'ü. 『新唐書』卷 21, p.3676d. 후한에는 「황총곡黃驄曲」이라 불리 는 피리 음악이 있었다.

125 '特勤'은 '特勒'이다. 原田淑人 (1944), p.389 참조.

126 『冊府元龜』卷 42, pp.12a~12b.

127 이 두 작품은 펜실베이니아대학 미술관 소장품이다. 작품 4점은 산시성陝西省 박물관 에 소장하고 있다. Fernald (1935); Fernald (1942), pp.19~20, p.26; 原田淑人 (1944), pp, 385~397. 황제의 찬사가 구양순의 글씨로 새겨졌지만 지금은 마멸되고 말았다. 군 마의 가슴 곁에서 화살을 장전하는 사람은 외국인 마부라고 하는데, 이런 건 당시 한 인의 군대에서는 상투적인 형태였다. 후에 호복胡服을 걸쳐 입은 사람은 구행공丘行恭 일 거라는 웨일리의 견해가 옳은 듯하다. Waley (1923), pp.117~118.

128 Maenchen (1957), pp.119~138.

129 Soper (1951), pp.73~74.

130 Shih chi.

131 『舊唐書』卷 3, p.3070b; 『冊府元龜』卷 970, p.12b.

132 『新唐書』卷 217b, p.4143a; 『舊唐書』卷 3, p.3070b 및 卷 199b, p.3618b; 『酉陽雜俎』 卷 1, p.1; 『唐會要』卷 72, p.1305.

133 이들의 이름은 『新唐書』卷 217b; 『舊唐書』卷 3과 卷 199b에 있다. 하지만 네 마리의 이름이 일치하지 않는다. 『新唐書』卷 217b와 『舊唐書』卷 199b는 대체적으로 일치하 고 있으므로 저자는 이를 채용한다. '翔麟紫'에 대해서는, 『舊唐書』卷 3의 언급이 타당 해 보인다. 『新唐書』卷 217b에서는 '翔'이 '祥'으로 표기하고 있다. 『舊唐書』卷 199b는 통상 '翔'와 함께 통용되는 글자인 '翺'로 기록하고 있다.

134 여기에서는 적갈색은 '騟'이고 황색은 '驃'라고 했다.

135 『歷代名畫記』卷 9, pp.303~305; Soper (1950), p.12.

136 Schafer (1950), p.174 및 176.

137 Schafer (1950), p.177.

138 816년. 『冊府元龜』卷 972, p.7b.

139 837년. 『唐會要』卷 97, p.1739. 아마 박트리아에서 가져온 낙타라고 생각되지만 티베트 낙타도 아라비아산처럼 가벼운 단봉낙타가 있었다. 『新唐書』卷 216a, p.4135a.

140 721년의 일이다. 『冊府元龜』 卷 971, p.4b.

141 717년의 일이다. 『冊府元龜』 卷 971, p.2b.

142 『冊府元龜』 卷 971, p.2b.

143 Roux (1959), p.46.

144 Roux (1959), p.59.

145 『舊唐書』 卷 104, p.3391a.

146 『酉陽雜俎』 卷 4, p.37.

147 『新唐書』 卷 217b, p.4143c.

148 『唐六典』 卷 17, pp.24b~25a. 말과 가축의 경우에는 한 무리의 단위가 120마리, 낙타·노새·당나귀 한 무리 단위는 70마리, 양은 620마리였다.

149 Schafer (1950), p.182. 당시 이 지역에서 방목하던 어용마의 수는 모두 32만 5700마리였다고 한다.

150 Schafer (1950), p.185.

151 Schafer (1950), p.182.

152 Schafer (1950), p.272. 이 이야기는 송나라 시대 전적인 「양태진외전楊太眞外傳」에 보인다.

153 Schafer (1950), p.182. 이는 덕종 때 이야기에 보인다. 그 전모는 『新唐書』 卷 53, p.3756a에 있다.

154 『新唐書』 卷 35, p.3716b.

155 『新唐書』 卷 225a, p.4173b.

156 『九家集注杜詩』 卷 44. 이 시의 영어 번역은 Ayscough (1929), pp.220~222; von Zach (1952) pp.85~86; Hung (1952), pp.101~102을 비교해보라.

157 Schafer (1950), p.283.

158 Schafer (1950), pp.184~185 및 p.273.

159 『本草綱目』 卷 50a, p.19a. 진장기에 따르면 이런 분류 방식은 그의 시대에도 이미 오랜 역사를 갖는다고 한다.

160 Sowerby (1937), p.286; Phillips (1958), p.54. 스윈호swinhoe는 이 소를 Bos sinensis 라고 불렀다고 한다.

161 Sowerby (1937), p.286.

162 『嶺表錄異』 b, p.15.

163 Sowerby (1937), p.286.

164 Sitwell (1953), pp.77~78.

165 Chi niu.

166 당시 발음은 *gi̯əu에 해당하지만 그 의미는 분명치 않다. 이 글자는 '紈'과 비슷하지만 이는 '하얀 비단'을 의미한다.

167 『本草綱目』 卷 50a, p.19a.

168 『述異記』 卷 17b, p.17b 및 『太平御覽』 卷 898, p.1b에 인용된 『廣志』.

169 『新唐書』 卷 1, p.3634d.

170 Yule and Burnell (1903), p.407.

171 『酉陽雜俎』卷 4, p.36.

172 『新唐書』卷 217b, p.4143b.

173 『酉陽雜俎』卷 4, p.37.

174 『酉陽雜俎』續集 卷 8, p.241.

175 『冊府元龜』卷 970, p.6a.

176 637년의 일이다. 『冊府元龜』卷 970, p.8a.

177 837년의 일이다. 『唐會要』卷 97, p.1739.

178 『新唐書』卷 221a, p.4151d 및 卷 216a, p.4235a.

179 Lydekker (1898), pp.54~55; Lydekker (1912a), p.191. 교배종의 털은 흰색과 검은색, 회색과 흰색, 혹은 전체가 흰 것 등 종에 따라 색깔이 다르다. 이 밖에도 뿔은 없고 색이 검고 몸집이 작은 것도 있었다.

180 『北史』卷 96, p.3039d.

181 『新唐書』卷 216a, p.4135d.

182 817년(『冊府元龜』卷 972, p.7b), 824년(『冊府元龜』卷 972, p.8a).

183 야생 야크犛牛는 이제 멸종 위기에 있다. Derniers Refures (1956), p.213.

184 『九家集注杜詩』, pp.193~194에 보인다. 「錦樹行」.

185 『周禮』「春官」의 「旄人」.

186 『本草綱目』卷 51a, p.27a.

187 검남도劍南道의 군진軍鎭 익주翼州·유주維州·보주保州 등에서 헌상한 것이다. 『新唐書』卷 42, p.3729d, pp.3730b~c.

188 Lydekker (1898), pp.54~55; Lydekker (1912a), p.191.

189 『新唐書』卷 47, p.3743d.

190 『舊唐書』卷 198, p.3614c. 이를 간략하게 기록한 것이 『新唐書』卷 221b, p.4155c이다.

191 라우퍼는 중국에서 보존되어온 이 전설을 연구해 잘못된 주장을 내놓았지만 펠리오가 그의 오류를 바로잡았다. 여기에는 다른 전설이 유입되어 혼란한 모습을 하고 있다고 밝혔다. 아르고호의 전설을 지적한 것은 펠리오다. 이 전설은 3세기 무렵부터 중국에 전해졌다. Laufer (1915d), pp.115~125; Pelliot (1959), pp.507~531 참조.

192 『酉陽雜俎』卷 16, p.135.

193 Lydekker (1912b), pp.171~177.

194 학명은 Pseudos nahura로 양과 산양의 중간 정도의 동물이다.

195 Lydekker (1912b), pp.305~306.

196 『酉陽雜俎』卷 16, p.135.

197 Lydekker (1912b), pp.194~195.

198 『舊唐書』卷 4, p.3071c.

199 이 이야기는 16세기의 이시진李時珍도 기록하고 있다. 『本草綱目』卷 50b, p.22a.

200 채주蔡州와 그 주변 지역. 『新唐書』卷 214, p.4127b.

201 『唐會要』卷 99, p.1773 및 『冊府元龜』卷 971, p.4a.

202 두 마리를 공납해왔다. 『新唐書』 卷 221b, p.4153d.

203 『新唐書』 卷 221b, p.4155b.

204 Lydekker (1912), p.180, p.183; Sowerby (1937), p.285. 야생당나귀와 건려는 아시아당나귀Equus hemionus의 일종이다. 이런 종류의 뼈는 청동기 시대 유적에서도 발견되고 있다. Andersson (1943), p.29. 江上波夫 (1951), p.122는 한대漢代에 훈족이 조련한 탄혜騨騠와 거려駏驢가 이에 속하는 것으로 추측한다. 『新唐書』 卷 221b, p.4155b.

205 Otto Keller (1909), p.91. 다섯 종류란 스피츠(자칼이 조상), 시프 도그(Canis alprinus가 조상), 그레이하운드(아비시니아 늑대가 조상), 패리어(자칼이 조상), 그리고 마스티프(티베트 늑대가 조상)다.

206 Conrad Keller (1902), pp.49~50.

207 Laufer (1909), p.267~277.

208 C. Keller (1902), p.76; Laufer (1909), p.248, pp.262~263; Laufer (1923a), p.445.

209 『古今圖書集成』, 「犬部」 藝文 2, p.2에 수록되어 있는 염장언閻長言의 「閻立本職貢圖」. 염장언은 금金나라 시대의 사람이다.

210 『唐會要』 卷 99, p.1775.

211 『冊府元龜』 卷 971, p.5b.

212 『冊府元龜』 卷 971, p.4b.

213 『新唐書』 卷 47, p.3743a; Rotours (1947), p.222.

214 『冊府元龜』 卷 970, p.17b.

215 『舊唐書』 卷 198, p.3614b.

216 『北齊書』 卷 12, p.2216C.

217 현대 베이징어에서는 Fu-lin gou.

218 『通典』 卷 91, p.1030C. 같은 기록이 『舊唐書』 卷 198, p.3612a 및 『冊府元龜』 卷 970, p.5a에도 보인다. 이 기록 모두 이 종류의 개가 당나라에 처음으로 등장했다고 기술하고 있다.

219 Collier (1921), p.143.

220 Otto Keller (1909), p.94.

221 Sirén (1928), 그림 21.

222 『酉陽雜俎』 卷 1, p.2. 이 이야기에는 에필로그가 있다. 그것은 이 책의 장뇌樟腦에 대해 설명하는 부분에서 기술하기로 한다.

223 Tsui kung-tzu취공자

224 『全唐詩』 函 12 冊 10 卷 11, p.2a.

225 라우퍼는 작은 개獿와 발바리獢는 어원이 같다고 한다. Laufer (1909), p.277.

226 시라토리 구라키치白鳥庫吉는 양귀비의 개가 사마르칸트 원산이 아닌 로마 개였다고 단정하고 있다. 白鳥庫吉 (1959), p.254.

227 콜리어Collier는 그렇게 주장한다. Collier (1921), pp.128~131. 하지만 라우퍼는 이 계통의 개가 어느 시대까지 존재했는지 분명치 않다고 의심한다. Laufer (1909), pp.278~281.

228 소형 개를 가리키는 '와자猧子'와 '와아猧兒'란 말은 현재 사용되고 있다. 소형 개는 '박구자狛狗子'라 하기도 한다. 필자는 이 단어가 특정 품종에만 사용한다고 볼 수 없다고 본다. 특히 시라토리 구라키치(1956)가 pp.247~249에서 지적하듯 로마 개라고 생각되지 않는다.『東軒筆錄』卷 12, p.89 참조. 이것이 10세기부터 11세기에는 '나강구羅江狗'라 하던 꼬리가 짧고 밤색 털을 한 사천 지방의 개를 연상하는 건 또 다른 문제다. 그러나 이 개가 무엇인지에 대해서는 이견이 분분하다. 그것에 대해서는 Laufer (1909), pp.277~280 및 Collier (1921), pp.130~131 참조. '나강구'는 일본에서 사육되는 스패니얼 종의 소형 개 '친狆'의 선조라는 설도 있다(일본어 '小さい犬'(작은 개)가 어원이라 알려져 있다).

4장 야생 동물

1 Schafer (1957a), p.289.

2 『嶺表錄異』卷 1, p.8a.

3 『宋史』卷 287, p.5264b.

4 『南漢金石記』卷 2, p.21.

5 『嶺表錄異』(『唐代叢書』卷 7 수록), p.40a;『北戶錄』卷 7, p.63a.

6 『嶺表錄異』(『唐代叢書』卷 7 수록), p.40a;『酉陽雜俎』卷 16, p.131). H. T. 창Chang은 당나라 시대 장강 유역에는 코끼리는 없었다고 생각하지만, 이는 그가 이러한 사료를 보지 않았기 때문이다. H. T. Chang (1926), p.105.

7 Schafer (1957a), pp.290~291.

8 『漢魏六朝一百三家集』수록『洞冥記』, p.1. 고대 한어로는 '吠勒(*B'iwäd-lǝk)'이라고 불리던 나라의 전설이다.

9 『全唐詩』函 6 冊 6 卷 3, p.2a에 수록「送南遷客」.

10 『全唐詩』函 10 冊 8 卷 1, p.7b.

11 『全唐詩』函 10 冊 8 卷 1, p.14b.

12 『全唐詩』函 10 冊 8 卷 3, p.2b.

13 『全唐詩』函 10 冊 8 卷 2, p.8b 수록「贈友人罷擧赴交趾辟命」.

14 『新唐書』卷 222c, p.4159b;『舊唐書』卷 197, p.3609d.

15 『舊唐書』卷 197, p.3609d.

16 Majumdar (1927), pp.118~119. 비문은 다낭 인근 호아쿠에서 나온 것이다.

17 『新唐書』卷 222c, p.4159c.

18 『新唐書』卷 222c, p.4159c;『舊唐書』卷 197, p.3610a.

19 Coedès (1948), p.178.

20 『新唐書』卷 222c, p.4159b.

21 『唐代叢書』卷 7 수록『嶺表錄異』, p.40a.

22 이 나라가 어디에 있었는지는 알려지지 않았다.

23 『太平御覽』卷 890, p.6a에 인용된 『舊唐書』; 『酉陽雜俎』卷 16, p.131. 이 코끼리에 대한 이야기는 671년 주징국周澄國의 사자가 말한 것으로 알려져 있다.

24 『酉陽雜俎』卷 16, p.132.

25 『酉陽雜俎』卷 16, p.131.

26 봄은 왼쪽 앞, 여름은 오른쪽 앞, 가을은 왼쪽 뒤, 겨울은 오른쪽 뒤다. 『酉陽雜俎』卷 16, pp.131~132.

27 『舊唐書』卷 4, p.3071C; 『冊府元龜』卷 970, p.14a; 『唐會要』卷 98, p.1751.

28 『冊府元龜』卷 970, pp.17a~17b.

29 『冊府元龜』卷 970, pp.19a~19b; 卷 971, p.1b; p.9a; p.11a; 『唐會要』卷 98, p.1751.

30 『冊府元龜』卷 970, p.19b; 卷 971, p.11a.

31 『新唐書』卷 222c, p.4159b.

32 『冊府元龜』卷 970, p.13b; 『唐會要』卷 98, p.1752; 『舊唐書』卷 11, p.3094b. 처음에는 진랍에서 왔고 후에는 문단文單에서 왔다. 문단은 '육진랍陸眞臘' 혹은 '북진랍北眞臘'이라고도 했다.

33 『冊府元龜』卷 970, p.15a. 이 나라의 이름은 『책부원귀冊府元龜』의 기록에는 분명치 않지만 『新唐書』卷 222b, p.4159d에 분명히 기록되어 있다. 별명으로는 어미의 자음 k가 탈락한 것도 쓰였다. 야생 코끼리가 많은 나라라고 설명하고 있다. 폴 휘틀리Paul Wheatley 교수와 1959년 11월 12일 개인적인 서신을 주고받았다. 주거비周去非가 기록한 삼박국三泊國이 아니냐는 의견을 얻었다.

34 『唐會要』卷 100, p.1795.

35 『冊府元龜』卷 971, p.15b. 이 사료에는 페르시아가 호자국呼慈國 성주를 보내서 코끼리를 헌상했다고 기록하고 있다. '호자'는 쿠처Kucha/Kuci의 별칭으로 보인다.

36 『唐六典』卷 17, pp.20a~20b.

37 『通典』卷 64, p.364c; 『宋史』卷 148, pp.4833b~4833c.

38 『新唐書』卷 222c, p.4159c; 『舊唐書』卷 12, p.3096c.

39 『新唐書』卷 4, p.3643a.

40 『資治通鑑』卷 218, p.17b. 특히 호삼성胡三省의 주를 보라. 『甫里先生文集』卷 12, p.15b에 있는 육구몽의 시 「잡기雜伎」 참조.

41 『避暑雜鈔』, p.1에 인용한 『명황잡록明皇雜錄』 관점의 제한이 있기에, 현존하는 『명황잡록』에는 이 기록이 보이지 않는다. 『피서잡초避暑雜鈔』는 12세기의 저작이다.

42 『雲煙過眼錄』卷 b, p.50.

43 Soothill and Hodous (1937), pp.390~391.

44 Derniers Refuges (1956), p.212; Jenyns (1957), p.35, p.43. 중국 코뿔소와 관련한 언어학적 역사에 관한 논의는 Jenyns (1957), pp.33~35 참조. 모양은 종류에 따라 야생 황소와의 혼동이 있었던 것 같다. 특히 인도들소와 물소, 때로는 얼룩소와 혼동한 것 같다.

45 당나라 때의 강남을 통과하는 도로에서 공물로 바친 코뿔소의 뿔이 있었기에 그렇게 생각한다. 『新唐書』卷 40, p.3725b; 卷 41, pp.3729b~3729d. 후난성 서쪽과 남쪽 지방

에서 자주 발굴된다. 사천·호북·귀주의 경계에도 나타난다.

46 『唐代叢書』卷 7 수록『嶺表錄異』, pp.39a~39b. 이 사료는 당나라 영남에 있던 코뿔소를 몇 가지로 분류하고 있다. 그것들을 모두 2본각의 코뿔소(수마트라 코뿔소) 종류라고 본다.

47 『酉陽雜俎』卷 16, pp.133~134.

48 『舊唐書』卷 18b, p.3131d.

49 『舊唐書』卷 197, p.3609d. 태종 치세 초기다.

50 『唐會要』卷 98, p.1751. 전설에 따르면, 통천서는 1척이 넘는 길이에 뿔이 하나라는 기술은 믿을 만하다.

51 『舊唐書』卷 13, p.3103a;『冊府元龜』卷 972, p.5b;『唐會要』卷 98, p.1751.

52 『冊府元龜』卷 970, p.15a. 이 나라나 장소에 대해서는 위의 각주 33 참조.

53 『冊府元龜』卷 971, p.18a;『唐會要』卷 98, p.1752.

54 『舊唐書』卷 197, p.3610a;『冊府元龜』卷 972, p.7b;『唐會要』卷 100, p.1782.

55 730년(『冊府元龜』卷 971, p.18a), 746년(『冊府元龜』卷 971, p.15b).

56 『冊府元龜』卷 972, p.8a.

57 『元氏長慶集』卷 24, p.6a에 수록된 원진의「순서馴犀」.

58 『資治通鑑』卷 218, p.17b;『正倉院寶物』(1960), 제5호. 남창南倉에 있다.

59 Otto Keller (1909), p.35; pp.37~38.

60 *Derniers Refuges*(1956), p.212.

61 고대 한어의 *suân-ngiei와 중고中古 한어의 *swân-ngieg이다.(猰猭)

62 풀리블랭크Pulleyblank에 의하면, 이는 토하라어의 'A방언'에 해당한다. Pulleyblank (1962), p.109.

63 『新唐書』卷 221b, p.4155b.

64 Quennell (1928), pp.154~155.

65 Yule and Burnell (1903), p.181.

66 Yule and Burnell (1903), p.181.

67 『新唐書』卷 221b, p.4155b.

68 Yule and Burnell (1903), p.181.

69 『舊唐書』卷 198, p.3614a; 卷 2, p.3068a;『冊府元龜』卷 970, p.8a;『唐會要』卷 99, p.1774.

70 『全唐文』卷 138, pp.1b~2b. 신비로운 동물 '貔'를 곰으로 보는 건 너무나 단순화한 것이다. '兕'는 한때 인도들소gaur를 의미했는지도 모른다. 당나라 시대에조차 그것이 어떤 동물이었는지 이미 모르게 되었다. '巴蛇'는 일단 '보아구렁이'라고 해석했다.

71 『全唐文』卷 398, p.3a. 우상사牛上士의 정확한 생몰 연대는 알 수 없다. 아마도 중당中唐 시대라 여겨진다.

72 657년(『冊府元龜』卷 970, p.15a)에 한 번, 719년에 두 번이다. 719년의 첫 번째 기록은 『新唐書』卷 221b, p.4155c;『舊唐書』卷 198, p.3614c;『冊府元龜』卷 971, p.3a;『唐會要』卷 99, p.1779, 두 번째는『冊府元龜』卷 971, p.3b에 있다.

73 『新唐書』卷 221b, p.4155c;『舊唐書』卷 198, p.3614c;『唐會要』卷 99, p.79.

74 『新唐書』卷 221b, p.4154a;『冊府元龜』卷 971, p.7b.

75 『舊唐書』卷 8, p.3082c;『冊府元龜』卷 971, p.5a.

76 『新唐書』卷 102, p.3918b;『舊唐書』卷 89, p.3353b.

77 Hastings (1927) I, p.521.

78 『國史補』卷 a, p.2a.

79 『酉陽雜俎』卷 16, p.131.

80 『酉陽雜俎』卷 16, p.131;『爾雅翼』卷 18, p.192.

81 『酉陽雜俎』卷 16, p.131;『本草綱目』卷 51a, p.25a.

82 『本草綱目』卷 51a, p.25a에 인용된 진장기의 말이다.

83 영어 번역은 Soper (1958), p.13에 따랐다.

84 Soper (1958), p.14 인용.

85 『雲煙過眼錄』卷 a, p.23.

86 『雲煙過眼錄』卷 a, p.30.

87 『酉陽雜俎』卷 16, p.131.

88 『雲煙過眼錄』卷 b, p.50.

89 『雲煙過眼錄』卷 a, p.30.

90 염입본의 작품 「職貢獅子圖」 중 한 폭은 송 휘종의 소장품에 들어 있다. 『宣和畫譜』卷 1, p.60. 나중에 주밀이 본 그림은 바로 휘종의 소장품일지도 모른다.

91 『李太白文集』卷 7, p.9a에 수록 「峨眉山月歌送蜀僧晏入中京」.

92 인도·인도차이나·화남의 Panthera pardus, 화북의 P.p.fontaneirii 그리고 시베리아와 만주 지역의 P.p.orientalis이다.

93 『唐六典』卷 24, pp.21a~21b.

94 『新唐書』卷 49a, p.3747d.

95 『新唐書』卷 34, p.3713b.

96 『冊府元龜』卷 971, p.4a.

97 『冊府元龜』卷 971, p.8a.

98 『冊府元龜』卷 971, p.7b;『唐會要』卷 99, p.1777.

99 『新唐書』卷 221b, p.4154d.

100 『新唐書』卷 221b, p.4153d;『冊府元龜』卷 971, pp.6b~7a. 조공 사절이 두 번 왔다고 기록하고 있다.

101 『冊府元龜』卷 971, pp.7a~7b;『唐會要』卷 99, p.1775. 세 가지 임무를 지고 온 사절들이 표범을 가지고 온다.

102 『冊府元龜』卷 971, p.16a.

103 『冊府元龜』卷 971, p.16a.

104 『新唐書』卷 6, p.3647d.

105 『新唐書』卷 48, p.3746a.

106 치타에는 두 종류가 있다. 아프리카 치타(학명 Felis guttata 또는 Cynailurus guttatus)

와 아시아 치타(학명 F. jubata 또는 C. jubatus)가 그것이다.

107 Friederichs (1933), p.31.

108 Otto Keller (1909), p.86.

109 Werth(1954), p.92. 1959년 10월 2일 캘리포니아 새크라멘토의 신문 『Bee』에 따르면, 멸종 위기에 처한 아프리카의 치타를 인도에서 번식시키는 시도를 하고 있다고 전한다.

110 O. Keller (1909), p.87.

111 619년(『唐會要』 卷 96, p.1717)과 623년(『舊唐書』 卷 199b, p.3618c)이다.

112 629년(『舊唐書』 卷 199, p.3619b; 『冊府元龜』 卷 970, p.6b). 『책부원귀冊府元龜』의 기록에서는 '풍표豐豹'라 부르는 동물을 진상했다는 기록이 있다. 이 책에서 검토한 바로 이 명칭의 해석에 문제가 있다.

113 무인들의 관冠에 정식으로 달리는 장식에 대해서는 『隋書』 卷 12, p.2373a에서 잘 설명하고 있다. 특히 6세기의 시인 강총江總의 「花貂賦」는 총괄적으로 참고할 만하다. 『江令君集』 卷 1, p.6a.

114 『新唐書』 卷 221b, p.4155c; 『舊唐書』 卷 198, p.3614c; 『冊府元龜』 卷 971, p.3a; 『唐會要』 卷 99, p.1779. 『당회요唐會要』에서는 722년으로 되어 있는데 719년이 맞다.

115 고랄의 학명은 Naemorhedus goral이다. '영양'의 호칭은 중국에 사는 고랄의 종류로서 시로serow(학명 Capricornis sumatraensis)와 타킨takin(학명 Budorcas taxicolor) 등이 있다.

116 Sowerby (1940), p.67. 소워비Sowerby에 따르면, "시로와 고랄은 모두 산악 지역에서 보통 볼 수 있는 짐승인데, 중국 미술 작품에 등장하지 않는 것은 이상하다. (…) 해석에 문제가 있지만, 예술가나 제자들의 눈에는 그런 동물들에게서 특별한 것을 발견하지 못했을지 모른다"고 말한다.

117 『重修政和證類本草』 卷 17, p.19b에는 7세기의 약물학자 맹선孟詵을 인용하고 있다.

118 『本草綱目』 卷 51a, pp.28a~28b에는 소공蘇恭과 맹선을 인용하고 있다. 소공에 따르면 '산양'의 뿔은 '안교鞍橋'에 좋다고 되어 있다. 고랄의 뿔은 짧다. 따라서 '산양'이란 다른 종류의 야생 양이나 염소에 해당하는 듯하다. 소공이 말하는 바는 고랄에 대한 언급이 아니라고 보아야 할 것이다. 마찬가지로 현대 한방 약국에서 '영양'과 '산양'의 뿔이라고는 하지만 사실은 여러 종류의 영양의 것이다. 1948년 시베리아 사이가saiga의 뿔이 중국 한약 시장에서 250달러로 거래되었다는 기록이 있다. Bridges (1948), p.221.

119 Laufer (1915), pp.21~22. 『本草綱目』 卷 10, p.5a에 『포박자抱朴子』에서 인용한 구절이 있다. 고랄과 뿔에 대해서는 『本草綱目』 卷 51a, p.28a를 참조. 라우퍼는 '숫양의 뿔'(그는 그렇게 이해하고 번역하고 있다)이 '어린 양의 피'를 바꾸어 쓴 것이라고 말하고 있다. 플리니우스에 따르면 '어린 양의 보혈'이란 다이아몬드처럼 부드럽기에 부서지기 쉽다고 한다. 중세 시에서는 어린 양의 피란 그리스도의 피가 지니는 능력을 상징한다. Laufer (1915c), pp.24~26.

120 저자의 영어 번역에서는 알기 쉬운 문체이지만 한문 원문은 전혀 그렇지 않다.

121 저자가 자료를 조사한 바에 따르면, 이 부분의 원문은 상당히 혼란스럽다.

122 『古今圖書集成』에 수록된 『國史纂異』의 '羊'(11b). 涵芬樓의 『說郛』 卷 67에도 이 책

의 일부가 전해지지만 이 인용은 참고하지 않았다. 『국사이찬國史異纂』으로도 나온다. 저자는 불명이지만, 당나라 말기부터 송나라 초기까지의 기록을 전하고 있다.

123 Sclater and Thomas (1897-1898), p.107.

124 『冊府元龜』卷 970, p.12a; 『唐會要』卷 100, p.1796.

125 『冊府元龜』卷 970, p.2a; 『唐會要』卷 100, p.1796. 고한어로는 *b'wât-lân으로 발음한다.

126 Brockelmann (1928), p.42. 언어학적인 관계에 대해서는 P.A. 부드버그Boodberg의 의견을 반영하고 있다.

127 Bang and Rachmati (1932), pp.687~688. 이 사료에 대해서는, P.A. 부드버그Boodberg 교수의 학문적 도움을 받았다.

128 Ramstedt (1949), p.125 튀르크어에는 qūlān(야생 당나귀)도 있다. Stephenson (1928), p.22.

129 혹은 *Gabiyap이나 *Gavyap이다. 상고 한어로는 *g'ia-b'j-jäp에 해당한다.

130 『酉陽雜俎』卷 16, p.134; 『冊府元龜』卷 970, p.13b.

131 『本草綱目』卷 51a, p.25a.

132 상고 한어에서는 *t'uo-puât나 *d'â-b'uât로 발음했다.

133 학명은 Mannota bobak으로 히말라야 서식 종은 M. himalayana이다.

134 『本草綱目』卷 51b, p.35a. 이시진은 마멋의 껍질로 따뜻한 가죽옷을 만들 수 있다고 한다. 하지만 당나라 때 마멋의 가죽으로 옷을 만들었는지는 알 수 없다.

135 『新唐書』卷 40, p.3726c.

136 『冊府元龜』卷 970, p.9b. 같은 기록이 『新唐書』卷 221a, p.4153c와 『舊唐書』卷 198, p.3614a에도 등장한다. 이 쥐의 명칭은 『책부원귀冊府元龜』에 따르면 '褥時'라고 되어 있다. 한편 『신당서新唐書』에는 '褥特'이라고 한다. 분명 두 번째 글자가 '時'의 오류다. 저자는 이들의 음역에 관해서 '搙'(『당회요唐會要』에 그렇게 나온다)를 '褥'으로 통일해야 한다고 본다.

137 『冊府元龜』卷 970, p.13b; 『唐會要』卷 99, p.1776. 652년 1월에서 2월의 일이다. 『책부원귀』에서는 이 동물을 '褥池鼠'라고 한다.

138 학명은 Herpestes edwardsii이다. 또는 H. javanicus라고 하며 모두 남아시아에서 많이 보인다.

139 학명은 H. urva이다.

140 Yule and Burnell (1903), p.596에는 *A History of Ceylon*(Paris, 1701)에서 인용한 것으로 기록하고 있다.

141 『唐會要』卷 100, p.1796. 『新唐書』卷 221b, p.4155b; 『冊府元龜』卷 970, p.12a에도 이와 유사한 기록이 있다. '活褥蛇' 또는 '活褥蛇'라는 이름은 이란어 계열이 아닌가 한다.

142 Otto Keller (1909), pp.163~164; A. P.D. Thompson (1951), p.471.

143 A. P.D. Thompson (1951), p.476.

144 O. Keller (1909), pp.164~165.

5장 새

1 李霖燦 (1956). p.44.

2 『資治通鑑』卷 211, p.12b.

3 Schafer (1959), p.295.

4 Schafer (1959), p.297.

5 Schafer (1959), p.298.

6 『新唐書』卷 3, p.3638c; Schafer (1959), pp.303~304.

7 Schafer (1959), p.304.

8 『新唐書』卷 9, p.3655b.

9 Schafer (1959), p.306.

10 아시아 동북 지방에 서식하는 falco gentilis grebnizkii이다.

11 Schafer (1959), p.308~309.

12 『甫里先生文集』卷 1, p.11b에 수록된 육구몽의 「奉酬襲美先輩吳中苦雨」.

13 Schafer (1959), p.309.

14 Schafer (1959), p.310.

15 학명은 Accipiter gentilis albidus. Schafer (1959), p.311. 이 새는 주로 말갈에서 가져왔다. 『新唐書』卷 219, p.4146d.

16 『九家集注杜詩』, p.495 수록 「見王監兵馬使說近山有白黑二鷹二首」.

17 『開元天寶遺事』卷 3, p.68a.

18 『舊唐書』卷 19a, p.3135a.

19 蘇頲, 「雙白鷹贊」. 『全唐文』卷 256, p.12b.

20 722년(『冊府元龜』卷 971, p.5a), 737년(『冊府元龜』卷 971, p.12a), 739년(『冊府元龜』卷 971, p.12b), 741년(『冊府元龜』卷 921, p.13b), 749년(『冊府元龜』卷 971, p.15a), 750년(『冊府元龜』卷 971, p.15b), 777년(『冊府元龜』卷 972, p.3b).

21 『全唐詩』函 4 冊 10, p.23a 수록 두공의 「新羅進白鷹」. 두공은 762년부터 821년경 사람이다.

22 『新唐書』卷 37, p.3719d. 서북부의 영주靈州에서는 매년 「雕鶻白羽」를 조공했다. 그러나 이를 '雕와 鶻의 白羽'으로 해석해야 하는지 '雕, 鶻, 그리고 白羽'라고 읽어야 하는지 판단하기 어렵다.

23 Schafer (1959), pp.318~319. 현존하는 『유양잡조酉陽雜俎』의 말미에 '肉部'가 수록되어 있다. 한나라 시대에 『응경鷹經』이라는 제목의 서적이 있었는데, 당나라 시대에 유실되고 말았다.

24 Schafer (1959), pp.325~334.

25 Schafer (1959), pp.298~299.

26 Schafer (1959), p.320.

27 Schafer (1959), p.298.

28 Schafer (1959), pp.312~314.

29 Schafer (1959), pp.300~301.

30 Schafer (1959), pp.300~301.

31 Schafer (1959), p.307.

32 Schafer (1959), p.300.

33 Schafer (1959), p.299.

34 Schafer (1959), p.300.

35 『李太白文集』卷 4, p.1a 수록 「獨漉篇」.

36 『全唐詩』函 8 册 10, p.16b 수록 설봉의 「俠少年」. 설봉은 9세기 시인이다.

37 Schafer (1959), p.308.

38 『太平御覽』卷 926, p.5a 수록 「古樂府」.

39 『新唐書』卷 128, p.3968a. 8세기 초 왕지음王志愔에게 주어진 칭호다.

40 『舊唐書』卷 45, p.3258c.

41 『本草綱目』卷 49, p.12a. 진장기의 말이다.

42 『本草綱目』卷 49, p.12a. 소공蘇恭의 말이다.

43 학명은 Pavo cristatus다.

44 주 성왕成王을 말한다. 『太平御覽』卷 924, p.4b에 수록된 「주서周書」의 기록이다. Erkes는 「九歌」속의 '華蓋'라는 말을 들어 기원전 4세기 초에 이미 사람이 길들인 공작이 있었다고 한다. '孔雀華蓋'는 초나라 사람들이 어딘가에서 공작 깃털을 손에 넣었다는 의미 이외에 다른 뜻은 없다. Erkes는 공작을 이란과 인도에서 들여왔다고 하지만 잘못된 주장이다. Erkes (1942), p.34.

45 『漢書』卷 96a, p.0606d.

46 『太平御覽』卷 924, p.5a는 『속한서續漢書』와 『한기漢紀』를 인용한다. 어느 사료에서 공작의 원산지는 '조지條枝'라고 했지만 그곳이 어딘지는 모른다. 샤반Chavannes은 티그리스 하구에 있는 2세기 초에 파르티아에 투항한 아라비아의 사라센이라고 말한다. Chavannes (1905), p.176.

47 Otto Keller (1913), pp.150~151. 기원전 2세기 로마인들은 공작을 키우고 있었다.

48 『삼국지三國志』의 「吳書」卷 8, p.1048b. Pavo muticus(眞孔雀)는 자와섬에도 있으며 인도산 공작보다 당당하고 깃털 색이 짙다. David and Oustalet (1877), pp.402~403; Delacour (1951), p.311 참조. 이 새는 원난성에서 발견되는데, 이곳에 인도산 공작이 있다는 보고도 있다. Read (1932), pp.78~79. 중세의 운남에 있던 공작에 대해서는 『通志』卷 197, p.3164c 참조. 길조로 여겨지는 하얀 공작도 사료에서 가끔 발견된다. 461년 기록에 있지만 기록의 한계로 인해 당나라 시대 기록은 없다. 『學海類編』卷 91 수록 「北戶錄」, pp.1a~1b 참조. 최근 아프리카에서 제3의 종인 콩고 원산의 공작이 발견되고 있다. 학명은 Afropavo congensis다. Delacour (1951), p.311.

49 『三國志』「吳書」卷 3, p.1038c; 『晉書』卷 57, p.1234d. 『진서晉書』에서는 연대가 조금 뒤로 기록되어 있는데 이는 오기다.

50 『新唐書』卷 43a, pp.3731c~3731d. 『學海類編』卷 91에 수록된 「北戶錄」, pp.1a~1b. 소공蘇恭은 영남과 베트남에 공작이 많이 있었다고 기술하고 있다. 『本草綱目』卷 49, p.11b.

51 『本草綱目』卷 49, p.11b.
52 『全唐詩』函 5 冊 7 卷 1, p.7a 수록. 무원형武元衡(8세기부터 9세기 초)의 무명시.
53 O. Keller (1913), p.174.
54 『本草綱目』卷 49, p.11b 수록『南方異物志』.
55 『學海類編』卷 91 수록『北戶錄』pp.1a~1b 및『太平廣記』卷 461에 수록된『嶺表錄
    異』, p.1b.
56 『太平廣記』卷 461 수록『嶺表錄異』, p.1b.
57 『本草綱目』卷 49, p.11b 인용『大明日華本草』(10세기).
58 『學海類編』卷 91 수록『北戶錄』, pp.1a~1b.
59 『本草綱目』卷 49, p.11b 인용『北戶錄』.
60 『酉陽雜俎』卷 16, p.127.
61 『太平廣記』卷 461, p.2b 인용「奇聞」(9세기).
62 『太平御覽』卷 924, p.5a 인용『晉書』.
63 Hansford (1957), p.82.
64 Soper (1958), p.224.
65 『宣和畫譜』卷 15, p.398~402.
66 Hackmann (1951~1954), pp.307~308.
67 『新唐書』卷 222b, p.4160d.
68 Hackmann (1951~1954), pp.307~308. 공작 여왕의 자세한 얘기에 대해서는 Visser
    (1920) 참조.
69 南條文雄 (1883), p.79.
70 『宣和畫譜』卷 1, p.59.
71 『宣和畫譜』卷 2, p.70.
72 학명 Psittacula(Palaeornis) derbyana이다.
73 Schafer (1959a), pp.271~273. 중세의 운남과 티베트에 있던 앵무새는『通志』卷 195,
    p.3130b 및 卷 197, p.3164c에 기록이 있다.
74 Schafer (1959a), pp.273~274.
75 학명 Psittacula krameri(本青鸚哥), P.alexandri(達磨鸚哥), P.cyanocephala(小青鸚哥)
    라는 이름의 새들이다. Schafer (1959a), p.275.
76 Schafer (1959a), p.278; Otto Keller (1913), p.49.
77 Schafer (1959a), p.274.
78 Schafer (1959a), p.275~277.
79 Yule (1903), pp.521~522.
80 『新唐書』卷 221a, p.4153c;『舊唐書』卷 8, p.3082b;『舊唐書』卷 198, p.3613d;『冊府
    元龜』卷 971, p.4a;『唐會要』卷 100, p.1787.
81 『新唐書』卷 222b, p.4159b;『新唐書』卷 197, p.3609d.
82 『新唐書』卷 222b, p.4159b.
83 '구루밀拘蔞蜜'이라는 이름의 나라였다.

84 『新唐書』卷 222b, p.4159C; 『唐會要』卷 100, p.1794.

85 『冊府元龜』卷 971, pp.6a~7b.

86 『新唐書』卷 221b, p.4155C; 『冊府元龜』卷 971, p.3b. 저자는 'Kaspiśa'가 '訶毗施'이라는 설명도 가능하다고 본다.

87 『新唐書』卷 222b, p.4159c; 『冊府元龜』卷 972, p.7b.

88 Schafer (1959a), p.278.

89 『舊唐書』卷 197, p.3609d; 『唐會要』卷 98, p.1751.

90 『雲煙過眼錄』續集, p.5.

91 Schafer (1959a), p.281.

92 Soper (1951), p.10.

93 학명은 Kakatoëmoluccensis이다.

94 이 나라의 이름은 '누타원糯陀洹'으로 기록되어 있다.

95 『新唐書』卷 222, p.4159d; 『舊唐書』卷 197, p.3610a; 『唐會要』卷 99, p.1779. 『당회요唐會要』는 이해(647년)의 사절을 644년 사절로 혼동하고 있다.

96 Schafer (1959a), p.279. 조여괄趙如适은 앵무새의 날개 가루가 병을 일으킨다는 잘못된 설을 주창했다. 그러나 Wheatley(1961)는 이에 대해서 주석을 남기고 있다. Wheatley (1961), p.123.

97 Schafer (1959a), pp.279~280.

98 Schafer (1959a), p.280.

99 『後漢書』卷 4, p.659c; 『後漢書』卷 118, p.904d.

100 학명은 Struthio camelus syriacus이다. Waley (1952), p.74 참조.

101 Hirth and Rockhill (1911), p.129.

102 『冊府元龜』卷 970, p.13b에는 "야만 종족들은 이를 타조라 불렀다"고 기록하고 있다. 『한서漢書』에는 이를 '條枝大爵'이라 기록한다. 이전의 공작에 대한 장 주석에 있는 '駝鳥'의 옛 명칭을 참조하라. 당나라 시대의 『한서』에 대한 각주에는 '條枝大爵'이라고 기록하고 있다. 사실 이 새는 '駝鳥'로 알려졌다. 『六臣註文選』卷 1, p.10b에 수록된 반고班固의 「서도부西都賦」에는 '條枝之鳥'로 돼 있다. 이에 대해 당나라의 이선李善은 "조지국條枝國은 큰 바다에 인접해 있으며 커다란 새가 있다. 알은 항아리 같다"라고 했다. 이는 『광지廣志』의 기록으로, 『本草綱目』卷 49, p.11b에 보인다. '條枝'에 대해서는 이 장 주 46을 참조.

103 『舊唐書』卷 1, p.3065c.

104 『新唐書』卷 221, p.4154d; 『舊唐書』卷 4, p.3071a; 『冊府元龜』卷 970, p.13b. 『本草綱目』卷 49, p.11b에 진장기陳藏器를 인용하고 있다.

105 『本草綱目』卷 49, p.11b는 진장기를 인용한다.

106 『舊唐書』卷 4, p.3071a.

107 Laufer (1926), pp.29~33; Schafer (1950), p.288 참조.

108 『李太白文集』卷 7, p.5a에 실린 「秋浦歌」. 「추포가秋浦歌」의 전편은 17수로 이루어져 있다. 당시 이백은 추포 바닷가에 살고 있었다고 한다.

109 학명은 Chrysolophus pictus다. Rrad (1932), no. 271.

110 Demiéville (1929), p.153; Soothill and Hodous (1937), p.317; Hackmann (1951~1954), p.70.

111 『一切經音義』卷 23, p.456c. 또한 『一切經音義』卷 25, p.463a에도 보인다.

112 Ecke and Demiéville (1935), pp.61~62. 천주泉州의 화강암 불탑에 새의 날개·발톱·꼬리가 새겨져 있다. 새의 모습을 한 인간은 인도 긴나라緊那羅와 유사하지만 실은 빈가조頻伽鳥다.

113 Demiéville (1929)에 있는 사진 참조.

114 『新唐書』卷 222b, p.4159c; 『唐會要』卷 100, p.1782에는 813년이라 기록되어 있다. 그러나 『舊唐書』卷 197, p.3610a; 『冊府元龜』卷 972, p.7a에는 815년으로 기록하고 있다. 저자도 815년 일이라고 생각한다.

115 오추烏秋는 중국에서 흔히 볼 수 있는 새다. 학명은 Dicrus cathoecus이다. '鴨鵾', '批鵾' 등 다양한 표기가 있다. 검고 반들반들한 날개에 긴 꼬리를 하고 있다. 날이 저물고 새벽까지 함께 지저귀며 매와 까마귀까지 덮치는 용감한 새로 알려져 있다. 중국 전역에 서식하고 있으며 관모가 달린 철새인 바람까마귀Dicrurus hottentottus라고 말하는 서적도 있다. 처음에 이 새의 한어명을 구별한 것은 Mollendorf이다. Read (1932), no. 295A 참조. 『本草綱目』卷 49, p.10a; Wilder and Hubbard (1924), p.171 참조.

116 『墨莊漫錄』(『叢書集成』卷 5, p.57).

117 학명 Dicrurus(혹은 Dissemurus) paradiseus. 인도·미얀마·라오스·베트남·운남 등지에서 서식한다. Delacour and Jabouille (1931), pp.84~86 참조.

118 Delacour (1947), pp.340~342.

119 Fletcher and Inglis (1924), p.31.

120 라우퍼는 가릉빈가kalaviṅka라는 이름이 가져온 나라인 칼렁가Kalinga(訶陵國)에서 기원한다고 하지만, 명확한 결론은 내지 못하고 있다. Laufer (1915b), p.284.

6장 모피와 깃털

1 『周禮』「天官」 수록 '司服' 항.

2 이를테면 『古今圖書集成』의 『禮儀典』卷 340 참조.

3 『唐六典』卷 3, p.17a.

4 『李太白文集』卷 14, p.2b에 수록된 「送王屋山人魏萬還王屋」.

5 Barthold (1958), pp.235~236. 10세기 Maqdisī인용.

6 『冊府元龜』卷 971, p.19a. 이 사슴이 어떤 동물인지 잘 모르겠다. 이 사료에서는 '麞'이며 이는 '麎'과 같은 뜻으로 쓰인다.

7 『唐六典』卷 22, pp.14b~15a.

8 『全唐詩』函 11 冊 10, p.2b의 「妓女」.

9 원래 군화는 가죽의 짧은 단화였지만 시대를 거치면서 점점 길어졌다. 7세기 전반에 마주馬周가 융이 달린 장화를 개발했다. 8세기 전반에 배숙통裴叔通이 염소 가죽 장화

에 사슴 가죽을 덧대고 끈을 묶는 것을 만들었다. 『資治通鑑』 卷 221, p.12a 호삼성 주
석의 장화의 간단한 역사 참조.

10 『新唐書』 卷 43a, p.3732b. 계주에서 생산한 사슴 가죽 장화에 대해서는 『全唐詩』 函 9
冊 2, pp.12b~13a에 수록된 시를 참조하라.

11 Schafer (1954), p.69.

12 학명은 Elaphodus cephalophus.

13 石田茂作·和田軍一 (1954), 도판 119.

14 Soper (1951), p.14.

15 『唐六典』 卷 37, pp.3720c~3721a; 卷 40, p.3727a.

16 안장 밑에 깔고 사용하는 것을 그렇게 불렀다. 中野江漢 (1924), pp.59~60.

17 『冊府元龜』 卷 971, p.3b.

18 학명은 Phoca equestris.

19 Laufer (1913), p.340.

20 730년 발해에서 가죽 5장을 보내온다(『冊府元龜』 卷 971, p.8b). 신라에서는 723년에
보내왔다는 기록은 있지만 매수에 대한 기록은 없다(『冊府元龜』 卷 971, p.5a). 신라에
서 734년에도 16장 진상했다고 한다(『冊府元龜』 卷 971, p.10b).

21 '시중侍中'과 '중서령中書令' 직의 관리다. 사용된 것이 표범, 북방족제비, 흑표, 하얀 족
제비 가운데 명확히 어떤 동물인지 특정하기 어렵다. 사용한 동물들을 고유명사로 이
름 부르고 있기 때문이다. 『本草綱目』 卷 51b, p.35b 및 韓耈 (1953), p.391 참조.

22 『全唐詩』 函 2 冊 9 卷 1, p.1a에 수록 최호崔顥(8세기)의 「古遊俠呈軍中諸將」.

23 이기는 8세기 시인이다. 원시는 『全唐詩』 函 2 冊 9 卷 1, p.1a에 있다.

24 『唐六典』 卷 22, p.18a.

25 몽골어 ulayan(홍색)과 같은 어원인지 모른다.

26 발해에서 몇 번 헌상했다고 한다(『冊府元龜』 卷 971, p.8b, 12b, 13a). 『冊府元龜』 卷
971, p.8과 p.12에서는 '貂鼠'를 '豹鼠'로 표기하고 있다. 흑수말갈에서는 여덟 명의 사
절을 보내왔다(『新唐書』 卷 219, p.4146d). 한번은 대불녈말갈大拂涅靺鞨에서 왔다고
한다(『冊府元龜』 卷 971, p.4a). 흑수말갈에서 보낸 동물은 현대의 골디Goldi에 해당한
다고 생각한다. 중국에서는 거란인을 '웨지weji(林人)'라고 불렀다. 和田清 (1955), p.16.

27 『唐會要』 卷 100, p.1787. 이는 틀림없이 남방 계열 표범이다. 학명은 Pnathera pardus
fusca.

28 『唐會要』 卷 95, p.1712. 학명은 P.p.orientalis.

29 『全唐詩』 函 10 冊 2 卷 2, p.12a에 수록 이함용李咸用(9세기)의 「和殷衙推春霖卽事」.

30 『本草綱目』 卷 51a, p.26a의 진장기 인용.

31 『新唐書』 卷 196, p.4087a.

32 『雲仙雜記』 卷 1, p.6.

33 『冊府元龜』 卷 970, p.4b.

34 나라는 임지국林氏國이고 동물 이름은 '선거상저鮮渠上沮'다. '鮮渠'가 쪽빛, '上沮'는
향료라는 뜻이다.

35 『唐代叢書』卷 4에 수록『明皇雜錄』, p.16b.

36 Duyvendak (1939), p.402 그림 1. 이 설은 타당하다고 하기 어렵다.

37 『新唐書』卷 219, p.4146d;『冊府元龜』卷 971, p.4a.

38 『新唐書』卷 43a, p.3733a.

39 Schafer (1952), p.156; pp.159~160 참조.

40 당나라보다 훨씬 이른 시기 사료인 『남월지南越志』(『本草綱目』卷 44, p.31a에 인용)에는 "상어 가죽에는 진주가 포함되어 있기에 도검을 꾸밀 수 있다"고 기록되어 있다. 당나라 이후의 사료에도 있다. 『본초강목本草綱目』에 인용된 소송蘇頌에 따르면 "상어 가죽으로는 도검을 장식한다"고 밝히고 있다.

41 『正倉院御物圖錄』(1928~) VI, p.37; 石田茂作・和田軍一 (1954), 도판 25 참조.

42 『唐六典』卷 22, p.18a;『新唐書』42, p.3729d, pp.3730b~3730c.

43 『新唐書』卷 37, p.3721a.

44 『唐六典』卷 22, p.18a.

45 『新唐書』卷 42, pp.3730b~3730c.

46 『重修政和證類本草』卷 17, p.30a에 인용된 진장기의 말.

47 『本草綱目』卷 51a, p.26a에 인용된『唐本草注』.

48 『唐六典』卷 17, p.17a;『宋史』卷 149, p.4837a.

49 『宋史』卷 149, p.4837a. 당나라 시대에는 약리학자였던 소공蘇恭처럼 조정에서 사용하는 가마를 장식한 표범 꼬리는 단순한 상징에 지나지 않기 때문에 존경을 표시할 필요가 없다고 주장하는 사람도 있었다.『本草綱目』卷 51a, p.26a에 인용한『당본초주唐本草注』에 의한다.

50 이런 맥락과는 조금 다르지만 현재의 산시성山西省 북부에서는 궁궐의 장인들이 백응白鷹의 날개를 가지고 화살의 깃털을 만들었다. 李時珍『本草綱目』卷 49, p.12a; Schafer (1959), p.307.

51 학명은 Oriolus cochinchinensis(=chinensis)이다.『唐六典』卷 22, pp.14b~15a.

52 이에 대한 8세기 왕인王湮의 풍자시가 있다.『新唐書』卷 76, p.3868d.

53 『全唐詩』函 3 冊 2, p.4a에 수록한 이화李華의「영사詠史」는 비바람에 흠뻑 젖은 여성의 모습을 읊은 시다.

54 광둥의 서쪽 끝 흠주欽州 등이다.『新唐書』卷 43a, p.3732a.

55 교주交州와 육주陸州다.『新唐書』卷 43a, p.3733a. 1107년에는 까치의 날개를 모아서 직물 제조하는 것을 정부가 금지하고 있다고 지적한다. Hirth and Rockhill (1911), pp.235~236.

56 石田茂作・和田軍一 (1954), 도판 33과 34.

57 여러 종류의 깃털이 이용되었다. 陳作新 (1955), pp.15~17.

58 『唐六典』卷 22, p.18a.

59 『新唐書』卷 23a, p.3678a.

60 이하李賀의 예는 Delacour (1951)에서 인용한다. Read (1932), pp.269~273; 陳作新 (1955), pp.90~109 참고. 그러나 호로새珠鷄와 꿩에 대해서는 Sitwell (1947),

pp.186~196이 가장 명확하다.

61 학명은 Ithaginis cruentus sinensis.

62 학명은 Tragopan temmincki.

63 학명은 Lophura nycthemera nycthemera.

64 학명은 Crossoptilon auritum.

65 학명은 Chrysolophus pictus.

66 학명은 C. amherstiae.

67 학명은 Syrmaticus reevesii.

68 『唐六典』 卷 22, p.18a.

69 『新唐書』 卷 48, p.3747a.

70 『事物紀原』 卷 8, p.290에 인용된 『通典』.

71 『唐六典』 卷 22, p.18a; 『新唐書』 卷 43a, p.3733b. 『全唐詩』 函 11 册 2 卷 3, p.11a에 인용된 이동李同(9세기)의 시에는 공작이 '남해'에서 오고 있다고 지적한다. 즉 광주를 경유해 영남을 통해 운반된다는 의미다.

72 『太平廣記』 卷 461, p.1b에 인용한 『嶺表錄異』.

73 『唐六典』 卷 11, p.30b.

74 『文獻通考』 卷 117, p.1054a.

75 『雲煙過眼錄』 卷 a, p.24.

76 『全唐詩』 函 8 册 10, pp.12a~12b에 수록한 설봉薛逢(853년경)의 「宣政殿前陪位觀册順宗憲宗皇帝尊號」.

77 『全唐詩』 函 9 册 5 卷 2, p.1a에서 수록한 온정균의 시 「晚歸曲」.

78 『全唐詩』 函 9 册 5 卷 6, p.5b에 수록한 온정균의 시 「過華淸宮」.

79 Burton (1934), p.2924.

80 Eberhard (1942), 卷 2, p.156 및 pp.287~289. 백조 처녀 전설의 현대 중국 버전에 대해서는 Eberhard (1937), pp.55~59 참조.

81 『酉陽雜俎』 卷 16, p.130.

82 『大唐西域記』 卷 2, p.4b.

83 『史記』 卷 12, p.0043d.

84 『漢書』 「郊祀志」에 관한 안사고의 주석 참조.

85 『後漢書』 卷 107, p.0872a.

86 『南齊書』 卷 21, p.1705b의 「文惠太子傳」.

87 『唐代叢書』 卷 17에 수록한 『集異記』, pp.18a~18b. 18세기 말에도 광둥에서 한족이 아닌 종족들은 새의 깃털로 옷을 지어 입고 있었다. 그중에는 '천연 거위 깃털 옷天鵝絨'이라 불리는 것이 있었다. 이는 보통의 방직기를 써서 비단을 짜면서 날개를 교묘히 섞어 넣어 직조한 것이다. 주홍색의 색조가 가장 비쌌다. 야생의 거위깃털로는 여름용과 겨울용 두 종류의 직물을 만들었다. 이를 비에 젖지 않는 '우단雨緞' 혹은 '우사羽紗'라고 했다. 광주 사람들이 개발해 사용하기 시작한 것으로, 깃털을 천에 직조하면서 섞는 방법이다. 깃털을 사용한 예술적인 직물에 대해서는 Macgowan (1854), pp.58~59

참조. 맥고완Macgowan은 공작의 날개 깃털을 사용한 광둥 지방의 여성용 스카프에 대해서도 서술하고 있다. 이 직물의 생산 방법은 19세기 중반에 없어졌다. 『嶺表錄異』卷上, p.5에는 당나라 때 영남 지방에서 거위 깃털 옷을 만들었다는 기록이 있다. 깃털 스카프에 대한 기술은 없지만 고대나 근대나 깃털을 중요하게 여겼다. 깃털 직물은 근대뿐만 아니라 중세에서도 영남 지역의 특산물이었다고 추측할 수 있다. 카즈위니Qazwini에 따르면, 채색한 날개깃의 산업적인 이용은 14세기 이슬람의 섬유 산업에서 도입되었고, 이 기술이 중국으로 전해진 것으로 풀이한다. Stephenson (1928), p.62, 83.

88 『新唐書』卷 34, p.3713a; Laufer (1915d), p.114 참조. 화려한 새인 물총새의 깃털이 견직물이나 장식용으로 너무 많이 남획되었기에 멸종에 가까워졌다. 송대인 1107년에는 이 새의 비취빛 날개의 채집을 금지해야 했다. Hirth and Rockhill (1911), pp.235~236.

89 Laufer (1915d), p.114. 라우퍼는 이를 『고금도서집성古今圖書集成』에서 인용하고 있다.

90 『夢溪筆談』卷 5, p.32.

91 Waley (1960), pp.149~155; pp.258~260. 이 이야기는 적어도 기원전 3세기 무렵부터 중국에서 유행하며 알려졌다.

92 Waley (1922), pp.177~185.

93 『唐六典』卷 22, pp.14b~15a.

94 『本草綱目』卷 41, p.16b에 인용된 진장기. 이들 벌레는 주로 보주寶州와 징주澄州에서 채집했다.

95 인용한 이하李賀의 시에 대한 왕기王琦의 주석을 참조하라.

96 『全唐詩』函 6 冊 7 卷 3, p.2a에서 수록한 이하의 「謝秀才有妾縞練改從於人秀才引留之不得後生感憶座人製詩嘲謝賀復繼四首」 및 『李長吉歌詩』卷 3, pp.7a~7b.

97 『正倉院御物圖錄』(1928~), VI, p.26.

98 『李長吉歌詩』卷 2, p.30b에 수록하고 있는 「뇌공惱公」에 대한 왕기의 주석 참조. 이 장소는 이주利州다.

99 『本草綱目』卷 41, p.16b에 인용된 진장기.

7장 식물

1 이 책 서론 참조. 특히 『唐會要』卷 100, p.1796을 보라.

2 『增廣注釋音辯唐柳先生集』卷 17, p.2b에 수록된 「種樹郭橐駝傳」. H. A. 자일스Giles 번역 'Pas trop governor' 참조. H. A. Giles (1923), pp.142~144.

3 『說郛』 冊 212 (函 106), p.7a 수록 「종수서種樹書」에 따른다.

4 가리 레드어드Gari Ledyard가 이 책에 대해서 연구한 후 내린 결론이다.

5 『冊府元龜』卷 970, pp.11b~12b; 『唐會要』卷 100, p.1796; Laufer (1919). pp.303~304.

6 中山久四郞 (1917), p.567. 원래 시는 『全唐詩』函 6 冊 6에 있다.

7 村上嘉實 (1955). p.77.

8 Schafer (1961). pp.4~5.

9 Grigson (1947). pp.79~85.

10 『資治通鑑』卷 215, p.13b. 746년 7월이다. 주석자인 호삼성에 따르면 소식蘇軾 시대 (11세기)부터 여지는 사천 남부 부주涪州에서만 난다고 말하고 있다. 또 호삼성은 백 거이의 말을 인용해 여지는 따는 첫날에 변색하고 두 번째 날에서 향기가 없어진다, 4~5일 지나면 색·맛·향을 모두 상실한다고 쓰고 있다.

11 Mahler (1959). pp.73~74는 바르톨드Barthold의 설을 따른다. 한인들은 10세기 중반까지 '수박'을 몰랐던 모양이다. Laufer (19/9). p.439.

12 『元詩選』續集 卷 14, p.10b에 수록된 홍희문의 「明皇太眞避暑安樂圖」.

13 '金粟'은 장안 근교의 지명이다. 여기에서는 그렇게 해석하기는 하지만 동시에 '金粟'이란 금색의 작은 알갱이라는 의미도 있다.

14 『本草綱目』卷 5, p.22b에서 진장기를 인용한다. 진장기는 『食譜』에서 자료를 인용하고 있다.

15 石田幹之助 (1942). pp.215~216.

16 포조鮑照(5세기)가 사용한 표현이다.

17 『重修政和證類本草』卷 3, p.13a에서 인용한 『단방경원丹房鏡源』에 의한다. 독고도獨 孤滔가 저술한 『단방경원』은 분명히 7세기의 책이지만 수나라나 당대의 책이라는 의견 도 있다.

18 『唐六典』卷 19, p.19b.

19 葉靜淵 (1958). p.159.

20 『洛陽牡丹記』, p.6a.

21 葉靜淵 (1958). p.159.

22 『唐六典』卷 19, p.15b; 卷 7, pp.13a~13b.

23 『冊府元龜』卷 970, p.8b.

24 『唐六典』에는 주석이 붙어 있다. 『책부원귀冊府元龜』에 따르면 동서로 27리, 남북으로 33리다.

25 『唐六典』卷 7, pp.13a~13b.

26 『舊唐書』卷 9, p.3085a.

27 『唐代叢書』卷 3에 수록된 『開元天寶遺事』, p.53b.

28 『唐六典』卷 14, pp.51a~51b, pp.52a~52b.

29 Laufer (1919), p.385. 대추야자는 『위서魏書』와 『수서隋書』에도 등장한다.

30 劉恂 『嶺表錄異』. 桑原騭藏 (1930), p.53 참조.

31 『本草綱目』卷 31, p.15a에 인용한 진장기에 따른다.

32 Laufer (1919). p.385. '파사조'(페르시아 대추)의 명칭은 『유양잡조酉陽雜俎』에도 등장 하고 있다. 진장기도 이 이름을 사용하고 있다.

33 Laufer (1919). pp.385~386.

34 『冊府元龜』卷 971, p.15b.

35 앞에서 인용한 유순劉恂의 『영표록이嶺表錄異』 및 Laufer (1919), pp.386~387. 于景讓 역시 라우퍼의 기술을 그대로 사용했다. 于景讓 (1954), pp.193~195.

36 『冊府元龜』卷 970, pp.9a~9b.
37 『新唐書』卷 221a, p.4153c; 『冊府元龜』卷 970, p.11b; 『唐會要』卷 100, p.1796.
38 Sitwell (1936), p.181.
39 Demiéville (1929), pp.90~91.
40 『酉陽雜俎』卷 18, pp.149~150. 가사(袈裟, kaṣāya)는 불교 승려가 입는 옷이다.
41 학명은 Tila miqueliana. Demiéville (1929), pp.90~91.
42 『全唐詩』函 9 冊 9 卷 8, p.7b에 수록된 피일휴의 시 「寄題天台國淸寺齊梁體」.
43 Yule and Burnell (1903), p.798; Burkill (1935), p.2005.
44 Shorea kunstleri et al. Burkill (1935), pp.2001~2005.
45 Soothill and Hodous (1937), p.323.
46 Waley (1952), p.140. 이는 만당晚唐의 도교 설화다.
47 예를 들어 5세기 초에 외국의 승려가 호남의 절에 서 있는 나무를 가리키며 사라수라
    고 말한 기록이 있다. 『酉陽雜俎』卷 18, p.147.
48 A. Christine은 내게 짬파와 관계가 깊은 나라라고 말해 주었다. 말레이어를 사용하는
    곳이다.
49 『南史』卷 78, p.2730c.
50 『全唐文』卷 263, p.1a의 이옹의 시 「楚州淮陰縣婆羅樹碑」.
51 『全唐文』卷 375, pp.2a~2b. 이 상주문 발췌본이 『酉陽雜俎』卷 18, pp.147~148에도
    나온다.
52 『酉陽雜俎』續集 6, p.227.
53 Historiae Naturalis, Vol. XXI, 제18장. 진장기는 "울금은 '대진大秦', 즉 로마에서 자
    란다"고 기술하고 있다. 『本草綱目』卷 14, p.40a.
54 Laufer (1919), pp.309~329. 라우퍼의 해석에 따르면 사프란은 중국에서 강황과 상당
    히 혼동되었다. 『本草綱目』卷 14, p.38a 참조.
55 『本草綱目』卷 14, p.40a. Laufer (1919), p.312에는 어떤 이유인지 모르겠지만, 사프란
    은 원대元代 이전에는 중국에 수입되거나 사용되지도 않았다는 흥미로운 학설을 제시
    하고 있다. 하지만 그 학설과 모순되는 사료 역시 다수 존재한다.
56 于景讓은 이 혼동에 대해서 논하고는 있지만 아무런 새로운 견해는 제시하지 못하고
    있다. 于景讓 (1955), pp.33~37.
57 Laufer (1919), pp.322~323; Burkill (1935), pp.714~715. 붉은 꽃의 학명은 Carthamus
    tinctorius, 강황의 학명은 Curcuma longa, 자줏빛 사프란은 C. Zedoaria이다. 자줏빛
    사프란의 성질은 C. aromatica(春鬱金)와 유사하다.
58 『唐會要』卷 100, p.1796. 『冊府元龜』卷 970, p.11b에는 '9월에 개화한다'는 부분이 훼
    손되어 판독할 수 없다.
59 『全唐詩』函 1 冊 9 卷 1, p.10a에 수록된 노조린의 「長安古意」.
60 『全唐詩』函 11 冊 4 卷 2, p.16a에 수록된 진도의 「飛龍引」.
61 『雲仙雜記』卷 1, p.7.
62 『李太白文集』卷 20, p.2a에 수록한 이백의 「客中行」.

63 『李太白文集』卷 11, p.11a에 수록한 이백의 「春日獨坐寄鄭明府」.

64 『全唐詩』函 9 冊 5 卷 9, p.10a에 수록된 온정균의 「淸明日」.

65 『全唐詩』函 8 冊 9 卷 1, p.26b에 수록된 이상은의 「牧丹」.

66 『酉陽雜俎』續集 9, p.246.

67 단성식의 전기는 『新唐書』卷 89, p.3896a와 『舊唐書』卷 167, p.3515a에 있다.

68 Laufer (1919). p.402. 라우퍼는 '葉'이 아니라 '柰'라고 기록하고 있다. 주요 사료 속에 저자가 보지 못한 판본이 있고 거기에 어떤 인쇄상의 잘못이 있었을 수도 있다.

69 『冊府元龜』卷 970, p.12a; 『唐會要』卷 100, p.1796. 양쪽 기술이 비슷하지만, 『책부원귀冊府元龜』에서는 글자가 조금 다르게 돼 있다.

70 Soothill and Hodous (1937), p.226; Hackmann (1951~1954), p.204. 특히 Demiéville (1929). pp.198~203은 참고할 만하다.

71 Laufer (1919). pp.427~428.

72 『酉陽雜俎』卷 18, p.153.

73 *Historiae Naturallis*, XXl, 제12장과 75장 참조.

74 『周濂溪集』卷 8, p.139에 수록된 주돈이의 「애련설愛蓮說」을 보라.

75 『新唐書』卷 2, p.3637b. 633년부터 634년 사이 겨울의 일이다.

76 『白氏長慶集』卷 28, p.7b.

77 Yüeh yen Ching shu(越艶荊姝)와 Wu chi Yüeh yen(吳姬越艷)이다.

78 『本草綱目』卷 33, p.23a.

79 『宣和畫譜』卷 15, p.403, p.405.

80 Lessing (1935), pp.44~47. 레싱Lessing의 책에는 불교의 연꽃 상징을 망라하고 있다.

81 둔황에서 발견한 불교 승려 관휴貫休의 시에는 『묘법연화경妙法蓮華經』('法華經自我偈' Saddhama-pundarika-sūtra)이 『백련경白蓮經』(즉 '하얀 수련에 관한 경전')으로 되어 있다. 吳其昱 (1959), p.356.

82 『唐代叢書』卷 3에 수록된 『開元天寶遺事』, p.64b. 태액지太液池는 '큰 연못'이다.

83 『演繁露』卷 9, pp.2a~2b.

84 『全唐文』卷 696, p.5b에 수록된 이덕유의 「白芙蓉賦」.

85 『全唐詩』函 9 冊 9 卷 8, p.3b에 수록된 피일휴의 「백련白蓮」이다. 담포(薝葡, Michelia champaka)는 향기가 강한 꽃으로 중국에서 치자에 자주 비교되는 꽃이다. Soothill and Hodous (1937), p.465.

86 Waley (1931), p.160. 스타인 컬렉션 번호 CLX에 해당한다.

87 『全唐詩』函 9 冊 1 卷 2, pp.1a~1b에 수록된 조하의 「秋日吳中觀黃藕」.

88 『說郛』函 60(冊 122)에 수록된 「神境記」, pp.1a~1b.

89 평봉초萍蓬草. 학명은 Nuphar japonica.

90 Waley (1931), pp.150~152 (번호 CXL). 웨일리는 "이것은 나중에 티베트 예술 양식이라 부르는 것 중 현존하는 최고의 것이다"라고 설명하고 있다.

91 Waley (1931). p.265. Delhi의 번호 CDXLIV.

92 시카고 필드박물관Field Museum에 소장하고 있는 조각상이다.

93 『太平廣記』 卷 409, pp.8a~8b.

94 『說郛』 函106(冊 212)에 수록된 「種樹書」, p.14a.

95 Van Glik (1954). pp.121~123 참조. 이 조카는 도사였다고 한다. 실제로 한 번 이상 한 유를 만났다. Van Glik (1954), pp.136~137.

96 『酉陽雜俎』 卷 19, p.157; Van Glik (1954), p.135 참조. Van Glik은 "나무뿌리에 염료를 주입하는 방식은 최근까지 중국에서 행하는 것"이라고 설명한다. 보라색 글씨가 쓰인 꽃은 후에 저자가 추가로 기재한 이야기라고 한다.

97 Bostok and Riley (1856), p.317.

98 Cox (1945), p.80. 콕스Cox는 특히 검증할 만한 중국의 식물을 열거한다. "황제의 정원 에서 자라며 무게가 2파운드에 달하는 베이징의 복숭아"를 예로 들고 있다.

99 멜란티움과Melanthaceae에 속하는 Colchicum이다.

100 『冊府元龜』 卷 970, pp.11b~12a; 『唐會要』 卷 100, p.1796. 어느 기록에도 오류는 있지 만 다행히도 양자를 비교하면 쉽게 정정할 수 있다. 가실필국은 카슈미르다. 『당회요唐 會要』에 따르면 계빈국(카피샤)과 간다라의 사이에 위치한다고 적고 있다. 당시 국명은 *Kashpir라고 발음했다고 생각한다.

101 Soothill and Hodous (1937), p.265.

102 Beal (1885) I, p.54.

103 『唐會要』 卷 99, p.1776. 이 사료에서는 648년이라고 되어 있는데, 이는 잘못이다. 『唐 會要』 卷 100, p.1796; 『冊府元龜』 卷 970, p.11b 참조.

104 Davidson (1954), 그림 26.

105 Soothill and Hodous (1937), p.156.

106 Shui lien.수련

107 『唐代叢書』 卷 7에 수록된 『北戶錄』, p.71b. 『酉陽雜俎』 卷 19, p.159에도 기술되어 있 다. 이시진은 이것을 개연꽃에 가까운 것으로 생각된다고 했다. 『本草綱目』 卷 19, p.3b.

8장 목재

1 학명은 Dalbergia hupeana.

2 『本草綱目』 卷 35a, p.37a; 卷 36, p.46a; 卷 34, p.29a에 인용한 진장기에 의한다.

3 『李長吉歌詩』 卷 1, p.1b에 수록한 「이빙공후인李憑箜篌引」 및 왕기의 주석 참조. 동시 에 卷 1, p.11a의 「追和柳惲」.

4 石田茂作·和田軍一 (1954), 도판 131.

5 Kuang-lang광랑. 학명은 Arenga saccharifera.

6 Pan chu.반죽. 아마도 phyllostachys puberula var. boryana였을 것이다. 이는 중원에 나는 대나무지만, 여기에 제시한 베트남산과 같은지는 확실하지 않다.

7 『正倉院御物圖錄』(1928~), pp.38~42.

8 『新唐書』 卷 43a, p.3733a.

9 『正倉院御物圖錄』(1928~), pp.38~42.

10 Gernet (1956), p.19.

11 『李長吉歌詩』卷 2, p.18b에 수록된 「貴主征行樂」.

12 『本草綱目』卷 34, p.28b에 인용한 소공에 의한다.

13 학명은 Pterocarpus indicus. Burkill (1935), p.1830.

14 학명은 Pterocarpus dalbergoides. Burkill (1935), p.1829.

15 학명은 Pterocarpus santalinus. Burkill (1935), pp.1832~1833. Pterocarpus marsupium도 사용도가 많은 인도산 자단의 일종이다.

16 Yule and Burnell (1903), pp.789~790.

17 Schafer (1957), p.131.

18 Schafer (1957), p.131. 『李長吉歌詩』卷 3, p.23a의 「感春」 참조. 특히 18세기 왕기의 주석 참조.

19 石田茂作·和田軍一 (1954), 도판 1(컬러 버전). 일본에서도 sanders를 '자단'이라고 불렀다.

20 石田茂作·和田軍一 (1954), 도판 31.

21 石田茂作·和田軍一 (1954), 도판 2, 20, 37, 39, 94.

22 『雲仙雜記』卷 4, p.30.

23 『說郛』函 78 冊 157, p.2a에 수록된 「麗情集」. 이는 기원후 1000년경의 기록이다.

24 『全唐詩』函 12 冊 3 卷12, p.15b에 수록한 관휴의 「書石壁禪居屋壁」.

25 『法書要錄』卷 10, p.146.

26 Burkill (1935), pp.753~756.

27 Gershevitch (1957), pp.317~320. Burkill (1935), p.753.

28 『本草綱目』卷 35b, p.22b에 인용한 진장기. Schafer (1957), p.132 참조.

29 Schafer (1957), p.132. 일본 자료를 참고하는 경우 '화려花櫚'가 중세 중국과 마찬가지로 해남산 자단목을 가리킬 수 있다는 것을 염두에 두어야 한다. 이시다 모사쿠石田茂作·와다 군이치和田軍一는 저서 68쪽에서 일본명 '화리花梨'를 표현하는 데 같은 이름을 쓴다. 그래서 쇼소인 소장품에서 '화리/화려'가 사용되고 있다고 해도 자단목으로 만든 제품이 아닌 경우도 있다.

30 학명은 Santahum album이다. 말레이어 명칭은 chĕndana(산스크리트어로는 candana)이다. 곧 자단목과 유사한 종류로는 Pterocarpus santalirus이다. 말레이어의 chĕndana puteh(白檀)은 Eurycoma 목재를 말하기도 한다. 달리 '황단黃檀'은 Santalum만을 가리킨다. Burkill (1935), pp.1953~1955.

31 오스트레일리아와 오세아니아에도 별종인 Santalum이 있다.

32 『本草綱目』卷 34, p.28b 인용.

33 Burkill (1935), p.1956.

34 야마다 겐타로山田憲太郎(1957)에 따르면 당나라 시대까지 백단은 주로 인도에서 수입했다. 송나라 초부터는 플로레스섬과 특히 티모르섬에서도 들여왔다고 한다. 어쨌든 당나라 시대의 사료는 분명치 않다. 당나라 시대에는 무역상 변환기에 있었기 때문인지도 모르고 보편적인 무역을 했기 때문일 수도 있다. 山田憲太郎 (1957), p.405.

35 『舊唐書』卷 197, p.3610a. 폴 휘틀리Paul Wheatley는 이를 보르네오에 있던 나라일지도 모른다고 말한다(저자와의 개인 통신).

36 『本草綱目』卷 34, p.28b.

37 11세기의 관습이다. Huard and Wong (1958), p.59.

38 Burkill (1935), p.1955.

39 이시진은 "서남 방면의 여러 원주민 추장은 향 가루를 몸에다 바른다"고 기록하고 있다. 『本草綱目』卷 34, p.28b.

40 『本草綱目』卷 34, p.28b에서 인용하는 『楞嚴經』.

41 Hackmann (1951~1954), p.30.

42 Hackmann (1951~1954), p.30.

43 『晉書』卷 8, p.1095c.

44 Schafer (1957), p.130.

45 Schafer (1957), p.130.

46 高楠順次郎 (1928), p.466.

47 Reischauer (1955a), p.213.

48 『酉陽雜俎』卷 3, p.32.

49 Schafer (1951a). 이 풍습의 유래에 대해 이야기한다.

50 石田茂作·和田軍一 (1954), 도판 74. 쇼소인 소장품에는 자단으로 만든 것이 많다. 그러나 백단은 비교적 적다.

51 『李太白文集』卷 11, p.7a에 수록한 「贈僧行融」.

52 『酉陽雜俎』卷 1, p.3 및 『資治通鑑』 Vol. 216, p.8b.

53 『資治通鑑』卷 252, p.6a; 白壽彝 (1937), p.49.

54 Reischauer (1955), p.255.

55 『全唐詩』函 9 冊 3, pp.4b~5a에 수록한 시인 위섬韋蟾의 「岳麓道林寺」.

56 『全唐詩』函 11 冊 10, p.8b에 수록한 시 「기녀妓女」다. 저자는 '단구檀口'가 '전단구旃檀口'라고 해석하고 있다.

57 Burkill (1935), pp.826~832. 이 나무들에는 시안 화합물이 함유되어 있으며 물고기를 잡기 위한 독약으로 널리 사용한다. Burkill은 26종류의 흑단을 꼽고 있으며, 그중에서 일반에게 최고로 알려진 나무는 남인도와 스리랑카산 흑단Diyospyros ebenum이며, 이 나무에는 줄무늬 나이테가 생기지 않는다.

58 『本草綱目』卷 35b, p.41b에 수록한 『고금주古今注』 참조. Burkill (1935), p.826에 따르면 송·원 이전의 한문 전적 사료에는 '오목烏木'이 나타나지 않는다고 말하는데, 이는 오류다. Pelliot (1959), pp.101~102 참조.

59 『洞天淸錄集』, p.3. 이 책의 저자는 1180년에서 1240년 사이에 생몰한 인물인 듯하다.

60 石田茂作·和田軍一 (1954), 도판 65와 81.

61 石田茂作·和田軍一 (1954), 도판 65 및 그 설명.

9장 음식

1 야마다 겐타로.山田憲太郎가 이 문제에 대해 검토하고 있다. 山田憲太郎 (1957), p.2. 겐타로는 '향약香藥'이라는 말을 향료·향신료·약에 종합적으로 사용하고 있다.

2 山田憲太郎 (1957), p.4 이하 이들에 대한 기재가 있다.

3 山田憲太郎 (1957), p.4.

4 高楠順次郎 (1896), p.137.

5 『雲仙雜記』卷 6, p.44; 卷 7, p.49.

6 『嶺表錄異』卷 b, p.11.

7 Schafer (1952), p.161.

8 이것은 Scripus tuberosus이다. 『重修政和證類本草』卷 23, p.24a에 인용한 『식료본초食療本草』에 있다.

9 이들은 『신당서新唐書』「지리지地理志」에 있는 토공물土貢物 목록의 일부분으로 기록되어 있다.

10 학명은 Ziziphus vulgaris의 일종이다.

11 학명은 Alhagi maurorum이다.

12 한어로는 '편도偏桃'다. 페르시아 이름으로 '파담婆談(bādām)'이 사용되기도 한다. Laufer (1919), pp.405~409.

13 중앙아시아의 조공물에 대해서는 『新唐書』卷 40, pp.3727a~3727b. 안남의 조공물은 『新唐書』卷 43a, p.3733a. 안남의 빈랑에 대해서는 『本草綱目』卷 31, p.14a의 소공蘇恭을 참조하라.

14 『唐六典』卷 18, p.17a.

15 『唐六典』卷 11, p.9b.

16 凌純聲 (1958), passim.

17 『本草綱目』卷 25, p.24a에 인용한 도홍경陶弘景에 의한다.

18 『舊唐書』卷 197, p.3609d.

19 『舊唐書』卷 197, p.3610a.

20 『舊唐書』卷 198, p.3611d.

21 『本草綱目』卷 33, p.20b; 『酉陽雜俎』卷 18, p.148.

22 『酉陽雜俎』卷 18, p.148.

23 『本草綱目』卷 33, p.20b에 인용한 도홍경에 의한다.

24 한어의 '葡萄'는 그리스어 'bótrys'(포도송이)와 어원이 동일하다는 의견도 있다. 石田幹之助 (1948). p.246. 그러나 Chmielewski (1958)는 호탄어 'bātan'(술)에서 차용한 페르가나어 'bādaga'(술)에 연관된 말이라고 한다. 그의 설은 어느 정도 납득이 간다. Chmielewski (1958), pp.35~38. 그리스어와 관련해서는 아테나이오스(기원후 200년경)가 말한 페르시아어로 '컵'을 의미하는 batiákē가 적절한 듯하다.

25 Laufer (1919), p.223.

26 『新唐書』卷 40, p.3727a.

27 『冊府元龜』卷 970, p.11b; 『唐會要』卷 100, p.1796; Laufer (1919), p.232.

28 『酉陽雜俎』卷 18, p.149; 『本草綱目』卷 33, p.20b.

29 『全唐詩』函 11 冊 10, pp.8a~9a. 여기에 '기녀妓女'에 대한 기사가 나온다.

30 『唐會要』卷 100, pp.1796~1797; Laufer (1919), p.247.

31 『唐兩京城坊考』卷 1, p.25a.

32 『韓昌黎集』卷 9, p.29.

33 石田幹之助 (1948), p.248. 이 구절은 백거이의 것이다. 『新修本草』卷 17, p.243에서는
'농우隴右', 즉 둔황 지역을 가장 중요한 포도 산지로 꼽고 있다.

34 『清異錄』卷 a, p.42b.

35 『本草綱目』卷 33, p.21a에 인용한 『食療本草』.

36 『九家集注杜詩』, p.323에 수록된 시 「寓目」.

37 웨일리가 영역한 둔황의 결혼의 시 참조. Waley (1960), p.196.

38 原田淑人 (1939), p.62에 인용한 「楊太眞外傳」. 칠보七寶는 오래전부터 불교적 색채를
표현하는 한자어다. 일본어로는 '싯포'라고 발음한다. '칠보'는 색채가 지극히 아름다운
보석 같은 장식품을 나타내는 말로, 중세 문서에 흔히 나온다. 일본 쇼소인에도 칠보로
배경을 만들어 장식한 멋진 거울이 있다. 동시에 '칠보'는 14세기에 서쪽에서 에나멜 기
술이 들어오기 전에 중국에 있던 원시적인 법랑 세공을 이르는 말인 것 같다. 당나라
시대 혹은 그 이전의 기술에서는 녹인 금속으로 색을 입힌 유리를 칠보에 붙이고 풀로
점착시켰다. Blair(1960), pp.83~93. 상감칠보象嵌七寶 기술이 당나라 시대 도기 제조
기술에 유래했을 가능성에 대해서 블레어Blair는 독창적인 설을 주창하고 있다. Davis
(1969), p.650.

39 『清異錄』卷 b, p.37a.

40 『唐會要』卷 100, pp.1796~1797.

41 『太平御覽』卷 845, p.6a에서 인용.

42 向達 (1933), p.47.

43 向達 (1933), p.48. 向達는 이 포도주를 순수하게 페르시아산일 거라고 말한다.

44 『冊府元龜』卷 971, p.7b.

45 『新唐書』卷 2, p.3637c.

46 『冊府元龜』卷 970, p.12b; 『唐會要』卷 100, pp.1796~1797. 고창에서는 차갑게 얼린
술을 공물로 바친 기록도 있다. 브랜디의 제조에 관련이 있는지도 모르지만 확실한 것
은 알 수 없다. 이에 관해서 라우퍼는 『太平御覽』卷 845, pp.5b~6a에서 인용된 「梁四
公子傳」의 기록을 검토하고 있다. Laufer (1919), p.233.

47 『冊府元龜』卷 168, p.11에는 837년 초에 조공이 정지되었다는 기록이 있는데, 이는 일
시적인 사건이었다.

48 Sampson (1869), pp.50~54. 원문은 『劉夢得集』卷 9, pp.5a~5b에 있다. 앞에서도 다
뤘던 곽탁타의 「종수서種樹書」(『說郛』卷 212, pp.7a~7b)에는 포도 재배 방법으로 포
도 열매의 질을 높이기 위해 포도나무 뿌리에 쌀로 빚은 술을 따르기를 권장하고 있다.
「종수서」가 당나라 시대의 책이 아니라 하더라도 적어도 당나라 때의 재배 기술을 채
택하고 있다.

49 『重修政和證類本草』卷 23, pp.10b~11a에 인용한 『당본초주唐本草注』 및 『촉본초蜀本草』 참조. 이 포도의 학명은 Vitis thunbergii이다.

50 단성식은 '패구지남貝丘之南'이라고 밝혔다. '패구'는 산둥의 옛 지명이다.

51 『酉陽雜俎』卷 18, pp.148~149.

52 『冊府元龜』卷 971, p.15b.

53 약초학자 소병蕭炳은 페르시아 선적으로 수입해온 육각형의 가자 열매가 있었다고 한다. 이 이야기에서 말하는 과일은 『本草綱目』卷 35b, p.39a에 산스크리트어에서 유래한 한어명 '가려륵訶黎勒'으로 적고 있다. 육각형이라고 하지만 실은 오각형이다. 어딘가에서 잘못이 있었을 것이다. 이시진이 틀렸는지도 모른다.

54 Yule and Burnell (1903), pp.607~610 및 Wayman (1954), p.64.

55 Laufer (1915a), pp.275~276. Laufer는 산스크리트어 harītakī가 토하라어의 *arirāk에, 산스크리트어 *vibhītakī가 토하라어의 *vititāk에 해당한다고 보았다. 이는 모두 한자어 '訶黎勒' 또는 '呵黎勒'과 '毗黎勒'을 바탕으로 한 것이다. 그러나 라우퍼는 한어의 '阿麻勒' 혹은 '庵摩勒'(산스크리트어 āmalakī)에 해당하는 토하라어는 들지 않고 있다. 진장기(『本草綱目』卷 31, p.13b)는 분명히 인도 어원에서 기원하는 듯한 모습의 한어명을 기재하고 있다. 또 순수한 한어에서 '여감余甘'이라는 단어로도 쓰고 있다. 진장기에 따르면 '처음에는 맛이 쓰지만 점차 달아져서 '여감余甘'이다'라고 설명하고 있다. 투르게시 등에서 당나라 조정에 공물로 바친 것이 이 '여감'이라고 기록하고 있다.

56 Waymam (1954), p.64. 라우퍼 등의 학설을 넓은 의미로 해석하자면, 토하라어에서 유래한 한어 이름은 산스크리트어로는 āmra에 해당하는 *am-la로 잘못 알려져 있다는 것이다. 실제로 아사히 야스히코朝比奈泰彦는 '訶黎勒'은 '毗黎勒'을 혼동한 결과라고 본다. 朝比奈泰彦 (1955), p.491.

57 이 세 개의 과실의 학명 Phyllanthus emblica, Terminalia bellerica, T. chebula이다. 실제로 이들과 같은 분류에 속하는 열대산 과일은 많다. 어느 것이나 과실 조직에 타닌을 함유하고 있기에 떫은맛이 난다. Burkill (1935), pp.2134~2135.

58 Burkill (1935), p.2135.

59 Wayman (1954), p.67.

60 Burkill (1935), p.2135.

61 『本草綱目』卷 31, p.13b에서 인용.

62 『本草綱目』卷 35b, p.39a에서 인용. Huard and Wong (1958), p.56도 참조.

63 高楠順次郎 (1928), p.466.

64 朝比奈泰彦 (1955), p.491, p.494.

65 『本草綱目』卷 31, p.13b.

66 『本草綱目』卷 31, p.13b.

67 『唐代叢書』卷 4에 수록 『國史補』, p.56b. 向達 (1933), p.47 참조.

68 『藥譜』pp.62a~67b.

69 『全唐詩』函 3 冊 9, p.4a에 수록한 포길의 「抱疾謝李吏部贈訶黎勒葉」.

70 『冊府元龜』卷 970, p.12a 및 『唐會要』卷 100, p.1796, p.1789 참조. 상세한 검토는

Laufer (1919), pp.392~398 참조. 네팔의 특징에 관해서는 삼장법사 현장의 기록에 의한다. Beal (1885) II, pp.80~81 참조.

71 『本草綱目』卷 27, p.34a의 이시진의 설이다.

72 『本草綱目』卷 27, p.34a.

73 『冊府元龜』卷 970, p.12; 『唐會要』卷 100, p.1796.

74 『說郛』卷 212, p.12a에 수록한 「종수서種樹書」에 의한다. 라우퍼(1919)는 이 책을 당나라 시대의 저작이라고 밝혔다.

75 『本草綱目』卷 16, p.22a.

76 『本草綱目』卷 16, p.22a에 붙인 이시진의 주석 참조.

77 『冊府元龜』卷 970, p.12; 『唐會要』卷 100, p.1796. 『당회요唐會要』에서는 '하얗다白'라고 적고 있는 것이 『책부원귀冊府元龜』에서는 '달콤하다甘'로 돼 있다. 라우퍼는 이를 중세 페르시아어의 'gandena'에 해당하는 쪽파와 유사한 야채라고 한다. 하지만 라우퍼의 번역은 몇 부분 오역이 있다. Laufer (1919), pp.303~304.

78 『冊府元龜』卷 970, p.12ap; 『唐會要』卷 100, p.1796; Laufer (1919), p.401 참조. 라우퍼는 예로부터 중국에 치커리가 있었다고도 주장하지만, 이것은 약간 오역이다. 중국에는 예로부터 '고채苦菜'(양상추)가 있었다. 『本草綱目』卷 27, p.35b. 한어-산스크리트어 어휘에서 '苦菜'는 인도어의 kākamāch에 해당한다. 펠리오는 이를 Solanum indicum이라 한다. Bagchi (1929), p.88, p.301 참조.

79 『冊府元龜』卷 970, p.12a; 『唐會要』卷 100, p.1796; Laufer (1919), pp.400~402. 라우퍼는 이 야채에 관해서 몇 가지 추측을 하고 있지만 어느 것도 옳다고 확증하기는 어렵다.

80 『冊府元龜』卷 970, p.12a; 『唐會要』卷 100, p.1796; Laufer (1919), p.402. 라우퍼는 이를 셀러리와 파슬리라고 추측한다.

81 『冊府元龜』卷 971, p.15b 및 『本草綱目』卷 18b, p.46b의 진장기 인용.

82 Laufer (1919), pp.399~400.

83 학명은 Pinus koraiensis이다.

84 『本草綱目』卷 31, p.14a에 인용한 이순李珣과 소병蕭炳의 주장이다.

85 Laufer (1919), pp.247~250; pp.410~414.

86 『本草綱目』卷 30, p.11b에 인용한 진장기에 의한다.

87 『本草綱目』卷 30, p.11b에 인용한 이순의 말이다. 라우퍼는 한어음의 어원이 페르시아어 이름에서 온 것으로 보고 있다.

88 『酉陽雜俎』卷 19, p.160; Laufer (1919), p.270. 라우퍼는 이에 대해서 언급은 하고 있지만 정확히 어떤 식물인지 확정하지는 않았다.

89 Laufer (1919), pp.414~419. 라우퍼의 설은 『酉陽雜俎』卷 18, p.152에 근거한다.

90 학명은 Canarium album(橄欖) 혹은 C. primela이다.

91 『本草綱目』卷 26, p.33b에 인용한 진장기 및 Laufer (1919), p.383 참조. Laufer는 이를 쿠민cummin이었다고 생각했다. 저자는 야마다 겐타로山田憲太郎나 라우퍼보다 현대적인 신진 학자의 의견에 따르려 한다. 山田憲太郎 (1957), p.468 참조.

92 Laufer (1919), pp.383~384.

93 『本草綱目』卷 26, p.33b.

94 『冊府元龜』卷 971, p.12a. 저자는 '膃'을 'pickled meat'로 영역하고 있다. 송나라 시대
    의 '膃'이 그런 음식이었기 때문에 당나라 시대에도 아마 같은 것이라 유추한다.

95 학명은 Mugil cephalus이다. 그레이 멀릿gray mullet의 일종으로 레드 멀릿red mullet
    과는 전혀 다르다. 한어로는 '鯔'이다.

96 장강에서 잡힌 것이다. 용도는 불명이지만 소주蘇州 지방 공물로 '치피鯔皮'를 조정에
    바치고 있다. 『新唐書』卷 41, p.3728a.

97 『冊府元龜』卷 971, p.8a.

98 『嶺表錄異』卷 b, p.17.

99 『冊府元龜』卷 971, p.12b.

100 한어 이름 '곤포昆布', 즉 다시마는 분명 외래어다. 저자가 사용한 아이누어의 '곤포'는
    토착어인지 외래어인지 분명치 않다. Ramstedt (1949), p.123. 이 해초에 대해서는 11장
    의 '해조海藻' 항에서 검토한다.

101 『本草綱目』卷 46, p.38a.

102 이에 대해서는 가리 레드어드Gari Ledyard의 지적에 의한다.

103 학명은 Zanthoxylum이며, 산초山椒와 유사한 종이다.

104 Burkill (1935), pp.2284~2285.

105 학명은 Zanthoxylum piperitum(山椒)이다.

106 『本草綱目』卷 32, p.16b에 인용한 견권甄權에 의한다.

107 『酉陽雜俎』卷 18, p.148.

108 『本草綱目』卷 32, p.16b에 인용한 소공蘇恭에 의한다.

109 山田憲太郎 (1957), pp.22~23.

110 대부분의 이런 종류의 책에는 '초주椒酒' 또는 '초서椒糈' 항을 인용하면서 설명하고
    있다. 신년 의식에 초주를 사용하는 관습은 당나라 시대를 포함해서 한나라와 송나라
    시대까지 계속된 전통이다.

111 山田憲太郎 (1957), pp.22~23.

112 이것은『佩文韻府』, p.771b에 인용한 「鄭侯家傳」과『고금도서집성古今圖書集成』「초목
    草木」卷 250의 '胡椒條'에서 볼 수 있다. 이 인용의 근거로 삼는 출전은 확인되지 않았
    다. 『說郛』卷 113(冊225)와『고금설해古今說海』에는『(唐)鄭侯家傳』에 실려 있다고 하
    지만, 여기에 인용하는 이야기는 들어 있지 않다.

113 『全唐詩』函 12 冊 1, p.21b에 실려 있는 무제시無題詩다.

114 『韓昌黎集』2 卷 6, p.69에 수록된 시「初南食貽元十八協律」.

115 당나라 시대에 수입된 것으로 알고 있는 후추 외에 647년에 네팔에서 헌상한 진귀
    한 초목 가운데 '신후약辛嗅藥'이 포함돼 있다는 것에 주의해야 한다. "형상은 난과 같
    고, 추운 겨울에도 푸르다. 수확해 가루로 만든다. 맛은 계초桂椒와도 유사하며, 뿌리
    는 호흡기의 병을 고치는 데 특효가 있다."『冊府元龜』卷 970, p.12a;『唐會要』卷 100,
    p.1796. 이는 후추라 여겨진다.

116 산스크리트어로 '후추'. 여기서는 ⁺muâi-lji-tsię'로 돼 있는데, 아마도 –i는 단어가 여성형이기 때문인 듯하다.

117 『酉陽雜俎』 卷 8, p.152.

118 Burkill (1935), pp.1746~1751.

119 Burkill (1935), pp.1746~1751.

120 Laufer (1919), p.374.

121 『本草綱目』 卷 32, p.17b에서 인용한 소공蘇恭에 의한다.

122 Laufer (1919), p.374.

123 『新唐書』 卷 145, p.3994d.

124 Burkill (1935), p.2285.

125 『本草綱目』 卷 32, p.17b에서 인용한 『식료본초食療本草』에 의한다.

126 『本草綱目』 卷 32, p.17b에서 인용한 이순李珣에 의한다.

127 학명은 Piper longum이고 Chavica roxburghii라고도 한다.

128 ⁺pjĕt-puât-lji 필발리로 음역한다. 『酉陽雜俎』 卷 18, p.152에는 이 명칭과 로마(불림국)에서의 호칭이 나온다.

129 기타 인도 이름에 대해서는 Burkill (1935), pp.1744~1745 참조.

130 Burkill (1935), pp.1746~1751. 자바산 장후추piper retrofractum도 있었다. 인도산 장후추는 검은 후추보다 매운맛이 강해 피클·카레에 집어넣거나 약재로도 중요하게 이용한 향신료였다. 중국에도 많이 수출되었다. Burkill (1935), pp.1751~1752. 이 자와산 후추도 인도산 후추와 동일한 명칭으로 중세 중국에 수출했던 것 같다.

131 Burkill (1935), pp.1744~1745.

132 『酉陽雜俎』 18, p.152.

133 『本草綱目』 卷 14, p.37a에서 소공 인용.

134 『本草綱目』 卷 14, p.37a에서 소공 인용.

135 『本草綱目』 卷 14, p.37a에서 진장기 인용.

136 『本草綱目』 卷 14, p.37a에서 『태종실록太宗實錄』 인용.

137 학명은 Piper betle 또는 Chavica betel이다.

138 Burkill (1935), pp.1737~1742. 구장나무에 대해서는 Penzer (1952), pp.187~300 참조. 씹는 데 가장 적합한 것은 높은 가지에서 채취한 잎이다. 낮은 나뭇가지의 것은 질이 나쁘다. 주로 약으로 쓰인다. 잎이 햇빛에 많이 노출되면 향이 더 강해진다.

139 Penzer (1952), p.274.

140 『本草綱目』 卷 14, p.37a에 인용한 소공과 『식료본초食療本草』에 의한다.

141 『本草綱目』 卷 14, p.37a에 인용한 이순에 의한다.

142 『本草綱目』 卷 14, p.37a에서 인용.

143 Piper cubeba. 덜 익은 열매를 건조시켜 사용한다.

144 『本草綱目』 卷 32, p.17b에 인용한 진장기의 말로, 소공(『本草綱目』 卷 32, p.17b)에 따르면 11세기 광주 지방에서 재배했다고 한다.

145 山田憲太郎 (1959), p.139.

146 Burkill (1935), pp.1743~1744.
147 산스크리트어 이름 Emelia ribes를 음사한 것으로 보인다. Laufer (1915b), p.282 참조.
148 『本草綱目』卷 32, p.17b에서 인용.
149 『本草綱目』卷 32, p.18a에서 진장기 인용. 쿠베브는 비뇨 기관의 점막을 자극하므로 이 뇨제로 사용한다. 16세기에는 최음제로 사용했다. Burkill (1935), pp.1743~1744.
150 학명은 Brassica juncea(서양 갓). Burkill은 이외에도 동아시아에서 양귀비의 쓰임에 대해 말했다. B. nigra(黑芥子, 양귀비)는 우리가 평소에 이용하는 양귀비를 말한다. Burkill (1935), pp.358~363.
151 학명은 Brassica(=Snipis). Burkill은 이것을 중국에서는 잡초로 취급했다고 적고 있다. Burkill (1935), pp.358~363.
152 『本草綱目』卷 26, p.29b에서 『촉본초蜀本草』를 인용한다.
153 『本草綱目』卷 26, p.29b에서 진장기를 인용한다. Laufer (1919), p.380 참조.
154 『本草綱目』卷 26, p.29b에서 손사막孫思邈을 인용한다.
155 『新唐書』卷 40, p.3726a.
156 『新唐書』卷 41, pp.3727b~3728a.
157 『本草綱目』卷 39, p.5a에 인용한 견권에 의한다.
158 『本草綱目』卷 39, p.4b에 소공에 따르면 이 책에서는 '토봉土蜂' 혹은 '석밀石蜜'(돌에서 채취한 꿀)이라고 하고 있지만 사실 '석밀'이란 '돌 같은 굳힌 단단한 꿀', 즉 '경당병硬糖餠'으로도 해석할 수 있어 큰 혼란이 불가피하다. 이하의 글 참조.
159 石聲漢 (1958), pp.77~79.
160 Burkill (1935), pp.1932~1933.
161 Burkill (1935), p.1925.
162 『容齋隨筆』卷 6, pp.48~49.
163 이들 지방에서 조정에 지방 공물로 진상했다. 『新唐書』卷 40, p.3725C; 卷 41, p.3728C; 卷 42, pp.3729d~3730d 참조. 사천에서 조정에 진상한 공물을 '자당蔗糖'으로 기록하고 있다. 조정에 진상하기 전에 설탕 형태로 가공된 것처럼 보인다.
164 洪邁, 『容齋隨筆』卷 2, p.19. 홍매洪邁는 송나라 시대 최성기 관점으로 볼 때, 북부 지역에서 생산하는 사탕수수가 높은 가치를 지녔다고 역사적인 평가를 내리고 있다. 태종이 하사한 사탕수수를 하나의 사례로 꼽았다.
165 Soothill and Hodous (1937), p.195.
166 『新唐書』卷 222b, p.4160d.
167 『南方草木狀』참조.
168 『本草綱目』卷 33, p.21b. 이 '석밀石蜜'은 '산예당狻猊糖'이라고 불렸다.
169 『新唐書』卷 39, p.3723c.
170 『新唐書』卷 41, p.3728b.
171 『新唐書』卷 41, p.3729b.
172 『食療本草』卷 20, p.3a에서 소공蘇恭을 인용한다.
173 『本草綱目』卷 33, p.21b에서 소공을 인용한다.

174 『本草綱目』卷 33, p.21b에서 맹선孟詵 인용, 『重修政和證類本草』卷 23, p.28a에서 인용한 『촉본초蜀本草』에 의한다. 소공은 남부의 석밀이 사천의 것보다 더 좋다고 하는데, 이는 조정의 취향을 반영한 의견이다. 맹선은 사탕수수에는 사천과 페르시아의 것을 최고로 쳤다.

175 『新唐書』卷 221b, p.4153d; 『冊府元龜』卷 971 p.19a.

176 『新唐書』卷 221b, p.4153d.

177 『冊府元龜』卷 970, pp.12a~12b; 『唐會要』卷 100, p.1796.

178 당나라 시대에는 인도계 어형인 gunu(산스크리트어로는 guḍa)에서 유래하는 단어가 사용된 것 같다. Bagchi (1929), p.90.

179 Burkill (1935), p.1934.

180 Burkill에 따르면 아랍인은 7세기에 정제 설탕을 제조했다고 한다. Burkill (1935), p.1935.

181 송대에는 '당빙糖冰'이라고도 불렀다.

182 홍매의 『容齋隨筆』卷 6 p.49. 중국의 설탕 정제 방법에 대해서는 홍매의 기술에 힘입은 바 크다. 志田不動麿 (1957), p.126 참조.

10장 향료

1   야마다 겐타로山田憲太郎(1957)는 동아시아에서 훈향薰香을 사용했지만 몸에 뿌려 향수로 이용하는 비율은 서양과는 비교도 안 될 정도로 적었다고 한다. 그 이유로 몽골로이드는 코카소이드에 비해 비교적 체취가 적고 중세에 투르키스탄의 백인 몸에서 나는 강한 체취에 대한 기록이 많다는 점을 들었다. 하지만 실제로는 고대나 중세의 한 인도 몸에 향료를 많이 사용했다. 山田憲太郎 (1957), p.22.

2   『資治通鑑』卷 255, p.5a.

3   『舊唐書』卷 18b, p.3130b.

4   『資治通鑑』卷 220, p.3a. 757년 알현에 사용된 '향안香案'에 관해서는 호삼성의 주석을 참조하라. 『新唐書』卷 23a, pp.3678c~3678d 참조. '향안'에는 향로를 설치했다.

5   『夢溪筆談』卷 1, p.5.

6   『全唐文』卷 288, p.7b.

7   '조두澡豆'는 콩으로 만든 비누 모양의 물건이다. 『全唐文』卷 452, p.2b에 있는 소열邵 說의 「爲郭令公謝臘日賜香藥表」 참조.

8   『資治通鑑』卷 215, p.5b.

9   Pelliot (1904), p.231 주2; Coedès (1948), p.89; 王恭武 (1958), p.68; Wheatley (1961a), p.32 이하 참조.

10   『通典』卷 188, p.1009c, p.1010c.

11   Soothill and Hodous (1937), p.319.

12   『唐代叢書』卷 3에 수록된 『開元天寶遺事』, p.70a.

13   『全唐詩』函 10 冊 7 卷 4, p.5b의 한악韓偓(10세기)의 「咏浴」.

14 『淸異錄』b, p.59a.
15 『淸異錄』a, p.37a. '도미酴醾'는 Rubus rosifolius 또는 R. commerrsonii(블랙베리)이며 '함소含笑'는 Magnolia fuscata이다. '사절四絶'이 구체적으로 무엇을 말하는지는 확정할 수가 없다. 그래서 필자는 'four exceptions'라는 영문으로 번역했다. 『淸異錄』b, p.61b에서 '사절'은 '삼균三勻'과 함께 훈향이었다고 기록하고 있다.
16 『唐代叢書』卷 3에 수록된 『開元天寶遺事』, p.40b.
17 『唐代叢書』卷 2에 수록된 『杜陽雜編』, p.33b.
18 『唐代叢書』卷 3에 수록된 『開元天寶遺事』, p.47a.
19 산스크리트어에서 '향기 넘치는 화환'이라는 의미인 rasa-māla를 어원으로 한다. Yule and Burnell (1903), p.770.
20 이것이 바로 유명한 '영릉향零陵香'이다. Ocimum basilicum(羅勒) 중에서도 특히 향이 강한 것을 쓴 것임에 틀림없다. 아마 이 지방에서 개량한 품종일 것이다. 그러나 이것이 비슈누 신에게 바치는 아시아 아열대 지방에 넓은 잎이 무성했던 '성스러운 바질 Ocimum sanctum'이었을 가능성도 부정할 수 없다.
21 학명은 Cymbopogon(=Andropogon) nardus에 가까운 품종으로 '레몬그라스'는 한어에서 '모茅'라고 부르던 약초의 일종이다. '백모白茅'는 안남에서 수입하던 독특한 품종이었다고 한다. 『本草綱目』卷 4, p.40a의 '白茅' 참조.
22 『唐六典』卷 20, pp.18a~18b.
23 『本草綱目』卷 14, p.40a에 인용된 진장기와 이순에 의한다.
24 『本草綱目』卷 51a, p.31a에 인용된 진장기에 의한다.
25 『冊府元龜』卷 971, pp.10a~10b.
26 『冊府元龜』卷 971, p.5b.
27 『舊唐書』卷 198, p.3614b.
28 다른 나라들과는 달리 한인은 몰약 등의 특수한 향료를 향료나 훈향의 용도가 아니라 약으로 수입했다. 山田憲太郞 (1957), p.25 참조. Huard and Wong (1958)은 에스파냐 이슬람교도가 사용하던 5대 향료(사향, 장뇌, 침향, 용연향, 울금향)를 중국을 포함한 아시아의 주요 5대 향약香藥과 비교·대비하고 있다(p.58). 하지만 이 비교는 타당하지 않다. 용연향은 한방에서는 별로 중요한 약이 아니었으며, 울금향도 그리 자주 사용하지 않았다.
29 『冊府元龜』卷 972, p.7a; 『舊唐書』卷 15, p.3111b. 중세 향료와 조미료의 이름에 관심 있는 독자는 의정義淨이 한역한 『金光明經』(Suvarṇa-prabhāsa-sūtra)을 보라. 액막이 의식을 위해 몸을 정갈히 하는 목욕에 사용하는 32가지 재료의 대략적인 한어 이름과 산스크리트어 이름을 담고 있다. 『大正新修大藏經』卷 16, p.435 참조.
30 白壽彝 (1937), pp.48~49.
31 『淸異錄』b, p.61b.
32 『실낙원』 IV, 제248행.
33 Hsien shu. 『酉陽雜俎』卷 18, p.148.
34 『本草綱目』卷 14, p.40b.

35 *Derniers Refuges*(1956), XII, p.131. 고대 이집트인도 긴 향로를 썼으며, 이와 같은 유물이 중세 중국에도 등장한다. 복잡한 향 문화 그 자체가 고대 중동에서 동쪽으로 옮겨왔는지도 모른다.

36 山田憲太郞 (1957), p.26; 『新修本草』 卷 12, pp.108~109.

37 『香譜』 b, p.28.

38 Po ho hsiang.백화향. 이는 고시古詩 중에 나오는 이름으로, 울금향·소합향·등고藤袴를 섞은 것이다.

39 『九家集注杜詩』, p.430의 「卽事」.

40 『全唐詩』 函 5 冊 8 卷 9, p.3b에서 수록된 권덕여의 시 「古樂府」.

41 山田憲太郞 (1957), p.336, p.361.

42 『冊府元龜』 卷 971, p.6a; 『唐會要』 卷 99, p.1773; 『新唐書』 卷 221b, p.4154d. 『책부원귀冊府元龜』는 '삼백품三百品', 『당회요唐會要』와 『신당서新唐書』에는 '호약胡藥'이라고 기록하고 있다. 산스크리트어에서 음역한 한어 이름은 당시 발음으로 보자면 kân-d'â-buâ-lâ였다. *Gandhabhala와는 전혀 동떨어진 발음은 아니지만 Gandhabhala는 상용화된 말이었다. 샤반Chavannes(1903)은 *b'uâ를 *sâ로 잘못 읽었기 때문에 '아마도 Grandhasâra'인 '향료의 에센스'라고 여겼다. Chavannes (1903), p.158.

43 『開元天寶遺事』 卷 3, p.71a.

44 白壽彝 (1937), p.49.

45 『庾度支集』, p.29b에 수록한 유견오의 「奉和春夜應令」.

46 『全唐詩』 函 5 冊 5 卷 5, p.2a에 수록한 왕건의 「香印」(『香譜』 卷 b, p.22에 기재되어 있는 송宋의 '白刻香'과 '香印字' 참조).

47 『清異錄』 卷 b, p.59a.

48 山田憲太郞 (1957), p.330; 『正倉院御物圖錄』 (1928), 卷 11, 圖版 22~26, 27~31 참조.

49 『唐詩百名家全集』 冊25, p.4b에 수록된 단성식의 「贈諸上人聯句」.

50 『李長吉歌詩』 卷 43, pp.21a~22a에 수록된 「神弦」.

51 『唐代叢書』 卷 3에 수록된 『開元天寶遺事』, p.54b. '칠보'에 대해서는 제9장 주38 참조. 이러한 향로를 박산로博山爐라 했다. 박산로는 후한에서 발명한 것으로 여기지만 사실 주대周代까지 거슬러 올라가야 할 듯하다. 기원전 5세기부터 3세기 사이 청동에다 보석으로 화려하게 장식한 향로가 남아 있다. Wenley (1948), p.8 참조. 일반적으로 향을 피우는 곳을 '향로'라고 불렀다.

52 『朝野僉載』 卷 3, p.37.

53 『全唐詩』 冊 1 卷 1, p.3a에 수록한 서인徐寅의 시 「香鴨」에는 '百和口中煙'이라고 읊고 있다.

54 예를 들어 『李長吉歌詩』 卷 2, p.22b에 수록한 이하의 시 「宮娃歌」와 같은 책 卷 3, p.21a에 수록한 「答贈」 및 왕기의 주석, 그리고 『全唐詩』 函 9 冊 5 卷 3, p.2a에 수록한 온정균의 시 「長安詩」 등에서 나타난다. 일본 쇼소인에는 향로로 사용했던 바닥이 평평한 둥근 그릇이 남아 있다. 이것은 하얀 대리석과 청동으로 되어 있다. 『正倉院御物圖錄』 (1928), VII의 그림 26~30. 이것이 한자로 뭐라고 불리고 있었는지 저자는 모른다.

55 『全唐詩』函 8 冊 9 卷 3, p.34a에 수록한 이상은의 「燒香曲」 참조.

56 山田憲太郎 (1957), pp.328~329. Le Coq(1925)의 그림 14에 나와 있는 손잡이가 긴 청 동 향로는 2세기 중앙아시아의 유물이다. Le Coq는 이를 이집트의 것과 비교했다. 긴 손잡이 향로는 스타인이 발견한 둔황 벽화에서도 볼 수 있다. 이외에도 용문龍門과 천 룡산天龍山 나한羅漢이 들고 있는 것이기도 하다.

57 山田憲太郎 (1957), pp.328~329; 『正倉院御物圖錄』(1928), 卷 11. 그림 32~37.

58 山田憲太郎 (1957), pp.329~330; 『正倉院御物圖錄』(1928), 卷 3 그림 43~47, 卷 7의 그림 23~25 참조. 야마다 겐타로는 이런 종류의 향로가 후한 장인들의 작품이라는 기 술이 『서경잡기西京雜記』에 있음을 지적하고 있다. 薰籠은 한자어로 hsün lung이다.

59 『全唐詩』函 5 冊 5 卷 6, p.4a에서 수록된 왕건의 시 「宮詞」와, 『全唐詩』函 5 冊 5 卷 6, p.9a도 참조.

60 白壽彝 (1937) p.48에 인용한 『雲谿友議』 참조.

61 『重修政和證類本草』 卷 9, p.36a에 인용한 『唐本草注』에 의거한다.

62 白壽彝 (1937), p.48.

63 『全唐詩』函 12 冊 1, p.17b의 「無題詩」.

64 『全唐詩』函 8 冊 4, p.8a에 실린 장효표章孝標의 「少年行」.

65 『唐六典』卷 22, p.14b.

66 『新唐書』卷 76, p.3869b. 또 장호張祜의 「太眞香囊子」가 있다. 『全唐詩』函 8 冊 5 卷 2, p.18b에 따르면 장호는 9세기 시인으로 악기, 가곡, 연회, 무용(자지무에 관한 시 도 여럿 있다) 등 현종 시대 예능에 관한 시를 많이 남겼다. 홍매는 『容齋隨筆』卷 9, p.89에 이런 정보를 잘 보존하고 있다. 이 책에서 장호의 중요한 역할을 언급했다.

67 石田茂作·和田軍一 (1954) 및 山田憲太郎 (1957), pp.490~491 참조.

68 장호張祜의 「陪范宣城北樓夜宴」에 '斜眼送香毬'가 나온다. 『全唐詩』函 8 冊 5 卷 1, p.10b. 또 쇼소인에 남아 있는 뚜껑 접시가 달린 작은 상자는 향집이었다고 생각한다. 山田憲太郎 (1957), p.330.

69 Yule and Burnell (1903), p.335.

70 이것은 인도네시아산 Aquilaria agallocha이다. 그 외에도 A. malaccenisis(말라 야 원산), A. moszkowskii(수마트라 원산), A. grandiflora(해남도 원산) 등이 있다. Gonystylus(보르네오와 수마트라 원산) 종류의 침향을 대용으로 사용했다. Burkill (1935), pp.198~201.

71 Burkill (1935), pp.197~199.

72 『食療本草』卷 12, p.48b에 인용한 『通典』(卷 188).

73 『本草綱目』卷 34, p.27b에 인용한 진장기 및 소공에 의한다. 또 '잔향棧香'이라는 종류 도 있었다. 『食療本草』卷 12, p.48b에 인용한 『通典』의 기술을 참조.

74 Hourani (1951), p.63.

75 『新唐書』卷 43a, p.3731a.

76 안남의 환주驩州에서도 보냈다. 『新唐書』卷 43a, p.3733a.

77 『冊府元龜』卷 971, p.17a. 749년의 일이다. 『冊府元龜』卷 971, p.10b(734년); 『唐會要』

卷 98, p.1751 참조.

78 Aymonier (1891), pp.276~280.
79 『本草綱目』卷 34, p.27b에 인용한 이순에 의한다. Huard and Wong (1958), p.59 참조.
80 Burkill은 중세 초기에 인도에서도 역시 향이 약으로서 사용됐다고 말했다. Burkill (1935), p.198.
81 Sauvaget (1948), p.16.
82 『李長吉歌詩』卷 1, p.12b에 수록한 이하의 「貴公子夜闌曲」.
83 『雲仙雜記』卷 1, p.7. 앞에서 기술했듯 여성들은 머리카락에 사프란의 에센스를 발랐다.
84 白壽彝 (1937), p.49. 『朝野僉載』卷 3, p.37 인용.
85 학명은 Abiris precatorius. 石田茂作·和田軍一 (1954), no. 51.
86 石田茂作·和田軍一 (1954), no. 52.
87 이 상인의 이름은 이소사李蘇沙로 기록되어 있다. 외국인 이름의 전부 혹은 일부를 한어로 음역한 것 같다.
88 『新唐書』卷 78, p.3871d; 『資治通鑑』卷 243, p.8b 및 白壽彝 (1937), p.52. 당 경종에게 간언한 사람은 황족 중 일원인 이한李漢이었다.
89 『香譜』b, p.21; 『開元天寶遺事』卷 3, p.71a.
90 Burkill (1935), p.202.
91 Burkill (1935), pp.754~755; Schafer (1957), p.134. 이것은 Dalbergia parviflora를 의미한다.
92 『本草綱目』卷 34, p.28b에서 인용한 이순에 의한다.
93 Schafer (1947), p.134.
94 『全唐詩』函 10 册 2 卷 1, p.5b에 수록한 조당(9세기 시인)의 「送劉尊師祇詔闕庭三首」의 제3수.
95 『本草綱目』卷 34, p.28b에 인용한 이순.
96 학명은 Canarium album 또는 C. pimela.
97 한어로 '감람당橄欖糖'이다.
98 『新唐書』卷 43a, p.3731b. 'trâm'의 중고한어 발음은 *t'sjäm이다.
99 학명은 Canarium copaliferum이다.
100 통킹에서는 trâm trăng(白橄欖)이라고 한다.
101 Crevost (1925), p.28. 첨당향에 대한 자세한 설명은 Crevost의 책 pp.28~29을 참조하라.
102 『本草綱目』卷 34, p.31a에 인용하는 『唐本草』에 의한다.
103 학명은 Cinnamomum camphora이다.
104 학명은 Dryobalanops aromatica이다.
105 Burkill (1935), p.338.
106 Burkill (1935), p.546, pp.862~864. 韓偉棟 (1941), pp.3~17; Penzer (1952), p.196 참조. 최근에는 장뇌보다 녹나무의 상품 가치가 높아지고 있다. Burkill (1935), p.548, p.864.

Huard and Wong (1958) p.59에 있는 장뇌에 관한 설명 일별은 혼동이 많아 쓸모없다.

107 P'o-lükao. 파율고.

108 Yule and Burnell (1903), p.69, pp.151~153 참조. 또 Pelliot (1904), pp.341~342; Hirth and Rockhill (1911) p.194; Laufer (1919), pp.478~479, 특히 Pelliot (1912a)의 pp.474~475를 참조할 것.

109 『酉陽雜俎』卷 18, p.150.

110 『本草綱目』卷 34, p.31a에 인용한 소공에 의한다.

111 『本草綱目』卷 34, p.31a에 인용한 이순에 의한다. 현대 중국에서 장뇌유는 증류해 사용한다. Bryant (1925), p.230.

112 파율婆律이 바로스이고 파리婆利는 발리라고 여긴 경우다. 소공은 『本草綱目』卷 34, p.3 1a에서 파율이라 했다. 단성식은 『酉陽雜俎』卷 8, p.150에서 후자라고 말하는데, 이는 명백한 오류다.

113 『酉陽雜俎』卷 18, p.150.

114 Soothill and Hodous (1937), p.335에서는 현장玄奘의 음역에 대해서는 Eitel의 견해를 따른다.

115 『大唐西域記』卷 10.

116 『新唐書』卷 222c, p.4159d. Burkill은 "말레이 사람들은 시체의 정화 의식에 이를 사용했다. (…) 수마트라 사람들도 같은 의미로 사용한다. 바탁족은 왕의 유체를 매장에 적당한 날이 올 때까지 장뇌향으로 시신을 보존한다고 한다." Burkill (1935), p.866.

117 다곤陀洹는 [Nəu-] d'â-yuân의 음역이다. 『舊唐書』卷 197, p.3610a; 『冊府元龜』卷 970, p.11b; 『唐會要』卷 99, p.1779.

118 『新唐書』卷 221a, p.4153c; 『冊府元龜』卷 970, p.9b.

119 『冊府元龜』卷 971, p.5b.

120 Yule and Burnell (1903) pp.151~152.

121 『本草綱目』卷 34, p.31a에 인용한 소공에 의한다.

122 『酉陽雜俎』卷 1, p.2. 「楊太眞外傳」에 기록한 '서룡뇌'에 관한 다른 이야기에 따르면, 양귀비가 황제로부터 받은 10매의 향대 중 3매를 몰래 명타사明駝使를 시켜 안녹산에게 보냈다고 되어 있다(『唐代叢書』卷 13, p.77a).

123 白壽彝 (1937), p.49에 인용한 『淸異錄』卷 b, p.35b.

124 『本草綱目』卷 34, p.31a에 인용한 『唐本草』에 의한다.

125 『本草綱目』卷 34, p.31a에 인용한 장과에 의한다.

126 Sen (1945), pp.85~86.

127 Schafer (1954), p.16 및 p.78.

128 『淸異錄』卷 b, p.52b.

129 『淸異錄』卷 b, p.58a.

130 학명은 Styrax officinalis 이고, 한어로는 '소합蘇合'이다.

131 『本草綱目』卷 34, p.30b에 인용한 진장기 및 『酉陽雜俎』卷 16, p.131에 의한다.

132 『全唐詩』函 8 冊 4, p.2a에 수록한 진표(831년경)의 「秦王卷衣」.

133 인도네시아산 Altingia excelsa(=Liquindambar altingiana)는 통킹의 Altingia gracilipes 에서도 생산한다. Laufer (1919), pp.456~460; Burkill (1935), pp.117~118 참조. 진장기 는 이 둘을 구별하고 있는데, 소공은 소합향이 서역에서도, 인도네시아에서도 수입했다 는 점을 강조하면서 딱딱하고 보라색이라는 외형적인 설명만 고집하고 있다.

134 '帝膏'이다. 『藥譜』, pp.62a~67b에 보인다.

135 『全唐詩』函 5 冊 3 卷 1, p.1a에 수록한 이단의 「春遊樂」. 여기서 말하는 '포규蒲葵'는 '선야자扇椰子'(학명 livistona chinesis)다.

136 당시의 발음으로는 *ân-siək 이다.

137 학명은 Balsamodendron hook이고 B. roxburghü이다. 山田憲太郎 (1954), pp.14~15; 山田憲太郎 (1956), pp.231~232 참조.

138 학명은 Styrax benzoin. Laufer (1919), pp.464~467; 山田憲太郎 (1954), p.2.

139 山田憲太郎 (1954), p.7.

140 山田憲太郎 (1954), pp.7~8.

141 山田憲太郎 (1954), pp.11~12.

142 『本草綱目』卷 34, p.30b에 인용한 이순에 의한다.

143 『酉陽雜俎』卷 18, p.150.

144 『本草綱目』卷 34, p.30b에 인용한 소공에 의한다.

145 『本草綱目』卷 34, p.30b에 인용한 이순에 의한다.

146 하드라마우트의 Boswellia carteri이다. 山田憲太郎 (1958), p.208 참조.

147 학명은 Boswellia frereana이다. 山田憲太郎 (1956), p.208. 인도에서 나는 유사한 나무 인 B. serrata와 B. glabra에서 가짜 유향을 채취해 순수한 유향의 대용품으로 사용했 다. 山田憲太郎 (1956), pp.231~232 참조.

148 *kjuən-ljuk.훈육. Boodberg (1937), p.359의 각주 60.

149 *Historiae Naturalis*, bk. 12 chap. p.32의 한 부분을 Bostock and Riley (1855)에 서 번역해놓았다(p.127). 현대 학자는 '유향'이란 원래 인도차이나와 인도네시아산인 Pinus merkusii에서 채취한 수지에 해당하는 명칭인데 그것이 '유향'에도 쓰이게 된 것 이라 한다. Wolters (1960), p.331, p.333 참조. Wolters에 따르면 현대에서는 피스타치 오 나무에도 이 명칭이 쓰이고 있다고 한다. Wolters (1960), p.324 및 pp.330~331. 하 지만 저자는 Pinus merkusii과 유향의 관련성에 관해 이 설에는 납득할 수 없다고 말 한다.

150 Ling hua fan jü.영화범유. 『酉陽雜俎』卷 2, p.12.

151 Hastings (1927) VII, pp.200~201.

152 『本草綱目』卷 344, p.29b에서 인용한 소공에 의한다. 한어 사료의 '선우單于'를 저자는 '몽골'로 보았다.

153 『本草綱目』卷 34, p.29b에서 인용한 이순에 의한다.

154 Hastings (1927) VII, pp.200~201.

155 高楠順次郎 (1928), p.462.

156 『雲仙雜記』卷 8, p.62.

157 『本草綱目』卷 34, p.29b에서 인용한 진장기에 의한다.

158 『本草綱目』卷 34, p.29b에서 인용한 이순에 의한다.

159 Acker (1954), pp.244~245.

160 Balsamodendron myrrha 및 Commiphora abuyssinica이다. 山田憲太郎 (1956), p.211 참조.

161 Hastings (1927) VII, p.201 및 Lucas (1934), pp.94~95.

162 『本草綱目』卷 34, p.30a에서 인용한 견권에 의한다.

163 『本草綱目』卷 34, p.30a에서 인용한 이순에 의한다.

164 아랍어에서는 murr이고, 히브리어로는 mōr이다. 한어 '沒'의 발음인 '*muər'는 아랍어에서 유래한다. Laufer (1919), pp.460~462 참조.

165 『藥譜』, pp.62a~67b.

166 『香譜』 하권에 향의 배합 방법을 기술하고 있다. 정향은 Carophyllus aromaticus (=Eugenia aromatica) 꽃의 꽃봉오리를 건조한 것이다.

167 진장기는 '계설향'과 '조향'을 동일 식물의 별명으로 간주하고 있지만(『本草綱目』卷 34, p.28a), 과연 이 둘이 같은 식물인지에 대해서는 약학에 대한 기록을 남긴 저자들조차 확실하게 말하지 않았다. 이 귀찮은 문제에 대해서는 진장기 이후 중국의 약리학자도 토론을 계속했다. 이에 결론을 내린 사람이 심괄沈括이다. 『夢溪筆談』卷 26, pp.175~176.

168 『本草綱目』卷 34, p.28a에서 인용한 이순에 의한다.

169 『本草綱目』卷 34, p.28a에서 인용한 소공에 의한다.

170 『太平御覽』卷 981, p.6B에서 인용한 『漢官儀』에 의한다.

171 『夢溪筆談』卷 26, pp.175~176.

172 『本草綱目』卷 34, p.28a에서 인용한 『唐本草』에 있다. 같은 책에 인용된 진장기를 참조하라.

173 『唐代叢書』卷 10에 수록한 『食譜』, p.70a.

174 『雲仙雜記』卷 3, p.19.

175 『本草綱目』卷 34, p.28a에서 인용한 이순에 의한다.

176 『本草綱目』卷 34, p.28a에서 인용한 진장기에 의한다.

177 『本草綱目』卷 34, p.28a에서 인용한 이순에 의한다. Stuart (1911), p.95도 참조하라. 또한 山田憲太郎 (1959), p.142는 육계의 기름이 치과 치료의 마취에 사용되었다고 기술한다. '정피'는 인도네시아산의 육계라고 지적한다. 중국 약리학자들은 계설향이 나무 껍질을 이용한다고 말하고 있다.

178 학명은 Saussurea lappa(=Aplortaxis lappa)로, 이 식물에서 채취한다고 한다.

179 당나라 시대에는 목향의 동의어로 '청목향'도 쓰였다. 현재 '청목향'은 Aristolochia contorta의 뿌리다. Laufer (1919), pp.462~464; 朝比奈泰彦 (1955), p.498 참조. '밀향蜜香'도 동의어다(李時珍, 『本草綱目』卷 34, p.28a에서 인용). Hirth and Rockhill (1911), p.211. 당나라 시대 약리학자들의 설에 따르면 인도차이나가 원산지다. 이름이 비슷하기 때문에 몰약과 혼동하기도 했다. 라우퍼는 "당시 한어 이름이란 모든 지

방에서 들여오는 다양한 뿌리에 부여한 상업적인 명칭으로, 식물학적으로는 아무런 의미도 없다'고 한다. Laufer (1919), pp.462~464. 저자는 반드시 그렇게만 볼 수는 없다고 생각한다. 동남아시아산 식물 중에 '밀향'을 찾아낼 수 있으리라고 본다. '목향'을 Rosa banksia라고 주장하는 현대의 저서도 많지만(예를 들어 Stuart (1911), p.43, p.49, p.380과 Read (1936) 등), 이는 이미 이시진이 『本草綱目』卷 14, p.35a에서 지적한 것처럼 혼동해 잘못 기술한 예다.

180 『태평어람太平御覽』에 인용한 『당서唐書』(즉 『구당서舊唐書』) 卷 982, p.1b, p.2b. Wheatley (1961), p.62 참조.

181 『新唐書』卷 221b, p.4155a.

182 『本草綱目』卷 14, p.35a에서 인용한 소공에 의한다.

183 『香譜』b, p.32에 용뇌, 사향, 정향, 육계, 기타 재료를 목향과 섞는 (송대의) 처방이 남아 있다. 같은 조합이 당나라 시대에도 쓰였을 것으로 추측한다.

184 『本草綱目』卷 14, p.35a에 인용한 견권에 의한다.

185 말레이반도에서 일반적으로 발견되는 파촐리는 예전에는 Pogostemon cablin였고 이곳에서 재배하고 있었다. 남인도의 p.heyneanum은 '인도 파촐리'라 부르고 있었다. 말레이반도에서 잘 보이므로 남인도에서 전래했다고 생각된다. Burkill (1935), pp.1782~1783.

186 Laufer (1918), p.5.

187 Huo hsiang.곽향. 현재는 이 이름을 가진 다른 식물도 있어 역사학도를 골치 아프게 한다. 인도차이나에서는 베토니카(Betonica officinalis)에도 이 이름을 사용한다. 라우퍼와 스튜어트Stuart도(혹은 이들 이외의 현대 식물학의 참고문헌도) 이를 배초향排草香(hyssops, Agastach rugosa=Lophanthus)이라 한다. 이는 아메리카 대륙을 원산으로 하는 나무다. Laufer (1918), pp.35~36; Stuart (1911), p.247 참조. 『重修政和證類本草』卷 12, p.84b에 기재된 『통전通典』에는 큰 나무의 썩은 부분에서 나오는 '두엽향'에 대한 설명이 있는데, 아무래도 침향 같다.

188 이시진은 『本草綱目』卷 14, p.40b에 『신당서新唐書』를 인용한다. Laufer (1918), p.29 참조.

189 『本草綱目』卷 14, p.40b에서 인용한 소송蘇頌에 의한다.

190 侯寬昭는 '광둥 파촐리Pogostemon cablin'임을 지적한다. 侯寬昭 (1957), p.167. 그러나 이는 말레이반도에서 일반적으로 볼 수 있는 종류다.

191 『本草綱目』卷 14, p.40b에 인용한 『광지廣志』에 의한다. 『太平御覽』卷 982, p.3b에 인용한 『南方異物志』에도 기재되어 있다.

192 Laufer (1918), p.38.

193 Burkill (1935), p.1780.

194 『本草綱目』卷 14, p.40b.

195 학명은 Jasminum officinale. '耶塞漫'은 「經行記」에도 기재되어 있다. 아리비아어로 변하면서 yāsmīn이 되었다. 예를 들어 *ja-sjĕt-miweng라는 발음도 당나라 시대에 사용하고 있었다.

196 학명은 Jasminum sambac이다. 한어 음사는 *muât-lji이다.

197 Schafer (1948), p.61 이하.

198 山田憲太郎 (1958), pp.600~601. 야마다 겐타로山田憲太郎는 아름다운 공주가 재스민 꽃으로 변신한다는 이야기가 짬파에서 필리핀까지 퍼져 있음을 확인했다.

199 「經行記」, p.5a. 山田憲太郎 (1958), p.593. 『酉陽雜俎』Vol. 18, p.153에는 9세기의 페르시아인이 이를 공물로 가져왔다고 기재하고 있다. Schafer (1948), p.61 참조.

200 Laufer (1919), pp.332~333.

201 Laufer (1919), pp.332-333; Schafer (1948), p.62.

202 『冊府元龜』卷 972, pp.22a~22b; 『太平寰宇記』卷 179, p.17b; 『唐代叢書』卷 10에 수록된 「粧樓記」, p.22a 및 桑原騭藏 (1930), pp.130~131.

203 '芍藥'이다.

204 『淸異錄』b, p.58b.

205 『雲仙雜錄』卷 6, p.46. 이 경우 '장미'는 Rosa multiflora(薔薇)로서 흰색이나 분홍색 꽃이 피는 관목이다. 그 외에 중국산 장미꽃으로 유명한 것으로는 분홍색이나 자주색 꽃이 피는 품종이 있었다. R. rugosa(玫瑰)는 가시가 많은 두꺼운 잎이 가을 단풍과 유사하다. R. chinensis(月季)는 매우 향이 짙고 빨강·하양·노랑꽃이 핀다. R. banksias(木香)는 흰색이나 노란색 꽃이 피는 관목이다. H. L. Li (1959), pp.92~101 참조.

206 Li (1959), p.96.

207 Hirth and Rockhill (1911), p.204. 여기서 잘 알려지지 않은 약초에 대해서 말해두는 편이 낫겠다. 이 약초에 대한 사항 모두 진장기가 말하고 있는 것이다. 그는 조정의 관리 아래 있던 약학자는 구하지 못하는 혹은 그들의 영향력 아래서 삭제된 표본과 정보를 갖고 있었던 것 같다. 이들 중에는 남해산南海産으로 생강·양귀비와 함께 달여서 그 물로 목욕하면 귀신과 도깨비를 쫓는 효능이 있다고 알려진 '병향瓶香'(『本草綱目』卷 14, p.40a), 오허국烏許國(옥수스) 산물로 이와 같은 효과가 있는 '경향耕香'(『本草綱目』卷 14, p.40a) 등이 있었다. 이시진은 어째서인지 이들을 인도차이나의 Lysimachia의 일종인 '배향초排香草'로 분류하고 있다. L. foenumgraecum은 향기가 나는 중국원산의 약초로서 여성의 머리칼에 뿌리는 향수로 사용했다. Burkill (1935), p.1375 참조. 또 '원자륵元慈勒'(『本草綱目』卷 34, p.31b)은 장뇌와 비슷한 페르시아산 수지로서 심장 질환과 출혈 등의 치료에 사용되었다. '결살結殺'(『本草綱目』卷 34, p.31a)은 서방의 어느 나라에서 가져온 나무의 꽃으로, 호두와 함께 약용 크림의 성분으로 사용했다. 이시진은 이를 '첨당향'으로 분류하고 있는데 분류의 근거를 전혀 알 수 없다.

208 Plyseter macrocephalus. 山田憲太郎 (1955), p.3; Pelliot (1959), p.33 참조.

209 山田憲太郎 (1955), p.3.

210 山田憲太郎 (1955), p.9~11; 山田憲太郎(1957), p.246; Pelliot (1959), p.33. 한어 음역 이름은 아말阿末이다.

211 山田憲太郎 (1957), p.15; Gode (1949), p.56 참조.

212 『酉陽雜俎』卷 4, p.37; 『新唐書』卷 221b, p.4155d 참조. 이 부분의 영역에 대해서는

Duyvendak (1949), p.13 참조.

213 Pelliot (1959), p.34.

214 야마다 겐타로山田憲太郎는 9세기부터 10세기 사이에 이 이름이 쓰이게 되었다고 하지만 그 근거는 확실하지 않다. 山田憲太郎 (1957), p.200. 펠리오는 11세기 소식蘇軾의 시에 등장하는 게 확실한 최초의 예라고 한다. Pellliot (1959), p.35.

215 Lung hsien.용연.

216 山田憲太郎 (1957), p.199.

217 山田憲太郎 (1957), p.246 및 p.249. 마찬가지로 山田憲太郎 (1956a), pp.2~5 참조. 야마다 겐타로山田憲太郎(1956a)는 용연향에 관한 송나라 시대의 풍습이나 기술에 대해서 상세히 기술하고 있다.

218 山田憲太郎 (1957), pp.197~198.

219 Pelliot (1959), p.38.

220 山田憲太郎 (1957), p.198.

221 『新唐書』 卷 43a, p.3733a. 이 조개의 학명은 Eburuna japonica이다. 『食療本草』 卷 22, p.39a에 조개의 그림도 있다.

222 『本草綱目』 卷 46, p.39a의 소송蘇頌에 의한다.

223 Chia hsiang.

224 『本草綱目』 卷 46, p.39a.

225 Chia chien.

226 이상은의 「隋宮守歲」라는 시에 나온다. 『全唐詩』 函 8 冊 9 卷 2, p.9b.

227 『本草綱目』 卷 46, p.39a의 진장기에 의한다.

11장 약

1 Sauvaget (1948), p.20. Sulaymān이 썼다는 아랍어 사료에는 의료와 관계된 사항을 담은 851년의 비석이 남아 있다. 이런 종류의 비석은 불교도들의 활동이 많은 용문龍門에 남아 있는 575년의 비석이 중국에서는 가장 오래된 것이다. Rudolph (1959), p.681, p.684 참조.

2 Germet (1956), pp.214~126. Pei t'ien 과 ching t'ien이다.

3 『唐會要』 卷 49, p.863; Gernet (1956), p.217. 당나라 시대의 의료 시설에 대해서는 Demiéville (1929), pp.247~248에 상세히 다루고 있다.

4 Gernet (1956), p.217.

5 『資治通鑑』 卷 214, p.3a; Gernet (1956), p.217.

6 『唐會要』 卷 49, p.863; Demiéville (1929), pp.247~248. 이러한 의료 시설은 '병방病坊' 혹은 '양병방養病坊'이라고 불렀다.

7 『唐律疏議』 冊4 卷 26, p.32.

8 『唐律疏議』 冊2 卷 9, p.78.

9 Huard and Wong (1957), pp.327~328.

10 682년에 사망한 것으로 나온다. 전기에 따르면 100세 이상 살았다고 한다.

11 도교 경전에서는 '손 진인孫眞人'으로 추앙하고 있다. 저서로는 『비급천금요방備急千金要方』이 있다.

12 『銀海精微』. '은해銀海'는 불교 용어에서 눈을 의미한다.

13 『新唐書』卷 196, pp.4085d~4096c; 『舊唐書』卷 191, pp.3590c~3590d에 전기가 실려 있다.

14 『新唐書』卷 196, pp.4086a~4086b; 『舊唐書』卷 191, p.3591b.

15 『新唐書』卷 195, p.4084a.

16 Schafer (1951), p.409.

17 도홍경이 지었다는 전7권의 『神農本草注』도 있지만, 당나라 시대에는 이미 책이 없어졌다. 그 일부 단편만이 둔황에서 발견되고 있다.

18 『新唐書』卷 59, p.3971a; 李勣 『本草藥圖』.

19 『歷代名畫記』卷 9, pp.279~280; 『新唐書』卷 59, p.3770b.

20 이 책은 현재 다른 서적에 인용된 부분밖에 남아 있지 않지만, 단편적으로 둔황에서 발견되었다.

21 Huard and Wong (1958), p.16. 다른 서적에 인용된 부분만 남아 있지만, 이순李珣의 동생 이현李玹이 집필한 것이라고 한다.

22 木村康一 (1942); Huard and Wong (1958) 참조.

23 『唐六典』卷 14, p.50a.

24 『唐六典』卷 14, pp.51a~51b.

25 『唐六典』卷 11, p.12a.

26 『新唐書』卷 47, p.3743a.

27 『事物紀原』卷 8, p.309.

28 그 외의 약재에 대해서는 Schafer and Wallacker (1961) 참조.

29 木村康一 (1954); 朝比奈泰彦 (1955) 참조.

30 『千金方』(1955년 베이징에서 출판한 판본 p.280 참조).

31 Huard and Wong (1957), p.308.

32 Lu and Needham (1951), p.15.

33 『重修政和證類本草』卷 16, p.2b에서 인용한 『唐本草』.

34 『重修政和證類本草』卷 17, p.1b에서 인용한 맹선에 의한다.

35 『本草綱目』卷 29, p.4a에서 인용한 맹선에 의한다.

36 이 모두 『본초강목本草綱目』에서 인용한 당나라 시대 약학자의 의견이다.

37 『本草綱目』卷 9, p.37b, p.38a에서 인용한다.

38 王恭武 (1958), p.113.

39 Bagchi (1950), pp.172~173.

40 Sen (1945), p.71. 한역은 『大正新修大藏經』 (1059)에 있다.

41 陳邦賢 (1957), p.150.

42 『舊唐書』卷 84, (3347a; 陳邦賢 (1957), p.150.

43　『唐會要』卷 52, p.899;『舊唐書』卷 14, p.3108d.

44　『舊唐書』卷 15, p.3113b; Ho and Needham (1959a), p.223.

45　Ho and Needham (1959a), p.224.

46　『資治通鑑』卷 211, pp.13a~13b.

47　『全唐詩』函 9 冊 8 卷 2, p.9b에 수록한 허당의 「題甘露寺」(862년).

48　『全唐詩』函 9 冊권9 卷 6, p.13b에 수록한 피일휴의「重玄寺元達年逾八十好種名藥」.

49　『續高僧傳』「那提傳」에 전기가 실려 있다. Bagchi (1950), p.216 참조. 현조玄照는 7세기의 승려로 당나라 황제를 위해 남인도로 약초 채집을 떠난다.

50　『唐六典』卷 18, p.17a;『新唐書』卷 48, p.3746a.

51　『新唐書』卷 221b, p.4154d;『冊府元龜』卷 971, p.8b;『唐會要』卷 99, p.1773.

52　『冊府元龜』卷 971, p.8a. 이 왕자의 이름은 계홀파繼忽婆라고 했다. *Kihorba의 음역으로 추측한다.

53　『新唐書』卷 221b, p.4155a.

54　『新唐書』卷 221a, p.4153c;『冊府元龜』卷 971, p.4a;『唐會要』卷 99, p.1776.

55　『唐會要』卷 97, p.1739.

56　『新唐書』卷 59, p.3771a; Laufer (1919), p.204; Huard and Wong (1958), p.16.

57　저자는 '질한質汗'을 한어로 그렇게 해석한다.

58　『舊唐書』卷 198, p.3614a;『冊府元龜』卷 971, p.8a;『唐會要』卷 100, p.1787.

59　『冊府元龜』卷 971, p.13b;『唐會要』卷 99, p.1773.

60　『冊府元龜』卷 971, p.15b.

61　『本草綱目』卷 34, p.30b에서 인용한 진장기에 의한다.

62　『舊唐書』卷 198, p.3614c;『唐會要』卷 99, p.1779. 한어로는 '저야가底也迦'로 음역하고 있다.

63　『本草綱目』卷 50b, p.24b.

64　Hirth (1885), pp.276~279; 陳邦賢 (1957), p.158; Huard and Wong (1958), p.15; Needham (1954), p.205.

65　'두구豆蔲'는 국산과 외래의 것 모두에 대한 총칭이다. 리드Read는 중국에서 생산하는 중국 카르다몬(Amomun costatum)과 야생 카르다몬(A. globosum, 한어명은 '草豆蔲')을 포함하고 있다. Read (1936), pp.207~208. 그러나 카르다몬의 분류는 매우 혼란스럽다. Wheatley (1961), pp.87~88 참조.

66　용안龍眼도 '익지자'라고 불렀다. 리드Read와 스튜어트Stuart는 이에 대해 Amomun amarum을 말하고 있다. Read (1936), pp.207~208; Stuart (1911), pp.35~36 참조.

67　『本草綱目』卷 14, p.37a에서 인용한 진장기에 의한다.

68　『本草綱目』卷 14, p.37a에서 인용한 진장기에 의한다. 이시진의 주 참조.

69　『本草綱目』卷 14, p.37a에서 인용한 진장기에 의한다.

70　Elettaria cordamomun. 인도 남서부와 통킹이 원산으로 이 지역에서 자생하고 있을 뿐 아니라 열대 지방에서 널리 재배된다. Burkill (1935), pp.910~915 참조. 『신당서』에 있는 안남 봉주峯州에서 조공물로 받은 두구豆蔲임에 틀림없다. 『新唐書』卷 43a, p.3733a.

71 Burkill (1935), pp.910~915.
72 『本草綱目』卷 14, p.36a에서 인용한 이순에 의한다.
73 Amomum xanthioides이다. 보통 '모두구毛豆蔻(A. villosum)'와 혼동하기도 한다. 한어에서 '축사밀縮砂密'이라고 불렀다.
74 Laufer (1919), pp.481~482; Read (1943), p.481 및 Burkill (1935), p.136 참조.
75 『本草綱目』卷 14, p.36b에서 인용한 진장기에 의한다. 이상하게도 이순은 이것이 서역에 있는 페르시아와 발해만渤海灣에서 수입한 것이라고 밝혔다. 하지만 이 식물은 인도차이나와 오세아니아에서밖에 나지 않았다. '페르시아인'이 수입해 왔기에 '페르시아산'이라고 기술한 것이다.
76 학명은 Amomun kepulaga.
77 이 이름은 이븐바투타의 기록에 나오는데, 한자어로 음역한 것이 『酉陽雜俎』卷 18, p.152 및 『本草綱目』卷 14, p.36b에서 인용된 진장기에도 보인다. Pelliot (1912a), pp.454~455.
78 Pelliot (1912a), pp.454~455.
79 Burkill은 수마트라에서도 재배되고 있다고 하지만 현재는 말레이반도에서는 생산되지 않는다. Burkill (1935), pp.133~134, p.912 참조.
80 『重修政和證類本草』卷 9, p.53b.
81 『酉陽雜俎』卷 82, p.152.
82 『本草綱目』卷 14, p.36b에 인용한 소공에 의한다. Burkill (1935), p.134.
83 Hirth and Rockhill (1911), p.210.
84 학명은 Myristica fragrans 또는 M. moschata이다.
85 『本草綱目』卷 14, p.37b에서 인용한다. Hirth and Rockhill (1911), p.276 참조.
86 『本草綱目』卷 14, p.37b에 인용한 이순에 의한다.
87 Burkill (1935), p.1524~1525.
88 『本草綱目』卷 14, p.37b에 인용한 견권과 이순에 의한다. 이슬람 국가들과 인도에서 가져온 약의 이용에 대해서는 Burkill (1935), p.1529 참조.
89 『本草綱目』卷 14, p.37b에 인용한 소송에 의한다.
90 학명은 Curcuma longa(=C. domestica)이다.
91 Curcuma zedoaria. 영어 이름 'zedoary'에는 인도산인 C. aromatica를 포함하는 경우도 있다.
92 Burkill (1935), pp.705~710. Laufer (1919), p.309~314 참조.
93 『藥譜』, pp.62b~67a에는 '금모태金母蛻'란 '울금'의 동의어라고 기술돼 있다. 하지만 이것이 울금과 봉아출 중 하나를 가리키는지 아니면 둘 다인지는 분명치 않다.
94 『新唐書』卷 221a, p.4153b.
95 『新唐書』卷 221b, p.4154c.
96 『新唐書』卷 221b, p.4154d.
97 『新唐書』卷 221a, p.4153c.

98 『新唐書』卷 221b, p.4155a.

99 Laufer (1919), p.544.

100 『本草綱目』卷 14, p.38a에 인용한 소공蘇恭에 의한다.

101 『本草綱目』卷 14, p.38a에 인용한 『당본초주唐本草注』에 의한다.

102 『唐代叢書』卷 10에 수록된 「粧樓記」, p.29a.

103 런던에서 발행하는 신문 『옵서버Observer』(1960년 11월 27일자).

104 『舊唐書』卷 18b, p.3133b; 白壽彝 (1937), p.49 참조.

105 Firmiana simplex = Sterculia platanifolia.

106 Aleurites fordii.

107 Erythrina indica 나중에 이 나무에서 Zayton(泉州)의 이름이 나왔다.

108 Populus euphratica.

109 Populus tacamahac.

110 Calophyllum inophyllum. 일본 쇼소인에는 '호동루胡桐淚'가 남아 있다. 그 성분은 잘 알려져 있다. 朝比奈泰彦 (1955), p.496.

111 『重修政和證類本草』卷 13, p.33b에 인용하는 『唐本草』.

112 『本草綱目』卷 34, p.32a에 인용한 소공은 이 나무로 가구도 만들 수 있다고 한다.

113 '胡桐律'의 '律'은 글자가 비슷하기 때문에 종종 '律'로 잘못 읽는 일이 있다.

114 『重修政和證類本草』卷 13, p.33b에 인용하는 『通典』,『漢書』卷 96a, p.0606a의 안사고 주를 보라.

115 『本草綱目』卷 34, p.32a에 인용한 소공에 의한다.

116 『新唐書』卷 40, p.3727a.

117 『唐六典』卷 22, pp.14b~15a. Laufer (1919), p.339에 『嶺表錄異』卷 b, p.3을 인용한다.

118 『本草綱目』卷 34, p.32a에 인용한 소공에 의한다.

119 『唐六典』卷 22, pp.14b~15a; 『漢書』卷 96a, p.0606a에 있는 안사고의 주; 『本草綱目』卷 34, p.32a에 인용한 소공; Laufer (1919), p.339 참조.

120 『本草綱目』卷 33, p.21b에 인용한 진장기. Laufer는 이 명칭의 식물이 Hedysarum alhagi라고 단정하고 있다. Laufer (1919), p.343.

121 『本草綱目』卷 5, p.22a에 인용한 진장기. Laufer (1919), p.345.

122 『酉陽雜俎』卷 18, p.153. 역사 및 언어학적 설명에 대해서는 Laufer (1919), p.429 이하 참조. 이것의 학명은 Commiphora opobalsamum이라는 식물이다.

123 학명은 Ferula galbaniflua이며 이외에 유사 종류의 것도 가리킨다.

124 『酉陽雜俎』卷 18, p.152. 역사적·언어학적 설명에 대해서는 Laufer (1919), p.362 참조.

125 학명 Ferula fetoda를 비롯한 유사 종류의 식물이다.

126 Laufer (1915a), pp.274~275. 이른바 토하라어의 B방언에 해당한다. 이것을 당나라 발음으로 나타낸 것이 '아위阿魏'다.

127 『本草綱目』卷 34, p.31b에 인용한 소공에 의한다.

128 『酉陽雜俎』卷 18, p.151; 『本草綱目』卷 34, p.31b에 인용한 소공; Laufer (1919), pp.353~362 참조.

129 『新唐書』卷 40, p.3727a.

130 『本草綱目』卷 34, p.31b에서 인용한 이순에 의한다,

131 Burkill (1935), p.999 및『本草綱目』卷 34, p.31b에 인용한 소공.

132 『本草綱目』卷 34, p.31b에 인용한 소공과 이순에 의한다.

133 『本草綱目』卷 34, p.31b에 인용한『纂藥方』에 의한다. Burkill은 말라야의 사람들이 아위를 태운 연기로 악마를 쫓는 것을 관찰·보고하고 있다. Burkill (1935), p.999.

134 관휴의「桐江閑居作」12수 중 3수.『全唐詩』函 12 冊 3 卷 5, p.5b.

135 『酉陽雜俎』卷 18, p.151.

136 학명은 Ricinus communis이며 진드기라는 뜻이다.

137 『本草綱目』卷 17a, p.28a에 인용한 소공에 의한다.

138 Laufer (1919), pp.403~404.

139 스튜어트는 "중국에서는 기름을 추출했지만 으깬 과육 부분 이외는 약용으로 하지 않았다"라고 적고 있는데, 이는『본초강목』의 기술로 보자면 잘못된 견해다. Stuart (1911), pp.378~379.

140 Cassia fistula.

141 Laufer (1919), pp.420~424.

142 Burkill (1935), p.475.

143 『本草綱目』卷 31, p.15b에 인용한 진장기에 의한다.

144 『酉陽雜俎』卷 18, p.152.

145 Gleditsia sinensis(皂角刺).

146 라우퍼는 '아륵발'의 진장기의 한어 음사(제2 음절과 제3 음절의 음위 전환을 전제로)를 지적한다. Laufer (1919), pp.420~424.『유양잡조』에도 '로마'와 '페르시아'에서 유래한 이름들이 있는데 어원이나 유래가 명확하지 않다.

147 '자채紫菜'라고 불렀다. 학명은 Porphyra tenera.

148 엔닌圓仁은 녹차와 함께 선물을 당나라에 가지고 간다.

149 학명은 Ulva lactica 또는 U. pertusa.

150 『本草綱目』卷 28, p.41b에 인용한 진장기와 이순에 의한다.

151 학명은 Laminaria saccharina이다. 9장 주 101 참조.

152 『本草綱目』卷 19, p.4a에 인용한 이순에 의한다.『冊府元龜』卷 971, p.13a. 이순은 외국인 선원들이 밧줄을 꼬아 삭조를 만들었다고 기술하고 있지만, 그가 호인胡人이라고 말할 때 호인이 외국인 일반을 가리키는지는 확실하지 않다.

153 『本草綱目』卷 19, p.4b에서 인용한 맹선孟詵.

154 학명 Panax ginseng은 일본산 p.repens를 대용품으로 사용했다. 19세기 초에는 북아메리카의 p.quinquefolius이 중국에 수출됐다.

155 피일휴의 시「友人以人參見惠因以詩謝之」에 이 이름이 나온다.『全唐詩』函 1 冊 9 卷 7, p.4b.

156 『藥譜』(pp.62b~67a). '환단還丹'이란 매우 높은 수준의 정제를 한 진사辰砂로 만든 연단술 약이다. 수은과 유황을 재합성한 것이다.

157 이순은 사주沙州(둔황)에서 자라는 별종 인삼에 대해서도 기술하고 있다. "작고 짧으며 별 쓸모가 없다"고 지적한다(『本草綱目』卷 12, p.15a).

158 『本草綱目』卷 12, p.15a에 인용한 소공에 의한다. 또『冊府元龜』卷 971, p.5a, p.10b; 『唐會要』卷 95, pp.1712~1713 참조. '흑수말갈黑水靺鞨'과 '황두실위黃頭室韋'도 748년에 당조에 인삼을 진상한다. 『冊府元龜』卷 971, p.16b. 소공은 11세기경 하동 河東의 여러 지역과 태산泰山 주변에서 자생하고 있다고 밝혔다(『本草綱目』卷 12, p.15a). 이는 분명 당나라 시대 후기와 송나라 초기에 집중적으로 재배한 결과다.

159 『本草綱目』卷 12, p.15a에 인용한 이순에 의한다.

160 피일휴의 시「友人以人參見惠因以詩謝之」에 의한다.『全唐詩』函 1 冊 9 卷 7, p.4b.

161 『本草綱目』卷 12, p.15a에서 인용한 견권에 의한다.

162 현호색玄胡索이며 학명은 Corydalis ambigua.

163 『本草綱目』卷 13, p.28b에 인용한 진장기와 이순에 의한다.

164 백부자白附子이며 학명은 Iatropha janipha. 아메리카의 I. curcas이다.

165 『本草綱目』卷 17, p.33a에서 인용한 소공과 이순에 의한다.

166 Hsien mao,선모. 학명은 Curculigo ensifolia(=Hypoxis sp.)이다.

167 『桂海虞衡志』, p.17a.

168 『本草綱目』卷 37, p.55b에서 인용한 이순에 의한다.

169 Soothill and Hodous (1937), p.342.

170 『本草綱目』卷 37, p.55b에서 인용한 이순에 의한다.

171 Huang hsieh.

172 『重修政和證類本草』卷 12, p.58b에서 인용한 진장기에 의한다.『新唐書』卷 43a, p.3733a.

173 황련은 Coptis teeta이다.

174 스튜어트는 Barkhausia repens라고 했다. Stuart (1911), p.65. 리드Read(1936)는 Picrohiza kurroa라고 했다. 라우퍼에 따르면 Barkhausia는 페르시아에는 자생하지 않는다고 한다. Laufer (1919), pp.199~200.

175 『重修政和證類本草』卷 9, p.45a.

176 Ho shih.학슬. 리드는 이것을 Carpesium abrotanoides에서 채취하고 있다고 말한다. 이와 의견을 달리하는 학자도 많다. Read (1936), no.20a.

177 『本草綱目』卷 15, p.9b에서 인용한 소공에 의한다.

178 노회蘆薈 혹은 노회奴會. 라우퍼는 이것을 아라비아계 그리스어 alua alwā에서 온 말이라고 한다. Laufer (1919), pp.480~481.

179 『本草綱目』卷 34, p.32a의 진장기와 이순에 의한다.

180 Kuan chü. 하지만 특정할 수는 없다.

181 『本草綱目』卷 28, p.43a에 인용한 소공과 견권에 의한다.

182 『冊府元龜』卷 971, p.8a, p.12a.

183 『本草綱目』卷 21, p.9a에 진장기와 이순이 지목한 약초가 몇 종류 있다.

184 『酉陽雜俎』卷 50, p.80에 기록되어 있다.『本草綱目』卷 50b, p.24a에 인용된 소공 참

조. 백조고길白鳥庫吉은 「北戶錄」에 있는 '파살婆薩'이 페르시아어 pāzahar에서 온 말이라고 하지만 라우퍼는 이를 우황이 아니라고 반박한다. 白鳥庫吉 (1939), pp.47~48; Laufer (1919), p.525 이하 참조.

185 『酉陽雜俎』 卷 10, p.80.

186 『本草綱目』 卷 50b, p.24a에 인용한 견권에 의한다. 손사막도 같은 약효를 인정하고 있지만, 더 자세히는 간과 담낭에 좋다고 기술하고 있다.

187 『本草綱目』 卷 50b, p.24a에 소공이 우황의 산지의 목록을 들고 있다. 산동의 등주登州·내주萊州·밀주密州 및 사천의 여주黎州의 지역 공물로 지목했다. 『新唐書』 卷 38, pp.3722b~3722c; 卷 42, p.3730b 참조.

188 Laufer (1919), p.528.

189 『冊府元龜』 卷 971, p.5a, p.10b; 卷 972, p.2b; 『唐會要』 卷 95, pp.1712~1713.

190 만주 지역이란 흑수말갈黑水靺鞨과 황두실위黃頭室韋를 이르는 말이다. 『冊府元龜』 卷 971, p.16b. 남조南詔에 대해서는 『冊府元龜』 卷 971, pp.10a~10b; 『新唐書』 卷 222a, p.4157a에 있다.

191 『冊府元龜』 卷 970, p.16b.

192 *uət-niuk 혹은 *uət-nwak라고 발음했다.

193 이순은 『本草綱目』 卷 51b, p.34a에서 「臨海志」를 인용하고 있다.

194 『重修政和證類本草』 卷 18, p.16a에 있는 삽화에는 물범이다. 기무라 고이치木村康一는 이를 '올눌제腦肭臍'(학명은 Callorhinus ursinus)라고 하는데, '고리무늬물범'(Pusa hispida 혹은 p. foetida) 등 만주 지방 연안과 일본의 북부, 바이칼호와 카스피해에서 볼 수 있는 다른 물범일 가능성도 있다. 木村康一 (1946), pp.195~196. 나이 먹은 수컷은 '아위와 양파'의 중간에 해당하는 냄새가 난다. 물범의 고환에도 대체로 비슷한 사향계의 스테로이드가 포함되어 있다고 한다. 동아시아 연안의 물범에 대해서는 Scheffer (1958), p.57, p.61, pp.82~84, pp.93~94, pp.95~102, p.103, p.109 참조.

195 견권은 『本草綱目』 卷 51b, p.34a에서 이를 '물개'라고 주장하고 있다. 물개는 일반적으로 물범을 지칭한다.

196 『本草綱目』 卷 51b, p.34a에서 인용한 진장기 등에 의한다.

197 진장기와 이시진은 모두 『신당서新唐書』를 인용한다. 만주 지방, 돌궐, 그리고 서역에 사는 '골발骨犺'이라고 불리던 동물에 대해 기술하고 있다. 진장기는 "이 동물은 여우와 닮았고 배꼽은 오렌지색으로 썩은 뼈 같고 사향과 비슷한 향기를 발한다"고 기록하고 있다. 717년에 호탄에서 보낸 공납도 '골발'이었을 것이다. 『冊府元龜』 卷 971, p.2b. 허스와 록힐에 따르면 사향고양이는 서역에서 수입하고 북쪽에서는 사향을 수입한다. Hirth and Rockhill (1911), p.234. 그 근거는 진장기가 아자발타니阿慈勃他你라고 기재하고 있는 것이 아랍어 al-zabād의 한어 음역으로 보이기 때문이다. 다른 어원에 대한 추측은 증거가 명확하지 않다. Laufer (1916), pp.373~374; Wheatley (1961), pp.105~106 참조. 사향고양이(학명 Viverra zibetha)는 중국 남부나 인도차이나, 남아시아에 서식한다. 한어명은 '향리香狸'(Nyctereutes)다. 단성식은 『酉陽雜俎』 卷 16, p.134에서 "수도(水道, 尿道)에 있는 자루를 떼어 여기에다 술을 넣고 건조시키면 진짜

사향과 비슷한 향기가 피어난다'고 기술하고 있다. Maqdisī에 따르면 호라즘에서 10세 기에 해리향을 수출했다고 하는데, 당에 들어갔을 가능성도 있다. Barthold (1958), p.235.

198 Aymonier (1891), p.213. 왕이 전쟁에 쓰는 코끼리에는 인간의 땀즙을 뿌렸다.

199 혹은 인도 비단뱀이다. 학명은 Python molurus이다. 한어 이름은 '염사蚺蛇'다.

200 『新唐書』 卷 43a, p.3733a. 교주交州와 봉주峯州의 지역 특산 공물이다.

201 당나라 시대의 검주劍州. 『新唐書』 卷 42, p.3730d에 보인다. 『신당서』는 검주의 지역 공물 가운데는 '염사'가 들어 있지 않다고 적고 있다(울금이나 갈분 같은 귀중품을 보낸 것은 기재되어 있다). 이하의 역문에서 보듯 당나라 시대에는 염사의 쓸개를 지역 공물로 하던 지방도 있었다.

202 『嶺表錄異』 卷 b, pp.22~23.

203 『本草綱目』 卷 43, pp.23b~24a에 『유양잡조』의 인용이 있지만 원문은 다소 누락이 있다. 원문은 『酉陽雜俎』 卷 17, p.143.

204 『本草綱目』 卷 43, p.24a에 인용한 소공에 의한다. 맹선은 돼지나 호랑이의 간도 물에는 뜨지만 움직임은 느리다고 한다.

205 『本草綱目』 卷 43, p.24a에 인용한 진장기 및 맹선에 의한다. Burkill (1935), pp.1847~1848 참조.

206 봉주峯州와 복록주福祿州의 토공물이다. 『新唐書』 卷 43a, p.3733a. 안남 밀랍의 수입에 대해서는 Hirth and Rockhill (1911), p.48 참조. 백랍은 중국 밀랍이나 패각충貝殼蟲의 분비물로도 만들었다.

207 『本草綱目』 卷 39, p.5b에서 인용한 견권에 의한다.

208 특히 신라·흑수말갈·황두실위에서 들여왔다. 『冊府元龜』 卷 971, p.5a, p.10b, p.16b; 『唐會要』 卷 95, pp.1712~1713. 신라에서는 100근의 모발을 보내온 기록도 있다.

209 『新唐書』 卷 204, p.4106a.

210 『本草綱目』 卷 52, p.37a에서 인용한 진장기에 의한다. 『酉陽雜俎』 卷 11, p.84도 일부 인용하고 있다.

211 『酉陽雜俎』 卷 11, p.86.

212 『本草綱目』 卷 52, p.37a에 인용한 『천금방千金方』에 의한다. 손톱을 지혈약으로 생각하는 풍습은 세계 각지에 보인다. Hastings (1927) VI, p.475 참조. 소공은 모발의 여러 치료법을 이야기하고 있는데, 어느 처방이나 모발을 잿더미로 만들어 복용하라고 말하고 있다. 『本草綱目』 卷 52, p.37a.

213 『本草綱目』 卷 11, p.8a에서 인용한 소공과 이순에 의한다. '녹염'은 페르시아어의 zingār(綠青)라고 한다. 녹청은 색깔이 유사하기 때문에 황산염의 대용품으로 수출됐을 가능성도 있다. Laufer (1919), p.510; Read and Pak (1928), p.76 참조.

12장 옷감

1 『唐代叢書』卷 2에 수록한『杜陽雜編』, p.58b.

2 『唐六典』卷 22, pp.20b~21a.

3 이 문제에 관한 조사로는 Simmons (1956) 참조. 시먼스Simmons는 시베리아 파지리크 고분에서 출토된 기원전 5~6세기의 직물을 분석해, 지금의 능직綾織 방식이 고대부터 사용된 방법과 동일하다는 결론을 내린다.

4 후한의 채색 비단에는 날줄에 능직綾織을 넣는다. 브로케이드Brocade는 한어에서는 일반적으로 '금錦'이라고 번역한다고 한다.

5 楊蓬生 (1955a), p.275.

6 『唐六典』卷 3, p.13a. 회남도淮南道(초주楚州)의 지역 공물에 '공작포孔雀布'가 있었다. 이것은 공작의 꼬리 날개 깃털과 유사한 광택이 나는 천이었거나 공작의 꼬리 깃털을 섞어 짜놓은 천으로 여겨진다.

7 『北史』卷 47, p.2904a의 「祖珽傳」. 조정祖珽은 6세기 말 인물로 기생집을 몇 채씩이나 경영하던 풍류아였다. 학식이 뛰어나고 몇 가지 외국어에 능통했다고 하는데, 그의 집에도 공작라가 몇 필씩이나 있었다고 한다.

8 『全漢三國晉南北朝詩』에 수록된『全隋詩』卷 4, p.10a의 정육낭의「十索」.

9 『全唐文』卷 47, pp.6b~7a에서 수록한 대종의「禁斷織造淫巧詔」.『新唐書』卷 6, p.3648d 참조.

10 『冊府元龜』卷 56, p.16a.

11 A. Stein (1921), pp.907~913; A. Stein (1928), pp.674~680.

12 Simmons (1948), pp.12~14.

13 『全唐文』卷 536, pp.21b~22b에 수록된 이군방李君房의「海人獻文錦賦」에 의한다.

14 原田淑人 (1939), p.75. 그레이Gray는 '중국풍 사산 양식'의 봉황은 사산조의 미술에는 나타나지 않고 매와 꿩, 그리고 날개 달린 개Senmury가 있을 뿐이라고 한다. 그렇다면 '봉황'은 어디에서 왔을까. 추측건대 이란의 꿩을 중국식으로 바꾼 것인지도 모른다. Gray (1959), p.51.

15 『舊唐書』卷 5, p.3074d.

16 Maqidisī가 남긴 10세기의 투르키스탄의 직물에 대한 자세한 기술이 Barthold (1958), pp.235~236에 있다. Stein이 발견한 사항에 따르면 서역에는 상당한 방적 산업이 있었다. Priest and Simons (1931), p.8 참조.

17 『新唐書』卷 216b, p.4139a;『唐會要』卷 97, p.1739.

18 『酉陽雜俎』卷 5, p.42 및 Sarton (1944), p.178 참조.

19 『新唐書』卷 41, p.3728d;『國史補』c, p.20a.

20 『新唐書』卷 37, pp.3720d~3721a.

21 여기에서 융단은 '구구氍毹'다. 다른 사료에도 나오는 융단인 '구유氍毹'와 비교해보면 좋을 듯하다. 후자는 산스크리트어의 vaṇakambala에 해당하는데, 즉 '채색한 모포'에서 유래한 말이다. Pelliot (1959), p.484 참조.

22 여기에서는 깔개나 카펫도 '구구氍毹'지만, 융단은 '자벽柘辟'으로 표현하기도 한다. 라

우퍼는 이를 페르시아어 'taftan'(돌리다)에서 온 것으로 보고 있으며, 이 말과 동일한 어원에서 파생한 말이 영어의 'taffeta'라고 보고 있다. Laufer (1919), p.493. 투르게시와 차치 등이 보낸 공물 가운데 '탑등毾㲪'을 확인할 수 있다. 이 말은 틀림없이 페르시아어가 유래다. 이 명칭은 모두 모직 양탄자를 가리킨다.

23 『新唐書』卷 221b, p.4153d; 『冊府元龜』卷 999, pp.15b~16a.

24 『新唐書』卷 221b, p.4154a; 『冊府元龜』卷 971, p.3a, p.14b, p.15b. 조공을 기록한 사료에는 단지 '무연舞筵'이라고 쓰여 있을 뿐이고, 다른 기술에 내용이 분명치 않은 '무연'이라는 한어가 이란어로 모직 양탄자를 나타내는 것과 연관 지어 사용되기 때문에 '무연' 또한 모직 양탄자였다고 본다.

25 『新唐書』卷 221b, p.4155b; 『舊唐書』卷 198, p.3614b; 『唐會要』卷 100, p.1784; 『冊府元龜』卷 971, p.18a.

26 『李長吉歌詩』外集, p.4b에 수록한 「感諷六首」의 제1수. 왕기의 주석에 이는 전毧 깔개의 일종이었다고 하지만, 단순한 추측에 지나지 않는다.

27 『李長吉歌詩』卷 2, pp.22b~24a에 수록된 「宮娃歌」.

28 Laufer (1915), pp.303~304에서 인용한다. 플리니우스도 더러워진 식탁보를 불로 정결하게 한다는 이야기를 한다.

29 Laufer (1915), p.311.

30 Laufer (1915), pp.307~319, p.339 참조. Hirth (1885), pp.249~252 참조.

31 『新唐書』卷 221b, p.4155b; 『舊唐書』卷 198, p.3614b; 『唐會要』卷 100, p.1784 및 Laufer (1919), pp.499~502.

32 『全唐詩』函 2 冊 9 卷 2, p.1a에 수록한 이기李頎의 「行路難」.

33 『全唐詩』函 6 冊 9 卷 17, p.7a에 수록한 원진의 「送嶺南崔侍御」.

34 Ceiba pentandra(木綿)는 종종 코튼과 혼동하기도 했다. 아래의 면綿과 관련한 당나라 시대의 중국명을 참조하라.

35 Laufer (1937), pp.7~9, pp.14~15.

36 Laufer (1937), p.11. 티베트 동부 주민들은 야크犛牛 털로 짠 울로 만든 네모난 천막을 선호한다.

37 Laufer (1937), pp.10~11.

38 『舊唐書』卷 196a, p.3604b.

39 『新唐書』卷 217b, p.4143b.

40 『酉陽雜俎』卷 4, p.36.

41 『新唐書』卷 37, p.3719c.

42 『唐六典』卷 3, p.17b.

43 『唐六典』卷 3, p.17b.

44 『新唐書』卷 34, p.3713a. 기록에는 '혼탈전모渾脫毧帽'다. '혼탈渾脫'이란 양털로 만든 외국산 물품을 뜻하는 단어로 당나라 때 사용하던 말인데, 어원이 어느 외국어에서 유래하는지는 알 수 없다.

45 『酉陽雜俎』卷 1, p.3.

46 『新唐書』卷 37과 卷 39의 지역 공물에 대한 조항 참조.

47 『冊府元龜』卷 970, p.14a; 卷 971, p.10b, p.16b; 『唐會要』卷 95, p.1713. 이 천은 '총포 總布'라고 한다. '총포'란 '종합적인' 옷감이라는 의미를 지닌다. 매년 창고에 쌓여 있는 모든 옷감을 골라 정기적으로 조세로 보낸다고 한다. 그러나 사전 편찬자는 이 '총總'이 라는 단어의 사용에 대해 확실한 판단을 내리지 못하고 있다.

48 라우퍼는 한어의 '월낙越諾'이 이란어를 어원으로 한다는 그럴듯한 설을 내세우고 있 지만, 납득하기 힘들다. Laufer (1919), pp.493~496. 펠리오는 소그디아나라는 나라 이 름에서 유래한다고 말하는데, 이 설이 더 신빙성이 있다. Pelliot (1928), p.151. 산스크리 트어에서 색을 뜻하는 varṇa에서 파생한 '색깔'을 의미하는 varṇakā와 같은 계열의 프 라크리트어에서 유래했다는 펠리오의 설은 완전히 근거가 없다고 할 수는 없다. Pelliot (1959), pp.483~484.

49 『蠻書』卷 10, p.46.

50 『冊府元龜』卷 971, p.3a; 『唐會要』卷 99, p.1775.

51 Hirth and Rockhill (1911), p.100. 저자는 그들의 설을 받아들여 'Rūm'이 한문 사료의 '노미蘆眉'라고 본다.

52 한어로 '견絹'이다.

53 『舊唐書』卷 17b, p.3125d; 『冊府元龜』卷 972, p.10a.

54 저자는 중세 언어 용례에 따라 한어의 '綢'를 tussah 혹은 bombycine이라는 영어로 번역하고 있다. 현대에서는 '綢'는 비단 일반을 가리키는 말로 쓴다.

55 『冊府元龜』卷 972, p.5b. 이 비단을 '토번인팔주土蕃印八綢'라고 불렀다.

56 한어로는 '시絁'다. 『新唐書』卷 43a, p.3733a; 『冊府元龜』卷 971, p.10a.

57 『舊唐書』卷 199a, p.3617b; 『冊府元龜』卷 971, p.5a; 卷 2, p.2b; 『唐會要』卷 95, pp.1712~1713.

58 『冊府元龜』卷 973, p.16b.

59 Laufer (1913), p.341. 특히 Laufer (1916), p.355 참조.

60 『冊府元龜』卷 971, p.7b; 卷 971, p.14b; Laufer (1919), p.488~492 참조.

61 『冊府元龜』卷 971, p.2a. '黑密牟尼蘇利壨'이라는 한어 음역은 첫 글자가 이해하기 쉽 지 않을 뿐, 이외에는 비록 약간 간략하게 만들기는 했지만 정확한 음역이다.

62 A. Stein (1928), 도판 LXXX (Ast. vii. I. 06).

63 『冊府元龜』卷 971, p.2b.

64 Laufer (1915d), pp.104~107. Hirth는 '수양水羊'의 양모가 피니콘이라고 지적하고 있 다. 그는 에밀 브레트슈나이더Emil Bretschneider의 학설에 자극되어 이 설을 주장 했다. Hirth (1885), pp.260~262. 이 문제에 대한 가장 새로운 설로는 Pelliot (1959), pp.507~531; 山田憲太郞 (1957), pp.488~489 참조.

65 Laufer (1915d), p.114.

66 『唐代叢書』卷 13에 수록된 「楊太眞外傳」(p.72b).

67 『唐代叢書』卷 2에 수록된 『杜陽雜編』(p.46b).

68 『拾遺記』卷 10, p.5a. 라우퍼는 이 전설의 토대가 된 섬유는 말레이에서 생산하고 수입

한 나무껍질이라고 여긴다. Laufer (1919), p.499.

69 Ping wan.

70 『後漢書』卷 3, p.0656a에 있는 '冰紈'에 대한 주석 참조.

71 『全唐文』卷 762, pp.15b~16b에 수록된 장양기張良器의 「海人獻氷蠶賦」.

72 『全唐文』卷 524, pp.13b~14b에 수록된 위집중韋執中의 「海人獻氷紈賦」.

73 『全唐詩』函 9 冊 9 卷 3, p.8a에 수록된 피일휴의 「高園寺」.

74 『全唐詩』函 6 冊 6 卷 4, p.9a에 수록된 장적의 「崑崙兒」. 이 시에서 말하는 '裘'는 다른 당시唐詩에도 자주 등장하듯, 동물의 모피 이외의 소재로 제작된 '두봉斗篷'(망토)이라고 저자는 해석한다.

75 『白氏長慶集』卷 36, p.18a에 수록된 「卯飮」. '장봉帳篷'을 묘사한 유명한 이 시에서 백거이는 '청전靑氈'으로 '장봉'을 환유하고 있다. 『白氏長慶集』卷 31, pp.9b~10a에 수록된 「靑氈帳」도 참조하라. 이 시에서도 '전장氈帳'은 장봉을 뜻한다.

76 학명은 Eriodendron이다. 면綿에 대해서는 Pelliot (1959), pp.429~430. 시말simal에 대해서는 Burkill (1935), pp.345~346, 케이폭kapok에 대해서는 Burkill (1935), pp.501~505 참조.

77 이것은 폴 휘틀리Paul Wheatley 교수와의 개인적 정보 교환을 통해 얻은 정보다.

78 Pelliot (1959), p.433.

79 陳祖圭 (1957), p.4; Pelliot (1959), p.447, p.449. 陳祖圭는 면에 대해 처음에 다년생 목면이 남쪽에서 전해졌지만 나중에 초질草質의 목화가 들어오면서 다년생 목화를 재배하지 않게 되었다고 주장한다.

80 陳祖圭 (1957), pp.3~4. 이 사료에 따르면 송대에 광주에서, 그리고 송대 말에는 장강 지역에서까지 목화를 재배했다고 주장하고 있다. 저자는 당나라 시대 후기에는 영남에서 재배했다고 생각한다. 화남 지방의 초기 목화의 역사에 대해서는 『資治通鑑』卷 159, p.5b; 陳祖圭 (1957), p.22 이하 참조.

81 『新唐書』卷 221a, p.4151b; 『舊唐書』卷 198, p.3612a. 모든 사료에 고창에서 목화가 생산되고 있었다고 기록한다. 무명의 수입에 대해서는 『新唐書』卷 40, p.3727a에 기록이 있다.

82 『舊唐書』卷 197, p.3609d; 『新唐書』卷 222b, p.4159b 참조.

83 『舊唐書』卷 197, p.3609d; 『新唐書』卷 222c, p.4159d 참조.

84 『大唐西域記』卷 2.

85 『大唐西域記』卷 12.

86 『新唐書』卷 222a, p.4157a.

87 『冊府元龜』卷 971, p.17a; 『唐會要』卷 98, p.1751.

88 『新唐書』卷 221b, p.4155b; 『冊府元龜』卷 971, p.15a; 『唐會要』卷 100, p.1793.

89 예를 들면 북읍北邑 같은 곳이다. 『冊府元龜』卷 971, p.17b.

90 『舊唐書』卷 197, p.3610a.

91 陳祖圭 (1957) p.2, p.20; Pelliot (1959) p.474~476. 『광아廣雅』에서 '橦'이란 '옷감으로 만들 수 있는 꽃'으로 정의하고 있다.

92 Pelliot (1959), p.433. Hirth and Rockhill (1911), p.218 참조. 당시 중국에서 주로 쓰인 것은 길패吉貝, 고패古貝, 겁패劫貝였다. 모두 *kappāī같은 인도-말레이계 언어와 통하는 것 같다. Pelliot (1959), pp.435~442. 같은 어원으로 그리스어의 kárpasos를 들 수 있으며, 히브리어의 karpas, 그리고 페르시아어의 kārbās가 파생어다.

93 백첩白氎. '백白'은 한어로 '하얗다'라는 의미다. 펠리오는 이를 음역 때 의미까지 고려한 것으로 보고 있다. 그는 '氎'의 본래적인 의미를 알지 못하는 듯하다. Pelliot (1959), p.447. 이 합성어의 이란어 어원에 대해서는 藤田豊八 (1943), pp.548~549 참조. 藤田豊八는 '氎(*d'iep)'의 '-p'는 '-k'로 대체할 수 있다고 말한다.

94 『全唐詩』函 5 冊 5 卷 3, p.9a에 수록된 왕건의 「送鄭權尙書南海」. 이 시에서 '남해南海'란 광주와 그 일대의 옛 이름이다. 이 시는 정권鄭權이 남해에 부임하는 일을 읊은 것이다. 인용 부분은 정권이 영남에서 만나게 될 물건을 기대하면서 느낀 설렘을 표현한 것이다.

95 『全唐詩』函 11 冊 6, p.10b에 수록한 손광헌孫光憲의 「和南越」이다. 이 시는 여기에 인용한 부분밖에 남아 있지 않다.

96 『李長吉歌詩』卷 1, pp.36b~37a에 수록한 이하李賀의 「南園」(13수 가운데 제12수). 왕기의 주석은 여기서 사용한 '경초輕綃'가 남방의 '布'(무명천)에도 적용되며 "이 색채는 조하朝霞와도 같은 붉은 황색을 띠고 있다"고 밝히고 있다. 이에 대해 허스와 록힐은 엉뚱한 번역을 하고 있는 데다 이 한어는 산스크리트어의 kausheya(絹物)의 음역이라고 보았지만, 펠리오는 이 가설을 부인하고 있다. Hirth and Rockhill (1911), p.218; Pelliot (1912a), p.480. 펠리오는 '朝霞'(그는 이를 rose d'aurore로 번역)는 역사적으로 「초사楚辭」까지 소급해볼 수 있다고 한다.

97 『王子安集』卷 3, p.11a에 수록한 왕발의 「林塘懷友」.

98 『新唐書』卷 43a, p.3733b.

99 『唐會要』卷 97, p.1739.

100 Coedès (1948), pp.132~133.

101 『舊唐書』卷 197, p.3611c;『新唐書』 222c, p.4160a 참조.

102 『舊唐書』卷 197, p.3609d;『新唐書』卷 222b, p.4159b 참조.

103 짬파 서남쪽에 있는 육타원褥陀洹의 사람들도 '백조하白朝霞'로 만든 무명옷을 입고 있었다.『新唐書』卷 222c, p.4159d;『舊唐書』卷 197, p.3610a.

104 『通典』卷 146, p.762c.

13장 안료

1 『唐六典』卷 22, p.21a.

2 학명은 Polygonum tinctorium. 유럽에서 푸른색의 물감으로 이용하는 나무인 서양 인디고(Indigofero tinctoriafera)가 아니다.

3 Po mu. 학명은 Phellodendron amurense. 별명을 Amur velvet tree라고 한다.

4 Huang lu. 학명은 Cotinus coggygria.

5   Hsiao po. '키 작은 황벽나무'라는 뜻이다. 벽목·황로·소벽 등의 염료에 대해서는 『本草綱目』卷 35a, p.32b, p.33a 진장기의 기술을 참고하라. 진장기는 다른 염료에 대해서도 유익한 정보를 제공하고 있다.

6   『雲仙雜記』卷 7, p.50에서 인용한 「湘潭記」를 보라.

7   『全唐文』卷 168, pp.1a~2b에 있는 배염裵炎의 「猩猩銘幷序」.

8   『本草綱目』卷 51, p.36b.

9   『唐代叢書』卷 1에 수록한 『朝野僉載』(p.54b)에 나온다.

10   성성이 이야기는 '비비狒狒'라고 불리던 다른 원숭이 이야기와 혼동하고 있다. 비비 역시 서남부가 원산이며 인간의 말을 이해한다는 원숭이인데, 혈액은 빨간 염료로서 신발을 물들이는 데 사용한다고 한다. 또 인간이 비비의 피를 마시면 귀신을 볼 수 있게 된다고 주장하기도 한다. 『酉陽雜俎』卷 16, p.135; 『本草綱目』卷 51b, p.36b에서 인용한 진장기. 이시진은 이들이 같은 동물이라고 생각한다.

11   Tate (1947), pp.138~139. 학명은 각각 Hylobates concolor, H. lar, H. hoolook이다. 『本草綱目』卷 51b, p.36b의 이시진의 기술에서는 정수리 털이 꼿꼿이 서는 것이 강조되고 있는데 이는 '검은긴팔원숭이'의 특징이다. 현대 중국에서 흰빰긴팔원숭이는 드물지 않다. 중국에서 이 두 종류의 원숭이가 교배된 것은 틀림없다.

12   『全唐詩』函 6 冊 5 卷 5, p.3a에 나오는 장적張籍의 「送蜀客」을 보라. 『全唐詩』函 6 冊 6 卷 1, p.9b의 같은 시인의 시 「賈客樂」을 보면, 장강 중부 지방인 금릉金陵 부근에 성성이가 있었던 듯하다.

13   McDermott (1938), p.43.

14   McDermott (1938), p.83 및 p.86.

15   McDermott (1938), pp.77~78, pp.82~83, p.108.

16   Janson (1952), p.115, p.125. 원숭이는 타락한 죄인으로서의 인간 모습이며, 어리석음과 허영의 표상이자 악의 상징이었다. Janson (1952), p.13~22, pp.29~56, p.199~225. 하지만 중국에는 원숭이에 대해 그런 부정적인 인상은 없다.

17   『全唐詩』函 12 冊 3 卷 2, p.6a에 수록한 관휴의 「山茶花」를 보라.

18   『全唐詩』函 10 冊 7 卷 4, p.3a에 수록한 한악韓偓의 「已涼」을 보라.

19   『說郛』函 77에 수록된 「粧臺記」, pp.4a~4b. 이 사료는 당나라 시대의 것으로 알려졌지만, 송나라 시대의 연호도 포함되어 있다. 기재 사항을 통해 유추해보면 13세기경의 저작으로 보인다. 여기에 기록된 화장용 색채 중 몇몇은 당나라 시대의 것으로 단정할 수 있는 「정장록靚粧錄」(『說郛』函 77, p.1a)의 단편에도 나오고 있어, 여기에서 「장대기粧臺記」로 전재했는지도 모른다. 『설부說郛』에 수록된 「정장록靚粧錄」에는 '성훈猩暈'이 나오지 않지만, 이 책이 단편이 아닌 본래의 형태로 남아 있다면 실려 있었을지도 모른다. 이시진은 『本草綱目』卷 9, p.39b에서 '성홍猩紅'은 수은에서 나오기에 이름에 '朱'라는 색채 이름이 들어갔다고 주장하고 있다. 하지만 언제부터 그 이름을 사용했는지는 모른다.

20   학명 Laccifer(=Tachardia)과의 다양한 벌레를 말한다. 이 벌레의 정확한 분류는 분류학자 사이에서 의견이 갈린다. Burkill (1935), p.1290~1294.

21 『本草綱目』卷 39, p.7a에서 인용한 소공과 이순에 의한다.

22 Burkill (1935), p.1293.

23 Schafer (1957), p.135.

24 『新唐書』卷 43a, p.3733b에는 안남의 두 나라에서 바친 지역 공물로 기재하고 있다. 『唐六典』卷 22, pp.14b~15a 참조.

25 Schafer (1957), p.135.

26 Schafer (1957), p.135. 특히 『本草綱目』卷 39, p.7a의 이순을 보라.

27 Schafer (1957), p.133.

28 여러 종류의 Daemonorops(龍血)를 가리킨다. 분류 학자에 따른 D. draco의 분류법에는 의문이 있다. Burkill (1935), p.747. 石確 (1954), p.56 참조.

29 천년목Dracaena의 일종.

30 프테로카르프스Pterocarpus의 일종.

31 『本草綱目』卷 34, p.30b의 소공蘇恭.

32 Burkill (1935), p.747.

33 현대에는 Daemonorops에서 산출되는 용혈(龍血, 麒麟血)의 전혀 새로운 이용법이 발견되었다. 바로 석판 인쇄용 플레이트의 세척 마무리용 세제다. 1960년 10월 24일 『런던타임스』에 게재된 기사다.

34 로망어 계열에서 'Brazil'이라는 단어는 '붉게 타오르는 석탄'을 뜻하지만, 사실 이는 말레이에 있는 나무 Caesalpinia의 색소에서 유래한 이름이다. 이 나무에서 염색용으로 추출하는 색 이름이 브라질이기 때문이다. 이후 남미의 페르남부쿠주Pernambuco산 Caesalpinia 속屬의 나무에도 그 이름을 가져다 썼다. 이윽고 브라질의 국명으로까지 이어졌다. Yule (1903), p.113.

35 Burkill (1935), pp.390~393; Pelliot (1959), p.104.

36 『고금주古今注』와 『남방초목상南方草木狀』에 기재되어 있다.

37 『本草綱目』卷 35b, p.41a에서 인용한 소공에 의한다. 『全唐詩』函 4 冊 9 卷 1, p.3b에는 고황顧況의 「蘇方一章」이 있다.

38 Laufer (1919), p.193; 高楠順次郎 (1928), p.462.

39 『本草綱目』卷 35b, p.41a에서 인용한 소공에 의한다.

40 石田茂作·和田軍一 (1954). 쇼소인의 Caesalpinia의 나무 표본 색소인 브라질린은 완전히 분해되어 남아 있지 않다. 朝比奈泰彦 (1955), p.4 98. 야마다 겐타로山田憲太郎는 후에 인도에서 쓰이고 있는 소방나무의 일종이 '진秦'이라 불린 것은 섬라暹羅(Siam)에서 온 중국 배에 실려서 왔기 때문에 그렇게 부른 거라고 주장한다. 山田憲太郎 (1959), pp.139~140.

41 『唐代叢書』卷 8에 수록된 「南部煙花記」, p.72a.

42 '남藍'(학명 Polygonum tinctoria)은 '전靛'이라 불리던 물감을 만드는 원료가 되었다.

43 Ch'ing tai. 청대는 Indigofera tinctoria에서 채취한다. 『本草綱目』卷 16, p.21b; Laufer (1919), pp.370~371; Christensen (1936), p.123.

44 Burkill (1935), pp.1232~1233.

45 『太平御覽』卷 982, p.1b의 『新唐書』 인용.

46 「經行記」, p.1a.

47 『冊府元龜』卷 971, p.2b.

48 『李太白文集』卷 24, p.4b의 「對酒」.

49 『說郛』函77에 수록된 「粧臺記」, p.3b에 이에 대한 기술이 있다.

50 『白氏長慶集』卷 24, pp.4b~5a의 「答客問杭州」.

51 『全唐詩』函 16 冊 9 卷 13, p.4a의 원진의 「春」.

52 학명은 Semecarpus anacardium이며 한어명은 파라득婆羅得이다. '得'은 '勒(-lək)'이 라고 발음하기도 했다. Laufer (1919), pp.482~483.

53 『本草綱目』卷 35b, p.39a에서 인용한 이순 및 진장기.

54 Burkill (1935), pp.1991~1992.

55 학명은 Quercus infectoria(=lusitania).

56 Laufer (1919), pp.367~369. Burkill (1935), p.1043. 일반적으로 한어 명칭은 '몰식자沒 食子'였다. 이 나무에 대해 자세한 설명이 실려 있는 『酉陽雜俎』卷 18, p.150에는 '마택 摩澤'이라는 이름으로 기록돼 있다.

57 『本草綱目』卷 35b, p.39a에서 인용한 소공에 의한다.

58 캄보디아나 시암의 등황은 Garcinia hanburyi 나무에서 채취한다. 서인도의 G. morella라는 식물에서도 나오지만 이 지역에서 생산하는 것이 16세기까지는 사용되지 않았다고 한다. 망고스틴은 G. mangostana의 과일이다. Burkill (1953), pp.1050~1051.

59 Burkill (1935), pp.1050~1051.

60 T'eng huang.등황.

61 『本草綱目』卷 18b, p.52a에서 인용한 이순에 의한다. 『광지廣志』에 따르면 이 나무는 중국 중부에서 자란다고 한다. 이순은 이를 인용하고 있기는 하지만 후세의 약초 전문 가들은 과연 이것이 같은 나무인지 의문을 품고 있다. 이시진은 주달周達이 진랍(캄보 디아)산 나무에 대해서 말하고 있는 것을 인용하면서 이 나무를 '화황畫黃'(화가의 황 색)이라 했다.

62 『酉陽雜俎』卷 2, p.12.

63 pien ch'ing.

64 『重修政和證類本草』卷 3, p.35a. 『本草綱目』卷 10, p.3a에 있는 『唐本草』의 인용 참조.

65 『本草綱目』卷 10, p.3a에 인용된 소공. 이시진도 소공이 틀렸다고 생각했다. 애커Acker 는 이를 녹색 공작석이라고 하지만 리드와 팩은 코발트광 또는 코발트유리(남동광이라 고 하는 경우도 있다)라고 한다. 저자는 '편청'이 운남과 미얀마의 '대청', 즉 입자가 거 친 남동광藍銅鑛이라는 우비암于非闇의 학설에 동의한다. 중국의 화가는 코발트를 안 료로 쓰지 않았기 때문이다. 도자기의 유약 채색에 코발트염이 쓰이기 시작한 시기는 당나라 시대였다. Acker (1954), p.187; Read and Pak (1928), p.58; 于非闇 (1955), p.4 참조.

66 Ho and Needham(1959), p.182.

67 Tz'u huang.

68 Hsiung huang.

69 Schafer (1955), p.76.

70 『重修政和證類本草』卷 4, p.10b에서 인용한『丹房鏡源』.

71 Schafer (1955), p.75.

72 『本草綱目』卷 9, p.40b에서 인용한 도홍경陶弘景에 의한다.

73 Schafer (1955), p.77.

74 『新唐書』卷 221b, p.4154b. 당나라 시대의 '상미商彌'는 Matsūj이다.

75 原田淑人 (1944), pp.5~6.

76 Burkill (1935), p.242.

77 Waley (1927), p.3. 당나라 스타일의 패션이나 이 책에 나오는 눈썹과 화장법에 대해서는 劉凌滄 (1958), 특히 도판 10을 참조하라.

14장 공업용 광물

1 山田憲太郎 (1959), p.147의 각주 6에 현장玄奘을 인용한다. (역주:『大唐西域記』卷 6의 至那仆底國 기술에서 인용)

2 山田憲太郎 (1959), p.132.

3 『重修政和證類本草』卷 4, p.19a에서 인용한『당본초唐本草』에 의한다. 방해석은 깨지는 모습으로 이 이름이 붙었고, 석고(설화석고 포함)는 색깔이 희기 때문에 그렇게 불렸다.

4 『本草綱目』卷 11, p.6a에서 진장기를 인용한다.

5 Needham (1954), p.93.

6 Needham (1954), p.244.

7 『舊唐書』卷 48, p.3273b.

8 『本草綱目』卷 1, p.7a;『重修政和證類本草』卷 5, p.20a에서 인용한 소공에 따른다. 특히 사주沙州(둔황)와 곽주廓州가 '융염'의 산지로 꼽힌다. 이는 또 '호염胡鹽'이라 불렸으며, 사주에서는 '독등염禿登鹽'으로, 곽주에서는 '음토염陰土鹽'으로 불렸다. 하안河岸이나 해가 비치지 않는 사면斜面 음지에서 나기 때문이다. 분명히 도교에서 유래한 명칭인 '도행신골倒行神骨'로도 불린다(『酉陽雜俎』卷 2, p.12). '융염'의 구성 성분은 쇼소인에 남아 있는 초벌구이 항아리 표본 분석으로 규명되고 있다. 분석한 과학자는 이를 '중국 염호鹽湖' 흙으로 만든 것이라 판단했다. 朝比奈泰彦 (1955), pp.496~497; 益富壽之助 (1957), p.46, p.58.

9 益富壽之助 (1957), p.46.

10 石聲漢 (1958), p.75. '인염' 만드는 방법은『제민요술齊民要術』에 기재돼 있다. 센Sen은 인염이 인도염印度鹽을 의미한다고 본다. "사인다바Saindhava로 알려진 신드Sind의 암염으로,「아유르베다」에는 최고의 소금이라고 돼 있다." 재미있는 설이지만 믿기 어렵다. Sen (1945), p.88 참조.

11 『新唐書』卷 37, p.3720c.

12 『冊府元龜』卷 971, p.15b.

13 『新唐書』卷 221b, p.4154b;『冊府元龜』卷 971, p.19a.

14 趙文銳 (1926), p.958. 애커Acker는 당나라 시대의 '숙지熟紙'가 '매끄럽게 만들어 명
반으로 마무리한 종이'라고 말했다. Acker (1954), p.247의 각주 1. '숙지'를 사용한 장
인들이 조정의 서적 교정이나 제본을 주로 하던 홍문관弘文館 혹은 집현전 서원에 고
용되었다(『新唐書』卷 47, pp.3742b~3742c).『唐六典』卷 20, pp.18a~19a에는 조정의
조지장造紙場에서 쓰던 황색 안료와 대마大麻 및 기타 재료와 함께 명반을 거론하고
있다.

15 『唐六典』卷 20, pp.18a~19a. 명반석을 구워 명반을 만드는 방법은 10세기경 소아시
아에서는 알려져 있었다. 그러나 그 제조법이 중국에 전해진 것은 더 이후의 일이다.
Needham (1959), p.653.

16 『本草綱目』卷 11, p.11b에서 인용한 이순에 의한다.

17 益富壽之助 (1957), p.181.

18 『新唐書』卷 40, p.3726d, p.3727a.

19 『本草綱目』卷 11, p.11b, p.13a에서 인용한 소공에 의한다.

20 『新唐書』卷 40, p.3737a;『本草綱目』卷 11, p.12b에서 인용한 소공에 의한다.

21 益富壽之助 (1957), p.199.

22 『本草綱目』, p.11b, p.12b에서 인용한 소공에 의한다. '녹반'에 관해서는 인도네시아에서
수입한 공작석 등의 녹색 광물과 혼동하고 있다.『重修政和證類本草』卷 3, p.40a에 있
는『당본초唐本草』의 기술에 관한 주석 참조.

23 『本草綱目』卷 11, p.11b에서 인용한 이순에 의한다. 라우퍼는 이를 그가 상상하던
'Malayan Po-se'라며, 현대에는 인도와 미얀마에서 생산되고 있다고 했다. Laufer
(1919), p.475.

24 『本草綱目』卷 11, p.10a에서 인용한 소공에 의한다. Needham (1959), pp.654~655 참
조.

25 『新唐書』卷 40, p.3727b. 바르톨드Barthold는 페르가나大宛國 근처 부탐Buttam산
에 염화암모늄의 가장 중요한 광산이 있다고 한다. 키르만Kirmān에도 광산이 있었다.
Barthold (1958), p.169; Laufer (1919), p.507 참조.

26 Laufer (1919), p.506.

27 『本草綱目』卷 11, p.10a에서 인용한 소공에 의한다.

28 Laufer (1919), p.504.

29 『本草綱目』卷 11, p.10a에서 인용한 견권·진장기·소공에 의한다.

30 Read and Pak (1928).

31 『唐六典』卷 22, pp.14b~15a. 궁궐의 보석 세공사가 필요로 하는 물건 목록에 들어 있
다.『本草綱目』卷 11, p.10b에서 소공이 그 이유를 설명하고 있다.

32 Laufer (1914), p.89; Laufer (1919), p.503. 봉사는 대봉사大硼砂라고 불렸다. 라우퍼는
硼이 티베트어의 bul(소다)과 동의어라고 보았으며, 따라서 '붕사'는 '소다석石'이라고 생
각했다.

33 『本草綱目』卷 11, p.9a에서 인용한 진장기에 따른다.
34 Schafer (1955), p.85. Chang Hungchao (1921), pp.208~210 참조.
35 王鈴 (1947), p.164.
36 Laufer (1919), pp.555~556.
37 P'u hsiao. '硝'는 '消'의 가차자로서 '녹인다'는 뜻으로 사용한 것으로 생각된다.
38 Mang hsiao.
39 『本草綱目』卷 11, p.9a에서 인용한 소공에 의한다.
40 木村康一 (1954), p.2. '망초'와 '박초'는 최근까지 같은 것이라고 여겨졌지만, 쇼소인에
   남는 것을 당나라 시대의 문헌과 조합해서 조사한 결과 그렇지 않은 것으로 나타났다.
41 『本草綱目』卷 11, p.9b에서 인용한 견권 및 『本草綱目』卷 11, p.9a에서 인용한 소공에
   의한다.
42 Schafer (1956), p.65.
43 『本草綱目』卷 11, p.10b에서 인용한 견권에 의한다.
44 『雲仙雜記』卷 1, p.2. 유황 컵 사용에 대한 옛 처방에 대해서는 『本草綱目』卷 11,
   p.11a 참조.
45 『國史補』卷 b, p.17a.
46 『本草綱目』卷 11, p.10b에서 인용한 이순에 의한다. 소송의 기록에서는 11세기에 유황
   은 남양南洋에서만 수입했다.
47 혹은 '석류황石硫黃'이라고 불렀다.
48 『全唐詩』函 9 冊 5 卷 3, p.1b의 온정균의 「西州詞」.
49 『辭源』의 '流黃' 해석 및 거기에 인용한 「古樂府」 참조.
50 『本草綱目』卷 9, p.40a에서 인용한 견권에 의한다.
51 Schafer (1955), p.82.
52 Schafer (1955), p.82.
53 『酉陽雜俎』卷 2, p.12.
54 Schafer (1955), pp.83~85. 적어도 11세기 이후에는 소이탄燒夷彈에 '웅황'을 첨가했다.
   명대明代가 되면서 '수로手爐'와 약 그릇 등의 소품에도 쓰였다. Schafer (1955), p.87
   참조. 당나라 시대에 광물이 쓰였다는 기록에 대한 증거는 없다.
55 Schafer (1955), p.82. 『本草綱目』卷 9, p.40a에서 인용한 견권에 의한다.
56 Schafer (1955), p.76, p.83에 인용된 「蠻書」.
57 Laufer (1919), p.508; Schafer (1956a), p.418
58 『本草綱目』卷 8, p.32b의 소공에 의한다.
59 Schafer (1956a), p.418의 각주. 쇼소인 소장품에 밀타승 건조제를 포함한 기름을 첨가
   해 사용했음이 과학적으로 증명되었다.
60 『酉陽雜俎』卷 1, p.3.
61 『本草綱目』卷 8, p.32b에서 인용한 소공과 소송에 의한다.
62 『本草綱目』卷 7, p.28a에서 인용한 진장기 및 『酉陽雜俎』卷 11, p.85에 의한다.
63 『太平御覽』卷 808, p.4b에서 인용한 『南方異物志』 및 Needham (1962), p.107 참조.

64 『本草綱目』卷 7, p.28a에서 인용한 진장기에 의한다.
65 Maenchen-Helfen (1950), pp.187~188.
66 Schafer (1959a), p.276.
67 『新唐書』卷 221a, p.4153b.
68 『新唐書』卷 222b, p.4159c.
69 Pelliot (1903), p.274.
70 『本草綱目』卷 46, p.37a에서 인용한 진장기에 의한다.
71 "파사(페르시아)에서 양주涼州에 이르기까지 산출하는"이라는 기록도 있지만 출처가
   확실하지 않다. 『唐六典』卷 22, pp.14b~15a; Laufer (1919), p.521 참조.
72 적어도 10세기경에는 만들었다. 『五代史』卷 73, p.4480a.
73 Laufer (1915c), pp.36~38.
74 Soothill and Hodous (1937), pp.280~282.

15장 보석

1 『新唐書』卷 221b, p.4154d. 필자는 '劫者'란 '카피샤'를 의미하는 것이라고 생각한다.
2 『舊唐書』卷 194b, p.3599c.
3 『唐會要』卷 97, p.1730.
4 『新唐書』卷 221b, p.4155d; 『舊唐書』卷 198, p.3614d.
5 『冊府元龜』卷 971, p.14b.
6 『新唐書』卷 221b, p.4155b; 『冊府元龜』卷 971, p.14a; 『唐會要』卷 100, p.1793; Lévy
   (1900), p.417; 周一良 (1945a), p.292.
7 『舊唐書』卷 15, p.3111b; 『冊府元龜』卷 972, p.7a.
8 『舊唐書』卷 194b, p.3599c; 『唐會要』卷 94, p.1693.
9 『唐代叢書』卷 7에 수록한 『義山雜纂』(p.1a).
10 葉德祿 (1947), p.95, p.98~99; Schafer (1951) 참조. 이 주제에 대한 현대판 이야기, 특
   히 현대의 이슬람권 사람들이 마술적인 물건을 요구하는 것에 대해서는 Eberhard
   (1937), pp.220~224 참조.
11 『太平御覽』卷 404, pp.7b~8a에서 인용한 『稽神錄』의 「岑氏」.
12 이 시는 웨일리의 영역본이 있다. 여기서 웨일리는 '수정주水精珠'를 '사파이어'로 번역
   하고 있다. Waley (1954), p.5.
13 각섬석 가운데 투섬석透閃石이나 녹섬석綠閃石이다.
14 Sitwell (1936), p.147.
15 那志良 (1953), pp.363~364. 那志良이 특별히 새로운 정보를 제공하는 것은 아니다.
16 『唐代叢書』卷 3에 수록한 「開天傳信記」(p.76b).
17 『山海經』의 「西山經」.
18 『新唐書』卷 221a, pp.4153a~4153c; Bailey (1961).
19 고대에는 다른 산지도 있었는지 모르지만, 그렇다면 이미 없어진 지 오래일 것이다. 이

후에는 야르칸트의 채석장이 카피샤의 광산보다 더 중요하게 취급되었다. 만주 지방 남
부의 요령성遼寧省 지역에서 산출되는 옥(軟玉?)에 대한 陳德昆의 평이 흥미를 끈다
(1961년 3월 23일 『中國新聞』 기사). 1960년에 발견한 거대한 옥은 황색과 녹색 그리고
산뜻한 청록색으로 이루어져 있었다.

20 『唐六典』 卷 22, pp.14b~15a; 卷 20, pp.18a~19a.

21 『新唐書』 卷 221a, pp.4153a~4153c.

22 Grousset (1932), p.233.

23 라우퍼는 "황제가 사용하던 옥기玉器는 망치와 칼 등의 도구의 형태를 본뜬 것으로,
창과 창머리 모양을 토대로 만든 것도 있을지 모른다"고 말한다. 또 그는 이것이 태양신
숭배의 흔적일지도 모른다고 추측했다. Laufer (1946), p.102.

24 '우룡雨龍'의 '龍'이라는 글자와 '가지고 놀다'의 '弄'이라는 글자를 비교하면 분명히 드
러난다. P.A. 부드버그Boodberg는 '弄'이 두 손으로 옥을 들고 있는 형태라고 말한다.

25 『예기禮記』 「빙의聘義」와 『공자가어孔子家語』 참조.

26 Laufer (1946), pp.116~117. 라우퍼는 샤반Chavannes의 봉선 연구를 바탕으로 기술
한다.

27 『太平御覽』 卷 805, p.1a에서 인용한 『구당서舊唐書』. 『新唐書』 卷 14, p.3663d; 卷 3,
p.3639c에도 동일한 기술이 있다.

28 馮漢驥 (1944), p.6.

29 『太平御覽』 卷 805, p.1b에서 인용한 『구당서』.

30 Trubner (1959), pp.280~297.

31 『李長吉歌詩』 卷 4, p.40b에 수록된 「허공자정희가許公子鄭姬歌」에 대한 왕기의 주석.

32 『雲仙雜記』 卷 5, p.35.

33 『太平御覽』 卷 805, p.1b에서 인용한 『구당서』.

34 Trubner (1959), pp.280~297.

35 Laufer (1949), pp.219~220.

36 『冊府元龜』 卷 971, p.13a.

37 『冊府元龜』 卷 970, p.7b; Laufer (1946), pp.291~292.

38 『冊府元龜』 卷 972, p.7b, p.8b; 『唐會要』 卷 97, p.1737, p.1739.

39 馮漢驥 (1944), p.6.

40 Trubner (1959), pp.280~297.

41 Laufer (1946), pp.245~246.

42 『唐代叢書』 卷 3에 수록된 『開元天寶遺事』(p.66a).

43 『太平御覽』 卷 805, p.9b에 수록된 『명황잡록明皇雜錄』.

44 장안의 정선방靖善坊에 있었다.

45 『酉陽雜俎』 卷 5, p.214에 실려 있는 「백공유첩白孔六帖」에는 투명한 옥구슬에 정교
하게 새긴 크기 몇 치의 그림이 그려진 '옥바라문문玉婆羅門'이라는 것이 있었다는 기록
이 있다. 이는 과거 호탄 왕궁 창고에 있었다고 하는데, 이것이 사람 모습이었는지 아
닌지는 알 수 없다. 「白孔六帖」 卷 7, p.27b 참조. 이 정보는 백과사전인 「공전孔傳」에

나온다.

46 『本草綱目』卷 8, p.35a에서 인용한 소공에 의한다. 중국의 수정水晶에 대해서는 Needham (1961), pp.99~101, p.104 참조.

47 Bromehead (1945), p.116; Bail (1950), p.221.

48 Reischauer (1955a), p.82.

49 『新唐書』卷 221b, p.4153d; 『冊府元龜』卷 971, p.3a, p.13a; 『唐會要』卷 99, p.1775.

50 『新唐書』卷 221b, p.4154d. Needham (1961), p.115 참조.

51 Needham (1961), p.38 참조.

52 『全唐詩』函 10 冊 1 卷 3, p.2b에 수록한 사공도司空圖의 「유선遊仙」.

53 『全唐詩』函 6 冊 1, p.7a에서 수록한 구양첨歐陽詹의 「智達上人水精念珠歌」.

54 吳其昱 (1959), p.358에는 둔황에서 발견된 관휴의 이 시가 인용된다.

55 『全唐詩』函 5 冊 5 卷 5, p.2a에 수록한 왕건의 「水精」.

56 『全唐詩』函 3 冊 7 卷 8, p.1a에 수록한 위응물의 「詠水精」.

57 『李太白文集』卷 23, p.4a에서 수록한 「白胡桃」.

58 Smith (1940), p.49.

59 Laufer (1913a), p.10의 각주 3.

60 『白孔六帖』卷 13, pp.23a~23b.

61 『唐代叢書』卷 6에 수록된 「記事珠」(p.71a). 이 일화는 거짓일지도 모르지만 어쨌든 그런 식의 이야기가 있었음을 적어둔다.

62 『酉陽雜俎』卷 11, p.85.

63 『本草綱目』卷 8, p.36a에서 인용한 진장기.

64 718년과 740년. 『新唐書』卷 221b, p.4153d; 『冊府元龜』卷 971, p.3a; 卷 971, p.13a.

65 730년과 741년. 『唐會要』卷 99, p.1773; 『冊府元龜』卷 971, p.13b.

66 『新唐書』卷 221b, p.4155b; 『舊唐書』卷 198, p.3614b; 『冊府元龜』卷 971, p.16a; 『唐會要』卷 100, p.1784.

67 『冊府元龜』卷 971, p.8b.

68 『舊唐書』卷 4, p.3071c; 『冊府元龜』卷 970, p.14b.

69 『政和證類本草』卷 4, p.40b의 인용에서 진장기는 "마노는 일본에서 산출된다. 마목磨木 위에 얹어놓고도 익지 않으면 최고의 것이다. 마목 위에 두었을 때 익으면 가짜다"라고 말한다. 가짜 홍옥은 진짜보다 훨씬 말랑말랑하다고 주장하는 듯하다.

70 石田茂作·和田軍一 (1954)의 그림 62 참조.

71 A. Stein (1921), p.101.

72 『新唐書』卷 39, p.3723b.

73 『新唐書』卷 41, p.3729a.

74 『本草綱目』卷 10, p.2b에서 인용한 소공에 의한다. 『운림석보雲林石譜』에도 기술하고 있다. 이에 대해서는 Schafer (1961), p.86 참조.

75 『新唐書』卷 41, p.3728d.

76 『雲仙雜記』卷 6, p.47.

77 『新唐書』卷 221b, p.4155c; 『舊唐書』卷 198, p.3614c; 『冊府元龜』卷 970, p.12; 『唐會
要』卷 99, p.1778.

78 P'en shan.

79 『全唐文』卷 624, pp.5a~6a에서 수록한 호허주浩虛舟의 「盆池賦」. R. Stein (1942),
pp.35~36. Schafer (1961), p.31과 p.36. 당나라 시대 사료에는 '가산假山'이라는 말이
보이지만, 대부분 개인 정원의 가산을 짓거나 탁상의 미니어처 가든을 조성한 것만은
아니었던 것 같다. Stein (1942), P.33.

80 『淸異錄』卷 b, p.20b. Stein (1942), p.31. 손승우는 오월 왕이던 전류錢鏐의 처남이었
다.

81 『淸異錄』卷 b, p.23b.

82 『淸異錄』卷 a, p.3b. 발해는 후에 거란에 정복되었다. 925년에 동란東丹이 생기며 거란
왕이 동란을 통치했다.

83 『宋史』卷 488, p.5714a.

84 『重修政和證類本草』卷 5, p.26a에서 인용한 『唐本草注』. Hirth and Rockhil (1911),
p.226. Schafer (1961), p.95. 이 보석은 녹색의 사문석이거나 투명한 사문석에 색색
의 줄무늬가 들어간 것 혹은 백록색 광택이 나는 보웨나이트bowenite였을 가능성
이 높다.

85 『重修政和證類本草』卷 5, p.26a에서 인용한 『당본초주唐本草注』. 이 사료에서는 '청랑
간靑琅玕'이라고 되어 있다. 하지만 저자는 '벽간碧玕'과 같은 보석이라고 본다.

86 이 보석의 설명에 보이는 '靑'은 신중히 다루어야 하는 단어다. 저자는 중세 중국에서
'靑'이라는 말을 사용할 때는 '翠(green hue)'가 아닌 '靑(blue)'이었다고 본다. 이러한
까닭에 명대明代의 『鬍海集』, p.14에는 "나무의 색깔은 원래 파란색(靑)이고, 초목은 모
두 녹색(綠)이다. 왜 그러한가? 초록은 청색과 황색 사이의 색이다. 나무는 흙이 없다면
자라지 못한다. 따라서 파란색은 황색에 의존해 초록을 키워낸다"고 쓰고 있다. 그리고
'靑'은 전통적으로 문학적이자 상징적으로 식물의 색깔을 표현한다. '綠'은 그것을 양육
하는 황색 대지와 섞였을 때 생기는 색깔이기 때문이다. 화가가 사용하는 안료의 '靑'은
일반적으로 '藍'이다. 이러한 색채 감각에서 남동광藍銅鑛에서 추출하는 '石靑'과 공작
석孔雀石을 가리키는 '石綠'이 나왔다.

87 방소다석은 청금석과 매우 닮았기 때문에 현대에도 혼동하기도 한다. 청금석lapis
lazuli은 불순물을 포함한 광석이기에, 광범위한 의미로 방소다석이나 라주라이트
lazurite를 포함한다. Merrill (1922), p.70 사파이어란 기독교 성서에서도 언급하고 있는
사피르sappir다. 테오프라스토스와 플리니우스가 말하는 사피로스sapphiros가 청금
석이다. 이 명칭은 훨씬 후대가 되어서 푸른 강옥blue corundum(흔히 말하는 사파이
어)에 쓰이게 된다. Merrill (1922), pp.148~149; Lucas (1934), p.347. 대부분의 사파이
어는 방콕 근처의 점토(현무암이 분해된)와 스리랑카의 퇴적 자갈층에서 채집한다. 필
자는 당나라 시대의 사파이어에 대해서는 안다고 할 수 없지만 일본 쇼소인에는 방소
다석·호박·터키석을 박은 거울이 남아 있다.

88 허스와 샤반은 '슬슬瑟瑟'이란 터키석이라고 생각했다. 그러나 라우퍼는 이 이론에 의

문을 제기하고 있다. 그는 "중국에서는 터키석을 귀하게 여기지 않았다"고 했다. Laufer
(1913a), p.25 및 p.45. Boyer (1952), p.173 참조. 라우퍼는 슬슬을 홍첨정석Ruby
spinel, 오닉스Onix, 에메랄드와 동일시했기 때문에 또 이 문제가 복잡해졌다. 몇 년 후
章鴻釗는 '사파이어'의 정체에 대한 견해를 발표했다. 章鴻釗 (1921), pp.69~71. 슬슬이
사파이어일 가능성에 대해서 저자는 이미 밝힌 바 있으나, 이 경우의 '슬슬'은 중세 중
국에서 일반적으로 말한 것과는 다른 것일 듯하다. 슬슬과 청금석의 유사점은 다음과
같다. 둘은 모두 짙은 파란색 혹은 남색을 하고 있다. 슬슬은 투명한 것도 있다. 청금석
은 대개 불투명하지만 개중에는 반투명한 돌도 있다(최고 품질의 불투명 청금석은 얼
음 같은 색을 가지고 있다). 사파이어와 방소다석은 반투명하거나 투명하다. 슬슬은 석
국(타슈켄트) 특산이고, 이 도시국가 동남쪽의 큰 광산에서 채굴되고 있었다. 이는 석
국의 동남쪽에 있던 바다흐샨의 유명한 청금석 광산임에 틀림없다. 이 광산에서 나오
는 '슬슬'은 고대부터 칼데아와 아시리아에까지 수출되었으며, 현대에도 중요한 산지다.
Gettens (1950), p.352, p.355.
또 청금석인 슬슬은 페르시아 특산이었다. 당나라 시대에는 슬슬을 호탄을 통해 구입
할 수 있었다. 청금석에는 황철의 금빛 반점이 들어 있는 것이 많아서 마치 쪽빛 하늘
에 뜬 별처럼 보이기 때문에 '금성석金星石'이라는 새로운 호칭을 사용하기도 했다. 송
대에는 호탄의 보석 시장에서 수입하기도 했다. 따라서 12세기의 『운림석보雲林石譜』
는 이것을 호탄의 보석于闐石으로 기재하고 있다. Schafer (1961), pp.90~91 참조. 호
탄의 보석에는 한 가지가 더 있다. 녹색을 띤 파란색 보석으로, 순수한 푸른색 보석 정
도로 귀하게 여기지는 않았다(초록색을 띤 것은 바다흐샨에서 나온 것이다). 송나라 시
대에 이를 '취우翠羽'(18세기에는 미얀마산 비취를 이렇게 불렀다)라는 이름으로 수입
했다. 중세 페르시아와 마찬가지로 호탄의 발굴 현장에서 발굴한 파란색 보석은 터키
석이나 터키옥 등이 아니라 청금석이다. Laufer (1913a), p.38. 티베트인은 슬슬을 몸에
지니기를 좋아했다. 청금석은 고대 티베트의 보석 목록에도 나오는데, 현대 티베트에서
소중히 여기는 터키석은 기록에는 나오지 않는다. 티베트 왕은 중국 황제에게 터키석
이 아닌 청금석을 공물로 바쳤다. Laufer (1913a), p.12. 현대의 몽골인이 몸에 장식하는
청금석 장식품조차 '틀림없이 티베트적인 특징'을 지니고 있다. Boyer (1952), p.173.

89 호탄 토착민들의 나라 이름 가운데 하나로 '구살단나瞿薩旦那(Gostana)'(대지의 젖이
란 의미)가 있다. 인도의 위대한 아소카 왕의 아들이 이곳에서 여신의 젖을 마셨다는
전설에서 유래한 지명이다. A. Stein (1907), p.153; Brough (1948), p.334.

90 『新唐書』卷 221a, p.4153a. 탐욕스러운 남자가 이방인 도적에게 보물을 빼앗겼다고 거
짓말을 하고는 중국으로 돌아올 때 보석을 감추고 있었지만 후에 그것이 드러나 추방
됐다.

91 『雲林石譜』卷 b, p.19. 위의 주 85 참조.

92 영국국립박물관에는 주周 왕조 후기의 청금석으로 만든 매미가 있다(Eumorfopoulos
컬렉션). 주대 후기라는 시대적인 특징이 문제다. 만약 이 청금석이 바다흐샨에서 수입
한 것이라면 서역을 넘나드는 실크로드가 열리기 오래전부터 서로 간의 교역 관계가
있었다는 놀라운 증거가 된다.

93 Dana (1892), p.433; Barthold (1958), p.66. 하지만 중세 한어에서 첨정석이란 단어는 확인되지 않았다.

94 『新唐書』 卷 221b, p.4154a.

95 『舊唐書』 卷 104, p.3391a.

96 『唐六典』 卷 22, pp.14b~15a에서는 천청석天青石(슬슬=瑠璃), 호박, 옥, 다이아몬드 드릴, 황동 등의 광물 모두 '파사(페르시아) 및 양주涼州'의 산물이라 했다. 저자는 이런 물건들이 페르시아에서 중국으로 통하는 중앙아시아 지역에서 수입되던 것이라고 생각한다. Laufer (1913a), p.38 참조. 章鴻釗는 당나라 시대 평륙平陸에 슬슬 광산이 있었다고 하지만, 여기에서 나온 남색 보석이 슬슬이라는 것은 그의 추측에 불과하다. 章鴻釗 (1921), p.56.

97 Horn and Steindorff (1891), passim; 및 Osborne (1912), p.149 참조. 터키석은 발견되지 않았다. 사산조에서는 블루사파이어인 옥수玉髓도 선호했는데, 이것을 청금석과 혼동했을 것이다. Osborne (1912), p.149.

98 Christensen (1936), p.461.

99 『新唐書』 卷 221b, p.4155c.

100 『新唐書』 卷37 第39章.

101 『唐代叢書』 卷 4에 수록된 『明皇雜錄』, p.3a.

102 新唐書』 卷 76, p.3869b.

103 石田茂作·和田軍一 (1954), p.117; 『正倉院寶物』 (1960), 南倉 第84番.

104 『新唐書』 卷 216a, p.4135a.

105 Laufer (1913a), p.10.

106 『通典』 卷 190, p.1022c.

107 『五代史』 卷 74, p.4480b.

108 현대 제품과 같은 절단면은 보이지 않는다. 라우퍼는 이것이 에메랄드라고 생각했다.

109 『新唐書』 卷 222a, pp.4156b~4157a. 런던지질학박물관에는 미얀마 북부의 모곡 Mogok에서 생산한 라주라이트 표본이 있다. 청금석의 산지는 바다흐샨만은 아닌 것이다.

110 『溫飛卿詩集箋注』 卷 8, p.16b. 그러나 이것이 꼭 청금석이라는 보장은 없다. 투명한 남색 보석이거나 진한 사파이어, 방소다석 또는 뭔가 인공적인 보석일 가능성도 있다.

111 『新唐書』 卷 181, p.4061b; 章鴻釗 (1921), p.57. 章鴻釗는 청금석으로 구슬 장식을 한 깃발 등을 『두양잡편杜陽雜編』 등에서 증거로 제시하고 있다.

112 『新唐書』 卷 177, p.4053c. 이는 인공 보석이었을 가능성도 있다.

113 Sitwell (1941), p.15, pp.30~31.

114 『唐代叢書』 卷 4에 수록된 『明皇雜錄』(p.2a). Schafer (1956), p.76. 『全唐詩』 函 9 冊 10 卷 13, p.12a에서 수록한 육구몽의 「湯泉」 참조.

115 Schafer (1961), pp.5~7.

116 Laufer (1913a), p.32. 라우퍼는 『위략緯略』을 인용하고 있다.

117 章鴻釗 (1921), p.59.

118 Lucas (1934), p.348.

119 R. Campbell Thompson (1936), pp.194~195. 중세 유럽에서는 인공 카벙클(둥글게 깎은 석류석), 다이아몬드, 사파이어, 에메랄드, 황옥 등을 생산했다. Holmes (1934), p.196.

120 군청은 청금석 가루다. 중국에서는 드물지만 북위北魏 때 둔황 벽화에 사용했다. Gray (1959).

121 Steward (1930), p.72. 'Ruddy'(다만 피부색 비유는 그 이전에도 쓰였다), 'sunnish', 'citron', 'rosy' 등의 단어로 색을 표현한 것은 영국의 문학가 초서가 처음이다.

122 『梁簡文帝集』卷 2, p.41a에 수록된 「西齋行馬」.

123 楊愼, 『升庵外集』. 『大漢和辭典』卷 7, p.953b에 인용하고 있다. 章鴻釗 (1921), p.64~65는 '슬슬'을 사용한 다른 예를 들고 있다.

124 『全唐詩』函 11 冊 1, p.2a에 수록한 은문규의 「題吳中陸龜蒙山齋」.

125 『全唐詩』函 12 冊 3 卷 1, p.4a에 수록한 관휴의 「夢遊仙四首」 제2수.

126 이 왕의 이름은 '파다력波多力'이라 표기하고 있다. 허스는 이 이름이 'Patriarch'을 한 어식으로 표기한 게 아닐까 주장한다. 니덤도 이 생각에 동의한다. Needham (1962), p.106. 당시 실제로 콘스탄티노플을 지배하던 황제는 콘스탄티누스 2세였다.

127 『新唐書』卷 221b, p.4155c; 『舊唐書』卷 198, p.3614c; 『冊府元龜』卷 970, p.10a; 『唐會要』卷 99, p.1778. 『신당서』와 『구당서』에서는 '石綠(孔雀石)'에서 '石'이란 글자가 빠져 '石綠, 金精'이 '綠金精'이 되어버렸다. 그렇게 명명했음을 통해 추론해보자면 샤반이 이 돌을 청금석으로 본 이유도 짐작이 간다. 라우퍼도 이 설을 채용하고 있으며, 펠리오도 수긍하고 있다. Chavanne (1903), p.159; Laufer (1919), p.520; Pelliot (1959), pp.59~60. 이 기록상의 오류만이 '金精'을 청금석이라고 주장하는 유일한 근거다.

128 『冊府元龜』卷 971, p.13b. 『唐會要』卷 99, p.1773에 똑같이 기재하고 있는데, 연도는 730년이다. 저자는 『책부원귀冊府元龜』의 기록이 신뢰할 만하다고 본다.

129 『冊府元龜』卷 971, p.5b.

130 『新唐書』卷 221b, p.4154d.

131 『晉書』卷 87, p.1308d.

132 『津逮祕書』卷 11 冊 4에 수록된 『녹이기錄異記』.

133 『全唐詩』函 9 冊 9 卷 3, p.5b에서 수록한 피일휴의 「以毛公泉一瓶獻上諫議因寄」.

134 장구령은 「사자찬서獅子贊序」에서 서역에서 헌상한 사자의 뛰어남을 노래하면서 '사자뼈'의 단단함을 '금정지강金精之剛'이라고 표현했다. '金精'은 매우 경도가 높은 것이었을 것이다. 그러나 다이아몬드에 대한 일반적인 한자어는 '金剛'을 사용하고 있다. 다이아몬드의 강도는 이미 세계적으로 잘 알려져 있었다. 『全唐文』卷 290, p.19a에 실린 장구령의 「사자찬서」. 플리니우스는 금강석에 대해 언급하면서 'auri nodus'(金의 精)라고 표현했다. (이 표현에 대해서 플라톤도 알고 있었다. 「티마이오스」, p.59) 이 광물에 대한 기술은 어떤 면에서 '金精'과 관련이 있는 것처럼 보인다. Ball (1950), p.245. 하지만 당나라 시대의 약리학자는 '金精'을 '쇠金의 정精'이라는 의미로 사용했다. 웅황이 금정金精이고, 남동석藍銅石은 '동銅의 정精'이라고 말한다. 『新修本草』卷 4, p.44.

135 Ball (1950), p.171. 이외의 장석 가운데 동일한 특징을 지닌 것이 있어 '빙장석'이라 불렸다. 가장 질 높은 빙장석은 실론에서 생산한 것이라고 한다. 당나라 시대 역사 기록에는 실론에서 생산한 보석에 대해서 '다기보多奇寶'라고 기재하고 있지만 빙장석에 대한 기록은 없다. 『新唐書』 卷 221b, p.4155b.

136 고대 중국의 유리에 대해서는 Needham (1962), pp.101~104 참조.

137 한어의 '瑠璃'는 팔리어의 veļuriyam(산스크리트어의 vaidūrya)의 음역으로, 불교 문헌에서는 '녹주석綠柱石'에 해당하는 보석이다. 그래서 라우퍼는 'glass'라는 의미에는 동의하지 않았다. 색깔이 들어 있는 돌 가운데 '유리'라고 불리던 것도 있다고 한다. 한어에서는 '玻璃'만이 'glass'를 나타내는 유일한 말이라고 한다. Laufer (1946), pp.111~112. 玻璃는 산스크리트어로 '수정水晶'을 의미하는 'sphaṭika'로서 한어는 이에 가까운 음역을 했다. Needham (1962), pp.105~106 참조.

138 Gray (1959), p.53.

139 예를 들어 746년에 투르게시와 키시 등의 합동 사절단이 당나라의 조정에 파리玻璃를 헌상하고 있다. 『冊府元龜』 卷 971, p.15b.

140 『新唐書』 卷 222c, p.4160a.

141 『新唐書』 卷 34, p.3713b.

142 『資治通鑑』 卷 225, p.14b의 778년 항에 있는 유리그릇에 관한 호삼성의 각주 참조. 호삼성의 각주는 12세기의 사료에 기초하고 있는 듯하다. Needham (1962), p.110 참조.

143 『全唐詩』 函 11 冊 6, p.3a에 수록하고 있는 구양형歐陽炯의 「題景煥畫應天寺壁天王歌」.

144 『本草綱目』 卷 8, p.36a에서 인용한 진장기.

145 『酉陽雜俎』 11, p.85.

146 『新唐書』 卷 221b, p.4154d.

147 『舊唐書』 卷 5, p.3074a(675년); 『冊府元龜』 卷 970, p.16b(761년).

148 『新唐書』 卷 221b, p.4154d; 『冊府元龜』 卷 971, p.13b(741년); 『唐會要』 卷 99, p.1773(730년).

149 『新唐書』 卷 221b, p.4155c; 『舊唐書』 卷 198, p.3614c; 『冊府元龜』 卷 970, p.10a; 『唐會要』 卷 99, p.1778.

150 原田淑人 (1939), pp.61~62; 石田茂作·和田軍一 (1954), 그림 59, 60.

151 Needham (1962), p.103.

152 石田茂作·和田軍一 (1954), 그림 69.

153 石田茂作·和田軍一 (1954), 그림 58.

154 石田茂作·和田軍一 (1954), 그림 63.

155 『正倉院御物圖錄』 (1928~) I, p.32.

156 Trubner (1957), 각주 364.

157 Trubner (1957), 각주 366, 367.

158 『舊唐書』 卷 197, p.3609d; 『唐會要』 卷 98, p.1751.

159 『冊府元龜』 卷 970, p.6b; 『唐代叢書』 卷 1, p.13a에 수록한 『수당가화隋唐嘉話』. 이 책

의 기록에서는 631년으로 돼 있지만 동일한 조공 사절이었을 것이다. 이 보석의 산지를 나찰국(락샤사)이라고 기록한 것에 대해서는 Laufer (1915e), p.211를 참고하라.

160 『新唐書』卷 222c, p.4159b.
161 『舊唐書』卷 197, p.3610a; 『冊府元龜』卷 970, p.13a.
162 『新唐書』卷 221b, p.4155a.
163 Laufer (1915e), p.212.
164 Reischauer (1955), p.117.
165 Laufer (1915e), p.170, p.174, p.217, p.225, p.228. Laufer (1951f), p.563에서는 티베트어 me šel(火水晶)이 산스크리트어의 Sūryakānta와 동일하다고 밝히고 있다.
166 Needham (1962), pp.111~113.
167 Laufer (1915e), p.182, p.188.
168 Needham (1959), p.252; Needham (1960), p.135의 각주 3 참조. 후에 이 달의 인상이 인도 천문학에 나오는 보이지 않는 악마인 용좌龍座의 라후Rāhu 및 케투Ketu와 혼동 돼서 화수정火水晶이라는 이름이 붙었다. 라후와 케투는 달의 궤도 교점에 있으며 태양을 먹고 그래서 일식이 발생한다고 알려져 있다. 이런 용도로 상징되는 장난감은 태양의 이미지라기보다는 태양과 달의 관계의 인상으로 자리 잡았다. Needham (1959), p.252.
169 Lessing (1935), p.30.
170 Laufer (1915c), p.58; Demiéville(1924), pp.289~292; Schafer (1952), p.155의 각주 8.
171 Laufer (1915c), p.69.
172 『新唐書』卷 219, p.4146d; 『冊府元龜』卷 971, p.4a; Laufer (1915c), p.69.
173 진주 및 비취(물총새) 깃털과 함께 금장식에 사용한 '남전벽藍田璧'(실제로는 녹색 대리석)과 비교하기 바란다.(『漢書』卷 97b, p.0615a) 예를 들어 대진(로마)의 '야광벽夜光璧'(『後漢書』卷 118, p.0905a)과 '벽색증璧色繒'(『儀禮』 「聘禮」 '束帛'에 관한 주석) 등이다.
174 Hirth (1885), p.243; E. Newton Harvey (1957), p.19, pp.33~34, p.372; Needham (1962), p.76 참조.
175 Berthelot (1938), pp.271~274.
176 Ming t'ang. 저자는 Soothill의 번역을 사용한다.
177 『舊唐書』卷 22, pp.3157b~3157c.
178 『舊唐書』卷 22, p.3158a; 『資治通鑑』卷 205, pp.15a~15b; Needham (1958), p.21.
179 『資治通鑑』卷 205, p.14a; Needham (1958), p.21.
180 『全唐詩』函 3 冊 2, p.2b에 수록된 최서의 「奉試明堂火珠」.
181 『資治通鑑』卷 205, pp.15a~15b.
182 『太平御覽』卷 34, pp.5b~6a에 수록된 「傳奇」의 최위崔煒의 이야기.
183 『本草綱目』卷 51a, p.26a, 진장기.
184 『唐六典』卷 22, pp.14b~15a.
185 『新唐書』卷 43a, p.3733a. 환주驩州의 산물이었다.

186 『新唐書』卷 222a, p.4157a.

187 『冊府元龜』卷 971, p.17a. 748년에 조공물로 보내왔다.

188 『冊府元龜』卷 971, p.17b; 『舊唐書』卷 197, p.3610a.

189 『冊府元龜』卷 971, p.17b.

190 Laufer (1925), pp.67~68.

191 石田茂作·和田軍一 (1954), 도판 76.

192 『正倉院御物圖錄』(1928~) I, p.44.

193 『唐六典』卷 22, pp.14a~14b.

194 石田茂作·和田軍一 (1954), 도판 18.

195 'hu'라고 불렀다.

196 『白孔六帖』卷 12, pp.25a~25b.

197 『新唐書』卷 24, p.3682a.

198 『通典』卷 126, p.659c.

199 『新唐書』卷 24, p.3681b.

200 Trubner (1957), p.128.

201 Jenyns (1954), p.49.

202 『新唐書』卷 222a, p.4157a.

203 『新唐書』卷 43a, p.3733a.

204 Jenyns (1957), p.35, p.43. 송대에는 아시아 코뿔소보다 아프리카 코뿔소의 뿔이 뛰어
나다는 평판이 있었고, 명청 시대의 서각 세공물은 대부분 아프리카산 코뿔소의 것을
사용했다.

205 『酉陽雜俎』卷 16, p.134.

206 Ettinghausen (1950), p.53. 白壽彝 (1937)는 중세 사료를 인용해 선박 편으로 광주
항구에 온 사치품으로 "도병서각圖柄犀角, 기주奇珠, 귀갑龜甲, 이향異香"을 거론하고
있다.

207 Jenyns (1957), pp.40~41.

208 『本草綱目』卷 51a, p.26b에서 인용한 이순에 의한다.

209 『本草綱目』卷 51a, p.27a에서 인용한 맹선에 의한다.

210 Jenyns (1957), pp.40~41.

211 『正倉院御物圖錄』(1928), I, p.31에 뿔로 만든 잔角杯이 실려 있다. Ettinghausen
(1950), p.102 및 Jenyns (1957), 도판 20 참조.

212 Jenyns (1957), p.49.

213 Ettinghausen (1950), p.54 및 石田茂作·和田軍一 (1954) 圖版 67(小刀). 『구가집주두
시九家集注杜詩』(p.25)에 수록한 두보의 시 「여인행麗人行」은 우아한 궁정의 여인들이
사용하는 코뿔소 뿔로 만든 젓가락에 대해 말하고 있다.

214 『雲仙雜記』卷 5, p.34; Jenyns (1957), p.45에도 보인다.

215 Jenyns (1957), p.44에서 이상은의 시를 인용한다. 그는 이 밖에도 당나라 시대 사료를
이용하고 있다.

216 Ettinghausen (1950), p.54; Jenyns (1957), p.47.

217 周一良 (1945), p.16 및 Sauvaget (1948), p.16.

218 『正倉院御物圖錄』(1928~) XI, 도판 33 및 Jenyns (1957), p.47.

219 『杜陽雜編』卷 2, p.10a.

220 현재 '여의'의 모습은 송나라 초에 형성된 것으로 생각된다. 그 시절에는 고대의 대구帶
鉤를 닮은 형태의 여의로 오인했다고 한다. Gray (1959), p.49에 인용하는 리로이 데이
비드슨LeRoy Davidson에 따른다.

221 石田茂作·和田軍一 (1954), 圖版 117.

222 『正倉院御物圖錄』(1928~) XI, p.55.

223 『唐會要』卷 95, pp.1712~1713.

224 이시진은 이를 강장제의 원료가 되는 해양 포유류(저자는 그 신라 이름인 올눌腽肭
이라는 한자 표기를 사용한다)와 혼동하고 있다. 이 책 제11장 약 및 Laufer (1916),
pp.373~374 참조. 그러나 라우퍼는 골돌이 해리海狸(비버)이고 올눌은 바다표범일
가능성이 크다고 생각했는데, 한편으로 골돌을 일각고래 엄니의 화석이라고도 했다
(Laufer, 1913). 허스와 록힐Hirth and Rockhill은 이시진의 설을 취했기 때문에 이에 대
해 혼동하고 있다.

225 Laufer (1925), pp.32~33. Maqdisī는 호라즘에서 보낸 물품을 일람하면서 '어아魚牙'를
넣고 있다. Barthold, 1958, p.235. 라우퍼는 그것들은 대개 해마의 어금니지만 매머드
의 이일 수도 있으며, 이것을 당나라에 가져왔을 가능성이 있다고 밝혔다.

226 『新唐書』卷 39, p.3725a; Laufer (1913); Laufer (1916), p.369.

227 『雲仙雜記』卷 9, p.71.『酉陽雜俎』卷 10, p.81에도 같은 기록이 상세히 기술되어 있다.

228 『太平廣記』卷 402, pp.3b~4a에서 인용한『광이기廣異記』의「경촌주徑寸珠」에 의한다.

229 『新唐書』卷 115, p.3941b.

230 Soothill and Hodous (1937), p.435.

231 Demiéville (1924), pp.291~292,

232 Schafer (1952), p.155.

233 Schafer (1952), pp.156~157.

234 『新唐書』卷 3, p.3638d; Schafer (1952), p.161.

235 Schafer (1952), p.161.

236 『本草綱目』卷 46, p.37a에 인용한 이순에 의한다.

237 『本草綱目』卷 46, p.37a에 인용한 이순에 의한다.

238 Waley (1961), p.105.

239 『全唐文』卷 740, pp.16b~17b에 수록한 여영의「西域獻徑寸珠賦」.

240 『冊府元龜』卷 970, pp.9a~9b.

241 『唐會要』卷 98, p.1751;『冊府元龜』卷 97, p.17a. 750년에 짬파에서는 진주를 헌상한
다.『冊府元龜』卷 971, p.17b.

242 『舊唐書』卷 198, p.3614b;『冊府元龜』卷 971, p.18a; 卷 972, p.2a;『唐會要』卷 100,
p.1784.

243 『冊府元龜』卷 971, p.17b.

244 『舊唐書』卷 17b, p.3125d; 『冊府元龜』卷 972, p.10a;

245 Schafer (1952), p.160.

246 『本草綱目』卷 46, p.37a에서 인용한 이순에 의한다.

247 한어로는 '玳瑁'다. '웅취귀鷹嘴龜'(학명은 Chelonia impbricata)에서 가져온 것이다.

248 『新唐書』卷 43a, p.3733a. 육주에서는 구벽龜鼊의 껍데기를 진상했다. 이는 식용으로 이용하던 청색바다거북임에 틀림없다. 이 거북의 껍질로 국물을 우려냈다고 한다.

249 『舊唐書』卷 197, p.3610a; 『冊府元龜』卷 972, p.7b; 『唐會要』卷 100, p.1782.

250 原田淑人 (1939), p.73.

251 『全唐詩』函 2 冊 5 卷 2, p.3b에서 수록한 심전기沈佺期의 「春閨」. Berylline은 유리瑠璃로 본다. 'Beryl paste(綠柱石의 泥膏)' 등과 관련해서는 앞 '유리' 항을 참조.

252 Tridacna gigas. 한명漢名의 당음唐音은 *kjwo-gjo이다. Wheatley(1961) pp.91~92 참조.

253 『新唐書』卷 221b, p.4155c.

254 『本草綱目』卷 46, p.38a에서 인용한 이순에 의한다. 인도 이름은 Musāragalva지만 사전 편찬자들 사이에선 이 단어의 의미에 관해서 산호인지 진주층眞珠層인지에 대한 이견이 있다.

255 『新唐書』卷 221b, p.4155c.

256 『本草綱目』卷 8, p.35b에 인용한 소공. Chmielewski (1961), pp.85~86 참조.

257 생몰 연대는 735~835년으로 추정된다. 『全唐詩』函 3 冊 7 卷 1, p.1a에 그에 대한 전기가 있다.

258 『全唐詩』函 3 冊 7 卷 8, p.1a에 수록된 위응물의 「詠珊瑚」이다.

259 단성식은 『酉陽雜俎』卷 10, p.73에서 한나라의 적취지積翠池에 있는 높이 1장 2척 크기의 산호에 대해 기술하고 있다. 이것은 남월南越 왕 조타趙佗가 보낸 것으로 알려져 있다. 만약 이 산호 나무가 진짜로 있었던 것이라면 이후 시대의 산호로 된 작은 정원이나 가산假山의 원형일 것이다.

260 『太平御覽』卷 809, p.1a에서 인용한 『산해경山海經』『이아爾雅』『회남자淮南子』 등 참조.

261 '오만烏蠻'과 '백만白蠻'.

262 『本草綱目』卷 8, p.35b의 소공에 의한다.

263 『本草綱目』卷 8, p.35b의 소공에 의한다.

264 『本草綱目』卷 8, p.35b의 진장기에 의한다.

265 『全唐詩』函 8 冊 10, p.3b에서 수록한 설봉薛逢(835년경)의 '취춘풍醉春風」에 나온다.

266 『全唐詩』函 10 冊 4 卷 1, p.4b에서 수록된 나은羅隱(833~909)의 「暇日有寄姑蘇曹使君兼呈張郎中郡中賓僚」.

267 『酉陽雜俎』卷 11, p.88; Laufer (1905), p.235. 그리스와 라틴계 전설에 대해서는, Ball (1950), p.234 참조.

268 Boodberg (1937), p.359의 각주 60. Ball (1950), p.130, p.236.

269 『重修政和證類本草』卷 12, p.22a에서 인용하는 『촉본초蜀本草』.
270 『全唐詩』函 3 冊 7 卷 8, p.1b에서 수록한 위응물의 「詠琥珀」.
271 『本草綱目』卷 37, p.53a의 소공에 따른다. 최종 단계에 이르면 매옥煤玉이다.
272 『新唐書』卷 22b, p.4155a; Laufer (1905), 231~232; Laufer (1919), pp.521~523.
273 『唐六典』卷 22, pp.14b~15a; 『冊府元龜』卷 972, p.2a.
274 『新唐書』卷 222a, p.4157a; Laufer (1905), pp.233~234, p.237; Needham (1961), pp.237~238.
275 『唐會要』卷 98, p.1751.
276 『冊府元龜』卷 970, p.14b.
277 『本草綱目』卷 37, p.53a에서 인용한 이순에 의한다.
278 『正倉院御物圖錄』(1928~) I, p.32, VII, p.56, XII, p.61, III, p.59, II, p.22, 24, 25, 27.
279 Wolters (1960), p.326.
280 『本草綱目』卷 37, pp.53a~53b에서 인용한 진장기와 이순에 의한다.
281 『全唐詩』函 2 冊 4 卷 4, p.16b에서 수록한 장열(667~730)의 「城南亭作」.
282 荒井健 (1955), p.71, p.82, p.84.
283 『李長吉歌詩』卷 4, p.37b에 수록한 「將進酒」.
284 '堅'이라고도 불렸다. Schafer (1961), p.93 참조.
285 『本草綱目』卷 37, p.53b에서 인용한 진장기 참조.
286 『本草綱目』卷 37, p.53b에서 인용한 소공 참조.

16장 금속 제품

1 Eberhard (1950), p.193.
2 張星烺 (1930) III, 2, p.183.
3 『新唐書』卷 42, pp.3729d~3731a.
4 『全唐詩』函 9 冊 8 卷 1, p.3b에서 수록한 허당(862년경)의 「送龍州樊使君」.
5 『新唐書』卷 43a, pp.3731~3733에는 금을 조공한 이 지방 지명이 여럿 기재되어 있다.
6 『本草綱目』卷 8, p.30a에서 인용한 진장기에 의한다.
7 『嶺表錄異』卷 a, p.2.
8 『嶺表錄異』卷 a, p.2. 당나라 시대에 남조의 통치하에 있던 운남 지방에서도 금이 나왔다. 『新唐書』卷 222a, p.4156b. 10세기에는 산동의 해변에서 새로운 금의 산지가 발견됐고, 11세기 중반 대규모로 금을 생산하기 시작해 전국에서 사람이 몰려들었다. 무게가 20냥이 넘는 금괴가 발굴되기도 했다. 『能改齋漫錄』卷 15, p.397.
9 『唐代叢書』卷 4에 수록된 『雲谿友議』 p.49a.
10 Needham (1959), p.676.
11 『重修政和證類本草』卷 4, p.18a에서 인용한 『단방경원丹房鏡源』에 의한다.
12 Strachwitz (1940), pp.12~21; Garner (1955), p.66; Trubner (1957), p.24; Gyllenswärd (1958), p.5.

13 쇼소인 소장품에 보인다. 『正倉院御物圖錄』(1928~) III, p.9 및 VI, p.20.
14 일본어로 '기리카네切り金'다. 지금껏 일본 특유의 기술로 여겨졌다. 일본 장인들이 이
    기술을 더 세련되게 만들었다는 것은 틀림없지만, 기술 자체는 중국에서 전래된 것이
    다. 아마도 나라奈良 시대에 일본으로 건너간 것으로 보인다. Seckel (1954), p.87.
15 Waley (1931), xlvi.
16 『正倉院御物圖錄』(1928~) I, p.55.
17 『新唐書』卷 43a, p.3733a.
18 한어에서는 p'ing t'o.
19 『正倉院御物圖錄』(1928~) VIII, pp.35~39.
20 『酉陽雜俎』卷 1, p.3.
21 M. 로젠베르크Rosenberg가 발견했다. *Geschichte der Goldschmiedekunst
    auf technischer Grundlage*(Abtg. Granulation) (Frankfurt Am Main, 1918).
    Griessmaier (1933), p.32 각주 6 참조. 영국의 블랙밴드Blackband는 구리와 금의 결
    합물을 숯가루 속에 넣고 암모니아염에서 구리를 제거하는 방법으로 에트루리아의 금
    가루 제조를 재현했다. Blackband (1934) 참조.
22 Griessmaier (1933), pp.31~37.
23 Trubner (1957), p.25, 각주 298, 309.
24 Trubner (1957), 각주 310~323.
25 Waley (1931), xlvi.
26 『正倉院御物圖錄』(1928~) VI, p.17.
27 『正倉院御物圖錄』(1928~) IV, p.20.
28 張子高 (1958), p.73. 『패문운부佩文韻府』의 '鍍'에 관한 인용 참조. 그러나 금속 도금
    기술, 특히 청동에 주석을 도금하는 기술은 상商나라 시대부터 이미 알려져 있었다.
29 Gyllenswärd (1958), p.6.
30 『李長吉歌詩』卷 4, p.40b에 수록한 이하李賀의 「허공자정희가許公子鄭姬歌」에 대한
    왕기의 주 참조.
31 『正倉院御物圖錄』(1928~) IV, p.37.
32 Gyllenswärd (1958), p.6; Trubner (1957), pp.299~308.
33 Trubner (1957), 각주 298, 299. 작은 상자 위에도 금으로 만든 봉황 장식을 붙이게 된
    다. 『雲仙雜記』卷 1, p.7에는 고가 선물인 금봉황을 기녀妓女에게 선물했다고 기록하
    고 있다.
34 Trubner (1957), 각주 300, 303, 308.
35 『本草綱目』卷 8, p.30a에서 인용한 진장기와 견권에 의한다.
36 『新唐書』卷 196, p.4086b.
37 Soothill and Hodous (1937), pp.280~283.
38 『舊唐書』卷 71, p.3320d.
39 『全唐文』卷 569, p.111b에서 수록한 유종원의 「披沙揀金賦」.
40 『舊唐書』卷 3, p.3069c; 『唐會要』卷 97, p.1730; Demiéville (1952), pp.187~188.

41 『歷代名畫記』卷 9, p.269. 이 그림의 인물이 유명한 문성공주다.

42 『新唐書』卷 216a, p.4135b; 『唐會要』卷 97, p.1730; Bushell (1880), p.445; Demiéville (1952), p.203. 『당회요』에는 여기에 거론한 것 외에 티베트에서 보낸 다양한 멋진 금 세공품이 기록되어 있다. Bushell (1880), p.446 참조. 티베트에서 귀중한 금속 제품 을 공물로 바친 기록은 734년(『冊府元龜』卷 971, p.10b), 735년(『冊府元龜』卷 971, p.10b), 805년(『唐會要』卷 97, p.1737), 817년(『冊府元龜』卷 972, p.7b; 『唐會要』卷 97, p.1737), 827년(『冊府元龜』卷 972, p.8b), 837년(『唐會要』卷 97, p.1739)에 있다.

43 『冊府元龜』卷 970, p.15a; Demiéville (1952), p.203.

44 『新唐書』卷 216b, p.4138d; Demiéville (1952), pp.202~203.

45 Demiéville (1952), pp.202~203.

46 『新唐書』卷 221b, p.4155c. 로마는 금과 은이 풍성하다고 알려져 있었다.

47 650년(『冊府元龜』卷 970, p.14a), 723년(『冊府元龜』卷 971, p.5a), 724년(『唐會要』卷 95, p.1712), 734년(『冊府元龜』卷 971, p.10b), 749년(『舊唐書』卷 199a, p.3617b), 773년 (『冊府元龜』卷 972, p.2b).

48 『冊府元龜』卷 971, p.16b.

49 『新唐書』卷 222a, p.4157a.

50 『冊府元龜』卷 971, p.16a. 서역의 왕이 보낸 황금 알에 대한 기록상의 혼란에 대해서 는 『冊府元龜』卷 970, p.12a 및 『唐會要』卷 100, p.1796을 참조하라.

51 『冊府元龜』卷 971, p.16b.

52 Braddell (1959), p.17.

53 『明皇雜錄校勘記』, p.7b, p.8b.

54 『全唐詩』函 8 冊 11 卷 4, pp.12a~12b에서 수록한 두목杜牧의 「소년행少年行」.

55 『舊五代史』卷 2, p.4202a.

56 『新唐書』卷 221b, p.4154b.

57 『대한화사전大漢和辭典』에서는 양 무제의 시 「龍馬紫金鞍」을 예로 들어 자금紫金 이 '적금赤金', 즉 구리라고 말하지만 그렇게 보기는 힘들다. 『격고요론格古要論』(14세 기 저작으로 명대에 개정된다)에는 '자금'은 지금 적동赤銅과 금의 합금으로 제조하지 만 중세의 진짜 자금을 본 사람은 아무도 없다고 기록하고 있다. 한자의 '紫'는 영어의 'purple'과 마찬가지로 진홍색까지 포함하기 때문에 저자가 지적한 이집트 금속과도 유사한 성분이었을지도 모른다.

58 Wood (1934), p.62; Lucas (1934), pp.190~191.

59 Wood (1934), pp.63~64.

60 Forbes (1955), pp.125~127.

61 『新唐書』卷 43a, pp.3731~3733. 장강 중류 지역에서도 어느 정도 생산이 있었다. Schafer and Wallacker (1961), 그림 6, 지도 12 참조. 『本草綱目』卷 8, p.30a에 인용된 소공에 따르면 납 혼합률이 가장 적은 순은에 가까운 은은 하남의 괵주虢州에서 채굴 하기도 했지만, 이곳은 은의 산지로서는 알려지지 않았다.

62 『本草綱目』卷 8, p.30a에서 인용한 이순에 의한다.

63 『新唐書』卷 54, p.3757c.

64 Gyllenswärd (1958), p.6.

65 Trubner (1957), p.24.

66 Trubner (1957), p.24, 각주 326에서 354 참조. 이 장의 금속에 관한 내용에는 Trubner 의 저서를 참조한 부분이 많다. 『正倉院御物圖錄』 (1928~) VII, p.18 및 XII, p.1 이하 참조. Gyllenswärd는 "중국에서 발견되는 손잡이가 둥근 페르시아산 은으로 만든 술 잔은 당나라의 특징을 지닌 페르시아산"이라고 평가하고 있다. Gyllenswärd (1958), p.6.

67 Trubner (1957), 각주 326.

68 Trubner (1957), p.25.

69 Trubner (1957), p.26, 각주 362. 옻칠을 한 은제 평탈 물병은 『正倉院御物圖錄』 (1928~) II, p.34에 있다. 이 기술을 사용한 기타 기물에 대해서는 『酉陽雜俎』 卷 1, p.3 참조.

70 Gyllenswärd (1958), p.6.

71 『本草綱目』 卷 8, p.30b에서 인용한 소공에 의한다.

72 『本草綱目』 卷 8, p.30b에서 인용한 소공과 진장기에 의한다. 이시진 주석 참조. 그는 이 기술이 촉蜀에서 비롯된 것이라고 했다. 또 『능개재만록能改齋漫錄』에는 '황은黃銀' 이란 진짜 은이 아니라 비소를 포함한 여러 광물로 만든 것이라고 쓰고 있다. 『能改齋 漫錄』 卷 15, p.381 참조.

73 『本草綱目』 卷 8, p.30b에서 인용한 진장기에 의한다.

74 『全唐文』 卷 651, p.25a에서 수록한 원진의 「錢物議狀」.

75 『全唐文』 卷 549, p.7b에서 수록한 한유의 「錢重物輕狀」.

76 『全唐文』 卷 48, p.3272b.

77 『冊府元龜』 卷 971, p.16a. 투르게시·차치 등이다.

78 『冊府元龜』 卷 971, p.16b. 흑수말갈과 실위 부족들이 진상했다.

79 모두 8세기의 기록이다. 723년(『冊府元龜』 卷 971, p.52), 724년(『唐會要』 卷 95, p.1712), 734년(『冊府元龜』 卷 971, p.10b), 748년(『唐會要』 卷 95, p.1713), 749년(『舊唐 書』 卷 199a, p.3617b), 763년(『唐會要』 卷 95, p.1713), 773년(『冊府元龜』 卷 972, p.2b).

80 8세기와 9세기의 일이다. 734~735년(『冊府元龜』 卷 971, pp.10b~11a), 817년(『唐會要』 卷 97, p.1737), 824년(『冊府元龜』 卷 927, p.8a), 827년(『冊府元龜』 卷 972, p.8b), 837년 (『唐會要』 卷 97, p.1739).

81 P'uâ-lâ.

82 『新唐書』 卷 221a, p.4152d; 『冊府元龜』 卷 970, p.16b.

83 『新唐書』 卷 221b, p.4154a; 『唐會要』 卷 98, p.1754.

84 Laufer (1919), pp.511~515.

85 『唐六典』 卷 22, pp.14b~15a.

86 Laufer (1919), pp.511~515.

87 Ho and Needham (1959), p.182.

88 『冊府元龜』卷 971, p.3a.
89 『酉陽雜俎』續集, 卷 5, p.216.
90 張子高 (1958), p.74. 라우퍼는 구리·아연·니켈이라고 말하고 있는데, '백동'이 항상 같은 성분 구성이라고 가정하는 것은 위험한 생각이다. Laufer (1919), p.555.
91 『正倉院御物圖錄』(1928~) XI, p.35.
92 『正倉院御物圖錄』(1928~) XI, p.32.
93 Laufer (1919), p.555, Ho and Needham (1959b), p.74.
94 Reischauer (1955a), p.82.
95 楊蓮生 (1955), p.150~151. 서역에서 흘러나온 동로마와 사산조의 동전에 대해서는 A. Stein (1921), pp.1340~1348; A. Stein (1928), p.648의 일람표 및 도판 17, 18, 19번 참조.
96 夏鼐 (1958), pp.67~68.
97 夏鼐 (1957), p.54. 『通典』卷 193, p.1042b에 따르면 페르시아인은 토지세를 은화로 냈다는 기록이 있다(이는 드문 일이었던 것 같다). 5세기 페르시아 은화는 한때 동서 무역의 중요한 루트였던 티베트 서북부 청해靑海에서도 발견된다. 夏鼐 (1958), pp.105~108 참조.
98 夏鼐 (1958), p.71.
99 夏鼐 (1957), p.55.
100 『本草綱目』卷 8, p.30a에서 이순이 인용하는 『광주기廣州記』에 의한다. '대식大食'에 대한 기록이 나오며 이순이 이를 인용하고 있다는 면에서 『광주기』는 당나라 시대의 책으로 생각된다. 아마 7세기 후반에서 8세기 초의 저작일 것이다.

17장 세속적 물건

1 Reischauer (1955a), p.82.
2 『冊府元龜』卷 972, p.10b.
3 봉주峯州의 지역 공물. 『新唐書』卷 43a, p.3733a. 광서에서도 등籐으로 제작한 기물도 만들었다.
4 『唐六典』卷 22, pp.14b~15a. 鳥居龍藏 (1946), pp.51~61. 鳥居龍藏는 요양遼陽에서 출토된 녹색 각인이 찍힌 석판에 대해서도 말했다. 여기에는 새의 머리 모양을 한 뚜껑이 달린 페르시아풍의 물병에 발해 사람의 조각이 새겨진 손잡이가 붙어 있었다. 쇼소인과 상트페테르부르크 예르미타시 미술관에도 비슷한 미술품이 소장되어 있다.
5 『冊府元龜』卷 971, p.3a, p.13a. 사마르칸트에 보낸 것은 '卵'이라고 기재되어 있을 뿐 '卵杯'라고는 돼 있지 않지만, '卵'이 다른 컵 및 병과 함께 기록되어 있다.
6 Laufer (1926), pp.2~4.
7 『冊府元龜』卷 971, p.2a. 원문 속 '池'는 '地'를 잘못 기록한 것인 듯하다.
8 『唐代叢書』卷 17에 수록한의 『淸異錄』, pp.8b~9a. 이는 8세기 책으로, 실재한 기물을 많은 기록하고 있으며 신뢰성이 높은 기록이다.

9   『唐代叢書』卷 17에 수록한 『撫異集』, pp.8b~9a.
10   『冊府元龜』卷 971, p.13a.
11   『冊府元龜』卷 971, p.5a; 『唐會要』卷 95, p.1712.
12   『冊府元龜』卷 972, p.6a.
13   『冊府元龜』卷 971, p.13a.
14   『北夢瑣言』卷 1, p.3. 여기서는 10세기의 사료를 인용하지만, 구체적으로 『유양잡조酉
     陽雜俎』에 근거하고 있다고 생각한다.
15   『新唐書』卷 221b, p.4154d; 『唐會要』卷 99, p.1773.
16   原田淑人 (1944), p.13.
17   石田幹之助 (1948), pp.2~19, 原田淑人는 이 축제가 한대漢代의 '동황태일東皇太一' 축
     제를 기원으로 하며 후에 불교적 요소가 가미된 것으로 본다. 가지로 동그랗게 고리를
     만드는 것은 법륜法輪을 표현하는 것인지도 모른다. 原田淑人 (1944), pp.13~20. 한편
     石田幹之助는 이를 서역 기원의 축제로 보고 있다.
18   原田淑人 (1944), pp.2~19. 『全唐文』卷 959, pp.4a~5a의 설승薛升의 「代崔大夫諫造銅
     燈樹表」.
19   石田幹之助 (1948), p.11.
20   Reischauer (1953), p.71; Reischauer (1955a), p.128.
21   『全漢三國晉南北朝詩』冊 20 卷 1, p.5b에 수록된 수 양제의 「正月十五日於通衢建燈夜
     升南樓」.
22   왕영王鈴은 '화염花焰'을 일종의 불꽃놀이로 보아야 한다고 주장했다. 王鈴 (1947),
     p.164. 이 책 14장 공업용 광물에서 초석, 망초, 사리염 항 참조.
23   Balazs (1931), p.52.
24   『唐律疏議』卷 8, p.69.
25   『唐六典』卷 16, p.6a.
26   『新唐書』卷 146, p.3997d.
27   Laufer (1914a), pp.189~190.
28   『唐六典』卷 16, p.13a.
29   『佩文韻府』, p.1453c에 수록된 육구몽의 시 「교함鮫函」에서 이 사항에 대해 기록하고
     있다.
30   『唐六典』卷 16, p.13a.
31   Laufer (1914a), p.292.
32   『冊府元龜』卷 971, p.3b.
33   Mahler (1959), pp.111~112, 도판 37c, 38.
34   Laufer (1914a), p.294~300.
35   『唐六典』卷 16, p.13a; Laufer (1914a), p.190.
36   Ming kuang chia(明光甲). 『唐六典』卷 16, p.13a. 철제 갑옷과 함께 기록되어 있다.
37   『新唐書』卷 220, pp.4149a~4149b), 『舊唐書』卷 199a, p.3616b; 『冊府元龜』卷 970,
     p.5b, p.8b.

38 『新唐書』卷 220, p.4148b.
39 『舊唐書』卷 2, p.3069b에서는 638년이다.『冊府元龜』卷 970, p.9a에서는 639년이다.
40 '玄'에는 특수한 의미가 있는 것도 있다.『당육전唐六典』에서는 '산문갑山文甲'이 철갑의 분류에 속한다.『唐六典』卷 16, p.13a.
41 『新唐書』卷 220, p.4148a.
42 『唐會要』卷 26, p.503.
43 『九家集注杜詩』, p.179의 두보의「覽柏中丞兼子姪數人除官制詞因述父子兄弟四美載歌絲綸」.
44 진대秦代나 후한後漢에 흉노족의 것을 차용했다. Demiéville (1952), pp.180~181, pp.373~376. 라우퍼는 이를 'plate-mail(쇄자갑)'이라 부르고 있다. Laufer (1914a), p.277; Mahler (1959), p.112와 그림 37a~37b 참조.『당육전唐六典』에서는 '세린갑細鱗甲'이라고 부른다.『唐六典』卷 16, p.13a.
45 Rock (1955), p.5.
46 A. Stein (1921), pp.463~465; Demiéville (1952), pp.180~181, pp.373~376.
47 라우퍼는 '산예갑狻猊甲'('獅子'라는 후대 용어를 사용하지 않고 '狻猊'라는 옛 한어를 쓰고 있다)이 철 갑주의 일종이라고 주장하지만 확실한 것은 알 수 없다. Laufer (1941a), pp.301~305.
48 So-tzu chia(쇄자갑).
49 『新唐書』卷 221b, p.4153d;『舊唐書』卷 198, p.3614a;『冊府元龜』卷 971, p.3a;『唐會要』卷 99, p.1755. Laufer (1914a), p.247 참조.
50 Demiéville (1952), pp.180~181, pp.373~376.
51 『酉陽雜俎』卷 10, p.79.
52 Demiéville (1952), pp.180~181, pp.373~376.
53 Waley (1931), p.107.
54 『唐六典』卷 16, p.13a.
55 『九家集注杜詩』, p.283에 수록된 두보의 시「重過何氏」 5수 중 제3수.
56 『李長吉歌詩』卷 2, p.18b에 수록된 이하李賀의 시「貴主征行樂」.
57 『全唐詩』函 7 冊 10, p.3a에서 수록한 이섭李涉(806년경)의「與弟渤新羅劍歌」.
58 『酉陽雜俎』卷 10, p.79.
59 Chapin (1940), XV, p.88, p.95, p.141, p.201.
60 예를 들어『全唐詩』函 2 冊 1 卷 3, p.6b에 수록한 이교李嶠(644~713)의「劍」은 '我有昆吾劍'으로 시작한다. Chapin (1940), p.2 참조.
61 『九家集注杜詩』, p.329에 수록한 두보의「蕃劍」.
62 의도儀刀.
63 횡도橫刀.
64 맥도陌刀.
65 『唐六典』卷 16, pp.11b~12a.
66 칠창漆槍.

67 목창木槍.

68 『唐六典』卷 16, p.12a.

69 『正倉院御物圖錄』(1928~) IV에는 이러한 검에 대한 그림이 많이 실려 있다. 여기서 설명하는 검은 그림 3이다.

70 『新唐書』卷 40, p.3725b. 충주忠州와 부주涪州에서 제조했다.

71 『新唐書』卷 222a, p.4157a; 『冊府元龜』卷 972, p.5b.

72 『新唐書』卷 219, p.4146d.

73 Laufer (1919), pp.515~516.

74 Needham (1958), pp.44~46.

75 Pelliot (1959), p.42. 펠리오는 이를 마르코 폴로가 말한 d'andanique(신비한 이국적 금속)와 동일하다고 생각한다.

76 Chapin (1940), p.186.

77 『唐六典』卷 16, p.10b. 기타의 활에 대한 기록도 있다.

78 『新唐書』卷 37, p.3720d; 卷 39, p.3724a, p.3724c.

79 『正倉院御物圖錄』(1928~) 卷 10, pp.1~7.

80 Barthold (1958), pp.235~236.

81 『新唐書』卷 219, p.4146c.

82 『新唐書』卷 41, p.3729b. 호남 영주永州와 강서 무주撫州의 생산품이다. 『唐六典』卷 16, p.11a.

83 『唐六典』卷 16, pp.11a~11b.

84 『新唐書』卷 39, p.3724d.

85 『新唐書』卷 219, p.4146d.

86 『新唐書』卷 222c, p.4162.

87 『正倉院御物圖錄』(1928~) 卷 10, pp.13~14.

88 『新唐書』卷 39, p.3724d.

18장 종교 용품

1 Gernet (1956), p.162.

2 Gernet (1956), pp.163~164.

3 『冊府元龜』卷 970, p.14b.

4 Bagchi (1950), p.157.

5 周一良 (1945a), p.301.

6 Reischauer (1955), p.248.

7 『大正新修大藏經』卷 50, p.710b의 「宋高僧傳」. 이를 현장玄奘이 가지고 온 것과 비교하면 좋을 듯하다. Waley (1952), p.81.

8 『酉陽雜俎』續集, 卷5, p.220.

9 Grousset (1932), p.265.

10 『大正新修大藏經』卷 51, p.3c의 「大唐西域求法高僧傳」.
11 Reischauer (1955a), pp.221~224; Wright (1957), p.38.
12 Levi and Chavannes (1895), pp.359~360.
13 Reischauer (1955), pp.300~301; Reischauer (1955a), p.190. 계빈국(카피샤)에서 637년 태종에게 불사리를 헌납한 기록이 있는데, 그것이 어떤 것이었는지는 기록에 남아 있지 않다. 『冊府元龜』卷 970, p.8a.
14 Reischauer (1955), p.235.
15 『酉陽雜俎』續集, 卷 6, p.221.
16 Reischauer (1955a), pp.157~158.
17 『太平御覽』卷 402, pp.3a~3b에 수록한 『광이기廣異記』. 벽지불은 세속을 떠나 스스로 해탈을 구하는 부처님이다. 보살과는 행태가 극적으로 대비된다.
18 Gernet (1956), pp.23~24.
19 『宣和畵譜』卷 1, p.55.
20 Twitchett and Christie (1959), pp.177~178.
21 『新唐書』Vol. 46, p.3741b.
22 Acker (1954), pp.250~251. 백단白檀은 보이는 아름다움과 그윽한 향기가 선호됐을 뿐만 아니라 모기약으로도 각광받았다.
23 Grousset (1932), p.334.
24 Lin hua szu(영화사).
25 『酉陽雜俎』續集, 卷5, p.217.
26 『冊府元龜』卷 972, p.6a; 『唐會要』卷 49, p.859.
27 Waley (1931), pp.81~82.
28 『歷代名畵記』卷 9, p.298.
29 Gray (1959), pp.35~36.
30 Eberhard (1948), p.52; Soper (1951), p.79.
31 『歷代名畵記』卷 3, p.135; Pelliot (1923), p.270; Bagchi (1950), pp.157~158; Waley (1952), p.129.
32 「經行記」p.5a. 여기에 기재된 사항은 두환杜環의 기록 일부다. 두환은 탈라스 전투로 대식국(아라비아)의 포로가 되었다. 하지만 그가 풀려나 당나라로 돌아온 후 그의 친척이었던 두우杜佑는 『통전通典』(卷191~193)에 두환의 이야기를 집어넣었다. 여기에 이름이 언급된 화가와 장인들도 탈라스 전투에서 포로가 되었을 것이다. Pelliot (1928a), pp.110~112.
33 『唐會要』卷 49, p.861.
34 Reischauer (1955), p.268.

19장 서적

1 『酉陽雜俎』卷 11, p.85.

2 『酉陽雜俎』卷 11, p.86. 이들 문자 중 몇몇은 출토 사진에서 본 대로 중앙아시아의 것
이다. 고창의 돌궐인들이 사용하던 문자에 대해서는, v. Gabain (1961), pp.65~68 참조.

3 石田幹之助 (1948), pp.117~125; Lionel Giles (1957), x~xii. 특히 카터Carter(1955)
를 참조하라. 궁정에서 사용된 종이 대부분은 절강浙江 지역에서 만들고 있었지만,
개중에 성도成都에서 백마白麻로 만든 종이 같은 예외도 있었다. 『唐六典』卷 20,
pp.18a~19a.

4 『說郛』卷 18(冊10)에서 수록한 『負暄雜錄』, p.9a. 이는 당대唐代의 사항을 기록한 송
대宋代의 책이다.

5 『史記』卷 123, p.0267b.

6 A. Stein (1907), p.347.

7 학명은 Borassus flabellifera 또는 B. flabelliformis이다.

8 *piâi-tâ패다라고 음역音譯한다. 이 말의 제1음절이 'pattra'이고 제2음절은 'tāra', 즉 '대
추야자'라는 잘못된 어원 해석이 당나라 시대에 통하고 있었다. Demiéville (1929),
p.90.

9 『舊唐書』卷 198, p.3613d.

10 『酉陽雜俎』卷 18, p.150.

11 Hsing shan szu(흥선사).

12 平岡武夫 (1956)에서 인용한 『唐兩京城坊考』卷 2, p.5b 및 『長安志』卷 7, pp.8a~8b.

13 『全唐詩』函 10 冊 1 卷 12, p.1a에 수록된 장교의 「興善寺貝多樹」.

14 Fan chia(범협). '梵'은 브라만Brahman이라는 신의 이름이자 동시에 범어梵語라는 뜻
이다. '梵'이란 범어이자 경문의 문자이기도 하고 경전에서 표현하고자 하는 말씀의 의
미로 사용했다.

15 『李長吉歌詩』卷 1, pp.8b~19a에 수록한 이하李賀의 「送沈亞之歌」에 대한 왕기의 주
석을 보라. 현대에는 다음과 같이 해석하고 있다. 잎사귀 가운데 골격 부분을 제거하
고, 잎의 끝부분을 잘라내고는 잎사귀의 나머지 부분을 쌓아 압축한다. 그렇게 만든
한 페이지 한 페이지를 연마제로 갈아 부드럽게 만든다. 뾰족한 펜으로 긁어 글씨를 쓰
고 나서는 그을음을 바르면 글자가 떠오른다. Schuyler (1908), pp.281~283. 고대에도
비슷한 방법으로 패다貝多의 책을 만들었다고 알려져 있다. 'ollah'에 관해서는 Yule
and Burnel (1903), p.485.

16 Reischauer(1955), p.235.

17 『資治通鑑』卷 250, p.10a.

18 『冊府元龜』卷 971, p.15a; 『唐會要』卷 100, p.1793; Lévi (1900), p.417.

19 『新唐書』卷 221 b, p.4154d.

20 『全唐詩』函 8 冊 9 卷 1, p.2b에 수록한 이상은의 「題僧壁」.

21 『全唐詩』函 9 冊 9 卷 3, p.8b에 수록한 피일휴의 「孤園寺」.

22 石田幹之助 (1948), pp.102~103.

23 石田幹之助 (1948), pp.102~103; Dragon King's Daughter(1954), p.68. 원진과 백거
이의 시에는 책을 구매하는 장면이 나온다.

24 石田幹之助 (1948), pp.103~104; Needham (1959), p.167.
25 639년에 '숭현관崇賢館'으로 명명하고, 712년에 '숭문관崇文館'으로 개명했다.
26 Chi hsien yüan. 집현원이라고 불렀다.
27 여정전麗正殿에 봉안했다.
28 K. T. Wu (1937), pp.256~259; 石田幹之助 (1948), pp.107~110. 『新唐書』卷 57, p.3761c
   및 『舊唐書』卷 47, p.3270a에 수록된 기술에 의한다.
29 K. T. Wu (1937), p.258.
30 Bagchi (1950), p.125.
31 『酉陽雜俎』續集, 卷 6, p.226.
32 『雲仙雜記』卷 3, p.22.
33 『唐國史補』卷 c, p.7a.
34 『新唐書』卷 89, p.3896a; 『舊唐書』卷 67, p.3515a.
35 K. T. Wu (1937), pp.259~260.
36 『全唐詩』(1960년 판본) 卷 371, pp.4171~4172에 수록한 여온의 「上官昭容書樓歌」.
37 R. Stein (1947), p.233은 한어의 '林邑'을 'Prum Irap'(코끼리가 사는 프롬, 즉 캄보디아
   중부 지역)이라고 해석한다. 멋진 의역이다.
38 이 책의 이름(그리고 기타의 서명)은 『新唐書』卷 57 및 卷 58에 있다.
39 Lévi (1900), pp.297~298.
40 Bagchi (1950), p.72. 현장의 구법求法 여행은 당나라 사람이라면 누구나 알고 있을 정
   도로 유명했다. 『酉陽雜俎』卷 3, p.31과 『唐代叢書』卷 3의 『大唐新語』, p.95b 등 당나
   라 시대에 저술된 책에도 나온다.
41 『舊唐書』卷 198, p.3613d.
42 원서는 Bagchi (1950)의 영어 번역을 인용하고 있다. 영역은 샤반Chavannes의 프랑스
   어 번역에 기초한 것이다.
43 Chavannes (1894), pp.39~40.
44 Chavannes (1894), p.27.
45 Lionel Giles (1935), p.1.
46 Lionel Giles (1935), pp.1~2.
47 화엄종의 소의所依 경전. 700년의 한역판漢譯版은 '당경唐經' 혹은 '신경新經'이라 불
   린다.
48 『大正新修大藏經』卷 50에 수록된 『宋高僧傳』卷 2, pp.718c~719a.
49 周一良 (1945a), p.264; Bagchi (1950), p.53.
50 『冊府元龜』卷 971, p.12a.
51 Bagchi (1950), pp.52~53. 이 시설에 대해서는 몇 쪽 앞에서 기술했다.
52 Bagchi (1950), p.54; Wright (1957), p.32.
53 『冊府元龜』卷 972, p.6a.
54 『唐會要』卷 49, p.864. 745년 장안과 낙양에 있는 경교 사원 '파사사波斯寺'는 유래를
   확실히 하기 위해서 '대진사大秦寺'로 바꾸었다.

55 『唐會要』卷 49, p.864.
56 『新唐書』卷 217b, p.4124a.
57 Bagchi (1950), p.68.
58 『新唐書』卷 221a, p.4153c;『冊府元龜』卷 971, p.4a;『唐會要』卷 99, p.1776.
59 Needham (1959), p.202.
60 *Kiu-dʻâm Siêt-dʻât.
61 nāvagrāha, 즉 '구집九執'을 니덤Needham은 'Nine Upholders'라고 영문으로 번역했
   다. 이는 아홉 개 행성, 즉 다섯 개의 내부를 도는 행성과 태양, 달, 그리고 달의 궤도가
   맞물리는 교점에서 운행하고 있어서 보이지 않는 두 행성(Rahu, Ketu) 등 모두 아홉 개
   다. 보이지 않는 두 행성이 월식을 일으킨다고 한다.
62 Yabuuti (1954), pp.586~589. 구담실달은 729년에 나온『개원점경開元占經』의 저자로
   새로운 사상을 기초로 새로운 방법을 사용했다. Needham (1959), pp.202~203 참조.
   한역된『구집력九執曆』(Nāvagrāha calendar)의 계산은 장안에서의 관측을 기초로 하
   며, 인도의 원서와는 동일하지 않다. '0(零)'과 삼각함수 등을 싣고 있다.
63 '칠요七曜'란 태양과 달, 그리고 다섯 개 행성을 말한다.
64 葉德祿 (1942), p.157.
65 『唐律疏議』2 (卷 9), p.82.
66 Needham (1959), p.202.
67 Huber (1906), pp.40~41. 저자가 인용한 이란어계 언어는 소그드어가 아니었다. 그
   것보다 더 일반에게 익숙한 언어였다. 실제 소그드어에서는 mir, max, wnxan, ṭir,
   wrmzt, maxid(sic), kewan이다. Bagchi (1950), p.171. 흥미롭게도 화성은 한자로 '운한
   雲漢'이라고 쓴다. 운한이란 은하銀河의 의미이기도 하다.
68 莊申 (1960), pp.271~301, 도판.
69 Needham (1959), p.360.
70 Huber (1906), p.41.
71 『隋書』卷 34, p.2452c.『通志』卷 69, p.812b에 있는『수서隋書』에 기초한 책 이름을 일
   람해보면 그 가운데에도 이들과 관련한 책 이름이 보인다.
72 『唐會要』卷 95, p.1712.
73 『酉陽雜俎』卷 12, p.92.
74 潘懷素 (1958), p.97.
75 『唐六典』卷 5, p.20b.
76 『舊唐書』卷 198, p.3613d. Lévi (1900), p.308; Waley (1952), p.91 참조.

참고문헌

ACKER, W. R. B., *Some T'ang and Pre-T'ang Texts on Chinese Painting*(Leiden, 1954)

ANDERSON, I. K., *Ancient Greek Horsemanship*(Berkeley and Los Angeles, 1961)

ANDERSSON, I. G., "Researches into the Prehistory of the Chinese," *Bulletin of the Museum of Far Eastern Antiquities*, Vol.15(Stockholm, 1943), pp.1~304

荒井健, 「李賀の詩—特にその色彩について」, 『中國文學報』第3冊(京都,1955), pp.61~90

──────,『李賀』,『中國詩人選集』卷14(東京,岩波書店,1959)

朝比奈泰彦,『正倉院藥物』(大阪, 植物文獻刊行會, 1955)

AYMONIER, E., "Les Tchames et leurs religions," *Revue de l'histoire des religions*, Vol.24(1891), pp.187~237, 261~315

AYSCOUGH, FLORENCE, *Tu Fu: The Autobiography of a Chinese Poet, A.D. 712~770*, Vol.1(Boston, New York, London, 1929)

BAGCHI, PRABODH CHANDRA, *Deux lexiques Sanskrit-chinois*, Vol.1(Paris, 1929)

──────, *India and China: A Thousand Years of Cultural Relations*, 2nd edition(Bombay, 1950)

BAILEY, H. W., "Ttaugara," *Bulletin of the School of Oriental and African Studies*, Vol.8(London, 1937), pp.883~921.

──────, *Indo-Scythian Studies, Being Khotanese Texts*, Vol.4, Saka Texts from Khotan in the Hedin Collection(Cambridge, England, 1961)

BALAZS, ETIENNE(Stefan Balázs), "Beiträge zur Wirtschaftsgeschichte der T'ang-Zeit," *Mitteilungen des Seminars für orientalische Sprachen*, Vol.34(1931), pp.1~92

──────, "Beiträge zur Wirtschaftsgeschichte der T'ang-Zeit," *Mitteilungen des Seminars für orientalische Sprachen*, Vol.35(1932), pp.1~73

──────, "The birth of capitalism in China," *Journal of the Economic and Social History of the Orient*, Vol.3(1960), pp.196~216

BALL, SYDNEY H., *A Roman Book on Precious Stones, Including an English Modernization of the 37th Books of the Historie of the World by E. Plinius Secundus*(Los Angeles, 1950)

BALTRUŠAITIS, JURGIS, *Le moyen âge fantastique: antiquités et exotismes dans l'art gothique*(Paris, 1955)

BANG, W. and G. R. RACHMATI, "Die Legende von Oyuz Qayan," *Sitzungsberichte der preussischen Akademie der Wissenschaften*(Philosophisch-historische Klasse, 1932), pp.683~724

BARTHOLD, W., *Turkestan Down to the Mongol Invasion*, 2nd edition(London, 1958)

BAXTER, G. W., "Metrical Origins of the Tz'u," *Harvard Journal of Asiatic Studies*, Vol.16(1953), pp.108~145

BEAL, SAMUEL, *Si-yu-ki: Buddhist Records of the Western World Translated from the Chinese of Hiuen Tsiang(A.D. 629)*, Vol.2(Boston, 1885), p.350

BERGMAN, FOLKE, *Archaeological Researches in Sinkiang*, Publication7(Stockholm: Sino-Swedish Expedition, 1939)

BERTHELOT, M., *Introduction a l'etude de la chimie des anciens et du moyen-âge*(Paris, 1938)

BLACKBAND, W. T., "My Rediscovery of the Etruscan Art of Granulation," *Illustrated London News*(April 28, 1934), p.659

BLAIR, DOROTHY, "The Cloisonné-Backed Mirror in the Shosoin," *Journal of Glass Studies*, Vol.2(1960), pp.83~93

BOODBERG, P. A., "Some Early 'Turco-Mongol' Toponyms," *Hu T'ien Han Yüeh Fang Chu*, Vol.9(May, 1935), pp.11~13.

──────, "Some Proleptical Remarks on the Evolution of Archaic Chinese," *Harvard Journal of Asiatic Studies*, Vol.2(1937), pp.329~372.

BOSTOCK, JOHN and H. T. RILEY, trans., *The Natural History of Pliny*, Vol.3(London, 1855)

──────, *The Natural History of Pliny*, Vol.4(London, 1856)

BOYER, MARTHA, *Mongol Jewellery: Researches on the Silver Jewellery Collected by the First and Second Danish Central Asian Expeditions Under the Leadership of Henning Haslund-Christensen 1936~37 and 1938~39*(KØbenhavn: National museets skrifter, Ethnografisk Raekke, 1952), V.

BRADDELL, DATo SIR ROLAND, "Malayadvipa: A Study in Early Indianization," *Malayan Journal of Tropical Geography*, Vol.9(December, 1956), pp.1~20

BRIDGES, WILLIAM, *Wild Animals of the World*(Garden City, 1948)

BROCKELMANN, C., *Mitteltürkischer Wortschatz nach Mahmūd al-Kāšgarīs Dīrvīan Lugāt at-Turk*(Leipzig, 1928)

BROMEHEAD, C. E. N., "Geology in Embryo(up to 1600 AD.)," *Proceedings of the Geologists' Association*, Vol.56(1945), pp.89~134

BROUGH, JOHN, "Legends of Khotan and Nepal," *Bulletin of the School of Oriental and African Studies*, Vol.12(London, 1948), pp.333~339

BRYANT, P. L., "Chinese Camphor and Camphor Oil," *China Journal*, Vol.3(1925), pp.228~234

BURKILL, I. H., *A Dictionary of the Economic Products of the Malay Peninsula*(London, 1935)

BURTON, RICHARD F., *The Book of the Thousand Nights and a Night: A Plain and Literal Translation f the Arabian Nights Entertainments*, Vol.3(New York, 1934)

BUSHELL, S. W., "The Early History of Tibet, From Chinese Sources," *Journal of the Royal Asiatic Society*, n.s., Vol.12(1880), pp.435~541, p.351

CARTER, THOMAS F., *The Invention of Printing in China and Its Spread Westward*, 2nd edition, rev. by L. C. Goodrich(New York, 1955)

張長弓, 『唐宋傳奇作者暨其時代』(北京,商務印書館, 1951)

CHANG, H. T., "On the Question of the Existence of Elephants and the Rhinoceros in Northern China in Historical Times," *Bulletin of the Geological Society of China*, Vol.5(1926), pp.99~106

張星烺, 「唐代非洲黑奴入中國考」, 『輔仁學志』 第1卷(1929), pp.93~112

――――――, 『中西交通史料彙編』(北京, 1930)

――――――, "The Importation of Negro Slaves to China Under the T'ang Dynasty," *Bulletin of the Catholic University of Peking*, Vol.7(December, 1930), pp.37~59

章鴻釗, 「石雅(Lapidarium Sinikum)」, 『地質學報』 乙種第 2集(北京, 1921)

張子高, 「從鍍錫銅器談到孟字本義」, 『考古學報』 第3卷(1958), pp.73~74

張琬, 「菩薩蠻及其相關幾處問題」, 『大陸雜誌』 第20卷(1960), pp.19~24, pp.47~49, pp.93~98

趙文銳, 「唐代商業之特点」, 『淸華學報』 第3卷(1926), pp.951~966

CHAPIN, HELEN B., "Toward the Study of the Sword as Dynastic Talisman: The Fêng-ch'êng Pair and the Sword of Han Kao Tsu," unpublished Ph. D. dissertation, University of California, Berkeley, June, 1940

CHAVANNES, ÉDOUARD, *Mémoire compose a l'époque de la grande dynastic T'ang sur les religieux éminents qui allèrent chercher la loi dans les pays d'occident par I-tsing*(Paris, 1894)

――――――, *Documents sur les Tou-kiue(Turcs) Occidentaux*(St. Pétersbourg, 1903)

――――――, "Le pays d'Occident d'apres de Wei lio," *T'oung pao*, Vol.6(1905), pp.519~571

陳邦賢, 『中國醫學史』(上海, 商務印書館, 1957)

陳祖桀, 『中國農學遺産選集』 甲類第5種 「綿」(上篇), (北京, 中華書局, 1957)

CH'EN YÜAN, "Manichaeism in China," *Bulletin of the Catholic University of Peking*, Vol.4(May, 1928), pp.59~68

鄭振鐸, 『陝西省出土唐俑選集「序言」』(北京, 文物出版社, 1958)

鄭作新, 『中國鳥類分布目錄』 卷1(北京, 科學出版社, 1955)

CHMIELEWSKI, IANUSZ, "The Problem of Early Loan-Words in Chinese as Illustrated by the Word p'u-t'ao," *Rocznik orientalistyczny*, Vol.22, no.2(1958), pp.7~45;

"Two Early Loan-Words in Chinese," *Rocznik orientalistyczny*, Vol.24, no.2(1961), pp.65~86

CHOU YI-LIANG, "Notes on Marvazī's Account of China," *Harvard Journal of Asiatic Studies*, Vol.9(1945), pp.13~23

"Tantrism in China," *Harvard Journal of Asiatic Studies*, Vol.8(1945a), pp.241~332

CHRISTENSEN, ARTHUR, "L'Iran sous les Sassanides," *Annales du Musée Guimet, Bibliothèques d'Etudes*, Vol.48(1936)

CHRISTIE, ANTHONY, "Ta-ch'in P'o-lo-men," *Bulletin of the School of Oriental and African Studies*, Vol.20(London, 1957), pp.159~166

─────, "An Obscure Passage from the *Periplus: κολανδιοφωντα ταμέγιστα*," *Bulletin of the School of Oriental and African Studies*, Vol.19(London, 1957a), pp.345~353.

祝秀俠,『唐代傳奇研究』(台北, 中華文化出版社, 1957)

全漢昇,「唐代物價變動」,『國立中央研究院歷史語言研究所集刊』第11卷(上海, 1947), pp.101~148

─────,「唐宋時代揚州經濟狀況的繁榮與衰落」,『國立中央研究院歷史語言研究所集刊』第11卷(上海, 1947a), pp.149~176

─────,「中古自然經濟」,『國立中央研究院歷史語言研究所集刊』第10卷(1948a), pp.73~173

庄申,「密日考[An investigation of "Mihr" as Sunday in a Week Introduced into China During the T'ang Dynasty]」, *Bulletin of the Institute of History and Philology*, Academia Sinica, Vol.31(1960), pp.271~301

COEDÉS, G., *Les états hindouisés d'Indochine et d'Indonesie*(Paris, 1948)

COLLIER, V. W. F., *Dogs of China and Japan in Nature and Art*(London, 1921)

Concordance, "A Concordance to the Poems of Tu Fu," *Harvard-Yenching Institute Sinological Index Series*, Vol.2, Suppl.14(Cambridge, 1940)

COX, E. H. M., *Plant-Hunting in China: A History of Botanical Exploration in China and the Tibetan Marches*(London, 1945)

CREVOST, CH., "Catalogue des produits de l'Indochine," *Bulletin Economique de l'Indochine*(n.s., 1925), pp.26~30

DANA, E. S., *The System of Mineralogy of James Dwight Dana: Descriptive Mineralogy*(New York, 1892)

DAVID, A. and E. OUSTALET, *Les Oiseaux de la Chine*(Paris, 1877)

DAVIDSON, J. LEROY, *The Lotus Sutra in Chinese Art: A Study in Buddhist Art to the Year 1000*(New Haven, 1954)

DAVIS, FRANK, "A Ming Winecup and Cloisonne"(A Page for Collectors), *Illustrated London News*(October 15, 1960), p.650

DELACOUR, JEAN, *Birds of Malaysia*(New York, 1947)

—————, *The Pheasants of the World*(London and New York, 1951)

DELAGOUR, J. and P. JAEOUILLE, *Les Oiseaux de l'Indochine Française*, Vol.4(Paris, 1931)

DEMIÉVILLE, P., "Review of Tchang Hong-tchao, *Che ya(Lapidarium sinicum)*," *Bulletin del'Ecole Française d'Extrême-Orient*, Vol.24(1924), pp.276~301

—————, "La musique čame au Japon," *Etudes asiatiques publiées a l'occasion du vingt-cinquième anniversaire de l'Ecole Française d'Extrême-Orient*, Vol.1(1925), pp.199~226

—————, *Le concile de Lhasa: une controverse sur le quiétisme entre bouddhistes de l'Inde et de la Chine au viii6" siècle de l'ère chrétienne*(Paris, 1952)

DEMIÉVILLE, P., ed., *Hôbôgirin*(Tokyo, 1929)

Derniers Refuges, *Derniers Refuges: Atlas commentédes réserves naturelles dans le monde, prépare par l'Union Internationale pour la Conservation de la Nature et de ses Resources*(Brussels, 1956)

—————, *The Dragon King's Daughter: Ten T'ang Dynasty Stories*(Peking, 1954)

DRAKE, F. S., "Foreign Religions of the T'ang Dynasty," *Chinese Recorder*, Vol.71(1940), pp.343~354, 643~649, 675~688

—————, "*Mohammedanism in the T'ang Dynasty*," Monumenta Serica, Vol.8(1943), pp.1~40

DUES, H. H., *The History of the Former Han Dynasty by Pan Ku*, Vol.2(Baltimore, 1944, re-printed 1954)

DUYVENDAK, J. J. L., "The True Dates of the Chinese Maritime Expeditions in the Early Fifteenth Century," *T'oung Pao*, Vol.34(1939), pp.341~412

—————, *China's Discovery of Africa*(London, 1949)

EBERHARD, W., *Typen chinesischer Volksmärchen*(FF Communications, no.120, Helsinki, 1937)

—————, "Kultur und Siedlung der Randvölker Chinas," *T'oung Pao*, Suppl. to Vol.36(1942)

—————, "Lokalkulturen im alten China," I, *T'oung Pao*, Suppl. to Vol.37(1942a); II, *Monumenta Serica*, Monograph 3(1942)

—————, "Some Cultural Traits of the Sha-t'o Turks," *Oriental Art*, Vol.1(1948), pp.50~55

—————, *A History of China*(Berkeley and Los Angeles, 1950)

ECKE, G. and P. DEMIÉVILLE, *The Twin Pagodas of Zayton: A Study of Later Buddhist Sculpture in China*(Cambridge, Mass, 1935)

EDWARDS, E. D., *Chinese Prose Literature of the T'ang Period, A.D. 618-906*, Vol.1(London, 1937)

江上波夫, "The k'uai-t'I, the t'ao-Yu, and The Tan-Hsi, the Strange domestic animals of the Hsiung-nu 匈奴," *Memoirs of the Research Department of the Toyo Bunko*, Vol.13(Tokyo, 1951), pp.87~123

——————, *Encyclopaedia Britannica*(Chicago, 1956)

ERKES, EDUARD, "Das Pferd im alten China," *T'oung Pao*, Vol.36(1940), pp.26~63

——————, "Vogelzucht im alten China," *T'oung Pao*, Vol.37(1942), pp.15~34

ETTINGHAUSEN, RICHARD, *Studies in Muslim Iconography* I. The Unicorn, Freer Gallery of Art, Occa-sional Papers, Vol.1, no.3(Washington, 1950)

FARQUHAR, DAVID M., "Oirat-Chinese Tribute Relations, 1408~1446," *Festschrift für Nikolaus Poppe*(Wiesbaden, 1957), pp.60~68

FENG, HAN-YI, "The Discovery and Excavation of the Royal Tomb of Wang Chien," *Szechwan Museum Occasional Papers*, no.1(reprinted from *Quarterly Bulletin of Chinese Bibliography*, n.s., 4, nos. 1~2[Chengtu, 1944], 1~11)

FERNALD, HELEN E., "The Horses of T'ang T'ai Tsung and the Stele of Yu," *Journal of the American Oriental Society*, Vol.55(1935), pp.420~428

——————, "In Defense Of the Horses of T'ang T'ai Tsung," *Bulletin of the University Museum*, Vol.9, no.4(Philadelphia, 1942), pp.18~28

——————, "Chinese Art and the Wusun Horse," *1959 Annual*, Art and Archaeology Division, Royal Ontario Museum(Toronto), pp.24~31

FITZGERALD, C. P., *Son of Heaven: A Biography of Li Shih-min, Founder of the T'ang Dynasty*(Cambridge, England, 1933)

——————, *China: A Short Cultural History*(New York and London, 1938)

——————, "The Consequences of the Rebellion of An Lu-Shan upon the Population of the T'ang Dynasty," *Philobiblon*, Vol.2, no.1(September, 1947), pp.4~11

FLETCHER, T. B. and C. M. INGLIS, *Birds of an Indian Garden*(Calcutta and Simla, 1924)

FORBES, R. I., *Studies in Ancient Technology*, Vol.1(Leiden, 1955)

FRANKE, H., "Some Remarks on Yang Yü and His Shan-chühsin-hua," *Journal of Oriental Studies*, Vol.2, no.2(Hongkong, July, 1955), pp.302~308

FRIEDERICHS, HEINZ F., "Zur Kenntnis der frühgeschichtlichen Tierwelt Südwestasiens; unter besonderer Berüchtsichtigung der neuen Funde von Monhenjo-daro, Ur, Tell Halaf und Maikop," *Der Alte Orient*, Vol.32(1933), p.45

藤田農八,「綿花綿布に關する古代支那人の知識」,『東西交涉史の研究』南海篇(東京, 荻原星文館, 1943), pp.533~584

VON GABAIN, ANNEMARIE, "Das uigurische Königsreich von Chotscho, 850-1250," *Sitzungsberichte* der Deutschen Akademie der Wissenschaften zu Berlin, Klasse für Sprachen, Literatur und Kunst(1961, nr.5)

GARNER, SIR HARRY, "Chinese Art, Venice, 1954," *Oriental Art*, n.s., Vol.1, no.2(Summer, 1955), pp.66~70

GERNET, IACQUES, "Les aspects économiques du bouddhisme dans la sociétéchinoise du Ve au xe siécle," *Publications de l'Ecole Française d'Extrême-Orient*, Vol.39(Saigon, 1956)

GERSHEVITCH, ILYA, "Sissoo at Susa(O Pers. yakā-= Dalbergia sissoo Roxb.)," *Bulletin of the Schoolof Oriental and African Studies*, Vol.19(1957), pp.317~320

GETTENS, R. J., "Lapis lazuli and ultramarine in ancient times," *Alumni: Revue du cercle des Alumni des Fondations Scientiques*, Vol.19(Brussels, 1950), pp.342~357

GILES, H. A., *Gems cf Chinese Literature*, Vol.1(Shanghai, 1923)

GILES, LIONEL, "A Chinese Geographical Text of the Ninth Century," *Bulletin of the School of Oriental and African Studies*, Vol.6(1932), pp.825~846

──────, "Dated Chinese Manuscripts in the Stein Collection: II, Seventh Century A.D.," *Bulletin of the School of Oriental and African Studies*, Vol.8(1935), pp.1~26

──────, "Dated Chinese Manuscripts in the Stein Collection: III, Eighth Century A.D.," *Bulletin of the School of Oriental and African Studies*, Vol.9(1937), pp.1~25

──────, *Descriptive Catalogue of the Chinese Manuscripts from Tunhuang in the British Museum*(London, 1957)

GLAESSER, GUSTAV, "Painting in Ancient Pjandžikent," *East and West*, Vol.8(1957), pp.199~215

GODE, P. K., "History of Ambergris in India Between About A.D. 700 and 1900," *Chymia*, Vol.2(1949), pp.51~56

GOODRICH, L. C., "Negroes in China," *Bulletin of the Catholic University of Peking*, Vol.8(December, 1931), pp.137~139

──────, *A Short History of the Chinese People*, 3rd edition(New York, 1959)

GRAY, BASIL, *Buddhist Cave Paintings at Tun-huang, with photographs by I. B. Vincent*(London, 1959)

GRIESSMAIER, VIKTOR, "Die granulierte Goldschnalle," *Wiener Beiträge zur Kunst und Kulturgeschichte Asiens*, Vol.7(Studien zur Kunst der Han-Zeit, Die Ausgrabungen von Lo-lang in Korea, 1933), pp.31~38

GRIGSON, GEOFFREY, *The Harp of Aeolus and Other Essays on Art, Literature, and Nature*(London, 1947)

GROUSSET, RÉNÉ, *In the Footsteps of the Buddha*, trans. by Mariette Leon(London, 1932)

De la Grèce a la Chine(Monaco, 1948)

VAN GULIK, R. H., "The 'Mango' Trick in China: An Essay on Taoist Magic," *Transactions of the Asiatic Society of Japan*, ser.3, Vol.3(December, 1954), pp.117~175

GYLLENSWÄRD, BO, "Ekolsund: An Historic Swedish Country House with World-Famous Chinese Collections," *Connoisseur*, American edition(March, 1959), pp.2~7

HACKMANN, HEINRICH, *Erklärendes Wörterbuch zum Chinesischen Buddhismus: Chinesisch-Sanskrit-Deutch*(Leiden, 1951~1954)

韓墂,「貂皮考」,『大陸雜誌』第6卷(1953), pp.390~393

韓偉楝,「龍腦香考」,『南海學會雜誌』第2期 卷1/3(1941), pp.3~17

HANSFORD, S. HOWARD, *The Seligman Collection of Oriental Art: I. Chinese, Central Asian and Luristān Bronzes and Chinese Jades and Sculptures*(London, 1957)

原田淑人, "The Interchange of Eastern and Western Culture as Evidenced in the She-SO-inTreasures," Memoirs of the Research Department of the Toyo Bunko, Vol.2(Tokyo. 1939), pp.55~78

—————,『東亞古文化研究』, 第3版(東京, 座右寶刊行會, 1944)

HARICH-SCHNEIDER, ETA, "The Rhythmical Patterns in Gagaku and Bugaku," *Ethnomusicologica*, Vol.3(Leiden, 1954)

HARVEY, E. NEWTON, *A History of Luminescence from the Earliest Times Until 1900*(Philadelphia, 1957)

HARVEY, G. E., *History of Burma, from the Earliest Times to 10 March, 1824, the Beginning of the English Conquest*(London, 1925)

HASAN, HĀDĪ, *A History of Persian Navigation*(London, 1928)

HASTINGS, J. ed., *Encyclopaedia of Religion and Ethics*(New York, 1917~1927)

林謙三,「觱篥考」,『支那學』第8卷(1925), pp.447~456

平岡武夫,「長安と洛陽」,『唐代研究のしおり』第6, 7卷(京都, 京都大學人文科學研究所索引編集委員會, 1956)

—————,「李白の作品」,『唐代研究のしおり』第9卷(京都, 京都大學人文科學研究所索引編集委員會, 1958)

HIRTH, F., *China and the Roman Orient: Researches into Their Ancient and Mediaeval Relations as Represented in Old Chinese Records*(Leipsic, Munich, Shanghai, Hongkong, 1885)

HIRTH, F. and ROCKHILL, W. W., *Chau Iu-kua: His Work on the Chinese and Arab Trade in the Twelfth and Thirteenth Centuries, Entitled Chu-fan-chï*(St. Petersburg, Russia, 1911)

Ho PING-YÜand JOSEPH NEEDHAM, "Theories of Categories in Early Mediaeval Chinese Alchemy," *Journal of the Warburg and Courtauld Institutes*, Vol.22(1959), pp.173~210

—————, "Elixir Poisoning in Mediaeval China,"*Janus*, Vol.48(1959a), pp.221~251

—————, "The Laboratory Equipment of the Early Mediaeval Chinese Alchemists,"

Ambix, Vol.7(1959b), pp.57~115

HOLMES, URBAN T., "Mediaeval Gem Stones," *Speculum*, Vol.9(1934), pp.195~204

HORN, PAUL and GEORG STEINDORFF eds., "Sassanidische Siegelsteine," *Mitteilungen aus den Orientalischen Sammlungen, Königliche Museen zu Berlin*, Vol.4(1891), pp.1~49

HORNELL, JAMES, "The Role of Birds in Early Navigation," *Antiquity*, Vol.20(1946), pp.142~149

侯寬昭,『廣州植物檢索表』(上海, 科學出版社, 1957)

HOURANI, G. F., *Arab Seafaring in the Indian Ocean in Ancient and Early Medieval Times*(Princeton, 1951)

夏鼐,「中國最近發現的波斯薩珊朝銀幣」,『考古學報』第16卷(1957), pp.49~56

―――,「青海西寧出土的波斯薩珊朝銀幣」,『考古學報』第19卷(1958), pp.105~110

向達,「唐代長安與西域文明」(燕京學報專號2, 北京, 1933)

―――,「唐代長安與西域文明」(增訂版(北京, 新華書店, 1957)

HSÜSUNG, *T'ang liang ching ch'eng fang k'ao*(edition of 1902 reproduced in Hiraoka[1956])

HUARD, PIERRE and WONG, M., "Structure de la Médicine chinoise," *Bulletin de la Sociétédes Etudes Indochinoises*(Saigon, 1957)

―――, *Evolution de la matière médicale chinoise*(Leiden, 1958)

HUBER, E., "Termes Persans dans l'astrologie bouddhique chinoise"("Etudes de littérature bouddhique," 7), *Bulletin de l'Ecole Française d'Extrême-Orient*, Vol.6(1906), pp.39~43

HUNG, WILLIAM, *Tu Fu, China's Greatest Poet*(Cambridge, Mass., 1952)

石橋五郎,「唐宋時代の支那沿海貿易ならびに貿易港について」,『史學雜誌』第12卷(1901), pp.952~975, 1051~1077, 1298~1314

石田幹之助, "Etudes sino-iraniennes, I. A propos du *Hou-siuan-wou*," *Memoirs of the Research Department of the Toyo Bunko*, Vol.6(Tokyo, 1932), pp.61~76

―――,『長安の春』第3版(東京, 創元社, 1942)

―――,『唐史叢鈔』(東京, 要書房, 1948)

石田茂作と和田軍一,『正倉院』(毎日新聞社, 1954) p.149

JANSON, H. W, *Apes and Ape Lore in the Middle Ages and the Renaissance*(London, 1952)

JAYNE, H. H. F., "Maitreya and Guardians," *Bulletin of the University Museum*, Vol.9 no.4(Philadelphia, 1941), p.7

JENYNS, R. SOAME, "Chinese Carvings in Elephant Ivory," *Transactions of the Oriental Ceramic Society*, 1951~1952, 1952~1953(London. 1954), pp.37~59

―――, "The Chinese Rhinoceros and Chinese Carvings in Rhinoceros Horn," Transactions of the Oriental Ceramic Society, 1954~1955(London, 1957), pp.31~62

KATO, SHIGESHI, "On the Hang or the Association of Merchants in China, with Especial Reference to the Institution in the T'ang and Sung Periods," *Memoirs of the Research Department of the Toyo Bunko*, Vol.8(Tokyo, 1936), pp.45~83

KELLER, CONRAD, *Die Abstammung der ältesten Haustiere*(Zürich, 1902)

KELLER, OTTO, *Die Antike Tierwelt*, Vol.1(Leipzig, 1909)

──────, *Die Antike Tierwelt*, Vol.2(Leipzig, 1913)

KIANG CHAO-YUAN, *Le voyage dans la Chine ancienne considéréprincipalement sous son aspect magique et religeux*, Vol.1, trans. by Fan Jen(Shanghai, 1937)

木村康一,「本草」,『支那歷史地理大系』第8卷(東京, 1942), pp.187~217

──────,『漢和藥名目錄』(東京, 1946)

──────, "Ancient Drugs Preserved in the Shōsōin," *Occasional Papers of the Kansai Asiatic Society*, no.1(Kyoto, 1954)

岸邊成雄,『東洋の樂器とその歷史』(東京, 弘文堂, 1948)

──────,「西域樂東流における胡學來朝の意義」,『歷史と文化: 歷史學硏究報告』第1卷 (東京大學敎育學人文科學科紀要, 東京, 1952), pp.67-90

──────, "The Origin of the K'ung-hou(Chinese Harp): A Companion Study to 'The Origin of the P'i-p'a'," *Toyo Ongaku Kenkyū*, transl. by Leo M. Traynor(Tokyo, 1954)

──────,「唐代妓館の組織」,『古代硏究』2,『歷史學硏究報告』第3卷 5號(東京大學敎育 學人文科學科紀要, 東京, 1955)

──────, "Zen-Shoku Shiso O Ken kanza sekicho no nijushi gakugi ni tsuite,"『國際 東方學者會議紀要』, 第1卷(1956), pp.9~21

孔德,『外族音樂流傳中國史』(上海, 商務印書館, 1934)

桑原隲藏,『唐宋元時代中西通商史』, 馮攸 譯(上海, 商務印書館, 1930)

LAUFER, BERTHOLD, "Historical Jottings on Amber in Asia," *Memoirs of the American Anthropological Association*, Vol.1(1905~1907), pp.211~244

──────, *Chinese Pottery of the Han Dynasty*(Leiden, 1909)

──────, "Arabic and Chinese Trade in Walrus and Narwhal Ivory," *T'oung Pao*, Vol.14(1913), pp.315~364

──────, *Notes on Turquoise in the East*, Field Museum of Natural History, Publication 169, Anthropological Series, Vol.13, no.1(Chicago, 1913a)

──────, "Bird Divination Among the Tibetans," *T'oung Pao*, Vol.15(1914), pp.1~110

──────, *Chinese Clay Figures: Part I. Prolegomena on the History of Defensive Armor*, Field Museum of Natural History, Publication 177, Anthropological Series, Vol.13, no.2(Chicago, 1914a)

──────, "Asbestos and Salamander: An Essay in Chinese and Hellenistic Folk-Lore," *T'oung Pao*, Vol.16(1915), pp.299~373

──────, "Three Tokharian Bagatelles," *T'oung Pao*, Vol.16(1915a), pp.272~281

─────────, "Vidaṅga and Cubebs," *T'oung Pao*, Vol.16(1915b), pp.282~288

─────────, *The Diamond: A Study in Chinese and Hellenistic Folklore*, Field Museum of Natural History, Anthropological Series, Vol.15, no.1(Chicago, 1915c)

─────────, "The Story of the Pinna and the Syrian Lamb," *Journal of American Folk-Lore*, Vol.28(1915d), pp.103~128

─────────, "Optical Lenses," *T'oung Pao*, Vol.16(1915c), pp.169~228

─────────, "Burning-Lenses in India," *T'oung Pao*, Vol.16(1915f), pp.562~563

─────────, "Supplementary Notes on Walrus and Narwhal Ivory," *T'oung Pao*, Vol.17(1916), pp.348~389

─────────, "Malabathron," *Journal Asiatique*, 11th ser., Vol.12(1918), pp.5~49

─────────, *Sino-Iranica: Chinese Contributions to the History of Civilization in Ancient Iran, with Special Reference to the History of Cultivated Plants and Products*, Field Museum of Natural History, Publication 201, Anthropological Series, Vol.15, no.3(Chicago, 1919)

─────────, *Oriental Theatricals*, Field Museum of Natural History, Department of Anthropology Guide, Pt.1(Chicago, 1923)

─────────, "Review of V. W. F. Collier, *Dogs of China and Japan in Nature and Art*, Isis, Vol.5(1923a), pp.444~445

─────────, *Ivory in China*, Field Museum of Natural History, Anthropology Leaflet 21(Chicago, 1925)

─────────, *Ostrich Egg-Shell Cups of Mesopotamia and the Ostrich in Ancient and Modern Times*, Field Museum of Natural History, Anthropology Leaflet 23 (Chicago, 1926)

─────────, *Felt: How It Was Made and Used in Ancient Times and a Brief Description of Modern Methods of Manufacture and Uses*, 5th printing(Chicago, 1937)

─────────, *Jade: A Study in Chinese Archaeology and Religion*, 2nd edition(South Pasadena, 1946)

VON LE COQ, ALBERT, *Bilderatlas zur Kunst und Kulturgeschichte Mittelasiens*(Berlin, 1925)

LESSING, F., *Über die Symbolsprache in der chinesischen Kunst*(Frankfurt am Main, n.d., 1935?)

LÉVI, SYLVAIN, "Les missions de Wang Hiuen-ts'e dans l'Inde," *Journal Asiatique*, Vol.15(1900), pp.297~341, 401~468

─────────, "Le 'tokharien B,' langue de Koutcha," *Journal Asiatique*, 11th ser., Vol.2(1913), pp.351~352

LÉVI, S. and ED. CHAVANNES, "L'Itinéraire d'Ou-k'ong(751~790)," *Journal Asiatique*, 9th ser., Vol.6(1895), pp.341~384

LEVY, HOWARD S., "An Historical Introduction of the Events Which Culminated in the Huang Ch'ao Rebellion," *Phi Theta Annual*, Vol.2(1951), pp.79~103

──────, *Biography of Huang Ch'ao*, Chinese Dynastic Histories Translations, no.5(Berkeley and Los Angeles, 1955)

LEWICKI, TADEUSZ, "Les premiers commerçants Arabes en Chine," *Rocznik Orientalistyczny*, Vol.2(1935), pp.173~186

LI, H. L., *The Garden Flowers of China*(New York, 1959)

李霖燦, 「閻立本職貢圖」, 『大陸雜誌』 第12卷(1956), pp.33~50

LING CH'UN-SHENG, "Chungkuo chiu chih ch'iyüan," *Chungyang yenchiuyüan, Lishih yüyen yenchiuso chik'an*, Vol.29, Ch'ing-chu Chao Yüan-jen Hsiensheng liushihwu suilunwenchi, B(Taipei, 1958), pp.883~907

劉凌倉, 『唐代人物畫』(此京, 中國古典芸術出版社, 1958)

LIU MAU-TSAI, "Kulturelle Beziehungen zwischcn den Ost-Türken(=T'uküe) und China," *Central Asiatic Journal*, Vol.3, no.3(1957~1958), pp.190~205

LOEHR, MAX, "A Propos of Two Paintings Attributed to Mi Yü-jen," *Ars Orientalis*, Vol.3(1959), pp.167~173

LU GWEI-DJEN and JOSEPH NEEDHAM, "A Contribution to the History of Chinese Dietetics," *Isis*, Vol.42(1951), pp.13~20

LUCAS, A., *Ancient Egyptian Materials and Industries*, 2nd edition(London, 1934)

LUCE, G. H., "Countries Neighbouring Burma," *Journal of the Burma Research Society*, Vol.14(1924), pp.138~205

LYDEKKER, R., *Wild Oxen, Sheep and Goats of All Lands: Living and Extinct*(London, 1898)

──────, *The Horse and Its Relatives*(New York, 1912)

──────, *The Ox and Its Kindred*(London, 1912a)

──────, *The Sheep and Its Cousins*(London, 1912b)

MCDERMOTT, W. C., *The Ape in Antiquity*(Baltimore, 1938)

MACGOWAN, D. J., "Chinese and Aztec Plumagery," *American Journal of Science and Arts*, 2nd ser., Vol.18(1854), pp.57~61

MAENCHEN-HELFEN, OTTO, "Two Notes on the Diamond in China," *Journal of the American Oriental Society*, Vol.70(1950), pp.187~188

──────, "Crenelated Mane and Scabbard Slide," *Central Asiatic Journal*, Vol.3. no.2(1957), pp.85~138

MAHLER, JANE GASTON, *The Westerners Among the Figurines of the T'ang Dynasty of China*(Rome, 1959)

MAJUMDAR, R. C., *Ancient Indian Colonies in the Far East: I. Champa*(Lahore, 1927)

MASPERO, H., *Les documents chinois de la troisième expédition de Sir Aurel Stein en Asie Centrale*(London, 1953)

益富壽之助,「正倉院藥物を中心とする古代石藥の研究」,『正倉院の鑛物』 第1卷(京都, 日本
鑛物趣味の會, 1957)

MATHEW, GERVASE, "Chinese Porcelain in East Africa and on the Coast of South
Arabia," *Oriental Art,*, n.s., Vol.2(Summer, 1956), pp.50~55

松井秀一,「廬龍藩鎭考」,『史學雜誌』第68卷(1959), pp.1397~1432

MEDLEY, MARGARET, "The T'ang Dynasty: A Chinese Renaissance, A.D. 618-906,"
History Today, Vol.5, no.4(April. 1955), pp.263~271

MERRILL, GEORGE P., *Handbook and Descriptive Catalogue of the Collections of
Gems and Precious Stones in the United States National Museum*, United States
National Museum Bulletin 118(Washington, 1922)

MILLER, ROY A., *Accounts of Western Nations in the History of the Northern Chou
Dynasty*, Chinese Dynastic History Translations, no.6(Berkeley and Los Angeles,
1959)

MOOKERJ'I, RADHA KUMUD, *Indian Shipping: A History of the Sea-Borne
Trade and Maritime Activity ofthe Indians from the Earliest Times*, 2nd
edition(Calcutta, 1957)

村上嘉實,「唐代貴族庭園」,『東方學』第11卷(1955), pp.71~80

那志良,「藍田玉」,『大陸雜誌』第7卷(1953), pp.363~364

NAGAHIRO, T., "On Wei-ch'ih I-Seng, a Painter of the Early T'ang Dynasty," *Oriental
Art*, n.s., Vol.1, no.2(Summer, 1955), pp.70~74

中山久四郎,「唐時代の廣東」,『史學雜誌』第28卷(1917), pp.242~258, 348~368, 487~495,
552~576

—————,「廣東の小港および廣東長安を連結する水路水運の交通」,『東洋學報』第10卷
(1920), pp.244~266

中野江漢,『支那の馬』(北京, 支那風物研究會, 1924)

NANJIO, BUNYIU, *A Catalogue of the Chinese Translation of the Buddhist Tripitaka:
The Sacred Canon of the Buddhists in China and Japan*(Oxford, 1883)

NEEDHAM, JOSEPH, *Science and Civilisation in China*, Vol.1(Cambridge, England,
1954)

—————, *The Development of Iron and Steel Technology in China*(London, 1958)

—————, *Science and Civilisation in China*, Vol.3(Cambridge, England, 1959)

—————, "The Missing Link in Horological History: A Chinese Contribution,"
Proceedings of the Royal Society, A, 250(1959a), pp.147~179

NEEDHAM, JOSEPH, WANG LING and DEREK J. PRICE, *Heavenly Clockwork: The
Great Astronomical Clocks of Medieval China*(Cambridge, England, 1960)

NEEDHAM, JOSEPH, WANG LING, and K. G. ROBINSON, *Science and Civilisation in
China*, Vol.4, no.1(Cambridge, England, 1962)

NYBERG, H. S., *Hilfsbuch des Pehlevi: II. Glossar*(Upsala, 1931)

小川昭一,「晩唐詩の一面一その社會性」,『東京支那學報』3(1957年 6月), pp.97~114

小川環樹,「勅勒の歌一その原語と文學史的意義」,『東方學』第18巻(1959年 6月), pp.34~44

OSBORNE, D., *Engraved Gems, Signets, Talismans and Ornamental Intaglios*(New York, 1912)

PAN HUAI-SU, "Ts'ung ku-chin tzu-p'u lun Ch'iu-tzu-yüch ying-hsiang-hsia-ti min-tsu yin-yüeh," *K'ao-ku hsüeh-pao*, Vol.21(1958), pp.95~124

PARIS, PIERRE, "Quelques dates pour une histoire de la jonque chinoise," *Bulletin de l'Ecole Française d'Extrême-Orient*, 46/1(1952), pp.267-278, Vol.46, no.2(1954), pp.653~655

PELLIOT, PAUL, "Le Fou-nan," *Bulletin de l'Ecole Française d'Extrême-Orient*, Vol.3(1903), pp.248~303

—————, "Deux itinéraires de Chine en Inde àla fin du viiie Siécle," *Bulletin de l'Ecole Française d'Extrême-Orient*, Vol.4(1904), pp.131~413

—————, "Autour d'une traduction Sanskrit du Tao-tc'i-king[Tao Te Ching]," *T'oung Pao*, Vol.13(1912), pp.350~430

—————, "Review of Hirth and Rockhill, Chau Ju-kua: His Work on the Chinese and Arab Trade in the Twelfth and Thirteenth Centuries, Entitled Chu-fan-chi," *T'oung Pao*, Vol.13(1912a), pp.446~481

—————, "Les in-uences iranicnnes en Asie Centrale ct en Extrême-Orient," *Revue d'bis-toire et de littérature religieuse*, n.s., Vol.3(1912b), pp.97-119

—————, "Quelques artistes des Six Dynasties et deS T'ang," *T'oung Pao*, Vol.22(1923), pp.215~291

—————, "L'édition collective des oeuvres de Wang Kouo-wei," *T'oung Pao*, Vol.26(1928), pp.113~182

—————, "Des artisans chinois àla capitale abbasside en 751~762," *T'oung Pao*, Vol.26(1928a), pp.110~112

—————, *Notes on Marco Polo*, Vol.1(Paris, 1959)

PENZER, N. M., *Poison-Damsels and Other Essays in Folklore and Anthropology*(London, 1952)

PHILLIPS, RALPH W., "Cattle," *Scientific American*(June, 1958), pp.51~59

PHILLIPS, RALPH W., RAY G. JOHNSON and RAYMOND T. MAYER, *The Livestock of China*(Washington, 1945)

白壽彝,「宋時伊斯蘭教徒的香料貿易」,『禹貢』第7巻 第4期(1937年 4月), pp.47~77

PRIEST, ALAN and PAULINE SIMMONS, *Chinese Textiles: An Introduction to the Study of Their History, Sources, Technique, Symbolism, and Use, Occasioned by the Exhibition of Chinese Court Robes and Accessories*(Metropolitan Museum of Art, New York, 1931)

PRŮŠEK, JAROSLAV, "Researches into the Beginnings of the Chinese Popular Novel,"

Archiv Orientální, Vol.2(1939), pp.91~132

PULLEYELANK, E. G., *The Background of the Rebellion of An Lu-shan*(London, New York and Toronto, 1955)

——————, "The Origins and Nature of Chattel Slavery in China," *Journal of the Economic and Social History of the Orient*, Vol.1(1958), pp.185~220

——————, "Neo-Confucianism and Neo-Legalism in T'ang Intellectual Life, 755~805," *The Confucian Persuasion*(Stanford, 1960)

——————, "The Consonantal System of Old Chinese," *Asia Major*, Vol.9(1962), pp.58~144

QUENNELL, PETER, trans. Buzurg ibn Shahriyar, *The Book of the Marvels of India*, from the Arabic by L. Marcel Devic(London, 1928)

RAEINOWITZ, L., "Eldad ha-Dani and China," *Jewish Quarterly Review*, Vol.36(1946), pp.231~238

RAMSTEDT, G. J., *Studies in Korean Etymology*(Helsinki, 1949)

READ, B. E., "Chinese Materia Medica, Avian Drugs," *Peking Society of Natural History Bulletin*, Vol.11, no.4(June, 1932)

——————, *Chinese Medicinal Plants from the Pen Ts'ao Kang Mu A.D. 1596*, 2ed edition(Peking, 1936)

——————, "Chinese Materia Medica, Turtle and Shellsh Drugs," *Peking Natural History Bulletin*, Vol.12, no.2(December, 1937)

——————, "Influence des regions méridionales sur les médicines chinoises," *Bulletin del'Universitél'Aurore*, 3rd ser., Vol.4(1943), pp.475~483

READ, B. E. and C. PAK, "A Compendium of Minerals and Stones Used in Chinese Medicine from the Pen T'sao[sic] Kang MuLi Shih Chen, A.D. 1597," *Peking Society of Natural History Bulletin*, Vol.3, no.2(December, 1928)

REINAUD, M., *Relations des voyages faits par les Arabes et les Persans dans l'Inde et la Chinedans le ix6 s. de l'ère chrétienne*, Arab text and French trans. by M. Reinaud(Paris, 1845)

REISCHAUER, E. O., "Notes on T'ang Dynasty Sea Routes," *Harvard Journal of Asiatic Studies*, Vol.5, no.2(June, 1940), pp.142~164

——————, *Ennin's Diary: The Record of a Pilgrimage to China in Search of the Law*(New York, 1955)

——————, *Ennin's Travels in T'ang China*(New York, 1955a)

ROCK, J. F., "The D'a Nv Funeral Ceremony with Special Reference to the Origin of Na-khi Weapons," *Anthropos*, Vol.50(1955), pp.1~31

DES ROTOURS, R., *Traitédes fonctionnaires et traitéde l'armée; traduits de la nouvelle histoire des T'ang*, Vol.1, chaps. xivi-l(Leyden, 1947)

——————, *Traitédes fonctionnaires et traitéde l'armée*, Vol.2(Leyden, 1948)

—————, "Les insignes en deux parties (fou) sous la dynastie des T'ang(618~907)," *T'oung Pao*, Vol.41(1952), pp.1~148

ROUX, JEAN-PAUL, "Le chameau en Asie Centrale: son nom-son élévage-sa place dans la mythologie," *Central Asiatic Journal*, Vol.5(1959), pp.27~76

ROWLAND, BENJAMIN, JR., "Chinoiseries in T'ang Art," *Artibus Asiae*, Vol.10(1947), pp.265~282

RUDOLPH, R. C., "Chinese Medical Stelae," *Bulletin of the Institute of History and Philology, Academia Sinica*, Vol.30(1959), pp.681~688

SAMPSON, THEOS., "The Song of the Grape," *Notes and Queries on China and Japan*, Vol.3(1869), p.52

SARTON, GEORGE, "Fishing with Otters(Query and Answer)," *Isis*, Vol.35(1944), p.178

SAUVAGET, JEAN, *Ahbār aṣ-Ṣin wa'l-Hind: Relations de la Chine et de l'Inde rédigée en 851*(Paris, 1948)

SCHAFER, E. H., "Notes on a Chinese Word for Jasmine," *Journal of the American Oriental Society*, Vol.68(1948), pp.60~65

—————, "The Camel in China Down to the Mongol Dynasty," *Sinologica*, Vol.2(1950), pp.165-194, pp.263~290

—————, "Iranian Merchants in T'ang Dynasty Tales," *Semitic and Oriental Studies Presented to William Popper*, University of California Publications in Semitic Philology, Vol.11(1951), pp.403~422

—————, "Ritual Exposure in Ancient China," *Harvard Journal of Asiatic Studies*, Vol.14(1951a), pp.130-184

—————, "The Pearl Fisheries of Ho-p'u," *Journal of the American Oriental Society*, Vol.72(1952), pp.155~168

—————, *The Empire of Min*(Rutland, Vt. and Tokyo, 1954)

—————, "Orpiment and Realgar in Chinese Technology and Tradition," *Journal of the American Oriental Society*, Vol.75(1955), pp.73~89

—————, "The Development of Bathing Customs in Ancient and Medieval China and the History of the Floriate Clear Palace," *Journal of the American Oriental Society*, Vol.76(1956), pp.57~82

—————, "The Early History of Lead Pigments and Cosmetics in China," *T'oung Pao*, Vol.44(1956a), pp.413~438

—————, "Cultural History of the Elaphure," *Sinologica*, Vol.4(1956a), pp.250~274

—————, "Rosewood, Dragon's Blood, and Lac," *Journal of the American Oriental Society*, Vol.77(1957), pp.129~136

—————, "War Elephants in Ancient and Medieval China," *Oriens*, Vol.10(1957a), pp.289~291

—————, "Falconry in T'ang Times," *T'oung Pao*, Vol.46(1959), pp.293~338

—————, "Parrots in Medieval China," *Studia Serica Bernhard Karlgren Dedicata*(Copenhagen, 1959a), pp.271~282

—————, *Tu Wan's Stone Catalogue of Cloudy Forest: A Commentary and Synopsis*(Berkeley and Los Angeles, 1961)

SCHAFER, E. H. and B. E. WALLAGKER, "Local Tribute Products Of the T'ang Dynasty," *Journal of Oriental Studies*, Vol.4(1957~1958), pp.213~248

SCHEFFER, VICTOR B., *Seals, Sea Lions and Walruses: A Review of the Pinnipedia*(Stanford, 1958)

SGHLEGEL, G., "Geographical Notes," *T'oung Pao*, Vol.9(1898), pp.50~51, p.278

SGHUYLER, MONTGOMERY, "Notes on the Making Of Palm-Leaf Manuscripts in Siam," *Journal of the American Oriental Society*, Vol.29(1908), pp.281~283

SOLATER, P. L. and O. THOMAS, *The Book of Antelopes*, Vol.3(London, 1897~1898)

SECKEL, DIETRIOH, "Kirikane: Die Schnittgold-Decoration in der japanischen Kunst, ihre Technikand ihre Geschichte," *Oriens Extremus*, Vol.1(1954), pp.71~88

SEN, SATIRANJAN, "Two Medical Texts in Chinese Translation," *Visva-Bharati Annals*, Vol.1(1945), pp.70~95

志田不動麿, 「中國における砂糖の普及」, 『瀧川博士還暦記念論文集』 第1卷 東洋史(1957), pp.125~139

石綠, 「麒麟竭」, 『大陸雜誌』 第9卷(1954), p.44, 56

SHIH SHENG-HAN, *A Preliminary Survey of the Book Ch'i Min Yao Shu: An Agricultural Encyclo-paedia of the 6th Century*(Peking, 1958)

SHIRATORI KURAKIGHI, "The Mu-nan-chu Of Ta-Ch'in and the Cintāmani of India," *Memoirs of the Research Department of the Toyo Bunko*, Vol.11(Tokyo, 1939), pp.1~54

—————, "An New Attempt at a Solution of the Fu-lin Problem," *Memoirs of the Research Department of the Toyo Bunko*, Vol.15(Tokyo, 1956), pp.156~329

正倉院, 『正倉院御物圖錄』(東京, 帝室博物館, 1928~)

—————, 『正倉院寶物』(東京, 朝日新聞社, 1960~)

SIMMONS, PAULINE, *Chinese Patterned Silks*(New York, 1948)

—————, "Some Recent Developments in Chinese Textiles Studies," *Bulletin of the Museumof Far Eastern Antiquities*, Vol.28(1956), pp.19~44

SIRÉN, O., "Tch'ang-ngan au temps des Souei et des T'ang," *Revue des Arts Asiatiques*, Vol.4(1927), pp.40~46, pp.98~104

—————, *Chinese Paintings in American Collections*(Paris and Brussels, 1928)

SITWELL, SACHEVERELL, *Dance of the Quick and the Dead: An Entertainment of the Imagination*(London, 1936)

—————, *Valse des Fleurs: A Day in St. Petersburg and a Ball at the Winter Palace in 1868*(London, 1941)

——————, *The Hunters and the Hunted*(London, 1947)

——————, *Truffle Hunt*(London, 1953)

SMITH, MARION B., *Marlowe's Imagery and the Marlowe Canon*(Philadelphia, 1940)

SOOTHILL, W. E. and L. HODOUS, *A Dictionary of Chinese Buddhist Terms, with Sanskrit and English Equivalentsand a Sanskrit-Pali Index*(London, 1937)

SOPER, A. C., "The 'Dome Of Heaven' in Asia," *Art Bulletin*, Vol.29(1947), pp.225~248

——————, "T'ang Ch'ao Ming Hua Lu(The Famous Painters of the T'ang Dynasty) by Chu Ching-hsüan Of Wu-chün Translated," *Archives of the Chinese Art Society of America*, Vol.4(1950), pp.5~28

——————, *Kuo J-hsü's Experiences in Painting(T'u-hua chien-wén chih): An Eleventh-Century History of Chinese Painting Together with the Chinese Text in Facsimile*(Washington, D.C., 1951)

——————, "T'ang ch'ao ming hua lu: Celebrated Painters Of the T'ang Dynasty, by ChuChing-hsiian of T'ang," *Artibus Asiae*, Vol.21(1958), pp.204~230

SOWERBY, A. DE C., "The Horse and Other Beasts Of Burden in China," *China Journal*, Vol.26(1937), pp.282~287

——————, *Nature in Chinese Art*(New York, 1940)

STEIN, A., *Ancient Khotan: Detailed Report of Archaeological Explorations in Chinese Turkestan*(Oxford, 1907)

——————, *Serindia: A Detailed Report of Explorations in Central Asia and Westernmost China*(Oxford, 1921)

——————, "Innermost Asia: Its Geography as a Factor in History," *Geographical Journal*, Vol.65(1925) pp.377~403, pp.473~501

——————, *Innermost Asia: Detailed Report of Explorations in Central Asia, Kansu and Eastern Irān*(Oxford, 1928)

——————, *On Ancient Central-Asian Tracks: Brief Narrative of Three Expeditions in Innermost Asia and North-western China*(London, 1933)

STEIN, R., "Jardins en miniature d'Extrême-Orient," *Bulletin de l'Ecole Française d'Extrême-Orient*, Vol.42(1942), pp.1~104

——————, "Le Lin-yi: sa localisation, sa contribution àla formation du Champa et ses liens avec la Chine," *Han-hiue, Bulletin 2 du Centre d'Etudes Sinologiques de Pekin*(Peking, 1947)

STEPHENSON, J., *The Zoological Section of the Nuzhatu-l-qulūb of Hamdullah al-Mustaufīal-Qazwīnī*(London, 1928)

STEWART, G. R., JR., "Color in Science and Poetry," *Scientific Monthly*, Vol.30(1930), pp.71~78

STRACHWITZ, A. GRAF, "Chinesisches T'ang-Silber und ost-westliche Kunstbeziehungen," *Ostasiatische Zeitschrift*, n.f., Vol.15~16(1940), pp.12~21

STUART, G. A., *Chinese Materia Medica: Vegetable Kingdom*(Shanghai, 1911)

TAKAKUSU, J., *A Record of the Buddhist Religion as Practised in India and the Malay Archi-pelago(A.D. 671~695) by I-Tsing*(Oxford, 1896)

—————, "Aomi-no Mabito Genkai(779), *Le Voyage de Kanshin en Orient(742~754)*," *Bulletin de l'Ecole Française d'Ex-trême-Orient*, Vol.28(1928), pp.1~41, pp.441~472; Vol.29(1929), pp.47~62

唐豪, 『中國体育史參考資料』 第2卷(北京, 人民体育出版社, 1957), pp.1~9

TATE, G. H. H., *Mammals of Eastern Asia*(New York, 1947)

THOMPSON, A. P. D., "A History of the Ferret," *Journal of the History of Medicine and Allied Sciences*, Vol.6(1951), pp.471~480

THOMPSON, R. CAMPBELL, *A Dictionary of Assyrian Chemistry and Geology*(Oxford, 1936)

TORII RYUZO, "Shih-mien tiao-ko chih Po-hai-jen feng-su yüSa-Shan-Shih hu-ping," *Yen-ching hsüeh-pao*, Vol.30(1946), pp.51~61

TRUENER, HENRY, *The Arts of the T'ang Dynasty: A Loan Exhibition Organized by the LosAngeles County Museum from Collections in America, the Orient and Europe, January 8-February 17, 1957*(Los Angeles, 1957)

—————, "The Arts of the T'ang Dynasty," *Ars Orientalis*, Vol.3(1959), pp.147~152

TWITCHETT, D. C. and A. H. CHRISTIE, "A Medieval Burmese Orchestra," *Asia Major*, n.s., Vol.7(1959), pp.176~195

VILLIERS, ALAN, *Monsoon Seas: The Story of the Indian Ocean*(New York, 1952)

DE VISSER, M. W., "Die Pfauenkönigin in China und Japan," *Festschrift für Friedrich Hirth zuseinem 75. Geburtstag*(Berlin, 1920), pp.370~387

和田清, 「侏儒考」, 『東洋學報』 第31卷(1947), pp.345~354

—————, 「兀惹考」, 『東洋學報』 第38卷(1955), pp.1~18

WALEY, ARTHUR, *The NōPlays of Japan*(New York, 1922)

—————, "T'ai Tsung's Six Chargers," *Burlington Magazine*, Vol.43(September, 1923), pp.117~118

—————, "Foreign Fashions: Po Chü-I(772~846)," *Forum*, Vol.78(July, 1927), p.3

—————, *A Catalogue of Paintings, Recovered from Tun-huang by Sir Aurel Stein, K.C.I.E., Preserved in the Sub-Department of Oriental Prints and Drawings in the British Museum, and in the Museum of Central Asian Antiquities, Delhi*(London, 1931)

—————, *Translations from the Chinese*(New York, 1941)

—————, *The Real Tripitaka, and Other Pieces*(London, 1952)

—————, "27 Poems by Han-shan," *Encounter*, Vol.3(1954), pp.3~8

—————, "The Heavenly Horses of Ferghana: A New View," *History Today*, Vol.5(1955), pp.95~103

—————, "Some References to Iranian Temples in the Tun-huang Region," *Bulletin of the Institute of History and Philology, Academia Sinica*, Vol.28(1956), pp.123~128

—————, *Ballads and Stories from Tun-huang: An Anthology*(London, 1960)

—————, *Chinese Poems, new edition*(London, 1961)

WANG GUNGWU, "The Nanhai Trade: A Study of the Early History of Chinese Trade in the South China Sea," *Journal of the Malayan Branch of the Royal Asiatic Society*, Vol.31, no.2(June, 1958), pp.1~135

WANG LING, "On the Invention and Use of Gunpowder and Firearms in China," *Isis*, Vol.37(1947), pp.160~178

WANG TUNG-LING, "T'ang Sung shih-tai chi k'ao," *Shih-hsüeh nien-pao*, Vol.1(1930), pp.21~32

WANG YI-TUNG, "Slaves and Other Comparable Social Groups During the Northern Dynasties," *Harvard Journal of Asiatic Studies*, Vol.16(1953), pp.293-364

WAYMAN, ALEX, "Notes on the Three Myrobalans," *Phi Theta Annual*, Vol.5(1954-1955), pp.63~77

WENLEY, A. G., "The Question of the Po-shan Hsiang-lu," *Archives of the Chinese Art Societyof America*, Vol.3(1948-1949), pp.5~12

WERTH, EMIL, *Grabstock Hacke und Pflug*(Ludwigsburg, 1954)

WHEATLEY, PAUL, "Geographical Notes on Some Commodities Involved in Sung Maritime Trade," *Journal of the Malayan Branch of the Royal Asiatic Society*, Vol.32, no.2(1961), pp.1~140

—————, *The Golden Khersonese: Studies in the Historical Geography of the Malay Peninsula before A.D. 1500*(Kuala Lumpur, 1961)

WHITE, W. C., *Chinese Jews: A Compilation of Matters Relating to the Jews of K'aifeng Fu*, Pt. I. *Historical*(Toronto, 1942)

WILBUR, C. M., *Slavery in China During the Former Han Dynasty, B.C. 206-A.D. 25*, Field Museum of Natural History, Anthropological Series, Vol.34(Chicago, 1943)

WILDER, G. D. and H. W. HUBBARD, "List of the Birds of Chihli Province," *Journal of the North China Branch of the Royal Asiatic Society*, Vol.55(1924), pp.156~239

WOLTERS, O. W., "The Po-ssüPine Trees," *Bulletin of the School of Oriental and African Studies*, Vol.23(1960), pp.323~350

WOOD, R. W., "The Purple Gold of Tut'ankhamūn," *Journal of Egyptian Archaeology*, Vol.20(1934), pp.62~65

WRIGHT, A. F., "Fu I and the Rejection of Buddhism," *Journal of the History of Ideas*, Vol.12(1951), pp.33~47

—————, "Buddhism and Chinese Culture: Phases of Interaction," *Journal of Asian Studies*, Vol.17(1957), pp.17~42

WU CHI-YU, "Trois poèmes inédits de Kouan-hieou," *Journal Asiatique*, Vol.247(1959), pp.349~379

WU, JOHN C. H., "The Four Seasons of T'ang Poetry," Pt.X, *T'ien Hsia Monthly*, Vol.8, no.2(February, 1939), pp.155~176

WU, K. T., "Libraries and Book-Collecting in China Before the Invention of Printing," *T'ien Hsia Monthly*, Vol.5, no.3(October, 1937), pp.237~260

WU LIEN-TEH, "Early Chinese Travellers and Their Successors," *Journal of the North China Branch of the Royal Asiatic Society*, Vol.64(1933), pp.1~23

吳廷燮,「唐方鎭年表」,『二十五史補編』卷6(上海, 開明書店, 1937), pp.186~192

WYLIE, A., *Notes on Chinese Literature with Introductory Remarks on the Progressive Advancement of the Art*(Shanghai and London, 1867)

YAEUUTI, KIYOSI, "Indian and Arabian Astronomy in China"(transl. by L. Hurvitz), *Silver Jubilee Volume of the Zinbun-Kagaku-Kenkyusyo Kyoto University*(Kyoto, 1954), pp.585~603

YAMADA, KENTARO, "A Study on the Introduction of An-hsi-hsiang in China and that of Gum Benzoin in Europe," I,『近畿大學世界經濟研究所報告』第5卷(1954), 11, 第7卷(1955)

──────, "A Short History of Ambergris by the Arabs and Chinese in the Indian Ocean," I,『近畿大學世界經濟研究所報告』第8卷, 1955

──────,「乳香沒藥史序說」,『商學研鑽─福田敬太郎先生還曆祝賀記念一』(神戸, 福門會, 1956), pp.201~236

──────,「中世の中國人とアラビア人が知っていた龍腦の産出地とくに婆律國について」II,『近畿大學世界經濟研究所報告』第11卷, 1956a

──────,『東西香藥史』(東京, 福村書店, 1957)

──────,「耶悉茗, 末利, 素馨(Jasminum)考」,『石濱先生古稀記念東洋學論叢』(大阪, 石濱先生古稀記念會, 1958), pp.589~602

──────,「ペルシャ─アラビア人のダルチニ(dār-čīnī, シナの木, すなわち肉桂)という商品名について」,『桃山學院大學經濟學論叢』1の1(1959), pp.131~150

YANG, LIEN-SHENG, "Hostages in Chinese History," *Harvard Journal of Asiatic Studies*, Vol.15(December, 1952), pp.507~521

──────, "Notes on Maspero's *Les documents chinois de la troisième expedition de Sir Aurel Stein en Asie centrale*," *Harvard Journal of Asiatic Studies*, Vol.18(1955), pp.142~158.

──────, "Review of J. Needham, *Science and Civilisation in China*, I," *Harvard Journal of Asiatic Studies*, Vol.18(1955a), pp.269~283

葉靜淵,「中國文獻上的柑橘栽培」,『農學遺産研究集刊』第1卷(1958), pp.109~163

葉德綠,「七曜曆入中國考」,『輔仁學志』第11卷(1942), pp.137~157

──────「唐代胡商及珠寶」,『輔仁學報』第15卷(1947), pp.101~103

嚴耕望, 「唐代國內交通與都市」, 『大陸雜誌』 第8卷(1954), pp.99~101

YETTS, W. PERGIVAL, "The Horse: A Factor in Early Chinese History," *Eurasia Septentrionalis Antiqua*, Vol.9(Minns Volume, 1934), pp.231~255

YULE, HENRY and A. C. BURNELL, *Hobson-Iobson; A Glossary of Colloquial Anglo-Indian Words and Phrases, andof Kindred Terms, Etymological, Historical, Geographical and Discursive*(London, 1903)

于景謙, 「波斯棗」 『大陸雜誌』 第8卷(1954), pp.193~195

─────, 「郁金與郁金香」, 『大陸雜誌』 第11卷(1955), pp.33~37

于非闇, 『中國畫顏色的研究』 (北京, 朝花美術出版社, 1955)

愚公谷, 「賈耽與摩尼教」, 『禹貢』(1934年 10月), pp.8~9

VON ZACH, ERWIN, *Tu Fu's Gedichte*, Harvard Yenching Institute Series, Vol.1(Cambridge, 1952)

옮긴이의 말

『보그』라는 패션 잡지의 문체를 '보그체'라 한다. 이국적, 허세, 특별한 척하는 태도가 특징이다. 영어와 프랑스어, 이탈리아어와 한글이 한데 섞인 '그들만의 언어'는 언젠가부터 조롱의 대상이 되고 있다. "무심한 듯 시크하게, 크리스털 보틀에 담겨 파파라치 플래시 세례를 연상시키는 이 향수는 글래머러스하고 어반한 매력⋯⋯ 머스트 해브!" 유사품으로 지큐체, 외국 박사들이 잘 쓰는 박사체 등이 있다. 이국적 경향과 문체가 사회적 트렌드가 되고 있는 여기, 한국의 서울은 21세기 당唐의 장안인 지도 모른다.

저자 에드워드 H. 셰이퍼는 다분히 의도적으로 『사마르칸트의 황금 복숭아The Golden Peaches of Samarkand』를 이국적exotic 취향을 노골적으로 내세운 박물지로 만들었다. 책 전체가 무분별한 외래어 섞어찌개인 '보그체'에다 잘난 체 '박사체'와 전문 용어를 사용한 '학문체'까지 두루 버무려 극악무도하게 보이도록 설계했다. 서문에서부터 셰이퍼는 "프랑스 향수" "벨기에 구두" 등을 거론하며 그리스 신화에 등장하는 파리스Paris 의 황금 사과에 빗대어 책 제목을 '황금 복숭아'로 지었다는 허세를 넣기도 했다. 그리스에서는 파리스의 사과가 스파르타와 트로이를 엮었다면, 당나라에서 복숭아는 당의 장안과 서역의 사마르칸트를 엮는 이국적 매개다. 제목에서 두 문명을 신화적으로 병렬시킨 것이다. 책의 부제도 '대당제국의 이국적 수입 문화'다. 셰이퍼는 잘난 체, 유식한 체하던 과거 제국 당나라와 현재의 제국인 미국의 세태를 풍자하고자 했던 것인지도 모른다. 이 책이 출간된 1963년은 제2차 세계대전 이후 미국이 세계 패권을 쥐었을 때다. 잘나가는 나라의 독자들에게 7~9세기 수입 사치품으로 융성했던 동양 제국의 모습은 상상력을 불러일으키고 감정 이입하기 좋은 소재였다. 책 자체도 오리엔탈리즘에 교묘히 편승한 것처럼 보인다. 당시는 미국에서 폐쇄적인 중국에 대한 환상이 만연하던 시기였으니 팔릴 만한 책이었다.

이런 의도에 따라 이 책은 전체가 엑조틱을 표방한 '허영 박람회vanity fair'의 모습을 보여준다. 하지만 셰이퍼의 진정한 의도는 오히려 '탈-오리엔탈리즘'에 있었다. 셰이퍼는 이 책을 베르톨트 라우퍼Berthold Laufer에게 헌정했다. 라우퍼가 시작한 '탈-오리엔탈리즘'에 대해 동조하며 내놓은 셰이퍼의 응답이 이 책이다. 그는 서양의 시선에서 중동과 중국을 연구하는 것이 아니라 반대로 당나라의 눈으로 서양을 보고자 했다. 이런 시선을 통해 오리엔탈리즘으로부터 벗어날 수 있는 가능성을 모색한다. 완전히 성공한 건 아니지만 의미도 있고 재미도 있다.

저자는 의도적으로 시선을 돌려서 꼰다. 최고 제국 '당나라가 생산한 made in China' 수출 품목이라면 목표는 명확하지만 책은 정반대다. '당나라에서 수입한 사치품Imported luxury by China'을 다룬다. 영어권 독자에게 이 책은 13세기 전 당이라는 생소한 무대에서 페르시아, 인도, 세린디아 출신 배우들이 연기하는 판타지 연극으로 보인다. 당나라 장안에서 양귀비가 셰에라자드로 분장해 『천일야화』를 찍은 격이기도 하다. 양귀비야 우즈베키스탄 계열이고 안녹산(저자는 "뤄산"으로 표기)은 소그드 계열 혼혈이니 잘 맞는다.

당나라는 오늘날 미국이나 별 다를 바 없는 패권국이자 세상 모든 나라를 자신의 관점으로 보고 군림하던 제국이었다. 그래서 이 책은 더 유별나다. 예를 들어 우리가 20세기 문명을 보면 제2차 세계대전 이후 '블루진'이나 '로큰롤' 같은 미국 대중문화가 그 중심에 온다. 만약 1980년대 한국에서 수출한 777손톱깎이에 대한 미국인의 인문학적 반응을 연구한다고 하면 당혹스러울 것이다. 하지만 셰이퍼는 초석이나 붕사 같은 광물이나, 자황 같은 수입 염료가 초래한 당나라의 문화적 변화를 탐색한다. 즉 미국이 개발한 컴퓨터가 아니라 미국에서 수입한 소니 워크맨이 바꾼 미국 사회를 그것도 '인문학적'으로 연구한다. 청대靑黛(Indigo)와 황연黃鉛(Chrome Yellow)을 노래한 이태백이나 백거이를 상상해보라. 아니, 스시나 한국산 손톱깎이를 노래하는 비틀스나 밥 딜런 모두 황당하기는 마찬가지다.

이 책이 나왔을 때 학계의 비판이 들끓었다. 외래어 표기 문제가 컸다. 한어 명칭이 명확치 않거나 일반적 영어로 통용되지 않는 경우가 많았던 터다. 이는 당시 미국 중국학계의 문제이기도 했다. 직접 문헌 고증을 하지 않고 판본을 고려하지 않았으며 재인용도 많았다. 게다가 사료 인용에서 필요한 부분만을 선택해서 사용하거나, 여러 사료를 조합하여 의역했으며 원문과 영문이 정확하지 않은 경우도 수두룩하다. 물론 이런 궁시렁댐에도 불구하고 책의 학문적 가치는 여전하다.

번역을 수락했을 때는 가벼운 마음이었다. 원하는 부분만 설렁설렁 읽으면 그렇다. 하지만 정작 전체 번역은 역자를 연옥Limbo으로 이끌었다.

원하는 부분만 얼렁뚱땅 번역할 방법은 없어서다. 고대 이름들, 언어들, 전 세계에서 당나라로 몰려든 명품들의 고유명사까지 한국말로 옮기려니 미칠 것 같았다. 셰이퍼의 글쓰기는 역자에게 지리학의 방대한 지식을 요구했고, 거기에 고전학과 이국적 느낌을 살린 신비로운 문체의 고통까지 더해주었다. 한마디로 책은 이상한 문장과 난해한 외국어의 지뢰밭이었다. 번역 소감을 총체적으로 말하자면, 책이 예상보다 이상했고, 지겨울 만치 길었으며, 주석은 이가 갈릴 정도로 분량이 방대했다.

이 책은 출간된 지 약 30년이 지난 1995년에 중국에서 『撒馬爾罕的金桃: 唐代舶來品硏究』(中國社會科學出版社)로 번역되어 나왔다. 또 2007년에, 셰이퍼의 마지막 제자인 요시다 마유미吉田眞弓가 심혈을 기울여 번역해 『サマルカンドの金の桃: 唐代の異國文物の硏究』(勉誠出版)라는 제목으로 일본에서도 나왔다. 한국어 번역에서는 중국어판과 일본어판을 참조했는데, 특히 일본어판이 큰 도움을 주었다. 아마 이들이 없었다면 번역을 빙자한 또 다른 '보그'가 나왔을 것이다. 그렇다고 이 두 번역판의 역자가 저자의 의도에 정확히 도달한 건 아니다.

중국과 일본의 번역에서는 '미 제국의 독자에게 당 제국의 사치를 설명하는 종합 판타지'라는 이 책의 성격을 간과하고 경직된 학문적 태도를 보여주었다. 예를 들면 본문 곳곳에서 인용하는 당시唐詩가 그렇다. 아서 웨일리A. Waley의 번역을 빌려온 몇 부분을 제외하고 이 책에 실린 많은 당시는 대부분 저자 셰이퍼가 번역한 영문으로 실려 있다. 그는 어떤 경우엔 시의 일부만 번역하기도 하고, 한자 원문과 다르게 번역하기도 하고, 시를 의도적으로 왜곡하여 편집하기도 했다. 하지만 이 책의 중국어·일본어판은 셰이퍼의 이러한 '창의적인' 영시를 외면했다. 그 대신 『당시전집』에 실려 있는 한자로 된 시의 전문을 착실하게 가져다놓았다. 만약 셰이퍼의 의도를 이해했다면, 원문을 가져올 게 아니라 셰이퍼의 손을 거친 영어를 다시 현대 중국어나 일본어로 번역해야 했다. 셰이퍼의 번역은 당시唐詩와 강조점이 다르고 맥락도 다르기에 효과도 다르다. 한국어 번역은 그의 의도대로 보그체와 잘난체에 충실하려고 어느 정도 노력했지만 출판 현실은 냉혹했다. 그래도 가급적이면 영시의 의도를 따르려고 했으며 한자 원문을 넣은 건 셰이퍼를 모방한 역자의 잘난 체 '효과 내기'에 해당한다.

이 책의 중국어나 일본어판은 외래 물품들 이름도 한자만 밋밋하게 적어놓았다. 그러나 한자만으로는 셰이퍼가 의도한 이국적이고 사치스러우며 찬란한 허영의 세계를 펼쳐 보여주기 어렵다. 그는 단순히 당나라에서 수입한 물건을 설명하고자 한 게 아니라 영어권 독자들에게 당제국의 '이국적'인 모습을 '낯설게' 보여주고자 했고 '사치와 허영'이라는 '광채Aura'를 과시하려고 했다. 마치 오렌지를 '어린지'라 하거나 귤을 '탄제린'이라 발음하는 것과 마찬가지다. 예를 들어, 셰이퍼는 공작을 영어 peacock 대신 'kung sparrow(공자같이 고귀한 참새)'로 번역한다. 이게 셰이퍼가 추구하는 방법道이다.

일대일로一帶一路는 현재 중국이 국가의 명운을 걸고 자금과 인력을 쏟아붓는 프로젝트다. '일대'는 초원제국의 발원지인 유라시아 스텝 벨트를 통과하는 '실크로드'이고 '일로'는 페르시아 상인이 개척한 '해로'다. 중국은 명나라 때가 되어서야 원정 항해에 나섰다. 따라서 당나라 때의 항로는 페르시아 상인이 개척한 것이고, 사막 오아시스를 개발하고 길을 낸

건 중앙아시아 소그드인들의 노력이다. 원래 '일대일로'란 꿈을 좇아 진귀한 사치품을 들고 당나라로 몰려온 외국 상인들이 흘린 피와 땀인 것이다. 당 제국처럼 너그럽게 풀면 목숨을 걸고 길을 개척해 들어오지만 현대 중국의 일대일로는 돈을 싸들고 가서 설득해도 세상이 싫어한다. 이민자의 나라 미국이 그렇듯 제국이란 전 세계가 모여드는 낮은 곳이다.

서양의 시각이 아닌 중국의 시선으로 세계를 보면 탈-오리엔탈리즘에 성공하는가? 당 제국은 세계의 중심이자 세상의 기준이었다. 당나라의 일대일로는 장안長安에서 시작하고 장안에서 끝났다. 스스로를 세계의 중심이라 믿었던 당 제국도 자기 스타일의 오리엔탈리즘을 만들어 다른 나라에 적용했다. 외국인을 '만蠻'과 '호胡'라며 차별한 게 당나라가 외래 문물을 대한 진면모였다. 그저 시대가 바뀌어 주체가 달라졌을 뿐이다.

먼저, 이 책을 번역하도록 꼬드겨 지옥을 맛보여준 『장안의 봄』 번역자인 용인대 이동철 교수님의 건강을 빈다. 그리고 중간에 끼어 원고 채근하다 출간이 지연되어 곤란해하던 노승현 기획자께는 위로를 전하고 싶다. 무엇보다 손대기 난감한 원고의 각주 하나하나까지 교정하고 편집하신 분들께 감사드린다. 아주 지리한 작업이었을 것이다. 마지막으로, 번역 작업으로 매일 처박혀 자판이나 두드리는 남편과 아빠를 외면해준 가족들이 너무 고맙다.

2021년 1월 27일
평창동 '등나무 둥지'에서
이호영

찾아보기

작품명

사마르칸트의 황금 복숭아

1판 1쇄	2021년 2월 26일
1판 2쇄	2021년 4월 15일

지은이	에드워드 H. 셰이퍼
옮긴이	이호영
펴낸이	강성민
편집장	이은혜
기획	노승현
편집	곽우정 이재황
마케팅	정민호 김도윤 최원석
홍보	김희숙 김상만 함유지 김현지 이소정 이미희 박지원

펴낸곳	(주)글항아리	출판등록 2009년 1월 19일 제406-2009-000002호

주소	10881 경기도 파주시 회동길 210
전자우편	bookpot@hanmail.net
전화번호	031-955-1936(편집부) 031-955-2696(마케팅)
팩스	031-955-2557

ISBN	978-89-6735-860-0 93910

www.geulhangari.com